U0925610

良庆年鉴

LIANGQING NIANJIAN

2012

良庆年鉴编纂委员会　编

广西人民出版社

图书在版编目（CIP）数据

良庆年鉴·2012/良庆年鉴编纂委员会编.—南宁:广西人民出版社,2013.3

ISBN 978-7-219-08351-2

Ⅰ.①良… Ⅱ.①良… Ⅲ.①区(城市)—南宁市—2012—年鉴 Ⅳ.① Z526.71

中国版本图书馆 CIP 数据核字(2013)第 073637 号

责任编辑　龙　钢　黄丽莹

出版发行	广西人民出版社
社　　址	广西南宁市桂春路 6 号
邮　　编	530028
网　　址	http://www.gxpph.cn
印　　刷	广西南宁华侨印务有限责任公司
开　　本	787 毫米×1092 毫米　1/16
印　　张	27.75
字　　数	630 千字
版　　次	2013 年 3 月　第 1 版
印　　次	2013 年 3 月　第 1 次印刷
书　　号	ISBN 978-7-219-08351-2/Z·309
定　　价	160.00 元

编 辑 说 明

一、《良庆年鉴》是一部综合性地方年鉴，由南宁市良庆区人民政府主办，良庆区人民政府地方志编纂委员会办公室承编，旨在全面系统记载良庆区（含驻区单位）改革开放、经济建设和社会发展的历史进程，为各级各部门决策提供依据，为社会各界人士及海内外客商了解良庆、研究良庆、投资置业，提供翔实、准确、权威的信息资料，同时为将来编修良庆史志积累资料。

二、《良庆年鉴·2012》年卷主要记述2011年良庆区各项事业发展状况和最新成就。收录范围以地域为界，凡在良庆区境域内的部门、单位、各行各业，不论其性质、隶属关系和级别，均在收录之列。部分事物有所追溯，便于读者了解始末。

三、本年鉴基本结构分为“类目”、“分目”、“条目”三个层次。其中，“条目”是记述资料、传达信息的基本单元。本年鉴设特载、大事记、总述、五象新区、工业、开发区、党政机关、民主党派·群众团体、政法、军事、经济贸易、农业、城市建设·环境保护·国土资源、交通·通信·信息、财政·税务、金融·保险、综合经济管理、社会生活、科教文卫体、镇·街道、人物、重要文件辑录、文件目录、统计资料等。部分分目下设次分目。本年鉴有24个类目，102个分目，992个条目，约63万字。彩色图片40面。

四、本年鉴所记述的一些特定称谓采用简略表述。相关单位名称第一次出现时采用全称，以后采用简称，如“中国共产党南宁市良庆区委员会统一战线工作部”简称“良庆区委统战部”。

五、本年鉴采用的稿件均由各镇（街道）、开发区、各部门及驻区有关单位提供，文中所用统计资料均经供稿单位核准，全城区性的统计数据，由城区统计局提供。因统计口径和时间不同，部门数据与城区统计局数据或不一致，请读者注意。

六、本年鉴撰稿人在分目文尾署名，个别条目作者不属该分目的另署。编辑工作由城区年鉴编纂委员会编辑部完成，部分条目由编者按提供的材料增设。各类目或分目文尾署责任编辑姓名。

七、本年鉴按行业板块分类收录当年有代表性的资料图片和部分单位图片。

八、为便于检索，本年鉴卷首有详细目录，卷末有索引。索引采用主题分析法编制，款目按汉语拼音字母顺序排列。

九、《良庆年鉴·2012》年卷的编纂工作得到全城区各镇（街道）、开发区、各部门及驻城区有关单位的热情支持与积极配合，在此深表谢意。

因编者水平有限，差错和遗漏之处在所难免，恳请读者批评指正。

《良庆年鉴》编辑部

2012年12月

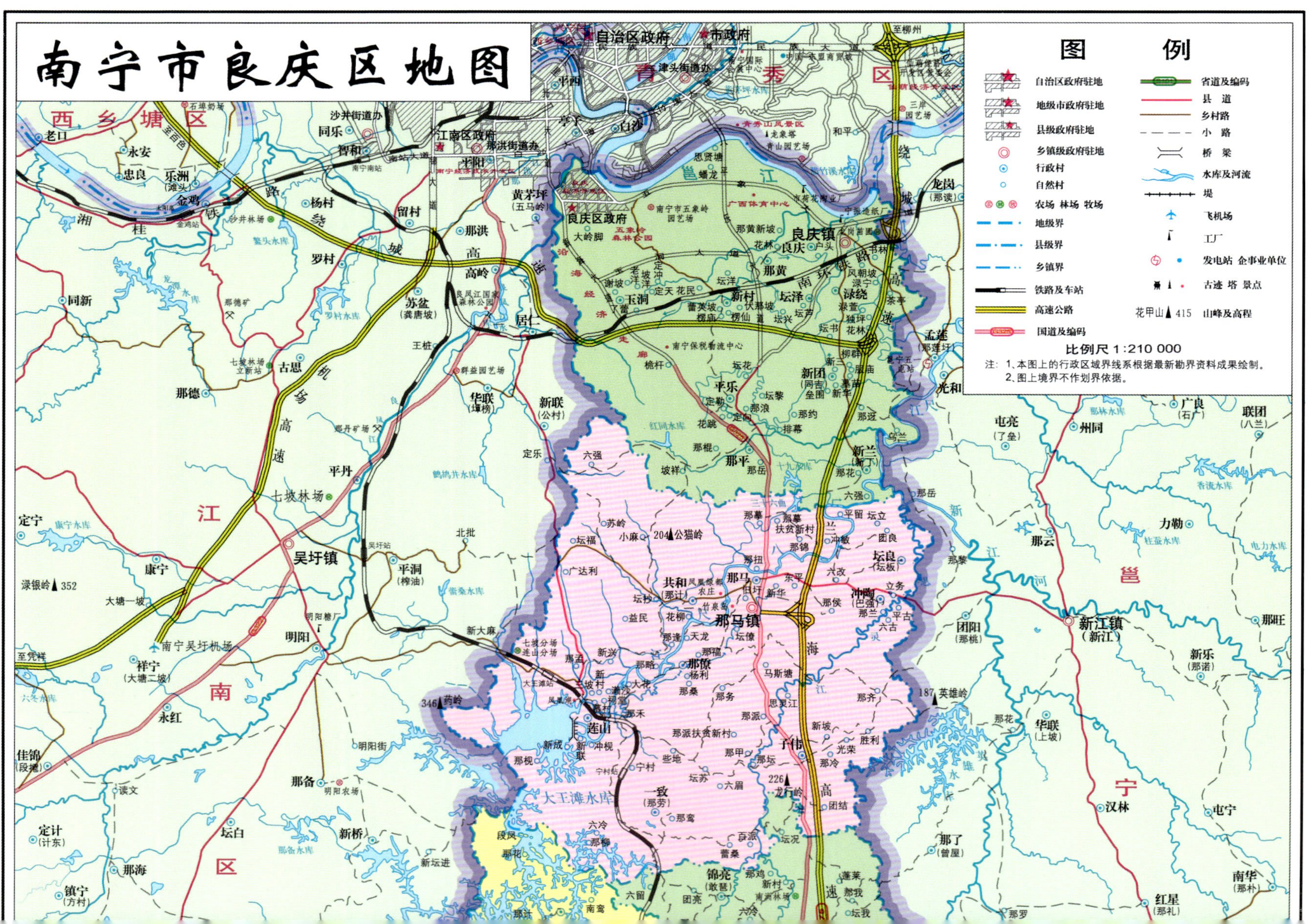
南宁市良庆区地图
图例
自治区政府驻地
地级市政府驻地
县级政府驻地
乡镇级政府驻地
行政村
自然村
农场 林场 牧场
地级界
县级界
乡镇界
铁路及车站
高速公路
国道及编码
省道及编码
县道
乡村路
小路
桥梁
水库及河流
堤
飞机场
工厂
发电站 企事业单位
古迹 塔 景点
花甲山▲415 山峰及高程
比例尺 1:210 000
注：1、本图上的行政区域界线系根据最新勘界资料成果绘制。
2、图上境界不作划界依据。
自治区政府
市政府
青秀区
西乡塘区
江南区政府
良庆区政府
良庆镇
那马镇
新江镇
吴圩镇
南宁吴圩机场
大王滩水库
邕江
江南区
邕宁区

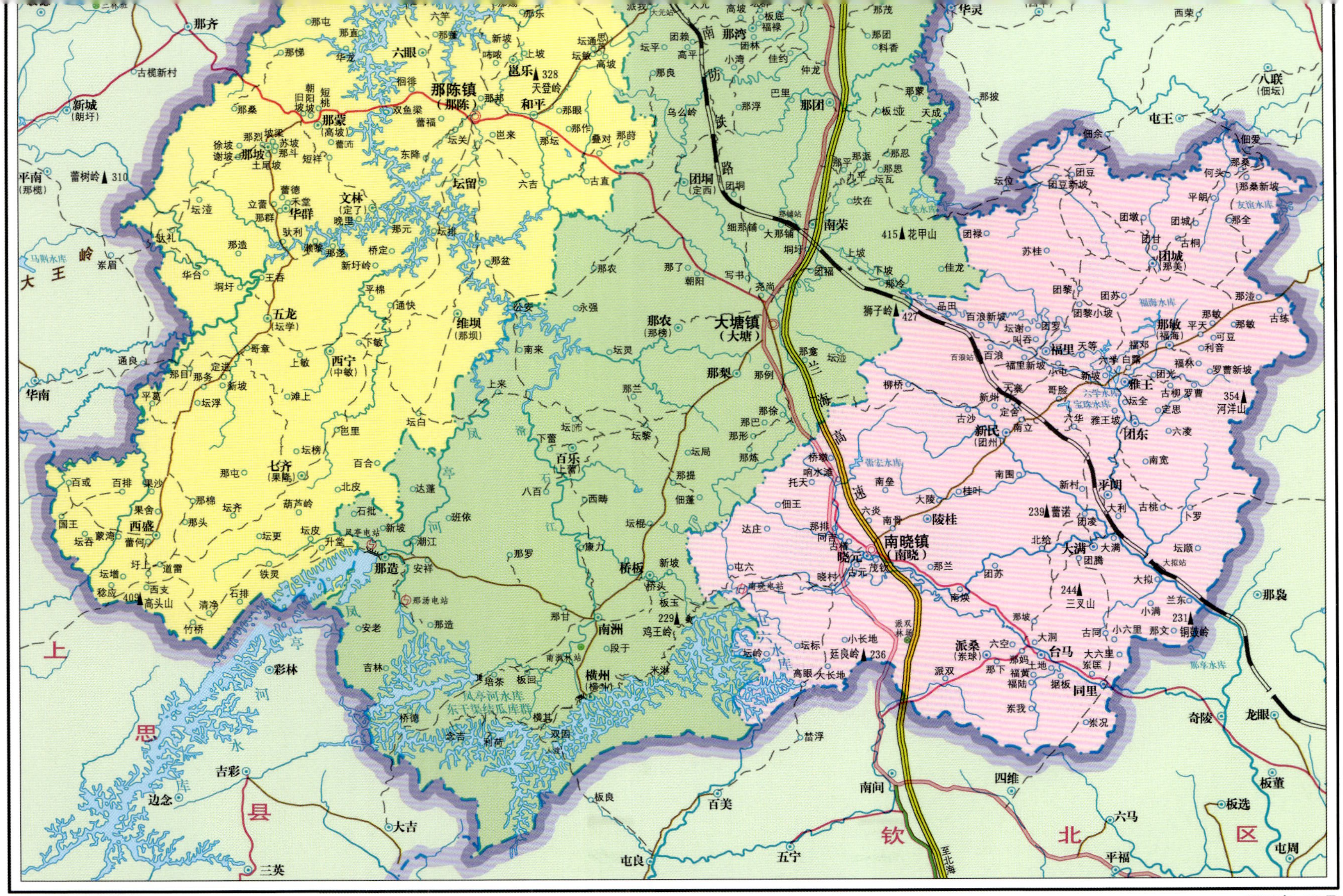

那陈镇（那陈）
大塘镇（大塘）
南晓镇（南晓）
那蒙（高坡）
那坡
文林（定了）
华群
五龙（坛学）
西宁（中敏）
七齐（果鹿）
西盛
维坝（那坝）
那农（那榜）
那梨
百乐（上蕾）
桥板
南洲
横州
那造
南荣
团垌（定西）
那团
那湾
邕乐
和平
六眼
坛留
新城（朝圩）
平南（那榄）
华南
新民（团州）
陵桂
平朗
团东
雅王
那敏（福海）
福里
团城（那美）
大满
台马
派桑（茶球）
同里
晓元
狮子岭 427
花甲山 415
河洋山 354
鸡王岭 229
廷良岭 236
三叉山 244
蕾诺 239
铜鼓岭 231
天登岭 328
高头山 409
蕾树岭 310
大王岭
凤亭河水库
东干渠桂瓜库段
上思县
钦北区
屯王
八联（佃坛）
华灵
那龛
龙眼
奇陵
板董
板选
屯周
平福
六马
四维
南间
五宁
百美
屯良
大吉
三英
吉彩
边念
彩林
古榄新村
那齐
西荣

市地震局
平西路
江南电影院
区电子研究所
星福建路
海鲜批发交易市场
江南区图书馆
南宁糖业股份有限公司
江南派出所
中南医院
亭子小学
南宁精标公司
南宁供电局
市二十一中
凌铁大桥（在建）
嘉格园林
金湖宾馆
白沙大桥
江北大道
亭子
白沙村
荣和新城
广西二建第一分公司
白沙市场
江南区法院
江南区检察院
区二建水电安装处
南宁中达丰田
广西水产试验场
金湾花城
邕州老街
广西浩天电力发展集团有限公司
建筑材料厂
广西鑫广达汽车城白沙店
市勿忘我酒楼
广西社会福利服务中心
南宁国际商贸城
金康·天和时代
荣宝华小区
江南化工厂
医科大学宾馆
广西医科大学
广西医科大一附院
广西生殖健康中心
广西肿瘤医院
葫芦鼎大桥
竹溪大道
广西经贸职业技术学院
广西招生考试院
阳光100半山丽园
区江滨医院
广西工人医院
广西中毒急救中心
区体育总局青秀山训练基地
广西航务工程处
市二十二中
广西检验检疫局
南国妇科医院
秀山花园
青秀山庄
佛子坳
壮锦广场
大门
荔园山庄
南宁大桥
柳沙园艺场
三兴村
滕屋
思贤塘
广西文化艺术中心（规划）
龙蟠村
柳沙南住宅小区
西湖
五象新区堤园路（在建）
半岛荔园
区委党校
那坝
南宁中西药厂
柳沙学校
南宁柳沙足球训练基地
广西行政学院
广西农业干部学校
南宁机电工程学校
市无机盐化工厂
南宁金钢水泥有限公司
烟墩脚
金凯路
长凯路
市江岭医院
江南客运站
迎凯路
乡都人宾馆
玫瑰园
移动大沙田服务厅
未来小区
新加坡城
牛角岭
南宁创先纸品厂
广西水电职业技术学院
广西仁源药业有限公司
邕宁区公路局
市公安局良庆分局
阳光新城
五象岭
五象岭住宅小区
良庆区财政局
大沙田客运站
良庆经济开发区
祥荣综合市场
良庆区地税局
良庆区交通局
大沙田街道办
良庆区政府
大沙田派出所
良庆区文体局
四十四中
广西禾力药业有限公司
黄茅坪
五马岭
新坡
老场
旧圩
赋绿坪水库
城南垃圾填埋场
田沟荣渌
重庆联胜建设项管理有限公司
良庆区人民法院
广西电力安装公司
市华轻工机械厂
南宁正大畜牧有限公司
大岭脚
五象岭森林公园
马头坡
市交警六大队
港达花园
广西公安交通警察培训学校
广西民族大学人民武装学院
南宁市银海医院
只树
石子塘
广西水电工程局基础工程公司
移动金象服务厅
广西备灾中心
天像宾馆
良
庆
南宁五象综合市场
玉洞木材厂
金象商住区二区
洞
金象小学
金山道别墅山庄
南宁新申华钢木加工厂
英华嘉园
老洋
定冲
南宁市英华学校
市玉洞木材市场
玉洞钢材超市
市迪慧科技公司
花豆
那福
玉洞商贸城
玉洞
渌削
花民
南宁玉洞医院
市玉洞小学
定天
新村
良庆经济开发区管委会
广西柳州钢铁（集团）公司
南宁气体分公司
玉洞市场
寮垒
玉洞站
广西汇丰生物科技有限公司
农行沿海分理处
广西汇丰药肥厂
南宁市三环丝花设备厂
南宁市三维丝花设备研究所
那六
市金塔建筑机械厂
市林产土特产品有限公司
那罗坪
二村
广西南宁轮鹰减速机有限责任公司
广西千珍制药有限公司
富丽假日酒店
市全健蜜蜂园
南宁康宝佳化工有限公司
至百色
市德致药业有限公司
塘底田
市琼林学校
南宁中高糖机设备制造有限公司
玉洞收费站
南宁南方米粉责任有限公司
南宁保税物流中心
广西建筑科学研究院
江南区

广西地图院编制

审图号：桂S（2008）6号

2010年12月

2011 年 12 月 29 日，南宁市五象新区指挥部和政务服务五象新区分中心新址落户广西体育中心，图为自治区党委书记郭声琨（左五）、自治区人民政府主席马飚（右五）参加启用仪式

2011年9月14日，国家体育总局局长刘鹏（前排右二）到广西体育中心检查了解场馆建设情况和第45届世界体操锦标赛的筹备情况。自治区人民政府主席马飚（前排右一）和自治区党委常委，南宁市委书记车荣福（前排右三）陪同检查

2011 年 12 月 19 日，自治区党委副书记危朝安（右一），自治区政府副主席、南宁市委书记陈武（右二）视察广西体育中心

2011 年 10 月 26 日，南宁市委常委、纪委书记邓金玉（前排左二）视察广西体育中心，城区党委书记李斌（右一）和城区政协主席任宁生（前排左一）陪同视察

2011年12月13日，南宁市政协主席岑可成（前排左一）到银海社区视察民族工作，城区政府区长黄奕信（前排右二）陪同视察

2011年10月26日，南宁市委常委、纪委书记邓金玉（右三）到良庆区视察五象新区建设，城区区委书记李斌（右一）陪同视察

领导工作活动

2011 年 4 月 1 日，城区党委书记李斌（前排右二）、城区政府区长黄奕信（前排左二）、城区党委副书记潘文虹（左一）和城区党委常委、武装部长李清福（右一）等班子领导到项目建设工地调研　　　　谭　毅　摄

2011 年 3 月 28 日，中华见义勇为基金会常务副理事李顺桃（中）慰问“全国见义勇为好司机”丁祖兰（左一），城区党委书记李斌（右一）陪同慰问　　　　谭　毅　摄

2011年3月14日，自治区人民政府副秘书长黄胜杰（右三）调研大沙田街道办事处政务服务中心

2011年6月28日，南宁市委常委、副市长吕洁（右二）到良庆区那马镇慰问老党员

领导工作活动

2011 年 3 月 9 日，城区领导到南州林场“太安龙象工业集中开发区”调研

2011 年 12 月 20 日，城区党委书记李斌（前排右二）、副书记阮冠三（前排右三）等领导到那陈镇调研

2011 年 6 月，城区人大常委会主任郑国健（中）慰问教师

2011 年 9 月 9 日，民进良庆支部到大塘敬老院慰问老人

组织建设

良庆区党委常委民主生活会召开现场

2011 年 6 月，那马镇庆祝建党 90 周年暨创先争优表彰大会现场

2011 年 12 月 22 日，自治区党委常委、南宁市委书记陈武（前排中）到金象社区调研基层党建工作

组织建设

2011 年 3 月 8 日，区委书记李彬（右一）在那陈镇调研基层党建工作

谭　毅　摄

2011 年 9 月 26 日，城区第二次党代会精神宣讲报告会现场

2011 年 6 月 28 日，区委书记李斌（右一）慰问农村女党员

组织建设

城区组织部部长韦粤桂（前排右二）到英华学校调研党建工作

南宁市良庆区科级领导岗位竞争上岗面试考场

城区举行科级领导岗位竞争上岗面试　　谭　毅　摄

南州林场领导班子开展创先争优学习活动

组织建设

2011 年 11 月，一事一议之那马镇那务坡舞台剪彩仪式现场

2011 年 11 月，良庆镇书林坡一事一议项目参观现场

2011 年 12 月，大塘镇那了坡公共服务中心项目完工

2011 年 12 月，南荣村委示范点标准化建设外景

2011 年 7 月 22 日，中国共产党南宁市良庆区第二次代表大会在城区办公中心礼堂召开，会议选举产生了新一届城区党委和纪委领导班子　　谭　毅　摄

2011 年 8 月 16 日，南宁市良庆区第二届人民代表大会第二次会议在城区办公中心礼堂召开，会议选举产生了新一届城区人大、政府领导班子和法院院长、检察院检察长

换届选举

2011 年 8 月 15 日，政协南宁市良庆区委员会二届一次会议在城区办公中心礼堂召开，会议选举产生了新一届政协领导班子

2011 年 7 月 18 日，城区各镇党委、人大、政府的换届工作于7月20日前全部完成。图为良庆镇第二届人民代表大会第一次会议会场。

城区村、社区“两委”换届选举工作至10月1日全部完成。图为城区召开村、社区“两委”换届选举工作动员大会会场。

2011 年那陈镇村“两委”换届动员大会现场

2011 年 9 月，莲山村党支部换届选举大会投票现场

那黄村选举

那黄村第六届“两委”选举

2011 年 8 月 19 日，大塘社区工作人员正在张贴选民名单公示
方振英　摄

五象社区换届选举投票日投票点一角

那黄村选举唱票现场

2011 年 9 月 8 日，大塘镇那湾村新一届“两委”班子成员任职宣誓
潘　波　摄

五象新区建设

2011年3月5日，城区党委书记李斌（前排中）、政协主席任宁生（前排左一）等城区领导到五象新区调研

五象新区辖区内云桂铁路建设工地　　玉仁伟　摄

五象新区开发建设施工现场　　玉仁伟　摄

五象新区建设

2011 年，良庆区春季招商引资重大项目集中开竣工仪式暨东盟和城项目奠基仪式举行　　谭　毅　摄

2011 年 4 月 28 日，五象新区核心区丰庆路、秋月路、良兴路开工仪式举行　　玉仁伟　摄

五象新区开发建设施工一角　　玉仁伟　摄

五象蟠龙开发项目建设外景　　谭　毅　摄

城乡建设

2011 年 3 月 5 日，城区党委书记李斌等领导在玉洞大道检查工作　　谭　毅　摄

2011 年 4 月，城区政府代区长黄奕信（右二）到工地调研　　谭　毅　摄

阳光新城一角

城 乡 建 设

城区领导检查市容市貌整治工作

邕乐村那乐坡生态村风貌

良庆区政协委员下乡督查提案办理情况

和平村思卢高坡生态村

城区一角

城乡建设

2011 年 12 月 13 日，自治区各市政协主席到银海社区参观考察社区建设

那陈客运站开业

微型电动清扫车在小街小巷作业
城管局提供

新配车辆服务“两会一节”

大沙田客运服务中心　　莫秦严　摄

和谐良庆

良庆区组织各部门干部下乡接访现场一角

谭　毅　摄

2011 年 11 月 18 日，良庆区人民检察院组织全院干警进行《执法规范》轮训考试

警务站警察服务群众

安监局应急演练

慰 问 部 队

2011 年 7 月 29 日，
城区领导慰问驻军部队

2011 年 7 月 29 日，
城区领导慰问驻军部队

2011 年 7 月 29 日，
城区领导慰问驻军部队

巾帼建功

2011 年 5 月 27 日，良庆区妇女参加南宁市社区巾帼志愿服务行动计划启动仪式

2011 年 3 月 7 日，良庆区各界妇女立足本职工作岗位，创造新业绩，涌现一批巾帼建功标兵

2011 年 5 月 17 日，良庆区妇联组织城区妇女参加"巾帼创新业　建功十二五"家政技能竞赛

2011 年良庆区妇联推进"妇女之家"建设

2011 年良庆区妇联组织妇女参加市母亲专场招聘会

文化、艺术、娱乐

2011 年 5 月 27 日，良庆区文体局工作人员检查文化市场

古沙坡村民在村公共服务中心图书室阅览书籍

良庆区文化综合执法大队查处非法音像制品

文化、艺术、娱乐

2011年6月15日，良庆区党委、政府组织红歌演唱会

文化科技卫生“三下乡”活动

南宁国际民歌艺术节良庆歌台

“六一”国际儿童节文艺表演

第二届乡村社区和谐文艺大展演

文化、艺术、娱乐

2011 年 1 月，城区直属机关干部职工游园活动

那马镇开展拔河比赛

那马镇竹泉岛河上游人戏水

文化、艺术、娱乐

大王滩水上游乐活动

精彩龙狮表演　　　　张　曼　摄

2011 年 4 月（农历三月十六日），庆祝那马建圩 327 周年庆典活动一瞥

南晓镇那兰白鹭栖居地一角

五象岭

文化、艺术、娱乐

南宁市旅游局局长黄永久（左二）在城区副区长陈拥军（左一）陪同下到大塘镇花甲山文笔水库调研

城区《良庆年鉴》编辑部成员到那陈镇农村搜集地方历史文化资料。图为主编陈庆登（左一），副主编杨作民（左二），编辑潘艳明（右二）、唐雪英（右一）合影

南晓镇古榕山庄红陶艺术品

南晓镇古榕山庄红陶艺术品

南晓镇古榕山庄红陶艺术品

文化、艺术、娱乐

那陈镇那陈老街
历史遗迹

那陈老街旧商铺

那陈老街大户人家的旧房屋

教育发展

良庆区学生参加“童心向党”红歌竞赛活动

整洁的学校食堂

良庆区开展“队旗下的誓言”少先队建队日活动

合作课堂

教育发展

第六届世界杯田径赛女子100米接力冠军肖业华在母校（市四十四中）校运会上

2011年9月9日，良庆区开展“心手相牵 爱满中秋”关爱农民工子女中秋慰问活动

市四十四中学召开的学生和父母参加的感恩励志教育大会现场

工业企业

丰林集团总部大楼

丰林林业集团厂区一角

信宁电子公司产品

万寿堂药业有限公司实验室

广西方略药业集团公司生产车间

广西方略药业集团

广西方略药业集团公司

工业企业

华劲南宁纸业三抄车间

玉云纸业公司车间

万利来公司产品

盛誉糖机厂区外景

银杉木器厂产品

银杉木器厂厂房

工业企业

中高一糖机械设备

华威制衣厂车间

松日有色金属公司生产的氧化锑产品

日星金属化工公司产品

日星金属化工公司厂房

情 系 三 农

2011 年 3 月 16 日，南宁市市委领导和城区领导参加水利渠道清淤劳动　　谭　毅　摄

2011 年 3 月 16 日，城区机关干部参加冬修水利劳动

谭　毅　摄

强基惠农下乡　保障春耕生产

那陈镇西宁火龙果节

情 系 三 农

2011 年 8 月 3 日，西宁村果农采收火龙果一角

硕果累累

2011 年 6 月，城区人大常委会主任郑国健（右三）、良庆区政府副区长钱冰（右五）考察南晓镇茂钦坡农村生活废水处理示范项目

情 系 三 农

大塘镇百乐村蓝秀武户通过农村危房改造竣工验收

大塘镇那农村王树祥户通过农村危房改造竣工验收　　雷剑威　摄

2011 年 8 月 17 日，大塘镇那团新村居民楼顶的太阳能热水器
蓝　滔　摄

南晓镇茂钦坡新貌

泽惠民生

九大类基本公共卫生服务让良庆群众沐浴医改春风。图为医务人员下村为群众作健康体检现场

全面实施儿童扩大免疫规划

2011 年良庆区举行首批养老金发放仪式现场

新农村养老保险首批养老金发放现场

那陈镇 65 岁农民代表上台发言

城区领导、信用社领导和领到养老金的老人合影

商业贸易

落户五象新区的南城百货总部大厦开工仪式

繁华农贸市场一角

节前祥荣商贸　　谭　毅　摄

丰足的肉摊

品种丰富的海鲜摊

堆满摊位的农产品

莫秦严　摄

新上市的那马菠萝

税务风采

2011年7月1日，良庆区国税局组织干部职工参加广西反腐倡廉建设成果展活动　　卢定安　摄

2011年3月16日，良庆区国税局组织干部职工参加良庆区2011年“兴水利、大种树、强基础、优生态、惠民生、促发展”主题活动”　　卢定安　摄

2011年4月1日，良庆区国税局组织干部职工在大沙田客运站开展税收宣传活动

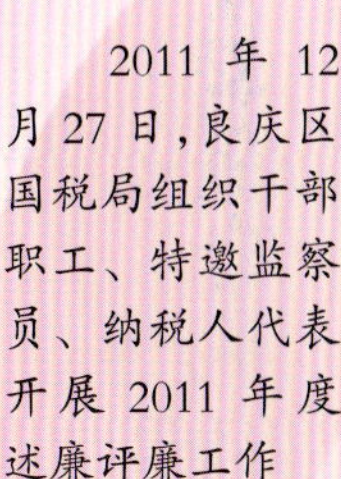

2011年12月27日，良庆区国税局组织干部职工、特邀监察员、纳税人代表开展2011年度述廉评廉工作

金融工作剪影

辖区信用社领导到五象新区调研

2011 年 7 月 14 日，工行在良庆营业场所反抢劫演练三级联动现场会

2011 年 8 月 31 日，工行邕宁支行召开民主评议行风推动会

2011 年 8 月 29 日，工行保税区支行开门营业

2011 年 9 月 7 日，工行"商友俱乐部"中凯钢材市场分部揭牌仪式

《良庆年鉴·2012》编纂委员会

《良庆年鉴·2012》编辑部

《良庆年鉴·2012》编写人员名单

（排名不分先后）

中共南宁市良庆区委办公室

岑宝新　李冬翠　黄祥就

良庆区委组织部

李雪丽　韦永海　谢志军　黄耀川

郭　剑　宋　懿　班贵友　李明祥

廖志强　刘永利

良庆区委宣传部

覃重光

良庆区精神文明办

李　贞

良庆区委统战部

谢克福

良庆区民族局

滕寿宜

良庆区宗教事务局

黄锦结

良庆区机关党工委

庞　勃

良庆区编制办

李雪琳

良庆区党史研究室（区志办）

周明慧　潘艳明

良庆区委党校

陆建德

良庆区档案局

郑澄清　玉贵宽

良庆区纪委（监察局）

编写组

良庆区人大办

邓启建

良庆区政府办

黄锡荣　杨海兰　阮大增　吴助雄

李一梦

良庆区信访局

方永沛

良庆区调处办

孙一军

良庆区法制办

梁枫光

良庆区政务服务中心管理办公室

周智富

良庆区机关事务管理局

何燕娥　罗　媛

良庆区政府集中采购中心

欧耀江

良庆区政协办

卢秀娟

五象新区

孟翠萍　玉仁伟　黄运腾

良庆镇

朱　访

那马镇

卢婷婷

那陈镇

廖丽君

大塘镇

滕永伶

南晓镇

姚宣伊

大沙田街道办事处

黄　健

良庆经济开发区

乐情温

良庆区财政局

雷挥宁

良庆区国税局

卢定安

良庆区地税局

黄芝华

工行南宁市邕宁支行

黄启悦

农行邕宁支行驻良庆区网点

蒋必毅

建行南宁大沙田分理处

编写组

邕宁区农村信用社驻良庆区网点

班克荣　黄　盛

广西北部湾银行良庆支行

梁翠结

平安财产保险南宁市良庆营销部

良庆营销部编写组

良庆区发改局

雷翠琼

南宁市工商良庆分局

李培苑

良庆区统计局

统计局编写组

良庆区物价局

胡　轩

良庆区粮食局

黄汉伟

良庆区审计局

刘新建

良庆区政法委

郑　雪　刘国山

良庆区人口与计生局

罗启俊

良庆区流动人口管理办

谭庆贵　胡玉强

良庆区人力资源和社保局

邓　戈

良庆区安监局

陆春华

良庆区民政局

李邕生　黄汉洲

水库移民局

何占沛　周继彪

自治区备灾中心

杨泽军

良庆区科技局

陈世强　黄瑞闲

良庆区教育局

梁丽颖　彭华福

良庆区卫生局

班　峰　梁星桃　陆永华

南宁市第四十四中学

唐　诗　刘开程

南宁市第四十六中学

班克春　黄乘浪

南宁市英华学校

奚其锋

良庆区文体局

刘革成　李文达

民盟良庆支部

黄　忱

民主促进会良庆区总支部

潘艳明

农工党良庆支部

梁星桃

良庆区工商联

李七星

良庆区总工会

黎金聘

共青团良庆区委

张伟娜　谭莲满

良庆区妇女联合会

潘凤谦

良庆区科协

林万忠

良庆区残联

梁文娇　黎　晖

良庆区红十字会

林　静

大王滩水库管理处

陈东艳　赵国理

凤亭河水库管理处

韦秀利　黄继东

良庆区武装部

文　艺

良庆区交通局

黄德军

邮　政

叶建锋　李　坚

中国移动广西公司南区分公司

编写组

良庆区住房和城乡建设局

韦春亮　罗达田

良庆区市政管理局

梁昌朝　岑珊珊　颜上云

国土资源局良庆分局

黎永彪　杜　决

良庆区土地储备中心

邓立苗

大沙田供水公司

林子坚

南宁供电局五象供电分局

黄　强

南宁良庆水利电业有限公司

陈伟　李际刚

良庆区人防办

梁明江

良庆区房屋和征地拆迁办

孟翠萍　曾作燕

良庆区环保局

陈　海

良庆区农林水利局

卢少勇　陈应进　苏义向　梁祖昂
黄秋兰　李国钧　黄玉红　何晓新
李昌笑　黄锦富　晏万雄

南州林场

岑　威　黄佳登

良庆区农机管理局

黄锡平

良庆区供销社

杨英况

良庆区烟草专卖局

黄　林

良庆区人民武装部

王同成　李达和

良庆区政法委

郑　雪　刘国山

公安良庆分局

编写组

南宁市交警支队六大队

编写组

良庆区检察院

刘燕云　滕　珊

良庆区法院

林振明　谢志强

良庆区司法局

韦冬英

良庆区经济贸易和信息化局

莫秦严

良庆区招商局

毛　鑫

目　录
MU LU

特　载

大 事 记

总　述

五象新区

工　业

开　发　区

党政机关

民主党派·群众团体

政　法

军 事

经济贸易

农　业

城市建设·环境保护·国土资源

交通·通信·信息

财政·税务

金 融 · 保 险

综合经济管理

社会生活

科教文卫体

镇·街道

人　物

重要文件辑录

文件目录

统计资料

索　　引

图片专辑

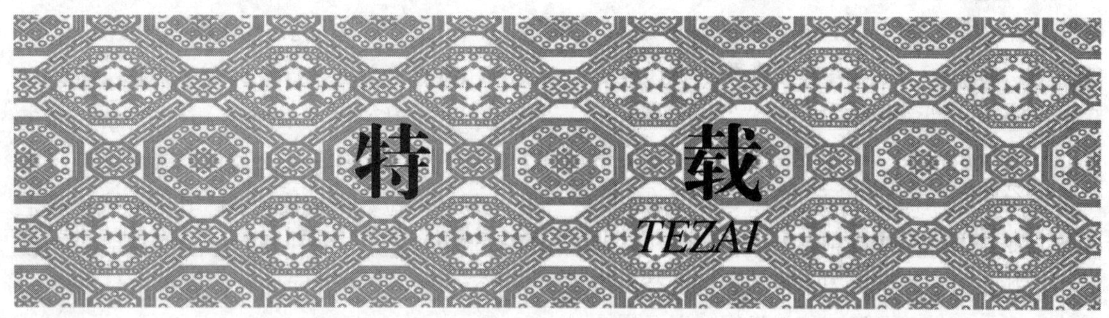

狠抓落实 乘势而进 奋力推动现代化新良庆建设迈出新步伐

——在中共南宁市良庆区第二次代表大会第一次年会上的报告

李 斌

（2012年1月7日）

各位代表、同志们：

现在，我代表中共南宁市良庆区第二届委员会向大会报告工作，请予审议。

中共南宁市良庆区第二次代表大会第一次年会，是在我城区发展关键时期召开的一次十分重要的会议。大会的主题是：高举中国特色社会主义伟大旗帜，以邓小平理论和“三个代表 ”重要思想为指导，深入贯彻落实科学发展观，认真贯彻党的十七大、十七届六中全会、中央和全区经济工作会议精神，以及市委十一届三次全会、城区第二次党代会精神，动员全城区各级党组织和广大党员干部群众，进一步认清科学发展形势，坚定加快发展信心，落实跨越发展任务，奋力推动现代化新良庆建设迈出新步伐。

一、2011年工作回顾

2011年是我城区科学发展承前启后、继往开来的一年，也是全城区上下砥砺前行、再创佳绩的一年。一年来，在自治区党委、政府和市委、市政府的坚强领导下，我们深入贯彻落实科学发展观，紧紧围绕市委、市政府开展“三个年”活动和打好“五场攻坚战”的工作部署和城区第二次党代会提出的目标任务，深入开展征地拆迁安置、项目建设、产业园区建设等“三大会战”，全面实施城镇化建设、现代产业培育、统筹城乡示范、社会管理创新、民生改善、良庆文化营造、发展环境优化、党组织建设创优等“八大工程”，协调开展经济、政治、文化、社会和生态文明建设，全面推进党的建设新的伟大工程，实现了“十二五”发展良好开局。2011年，我城区先后获得了“全国科技进步先进县（区）”、自治区“双拥模范县区”、“2009～2011年度全区平安铁路示范县区”、广西“义务教育常规管理先进县区”、“2011年度全区‘三大纠纷’调处工作先进集体”、“首府南宁2009～2011年创建全国文明城市工作先进单位”、“首府南宁创建国家卫生城市先进单位”、“2011年度全市查办案件工作一等奖”、南宁市“反腐倡廉宣传教育工作先进单位”等一系列荣誉称号。

——我们积极调结构促转变，经济实力跃上了新台阶。抓住发展第一要务，统筹推进工业、农业和第三产业协调发展，不断优化产业结构，壮大综合经济实力，推动城区经济又好又快发展。一是工业经济稳步发展。以开展园区建设大会战为抓手，积极推进广西良庆经济开发区建设，园区发展政策和配套基础设施建设不断完善。推动工业经济上规模、上档次、上水平，重点扶持壮大盛誉糖机、千珍制药、丰林集团等亿元企业，支持推动丰林集团成功上市。2011年城区规模以上工业企业有53家，其中产值亿元以上企业有24家，规模以上工业完成产值139亿元，同比增长36%，占城区全部工业总产值的91.70%。二是第三产业繁荣发展。围绕把五象—银海商区打造成为江南片区的商业引擎和南宁市最重要的商圈之一，加快打造区域性商贸物流基地，着力推进钢铁物流配送中心、建材综合城、南宁中央直属储备糖库等商贸物流项目加快建设，不断延伸物流产业链，辐射带动商贸业繁荣发展。扎实推进蟠龙片区等区域的房地产项目建设，加强项目供地，在房地产市场总体低迷的情况下，2011年全城区房地产开发投资预计达17.50亿元，同比增长160%。三是现代农业迅速发展。突出抓好春种西瓜、黑皮冬瓜、无公害蔬菜避寒栽培新技术示范及超级稻示范、高产高糖甘蔗示范等，提高复种指数；积极申报那马镇共和村土地治理和百大丝绸集团有限公司农业产业化项目，提高农业经济效益。2011年预计实现农林牧渔业总产值23.95亿元，同比增长5%。在第一、第二和第三产业加快发展的同时，认真落实环保目标责任制，严把落后产能建设关，缓解结构性污染，促进循环经济发展，推进清洁生产，圆满完成南宁市下达的结构性减排任务。以节能减排为导向，积极推进产业结构调整，城区三次产业结构由2010年的18.84:59.42:21.74调整到2011年的16.10:60.70:23.20，第二、第三产业比重均有增加，产业结构进一步优化，总体经济实力迈上了新台阶。预计全年，城区七项主要经济指标均保持两位数的较快增长，其中完成地区生产总值84亿元，同比增长14%；完成财政收入7.17亿元，增长33.30%；完成全社会固定资产投资125.50亿元，增长37%；完成规模以上工业总产值139亿元，增长36%；完成社会消费品零售总额18.20亿元，增长17%；城镇居民人均可支配收入17452元，增长11.50%；农民人均纯收入完成6358元，增长15%。全面超额完成了年度目标任务。

——我们全力服务五象新区开发，城镇化建设取得了新突破。把五象新区开发建设作为城区的“一号工程”来抓，发挥主阵地、主战场作用，勇于担当，主动作为，全力服务推动五象新区开发建设掀起新高潮。一是征地拆迁工作力度加大。2011年共完成征地签约面积405.93公顷（含铁路项目临时用地19.07公顷），完成房屋拆迁面积52万平方米，拆除违章建筑面积38万平方米，有力地推动了自治区“三馆”、总部基地项目、蟠龙片区道路、堤园路、滨江公园、云桂铁路枢纽工程、南宁外环高速公路等一批重大项目的加快建设，五象新区框架迅速拉开，辐射和带动力进一步增强。二是建成区改造稳步推进。重点加强对大沙田片区和玉洞片区的道路改造，顺利推进银海大道、建设路、锦绣路东段延长线拓宽工程；新建、完善了一批移动公厕，完成了一批垃圾中转站、小街小巷道路、农贸市场周边环境、路灯、无障碍设施等为民办实事项目工程的改造；大力提高城市绿化、美化、亮化、净化水平，扭转了建成区小街小巷脏、乱、差的面貌，改善了群众的工作环境和生活条件。三是城市管理水平不断提高。以创建全国文明城市、国家卫生城市、国家森林城市等活动为契机，深入开展“城乡清洁工程”，狠抓环境卫生专项整治活动，同时增聘环卫工人231人，增设各种环卫设施2350个（处），提高了城市保洁能力。城区环境面貌发生极大改观，城市形象不断提高。

——我们积极开展统筹城乡发展改革，城乡一体化有了新进展。抓住作为区、市两级统筹城乡改革试点城区的机遇，扎实有效做好各项工作。一是成立了统筹城乡改革工作领导机构，做好制定《统筹城乡改革工作方案》、《统筹城乡综合改革试点实施方案》及那马镇、大塘镇两个试点镇的实施方案等工作，完成了各镇总体规划编制和217个50户以上的村屯规划编制，覆盖率达72.30%。二是投入3400万元用于农村人饮、渠道修复、水库除险加固、通屯道路和农田水利设施建设，恢复和改善灌溉面积1833.33公顷；投入1800万元对500户农村危房进行改造。三是圆满完成了2010年度城乡风貌改造二期工程的竣工验收工作任务，城乡面貌进一步得到改善。四是圆满完成林权制度主体改革，顺利通过自治区验收，为农村经济发展和农民增收奠定了较好的基础。五是积极开展第三批整村扶贫推进工作，共投资160万元，修建完善贫困地区的道路等基础设施，投入41万元进行产业扶贫，同时加大扶贫培训150人次。通过统筹城乡发展改革试点，乡镇和农村发展速度加快，城乡发展差距进一步缩小，城乡居民人均收入比由2010年的2.85:1缩小为2011年的2.74:1，大塘镇荣获“南宁市科学发展进步乡镇”荣誉称号。

——我们大力推动改革创新和开放合作，发展活力有了新增强。统筹城乡综合配套改革试点工作扎实实施，农村综合改革、集体林权制度改革等深入推进。深化多区域、宽领域的开放合作，积极参与第八届中国—东盟博览会、中国—东盟商务与投资峰会以及第十三届南宁国际民歌艺术节等重大国际活动。抓好招商引资，保持项目建设对经济增长的支撑力。2011年签约入区的新项目共21个，其中亿元以上项目16个，累计总投资为内资139.17亿元和外资1500万美元。

——我们着力加强和创新社会管理，和谐社会建设有了新巩固。围绕营造安定和谐的社会环境，认真谋划，在强化矛盾纠纷调处和流动人口服务管理的基础上，积极探索社会管理新模式，扎实推进城区复合警务改革，建成了前进、银沙两个复合型警务站，配备公安民警30人、交警6人、协警员180人，加大社会治安防控力度，有效地遏制了“黄赌毒”、“传销”、“两抢一盗”等违法犯罪行为。同时，围绕“发展环境建设年”活动，开展了服务五象新区项目建设的“五象行动”、“灭鼠行动”、“三车”（无牌无证车、假牌假证车、报废或拼装等非法营运车）整治、打击传销等一系列治安综合整治工作，辖区社会治安形势明显好转，群众安全感和满意度明显提高。广泛深入开展安全生产专项整治，强化事故隐患排查整改，有效防范了较大事故的发生，保持了安全生产形势的稳定。

——我们高度注重社会建设，民生得到了新改善。始终坚持把保障和改善民生作为发展的出发点和落脚点，使老百姓分享改革发展的成果。一是社会保障体系进一步完善。全部超额完成全年就业和再就业任务；切实抓好城市、农村低保资金、五保户供养、扶贫救灾资金发放工作；从2011年起，城区财政每年投入1000多万元直接补贴参加城乡居民社会养老保险的城乡居民，较好地保障了群众的基本生活。二是教育事业加快发展。做好提高九年义务教育巩固率工作。加快五象新区和城乡教育项目的规划调整和布局。其中2011年在五象新区计划的10个教育建设项目中，柳沙江南小学已经建成并于2010年秋季开始招生，市二十六中五象校区、玉洞小学扩建项目顺利开工建设，其余7个项目正在紧锣密鼓开展征地拆迁等前期工作。三是卫生和计生基础工作进一步夯实。新型农村合作医疗筹资每人每年从120元提高到200元，农村参加合作医疗率达92.63%。人口计生工作水平得到整体提升，区间目标管理责任制各项指标任务圆满完成。

——我们全面加强党的建设，党的建设科学化水平有了新提升。一是精心组织，依法依规，圆满完成城区、镇、村三级换届选举工作，做到了让上级党委满意，让人民群众满意。二是积极组织开展庆祝建党90周年一系列纪念活动，进一步激发广大党员干部爱党爱国、干事创业的热情。三是强化干部队伍的思想政治教育和业务培训，分三批对换届后全城区科级干部和村（社区）“两委”干部进行了培训，进一步提高了领导干部适应新形势、新任务需要的能力和水平。四是继续深入开展“创先争优”活动、“党组织建设年”活动和“结对共建、先锋同行”活动，深入打造“V”字形党建示范带，大力推进基层党建规范化、示范化、品牌化和信息化建设，整体提高了基层党组织的建设水平，进一步发挥了基层党组织的战斗堡垒作用和党员的先进模范作用；打造了银海社区党支部、金象社区党支部等一批基层党建示范的新亮点。五是在全城区广泛开展整治“五风”、增强“五力”活动，进一步转变机关作风，提高了工作效能。六是积极响应群众的关注，全面落实党风廉政建设工作责任制，保持查处违纪违法案件高压态势，营造了风清气正的发展环境。

此外，统计、审计、编制、物价、税务、国土、规划、工商、科技、信息、农机、扶贫、人防、供销、区志、档案、总工会、红十字会、工商联、残联、妇联、团委、机关事务管理、流动人口管理等城区所有部门和单位都做了大量工作，取得了显著成绩。

回顾过去一年的工作，我们在发展环境复杂多变考验中取得了令人鼓舞的新业绩，全城区上下政通人和、百业俱兴。这些成绩的取得，是市委坚强领导的结果，是城区全体党代表、全城区35万党员干部和人民群众凝神聚力、顽强拼搏的结果，是全城区各方面大力支持的结果。在此，我谨代表中共南宁市良庆区第二届委员会，向全城区党代表、广大党员和各族人民，向各民主党派、各人民团体和社会各界人士，向驻区部队指战员、武警官兵，向所有关心、支持良庆区发展的同志们、朋友们表示衷心的感谢，并致以崇高的敬意！

总结过去一年的工作，我们深深地体会到，要加快构建富裕文明和谐宜居的现代化新城区，实现富民强区新跨越战略目标，必须坚持把抢抓机遇作为加快发展的第一要求；必须坚持把改革创新作为提升发展的第一驱动；必须坚持把优化环境作为引领发展的第一依托；必须坚持把民生福祉作为科学发展的第一标准；必须坚持把党的建设作为保障发展的第一前提。

二、认清形势，抢抓机遇，增强加快发展的责任感和紧迫感

当前，良庆区正处在加快构建富裕文明和谐宜居的现代化新城区的关键时期，机遇前所未有，挑战也前所未有。我们必须从战略和全局的高度，科学判断形势，掌握区情民意，直面现实，正视问题，增强忧患意识、紧迫意识，站在新的起点上，以更大的信心、更大的决心、更大的勇气，努力实现新发展、新跨越。

必须清醒地认识到，良庆区地理位置优越，区域面积最大，发展潜力最强，但我城区经济总量小，产业基础依然薄弱，产业结构不优，发展方式仍较粗放，资源依赖型、能源消耗型企业比重高，节能减排压力大，重特大项目招引建设还需进一步突破，经济总量和人均量亟待做大。我们必须始终把更好更快发展摆上更加突出的位置，解放思想，与时俱进，大胆革除影响发展的障碍，抓好产业布局调整，坚持项目带动，转变发展方式，才能顺应大势、破解难题，提升发展实力。

必须清醒地认识到，良庆区是五象新区开发建设的主阵地、主战场，区位优势、发展机遇得天独厚，但我们服务五象新区开发建设的意识还不够强，办法还不够多，措施还不够力，征地拆迁安置和三产用地落实还相对滞后，违法建设蔓延趋势没有得到根本遏制，征地拆迁难度较大。我们必须把思想和行动统一到自治区党委、政府和市委、市政府的决策部署上来，把五象新区开发建设作为城区“一号工程”来抓，举全城区之力，以深入开展“征地拆迁安置”大会战为载体，推动五象新区开发掀起新高潮，努力实现新区建设“一年新面貌，五年新突破，十年新跨越”的目标，以五象新区的开发建设为龙头，带动城区经济社会科学发展、跨越发展。

必须清醒地认识到，近年来良庆区城市建设力度持续加大，城市管理水平不断提高，但是由于历史的原因，城市基础设施还相对落后，公共服务设施配套跟不上，城镇化发展的步伐慢，“宜居”水平还有待提高。目前，我城区建成区大多数道路都不完善，还有大批道路、照明设施、垃圾中转站、公厕等基础设施需要改造。我城区是目前全市唯一没有公共文化广场的城区，教育、医疗、金融、邮政、购物等公共服务设施少，分布不均衡。为此，我们必须充分依托、主动融入、全力服务、积极参与五象新区开发建设，在加快推进新区开发的同时，下大力气，加大旧城改造工作步伐，大力改善城市面貌，提升城市品位。

必须清醒地认识到，良庆区积极落实党的十七大精神和中央“三农”政策，加快城乡建设步伐。但我城区城镇建管水平不高，服务功能不完善，城镇承载聚集能力较低，农村公共服务基础薄弱，经济发展成果惠及民生的广度和深度不够，生产生活、交通出行、社会保障、公共服务、文体娱乐、就业增收等群众关心的民生问题还有大量工作要做，推进城乡一体化发展的举措尚需探索。我们必须以开展统筹城乡发展试点工作为契机，创新机制和体制，突出民生主旨，注重老城区与新城区、城市与农村的互动融合，强化产业布局、基础设施、公共服务、政策体制等方面的互动衔接，促进城乡经济社会协调发展、共同进步。

必须清醒地认识到，近年来我城区民生持续得到改善，但当前群众最关心、最迫切需要解决的问题仍然较多，教育、医疗、就业、社保等民生建设仍有待加强，影响社会和谐稳定的矛盾和问题还比较突出。特别是新时期、新阶段，人民群众对生活水平、生活质量和生活环境的要求越来越高，求发展、盼富裕、讲健康、要安全、图便利等愿望更加强烈，不断提高人民群众的幸福感任务更加繁重。我们必须坚定不移地抓好各项事业发展，特别是要狠抓社会建设和管理创新，进一步优化发展环境，做到惠利于民。

必须清醒地认识到，良庆区干部队伍建设总体得到加强。虽然落实科学发展的执行力还有待提高，一些部门单位和一些工作人员担责任、抓落实、搞服务、促发展的意识不够强。但良庆区干部队伍朝气蓬勃，能人辈出，吃苦耐劳，自立自强，敢想敢干，这是我们无形的宝贵财富，必须发掘彰显、传承弘扬，鼓励全城区广大干部群众激情干事、热情服务、倾情奉献，推动城区经济社会在创新发展中赶超跨越、在攀升跨越中崛起腾飞。

三、理清思路，明确目标，牢牢把握发展主动权

根据中央、全区经济工作会议精神和市委十一届三次全会精神，结合我城区实际，2012年我城区经济社会发展的工作思路和总体要求是：全面贯彻党的十七大和十七届三中、四中、五中、六中全会精神，中央、全区经济工作会议精神和市委十一届三次全会精神，坚持以邓小平理论和“三个代表”重要思想为指导，深入贯彻落实科学发展观，紧紧抓住五象新区开发建设全面提速等重大发展机遇，以科学发展为主题，以加快转变经济发展方式为主线，以“科学发展赶超跨越落实年”活动为引领，按照稳中求进、快中求好的工作总基调，围绕城区第二次党代会提出的建设富裕文明和谐宜居的现代化新城区的奋斗目标，大力实施城镇化建设、现代产业培育、民生改善“三大战略任务”，突出抓好服务五象新区开发建设、建成区改造提升、基础及公共服务设施完善、开发区产业优化壮大、五象—银海商区打造、统筹城乡发展改革、社会管理创新、社会事业发展“八项重点工作”，努力推动城区经济实力有新增长，城镇化水平有新提升，“三农”工作有新突破，民生改善保障有新成效，现代化新良庆建设迈出新步伐，党的建设得到新加强，以优异成绩迎接党的十八大胜利召开。

做好2012年全城区经济社会发展工作，必须按照上述思路要求，“把握发展基调，围绕奋斗目标，明确战略任务，落实重点工作，实现崭新面貌”。

把握发展基调，就是要树立稳中求进、快中求好的工作导向，立足于“稳”、着眼于“进”，力争更“快”、确保更“好”；巩固“稳”的基础、增强“进”的动力，强化“快”的支撑、注重“好”的保障。

围绕奋斗目标，就是要毫不动摇地坚持城区第二次党代会提出的“建设富裕文明和谐宜居的现代化新城区”的战略目标，围绕目标确定工作导向、提出工作思路、部署工作任务、推动工作落实，做到聚精会神搞建设，一心一意谋发展，不分心、不懈怠、不折腾。

明确战略任务，就是要牢牢抓住事关城区发展全局、当前最重要、最紧迫且不容回避的城镇化建设、现代产业培育、民生改善等重大战略性基础性问题，全力加以解决，以此为抓手，谋划部署其他各项工作。

落实重点工作，就是要把贯彻落实中央、全区经济工作会议精神，市委十一届三次全会精神和城区实际相结合，把城区第二次党代会提出的目标任务，按年度分解细化，每年确定若干重点，推动各项工作逐年落实，加快赶超进位步伐。

实现崭新面貌，就是要通过全城区上下的共同努力，使经济发展、五象新区建设、城乡统筹、民生改善等重点领域和关键环节的工作迈上新台阶、呈现新面貌，有力推动现代化新良庆建设取得实质性进展，把富民强区战略引向深入。

根据上述工作思路和总体要求，2012年我城区经济社会发展的主要预期目标是：生产总值增长13%，财政收入增长20%，全社会固定资产投资增长28%，规模以上工业增加值增长14%，社会消费品零售总额增长17%，城镇居民人均可支配收入增长11%，农村居民人均纯收入增长12%，城镇登记失业率3.60%以内，人口自然增长率控制在10.50‰以内。主要工作目标是：生产总值增长14%以上；财政收入增长25%；全社会固定资产投资增长32%以上；规模以上工业增加值增长15%；社会消费品零售总额增长18%。

上述目标既充分考虑了五象新区开发建设掀起新高潮的要求，又综合考虑了我城区的主客观因素。按照稳中求进、快中求好的要求，我们把2012年城区经济增长的预期目标确定为13%，工作目标确定为14%以上，不仅与城区“十二五”规划和城区第二次党代会提出的目标增速相当，也与近几年我城区经济发展的实际增速保持一致，并且高于2012年全市12%～13%的目标。财政收入、全社会固定资产投资、规模以上工业增加值、社会消费品零售总额等其他几项指标，除了规模以上工业增加值因转方式、调结构增速比全市低，其他各项指标都不低于全市水平，一方面是要巩固和稳定良好发展势头，牢牢把握发展主动权，确保城区经济发展稳中有进、又好又快；另一方面是为了更好地抓住五象新区开发建设机遇，在新区建设中发挥更大作用，为全市发展做出更大的贡献。

四、把握关键，抓住重点，努力推动现代化新良庆建设迈出新步伐

做好2012年经济社会发展工作，意义十分重大，任务非常艰巨，必须明确宏观关键任务，抓好微观重点工作，以关键统揽全局，以重点支撑全部，确保全年各项工作有序开展，现代化新良庆建设扎实推进。

（一）明确"三大任务"，谋划全局工作

要围绕城镇化建设、现代产业培育、民生改善三大战略任务谋划全年工作，着力拓展发展空间、转变发展方式、提高发展质量、增强综合实力，为现代化新良庆建设打下坚实基础。

第一，抓城镇化建设，提升城镇建设管理水平。我城区位于五象新区开发建设的前沿，是近年来全市城镇化速度最快、未来城镇化条件最优越的区域之一。加快推进城镇化，既是城区发展中不容回避的重大问题，也是必须牢牢抓住的发展机遇。要紧紧围绕五象新区开发建设新高潮的到来，加快提升城镇规划、建设和管理水平。一要加快中心城区建设。抓住五象新区开发建设全面启动带来的有利条件，大力支持城区范围内的"三纵三横"道路主干路网，五象大桥、青山大桥等道路桥梁基础设施项目建设，在迅速拉开中心城区框架上下功夫；积极推动广西文化产业城、广西体育产业城、台湾健康产业城等重大产业项目建设，在优化城市产业布局、增强发展后劲上做文章；同步做好蟠龙片区、中国—东盟物流基地等重大项目配套基础设施建设，调整优化一批教育、医疗、金融、购物、农贸市场、公厕、垃圾处理场所、文化休闲场所等公共服务设施布局，在增强中心城区综合承载能力上求实效。二要加强镇区规划建设。围绕构建"中心城区—重点镇——般镇"的发展格局，在发展好中心城区的同时，加快发展那马镇、大塘镇两个重点镇和那陈镇、南晓镇，进一步推动完善镇区规划，优先解决好镇区道路交通、路灯照明、水电通信等基础设施改造完善，同时继续优化调整乡镇教育、医疗基础设施建设，加强便民公交站点建设，改善镇区生产生活条件，提升小城镇综合服务功能，吸引更多的人到小城镇工作生活。三要加快推动新旧城区建设对接。要进一步解放思想，树立五象新区一盘棋的大局意识，把大沙田建成区的改造提升列为2012年重要议事日程，加强与市有关部门沟通协调，尽快确定建成区改造的模式，明确南宁市和城区各自权责，以更大的决心和力度，加快建成区道路、水电、通信等基础设施和公共服务设施配套完善。四要加强城市经营管理。继续加大对市政设施的管理维护力度，重点做好五象大道、银海大道、玉洞大道等城市主干道和主街区的立面绿化美化亮化，不断提升城市形象。要按照全国文明城、国家卫生城、国家森林城的创建标准体系，深入持久开展"城乡清洁工程"，以整治农贸市场、私人建筑工地、泥头车、夜市摊点为重点，加强环境卫生专项整治。加强城管和环卫队伍建设，加大资金投入，不断提高新旧城区的保洁能力。

第二，抓现代产业培育，不断壮大综合经济实力。要把培育现代产业，增强发展后劲作为城区经济社会发展的"命脉工程"，深入实施"壮二提三强一"战略。一要加快发展现代工业。创新工业发展模式，深入实施"工业企业扶优扶强工程"和"亿元工业企业建设工程"，积极发展有色金属、建材、制药、机械、轻工、食品等传统优势产业，引进并培育一批科技含量高、市场前景广阔、低能耗低污染的新型工业。强化招商引资工作，提高行政服务效能，完善服务企业发展的长效机制。二要着力发展现代服务业。按照五象新区的发展定位，进一步优化在建区和建成区服务业布局，改造提升商贸、餐饮、娱乐等传统服务业，加快发展物流、房地产、文化、体育、健康、旅游、信息、中介服务等现代服务业。三要积极发展现代农业。要深入贯彻《中共中央 国务院关于加快水利改革发展的决定》文件精神，加强农田水利基础设施建设，提高农业综合生产能力；要巩固"一村一品"、"一镇一业"农业发展格局，做好优势农产品种植，促进农业结构优化升级和创新转型；要积极探索完善"公司+基地+农户"的发展模式，推进农副产品深加工和农业产业化；要抓好农副产品市场和流通环节建设管理，保障农副产品稳定供给，促进农业稳步发展。

第三，抓民生改善，不断提高群众幸福指数。要坚持“立党为公，执政为民”理念，着力解决好人民群众最关心、最直接、最现实的利益问题。一要深化对民生工作的认识。要清醒认识新形势下民生工作的重要性和特殊性，认识改善民生是调纠纷、化矛盾最有力的手段，是保稳定、促和谐的最有效的方法，是我们抓发展、求跨越的最根本的归宿。二要解决好最基本的民生问题。牢牢把握“民众基本生计所需”这个底线，突出抓好基础性的最低生活保障、公共卫生保障、住房保障、养老保障、义务教育保障和社会救济保障，使全体人民学有所教、劳有所得、病有所医、老有所养、住有所居。三要统筹解决好民生领域的热点、难点问题。要重点在解决被征地农民、下岗职工、退伍军人、应届大中专毕业生等特殊群体的就业方面下功夫，加强对上述群体的职业技能培训，注重为群众创造更多的发展机会，促进充分就业，使群众工作有着落，收入有保障，生活有改善，幸福感不断提高。

（二）落实“八项工作”，强化发展支撑

要抓好服务五象新区开发建设、建成区改造提升、基础及公共服务设施完善、开发区产业优化壮大、五象—银海商区打造、统筹城乡发展改革、社会管理创新、社会事业发展“八项工作”，为“三大任务”实施提供有力的支撑。

第一，抓服务五象新区开发建设。把服务五象新区开发建设作为推动我城区城镇化的重大依托，突出做好征地拆迁、回建安置、建设秩序整治等关键性基础工作。一要抓好征地拆迁。牢牢抓住征地拆迁这个关键问题，坚持“文明征地，和谐拆迁”和“以人为本”的理念，从全城区范围抽调精干力量，组成若干征地拆迁工作“突击队”，针对目前征地拆迁工作中存在的突出问题，逐一进行梳理，对每个征地拆迁项目和任务，都安排专人负责推进，进村入坡，现场工作，直到问题解决、任务完成。建立完善征地拆迁组织机制、激励竞争机制、考核评价机制，使想干事、能干事、干成事的人发挥才智、脱颖而出，充分调动广大党员干部积极性。二要抓好回建安置。把回建安置工作作为推进征地拆迁的基础性工作来抓。2012 年要重点解决好涉及 7 个村、1 个社区、3 个企业共 3.80 万人、12 个回建及产业安置项目的建设，加紧完成各个回建安置项目规划定点，加强回建点征地拆迁及土地收储前期报批工作，加快推进 1 号回建点建设，确保率先完工投入使用，作为一种示范，带动征地拆迁工作顺利推进。三要加强新区建设秩序整治。以服务保障征地拆迁及项目建设为中心，重点加强对征地拆迁相关矛盾纠纷的排查化解，严厉查处非法阻挠施工的行为，加强五象新区范围内施工车辆和交通秩序的整治，为五象新区开发建设创造优良的环境。

第二，抓建成区改造提升。要以一流的标准加强旧城区与新城区的规划、建设对接，积极与市政府及有关部门沟通协调，尽快明确建成区改造模式，争取政策支持及资金扶持，集中力量对大沙田片区和玉洞片区的道路、水电、通信等基础设施和配套服务设施进行改造。大力提升五象大道、银海大道、玉洞大道等城市主干道和重点街区的立面景观美化亮化档次。加紧实施路幅在 20 米以下的道路特别是小街小巷的路面改造和照明设施改造。

第三，抓基础及公共服务设施完善。要把基础设施和公共服务设施建设完善作为城镇化建设的重点。一要全力支持、加快推进城区范围内的重大基础设施建设，包括五象新区堤园路、五象大道景观工程、平乐大道、玉洞大道（二期）等主干道路网建设，蟠龙片区、总部基地、中国—东盟国际物流基地等片区路网建设，五象大桥、青山大桥等跨江大桥项目建设，五象新区公共交通规划建设，连接北钦防三市及周边其他地区的城际路网建设，新区与机场、火车东站、东环高速等重大交通节点建设，七大板块项目涉及的水、电、气、通信等配套基础设施建设和环保基础设施建设，五象新区各中小学项目建设，南宁博物馆、南宁市青少年活动中心等一批教育、医疗、文化、体育、购物等公共服务设施建设。二要在建成区做好教育、医疗、金融、邮政、购物以及文体设施、休闲绿地、垃圾中转站、公厕、农贸市场等公共服务设施配套建设，增强建成区承载能力和城市品位。三要加快推进良庆区政务服务中心、人武部、公安分局、人民法院、人民检察院和人民医院等服务五象新区开发建设的一批公共服务设施项目尽快启动建设或投入使用，增强城市服务功能。

第四，抓开发区产业优化壮大。要加快发展实体经济，把推动开发区发展作为首要着力点，突出解决制约开发区发展的瓶颈问题。一要推动良庆经开区扩地增容。加快启动太安龙象工业集中区、银海大道西片区基础设施建设，争取列入市级项目加以推进。二要推动经开区产业结构调整。对于能耗低、效益好、市场前景广阔的企业和产品给予大力扶持，加大企业技改投资力度，提高产品技术含量，对于附加值低、高污染高能耗的粗放型企业，要严格控制，积极推动改造提升。三要完善开发区发展的体制机制。建立健全开发区科学考核评价体系和激励约束机制，积极推动良庆经开区进入广西北部湾经济区重点园区行列。

第五，抓五象—银海商区打造。要围绕把五象—银海商区打造成为江南片区的商业引擎和南宁市最重要的商圈之一，加快引进一批档次高、品牌响、影响大的现代服务业项目。要充分抓住五象新区“文化引领”的发展定位，以及广西文化产业城、广西体育产业城，龙象谷等重大项目的布局，加快提升我城区现代服务业发展整体水平。要把发展现代服务业作为城区经济结构调整的战略重点，着力培育一批文化体育、休闲购物、餐饮娱乐、休闲旅游等优势服务业项目。要以服务南宁保税物流中心建设运营为主线，加快打造区域性商贸物流基地，推动商贸零售业快速发展。

第六，抓统筹城乡发展改革。要正确认识统筹城乡发展与做好“三农”工作的关系，把统筹城乡发展作为强化“三农”工作的重要抓手。利用好作为自治区和南宁市统筹城乡发展改革试点县区的机遇，稳步推进统筹城乡示范工程，进一步完善城区统筹城乡改革工作方案、统筹城乡综合改革试点实施方案，在完成各镇总体规划编制的基础上，尽快完成村屯规划编制尤其是重点村屯的规划编制，要优先做好那马、大塘两镇试点工作，推动先行先试。依托五象新区一批重大项目的建设，特别是龙象谷等大项目的规划建设，加快五镇通村通屯道路、农村人饮、农田水利等基础设施和农村中小学校、医院、文体活动场所等公共服务设施建设。加快推进扶贫开发和困难群众危房改造，巩固林权制度主体改革成果，按照区、市统一部署，扎实开展好林权制度各项配套改革。突出解决好与群众利益特别是与农民生计密切相关的教育、医疗、养老三项工作，扎实做好新农合、城镇居民社会养老保险试点工作，贯彻落实好九年免费义务教育，优化城乡教育资源布局，切实解决群众上学难、看病难、养老难等重点问题，促进城乡基础设施建设、社会管理和公共服务一体化。

第七，抓社会管理创新。要充分考虑我城区建成区基础设施和配套服务设施差、流动人口和私房较多、社会治安综合治理基础薄弱等复杂因素，加快探索形成符合城区实际、有良庆特色的社会管理新做法、新经验。要进一步转变观念，把加强和创新社会管理、营造持久和谐稳定的社会环境，作为当前最为迫切的软环境建设任务，作为提高群众安全感和满意度，回应群众热切期待过上安定有序生活的最实举措。要坚持和完善党委领导、政府负责、社会协同、公众参与的社会管理格局，形成社会管理和服务合力，夯实社会稳定的基础。要重点抓好五个方面：一要积极探索有效的社会管理方法机制，形成符合良庆实际的有效的社会管理模式。二要加强社会治安综合治理，深化警务制度改革，进一步强化警力配置，大力整治群众反映强烈的“两抢一盗”、“黄赌毒”、“传销”等违法犯罪活动,大幅提高公众的安全感和满意度。三要强化对五象新区建设项目的服务保障力度，营造良好的施工环境，确保重大项目建设顺利实施。四要加强矛盾纠纷调处，建立快速有效的矛盾纠纷调处化解机制和矛盾纠纷调解队伍，把社会矛盾化解在基层，消灭在萌芽状态。五要加强流动人口服务管理，建立有效的服务管理机制。六要加强防灾减灾体系建设，健全突发事件应急处置机制，严格安全生产管理，促进安全发展。多措并举，标本兼治，逐步建成与五象新区大规模开发建设相适应的良好的社会环境。

第八，抓社会事业发展。要牢记执政为民使命，把握共同富裕的社会主义本质特征，坚持经济建设和社会建设两手“都要抓”、两手“都要硬”，把社会事业发展摆上重要位置，全力推进。要重点抓好六个方面：一要健全社会保障体系。继续推进新型农村社会养老保险和城镇居民社会养老保险试点工作，逐步提高企业退休人员基本养老金、失业保险金、城乡居民低保标准和最低工资标准，巩固完善新型农村合作医疗制度和城镇居民基本医疗保险制度，促进社会保险、社会福利、社会救助和慈善事业健康发展。二要抓好教、科、文、卫事业发展。坚持优先发展教育，推进城乡、区域教育均衡发展。合理调整中小学校布局，合理配置教学资源，加快推进柳沙江南小学、玉洞小学、良庆镇中学等一批新建、重建学校项目建设。加大校园安全保障工作力度，加强校车安全管理，确保学生安全。加快科技事业发展，增强自主创新能力，巩固“全国科技进步先进县（区）”成果，加快科技成果转化，提高科技对经济发展的贡献率。大力发展文体事业，完善乡镇（街道）、村（社区）文体设施，加强基层文艺队伍建设，进一步挖掘传统特色文化，举办好第四届“香火龙”文化节。加快医疗卫生事业发展，改善公共卫生机构和镇、村医疗卫生设施条件，加快推进良庆区人民医院建设。三要深入推进精神文明建设。进一步巩固全国文明城市创建成果，以建设社会主义核心价值体系为根本，着力加强公民道德建设，深入开展群众性精神文明创建活动，推进文明建设向更高水平、更深层次拓展。四要抓好人口和计生工作。稳定低生育水平，促进人口、资源、环境协调发展。五要做好“双拥”工作。着力推动军政、军民融合发展。六要坚持为民办实事制度。认真做好自治区级和市级为民办实事项目，同时在事关群众切身利益的就业、社会保障、教育、医疗、农村基础设施建设等方面选择一批城区级为民办实事项目，加大实施力度，确保当年建设，当年见成效，让群众当年得实惠。

五、加强党建，转变作风，为各项事业发展提供有力保障

2012年是城区、镇、村三级领导班子换届后全面履职的第一年，贯彻落实好市委和城区党委的决策部署，做好城区经济社会发展各项工作，是对全城区各级党委班子执政能力的重大考验。必须全面加强党的建设，切实转变干部作风，提高全城区领导班子和领导干部驾驭复杂局势的能力，为全面完成全年各项工作任务提供有力的组织保证。

第一，要着眼提高领导科学发展本领，加强执政能力建设。全城区各级领导班子和领导干部要按照建设学习型班子的要求，认真学习党的基本理论、基本路线、基本方针政策，扎实掌握现代法律、科技、经济、管理等知识，牢牢把握发展形势和任务，不断提高决策、执行能力，不断增强做好工作的预见性、主动性和科学性。要保持团结拼搏、锐意进取的精神状态，进一步解放思想、与时俱进，以思想大解放促进经济大发展。要深入贯彻落实“学用政策抓落实、强化执行促跨越”活动，把政策落实到推动工作、促进发展上，真正把政策优势转化为发展优势。要创新工作机制和方法，提高解决征地拆迁等关键问题的能力，化解纠纷矛盾、维护稳定的本领和推动科学发展的水平。

第二，要着眼为发展提供充分人才保障，加强干部队伍建设。要加强换届后的各级领导班子和干部队伍建设，对各级班子开展跟踪回访，适度调配领导干部，加强乡镇和城区机关之间的干部交流。要加强干部队伍建设创新力度和干部培养使用力度，对那些工作热情高、干事能力强、政治素质好、作风较扎实的优秀干部，特别是年轻干部，要不拘一格、不守成规，积极发现并大胆提拔使用。要加大干部教育培训力度，提高培训针对性和培训层次，拓宽培训形式，全面提升干部综合素质。要完善干部队伍激励机制，加大从基层一线选拔干部力度，特别是利用征地拆迁、综治维稳、计生服务等基层一线的急难险重岗位对干部进行培养、锻炼和选拔，让想干事的人有机会，能干事的人有舞台，干成事的人有位置。要优化干部考核方式方法，以绩效考评为载体，建立健全德的考察评价体系，实行年终考核、专项考核、日常考核相结合。通过考核，调动干部工作的积极性、主动性和创造性。

第三，要着眼稳基层强基础，加强基层组织建设。要继续推行基层党组织书记党建工作专项述职测评制度，强化党建工作第一责任人职责。要深入推进创先争优活动和“党组织建设年”活动，切实抓好党员队伍、基层党组织书记队伍、党务工作者队伍、党员志愿者队伍“四支队伍”建设，不断提升基层党建工作科学化水平。要按照“抓重点、出亮点、有创新、重实效”的要求，打造良庆区“党建示范集群”。把农村党支部建设成为“引进项目带动，帮扶农民致富”的示范，把社区党支部建设成为“创新社会管理，服务社区群众”的示范，把机关党支部建设成为“走前头作表率，服务城区发展”的坚强战斗堡垒。要以为民、便民、利民为理念，大力推广“农事村办”制度。特别是在边远的村，群众办事不方便的地方，要切实发挥农事服务站的作用，为群众办实事。

第四，要着眼提高执行能力，加强作风建设。要进一步巩固整治“五风”、增强“五力”活动成果。深入开展优化效能建设、效能监督和专项监察工作，加大行政问责力度，着力解决部分机关干部中存在的纪律不强、作风不实、劲头不足等问题。要坚持求真务实、真抓实干的作风。当前，最重要的任务就是抓落实，抓执行力建设。必须坚持敢于担当抓落实，深入一线抓落实，突出关键抓落实，创新方法抓落实。要坚持批评与自我批评的作风，城区各级领导班子、班子成员之间要形成坚持原则、敢于直言、敢抓善管、敢做善成的干事创业氛围。要加强机制、制度建设，坚持依靠机制和制度规范运行、提升效能、促进发展。要把党务政务公开制、服务承诺制、首问负责制、限时办结制、责任追究制等贯穿于城区工作的各个方面和环节，以制度机制保证工作落实。

第五，要着眼营造良好发展环境，加强反腐倡廉建设。要严格执行党风廉政建设责任制和领导干部廉政准则，深化党性党风党纪教育，落实党内监督和民主监督，强化领导干部廉洁自律。要加强督查督办。紧贴城区中心工作，加强对征地拆迁、为民办实事等工作落实情况的监督检查，创新征地拆迁工作和重点项目建设廉洁性评估机制，对征地拆迁工作和重点工程项目实行纪检监察人员派驻监督，对工期较长的项目实行定期巡查。要加大查办违纪违法案件工作力度，严肃查处各种违反政治纪律的行为，坚决纠正有令不行、有禁不止的行为，坚决纠正损害群众利益的不正之风，保持惩治腐败的高压态势，切实为城区经济社会发展保好驾、护好航。

同志们，做好2012年全城区各项工作，责任大、任务重。让我们更加紧密地团结在以胡锦涛同志为总书记的党中央周围，认清形势，振奋精神，狠抓落实，乘势而进，奋力推动富裕文明和谐宜居的现代化新良庆建设迈出新步伐，以优异的成绩迎接党的十八大胜利召开！

南宁市良庆区人大常委会工作报告

——2012年1月14日在南宁市良庆区第二届人民代表大会第二次会议上

南宁市良庆区人大常委会副主任　赵鸿飞

各位代表：

我受南宁市良庆区第二届人民代表大会常务委员会的委托，向大会报告工作，请予审议。

2011年工作回顾

一年来，城区人大常委会在中共良庆区委的领导和上级人大常委会的指导下，坚持以邓小平理论和“三个代表”重要思想为指导，以科学发展观为统领，紧紧围绕城区第二次党代会和二届人大一次会议提出的目标任务，认真履行宪法和法律赋予的职权，积极服务于城区经济建设，实现了“十二五”规划良好开局，为促进城区经济跨越发展和社会全面进步做出了积极贡献。

一、着力于提高监督水平，增强监督工作实效

常委会坚持贯彻落实科学发展观，紧紧围绕城区党委的中心工作，抓住事关全局和人民群众普遍关注的热点、难点问题，突出工作重点和民生问题的解决，通过专题调查、工作评议、执法检查、听取和审议工作报告等形式，强化监督工作实效。先后召开10次常委会，听取和审议“一府两院”专项工作报告16项。

（一）强化工作监督

加强对“三农”工作的监督。2011年3月，常委会围绕落实中央一号文件和区、市农村工作会议精神，促进农业增效、农民增收、农村稳定等工作开展监督，成立春耕生产工作调查组，对我城区农业生产安排和当前生产情况进行调查，听取和审议了城区政府关于春耕备耕工作的情况报告，确保各项强农、惠农政策的全面落实，维护农民利益。围绕镇区规划建设，构建“中心城区—重点镇——般镇”的发展格局，进一步推动完善镇区规划，督促解决那马、大塘两个重点镇道路交通、路灯照明、水电通信等基础设施改造，提升综合服务功能。围绕发展现代农业，提高农业综合生产能力，巩固“一村一品”、“一镇一业”农业发展格局，完善“公司＋基地＋农户”的发展模式，促进农业结构优化升级、转型，促进农业稳步发展。

加强对民生问题的监督。常委会牢牢把握“民众基本生计所需”这条底线，紧紧围绕人民群众最关心、最直接、最现实的利益问题开展监督。突出抓好基础性生产生活保障监督。重点抓了城乡最低生活保障、公共卫生保障、住房保障、养老保障、义务教育保障和社会救济保障的监督。10月下旬组织调查组对城区2011年城乡最低生活保障工作情况进行调查，详细了解各项低保惠民政策的落实情况，针对城乡低保标准偏低、低保动态管理困难及敬老院、五保村的管理不到位等问题，提出了意见和建议。突出抓好民生领域的热点、难点问题监督，重点放在解决被征地农民、下岗职工、退伍军人、大中专毕业生就业等特殊群体工作上，促进了社会稳定。11月，对城区一届人大八次会议和二届人大一次会议代表提出的建议的办理情况进行调查和督办，促使城区政府认真研究抓落实，解决了一批事关群众切身利益的热点、难点问题。

加强对社会事业的监督。常委会坚持经济建设和社会建设两手抓，两手都要硬的理念，把社会事业发展摆在重要位置，全力推进。关注教、科、文、卫事业发展。于2011年3月上旬组织调查组对五个镇的公共体育设施建设情况进行专题调查，建议城区政府加强领导，加大投入，超前规划，科学统筹，提升各镇体育设施建设水平，健全体育组织网络，提高体育资源使用率，促进乡风文明与社会和谐。11月初，组织调查组对城区农家书屋建设情况进行调查，全面了解我城区农家书屋建设的基本情况、做法和取得的成效，找出存在的问题和困难，提出解决办法和措施，推动社会主义新农村文化事业的发展，以满足广大农民群众多层次、多方面的精神文化需求。关注人口和计划生育工作，稳定低生育水平，促进人口、资源、环境协调发展。关注为民办实事兑现落实。督促政府各部门做好自治区级和市级为民办实事项目推进的同时，重点督办城区为民办实事项目的落实，并于11月份组织自治区、市、城区三级人大代表进行了考察，确保为民办实事项目当年建设、当年见效，让群众当年得实惠。

加强对五象新区建设的监督。常委会主动融入五象新区开发建设这个“一号”工程中，全力服务推动五象新区开发建设掀起新高潮。一是重视征地安置工作，督促政府全力推进征地拆迁的同时，做好农民安置工作。二是重视重点项目建设，组织代表进行考察调研，为新区建设建言献策，使五象新区建设扎实有效地推进。三是重视建成区改造，对大沙田片区和玉洞片区的道路改造、市政基础设施建设等项目实施情况进行调查，促进城区政府加快改造步伐，切实改善群众的工作环境和生活条件。

（二）强化法律监督

开展执法检查，保障法律实施。常委会把维护法律尊严、保障法律法规在本行政区域内的正确实施作为一项重要工作来抓，先后组织对《中华人民共和国消防法》、《中华人民共和国环境保护法》、《中华人民共和国红十字会法》等3部法律法规的贯彻实施情况进行执法检查，听取和审议了城区政府有关执法情况的工作报告，提出审议意见并及时转交城区政府进行办理。同时，积极配合自治区、南宁市人大常委会开展的立法调研和有关法律法规执法检查及跟踪督查活动，有效地保障国家法律法规在我城区的正确实施。

加强司法监督，促进司法公正。一是创新司法工作的监督方式方法，常委会领导先后深入城区检察院和法院就人大如何改进对“两院”的监督、如何加强对常委会任免干部的监督以及检察院“两房”建设情况进行调研。二是组织调查组对城区法院民事审判工作进行调查，对城区检察院公诉工作开展了专项工作评议活动。三是组织常委会组成人员和代表旁听法院庭审、检察院出庭支持公诉情况，促使司法机关规范执法行为，提高办案质量，为加快城区发展营造良好的法治环境。

（三）强化监督效果

加大对决议、决定和审议意见的督办力度。常委会通过调查研究、听取汇报、召开座谈会等形式跟踪督办各项决议、决定和审议意见的落实情况；主任会议适时听取“一府两院”落实决议、决定和审议意见的情况汇报，采取发送催办函、送达《审议意见书》等形式督办，确保常委会决议、决定和审议意见落到实处。

自觉接受人民群众的监督。常委会把听取和审议专项工作报告、年度安排、审议意见、审议意见落实情况和决议决定执行情况，通过城区政务信息网站向社会公布，同时还把人大开展监督和“一府两院”接受人大监督情况定期向人大代表通报，自觉接受代表和群众的监督。

注重信访工作。常委会依法行使监督职权，加大对信访交办督办力度，重点在加强信访综合分析、完善信访机制、解决问题上下功夫，切实加强对人民群众反映强烈的突出问题和带有普遍性问题进行跟踪督办，保障和维护人民群众的合法权益。2010年，共接访21批次69人次，处理群众信访件65件，督办解决了一批久拖不决的问题，缓解了社会矛盾。

二、着力于加强基层政权建设，抓好城区、镇两级人大换届选举工作

2011年是县乡换届年，而且同步进行。根据中央、自治区党委和市委的部署，城区人大常委会在城区党委的领导下，面对新情况新任务新要求，提前准备，精心组织，认真实施，严格程序，层层把关，深入细致地做好每个阶段、每个环节的工作，保障了换届选举工作依法有序进行。城区、镇两级人大代表选举工作从2011年5月开始，到2011年6月30日全部结束，选举产生城区人大代表162名，镇人大代表311名。各镇分别于7月底前召开了新一届人民代表大会，选举产生了新一届的镇人大和政府组成人员。城区于8月16日～19日召开了新一届人民代表大会，选举产生新一届人大常委会组成人员17名，其中主任1名、副主任4名、委员12名；城区人民政府领导人7名，其中区长1名、副区长6名；城区人民法院院长1名；城区人民检察院检察长1名；选举出席南宁市第十三届人民代表大会代表22名。新选出的国家机关领导人员的个体素质、领导能力、年龄结构、知识文化和群体结构进一步优化，结构更趋合理，为推进城区经济社会科学发展、跨越发展、和谐发展提供强有力的组织和政治保证。

三、着力于重大事项决定和人事任免，依法行使决定权和任免权

常委会在决定重大事项上充分体现城区党委意图，通过法律程序，使党的主张转化为国家意志。

1. 围绕工作大局，依法行使重大事项决定权。常委会按照“科学决策、民主决策、依法决策”的要求，及时根据形势发展需要和工作实际，依法对城区经济社会发展计划、预算调整、财政决算、普法教育等重大问题作出决议、决定，推动科学发展。

重视“十二五”规划的编制。常委会围绕我城区经济建设、社会发展问题，组织调查组对《中华人民共和国国民经济和社会发展第十二个五年规划纲》要进行了调查，听取和审议城区政府关于“十二五”规划纲要的报告，并提交城区一届人大八次会议审查批准，为我城区经济社会的发展提供了强有力的法律保证。

推动财政预算顺利执行。常委会按照预算法的有关规定，听取和审议了2010年本级财政预算执行情况和2011年财政预算草案报告并作出决议；审查批准城区2010年财政决算；听取和审议城区2011年上半年财政预算执行情况的报告，作出审议意见。根据城区政府的提请，依法审议了关于2011年良庆区地方政府债券预算调整的报告，批准了地方政府债券转贷额度1000万元，分别用于新增中央投资项目良庆区人民医院地方配套资金、校安工程地方配套资金等，并要求城区政府加强对债券使用的管理和监督，控制债务规模，严格专款专用。

促进法制宣传教育工作。开展全民法制宣传教育，对提高全民法律意识、推进依法治区进程具有十分重要的意义。2011年12月，常委会在听取和审议城区政府关于“五五”普法工作报告的基础上，对城区政府提请审议的《关于在公民中开展法制宣传教育的第六个五年规划（2011～2015年）的议案》进行审议，依法作出了《关于进一步加强法制宣传教育的决议》，明确了“六五”普法工作目标、任务和主要措施，为“六五”普法的顺利开展创造了有利条件。

2. 提升任免质量，依法行使人事任免权。常委会坚持党管干部和人大依法任免相统一的原则，把贯彻党委意图、充分发扬民主和依法办事有机结合起来，确保人事任免工作依法有序进行。一是把好提名关，依法受理城区党委和城区人大常委会主任及“一府两院”主要负责人关于人事安排的提名议案，并认真听取城区党委和“一府两院”领导介绍拟任免人员的基本情况及工作表现；二是把好审议关，认真听取拟任人员作任前承诺发言，常委会组成人员作审议发言；三是把好票决关，采取一人一票，无记名投票表决的方式进行。同时，为任命人员颁发任命书。通过依法规范做好人事任免工作，加强对任命干部的监督，切实增强任命人员的法律意识、责任意识和人大监督意识。一年来，常委会共依法任免国家机关工作人员 76 人次。

四、着力于发挥代表作用，激发代表工作活力

人大代表是国家机关的主体，代表工作是人大工作的重要依托和基础。常委会主动为代表依法履职创造条件，提高服务质量。

1. 组织代表培训。一是 8 月 5 日，常委会举办新一届人大代表第一期培训班。城区党委书记李斌出席培训班并作重要讲话，要求全体代表牢牢把握人大工作的政治方向，自觉坚持和紧紧依靠党的领导，积极履行好代表职责。常委会领导对人大代表的性质、作用、权利和义务等履职过程中所需的基本知识进行培训，使代表们对学习贯彻代表法有了更加全面的把握。会上，给新当选的 162 名人大代表颁发了代表证和代表履职工作手册。二是 12 月 6 日、8 日，常委会举办第二期代表培训班，分别在大沙田片区和大塘片区进行，对代表如何开展考察调研以及如何撰写代表议案、建议、批评和意见进行培训，使代表们更好地掌握撰写代表议案和建议的基本知识。两次培训选题准确，切合实际，针对性强，对提高代表的素质和履职能力起到了积极作用。

2. 组织代表考察。坚持邀请自治区、市和城区人大代表参加常委会组织开展的代表考察活动，为代表履职创造条件，提供机会，搭建平台。2011 年，常委会组织代表进行了 2 次集中考察活动。围绕五象新区重点工程和城区重点企业建设，对广西体育中心、南宁保税物流中心、广西南国金属材料有限公司进行考察；围绕加强治安管理，对银沙警务站建设情况进行考察；围绕为民办实事项目落实情况，对市场建设改造工程、基础设施建设工程、农村饮水安全解困工程、道路亮化工程、社会保障惠民工程、教育惠民工程、助困扶残工程、文化惠民工程等 16 件项目落实情况进行考察。通过考察活动督促有关单位和部门不断改进工作。此外，在闭会期间，常委会通过委托各镇、街道组织开展多种形式的代表小组活动，听取和反映人民群众的意见，撰写代表议案、建议、批评和意见，积极协助政府推动工作。

3. 密切代表联系。坚持常委会组成人员联系走访代表制度，密切常委会与代表的联系。常委会领导分别联系五个镇和街道办工作，利用下基层工作调研、节假日慰问的机会，走访慰问人大代表已经成为常态，届内将对本级人大代表走访慰问一次以上。通过走访慰问，了解基层人大代表工作生活及履职情况，听取代表对城区人大常委会和“一府两院”的意见、建议，更好地发挥地方国家机关的作用。

4. 督办代表建议。通过培训和组织考察调研，引导代表对“一府两院”提出高质量的议案和建议。一届人大八次会议和二届人大一次会议期间，代表共提出建议、批评和意见 106 件。常委会及时把这些建议转交“一府两院”及其相关部门办理；对大会主席团交付的议案进行调查和审议，均转作重点建议交由政府办理，并狠抓责任落实、狠抓办理进度、狠抓督促检查，提高办理质量。

5. 指导镇人大工作。一是继续邀请各镇人大主席、副主席列席城区人大常委会会议，使他们熟悉人大工作程序，不断增强法律意识和人大意识；二是督促指导镇人大依法开好人民代表大会，重点对会议的议程、程序、议题审议、选举办法等进行指导，确保会议依法有序高质量进行；三是抓好镇人大换届选举后代表和镇人大主席、副主席，人大秘书的培训，切实提高履职水平；四是根据市人大常委会关于开展乡镇人大规范化建设的意见，指导各镇人大开展规范化建设，推动镇人大工作规范化、制度化，基层政权建设进一步得到加强，为保障和促进各镇的经济建设、民主政治建设和社会各项事业的全面进步发挥积极作用。

五、着力于提升履职能力，切实加强自身建设

常委会以提高监督和决策能力为目标，解放思想，开拓创新，加强学习，改进作风，进一步提高了决策能力和履职水平。

1. 注重学习提高。定期组织常委会组成人员和机关干部加强政治理论、法律法规、业务知识的学习。先后组织学习了代表法、选举法、地方组织法、监督法、预算法等法律法律；参加城区举办的领导干部时代前沿知识讲座和其他专题讲座等；派员参加了上级人大举办的法制培训及业务培训班。通过学习，进一步提高了常委会及机关推动人大工作科学发展的能力和水平。

2. 加强作风建设。以学习实践科学发展观为主要内容，继续深入开展创先争优活动。在机关干部中开展“整治五风，增强五力”主题教育活动，进一步建立和完善长效工作机制、作风效能建设机制和预防腐败工作机制，努力打造“善操作，会落实，能创新”的干部队伍。

3. 提高工作合力。常委会认真贯彻执行民主集中制，特别是在讨论决定重大事项、开展监督工作、机关建设、干部培养使用等重大问题上，坚持做到会前广泛征求意见、会中集体研究决定、会后认真督查落实，充分调动班子成员的工作积极性，增强了常委会领导班子的整体合力。

4. 加大宣传力度。加强人大宣传队伍建设，不断扩大宣传覆盖面，逐步提高宣传报道层次和水平，认真办好《良庆人大》刊物，发挥人大自身宣传载体的作用，定期召开人大宣传工作会议。编辑印刷城区一届人大《代表风采》和常委会六年工作回顾《奋进的足迹》两本书，提升人大工作形象。

5. 服务中心工作。进一步理顺关系，明确职责，创新机制，充分发挥“一室三委”的参谋助手作用。配合城区党委的整体部署，把促进经济发展作为人大常委会机关工作的重要工作，积极参与五象新区征地拆迁、农民安置、“城乡清洁工程”、创建文明卫生城、维护社会稳定、计划生育、林权制度改革、新农村基础设施建设等中心工作，在参与中开展监督，在参与中促进发展，在新区建设中发挥了积极作用，做出了应有的贡献。

各位代表，过去一年，城区人大常委会的各项工作取得了较大成绩，这是城区党委的正确领导、人大常委会组成人员的共同努力、各级人大代表的大力支持和“一府两院”的积极配合的结果。在此，我谨代表城区人大常委会，向关心、支持人大工作的所有同志和各界人士表示衷心的感谢！

回顾过去的一年，常委会各项工作取得了一定的成绩，但也应当看到，我城区人大工作与地方民主政治建设的要求，与宪法和法律的规定，与人民群众的愿望相比，还存在一定的差距，主要是：监督力度和监督效果需要进一步增强，人大宣传工作还有待改进，代表活动尚需完善，自身建设有待于进一步加强等。对此，我们将在今后的工作中努力加以改进。同时真诚地欢迎各位代表对常委会的工作提出意见和建议。

2012年主要工作任务

各位代表，2012年是全面贯彻落实党的十七届六中全会、自治区第十次党代会和市委十一届三次全会精神的关键之年。结合我城区的实际，2012年人大工作的指导思想是：坚持以邓小平理论和“三个代表”重要思想为指导，深入贯彻中国共产党良庆区第二次代表大会第一次年会精神，以科学发展为主题，以经济建设为主线，以建设富裕文明和谐宜居的现代化新城区为目标，抓住五象新区开发建设全面提速等重大发展机遇，按照稳中求进、好中求快的工作总基调，认真行使宪法和法律赋予的各项职权，扎实推进民主法制建设，为城区大力实施城镇化建设、现代产业培育、民生改善“三大战略任务”和突出抓好服务五象新区开发建设、建成区改造提升、基础及公共服务设施完善、开发区产业优化壮大、五象—银海商区打造、统筹城乡发展改革、社会管理创新、社会事业发展“八项重点工作”提供坚强的政治保证和法制保证。

一、依法履行职责，进一步提高履职水平

依法主持召开城区人民代表大会、常委会会议，严格依法行使重大事项决定权和人事任免权。坚持立足区情，围绕全城区工作大局，科学性地提出会议议题。注重开展调查研究，广集民智，依法作出符合本地实际的决议、决定。坚持党管干部与依法选举任免干部相统一，进一步完善程序，严格把关，加强任命干部的任后监督工作，增强任命干部的履职意识和接受人大监督意识，进一步提升任免工作的规范性和科学性，为五象新区建设提供了强有力的组织保障和人才支持。

二、突出监督重点，进一步提高监督质量

一是注重工作监督。着重把民生工程实施、重点工程建设等问题作为监督工作主要内容，对相关重点工作全程跟踪监督。围绕我城区经济建设、社会发展等关系人民群众切身利益的问题，听取和审议财政预算执行、2011年财政决算和农业生产安排、春耕生产等专项工作报告，促进国民经济平稳较快发展。开展城区城乡居民社会养老保险金工作、乡镇学前教育工作、民间文化艺术传承保护和发展、人民调解等专项工作的调查并听取汇报，组织对城区城市管理工作开展评议活动，推进工作落实，促进民生持续改善和社会各项事业的健康发展。二是加强法律监督。继续把法律监督作为人大工作的重点来抓。组织对城区人民检察院反渎职工作进行检查。对《中华人民共和国道路交通安全法》、《中华人民共和国妇女儿童权益保护法》和《广西壮族自治区建筑工程安全生产管理条例》等法律法规的贯彻实施进行执法检查。通过执法检查、听取和审议执法部门工作汇报，确保宪法、法律法规在我城区的顺利贯彻实施，努力增强广大干部依法行政和依法办事的意识。三是强化监督效果。注重跟踪问效，及时组织力量对人大及其常委会作出的决议、决定，审议意见、建议进行跟踪检查。加强对常委会审议意见、专项工作评议意见等落实情况的重点督查，主任会议适时听取“一府两院”办理落实决议、决定和审议意见情况的汇报，采取发送催办函、送达《审议意见书》等形式督办落实，必要时适当运用法律赋予的质询、罢免、组织特定问题调查等刚性监督手段，确保审议取得实效。此外，做好规范性文件备案审查工作，严格备案审查工作程序，对关系改革发展稳定大局和群众切身利益的重要规范性文件，进行重点审查，切实维护社会主义法制统一。

三、密切联系代表，进一步发挥代表作用

深入贯彻《代表法》，密切联系人大代表，拓宽代表理政渠道，为代表履行职责、发挥作用创造条件。一是坚持常委会领导走访联系代表制度，主动听取代表意见和建议。二是围绕中心工作和民生热点，组织代表对城区重点项目和为民办实事项目开展考察调研活动。推荐代表参与城区党委、政府组织的重大活动，采取多种方式，及时向代表通报常委会和“一府两院”工作情况。三是督促对代表议案、建议的办理和落实工作，充分发挥人大代表当家做主的作用。四是继续加强对代表的培训，提高代表的素质。

四、加强自身建设，进一步提高工作水平

一要加强政治理论学习以及法律法规和业务知识学习，努力提高人大代表和机关干部的履职能力和工作水平。二要提高人大宣传工作实效。加强对人民代表大会制度的宣传，进一步探索、拓宽人大宣传的途径，密切与宣传部门、新闻媒体的联系，加大宣传报道和信息报送工作力度。三要加强上下联系和横向交流。积极争取上级人大常委会的支持和指导。坚持邀请各镇人大主席列席城区人大常委会会议，重点指导推进乡镇人大规范化建设，全面提高乡镇人大干部的整体素质。适时组织常委会组成人员和乡镇人大工作人员外出学习培训，相互学习借鉴，扩宽视野，提高履职水平。四要严格执行各项规章制度，改进工作作风，增强自律意识，增强工作人员素质和能力，提高工作质量和效率。

各位代表！2012年是实施“十二五”规划的第二年，是五象新区开发建设的关键之年。展望未来，任重道远。让我们更加紧密地团结起来，在中共良庆区委的坚强领导下，齐心协力，顽强拼搏，开拓进取，忠实地履行宪法和法律赋予的职责，以求真务实的工作姿态展现新形象，为建设富裕文明和谐宜居的现代化新城区而努力奋斗，以优异成绩迎接党的十八大胜利召开！

政府工作报告

——2012年1月14日在南宁市良庆区第二届人民代表大会第二次会议上

南宁市良庆区人民政府区长　黄奕信

各位代表：

现在，我代表良庆区人民政府向大会作工作报告，请予审议，并请城区各位政协委员和其他列席会议的同志们提出意见。

2011年工作回顾

2011年是实施“十二五”规划的启动之年。一年来，面对异常复杂的国内外经济环境，在市委、市政府和城区党委的坚强领导下，城区人民政府团结带领全城区各族人民深入贯彻落实科学发展观，着力转方式、调结构、扩内需、惠民生、促和谐，深入开展征地拆迁安置、项目建设、产业园区建设“三大会战”，全面实施城镇化建设、现代产业培育、统筹城乡示范、社会管理创新、民生改善、良庆文化营造、发展环境优化、党组织建设创优“八大工程”，全面贯彻落实城区第二次党代会精神，保持了经济平稳较快发展、社会和谐稳定的良好势头，实现了“十二五”的良好开局。城区七项主要经济指标均保持两位数的较快增长，完成地区生产总值84亿元，增长

14%；完成财政收入 7.17 亿元，增长 33.20%；完成全社会固定资产投资 125.50 亿元，增长 37%；完成全部工业总产值 151.60 亿元，增长 36.10%；完成社会消费品零售总额 18.20 亿元，增长 17%；城镇居民人均可支配收入 17452 元，增长 11.50%；农民人均纯收入 6358 元，增长 15 %。城区三次产业结构由 2010 年的 18.84:59.42:21.74 调整到 2011 年的 16.10:60.70:23.20，产业结构进一步优化，总体经济实力迈上了新台阶。2011 年，城区先后获得了“全国科技进步先进县（区）”、自治区“双拥模范县（区）”、广西“义务教育学校常规管理先进县（区）”、全市“创建全国文明城市先进单位”、全市“创建国家卫生城市先进单位”等 10 多项市级以上称号。

2011 年，我们主要做了以下工作：

（一）全力调结构促发展，城区综合经济实力进一步增强

——发展壮大工业经济。积极推进广西良庆经济开发区和太安龙象工业集中区建设。其中，太安龙象工业集中区已完成园区的分区规划和环评审批工作，一期控制性详细规划已获市政府批准，集中区 1 号、2 号等 7 条道路的用地预审已办理，污水处理厂一期工程已获立项。重点扶持亿元企业，培育壮大优势企业，支持丰林集团成功上市。2011 年城区规模以上工业企业累计有 57 家，其中产值亿元以上企业 29 家，完成产值 124.40 亿元，占城区规模工业总产值的 89.10%。继续加大技改投资力度，顺利推进鲜迪印业铝箔复合材高速印刷生产线扩建、阳光人造板年产 5 万立方中密度纤维板生产线等项目扩建工作，全年技改投资额达到 26.80 亿元，增长 46.40%。

——全力提升服务业水平。着力推进钢铁物流配送中心、南宁中央直属储备糖库等商贸物流项目建设。完成玉洞商贸城等农贸市场改造。加快推进家电下乡，进一步繁荣城乡商贸市场，激活群众购买力。扎实推进房地产项目建设，城区房地产开发投资预计达 17.50 亿元，增长 160%。同时，着力推动金融、保险、信息、中介、社区服务等新兴服务业发展。

——加快发展现代农业。突出抓好春种西瓜、黑皮冬瓜、无公害蔬菜避寒栽培新技术及超级稻、高产高糖甘蔗示范，全年引进超级稻新组合品种 5 个，瓜菜新品种 16 个；推广农业新技术面积 3.95 公顷；申报那马镇共和村土地治理等 10 个农业产业化项目，提高农业经济效益。全年农林牧渔业总产值 23.95 亿元，增长 5%。

（二）加强基础设施建设，城镇化步伐进一步加快

——强力推进五象新区开发建设。把服务好五象新区开发建设作为首要任务、“一号工程”来抓，进一步加快了城镇化步伐。一是强力推进征地拆迁工作。深入开展“征地拆迁回建安置”大会战，全年征地签约面积 405.93 公顷、房屋拆迁面积 52 万平方米，有力地推动了自治区“三馆”、南钦铁路、南宁外环高速公路等一大批重大项目的建设。二是统筹抓好回建安置工作。城区 12 个回建及产业安置项目已全部取得规划定点，其中 1 号农民回建安置点住宅楼已全部施工，3 号、4 号、6 号回建点基本完成征地工作。三是加大建成区改造力度。投入 5000 多万元基本完成五象大道和银海大道片区道路改造、绿化、路灯照明等工程，加强了对大沙田片区和玉洞片区的道路改造。新建移动公厕 4 座，改造农贸市场及公共场所周边旧公厕 9 座，在建照明路灯项目 15 项。投入 7350 万元继续实施 168 项小街小巷改造工程，新建、完善垃圾中转站、农贸市场周边道路等一批项目。四是严厉打击违法占地、违法建设行为。积极稳妥地推进土地矿产卫片执法检查工作，拆除违章建筑面积 38 万平方米，完成城区 1464 个卫片图斑的核查整改工作，通过国家土地卫片执法检查的验收。

——全面加强城镇规划建设管理。推动良庆镇积极融入五象新区，重点发展那马镇、大塘镇两个中心镇，大力支持那陈镇、南晓镇加快发展。推行城乡建设用地增减挂钩，加快农村建设用地确权和流转工作。完成各镇总体规划编制和217个50户以上村屯规划编制，覆盖率达72.30%。深入开展较大规模“城乡清洁工程”活动120多次，以整治农贸市场、私人建筑工地、泥头车、夜市摊点为重点，不断加大市容环境整治力度。投入资金419万元，增聘环卫工人231人，增设各种环卫设施2350个，进一步提高了城市保洁能力。

——加快推进交通基础设施建设。全力打好“交通基础设施完善攻坚战”，基本完成银海大道（二期）、玉洞片区1号路等道路建设，开工建设锦绣路、建设路东段延长线，大沙田片区和玉洞片区的交通路网进一步完善。投入1132.60万元资金完成6项农村交通基础设施项目建设35.51公里、修建2条通屯水泥路、维修和改造12条120公里县镇公路、改造1座桥梁、完善55所中小学校周边道路交通安全设施、设置一批村屯道路安全标志标牌、修复一批农村水毁公路，辖区交通路网进一步完善，交通运输承载力、通达能力进一步提升。

（三）全面统筹城乡发展，城乡一体化进程进一步加快

——扎实推进统筹城乡改革试点工作。抓住作为自治区、南宁市两级统筹城乡改革试点城区的机遇，扎实有效做好各项工作。一是制定《良庆区统筹城乡改革工作方案》、《良庆区统筹城乡综合改革试点实施方案》及那马镇、大塘镇两个试点镇的实施方案。二是积极推进农村林权制度改革。累计完成林改外业勘界面积55733.33公顷，完成集体林权制度主体改革工作任务，并通过自治区验收。三是扶贫开发及水库移民工作扎实推进。积极开展第三批整村推进扶贫工作，投入225万元修建4条村屯道路；投入41万元实施产业扶贫工程。投入566万元实施14个水库移民项目（其中村屯道路7项、新建移民新村1项、续建6项），发放水库移民后期扶持资金2005万元，制定“十二五”水库移民工作规划，建立了水库移民项目库。

——加快社会主义新农村建设步伐。完成大塘镇那了周坡新农村示范建设；投入110万元新建农民专业合作社9个；投入166万元新建沼气池350座；投入1800万元改造500户农村危房；投入600多万元完成16项农村饮水工程，解决农村饮水不安全人口1.12万；投入500万元完成23项小型农田水利建设工程，恢复和改善灌溉面积1833.33公顷。完成城乡风貌改造二期工程的竣工验收。投资379.65万元完成农村公益事业“一事一议”财政奖补项目40个。

（四）深化改革扩大开放，城区发展后劲进一步增强

——加快推进行政管理体制改革。扎实推进政府机构改革工作，完成22个政府部门“三定”方案，调整部门职责112项，15个部门取消了行政审批事项。5个镇全部完成了机构改革工作，各镇统一设置5个综合性办事机构和7个事业机构。

——创新财税管理制度。加强重点税源征管，切实强化关联企业税收征管措施，做好重点企业、工程项目税源管理评估，加大稽查力度，确保税收及时征缴入库。进一步完善非税收入征缴制度，制定完善财政收入责任制，完善财税联席会议制度，建立信息共享机制，促进财政收入的稳步增长。2011年财政收入突破7亿元，增长33.20%，增幅在全市12个县（区）中名列第二。

——创新招商引资工作机制。健全招商引资目标责任制，强化招商措施，积极参与2011年“两会一节”等重大国际活动。围绕五象新区和产业园区等重点区域的产业布局开展招商引资，全年签约入区的新项目共20个；实际到位内资33.90亿元，增长23.42%；直接利用外资3017万美元，增长21.70%。

（五）加强发展环境建设，发展软实力进一步提升

——整顿作风，提升服务水平。深入开展

整治“五风”、增强“五力”活动，加强对干部作风、会议纪律和效能建设情况的经常性监督检查。加大行政问责力度，着力解决干部中存在的纪律不严、作风不实、干劲不足等问题，城区干部职工服务意识进一步增强，执行力进一步提高。

——加快审批，提高行政效率。对行政审批项目进行清理，精简行政审批事项办理环节，加快推进行政审批职能归并工作，推动了各窗口部门向政务服务中心窗口授权，优化了审批流程，压缩了审批时限，提高了行政效能。

（六）加强社会建设和管理创新，民生保障得到进一步改善

——积极探索社会管理新模式。制定了《良庆区社会管理创新工作方案》，在大沙田街道进行“小区安防监控与边界报警系统平台”试点建设。筹措资金建设前进、银沙2个复合型警务站，配备公安民警20人、交警6人、协警员160人，加强社会治安防控力度，提高了动态治安管理和整体防控能力，辖区刑事案件、治安案件发案率大幅下降。大力推进流动人口服务信息化管理平台建设，加强对大沙田辖区出租房屋和流动人口管理，辖区治安形势明显好转，群众安全感和满意度进一步提高。

——加强社会治安综合整治。开展服务五象新区项目建设的“五象行动”、“灭鼠行动”等一系列治安综合整治工作，全年城区共立刑事案件3609起，同比下降31.90%，发生并受理治安案件7152起。开展打击传销违法犯罪行动14次，捣毁传销窝点179个，教育遣散传销人员2536人，解救受骗群众1260人，辖区内传销活动得到有效遏制。

——全面发展各项社会事业。一是全面提高社会保障水平。完成城镇居民医疗保险参保人数2.72万，参保率达90%。超额完成就业和再就业全年任务，登记失业率3.17%。关心困难群众，全年累计发放城市低保9176人次331万元、农村低保66636人次604万元；发放五保户供养金201.20万元；安排并发放救灾物资资金163.30万元，救助受灾困难群众6000余人。城乡居民社会养老保险试点工作顺利推进，城区财政从2011年起每年投入1579万元直接补贴给城乡参保居民，给2.20万名60周岁以上城乡居民发放养老金1056万元。二是深入实施科技自主创新。顺利通过2011年全国县（市）科技进步考核，制定良庆区“十二五”科技发展规划，科技工作制度化、规范化水平有了新提升。争取自治区和市级科技项目14项，科技经费340万元；安排本级科技计划项目43项，科技经费717万元。三是优先发展教育事业。做好提高九年义务教育巩固率工作，安排15465名进城务工人员随迁子女到公办学校就读，对2294名农村留守儿童进行多元化教育和帮助。加快城乡教育项目的规划布局和建设。全年完成2.36亿元教育项目投资，其中，投资7219.10万元，建设那陈中学学生宿舍楼等56个城区教育项目，投资1.64亿元，启动五象新区10个教育项目建设，建成柳沙江南小学并于2011年秋季开始招生，其他市二十六中五象校区、玉洞小学扩建项目已开工建设，玉龙小学、良庆镇中等其他新（迁）建学校项目征地拆迁工作和项目前期工作顺利推进。投资2320万元完成校安工程15个。四是积极发展文体事业。成功举办良庆区第二届乡村社区文艺大展演、良庆区第三届“香火龙”旅游文化节和2011年南宁国际民歌节良庆歌台活动。组织开展各类群众性文化活动，丰富群众的业余生活。加强对非物质文化遗产的保护和传承，2位民间艺人获“传承人”称号。投入50万元完成城区图书馆维修改造及设备购置，建设2个村级公共服务中心。组队参加国家、自治区和市级比赛获奖牌52枚。五是稳步推进公共基层医疗卫生改革。公共基层医疗卫生事业单位实行科学岗位设置和竞聘上岗机制，建立绩效考评新机制，落实绩效工资；建设57个村卫生室；新型农村合作医疗筹资标准每人每年从

120元提高到200元，参合率92.63%；新建那陈镇、南晓镇卫生院的干部周转房。六是大力开展人口计生工作。完成16个村级计生服务室建设和城区计生服务站附属建设，新建镇级计生服务所全部投入使用。6个镇（街道）全部推行诚信计生，人口计生工作水平得到整体提升，区间目标管理责任制各项指标任务圆满完成。2011年区间共为群众落实“四种手术”4542例，征收社会抚养费1206.33万元。七是全面加强节能环保工作。重点抓好节能减排工作，积极发展低碳经济，圆满完成2011年南宁市下达的节能减排任务。加强饮用水源水质保护工作，完成了《南宁市良庆区良庆镇、大塘镇、南晓镇集中式饮用水水源保护区划分技术报告》的编制工作。八是切实加强安全生产和应急管理。广泛深入开展安全生产专项整治，强化事故隐患排查整改，加强对辖区内各类公共场所监督检查、食品安全风险监测，妥善处置突发公共卫生事件2起，辖区安全形势良好、社会稳定。九是扎实推进为民办实事项目。2011年我城区承担的32项自治区级为民办实事项目、50项市级为民办实事项目和14项城区级为民办实事项目，已分别完成31项、43项和9项，其余项目正在顺利推进。

（七）加强政府自身建设，政府行政能力进一步提高

认真贯彻落实《国务院关于加强法治政府建设的意见》和《广西壮族自治区人民政府关于加强法治政府建设的实施意见》精神，坚持依法行政、科学决策、民主决策，健全政府组成部门学法制度，举行政府学法会议2次，规范政府行政行为。突出民生重点，把握关键环节，不断提高服务效率和质量，政府亲和力明显提升。进一步健全完善绩效考评工作体系，狠抓工作落实，提高机关行政效能，加强对重点项目、重点产业、重点工作的督查督办，政府执行力明显提高。扎实推进“依法治区”创建活动，建立规范性文件审查备案档案库，审批行政许可项目135项、非行政许可项目186项。自觉接受城区人大依法监督、政协民主监督和社会各界监督，全年办理人大代表建议106件、政协委员提案146件，办复率均达100%。建立健全政府诚信体系，促进政府公开、公平、公正行使社会管理职能；建立完善政府诚信的自律机制，充分利用好网上区长信箱、网上信访等栏目，在政府部门实行公开服务承诺制度，邀请人大代表、政协委员考察政府工作。加强廉政教育，认真落实廉政建设责任制，建立健全政府廉政工作制度，年度召开2次政府廉政工作会议。切实纠正部门和行业不正之风，形成廉洁从政的良好氛围。

一年来，工商、消防、交警、粮食、物价、档案、区志、老龄、人民防空、供销、园林、民族、残联、宗教、食品药品监督、红十字会、机关事务管理等各项工作均取得了新的成绩。

各位代表，2011年的工作成绩令人欣慰，发展势头令人鼓舞。这是贯彻落实科学发展观及中央、国务院和自治区、南宁市党委、政府各项决策部署的结果，是城区党委科学决策、正确领导的结果，是城区人大、政协有力监督和鼎力支持的结果，是城区各族人民和全体干部职工同心同德、奋力拼搏的结果。在此，我谨代表城区人民政府，向城区广大干部群众，向所有关心和支持政府工作的人大代表、政协委员、各民主党派、工商联、各人民团体、离退休老干部，向一直以来关心和支持城区发展的各级领导和社会各界人士，表示衷心的感谢并致以崇高的敬意！

在肯定成绩的同时，我们也清醒地看到，当前还存在着一些影响我城区发展的矛盾和问题，主要有：一是城区税源少，财力弱；二是产业结构不够合理，发展后劲不足；三是市政设施建设相对滞后，社会管理能力有待加强，等等，我们一定要高度重视，积极应对，千方百计克服存在的困难和问题，促进经济社会又好又快发展。

2012年的主要任务

2012年是实施“十二五”规划承上启下的重要一年，做好2012年的各项工作，对于继续保持我城区经济社会发展良好势头，具有十分重要的意义。2012年政府工作的基本思路和总体要求是：全面贯彻党的十七大和十七届三中、四中、五中、六中全会精神，中央、全区经济工作会议精神和市委十一届三次全会精神，坚持以邓小平理论和“三个代表”重要思想为指导，深入贯彻落实科学发展观，紧紧抓住五象新区开发建设全面提速等重大发展机遇，以调结构促发展为主线，以“科学发展赶超跨越落实年”活动为引领，以全力服务、依托参与五象新区开发建设为抓手，按照“稳中求进、快中求好”的工作总基调，围绕城区第二次党代会提出的奋斗目标和第一次年会提出的工作思路，全面实施城镇化建设、现代产业培育、民生改善“三大战略任务”，在服务五象新区开发建设、建成区改造提升、基础及公共服务设施完善、开发区产业优化壮大、五象—银海商区打造、统筹城乡发展改革、社会管理创新、社会事业发展“八项重点工作”中抓落实、抓推进，培育财源，推进城区经济实力的增长、城镇化水平的提升、民生改善程度的提高、现代化新良庆的逐步实现，以优异成绩迎接党的十八大胜利召开。

2012年我城区经济社会发展的主要预期目标是：生产总值增长13%，财政收入增长20%，全社会固定资产投资增长28%，规模以上工业增加值增长14%，社会消费品零售总额增长17%，城镇居民人均可支配收入增长11%，农民人均纯收入增长12%，城镇登记失业率在3.60%以内，人口自然增长率控制在10.50‰以内。主要工作目标是：生产总值增长14%以上；财政收入增长25%；全社会固定资产投资增长32%以上；规模以上工业增加值增长15%；社会消费品零售总额增长18%。

为实现上述工作目标，我们要突出抓好八项工作：

（一）突出抓好“七大板块”等重大项目建设服务工作，实现五象新区开发一年“新面貌”目标

服务五象新区开发建设是当前和今后一段时期我城区的“一号工程”，也是当前和今后一段时期我城区的中心工作、难点工作和亮点工作，我们必须以高度的政治责任感，紧紧围绕这一重点，主动作为，勇挑重担，强化服务，强势推进征地拆迁和回建安置工作，强力推动五象新区开发建设掀起新高潮，取得新突破，实现五象新区开发建设“一年新面貌”工作目标。

——建立健全推进征地拆迁工作的机制体制。一是增强征地拆迁工作队伍力量。调整充实城区五象新区指挥部，加强对征地拆迁工作的领导；抽调168名干部，组成15个工作组，由城区处级领导带队，专职狠抓五象新区征地拆迁工作。二是进一步完善征地拆迁竞争激励、考核评价、快速处置机制。实行征地拆迁工作任务包干制、问责制，切实提高征地拆迁工作的积极性和主动性。三是坚持依法依规、文明征地、和谐拆迁的原则。按照“三贴近”（贴近村队、贴近被拆迁户、贴近实际）和“三加强”（加强与市有关部门的沟通、加强与项目业主的协调、加强与城区各单位各部门的协同）的要求，深入一线、深入村屯、深入农户，做实、做细、做好群众思想工作；整合并发挥调处、司法等部门的职能作用，强化政策的引导和司法行政的指导，切实提高矛盾纠纷调处和历史遗留问题处理工作的效率，加快征地拆迁工作的步伐。

——全力以赴抓好征地拆迁和回建安置工作。一是强势推进重点项目的征地拆迁工作。以继续深入开展“征地拆迁回建安置”大会战为抓手，围绕加快推进“百项重点基础设施项目”和“百项重点产业项目”（简称“双百”

项目）建设，突出抓好“三纵三横”主干路网、五象大桥、青山大桥以及总部基地项目、“三街三馆”、南宁保税物流中心二期、体育产业城、文化产业城、龙象谷、健康产业城等“七大板块”的项目征地拆迁工作和第三届广西园艺博览园园址的征地拆迁工作。二是切实抓好城区招商引资项目用地的征地拆迁工作。全力抓好青岛海尔东盟电子研发中心和青岛啤酒城、中石油广西公司总部基地等区市项目用地的征地拆迁工作，保障城区引进的投资项目早日落地开工建设。三是抓紧抓好回建安置工作。继续加快推进1号回建点建设，确保率先完工投入使用，以此带动征地拆迁工作顺利推进；启动2号、3号、4号、6号回建点开工建设；建设一个临时回建安置点；加快推进那黄村、新村村、玉洞村、平乐村和那平村回建安置小区的征地拆迁、用地审结、供地等工作。

——全力服务项目建设推进工作。全力服务我城区范围内的五象新区“双百”项目建设。坚持一个项目、一位领导、一套人马、一抓到底的项目推进机制，切实帮助解决项目建设中的资金、土地、报批等问题，力促项目早投产、快见效。重点服务广西铜鼓博物馆、广西美术馆等项目建设；坚决打击阻挠项目建设的行为，积极调处各种矛盾纠纷和土地权属纠纷，积极解决施工造成的污染等问题；重点服务五象湖、第三届广西园林园艺博览园园址的建设工作，服务总部基地路网、广西体育中心三期等自治区重点基础设施项目的建设。

——加大对违法占地违法建设行为的打击力度。稳妥地推进国家年度土地卫片执法检查工作，确保土地卫片执法检查工作顺利通过国家验收，确保五象新区开发建设的良性发展。根据《中共南宁市委　南宁市人民政府关于坚决制止和查处违法用地违法建设的决定》等文件精神，加大拆除违法占地违法建设的工作力度，实施“拆违工作常态化”，让违法占地违法建设的人倾家荡产，并受到法律的制裁。

——想方设法解决被征地农民的后顾之忧。要始终坚持“以民为本”理念，坚决维护被征地群众的合法利益不动摇，想农民之所想，解农民之所忧，一是组织实施好被征地农民培训就业工程。严格按照《南宁市良庆区人民政府关于推进良庆区被征地农民培训优化工程的意见》、《良庆区人民政府办公室关于印发良庆区实施被征地农民培训优化工程工作方案的通知》等文件精神，依托上级技工学校的教学培训资源，构建由技工学校学历教育、预备制培训、短期职业技能培训、创业培训等组成的立体培训体系，把良庆区被征地农民培训优化工程不断引向深入，全面提升被征地农民的转移就业能力。二是抓好失地农民社会保障工作。认真贯彻落实《南宁市人民政府关于被征地农民培训就业和社会保障暂行办法》和《良庆区城乡居民社会养老保险试点办法》，抓好失地农民社会保障，解决被征地农民参加养老保险的问题，60岁以上居民全部按月发放养老金，16～59岁居民动员参加养老保险，切实解决被征地农民的后顾之忧。

（二）突出抓好转方式、调结构、育财源工作，实现城区经济实力新增强

把转方式、调结构作为2012年经济工作的关键之举，深入实施“壮二提三强一”战略，培育现代产业，做大做强现代工业，转型提升服务业，加快经济转型、产业升级，构建具有较强竞争力的现代产业体系，培育拓展财源，实现城区综合经济实力的新增强。

——做大做强现代工业。不断调整优化工业结构，改造提升饲料、建材、制糖等传统产业，发展壮大机械制造、有色金属深加工等主导产业，积极培育生物制药、电子信息、新能源、新材料等科技含量高、市场前景广阔、低能耗低污染的新型工业。深入实施“工业企业扶优扶强工程”和“亿元工业企业建设工程”，年内培育30家亿元及亿元以上企业，培育2家主营业务收入5亿元以上企业。以万寿堂药业技术中心提升创新能力建设为重点，带动其他制药企业加快技术中心的建设和提升，推动制药行业向纵深发展。积极引导企业加大新产品研发力度，年内新增市级以上工业新产品5个。加快推进科达建材混凝土外加剂项目、南宁市蓝天钢管厂新型钢管技改扩能等项目的建设，提升建材产业的整体水平；积极推动南宁正大畜禽公司投资3.49亿元的农牧食品项目建设，形成种苗培育、饲料生产供应、养殖技术服务、屠宰加工等一条龙产业体系，延伸产业链，提高市场占有率。加快苏氏集团糖业机械及研发基地建设项目、万寿堂药业制药技改扩建等项目的前期工作力度，力争年内开工建设。充分利用现有存量土地、闲置厂房，并通过建设工业标准厂房，引进发展电子信息、服装等都市型工业和新兴产业，实现工业产业结构调整、工业发展速度和效益齐增。

——转型提升现代服务业。围绕把五象—银海商圈打造成为江南片区的商业引擎和南宁市最重要的商圈之一，充分抓住五象新区“文化引领”的发展定位以及广西文化产业城、广西体育产业城、龙象谷等重大项目的布局，加快提升我城区现代服务业发展整体水平。一是改造提升前进街、和平街、祥荣市场、鑫利华商场、玉洞商贸城。二是整合盘活现有土地资源，引进1～3家大型超市、商场，星级酒店、宾馆。三是开发那马休闲旅游景区、大王滩景区、凤亭湖景区、南晓那兰生态旅游区。四是以服务南宁保税物流中心建设运营为主线，加快打造区域性商贸物流基地，推动商贸零售业快速发展。

——加快产业园区建设。一是加大对太安龙象工业集中区13.50平方公里、银海大道西片区8.50平方公里和那马镇组团的开发力度，完善水、电、路配套工程项目前期工作并尽快开工建设。二是强化供地后的执法监管，盘活良庆经济开发区土地资源，对圈而不用的土地启动政府收回程序，实现良庆经济开发区工业项目的再创造。三是加快银海大道延长线至太安龙象工业集中区城市一级道路建设工作，年内全面完成道路的前期工作，力争年底前开工建设。四是推动已落实土地的项目开工建设。积极协调项目业主，推进广西凯源铁塔有限公司年产3万吨钢结构生产项目、南宁市海方燃气有限公司液化气储配项目、南宁市鼎宏车厢制造有限公司大型车厢制造项目、嘉大混凝土等一批已落实用地项目的加快建设。大力推进珠光汽车物流中心、苏氏科技工业园、华润混凝土、鼎昌盛混凝土、医药物流园区项目、美特斯·邦威配送中心等项目的征地拆迁及供地工作。

——加大招商引资力度。一是拓展和延伸园区招商和产业招商，重点引进符合物流基地、总部基地产业规划和布局的项目；加强与延龙汽车、南城百货物流配送基地、法国欧尚集团百货商场等项目的洽谈和促成签约。二是围绕五象—银海商圈、银海大道西片区、太安龙象工业集中区、那马组团等开发建设区域，重点与中央企业、外资企业尤其是世界500强、国内200强和台湾地区50强大企业的对接，加强与商协会的交流和信息互通，着力引进一批龙头项目，打造优势特色产业集群。三是多渠道筹措项目资金，加强土地储备工作，搭建政银企合作平台，争取金融贷款和企业融资，为项目建设提供资金保障。

——拓宽财源增长新路。全力支持五象新区开发建设，打造新的经济增长点和税收增长点，增强财政综合保障能力和可持续发展能力。积极探索财源增长的新路子，以加快转变经济发展方式为主线，大力培植高效支柱财源、优势特色财源和新兴后续财源；积极发展服务业支撑财源，培育区域财源建设增长极，大力扶持中小企业，服务好重点企业的发展，推动支柱产业健康发展，确保支柱财源稳步增长，力争在转方式、调结构中扩大财源规模、优化财源结构、培植壮大财源。

（三）突出抓好建成区改造，提高城市的品位

我们将充分依托五象新区开发建设，突出

抓好建成区改造和基础及配套服务设施完善工程，加强城市经营管理，加快提升城镇规划、建设和管理水平。

——抓好建成区基础设施建设。加大资金投入，对大沙田建成区（含玉洞片区）的道路、排水、供电、通信等基础设施改造。一是加快建设路、锦绣路东段延长线工程项目建设。二是启动建成区西平、景华等98条20米以下街巷道路的改造工程。三是解决三叠石、荣光路等21条已建成小街小巷道路路灯的开通问题。四是继续改造提升五象大道、银海大道、金象大道等城市主干道两侧立面景观绿化，为市民提供休闲、舒适、安全、方便的工作和生活环境。五是与五象新区高标准规划、高强度建设相适应，加快规划推进良庆镇镇区旧城改造工作，努力打造独具特色的现代化新城镇。

——抓好公共服务配套设施完善。围绕增强建成区承载能力和城市品位的提升，加快三叠石公园等1～2个文化休闲广场建设。促进五象岭森林公园建设。启动建设良庆区行政办公中心、武装部、公安分局和良庆区人民医院等一批公共服务设施项目；加快建成城区人民检察院、人民法院并投入使用。改造提升垃圾中转站运转能力，建设垃圾集运点；新建金象三区公厕，不断增强城市服务功能。

——抓好城市管理工作。一是加大资金投入，加强城管和环卫队伍建设，计划新增70名城管执法协管员，新增231名环卫工作人员和增设一批环卫设备。二是围绕服务五象新区项目建设，抓好工地泥头车的管理工作。三是以深入开展“城乡清洁工程”为载体，不断巩固创建全国文明城、国家卫生城、国家森林城市的成果，不断提高城市的保洁能力。四是以整治农贸市场、建设工地、夜市摊点为重点，不断提升城市形象。

（四）突出抓好统筹城乡发展改革，稳步推进统筹城乡示范工程

围绕“以城带乡、以工促农、城乡一体、统筹发展”这条主线，加快试点区域“三个集中”（工业向工业园区集中、土地向规模化集中、农民向城市集中）和“三个转变”（农民转变为居民、农业转变为第三产业、经联社转变为社区管理）进程，以实现“六个一体化”（城乡规划一体化、基础设施一体化、市场建设一体化、产业发展一体化、社会保障一体化、公共服务一体化）为标准，进一步完善城区统筹城乡改革发展工作方案，以那马镇、大塘镇为试点，借鉴外地先进经验，探索采取政府推动、企业带动或者农民主动与部门联动等模式，稳妥推进农村土地管理制度、户籍管理制度、城乡管理体制、产业发展等改革试验。以五象新区开发建设为契机，抓好各镇与五象新区开发建设在规划、建设、管理上的对接，逐步完善各镇（街道）道路交通、路灯照明、水电通信等基础设施建设，构建城乡一体化基础设施建设管理体系，打造良庆“40分钟经济圈”交通基础设施。加快“两纵”（即银海大道、平乐大道）、“两横”（即五象大道、玉洞大道）的提升建设。协调、服务和推进外环高速公路、南钦高铁扩能、吴圩至大塘高等级公路、南北高速公路扩改建、那马至吴圩一级公路、大塘至扶绥渠黎二级公路等自治区、南宁市重大交通项目建设，争取“十二五”期间，高速公路基本覆盖至各镇；全年财政配套投资1000万元，计划修通一批镇际、村际“断头路”，修建一批通村屯水泥路，新建和改造一批危桥，建立和完善村级、屯级公路的养护管理机制；利用2年时间，投资2800万元，修复南钦高铁施工便道村屯道路23条79公里，恢复道路路况，方便群众交通出行。加快农村客运发展，建设南晓镇客运站，实现镇镇有客运站；争取开通一批条件成熟的农村公交线路，开通一批通行政村的客运班线，修建一批便民候车亭，进一步方便群众交通出行。启动城镇饮用水卫生安全工程建设。完成各镇污水、垃圾处理设施建设。加快教育、文化、医疗、就业、社会保障等公共服务配套设施向农村延伸，不断增强城镇的承载能力，逐步缩小城乡差距。

（五）突出抓好“三农”工作，确保农业增产农民增收

充分利用良庆区得天独厚的区位优势和自然资源，突出抓好农业、农村、农民工作，确保农业增产增效农民增收，努力打开“三农”建设新局面。

——积极发展现代农业。加快农业产业布局调整，发展优势特色产业，大力促进农业规模化、产业化和标准化生产，支持那马镇重点建设无公害蔬菜基地；支持那陈镇重点做大红龙果、甘蔗良种繁育基地；支持大塘镇重点建设万亩糖料蔗双高示范区基地；支持南晓镇重点发展林下经济基地；积极引进农业农产品深加工企业项目；抓好城区、镇所在地农产品贸易、综合批发市场设施建设；继续实施供销社“新网工程”建设，努力改善农村消费环境，进一步提高供销社服务“三农”能力。

——深入推进新农村建设。加强农村文明建设，提高农民文明素质，逐步形成科学、文明、健康的现代生活方式和行为习惯。加强农村文化事业建设，加快建设一批集行政办事、计划生育、文化体育、社区教育、警务治安、党团活动等多种服务功能于一体的农村社区公共服务中心。加快城乡路网设施建设，实现“村村通”、“屯屯通”道路硬化，做好农村道路的养护。加强农村水利设施建设，年内计划投资1070万元实施29项小型水利工程，其中，实施红旗、那苗、六学、红洞等4座水库除险加固工程，12条渠道25.04公里，实施2项“五小”农田水利工程；做好大王滩灌区和大塘灌区2个重点中型灌区续建配套与节水改造工程的初步设计以及一批农田水利工程初步设计等项目前期工作。加快农村生态环境建设，大力推广沼气和太阳能利用技术，实施大王滩水库湿地保护绿化工程，继续实施“绿满八桂”造林绿化工程，新造林面积1000公顷；全面落实民主选举、民主决策、民主监督制度，切实提高村民自治管理水平。投资2000万元，加大对水库移民基础设施建设的投入力度，解决一批交通道路硬化问题，打造一批水库移民新村亮点，做好水库移民增收示范项目。

（六）突出抓好社会管理创新工作，维护社会大局稳定

把加强社会管理创新工作作为服务五象新区，保障经济社会发展的重要举措。一是巩固银沙和大沙田2个复合型警务站的建设成果，新建五象新区、玉洞片区2个警务站，强化社会治安整治力度，为五象新区项目开发建设提供良好的社会环境。二是在金沙碧园欣荣自建房小区开展“小区安防监控与边界报警系统平台”试点建设，推进社会治安“天网工程”，大力提高社会治安技防能力。三是突出抓好五象新区范围内村（队）与部队、村（队）与国有农林场、村（队）与农户、农户与农户之间的土地、山林、水利权属纠纷调处工作，为加快征地拆迁工作奠定基础。四是筹建玉洞街道办，完善基层组织建设；坚持管理、教育、服务三措并重，重点加强对大沙田辖区出租房屋和流动人口管理，继续推进流动人口服务信息化管理平台建设，强化以出租房屋为重点的流动人口管理，切实维护好流动人口的合法权益和辖区和谐稳定。五是深化矛盾化解，积极主动解决影响和谐稳定的突出问题；进一步完善矛盾纠纷滚动式排查调处工作机制，集中力量继续开展对历史积案、重点疑难问题的攻坚调处活动，争取有效解决一批问题。六是全面推行风险评估制度，实现矛盾纠纷源头防范治理；配套出台重大事项社会稳定风险评估工作领导责任机制、考核督查机制和责任倒查机制，严格落实风险评估报告制度，督促责任主体做好风险预防和化解工作，避免因重大项目的实施引发不稳定问题。七是进一步健全突发事件应急管理体系，提高应对自然灾害、事故灾难、公共卫生事件、食品安全事件、社会安全事件的预防预警和处置能力。

（七）突出抓好社会事业建设，切实保障和改善民生

坚持把保障和改善民生作为政府一切工作的出发点和落脚点，把社会事业发展摆上重要位置，全力推进，及时研究解决群众关注的教育、就业、安居、文化、社保、医疗、扶贫开发、人口计生、节能减排和环境保护等问题，使经济发展的过程成为群众享受成果、得到实惠的过程。

——健全社会保障体系。坚持广覆盖、保基本、多层次、可持续的方针，加快推进覆盖城乡居民的社会保障体系建设，稳步提高保障水平。继续扩大城乡社会保险参保规模，继续做好新农保和城镇居民养老保险试点工作，建立和完善计生诚信户参加养老保险优惠扶持政策以及基金征缴管理制度，加快推进城区社会救助力度，提高困难群体、优抚群体、孤老孤残孤儿等特殊群体生活保障水平，认真做好城乡低保提标扩面工作，切实做到应保尽保。

——扩大创业就业。继续落实更加积极的就业政策，积极培养扶持加工制造业、旅游餐饮服务业等劳动密集型和绿色环保产业，增加就业岗位，完善和统筹城乡就业工作，力争全城区新增就业4500人，农村劳动力转移就业新增3200人，城镇登记失业率控制在4.50%以内。

——抓好科教文卫事业发展。严格执行科技项目管理政策和办法，深入开展好科技项目申报、实施、验收、推广等工作，实施好南宁市知识产权试点县（区）工作，科普工程和农村实用技术培训工作，进一步提升科技服务城区发展的支撑力。加快市二十六中五象校区、玉洞小学（扩建）在建工作；加快良庆镇那黄小学、良庆镇中、良庆镇中心校稔水教学点、良庆镇那平小学、坛泽小学、新村小学等迁建项目前期工作；继续认真组织实施“学前三年行动计划”和农村幼儿园综合试点改革工作，抓好幼儿园项目建设。坚持文化引领、文化立区，繁荣发展文化事业和产业，抓好10个村级公共服务中心、6个农民健身点、10个社区书屋的建设，继续以“香火龙”旅游文化节为载体，推进良庆文化建设，以开展“良庆文化建设”大讨论活动为契机，营造浓厚的良庆文化氛围。举办良庆区第二届运动会，大力发展民间体育和全民健身运动。积极稳妥推进医疗卫生体制改革，加快完善国家基本药物制度、新型农村合作医疗制度，健全基层医疗卫生服务体系、城市社区卫生服务体系，促进基本公共卫生服务逐步均等化。加快推进良庆区人民医院项目、良庆区卫生监督所办公楼项目建设。

——抓好人口计生工作。深入开展婚育新风进万家宣传活动，推行“诚信计生”进一步提高群众实行计划生育的自觉性，完善流动人口计划生育管理服务体系，强化宣传教育，完善计生服务站（所）建设，抓好计生技术优质服务，切实落实奖扶机制，狠抓层级动态管理，开展创建“两无一提高”活动，进一步提升本城区人口和计划生育工作水平，全面完成南宁市下达的2012年区间人口和计划生育各项指标任务。同时，加强违法生育的立案工作，加大依法征收社会抚养费的力度，力争全年征收800万元。

——加强节能减排和环境保护工作。加强重点耗能企业能源消耗情况动态跟踪和监控。大力推进节能技改，提高资源利用水平。加强建筑噪声、道路扬尘、机动车排气污染防治等工作。全面推进2012年全区农村环境连片综合整治示范区和生态村创建工作，年内1/3以上的乡镇完成生态乡镇规划编制工作。加强饮用水源保护。

——抓好为民办实事工程。除中央、自治区、南宁市安排的项目外，城区财政再投入3000万元，实施为民办实事“三大工程”。一是“设施惠民工程”，投资1000万元完善公共基础设施及公共服务配套工程，逐步改造那马镇、大塘镇、南晓镇、那陈镇等4个镇政府所在地的小街小巷、路灯、道路硬化、给排水工程；逐步改造大沙田建成区（含玉洞片区）的小街小巷、小广场、小绿地、休闲活动场所、公厕和环卫停车场、环卫市政物资仓库等环卫设施。二是“饮水惠民工程”，投资1000万元实施解决那陈镇和平村那齐坡人饮工程、西盛村那头坡人饮工程等5个镇40个村2万人饮水安全问题工程。三是“道路惠民工程”，投资1000万元完善一批农村交通道路工程，建设大塘镇南荣村山口至南晓镇福里村至台马村至南北高速公路南间出口等镇与镇之间的重要公路；新建和改造那陈镇那盆桥等桥梁；在各镇修建和改造一批村屯道路，解决农村群众交通出行困难的问题。四是完善为民办实事组织协调机制，成立为民办实事“三大工程”的指挥协调机构，出台细化“三大工程”的实施方案，细化各种工程项目名称，把为民办实事项目办好办实。

——抓好精神文明建设。进一步巩固全国文明城市、卫生城市创建成果，以建设社会主义核心价值体系为根本，深入开展群众性精神文明创建活动，一是深入开展“讲文明、树新风”活动，提升市民文明素质。重点抓好文明礼仪教育培训，培养“居文明城做文明人”观念，自觉改变生活陋习。二是深入开展“和谐社区”创建活动，把解决社区居民关心的热点、难点问题结合起来，主动问情于民、问计于民、问政于民、问需于民。三是积极开展社会志愿服务活动，组织机关单位、街道社区党员义工、志愿者和市民群众参加美化家园、环境保护、文明劝导、秩序维护等各类志愿服务活动，引领文明新风。四是加大良庆精神的培育和弘扬，推进文明建设向更高水平、更深层次拓展。五是加强双拥工作，抓好创建全国双拥模范县（区）工作，深化国防教育，新培育一批军民共建点。六是坚持不懈开展文明城市、文明县（区）、文明村镇、文明单位、文明社区创建活动。七是深入推进社会主义环境净化工程，营造有利于未成年人健康成长的良好社会文化环境。

（八）突出抓好执行力建设，转变干部作风，为实现工作目标提供强有力的组织保障和思想保障

做好2012年经济社会发展的各项工作，必须以改革创新精神加强政府自身建设，以提高干部队伍执行力，改进机关作风，切实转变职能为重点，努力打造为民、务实、法治、廉洁的人民满意政府。

——强化贯彻执行，着力打造务实政府。政府工作人员特别是领导干部要加强学习，更新观念，提高把握大局、促进发展、履行职责、服务人民的能力。大张旗鼓弘扬“敢做善成”的南宁精神，积极开展“学用政策抓落实、强化执行促跨越”活动和“科学发展赶超跨越落实年”活动，把学习作为干事创业的本领和追求，切实把学习的成果转化为谋划工作的思路、促进工作的措施、领导工作的本领，不断增强加快发展的领导能力、开拓进取的创新能力和谋事创业的实干能力；把征地拆迁服务五象新区开发建设作为检验党员党性和干部工作责任心的标准，深入开展整治“五风”、增强“五力”活动，强化工作落实，要敢字当头，不当老好人，不怕得罪人，全副身心地抓落实，一层一层地抓落实，一件一件地抓落实，抓紧每一天，干实每一天，抓好每一件事，办妥每一件事，做到接受任务不找借口、执行任务不讲困难、完成任务追求圆满；要加强督促检查，每一项工作都要有布置、都要有检查、都要有结果、都要有反馈；要牢固树立

“一盘棋”的大局思想，各司其职，各负其责，密切配合，协调联动，合力攻坚。坚持心往一处想，劲往一处使，一切为了服从服务工作的落实，努力形成上下一致、内外互动的工作落实新局面，不断转变作风，提高工作效率，创出良庆新精神。要强化行政问责制和责任追究制，严肃查处失职渎职、不作为和乱作为的行为，做到有责必问、有错必纠。要强化目标管理责任制，完善监督监察机制，坚决杜绝有令不行、有禁不止的现象，努力提高政府执行力，为全面实现全年各项工作目标提供有力的组织保障和思想保障。

——强化民本思想，着力打造为民政府。坚持将发展作为执政为民的第一要务，深怀爱民之心，恪守为民之责，善谋富民之策，多办利民之事。坚定不移把贯彻落实中央、国务院，自治区、南宁市党委、政府和城区党委的决策部署作为发展的政治任务，坚定不移把服务加快五象新区开发建设掀起新高潮，促进城区经济社会全面进步作为发展的重要机遇，坚定不移把转方式、调结构作为发展的主攻方向，着力解决群众最关心、最直接、最现实的利益问题，实现好、维护好、发展好广大群众的根本利益，做出经得起实践、人民、历史检验的实绩。强化政府公共服务职能，实行“四个零”服务，营造良好发展环境，即：落实政策“零折扣”，凡政策规定的、合同明确的，都要落实到位，不打折扣；管理服务“零距离”，把企业的事当作大事、分内事、最要紧的事，做到分内事情立即办，重大事情上门办，变被动服务为主动服务，变一般性服务为高效率服务；生产经营“零干扰”，禁止乱摊派、乱收费，通过降费切实减轻中小企业的负担；处理问题“零缺位”，对企业的投诉快速反应、快速处置、快速查结、快速反馈。

——强化依法行政，着力打造法治政府。要坚决贯彻落实城区党委各项决策，自觉接受人大及其常委会的工作监督和政协民主监督，认真听取各民主党派、工商联、人民团体和社会各界人士的意见。充分发挥监察、审计等专门监督的作用，主动接受人民群众监督和新闻舆论监督。坚持科学决策、民主决策、依法决策，建立重大工程项目建设和重大政策制定的评估机制，严格责任追究制度，坚决制止和纠正决策程序不合法、政策措施不合理导致群众利益受损的行为。规范行政执法行为，做到严格执法、公正执法、文明执法。深化政务公开，加强政务公开监督检查、政府信息公开考核和政务服务中心管理，确保各级政务服务中心、便民服务中心（农事村办点）正常高效运转，方便群众和企业办事，切实保障广大群众的知情权、监督权。

——强化廉洁自律，着力打造廉洁政府。全面落实党风廉政建设责任制，切实加大行政审批、招投标、工程建设、土地出让等重点领域和关键环节的监督检查，创新征地拆迁工作和重点项目建设监督机制，对征地拆迁工作和重点工程项目实行派驻纪检监察机关人员进行全程监督，对工期较长的项目实行定期巡查、督办。严肃查处违纪违法行为。完善政风行风评议制度，坚决纠正损害群众利益的不正之风。厉行勤俭节约，反对铺张浪费，树立勤政廉洁、务实高效的良好形象。

各位代表，建设富裕文明和谐宜居的现代化新良庆，任务艰巨，责任重大，使命光荣。有市委、市政府和城区党委的坚强领导，有全城区35万干部群众同心同德、和谐奋进的良好局面，我们对未来的发展充满信心。让我们更加紧密地团结在以胡锦涛同志为总书记的党中央周围，深入贯彻落实科学发展观，以更加坚定的信心，更加振奋的精神，更加务实的举措，同心协力，开拓创新，扎实工作，为实现富民强区新跨越，以优异的成绩迎接党的十八大胜利召开，为把良庆区的明天建设得更加美好而努力奋斗！

中国人民政治协商会议南宁市良庆区第二届委员会常务委员会工作报告

——在政协南宁市良庆区第二届委员会第二次会议上

刘长南
（2012年1月13日）

各位委员、同志们：

我受中国人民政治协商会议南宁市良庆区第二届委员会常务委员会的委托，向大会作工作报告，请予审议，并请列席会议的同志提出意见。

2011年工作回顾

2011年，是我国实施国民经济和社会发展“十二五”规划的开局之年，是我城区抓住服务五象新区开发建设机遇，加快建设富裕文明和谐宜居的现代化新城区的重要一年，也是城区政协新老交替的换届之年。一年来，在中共良庆区委的正确领导下，我们坚持以邓小平理论和“三个代表”重要思想为指导，深入贯彻科学发展观，认真学习贯彻党的十七大和十七届五中、六中全会精神，以及自治区第十次党代会、南宁市第十一次党代会、城区第二次党代会精神，牢牢把握团结和民主两大主题，继承和发扬人民政协优良传统，团结和依靠广大政协委员，围绕中心、服务大局，切实履行政治协商、民主监督、参政议政职能，为城区实现“十二五”规划良好开局，加快建设富裕文明和谐宜居现代化新城区作出了积极贡献。

一、加强自身建设，夯实履行职能基础

针对2011年政协换届，我们认真学习领会政协章程以及中央、自治区党委、市委关于做好换届工作有关文件精神和相关法律法规，熟悉换届工作的政策要求和程序，为顺利换届打下了良好基础。换届后，我们及时针对新委员比例较大的特点，着力抓好组织和思想建设，内强素质、外树形象，调动了委员履行职能的积极性，为新一届政协开好局、起好步，奠定了坚实的基础。

精心组织安排，圆满完成换届工作。一是成立领导机构，精心制定工作方案。高度重视政协换届工作，精心制定良庆区第二届政协换届工作方案，并成立以政协主席、党组书记为组长的换届工作领导小组，下设秘书组、组织组、宣传组、会务组和安保组等工作小组。各小组各司其职，确保了政协换届工作按市委和城区党委的部署要求有序开展。二是严格程序，认真把好人事关。积极配合城区党委统战部做好新一届政协委员的推荐、考核和协商提名工作，确保了新一届政协委员和常委会组成人员的各种比例构成均符合政协章程和市委要求，综合素质较上届有明显提高。三是精心组织，开好二届政协一次会议。通过早计划、早安排、早行动，精心组织，充分做好会前各项准备工作，扎实做好会议期间各项会务工作，确保换届工作按照市委要求，于2010年8月中旬召开城区政协二届一次会议，并顺利选举产生了城区二届政协主席、副主席、秘书长和常委，圆满完成了政协换届工作任务。

抓好组织建设，健全工作制度。换届后，我们及时对新一届政协班子进行工作分工，并根据政协工作职能，明确内部分工，设立了四个专门委员会和七个委员小组，任命了专委会负责人。同时修订了《良庆区政协常委会工作

规则》、《良庆区政协专委会工作通则》及《良庆区政协机关工作制度》、《良庆区政协机关学习制度》、《良庆区政协机关工作人员请、销假制度》《良庆区政协机关文印工作制度》等16项机关内部管理制度。通过抓组织和制度建设，健全了政协工作组织，进一步完善了政协常委会议、主席会议、专委会会议制度和机关内部管理制度，使政协工作进一步走上制度化、规范化、程序化轨道。

重视理论学习，提高委员素质。按照创建学习型政协组织的要求，切实抓好政协班子、常委会组成人员、政协委员以及政协机关的学习。一年来，有计划地组织政协委员学习党的十七届五中、六中全会精神以及自治区、南宁市党代会精神，学习胡锦涛同志在庆祝中国共产党成立90周年纪念大会上的讲话以及中央、自治区党委、南宁市委《关于进一步加强人民政协工作意见》等内容。推荐产生城区二届政协委员后，我们及时对全体委员进行了培训，分发了《政协委员手册》，还先后组织召开党组（扩大）会和常委会，组织专题学习党的十七届六中全会精神和市“两会”精神，先后派出8人次赴清华大学和北戴河政协干部培训中心学习培训。通过学习培训，城区政协领导班子成员及常委会组成人员及时了解新形势、新任务对政协工作的新要求，增强工作的科学性和预见性，综合素质得到进一步提升，并自觉把中央和上级的精神同良庆区政协的实际结合起来，创造性地开展工作。

转变机关作风，提高服务水平。一年来，我们按照建设“学习型、服务型、创新型、和谐型”机关的要求，加强机关干部的理论和业务知识的学习，强化大局意识和服务意识，增强责任感和使命感。二届政协产生后，我们根据城区党委关于开展整治“五风”、增强“五力”活动要求，大力抓好机关作风整顿，使机关内部形成了勤奋好学、努力工作、敬业爱岗、团结协作的良好风尚，使机关服务政协工作，服务政协委员的水平进一步提高。

二、深入调查研究，积极为城区科学发展建言献策

一年来，我们把推进城区科学发展为履职的第一要务，积极围绕城区党委、政府的中心工作，深入开展考察和调研活动，积极建言献策。

围绕党政工作重点开展专题调研。我们围绕城区党委提出的服务五象新区开发建设，实施征地拆迁安置、项目建设、园区建设“三大会战”以及实施城镇化建设、现代产业培育、统筹城乡示范、社会管理创新、民生改造等“八大工程”重点工作，深入开展调研和考察活动，先后就城区农田水利灌溉建设、城区民营企业发展现状、开发区发展现状等城区党委关心的课题深入开展调查研究，并形成了《关于良庆区农田水利灌溉建设情况的视察报告》、《关于当前影响我城区民营企业发展的问题和建议》等调研考察报告，这些报告均得到了城区党委的高度重视，城区党委李斌书记亲自在报告作批示，要求城区政府及有关部门认真研究解决。

围绕社会难点问题开展调研考察活动。一年来，我们注重围绕社会热点问题，积极开展调研考察活动，踊跃建言献策，及时反映群众诉求。针对群众普遍关心市级和城区级为民办实事项目完成情况，我们开展了考察市级、城区级为民办实事项目活动，并形成了《关于城区承办的2011年度市级为民办实事项目完成情况的视察报告》，促进了为民办实事项目加快完成。针对农民群众较为关心农村土地流转政策，我们组织开展了乡镇农村土地流转情况调研考察活动，形成了《关于视察城区农村土地流转情况的报告》，引起了城区党委、政府对此项工作的重视。

在参与城区中心工作中建言献策。我们围绕城区经济社会发展大局，根据城区党委的统一部署，积极承担城区中心工作，并在参与中心工作中积极建言献策。如城区政协主要领导列席城区党委书记会、常委会，认真为城区各项工作决策建言献策。城区政协班子其他成员，承担了五象新区开发建设征地拆迁工作，能深入基层认真开展政策宣传和动员工作，为完成征地拆迁和回建安置任务发挥了积极作用。此外，我们继续参与计生服务、城乡清洁工程、大接访、社会治安综合治理等工作，在一线的实践中参政建言。

三、充分发挥优势，努力促进社会团结和谐

我们充分发挥政协委员智力密集、联系面广、人才荟萃的优势和作用，认真做好提案和社情民意工作，积极参政议政高度关注民生，努力促进社会团结和谐。

认真做好提案工作。一年来，政协委员、各民主党派、工商联、人民团体和各专委会、委员小组在深入调研的基础上，积极撰写提案，共提交提案161件，经提案委审查，立案交办145件。为了提高提案办理质量，经主席会议审议确定了《关于维护通村通屯公路的建议》、《关于全力推进银海大道拓宽工程建设的建议》、《关于建设良庆区医药生物工业园区的提案》、《关于加强学前教育的建议》、《关于在城区各主要场所安设摄像系统的建议》等8件提案为重点提案，并由政协领导亲自督办。我们高度重视提案办理工作，及时联合城区政府召开提案交办会，并认真做好提案办理的跟踪，密切承办单位与委员的联系，增强提案办理的针对性和实效性。到2011年年底，政协提案已全部办复，收到了良好的社会效益。

积极反映社情民意。我们始终把关注民生，反映社情民意作为政协全年工作的重要内容，围绕如何更好地维护最广大人民群众的利益，组织广大政协委员和机关人员积极开展反映社情民意活动，并及时把真实的情况、重要信息向城区党委政府反映，收到了较好效果。2011年换届后，我们马上组织机关开展走访委员活动，先后深入27户企业，了解社情民意，共收集各类建议32条，经归纳整理为7条，并及时将收集到的信息写入走访考察报告，报送城区党委、政府，均得到了重视，一些问题正逐步得到解决。同时，高度重视民生，围绕改善民办学校办学条件，关爱农民工子女上学，充分发挥政协联系广泛优势，成功搭线广西光明职业大学为五象中学、锦绣学校和大沙田小学3所民办学校捐赠图书、桌椅、电风扇、讲台、床架等一大批教学用品和学生用具，总价值6万多元，在支持民办学校和农民工子弟教育中做出了积极贡献。

做好机关作风的民主监督工作。积极配合城区党委开展整治“五风”、增强“五力”活动和加强机关行政效能建设，继续选派部分政协委员作为城区纪律（监察局）、城区绩效办特邀监察员，让他们发挥管理地方事务、地方经济和社会事业民主监督作用。政协委员通过广泛参与部门行风评议和深入机关开展10多次的机关作风督查工作，及时反映机关作风中存在问题和反映社会各界的呼声，为进一步转变机关作风，促进政府行政效能建设工作发挥了积极作用。

着力化解社会矛盾促和谐。充分发挥政协委员在社会中联系面广、影响力大的特点，着力协助城区党委、政府抓好维护稳定工作，旗帜鲜明地反对民族分裂和非法宗教活动，努力维护我城区团结稳定大局。认真教育和引导各界委员，增强维护祖国统一、加强民族团结、反对民族分裂的责任感和历史使命感，充分发挥政协委员的模范带动作用，主动团结周围的群众，围绕群众关心的热点、难点问题，充分发挥参政议政和民主监督的作用。注意及时化解矛盾、协调关系，形成合力，维护了城区安定团结的政治局面。此外政协主席、副主席积极参加“大接访”活动，热诚接待来访群众，耐心做好化解矛盾、稳定情绪工作，及时处理信访突出问题，为维护社会和谐稳定发挥了独特作用。

四、牢牢把握主题，巩固和发展爱国统一战线

我们牢牢把握团结和民主两大主题，把围绕大目标、加强大团结、促进大联合作为一项重要任务，努力搭建共事舞台，形成和谐、宽松和奋进的工作氛围。

（一）充分发挥人民团体、各民主党派、工商联和无党派人士在政协中的重要作用

一年来，我们积极营造团结和谐的民主氛

围，充分发挥各界人士的作用。通过组织各民主党派、工商联、无党派人士和人民团体成员等社会各界人士参加城区政协召开的政协全会、常委会和中秋茶话会以及开展联合专题调研和考察等方式，吸纳他们的真知灼见，反映他们的意见要求，为他们知情明政和参政议政创造条件、搭建平台。同时，重视发挥委员小组作用，开展各具特色的委员小组活动，通过委员广泛联系各界群众，集中民智；反映民意，政协成为各族各界人士参政议政的重要场所。

（二）开展形式多样的联谊活动

我们认真围绕城区的中心工作，积极采取“走出去”的办法加强与兄弟县（区）政协的联谊，组织政协委员学习和借鉴外地的先进经验等形式的视察调研活动。各专委、委员小组按照年初制定的专委及委员小组活动计划到区内外进行考察调研，分别到桂林、贺州等兄弟县（区）政协开展交流学习。常委会还组团参加了广西二十八县（市、区）政协经济联席会第三十二次会议，交流和探讨政协履行职能的新思路、新途径、新形式，促进履职为民整体水平的提高。参加了全国省会（首府）部分城区政协工作联席会第四、第五次会议，围绕“如何发挥政协委员主体作用，建设活力政协”，“加强制度化、规范化、程序化建设，提高政协履职实效”两个主题进行了交流。同时，精心组织开展“委员活动日”，增进委员之间的交流和友谊，增强政协组织的凝聚力。通过开展形式多样的联谊活动，拓宽了创新政协工作的思路，增进了与兄弟政协之间的友谊，学习了各地政协工作的新经验、好做法，也开阔了城区政协委员的视野，提高了他们的履职能力。

五、注重宣传和文史工作，不断扩大政协影响力

首先是注重政协宣传工作。一年来，我们积极撰写政协宣传稿件，利用报纸杂志、政务信息网、内部宣传资料以及其他有效方式，加强对政协工作的宣传，不断扩大政协的社会影响，为有效推进政协工作的顺利开展营造良好的舆论氛围和外部环境。全年，在政务网站、内刊、报纸等媒介发表宣传我城区政协工作的稿件共62篇，其中《广西政协报》3篇，《南宁市政协》6篇，南宁市《心桥》杂志5篇，《良庆信息》15篇，《良庆区政务信息网》34篇，全面完成区、市政协和城区党委下达的信息采编任务，浓厚的宣传氛围扩大了城区政协社会影响力，同时被自治区政协办公厅评为“2011年度政协报刊宣传工作先进单位”。其次我们还注重文史收集整理工作。认真贯彻党的十七届六中全会关于加快文化大繁荣、大发展精神，有力助推城区文化建设，积极编印城区政协内部文史资料，编印《良庆政协》4期，《文件汇编》2期，翔实记录了城区政协一年来的工作成绩，为今后工作的开展提供了参考依据。此外，为发挥文史资料存史资政作用，我们在广泛收集全城区民间民俗的基础上，完成《良庆：民俗与文化》一书的编写，使文史工作取得新突破。

各位委员，在过去的一年里，城区政协常委会较好地完成了城区政协一届八次会议和二届一次会议确定的目标和任务，各项工作取得了较好的成绩。这些成绩的取得，是中共良庆区委正确领导的结果，是全体委员和城区各民主党派、工商联、无党派人士、人民团体共同努力的结果，也是城区政府、人大大力支持及有关部门密切配合的结果。在此，我代表城区政协常委会向一直重视、关心、支持政协工作的各级领导、各有关部门和社会各界，向为政协工作付出辛劳的各位委员表示衷心的感谢和崇高的敬意！

在肯定成绩的同时，我们也要清醒地看到，城区政协常委会的工作对照城区党委的要求和社会各界的期望还有一些差距，主要表现在：有些专题调研的深度不够、质量不高；界别优势没有充分发挥；常委会议的议政形式不够活跃；政协理论的学习和研究还需要进一步加强；政协履行职能的制度化、规范化和程序化建设还需进一步探索，等等。这些我们将在今后的工作中切实加以改正。

2012 年工作意见

2012 年，是实施“十二五”规划承上启下的重要一年，是南宁市举全市之力加快推进五象新区开发建设，努力实现“一年新面貌、五年新突破、十年新跨越”的启动之年，也是我城区服务五象新区开发建设借力加快城区经济社会发展的关键之年。2012 年城区政协工作的总体思路是：以邓小平理论和“三个代表”重要思想为指导，认真贯彻落实科学发展观，高举爱国主义和中国特色社会主义两面旗帜，牢牢把握团结和民主两大主题，全面贯彻党的十七大和十七届四中、五中、六中全会精神，自治区第十次党代会、市委十一届三次全会、城区第二次党代会第一次年会精神，紧紧围绕城区党委提出的大力实施城镇化建设、现代产业培育、民生改善“三大战略任务”及抓好服务五象新区开发建设、建成区改造提升、基础及公共设施完善、开发区产业优化壮大、五象—银海商区打造、统筹城乡发展改革、社会管理创新、社会事业发展“八项重点”和全城区发展大局，积极履行政治协商、民主监督、参政议政职能，为推动城区经济社会更好更快发展做出新的突出贡献，以优异的成绩向党的十八大胜利召开献礼。

按照这一思路，全年工作重点抓好四个方面。

一、把助推发展作为第一要务，在建言献策上求深入

我们要按照全国政协主席贾庆林提出的“党委、政府的中心工作就是政协中心工作”的要求，积极围绕城区第二次党代会第一次年会确定的总目标、总任务，多层次多渠道建言献策。一是推进常委会重点协商。围绕“三大”做到履职尽责、帮忙不添乱、尽职不越位、切实不表面。一是以专项考察为基础强化监督职能。针对影响经济社会发展的重点、难点和热点问题，不断创新监督机制，通过组织委员开展专项视察，提高政协民主监督的时效性和公信力。二是以委员提案和反映社情民意为重点增强监督效果。坚持把委员提案和反映社情民意作为实施民主监督的重要形式来抓，不断创新征集、督办和落实机制。围绕城区经济社会发展大局，开展“一委员一提案”主题活动，要求每位政协委员年内至少撰写一个提案。同时实现“两个转变”，即重数量向重质量转变，重办复向重落实转变，着重在提高认识、强化责任、协调联动、推动落实上求突破，不断把提案推向新台阶。认真做好反映社情民意信息工作，加强《良庆政协》编撰工作，加大社情民意收集和编写工作，坚持做到每季度编发一期社情民意，及时向城区党委、政府决策提供依据，不断扩大政协工作的影响力。三是以民主评议为载体加大监督力度。引导委员积极应邀参加各单位的行风评议工作，积极参与城区开展的整治“五风”、增强“五力”活动和各项中心工作、重点工作的督查督办工作，广泛参与各种评议工作，丰富评议监督形式，促进部门转变作风、改进工作，促进相关问题的解决。

三、把促进和谐幸福作为崇高使命，在凝心聚力上求增强

我们要牢牢把握团结和民主两大主题，坚持大团结、大联合，努力为构建和谐幸福的新良庆积极工作，以政协工作的辛苦指数助推全城区居民的“幸福指数”的提高。

一是做好统一思想，增进共识工作。广大政协委员要以高度的社会责任，深入各界群众，积极宣传城区党委、政府的重大决策部署，把党的主张变成各界群众的意志和行动，让大家心往一处想、劲往一处使，同心同德搞建设，一心一意谋发展。同时，主动做好化解矛盾、沟通思想、理顺情绪、鼓舞士气的工作，使我城区安定团结的大好局面不断得以巩固和发展。

二是做好统战联谊、凝聚力量的工作。通过召开座谈会、茶话会、通报会和走访慰问等形式加强与各民主党派、工商联、无党派人士以及非公经济人士和新社会阶层代表人士的联系，以凝聚力量，共谋发展。积极协助城区党委抓好经济统战工作，协助城区党委统战部、工商联联合筹建中小企业服务中心，切实为非公企业解决办事难等问题。积极协助城区党委做好民族宗教工作和民族团结工作，加强与宗教人士联系沟通，共同营造民族团结、社会和谐的良好环境。同时利用政协委员联系面广的优势，积极协助城区党委做好招商引资、维护社会稳定等工作。积极参加政协系统联谊，主动“走出去”参加政协系统经验交流、理论研讨、横向联谊活动，开阔工作视野。

三是加强文史工作，进一步发挥文史“存史、资政、团结、育人”的作用。发挥政协人才荟萃、智力密集优势，加大对城区历史文化、民族文化的挖掘和保护力度，做好文史资料征集编辑工作。继续抓好《良庆：民俗与文化》一书的编辑工作，争取年内出版。同时，谋划出版《良庆风物图片志》一书。积极做好良庆历史古迹、人文文化、经济建设新风貌等图片收集工作，使更多人了解良庆、认识良庆，使城区文史工作再上新台阶，助推城区文化大繁荣大发展。

四、把改革创新作为不竭动力，在自身建设上求提升

创新是推动人民政协事业发展的不竭源泉。我们必须坚持与时俱进，不断加强自身建设，努力提升适应新形势下政协工作的能力和水平。

在委员队伍建设上，以实施“委员素质提升工程”为抓手，全面加强委员队伍建设。一要抓好委员系统培训。通过聘请区、市政协专家举办讲座和组织委员到先进地区学习考察相结合的办法，对全体政协委员进行系统培训，使广大政协委员进一步熟知新时期党的政协工作理论和方针、政策，进一步掌握撰写提案、调研报告等履职基本功，进一步了解新形势对政协委员的新要求、新任务，牢固树立与党委、政府“一盘棋”意识，始终保持思想同心、目标同向、工作同步。二要加强与委员联系。要坚持和完善《政协主席、副主席联系委员办法》，建立“委员约访”制度，城区主席、副主席要有计划地约访委员，了解他们的生活和工作情况，听取他们的意见和建议，年内争取对全体委员走访一次。三要筹建城区政协委员活动中心，搭建委员学习交流的平台。利用活动中心开展丰富的委员小组活动，激发委员参政议政的热情。四要加强委员管理。建立委员履职激励约束机制，对积极参加政协活动、履行职能突出的委员给予表彰，对长期不履行职能、不参加活动的则给予相应组织处分。同时，支持政协委员立足本职、勤奋干事创业，引导政协委员积极奉献社会，发扬南宁“能帮就帮”精神，扶贫助困，热心公益事业，积极参加各种爱心活动，努力为基层、为群众办好事、实事，扩大政协委员影响力。五要积极推进政协工作重心下移。按照市政协的工作部署，选择一个条件成熟的镇或街道办设立政协委员联络站，并认真开展试点工作，使政协工作触角向基层延伸，使政协委员更好地为本地经济社会发展和维护社会稳定发挥作用。

在机关队伍建设上，以推进“四型”机关建设为抓手，全面提升机关工作水平。一是继续抓好机关“三化”建设。按照政协工作制度化、规范化和程序化要求，对政协机关各项办事流程，各项管理制度进一步修改完善，使机关各项工作制度更优、程序更明、渠道更畅、服务更优，各方更满意。二是继续抓好机关作风建设。教育机关干部进一步强化学习意识、服务意识、创新意识、团结意识、形象意识，使机关干部更好地为委员服务、为群众服务、为发展大局服务，努力把政协机关建成高水平的“委员之家”，为做好政协各项工作提供坚强保障。

各位委员、各位同志，新的一年，新的目标、新的使命、新的要求，激励着我们继续奋发努力，让我们高举邓小平理论和“三个代表”重要思想伟大旗帜，紧密团结在以胡锦涛为总书记的中共中央周围，在中共良庆区委的领导下，同心同德，艰苦奋斗，求真务实，开拓创新，不断开创我城区政协工作的新局面，为建设富裕文明和谐宜居的现代化新良庆而努力奋斗，以优异的成绩迎接中共十八大的胜利召开！

2011年大事记

1月

10日 中国共产党南宁市良庆区第一次代表大会第六次年会在城区政府礼堂召开。会议通过关于中共南宁市良庆区第一届委员会工作报告的决议和关于中共南宁市良庆区纪律检查委员会工作报告的决议。

17日至19日 政协良庆区一届八次会议在城区政府礼堂召开。会议通过政协南宁市良庆区第一届委员会常务委员会工作报告和第一届委员会常务委员会一届七次会议以来提案工作的报告。

18日至19日 良庆区一届人大八次会议在城区政府礼堂召开。会议通过关于政府工作报告的决议、关于南宁市良庆区2010年财政预算执行情况和2011年财政预算的决议、关于南宁市良庆区人大常委会工作报告的决议、关于南宁市良庆区人民法院工作报告的决议、关于南宁市良庆区人民检察院工作报告的决议等。

25日 南宁市委常委、宣传部部长、副市长吕洁一行7个人到良庆区那马镇共和村点评该村创先争优活动。并看望慰问老党员和五保老人。

同日 良庆区在大塘镇举办科技、卫生、文化“三下乡”活动。城区科技、文化、卫生、计生、农业、司法、大塘镇政府等15家科普工作联席会议部门和大塘镇新农村建设帮扶单位及科普工作志愿者共75人参加活动。接受群众技术咨询400多人次。

同日 良庆区党委、人大、政府、政协四家班子领导到良庆区地税局、法院等单位进行春节慰问。

1月下旬 良庆区退耕还林工程区级项目通过验收，各项技术指标达到国家退耕还林标准要求。良庆区2011年退耕还林验收任务为5115.7亩，涉及5个镇、18个村、240多块林地。经实地检查，确认保存合格面积为5030亩，保存合格率98.3%。

2月

27日 城区党委书记储朝辉调南宁市政协工作，中共南宁市委任命李斌同志为中共南宁市良庆区委员会常委、书记。

同日 城区政府区长孙志强调上林县工作，中共南宁市委任命黄奕信同志为中共南宁市良庆区委常委、副书记主管城区经济工作。

28日 良庆区召开领导干部党风廉政教

育大会。会议传达学习党的十七届五中全会、中央纪委十七届六次全会、自治区九届纪委九次全会和市十届纪委八次全会精神，要求进一步统一思想，明确任务，狠抓落实，推动全城区党风廉政建设和反腐败斗争深入开展，为顺利实施“十二五”规划，建设文明和谐富裕发展新良庆提供有力保障。城区各基层党工委书记在会上向城区党委书记储朝晖递交了2011年度党风廉政工作责任状。

3月

4日至11日 良庆区党委书记李斌、城区人大常委会主任郑国健、城区政协主席任宁生等到城区五象指挥部、良庆经开发区和南晓、大塘、那陈、那马、良庆等镇，以及城区财税、工商、公检法、大沙田街道办等单位开展调研。

21日 自治区党委常委、政法委书记温卡华到良庆区大沙田派出所调研。温卡华对如何提高人民群众社会治安满意度问题提出要求：要准确掌握大沙田社会治安现状与基本情况。要在深化认识、综合治理、建立长效机制上下功夫。要加大对“两抢一盗”等多发性侵财犯罪的打击力度，最大限度的提高见警率，坚决维护辖区群众的生命财产安全。良庆区党委书记李斌等陪同调研。

16日 良庆区开展“兴水利、大种树、优生态、强基础、惠民生、促发展”主题活动。南宁市委常委、宣传部部长、副市长吕洁，市人大常委会副主任邓其新，副市长肖志钢等分别到大王滩灌区西干渠那平段、银海大道二期工程段，与良庆区干部群众一起参加兴修水利和义务植树劳动。

25日 良庆区第一届人民代表大会常务委员会第50次会议通过：任命黄奕信同志为南宁市良庆区人民政府副区长、代区长职务。

28日 在自治区第二届“人民满意的公务员”和“人民满意的公务员集体”表彰大会上，南宁市良庆区大塘司法所所长黄英武被授予全区“人民满意的公务员”荣誉称号。

29日 自治区高级人民法院院长罗殿龙到良庆区法院调研。罗殿龙在座谈会上指出：要认真学习贯彻十一届全国人大四次会议的精神，把思想统一到中央对形势的分析和判断上，统一到中央和区党委对当前工作的部署上。不断加强法院队伍建设，促进审判公正高效。强化案件的管理工作。创新工作方法，探索有利于当前实际工作的方法。加强基层基础工作。良庆区党委书记李斌等参加调研座谈会。

4月

19日 南宁市人大常委会主任谢寿堂带领市人大调研组到良庆区大塘镇、那马镇、良庆镇开展乡镇人大规范化建设和人大换届选举工作调研，查看乡镇人大规范化建设情况。良庆区人大常委会主任郑国健等陪同调研。

27日 良庆区召开2011年农村工作会议。会议传达中央、自治区和南宁市农村工作会议精神，总结良庆区2010年的农业农村工作，分析当前农业农村发展形势，部署2011年农业农村工作。各镇、街道办向城区政府递交2011年农村工作责任状。

5月

18日 良庆区召开城区、镇两级人大换届选举工作会议。会议传达中共中央有关文件精神和自治区、南宁市召开的人大换届选举工作会议精神，对城区、镇两级人大换届选举工作进行部署。此次城区、镇两级人大换届工作定于于6月1日至7月31日进行，涉及全城区5个镇、1个街道、57个村和12个社区，是良庆区建区以后第一次大规模的换届选举工作，也是选举法修改后首次实行城乡按相同人口比例选举人大代表。

20日 良庆区在大沙田客运站广场举办2011年良庆区民营企业专场招聘会。招聘会主题为“为高校毕业生求职建立通道，为民营企业吸纳人才搭建平台”。53家企业提供3330个岗位，其中36家是本地企业，提供近950个工作岗位，岗位工薪待遇均在1200～1500元之间。求职人员3000人，达成就业意向425人。

31日 良庆区党委书记李斌到广西良庆经济开发区调研，并提出要求：良庆经济开发区经过多年的发展已具有良好的基础，要继续发挥开发区的实验区、试验田的作用，紧紧围绕城区今年开展的征地拆迁、项目建设、产业园区“三大会战”要求，找准发展定位全力进行二次创业。

6月

1日 良庆区党委副书记、政府代区长黄奕信到良庆镇那黄村调研。调研中，黄奕信要求干部严抓狠抓征地拆迁工作，严厉打击违建抢建等违法行为，敢于反映问题，善于解决问题，有力推进五象新区开发建设。

28日 南宁市委常委、宣传部部长、副市长吕洁到良庆区那马镇慰问老党员和困难党员。

29日 良庆区党委召开中国共产党建党90周年庆祝大会，600多名党员干部参加会议。李斌、郑国健、黄奕信、任宁生等城区四家班子领导出席大会。大会组织为党员代表过政治生日，举行捐赠党内互助金仪式，并表彰30个先进基层党组织、80名优秀共产党员、30个优秀党务工作者和优秀村（社区）党组织书记。

7月

15日 自治区民族事务委员会主任卢献匾，南宁市委常委、副市长范力一行到良庆区大沙田银海社区视察，参观“民族之家”和“少数民族流动人口服务站”，了解该社区民族分布及生活、生产情况。

20日 良庆区的良庆、那马、大塘、那陈、南晓五个镇完成了党委、人大、政府班子换届选举工作。

22日至23日 中国共产党南宁市良庆区第二次代表大会在城区办公中心礼堂召开。207名党代表出席大会。大会任务是：总结良庆区过去六年的工作，确定今后五年的指导思想和目标任务，并选举产生新一届良庆区党委、纪委领导班子和出席市第十一次党代会代表。会议选举李斌、黄奕信、阮冠三、谷明佳、李清福、陈晓红、韦粤桂、黄宁、黄鸿、马家训、赵永坤为党委常委。其中：李斌任书记，黄奕信、阮冠三任副书记。黄宁任纪委书记。大会通过中共南宁市良庆区第一届委员会工作报告决议（草案），通过了中共南宁市良庆区第一届纪律检查委员会工作报告决议（草案）。

29日 “八一”建军节前夕，良庆区党委书记李斌、政府代区长黄奕信、政协主席任宁生、政协党组书记刘长南等城区领导分别率慰问组到南宁警备区、武警一支队、广西军区教导队、广西军区预备役师等驻地部队开展慰问活动。

8月

4日 良庆区2011年年中工作会议在城区政府礼堂召开，城区四家班子成员，“两院”、城区公安分局，机关各部门、直属事业单位，各双管单位，各镇、良庆经济开发区200多人参加会议。会议传达2011年南宁市年中工作会议精神，分析当前形势，研究部署下半年工作

16日至18日 中国人民政治协商会议南宁市良庆区第二届委员会第一次会议在办公中

心礼堂召开。113名政协委员出席大会。通过政协南宁市良庆区二届一次会议提案审查情况的报告，通过大会政治决议（草案）、通过政协常委会工作报告决议（草案）、通过提案工作报告决议（草案）。会议选举产生良庆区新一届政协委员会主席、副主席、秘书长和常务委员。刘长南当选为主席，韦煊才、谢桂荃、吴晓、钟正宁当选为副主席。

17日至19日　良庆区第二届人民代表大会第一次会议在城区办公中心礼堂召开。到会代表160名。会议通过关于城区人民政府工作报告的决议、关于城区人大常委会工作报告的决议、关于城区人民法院工作报告的决议和关于城区人民检察院工作报告的决议。会议选举产生新一届良庆区人大常委会主任、副主任和常务委员，选举产生良庆区人民政府领导班子和良庆区人民法院院长、人民检察院检察长。郑国健当选为良庆区第二届人大常务委员会主任，赵鸿飞、黄均梅、梁翠宣、何雪映当选为常务委员会副主任；黄奕信当选为良庆区人民政府区长，谷明佳、陈晓红、农民、黄朝浩、魏辉、刘理当选为副区长；林振明当选为良庆区人民法院院长，黄伟当选为良庆区人民检察院检察长。

17日　自治区主席马飚到南宁保税物流中心考察项目建设和运营情况。马飚指出，南宁保税物流中心要高标准建设、高质量运营，向建设综合保税区的目标迈进。南宁市市长黄方方等陪同考察。

25日　大沙田祥荣集贸市场实行定点限量限价销售猪肉。为抑制物价上涨过快的势头，实现全年居民消费价格总水平上涨5%左右的调控目标，良庆区按照南宁市政府统一部署，决定从8月25日至10月31日，配合市商务局、物价局等部门，组织城区物价、经信、财政、工商、公安部门和街道办、市场开办方等，在大沙田祥荣集贸市场实行定点限量限价销售猪肉，每10天由市物价局核定并公布具体销售限价，并实行物价补贴。后又继续延长至12月底。

9月

1日　自治区政协副主席林国强、南宁市代市长周红波、南宁市政协主席岑可成等区、市领导到五象新区视察。林国强一行视察了自治区政协会馆项目建设情况，并现场办公。

2日　良庆区党委书记李斌到良庆区大塘镇南荣村调研。李斌一行查看了村委会办公楼、村文化室和文笔水库，并到村民家们开展座谈活动。为南荣村“良庆区铁路护路工作示范村”和“大塘镇南荣村铁路护路领导小组办公室”成立揭牌。

8日　良庆区在城区礼堂召开第二十七个教师节表彰大会。对2011年城区教育教学工作中涌现出来的150多名优秀教师、优秀班主任、优秀教育工作者进行表彰。城区党委书记李斌、区长黄奕信出席会议并作讲话。

9日　南宁市政协主席岑可成，市委常委、纪委书记邓金玉一行到良庆区柳沙江南小学考察调研，并看望慰问教师。

28日至30日　良庆区举办第三届香火龙民俗文化旅游节。此次文化旅游节，设香火龙主场舞台，还有民俗风情美食街、五象新区房地产项目和良庆区企业新特优产品展示街、良庆区旅游景区景点展示街等。

9月下旬　良庆区城区、镇、村三级换届选举工作结束。2011年是良庆区的区、镇领导班子和村（社区）“两委”班子集中换届之年。自6月开始，良庆区按照自治区、南宁市关于做好换届选举工作的有关部署，开展换届选举各项工作。先后召开城区党代会、人大会、政协会，选举产生新一届党委、人大、政府、政协领导班子；5个镇召开党代会、人大会，选举产生新一届乡镇党委、人大、政府领导班子；全城区69个村（社区）共有完成

“两委”换届选举工作。至9月下旬，城区、镇、村三级换届选举工作全部结束。

10 月

10日 南宁市委书记陈武、代市长周红波到五象新区视察工作。陈武一行先后考察了五象新区总部基地、广西体育中心二期项目工地、广西城市规划建设展示馆等建设项目。在考察中，陈武强调，五象新区建设要着眼于长远，要按照国际化与现代化的要求进行规划和建设，要加快推进公共基础设施和交通建设，与目前的市区形成大的交通循环，以大交通带动大开发，实现“再造一个新南宁”目标。

13日 良庆区籍残疾人运动员归玉娜获得全国第八届残疾人运动会女子跳远F42级第一名。在全国第八届残疾人运动会上，代表广西参赛的良庆区籍残疾人运动员归玉娜，以3.36米的成绩夺得女子跳远F42级第一名。

22日 南宁国际民歌节“绿城歌台”良庆歌台开幕。来自马来西亚、阿根廷等国家的艺术家和本地演艺人员表演舞蹈、杂技、戏剧等节目。

10月25日 良庆区党委书记李斌在到南晓镇调研。重点了解农村计生、水利基础设施建设、教育项目、林改工作、社会治安综合治理以及农村党建等工作推进情况。

11 月

3日 自治区党委常委、南宁市委书记陈武，南宁市市长周红波到良庆区检查重大城市基础设施项目建设情况。陈武在视察中指出：要加大协调和服务力度，继续完善和推行项目建设的工作机制，及时解决项目建设中遇到的困难和问题，着力解决影响项目建设的土地、拆迁等问题，确保项目能够按时完成。

15日 南宁市委常委、常务副市长吴炜，副市长魏凤君带领由市征地办、财政局、国土资源局等部门组成的调研组，到良庆区视察调研。调查组在调研中提出，各部门要通力合作，抽调精干人员服务五象新区开发建设。积极解决征地拆迁施工污染、明确农民安置回建模式，保证回建安置资金周转到位，根据土地规划统筹，加快征地拆迁工作。

17日 南宁市市长周红波到五象新区拆迁安置回建小区1号项目、南宁博物馆、五象新区总部基地、广西体育中心等工程项目考察，了解相关项目推进情况。市委常委、常务副市长吴炜，副市长魏凤君等陪同调研。

21日 良庆区获得“2011年全国县（市）科技进步考核科技进步先进县（市）”称号。这是良庆区2009年首次跻身“全国科技进步先进县（市）”后，再次获得全国科技进步先进县（市）称号。

29日 良庆区在大沙田客运广场举行“2011年良庆区进城务工人员职业技能大展示、大竞赛”活动。来自城区各镇、大沙田街道的172名进城务工人员，分别参加美容、家政、育婴员三项工种竞赛。竞赛分现场操作和理论考试两个阶段。由南宁市职业技能鉴定中心评委打分，成绩合格的参赛人员将获得全国通用的相应《职业资格证书》。

30日 良庆区党委书记李斌到苏氏集团、五象新区总部基地、金象社区、万寿堂药业公司调研，了解企业生产经营和社区创新社会管理情况，协调解决企业在发展过程中遇到的问题和困难。

28日至30日 良庆区2011年村（社区）“两委”干部培训班在南宁市委党校举办，全城区村（社区）“两委”定工干部、大沙田街道社区工作者共320人参加培训。邀请自治区、南宁市专家学者和组织、民政系统业务领导作专题授课。培训内容有基层党建、民政、计生以及做好村干部的基本要求等课程。

12 月

13 日 南宁市政协主席岑可成带领全区各市政协主席、秘书长到南宁市良庆区大沙田街道办银海社区考察。

同日 南宁市人大常委会副主任温守荣率全国、自治区、南宁市三级人大代表第五视察组到良庆区视察了解沼气池项目、农村安全饮水项目、“绿满南宁”造林绿化工程和移民新村项目建设情况。代表们视察了南晓中学人饮工程、大塘镇太安村沼气池建设项目等。

15 日 南宁市人大常委会主任谢寿堂率领全国、自治区、南宁市三级人大代表年终视察团第一视察组到良庆区视察 2011 年重大建设项目和为民办实事项目落实情况。视察组先后视察南宁博物馆、五象新区拆迁安置回建小区 1 号项目、南宁市第二十六中学五象校区等自治区、南宁市重点建设项目和为民办实事项目。

同日 良庆区区长黄奕信到良庆经济开发区开展接访活动，对平乐村第 37 生产队被征地农民提出的水田灌溉、征地补偿及安置等问题作出解答，并按照国家现行征地政策，对符合政策法规的补偿要求现场作出承诺。

21 日 南宁市良庆区被列为全国蔬菜产业重点县（区）。从 2012 年开始，蔬菜产业重点县（区）将承担农业部下达的蔬菜生产信息监测预警项目。

21 日 广西良庆经济开发区获得“2010 年度广西工业总产值超百亿元园区”称号，成为全区 19 家工业总产值超百亿元园区之一。

22 日 自治区党委常委、南宁市委书记陈武到良庆区开展考察调研活动。陈武等一行考察了良庆区五象新区拆迁安置、社区建设管理、经济园区开发建设等，并进行现场办公。陈武指出，良庆区要抓住五象新区加快开发建设良好机遇，发挥区位优势，顺势而上，在积极投身于五象新区开发过程中，科学规划经济园区建设和产业布局，改造提升传统产业，推进产业结构调整，努力发展现代工业，壮大城区经济实力。

28 日 南宁市委常委、宣传部部长、副市长吕洁到良庆区参加良庆区 2011 年党委常委民主生活会。

28 日 由南宁市精神文明委员会主办、良庆区精神文明建设委员会协办的 2012 年文化科技卫生“三下乡“活动在那马镇隆重举行。来自南宁市文明办、文化出版局、市司法局、农业局、市卫生局等和良庆区 10 多个部门 100 人参加活动。工作人员为群众解答种养殖科技难题、免费义诊、发放各种科普书籍等。

31 日 南宁市市长周红波到良庆区视察调研。周红波一行视察了大沙田祥荣市场等，了解居民生活情况。

（良庆区党史研究室 周明慧 整理）

良庆概貌

【地理位置】 良庆区位于广西壮族自治区南宁市南部，东接邕宁区，西连江南区，南邻防城港市上思县、钦州市钦北区，北临邕江与青秀区相望。

【土地资源】 2011年，良庆区面积1379平方公里。林业用地7.31万公顷，有林面积5.80万公顷，森林覆盖率42.10%；耕地面积1.66万公顷，其中水田1.09万公顷。

【地 貌】 良庆区位于南宁盆地南部，地势呈南高北低。地貌分为山地、丘陵、平原三个类型。

山 地 从十万大山延伸的余脉到防城港上思后，在扶绥分一支进入延安、吴圩，该支主干分多支由西向东延伸。其中从南晓延伸的一支经大塘、那陈至那马。城区南部高山海拔高度400～500米。较有名的山峰有：

岽尖山 是城区的第一高山，位于大塘镇南州村西南10公里，海拔509.10米，是凤亭河水库的水源山。

架笔山 位于大塘镇那造村南11公里，海拔405米。因3座山峰似在梁上插了三支毛笔而得此名。

花甲山、狮子岭 花甲山位于大塘镇南荣村东面，海拔415米。山上岩石奇形怪状，酷似各种动物。山上还有泉水。狮子岭位于大塘圩东部，海拔427.50米。山体为土石混体，花甲山与狮子岭对望，邕钦旧路曾从山脚下通过，是历史上钦防往南宁的险要通道。

高头岭 位于那陈镇西盛村，海拔409.70米，是与上思县的分界岭。

平 原 邕江河谷平原良庆段，即从良庆大沙田街道至良庆镇社区楞塘坡。

八尺江河谷平原 是从那马镇那僚村委那僚坡到良庆镇新兰村段江两岸山丘把平原分为大小不等的田垌，最大的是那马共和田垌，有200多公顷，八尺江平原地貌特征和邕江水土条件很相似。

【土壤性状及分布】 良庆镇、大沙田街道以第四纪红土赤红壤、耕型铁砾赤红壤、砂页岩赤红壤、黄泥土、酸性紫黏土为主；那马镇以紫色砂页岩粉壤土、沙页岩沙土或酸性紫黏土为主；大塘、那陈镇以砂页岩母质厚赤红壤土、酸性紫色土为主；南晓镇以第四纪红土赤红壤、紫色土砂岩厚层酸性紫沙土、紫泥土为主。

【水资源】

江 河 邕江，流经良庆区大沙田街道、良庆镇良庆社区、流经里程15公里。八尺江，流经大塘、那陈、那马、良庆等镇，曲线长度共110公里，八尺江河宽60～100米，水最深处15米，枯水期中游水面最窄处只有8市尺宽，故称“八尺江”。良凤江，从江南区流经大沙田街道西北面后注入邕江。板蓉河，由城区境内雅王江、古沙溪和南晓江3条河源于南晓大满村汇合后流入钦州，因该河经板蓉村而称板蓉河，该河流经大塘、南晓，在区境长18.80公里。这4条江河总长181.60公里，年均流量1593.45立方米/秒，历史最小流量125.97立方米/秒，板蓉河属钦江水系，另3条属珠江水系。

水　库　良庆区共有大型水库3座，分别是大王滩水库、风亭河水库和屯六水库，三库总容量12.98亿立方米。有效库容4.73亿立方米。有小型水库1座，即大塘镇文笔水库，库容187万立方米，有效库容37万立方米。有小型水库11座，总库容575.70万立方米，有效库容364.40万立方米。还有众多分布在各镇的泉水小溪（涧）等。全城区水资源丰富，但河流落差大，大多河段只能进行抽水提灌，水库则可直流灌溉1.33万公顷。

【气　候】　良庆区2011年各个月气候情况：

气　温　1月8.70℃；2月14.80℃；3月14.40℃；4月22.30℃；5月25.30℃；6月28.60℃；7月29.30℃；8月28.60℃；9月27.40℃；10月22.50℃；11月22.10℃；12月14.10℃。全年月均值合计：21.50℃。本年度气温最高值为2011年8月31日37.80℃。

日　照　1月28.20小时；2月56.20小时；3月30.10小时；4月110.30小时；5月189.10小时；6月171.40小时；7月234.40小时；8月228.50小时；9月209.20小时；10月151.30小时；11月171.60小时；12月100.40小时。年合计1680.70小时。

降雨量　1月12.40毫米；2月33.60毫米；3月90.90毫米；4月61毫米；5月70.40毫米；6月339.70毫米；7月44.70毫米；8月207.50毫米；9月330毫米；10月353.30毫米；11月6.50毫米；12月13.30毫米。年合计1563.30毫米。本年度降雨量最高值为2011年9月30日达211.50毫米。

【旅游景点】　良庆区境内山清水秀，旅游景点颇多。比较有名的山峰有五象岭、花甲山、蕾帽岭（岭上有石刻）等。水资源丰富，成为风景旅游地点的有大王滩水库（又名凤凰湖）、凤亭河水库、那马竹泉岛和南晓那兰白鹭生态村等。

【历史沿革】　良庆区辖地秦以前属西瓯、骆越地。秦时属桂林郡的领方县和合浦郡的合浦县。三国时，为吴国所辖。东晋大兴元年（318年）为晋兴县所辖。隋开皇十八年（598年）归宣化县辖。民国二年（1913年）归南宁县辖管。民国三年（1914）南宁县改称邕宁县，良庆辖区一直归邕宁县管辖。2005年3月18日，南宁市调整部分行政区域，邕宁县撤县设邕宁区和良庆区。原邕宁县的良庆镇、那马镇、大塘镇、那陈镇、南晓镇和南宁市大沙田经济开发区、邕宁沿海走廊经济开发区为良庆区辖地。

【人口民族】　据良庆公安分局提供，2011年，良庆区有户籍人口246470人（不包括未落常住人口数）。壮族218683人，占总人口88.73%；汉族25418人，占总人口10.31%。居住着壮族、汉族、瑶族、侗族等24个民族，少数民族人口共有221052人，占总人口数89.69%。超过1000人的除壮族外，瑶族有1833人，占少数民族人口0.82%。另外，据城区流动人口管理办公室统计，2011年良庆区新登记的在册流动人口65000人。

【语　言】　良庆区为多民族居住地，有多种语言，主要有壮话、平话、白话、普通话4种。壮话分布全城区各乡村；平话分布在那马镇、大塘镇、那陈镇等乡村和柳沙园艺场南岸分场；白话是城区各地群众往来和集市贸易的通用语言；普通话原是城区各学校教学用语，随着经济的发展和五象新区规划建设的不断实施，区内外直至国外客商和人员纷至沓来，在良庆区的人流、物流急剧增加和交汇，普通话已成为城区城乡群众交往、贸易的主要语言之一；此外，良庆区还有客家话、新民话等在小范围农村中使用的语言。

【行政区划】 2011 年，良庆区辖良庆、那马、那陈、大塘、南晓 5 个镇和大沙田街道，共 57 个行政村和 12 个社区。

【宗 教】 2011 年，在良庆区那陈镇六眼村有 1 个基督教聚会点，聚会点有信教群众 24 人，另有南晓镇信教群众 48 人，全城区共有信教群众 72 人。

社会和经济发展

【经济总量】 2011 年，良庆区生产总值 95.91 亿元，比上年增长 17.18%。其中：第一产业增加值 16.97 亿元，比上年增长 4.73%；第二产业增加值 56.32 亿元，比上年增长 19.43%；第三产业增加值 22.62 亿元，比上年增长 22.20%。

【农业和农村经济】 2011 年，良庆区粮食总产量 9.51 万吨，比上年增长 1.29%；甘蔗总产量 106.11 万吨，比上年增长 0.65%；蔬菜总产量 24.55 万吨，比上年增长 4.27%；水果总产量 6.00 万吨，比上年增长 11.93%；木薯总产量 1.90 万吨，比上年增长 0.40%。农林牧渔业总产值 27.33 亿元，比上年增长 5.16%；农民人均纯收入 6434 元，比上年增长 16.40%。

【工业经济】 2011 年，良庆区实现工业总产值 151.83 亿元，其中，规模以上工业总产值 139.61 亿元，比上年增长 46.71%。利润总额 11.30 亿元。

【商 贸】 2011 年，良庆区企业总数 2047 家，个体工商注册登记 10678 户。实现社会消费品零售总额 19.32 亿元，比上年增长 18.02%。住宿和餐饮业高速发展，其中住宿业营业额为 987.90 万元，增长 26.57%；餐饮业营业额为 2.10 亿元，增长 34.96%。实现建筑业增加值 12.41 亿元，比上年增长 10.40%。

【财政收入】 2011 年，良庆区财政总收入 7.17 亿元，完成市下达任务的 104.07%，其中：上划中央收入 2.57 亿元；上划自治区收入 1.30 亿元；上划南宁市收入 1.50 亿元；城区地方财政收入 1.80 亿元。一般预算支出 7.10 亿元。

【交通运输】 2011 年，良庆区境内公路总里程 1337.52 公里。公路客运量 213.25 万人（次），比上年增长 8.42%；公路货运量为 1.14 亿吨，比上年增长 7.57%；水路货运量 428 万吨，比上年增长 8.08%；河道港口货物吞吐量 54.70 万吨，增长 9.40%。全城区辖 5 个镇，其中 4 个镇通二级公路，一个镇通三级公路；57 个行政村全部通等级公路，通水泥路（沥青路）。

【招商引资】 2011 年，良庆区新签利用合同项目 1 项，合同外资额 660 万美元，增长 80.33%；实际利用外资 3107 万美元，增长 21.70%；已投产（营业）企业数 16 个，比上年减少 6 个；外资企业从业人员 2295 人，降低 32.76%。新引进项目 20 个，其中内资项目 19 个，签约金额 140.67 亿元，外资项目 1 个，签约金额 1500 万美元。实际到位内资 33.81 亿元。审批外资项目 7 个，直接利用外资 2880 万美元（商务部口径，广西全口径为 3107 万美元）。

【良庆经济开发区】 2011 年，良庆经济开发区累计进驻企业 326 家，其中工业企业 203 家，规模以上企业 75 家，亿元产值企业 24

家，形成有色金属、建材、制药、机械、轻工、食品、饲料等特色产业群。开发区完成财政收入1.67亿元，规模以上工业企业实现总产值127.22亿元，完成全社会固定资产投资101.76亿元，实际利用外资3107万美元。

【金　融】　2011年，驻良庆区金融机构5家，营业网点15个，其中工行良庆区网点存款余额8.39亿元，各项贷款余额6.27亿元；农行良庆区网点各项存款余额20.36亿元，各项贷款余额5.90亿元；农村信用社驻良庆区网点各项存款余额20.12亿元，各项贷款余额15.30亿元。建行良庆区网点存款余额3.16亿元。

【科　技】　2011年，良庆区拥有区市创新项目14项，比上年增加6项；本级安排科技项目43项，比上年增加9项；项目总投资717万元，比上年增加220万元；重点技术创新项目7项，比上年增加1项；拥有重点新产品试产项目11项，比上年增加4项。专利申请受理量54件，比上年增加11件；其中发明专利受理15件，比去年增加3件。全年获得专利授权31件，其中发明专利获得授权4件。

【教　育】　2011年，良庆区共有小学73所（社会办学15所），在校生3.21万人；初中16所（社会办学9所），在校生1.18万人；高中2所，在校生1072人。有教职工2329人（社会办学教师481人）。小学适龄儿童入学率100 %，小学毕业生升学率100%；初中阶段入学率102.46%，辍学率1.69%；初中毕业生升高中毛入学率92.77%。资助家庭经济困难学生6833人，共619.96万元。开办了良庆镇、南晓镇和大塘镇3所公办镇中心幼儿园。接收安排进城务工人员随迁子女接受义务教育1.55万人（小学1.29万人，初中2582人），免收杂费64.43万元。

【文化和体育】　2011年，良庆区举办第三届香火龙民俗文化旅游节。组织开展群众文化活动25场。有文化馆1个，公共图书馆1个，乡镇文化站5个，图书总藏量6.20万册。城区共有运动场4个，有固定看台灯光球场6个， 篮球场160个，游泳场5个，参加体育运动竞赛220场，全年开展各类群众体育活动35次，在校生体育达标率96.70%。在市级以上比赛中，获金牌30枚，银牌8枚，铜牌3枚。

【卫　生】　2011年末，良庆区各类卫生机构281个（含个体），增加43个。其中医院、卫生院14个，减少4个；门诊部（所）99个（含个体），增加1个；村卫生室98个，减少22个。卫生机构床位数859张，增加163张，增长23.42%。各类卫生专业技术人员1145人（含个体），其中执业医师384人，执业助理医师85人，防疫、防治卫生技术人员16人。全城区已建立社区卫生服务机构5个。儿童计划免疫接种率为98.30%，提高1.70个百分点。全城区有62个行政村建立起新型农村合作医疗体系，参加新型农村合作医疗人数达191915人，增加7547人，增长4.09%。

【文明村建设】　2011年，良庆区参与首府南宁迎接全国文明城市复评工作。组织参与全国“道德模范”评选活动和学习宣传活动。举办各类素质培训班20期，培训人员1万多人次。开展“三下乡”、“四进社区”活动。城区荣获自治区文明单位2个、文明村1个；荣获南宁市第24批文明单位3个，命名城区级文明单位2个。推荐申报南宁市第25批文明单位3个，文明村1个；培育城区级文明单位6个、文明村5个，军（警）民共建先进单位1对。

【新农村示范村建设】　2011年，良庆区有125名干部进驻62个村（社区）担任新农村建设指导员，积极投身社会主义新农村建设，做好村级换届工作。年内，排查出7个重点难点村，解决纠纷22起；协调落实项目23个，落实资金613万元，协调修建村屯道路9.80公里，修建桥梁2座，修建饮水工程29处、解决8405人饮水难问题；建设市级新农村示范点1个，投入资金150万元，帮扶贫困户98户，争取到各种捐款12万元，给困难群众开办各类技术培训班87期，培训农民7880人次；组织举办党课14次，参加人员563人次，培养入党积极分子53名，新发展党员26人。

【居民生活】 2011年，良庆区城镇居民人均可支配收入17267元，比上年增加1384元；城镇居民人均消费性支出9953元，比上年增长10.80%；农民人均纯收入6434元，比上年增长16.37%；农村居民人均消费性支出2769元。在岗职工年平均工资31597元，比上年增长12.36%。城镇居民人均住房总建筑面积66.84平方米，农村居民人均居住面积35.88平方米。每百户城镇居民家庭拥有家用电脑93.50台，移动电话240.30部，家用汽车9.60辆，彩色电视机129台，电冰箱106.40台。每百户农村居民家庭拥有彩色电视机103台，电冰箱52台，摩托车73辆，移动电话197部。

【社会福利】 2011年，良庆区社会福利机构33个，床位280张，收养275人，比上年增加53人。享受最低生活保障928人，社会保障救济6409人，抚恤、补助各类优扶对象1216人。五保老人856名，发放五保供养定补金163.64万元。农村医疗救助327人次，发放医疗救助金148.26万元。

【就业和再就业】 2011年，城镇新增就业人数5067人，下岗失业人员再就业175人，大龄困难人员再就业46人；城镇登记失业率3.07%。农村劳动力转移新增3480人。督促企业补签订劳动合同837人。督促个体户签订劳动合同151人，合同签订率达90%。有各类职业介绍所2家，就业服务机构74家，比上年增加3家；基层劳动保障事务所6个。基本社会保险覆盖率64.30%。

【治安综合治理】 2011年，良庆区立刑事案件3609起，破获1162起，刑事拘留436人，逮捕311人，起诉232人，劳教66人，打掉犯罪团伙58个。处置群体事件10起，调处化解各种矛盾纠纷4249起，维护了社会稳定。受理治安案件7152起，查处6924起，结案1189起。共破获重特贩毒案件13起、一般贩毒案件31起，逮捕35人，收戒吸毒人员99人，缴获毒品海洛因32.28克、K粉3606.95克、神仙水1450.99克、冰毒52.65克、麻古1051.90克。破获经济案件47起，其中传销案46起，合同诈骗案1起，刑事拘留犯罪嫌疑人115名，清查捣毁传销窝点179个，打掉团伙8个，教育遣返传销人员2536人，冻结存款13.95万元，有力地打击了违法犯罪活动。

2011年度机构和领导人员

中共良庆区委员会、人大、政府、政协及部、委、办、局领导成员

中共良庆区委员会

储朝晖　书　记(2011年1月～2011年2月)
李　斌　书　记(2011年2月～2011年12月)
孙志强　副书记(2011年1月～2011年2月)
黄奕信　副书记(2011年2月～2011年12月)
潘文虹　副书记(2011年1月～2011年3月)
阮冠三　常　委(2011年1月～2011年5月)
　　　　副书记(2011年5月～2011年12月)
李清福　常　委(2011年1月～2011年12月)
陈创源　常　委(2011年1月～2011年5月)
谷明佳　常　委(2011年1月～2011年12月)
陈晓红　常　委(2011年5月～2011年12月)
韦粤桂　常　委(2011年1月～2011年12月)
刘长南　常　委(2011年1月～2011年5月)
黄　宁　常　委(2011年5月～2011年12月)

俞彩霞　常　委（2011 年 1 月～2011 年 5 月）
黄　鸿　常　委(2011 年 5 月～2011 年 12 月）
陈增强　常　委（2011 年 1 月～2011 年 5 月）
马家训　常　委(2011 年 5 月～2011 年 12 月）
赵永坤　常　委(2011 年 5 月～2011 年 12 月）
唐声武　常　委(挂)(2011 年 1 月～2011 年 6 月）
黄俊双　常　委（挂)(2011 年 6 月～2011 年 12 月）

良庆区人大常委会

郑国健　主　任(2011 年 1 月～2011 年 12 月）
赵鸿飞　副主任(2011 年 1 月～2011 年 12 月）
卢武德　副主任（2011 年 1 月～2011 年 8 月）
　　副调研员(2011 年 8 月～2011 年 12 月）
黄均梅　副主任(2011 年 1 月～2011 年 12 月）
吴　晓　副主任（2011 年 1 月～2011 年 8 月）
梁翠宣　副主任(2011 年 8 月～2011 年 12 月）
何雪映　副主任(2011 年 8 月～2011 年 12 月）

良庆区人民政府

孙志强　区　长（2011 年 1 月～2011 年 2 月）
黄奕信　代区长（2011 年 2 月～2011 年 8 月）
　　区　长(2011 年 8 月～2011 年 12 月）
陈创源　副区长（2011 年 1 月～2011 年 5 月）
谷明佳　副区长(2011 年 8 月～2011 年 12 月）
陈晓红　副区长(2011 年 1 月～2011 年 12 月）
农　民　副区长(2011 年 1 月～2011 年 12 月）
黄朝浩　副区长(2011 年 8 月～2011 年 12 月）
魏　辉　副区长(2011 年 8 月～2011 年 12 月）
刘　理　副区长(2011 年 8 月～2011 年 12 月）
李　森　副区长（2011 年 1 月～2011 年 2 月）
李文锋　副区长（2011 年 1 月～2011 年 4 月）
阮冠三　副区长（2011 年 1 月～2011 年 5 月）
李琳珊　副区长（2011 年 1 月～2011 年 5 月）
李　城　副区长（2011 年 1 月～2011 年 4 月）
黄敏丽　副区长(挂)(2011 年 1 月～2011 年 7 月）
唐声武　副区长(挂)(2011 年 1 月～2011 年 7 月）
黄俊双　副区长（挂)(2011 年 7 月～2011 年 12月）
陈拥军　副区长（挂)(2011 年 1 月～2011 年 12 月）
钱　冰　副区长（挂)(2011 年 5 月～2011 年 12 月）
许坚元　副调研员(2011 年 1 月～2011 年 12 月）
莫月清　副调研员（2011 年 1 月～2011 年 12 月）
杨　诚　副调研员（2011 年 1 月～2011 年 12 月）
江新贵　副调研员(2011 年 11 月～2011 年 12 月）

政协良庆区委员会

任宁生　主　席（2011 年 1 月～2011 年 8 月）
　　调研员(2011 年 8 月～2011 年 12 月）
刘长南　主　席(2011 年 8 月～2011 年 12 月）
韦煊才　副主席(2011 年 1 月～2011 年 12 月）
谢桂荃　副主席(2011 年 1 月～2011 年 12 月）
黄朝浩　副主席（2011 年 1 月～2011 年 8 月）
甘树美　副主席（2011 年 1 月～2011 年 4 月）
吴　晓　副主席(2011 年 8 月～2011 年 12 月）
钟正宁　副主席(2011 年 8 月～2011 年 12 月）

区委办公室

陈增强　主　任（2011 年 1 月～2011 年 5 月）
马家训　主　任(2011 年 5 月～2011 年 12 月）
陈世强　副主任,保密办主任(兼)、督查室主任(兼)(2011 年 1 月～2011 年 5 月）
姚　毅　副主任（2011 年 1 月～2011 年 5 月）
钟杰锦　副主任(2011 年 1 月～2011 年 12 月）
李　韬　副主任(2011 年 1 月～2011 年 12 月）
刘文忠　副主任科员、副主任（挂)(2011 年 8 月～2011 年 11 月）
　　副主任、保密办(局)主任(局长)(2011 年 11 月～2011 年 12 月）
李冬翠　副主任（挂)(2011 年 1 月～2011 年 12 月）
黄国运　副主任（挂)(2011 年 6 月～2011 年 12 月）
黄若松　机要局主任科员(2011 年 1 月～2011 年12 月）

黄祥就 副主任科员（2011年1月～2011年12月）

黄翠兰 副主任科员（2011年1月～2011年12月）

区委组织部

潘文虹 部 长（2011年1月～2011年1月）

韦粤桂 部 长(2011年1月～2011年12月)

陆颖强 副部长（2011年1月～2011年5月）

李雪丽 副部长(2011年1月～2011年12月)

韦永海 副部长(2011年5月～2011年12月)

谢志军 副科级组织员(2011年1月～2011年6月)

副部长(2011年6月～2011年12月)

徐 燕 副部长(2011年1月～2011年12月)

胡观林 副部长（2011年1月～2011年5月）

叶昌红 副科级组织员(2011年1月～2011年6月)

老干部局

陆颖强 局 长（2011年1月～2011年5月）

韦永海 局 长(2011年5月～2011年12月)

离休干部管理服务中心

韦永海 主 任(2011年1月～2011年12月)

党员干部现代远程教育管理办公室

黄耀川 主 任(2011年1月～2011年12月)

区委宣传部

阮冠三 部 长（2011年1月～2011年5月）

陈晓红 部 长(2011年5月～2011年12月)

李 贞 副部长、文明办主任（兼)(2011年1月～2011年12月)

农海菲 副部长(2011年1月～2011年12月)

尹振华 副部长(2011年1月～2011年12月)

向金宝 主任科员（2011年1月～2011年12月）

覃重光 副主任科员（2011年1月～2011年12月）

区委统战部

俞彩霞 部 长（2011年1月～2011年5月）

黄 鸿 部 长(2011年5月～2011年12月)

谢克福 副部长、工商联党组书记（兼)(2011年1月～2011年12月)

黄锦结 副部长、宗教事务局局长（兼)(2011年1月～2011年12月)

韦 兰 副主任科员（2011年1月～2011年12月）

区委政法委

谷明佳 书 记（2011年1月～2011年5月）

赵永坤 书 记(2011年5月～2011年12月)

张 冠 副书记（2011年1月～2011年8月）

张忠信 副书记(2011年1月～2011年12月)

黄日瑞 副书记(2011年1月～2011年12月)

刘国山 副书记(2011年1月～2011年12月)

谢 欢 副书记（挂)(2011年8月～2011年12月)

方德恩 主任科员(2011年1月～2011年12月)

郑 雪 副主任科员(2011年1月～2011年1月)

综治办

张忠信 主 任（兼)(2011年1月～2011年12月)

杨海兰 副主任（2011年1月～2011年6月）

李峥嵘 副主任(2011年12月～2011年12月)

610办

徐建民 主任科员(2011年1月～2011年12月)

维稳办

黄日瑞 主 任（兼)(2011年1月～2011年12月)

郑　雪　副主任(2011年1月～2011年12月)

流动人口管理办公室

胡玉强　副主任(2011年1月～2011年6月)
　　　　主　任(2011年6月～2011年12月)
韦　敏　副主任(2011年1月～2011年12月)

编委办

胡观林　主　任(2011年1月～2011年5月)
　　　　主任科员(2011年5月～2011年12月)
黄　英　副主任(2011年1月～2011年6月)
　　　　主　任(2011年6月～2011年12月)
叶昌红　副主任(2011年6月～2011年12月)

事业登记管理中心(局)

李冬翠　主　任(局长)(2011年1月～2011年12月)

直属机关工委

雷沛进　书　记(2011年1月～2011年4月)
莫海琴　书　记(2011年5月～2011年12月)
谭世忠　副书记(2011年1月～2011年12月)
黄翠芬　副书记(2011年1月～2011年12月)
庞　勃　副书记(2011年1月～2011年12月)
韦文新　主任科员(2011年1月～2011年12月)

城区纪委

刘长南　书　记(2011年1月～2011年5月)
黄　宁　书　记(2011年5月～2011年12月)
黄志春　副书记(2011年1月～2011年5月)
陈可芬　副书记(2011年1月～2011年12月)
黄国珠　副书记(2011年1月～2011年12月)
杜家元　办公室主任(2011年1月～2011年5月)
李善曼　办公室主任(2011年6月～2011年12月)
梁泰源　案件检查室主任(2011年1月～2011年12月)
刘良余　党风廉政室主任(2011年1月～2011年12月)
陆仕站　行政效能监察室主任(2011年1月～2011年12月)
黄成堂　正科级纪律检查员(2011年1月～2011年12月)
农振湘　副科级纪律检查员(2011年1月～2011年11月)
曾全登　副科级纪律检查员(2011年1月～2011年5月)

监察局

黄志春　局　长(2011年1月～2011年5月)
陈可芬　局　长(2011年5月～2011年12月)
黄成堂　副局长(2011年1月～2011年12月)
王金英　副局长(2011年1月～2011年12月)
杜家元　副局长(2011年5月～2011年12月)
奚美玲　副局长(2011年1月～2011年5月)

绩效办

黄成堂　主　任(兼)(2011年1月～2011年12月)

党　校

朱　沫　校　长(兼)(2011年1月～2011年2月)
潘文虹　校　长(兼)(2011年2月～2011年6月)
阮冠三　校　长(兼)(2011年6月～2011年12月)
郑登清　副校长(2011年1月～2011年2月)
黄国运　副校长(2011年6月～2011年12月
黄祥心　副主任科员(2011年1月～2011年12月)
卢　燕　副主任科员(2011年1月～2011年12月)

党史研究室(区志办)

陈庆登　主　任(2011年1月～2011年12月)
杨作民　副主任(2011年1月～2011年12月)
周明慧　副主任科员(2011年1月～2011年2月)

档案局(馆)

郑登清　局(馆)长(2011年1月～2011年12月)

黄　智　副局(馆)长(2011年1月～2011年5月)

龚长就　副局(馆)长(2011年5月～2011年12月)

玉仁伟　主任科员(2011年1月～2011年12月)

玉贵宽　副主任科员(2011年1月～2011年12月)

龚瑞侦　副主任科员(2011年1月～2011年1月)

接待办

李　韬　副主任(兼)(2011年1月～2011年12月)

罗　媛　副主任(2011年1月～2011年12月)

李品大　副主任(2011年9月～2011年12月)

覃书泉　副主任(2011年9月～2011年12月)

总工会

韦煊才　主　席(2011年1月～2011年12月)

黄武昌　常务副主席(2011年1月～2011年12月)

黎金聘　副主席(2011年1月～2011年12月)

李　辉　副主席(2011年12月～2011年12月)

方德辉　主任科员(2011年1月～2011年12月)

团　委

周　毅　副书记(2011年1月～2011年6月)

书　记(2011年6月～2011年12月)

妇　联

陆少珍　主　席(2011年1月～2011年5月)

潘风谦　主　席(2011年5月～2011年12月)

刘晓芳　副主席(2011年1月～2011年11月)

工商联

李振权　主　席(2011年1月～2011年5月)

黄庆田　主　席(2011年5月～2011年12月)

李七星　主任科员(2011年1月～2011年12月)

科　协

黄业春　主　席(2011年1月～2011年12月)

林万忠　副主任科员(2011年1月～2011年12月)

残　联

黎　晖　理事长(2011年1月～2011年12月)

刘福定　副理事长(2011年1月～2011年12月)

红十字会

梁文娇　副会长(2011年1月～2011年12月)

计生协会

李品大　会　长(2011年1月～2011年9月)

会　长(兼)(2011年9月～2011年12月)

人大常委会办公室

何年雄　主　任(2011年1月～2011年5月)

黄文声　主　任(2011年5月～2011年12月)

邓启建　副主任(2011年1月～2011年12月)

杨金华　副主任科员(2011年1月～2011年12月)

人大财经工委

陆武辉　主　任(2011年1月～2011年5月)

主任科员(2011年5月～2011年12月)

奚美玲　主　任(2011年5月～2011年12月)

人大法制工委

李兴义　主　任(2011年1月～2011年5月)

主任科员(2011年5月～2011年12月)

玉品升　主　任(2011年5月～2011年12月)

玉丽萍　主任科员(2011年1月～2011年1月)

人大代表联络工委

黎　霞　副主任(2011年1月～2011年6月)

主　任(2011年6月～2011年12月)

张桂萍　主任科员(2011年1月～2011年12月)

政协办公室

黄汉洲　主　任（2011年1月～2011年5月）
曾愈祥　主　任(2011年5月～2011年12月）
黎志华　副主任(2011年1月～2011年12月）
闭耀新　副主任（2011年1月～2011年6月）
梁小玲　副主任(2011年6月～2011年12月）

政协综合专委

黄世荣　主　任（2011年1月～2011年5月）
主任科员(2011年5月～2011年12月）
黄金山　副主任(2011年1月～2011年12月）
农大邦　主任科员(2011年1月～2011年12月）

城区政府办公室

莫海琴　主　任（2011年1月～2011年5月）
黄锡荣　主　任(2011年5月～2011年12月）
梁尚快　副主任(2011年1月～2011年12月）
樊炳满　副主任（2011年1月～2011年5月）
李振权　副主任(2011年5月～2011年12月）
周军山　副主任(2011年1月～2011年12月）
马　迅　副主任(2011年6月～2011年12月）
杨海兰　副主任(2011年6月～2011年12月）
周智富　副主任（兼)(2011年1月～2011年12月）
韦盛繁　副主任（兼)(2011年1月～2011年12月）
李福磊　副主任（2011年1月～2011年6月）
韦　敏　副主任(挂)(2011年1月～2011年6月）
阮大增　副主任科员（2011年1月～2011年12月）
彭臣帅　副主任科员(2011年1月～2011年5月）

政务服务中心管理办公室

周智富　主　任(2011年1月～2011年12月）

调处办

梁尚快　主　任(2011年1月～2011年12月）
雷荫琪　副主任(2011年1月～2011年12月）
农振湘　副主任（2011年11月～2011年12月）

方孙通　主任科员（2011年1月～2011年12月）
韦荣人　副主任科员（2011年1月～2011年12月）
孙一军　副主任科员（2011年1月～2011年12月）

信访局

樊炳满　局　长（2011年1月～2011年5月）
李振权　局　长(2011年5月～2011年12月）
陈虎剑　副局长(2011年1月～2011年12月）
李善曼　副主任科员(2011年1月～2011年6月）

发展和改革局

钟正宁　局　长（2011年1月～2011年5月）
黄舟宁　局　长(2011年5月～2011年12月）
黄汉伟　副局长(2011年1月～2011年12月）
胡　轩　副局长(2011年1月～2011年12月）
廖正杉　主任科员（2011年1月～2011年12月）
何树罗　主任科员(2011年1月～2011年12月）
黄　敏　副主任科员(2011年1月～2011年8月）
潘冬梅　副主任科员（2011年6月～2011年12月）

物价局

胡　轩　局　长(兼)(2011年11月～2011年12月）
粟永科　副局长(2011年1月～2011年12月）

粮食局

黄汉伟　局　长（兼)(2011年1月～2011年12月）

经济贸易和信息化局

邓　智　局　长（2011年1月～2011年5月）
陆颖强　局　长(2011年5月～2011年12月）
黄继级　副局长(2011年1月～2011年12月）

王敦云　副局长(2011年1月～2011年12月)
龚廷榜　副局长(2011年1月～2011年12月)
夏　丰　副局长(2011年1月～2011年12月)
施略上　副主任科员（2011年1月～2011年12月）
黎绍壁　副主任科员（2011年1月～2011年12月）
林贤茂　副主任科员(2011年1月～2011年6月)
钟　静　副主任科员（2011年6月～2011年12月）

教育局

彭华福　局党委副书记、局长(2011年1月～2011年12月)
玉评戎　局党委书记（2011年1月～2011年12月）
杜成进　副局长(2011年1月～2011年12月)
韦　高　副局长(2011年1月～2011年12月)
李镇宙　主任科员（2011年1月～2011年12月）
廖志华　主任科员（2011年1月～2011年12月）

学生资助管理办公室

李育斌　主　任（2011年1月～2011年12月）

科技局

潘祥楚　局　长（2011年1月～2011年5月）
　　主任科员(2011年5月～2011年12　)
陈世强　局　长(2011年5月～2011年12月)
杜万凯　副局长(2011年5月～2011年12月)
林海云　副局长(2011年1月～2011年12月)
黄加谋　副主任科员（2011年1月～2011年12月）

民族事务局

滕寿宜　局　长(2011年1月～2011年12月)
李有宽　副局长(2011年1月～2011年12月)

民政局

谭耀辉　局　长（2011年1月～2011年5月）
　　党支部书记(2011年5月～2011年5月）
苏宜举　局　长(2011年5月～2011年12月)
闭孙合　党支部书记(2011年1月～2011年5月）
黄汉洲　党支部书记（2011年5月～2011年12月）
汪良辉　副局长(2011年1月～2011年12月)
黄永康　主任科员(2011年1月～2011年6月)
杜　斌　副主任科员（2011年1月～2011年12月）
卢泽芬　副主任科员（2011年5月～2011年12月）

低保中心

王汝金　主　任(2011年1月～2011年12月)

司法局

黄文格　局　长（2011年1月～2011年5月)
樊炳满　局　长(2011年5月～2011年12月)
邓毅峰　党支部书记（2011年5月～2011年12月）
黄秀芬　副局长(2011年1月～2011年12月)
黄享保　副局长(2011年1月～2011年12月)
谭克文　主任科员（2011年1月～2011年12月）
陈超明　主任科员（2011年1月～2011年12月）
苏朝盼　主任科员（2011年1月～2011年12月）
雷一贵　副主任科员（2011年1月～2011年12月）

法律援助中心

黄　乐　主　任（2011年1月～2011年12月）

良庆镇司法所

张纪福　所　长(2011 年 1 月～2011 年 12 月)

那马镇司法所

潘广筹　所　长(2011 年 1 月～2011 年 5 月)

大塘镇司法所

黄英武　所　长(2011 年 1 月～2011 年 12 月)

那陈镇司法所

李　强　所　长(2011 年 1 月～2011 年 12 月)

南晓镇司法所

卢居信　所　长(2011 年 1 月～2011 年 12 月)

财政局

梁翠宣　局　长(2011 年 1 月～2011 年 5 月)
周　卿　副局长(2011 年 6 月～2011 年 12 月)
　　　　局　长(2011 年 12 月～2011 年 12 月)
滕秀祥　副局长(2011 年 1 月～2011 年 12 月)
陆　静　副局长(2011 年 1 月～2011 年 12 月)
黄志春　主任科员(2011 年 5 月～2011 年 12 月)
卢　斌　副主任科员(2011 年 1 月～2011 年 12 月)
黄小卫　副主任科员(2011 年 1 月～2011 年 12 月)
张钟声　副主任科员(2011 年 1 月～2011 年 12 月)
黄　勇　副主任科员(2011 年 1 月～2011 年 12 月)
雷　娟　副主任科员(2011 年 1 月～2011 年 12 月)
欧盛学　副主任科员(2011 年 1 月～2011 年 12 月)

财政国库集中收付管理中心

黄惠莲　主　任(2011 年 1 月～2011 年 12 月)

财政稽查大队

黎旭珊　大队长(2011 年 1 月～2011 年 12 月)

人力资源和社会保障局

徐　燕　局　长(2011 年 1 月～2011 年 12 月)
黄庆然　副局长(2011 年 1 月～2011 年 12 月)
南浩然　副局长(2011 年 1 月～2011 年 12 月)
龙以庄　主任科员(2011 年 1 月～2011 年 12 月)
李长银　副主任科员(2011 年 1 月～2011 年 12 月)
刘仕宁　副主任科员(2011 年 1 月～2011 年 12 月)

劳动保障监察大队

李洛阳　大队长(2011 年 1 月～2011 年 12 月)

劳动保障管理中心

刘荣金　主　任(2011 年 1 月～2011 年 12 月)

环境保护局

罗　荃　局　长(2011 年 1 月～2011 年 5 月)
徐向东　局　长(2011 年 5 月～2011 年 12 月)
陈　海　副主任科员(2011 年 1 月～2011 年 1 月)
　　　　副局长(2011 年 1 月～2011 年 12 月)
李惠仁　副主任科员(2011 年 1 月～2011 年 12 月)

环境监察大队

莫　洲　大队长(2011 年 1 月～2011 年 12 月)

住房和城乡建设局

陈应进　局　长(2011 年 1 月～2011 年 5 月)
罗达田　局　长(2011 年 5 月～2011 年 12 月)
黄创编　副局长(2011 年 1 月～2011 年 12 月)
梁明江　副局长、人防办主任(兼)(2011 年 1 月～2011 年 12 月)
韦宏俊　副局长(2011 年 1 月～2011 年 12 月)
江汉武　副局长(2011 年 1 月～2011 年 12 月)
唐　滢　副局长(2011 年 1 月～2011 年 12 月)
黄贵忠　副局长(2011 年 1 月～2011 年 12 月)

张 勇 副局长(兼)(2011年1月～2011年6月)

玉集轩 主任科员(2011年1月～2011年12月)

孙泳坚 副主任科员(2011年1月～2011年6月)

建设工程质量监督管理站

陆耀栋 站 长(2011年1月～2011年12月)

村镇规划建设管理站

何立威 站 长(2011年1月～2011年12月)

园林管理所

黄政浓 所 长(2011年1月～2011年12月)

房屋管理所

黄融欣 所 长(2011年1月～2011年12月)

燃气管理站

陆峰光 站 长(2011年11月～2011年12月)

城市管理局
(城市管理综合行政执法局)

徐向东 局 长(2011年1月～2011年5月)

梁 鸿 局 长(2011年5月～2011年12月)

马志安 副局长(2011年1月～2011年12月)

任庆丰 副局长(2011年1月～2011年12月)

梁昌朝 副局长(2011年1月～2011年12月)

龚建宝 主任科员(2011年1月～2011年12月)

城市管理综合行政执法大队

刘杰坤 大队长(2011年1月～2011年5月)

杨芝维 副大队长(代理大队长)(2011年5月～2011年11月)

大队长(2011年11月～2011年12月)

徐向东 教导员(兼)(2011年1月～2011年5月)

谭立团 副大队长(2011年1月～2011年5月)

副大队长(代理教导员)(2011年5月～2011年11月)

教导员(2011年11月～2011年12月)

赖甘乐 副大队长(2011年1月～2011年8月)

青梓敬 副大队长(2011年1月～2011年12月)

胡华宪 副大队长(2011年1月～2011年12月)

黄锦燕 副大队长(2011年1月～2011年12月)

钟文成 副大队长(2011年11月～2011年12月)

龙德高 副大队长(2011年12月～2011年12月)

黄 智 副主任科员(2011年5月～2011年12月)

城市管理指挥中心

徐向东 主 任(兼)(2011年1月～2011年5月)

梁 鸿 主 任(兼)(2011年5月～2011年12月)

杨芝维 副主任(2011年1月～2011年5月)

刘杰坤 副主任(2011年5月～2011年12月)

叶 蔚 副主任(2011年1月～2011年12月)

市政设施维护所

黄 梓 所 长(2011年1月～2011年12月)

环境卫生管理站

赵庆华 站 长(2011年11月～2011年12月)

交通运输局

农建学 局 长(2011年1月～2011年5月)

党支部书记(2011年5月～2011年12月)

谭耀辉 局 长(2011年5月～2011年12月)

曾愈祥 副局长(2011年1月～2011年5月)

陆荣鑫 副局长(2011年1月～2011年12月)

黄剑雄　副主任科员（2011年5月～2011年12月）

农林水利局

黄舟宁　局　长（2011年1月～2011年5月）
陈应进　局　长（2011年5月～2011年12月）
谢家和　局党委书记（2011年1月～2011年12月）
庞惠广　副局长（2011年1月～2011年12月）
方振东　副局长（2011年1月～2011年12月）
李如常　副局长（2011年1月～2011年12月）
黄锦富　副局长（2011年1月～2011年12月）
晏万雄　副局长（2011年1月～2011年12月）
黄　华　副局长（2011年1月～2011年12月）
莫晶祥　副主任科员（2011年1月～2011年12月）
宁羡孙　副主任科员（2011年1月～2011年9月）

农业服务中心

庞惠广　主　任（兼）（2011年1月～2011年12月）
卢少勇　副主任（2011年1月～2011年12月）
黄玉红　副主任（2011年1月～2011年12月）

水产畜牧兽医局

黄锦富　局　长（兼）（2011年1月～2011年12月）

扶贫办

晏万雄　主　任（兼）（2011年1月～2011年12月）

林政稽查大队

梁祖昂　队　长（2011年1月～2011年12月）

林业技术推广站

苏义向　站　长（2011年1月～2011年12月）

水政监察大队

徐建侦　大队长（2011年1月～2011年12月）

农村能源办

黄秋兰　主　任（2011年1月～2011年12月）

动物卫生监督所（动物疫病预防控制中心）

黄一正　所　长（2011年1月～2011年12月）

水产畜牧兽医技术推广站

廖胜奕　站　长（2011年1月～2011年12月）
梁尚政　副站长（2011年11月～2011年12月）

文化新闻出版体育局

刘建军　局　长（2011年1月～2011年5月）
刘革成　局　长（2011年5月～2011年12月）
刘建军　党支部书记（2011年5月～2011年12月）
黎　兵　副局长（2011年1月～2011年12月）
梁小玲　副局长（2011年1月～2011年6月）
李建志　副局长（2011年1月～2011年12月）
卢学能　副主任科员（2011年1月～2011年12月）

旅游局

李建志　局　长（兼）（2011年1月～2011年12月）

文化馆

黄香芋　馆　长（2011年1月～2011年12月）

图书馆

石杰清　馆　长（2011年1月～2011年12月）

文化市场稽查大队

温才思　队　长（2011年1月～2011年12月）

卫生局

邓毅峰　局　长（2011年1月～2011年5月）
班　锋　局　长（2011年5月～2011年12月）
闭孙合　党支部书记（2011年5月～2011年12月）

梁星桃 副局长(2011年1月～2011年12月)
黄志彪 副局长(2011年1月～2011年12月)
何光旺 副主任科员(2011年1月～2011年12月)
余祥荫 副主任科员(2011年1月～2011年12月)

卫生监督所

杨云汉 所 长(2011年1月～2011年12月)

新型农村合作医疗管理中心

梁尚政 主 任(2011年1月～2011年11月)
李秋红 主 任(2011年11月～2011年12月)

疾病控制中心

陈大放 主 任(2011年1月～2011年12月)

人口和计划生育局

陈慧芬 局 长(2011年1月～2011年5月)
黄文格 局 长(2011年5月～2011年12月)
陆少珍 党支部书记(2011年5月～2011年12月)
覃华波 副局长(2011年1月～2011年12月)
王太娟 副局长(2011年1月～2011年12月)
王乐靖 副局长(2011年1月～2011年12月)
李焕青 副主任科员(2011年1月～2011年12月)

计划生育服务站

黄红梅 站 长(2011年1月～2011年12月)

审计局

黄健生 局 长(2011年1月～2011年12月)
彭仁慧 副局长(2011年1月～2011年12月)
郭承勇 副主任科员(2011年1月～2011年12月)
韦海儒 副主任科员(2011年5月～2011年12月)

安全生产监督管理局

杨耀东 局 长(2011年1月～2011年12月)
杨 周 副局长(2011年1月～2011年12月)
方新旭 副局长(2011年1月～2011年12月)
李中伟 副局长(2011年1月～2011年12月)
班正平 副主任科员(2011年1月～2011年12月)

统计局

李 毅 局 长(2011年1月～2011年12月)
李开民 副局长(2011年1月～2011年12月)
刘惜凤 副主任科员(2011年1月～2011年12月)

社会经济调查队

黄英豪 队 长(2011年1月～2011年12月)

法制办

苏志成 主 任(2011年1月～2011年12月)
黎志斌 副主任(2011年1月～2011年12月)
梁枫光 副主任(2011年1月～2011年12月)

招商促进局

刘革成 局 长(2011年1月～2011年5月)
邓菊莲 局 长(2011年6月～2011年12月)
陈新成 常务副局长(2011年1月～2011年5月)
主任科员(2011年5月～2011年12月)
雷 丽 副局长(2011年1月～2011年6月)
岑 茜 副局长(2011年1月～2011年12月)
范善创 副主任科员(2011年1月～2011年5月)

农机中心(农机局)

刘锡富 主 任(局长)(2011年1月～2011年12月)
玉新宁 副主任(副局长)(2011年1月～2011年12月)
王宪周 主任科员(2011年1月～2011年12月)
黄赐平 副主任科员(2011年1月～2011年12月)

机关事务管理局（后勤服务中心）

韦盛繁　局　长(主任)(2011年1月～2011年12月)
刘建强　副局长(副主任)(2011年1月～2011年12月)
杨　飞　副局长(副主任)(2011年7月～2011年12月)

水库移民工作管理局

蒋雪花　局　长(2011年1月～2011年5月)
何占沛　副局长(2011年1月～2011年11月)
　　　　局　长(2011年11月～2011年12月)
黄爱莲　副局长(2011年1月～2011年12月)
周陆儒　副局长(2011年5月～2011年12月)

供销联社

何冠洪　主　任(2011年1月～2011年12月)
林其恩　副主任(2011年1月～2011年12月)
凌定贤　主任科员（2011年1月～2011年11月）

房屋和征地拆迁办

黄锡荣　主　任（2011年1月～2011年5月）
张　勇　主　任（2011年12月～2011年12月）
孟翠萍　副主任(2011年1月～2011年12月)
　　　　党支部书记(2011年12月～2011年12月)
钟文成　副主任(2011年1月～2011年11月)
龚长就　副主任(2011年1月～2011年5月)
潘沾权　副主任(2011年1月～2011年12月)
周志飞　副主任(2011年1月～2011年12月)
李鸿威　副主任科员(2011年1月～2011年12月)

政府集中采购中心

玉文养　主　任(2011年1月～2011年12月)

土地储备中心

陆峰光　主　任(2011年1月～2011年11月)
覃书泉　副主任(2011年1月～2011年9月)
　　　　副主任（兼)(2011年9月～2011年11月)
　　　　主　任（兼)(2011年11月～2011年12月)

广西良庆经济开发区党工委

刘　东　党工委书记（2011年1月～2011年12月）
雷　铧　党工委副书记、纪工委书记(2011年1月～2011年12月)
班　锋　党工委副书记(2011年1月～2011年5月)
罗　荃　党工委副书记(2011年5月～2011年12月)
李少珊　党工委委员（2011年1月～2011年12月）
玉品升　党工委委员(2011年1月～2011年5月)
林　静　党工委委员（2011年1月～2011年12月）
马　迅　党工委委员(2011年1月～2011年6月)
张　强　党工委委员（2011年1月～2011年12月）
孙　艺　党工委委员(2011年1月～2011年12月)

广西良庆经济开发区管委会

刘　东　主　任(2011年1月～2011年12月)
张有信　主　任（2011年12月～2011年12月）
班　锋　副主任（2011年1月～2011年5月）
李少珊　副主任(2011年1月～2011年12月)
玉品升　副主任（2011年1月～2011年5月）
罗　荃　副主任(2011年5月～2011年12月)
黄振飞　经济发展局副局长（2011年1月～2011年6月）
　　　　副主任(2011年6月～2011年12月)
黄锡荣　副主任(兼)(2011年1月～2011年5月)

邓　智　副主任(兼)(2011年1月～2011年5月)

闭孙席　副主任科员(2011年1月～2011年12月)

党政办

马　迅　副主任(2011年1月～2011年6月)

乐情温　副主任(2011年1月～2011年12月)

石雪生　副主任(2011年12月～2011年12月)

经济发展局

黄　雄　副局长(2011年1月～2011年12月)

林贤茂　副主任科员(2011年6月～2011年12月)

人事劳动局

张　强　副局长(2011年1月～2011年12月)

财政局

苏　强　副局长(2011年1月～2011年12月)

韦立喜　副局长(2011年1月～2011年12月)

建设局

张　勇　副局长(2011年1月～2011年12月)

蒙冠仁　副局长(2011年1月～2011年5月)

蒙　益　副局长(2011年1月～2011年12月)

孙泳坚　副主任科员(2011年6月～2011年12月)

安监局

孙　艺　副局长(2011年1月～2011年12月)

谢道博　副局长(2011年7月～2011年12月)

招商局

林　静　局　长(2011年1月～2011年12月)

邓菊莲　副局长(2011年1月～2011年6月)

雷　丽　副局长(2011年6月～2011年12月)

拆迁办

黄庆田　主　任(2011年1月～2011年5月)

雷　铧　主　任(兼)(2011年5月～2011年12月)

杨志荣　副主任(2011年1月～2011年12月)

杨昌茂　副主任(2011年1月～2011年12月)

综治办

滕培标　副主任科员(2011年1月～2011年1月)

副主任(2011年1月～2011年12月)

投资服务中心

李荣森　副主任(2011年1月～2011年12月)

后勤服务中心

黄　忱　副主任(2011年1月～2011年12月)

大沙田街道党工委

蒋宝宁　书　记(2011年1月～2011年12月)

黄启朝　副书记、纪工委书记(2011年1月～2011年12月)

郑　中　副书记(2011年1月～2011年5月)

刘晓芳　副书记(2011年11月～2011年12月)

周陆儒　委员(2011年1月～2011年5月)

袁　帆　委员、武装部部长、综治办副主任(兼)(2011年1月～2011年5月)

韦光高　委员、武装部部长、综治办副主任(兼)(2011年5月～2011年12月)

李福磊　委　员(2011年6月～2011年12月)

闭耀新　委　员(2011年6月～2011年12月)

大沙田街道办事处

郑　中　主　任(2011年1月～2011年5月)

颜志环　副主任(2011年1月～2011年5月)

主　任(2011年5月～2011年12月)

周陆儒　副主任(2011年1月～2011年5月)

李福磊　副主任(2011年6月～2011年12月)

闭耀新　副主任（2011年6月～2011年12月）
刘晓芳　副主任（2011年11月～2011年12月）
蔡文辉　劳动保障所所长（2011年1月～2011年12月）
黄世艺　副科级干部（2011年1月～2011年12月）

良庆镇

马家训　党委书记（2011年1月～2011年5月）
郑　中　党委书记（2011年5月～2011年12月）
玉荣典　党委副书记、人大主席（2011年1月～2011年12月）
彭　立　党委副书记、镇长（2011年1月～2011年12月）
黄锡文　党委纪检委员、纪委书记（2011年1月～2011年5月）
孙旭斌　党委组织委员（2011年1月～2011年5月）
　　党委纪检委员、纪委书记（2011年5月～2011年12月）
潘大林　党委统战委员、副镇长（2011年1月～2011年5月）
滕晓兵　党委委员、副镇长（2011年1月～2011年5月）
吴尚之　党委宣传委员（2011年1月～2011年5月）
　　党委委员（2011年5月～2011年7月）
　　党委委员、副镇长（2011年7月～2011年12月）
李雅茂　党委统战委员（2011年5月～2011年7月）
　　党委统战委员、副镇长（2011年7月～2011年12月）
谭嘉增　党委委员、武装部部长（2011年1月～2011年12月）
韦焕长　党委组织委员（2011年5月～2011年12月）
陈学艺　党委宣传委员（2011年5月～2011年12月）
韦炳深　人大副主席（2011年1月～2011年12月）
黄剑雄　政府副镇长（2011年1月～2011年7月）
李秋兰　政府副镇长（2011年7月～2011年12月）
农宝光　综治办副主任（2011年1月～2011年12月）
玉俊位　党委副主任科员（2011年1月～2011年12月）
周甫寅　政府副主任科员（2011年1月～2011年12月）
梁　峰　政府副主任科员（2011年1月～2011年12月）

那马镇

刘　理　党委书记（2011年1月～2011年5月）
李　莺　党委副书记、镇长（2011年1月～2011年5月）
　　党委书记、镇长（2011年5月～2011年7月）
　　党委书记（2011年7月～2011年12月）
杜万凯　党委副书记、人大主席（2011年1月～2011年5月）
龚沃升　党委委员、副镇长（2011年1月～2011年5月）
　　党委副书记、副镇长（2011年5月～2011年7月）
　　党委副书记、人大主席（2011年7月～2011年12月）
姚　毅　党委副书记（2011年5月～2011年7月）
　　党委副书记、镇长（2011年7月～2011年12月）
卢泽芬　党委纪检委员、纪委书记（2011年1月～2011年5月）

莫海泽 党委纪检委员、纪委书记（2011年5月～2011年12月）

莫桂楷 综治办副主任(2011年1月～2011年5月）

党委统战委员(2011年5月～2011年7月）

党委统战委员、副镇长（2011年7月～2011年12月）

蒙冠仁 党委委员（2011年5月～2011年7月）

党委委员、副镇长（2011年7月～2011年12月）

韦光高 党委委员、武装部部长（2011年1月～2011年5月）

袁 帆 党委委员、武装部部长（2011年5月～2011年12月）

李如坤 党委宣传委员(2011年1月～2011年12月）

李雅茂 党委组织委员(2011年1月～2011年5月）

曾全登 党委组织委员(2011年5月～2011年12月）

易德群 人大副主席（2011年1月～2011年12月）

陆增锦 政府副镇长(2011年1月～2011年7月）

李秋兰 政府副镇长(2011年1月～2011年7月）

曾用红 政府副镇长（2011年7月～2011年12月）

黄秀治 综治办副主任(2011年5月～2011年12月）

黄焕盛 党委副主任科员(2011年1月～2011年12月）

黄一峻 党委副主任科员(2011年1月～2011年12月）

张爱群 党委副主任科员(2011年1月～2011年12月）

马建宝 政府副主任科员(2011年1月～2011年12月）

潘广筹 政府副主任科员(2011年5月～2011年12月）

大塘镇

赵永坤 党委书记（2011年1月～2011年5月）

邓 智 党委书记（2011年5月～2011年12月）

潘凤谦 党委副书记、人大主席（2011年1月～2011年5月）

王剑珊 党委委员、副镇长（2011年1月～2011年5月）

党委副书记、副镇长(2011年5月～2011年7月）

党委副书记、人大主席（2011年7月～2011年12月）

梁 鸿 党委副书记、镇长（2011年1月～2011年5月）

潘大林 党委副书记(2011年5月～2011年7月）

党委副书记、镇长（2011年7月～2011年12月）

陆若良 党委纪检委员、纪委书记（2011年1月～2011年12月）

彭明安 党委统战委员(2011年5月～2011年7月）

党委统战委员、副镇长（2011年7月～2011年12月）

雷 增 党委组织委员(2011年1月～2011年5月）

党委委员(2011年5月～2011年7月）

党委委员、副镇长（2011年7月～2011年12月）

周建营 党委委员、武装部部长（2011年1月～2011年12月）

滕晓兵 党委宣传委员(2011年5月～2011年12月）

彭臣帅 党委组织委员(2011年5月～2011年12月）

张晖传 人大副主席(2011年1月～2011年12月）

韦海儒　政府副镇长(2011 年 1 月～2011 年 5 月）

叶　康　政府副镇长(2011 年 1 月～2011 年 7 月）

潘　波　政府副镇长（2011 年 7 月～2011 年 12 月）

杨永革　综治办副主任(2011 年 5 月～2011 年 12 月）

林学昌　政府副主任科员(2011 年 1 月～2011 年 12 月）

黄恒干　政府副主任科员(2011 年 1 月～2011 年 12 月）

黎绍和　政府副主任科员(2011 年 1 月～2011 年 12 月）

王兰香　政府副主任科员(2011 年 1 月～2011 年 12 月）

李有香　政府副主任科员(2011 年 1 月～2011 年 12 月）

乐葵香　政府副主任科员(2011 年 1 月～2011 年 11 月）

那陈镇

罗达田　党委书记（2011 年 1 月～2011 年 5 月）

杨荣团　党委副书记、镇长（2011 年 1 月～2011 年 5 月）
党委书记、镇长(2011 年 5 月～2011 年 7 月）
党委书记（2011 年 7 月～2011 年 12 月）

黄文声　党委副书记、人大主席（2011 年 1 月～2011 年 5 月）

黄锡文　党委副书记(2011 年 5 月～2011 年 7 月）
党委副书记、人大主席（2011 年 7 月～2011 年 12 月）

何年雄　党委副书记(2011 年 5 月～2011 年 7 月）
党委副书记、镇长（2011 年 7 月～2011 年 12 月）

周达生　党委纪检委员、纪委书记（2011 年 1 月～2011 年 5 月）

李清华　党委纪检委员、纪委书记（2011 年 5 月～2011 年 12 月）

彭明安　党委统战委员、副镇长（2011 年 1 月～2011 年 5 月）

龚镇平　党委统战委员、副镇长（2011 年 1 月～2011 年 12 月）

李杏玲　党委组织委员(2011 年 1 月～2011 年 5 月）
党委委员(2011 年 5 月～2011 年 7 月）
党委委员、副镇长（2011 年 7 月～2011 年 12 月）

陈光快　党委委员、武装部部长（2011 年 1 月～2011 年 12 月）

韦　高　党委宣传委员(2011 年 1 月～2011 年 2 月）

范善创　党委组织委员(2011 年 5 月～2011 年 12 月）

李海川　党委宣传委员(2011 年 5 月～2011 年 12 月）

林余昌　人大副主席（2011 年 1 月～2011 年 12 月）

潘　波　政府副镇长(2011 年 1 月～2011 年 7 月）

林团昌　政府副镇长（2011 年 1 月～2011 年 12 月）

李增论　综治办副主任(2011 年 1 月～2011 年 12 月）

李　伟　政府主任科员(2011 年 1 月～2011 年 12 月）

卢贵才　党委副主任科员(2011 年 1 月～2011 年 12 月）

韦卓荫　政府副主任科员(2011 年 1 月～2011 年 12 月）

韦令生　政府副主任科员(2011 年 1 月～2011 年 12 月）

南晓镇

苏宜举　党委书记（2011 年 1 月～2011 年 5 月）

农宝章　党委副书记、镇长（2011年1月～2011年5月）
　　党委书记、镇长(2011年5月～2011年7月)
　　党委书记（2011年7月～2011年12月）

刘秉周　党委副书记、人大主席（2011年1月～2011年12月）

张　冠　党委副书记(2011年5月～2011年7月)
　　党委副书记、镇长（2011年7月～2011年12月）

莫海泽　党委组织委员(2011年1月～2011年1月)
　　党委纪检委员、纪委书记（2011年1月～2011年5月）

周达生　党委纪检委员、纪委书记（2011年5月～2011年12月）

黄兆识　党委委员、副镇长（2011年1月～2011年12月）

覃德斌　党委统战委员、副镇长（2011年1月～2011年12月）

陆儒红　党委宣传委员(2011年1月～2011年5月)
　　党委委员、武装部部长（2011年5月～2011年12月）

杨冠朝　党委委员、武装部部长（2011年1月～2011年5月）
　　党委组织委员(2011年5月～2011年12月)

农达忠　人大副主席(2011年1月～2011年5月)
　　党委宣传委员(2011年5月～2011年12月)

陆增锦　人大副主席（2011年7月～2011年12月）

曾用红　政府副镇长(2011年1月～2011年7月)

黄家碧　政府副镇长（2011年7月～2011年12月）

韦焕长　综治办副主任(2011年1月～2011年5月)

唐朝辉　综治办副主任(2011年5月～2011年12月)

陆明荣　政府主任科员(2011年1月～2011年12月)

陆华械　政府副主任科员(2011年1月～2011年12月)

莫志跃　政府副主任科员(2011年1月～2011年12月)

南州林场

黄启义　党委书记、场长(2011年1月～2011年12月)

方金秀　党委组织委员、纪检委员(兼)(2011年1月～2011年12月)

岑　威　党委宣传委员、统战委员（2011年1月～2011年12月）

玉玄波　副场长（2011年1月～2011年12月）

五象新区

WUXIANGXINQU

【概　况】 南宁市良庆区五象新区开发建设指挥部于2006年12月30日挂牌成立，成员由城区四家班子领导和各部门负责人组成。指挥部下设办公室，2011年3月重新充实和调整，办公室调整后设立有：综合、征地拆迁片区、房拆机动、回建安置、预算编制资金调配、综合执法处理、政策法规审核、纠纷调处、督查等9个工作组。征地拆迁片区工作组有：良庆经济开发区片区，玉洞（蟠龙）片区，那平片区，良庆社区、渌绕、坛泽片区，新村、新团、新兰片区，那黄片区，那马镇、大塘镇、南晓镇、那陈镇片区等7个征地拆迁工作组。指挥部职责是负责房屋和征地拆迁以及城区项目的招商引资和开发建设等。年内，良庆区新接受征地委托项目56个，面积1019.20公顷，加上历年未完成征地项目112个共169个，征地任务2141.37公顷，房屋拆迁面积约52万平方米。与南宁市签订征地责任状面积1246.53公顷，拆迁责任状面积11.56万平方米（国有房屋面积）。截至12月31日，完成征地签约面积405.92公顷；完成房屋拆迁签约面积523204.27平方米；划拨征地补偿款8.07亿元，拆迁补偿款5.57亿元。

1月15日，良庆区党委政府召开2010年度征地拆迁工作总结表彰暨2011年征地拆迁工作动员大会，对城区征地拆迁办、良庆镇政府等6个单位获得2010年征地拆迁先进单位、10个征地拆迁先进集体、10个征地拆迁标兵和51个征地拆迁先进个人进行了表彰。同时还对城区奋战60天全力推进征地拆迁、拆违工作的先进单位（集体）进行奖励。

【南钦铁路（良庆段）扩能改造工程】 2011年，南钦铁路是铁道部和广西壮族自治区重点工程建设项目。线路建设在良庆区辖内全长47.69公里，途经良庆、那马、大塘、南晓4个镇和大沙田街道办，共14个行政村（社区），征地涉及36个坡（屯）109个村民小组，农户5039户20148人。项目线路需征永久用地面积236.97公顷，年内完成13.80公顷，累计完成233.78公顷。涉及良庆、那马、大塘、南晓4个镇及大沙田街道的那平、平乐村，拆迁面积约60003.36平方米，完成房屋拆迁面积15369.91平方米，坟墓签约378座，水井8眼，水池面积2629.79平方米，晒场面积1569.41平方米。

【南宁铁路枢纽云桂铁路（良庆段）】 2011年，云桂铁路建设项目途经良庆镇、大沙田街道办，委托征地面积47.12公顷。上年完成签订征地协议面积21.56公顷，完成临时用地租赁面积20.17公顷，已交地给施工单位使用。项目涉及良庆区大沙田街道办的那平村、平乐村房屋拆迁310户，拆迁面积7万平方米。涉及户数多，拆迁量大。年内完成房屋拆迁面积83150.81平方米，农配房面积8606.27平方米，坟墓签约379座，水井9眼，水池面积907.86平方米，晒场面积4039.29平方米。

【自治区重大公益性项目配套及基础设施】 该项目位于良庆镇那黄村、新村村范围内，委托征地面积286.88公顷。2011年，征地任务169.58公顷，完成征地95.46公顷，累计完成征地任务171.16公顷（含线外）。

【总部基地项目】 该项目委托征地面积230.41公顷。2011年，征地任务32.35公顷，完成38.16公顷，累计完成236.32公顷，未签土地面积0.70公顷；涉及房屋拆迁面积12.69万平方米，已全部完成签约，涉及拆违面积43000平方米，已全部依法拆除。

【广西美术馆项目】 该项目委托征地面积16.93公顷，2011年，征地任务1.13公顷，累计完成5.84公顷。项目总建筑面积为4.22万平方米，主体结构已于10月30日封顶，砌体工程和屋面钢网架工程也全部完成。

【广西城市规划建设展示馆项目】 该项目委托征地面积8.17公顷。2011年，完成0.54公顷，累计完成8.17公顷。

【城市道路建设项目征地拆迁】 2011年，良庆区城市道路建设项目征地拆迁工作稳步推进：

五象新区核心区1号路　该项目位于良庆镇范围内，委托征地面积23.84公顷。年内累计完成24.47公顷。

五象新区核心区3号路　该项目位于良庆镇范围内，委托征地面积36.33公顷。年内，征地任务7.51公顷，完成0.19公顷，累计完成29.53公顷。

五象新区核心区6号路　该项目位于良庆镇范围内，委托征地面积17.18公顷。年内，征地任务0.76公顷，累计完成16.90公顷。

五象大道延长线　该项目位于大沙田街道办，是自治区统筹推进的重大项目，建成后，与那洪大道连成一线，贯通壮锦大道、友谊大道、银海大道，既是南宁的交通要道，又是通往南宁机场的主要道路。该项目委托征地面积4.667公顷，拆迁总面积约32000平方米，其中：国有8100平方米，集体14900平方米。涉及拆迁对象共48户（国有18户，集体30户），拆迁面积约32000平方米。年内，完成房屋拆迁47户（国有17户，集体30户），占任务98%，拆迁面积31427平方米。

南宁外环高速公路　该项目途经良庆镇、那马镇、大沙田街道办，委托征地面积141.03公顷。年内，征地任务19.36公顷，完成21.78公顷。涉及房屋拆迁112间，拆迁面积约31000平方米（其中：良庆社区16000平方米，广西良庆经济开发区15000平方米），年末完成拆迁面积约32215平方米。项目涉及良庆区平乐村、玉洞村、那平村坟墓搬迁496座，涉及良庆镇段需要迁坟约900座。年内，累计已签约860座，涉及周姓宗族祖坟约40座未签。

南宁国际物流园1号路　该项目位于大沙田街道办，委托征地面积28.14公顷。年内，征地任务3.33公顷，完成3.26公顷，累计完成45.85公顷（含线外）。

南宁国际物流园20号路　该项目委托征地面积32.67公顷。年内，征地任务13.49公顷，完成17公顷，累计完成34.53公顷（含线外）。

玉洞片区1号路　该项目位于大沙田街道办，委托征地面积15.83公顷。年内，征地任务6.48公顷，完成4.23公顷。

平乐大道（那黄村—玉洞大道）　项目位于大沙田街道办、良庆镇范围内，委托征地面积22.75公顷。年内，征地任务0.33公顷，完成0.24公顷。累计完成24.29公顷。

平乐大道（玉洞大道—银海大道）　项目位于大沙田街道办范围内，委托征地面积108.99公顷，涉及房屋拆迁面积约18095.60

平方米 。年内，征地任务 8.39 公顷，完成 1.63 公顷，累计完成 3.85 公顷。

玉洞大道（平乐大道—龙岗大道） 项目位于大沙田街道办、良庆镇范围，委托征地面积 55.57 公顷，2011 年，征地任务 17.73 公顷，完成 2.96 公顷，累计完成 43.08 公顷。

【南宁大型粮食交易市场项目】 该项目委托征地面积 92.85 公顷。2011 年，征地任务 92.85 公顷，累计完成 11.91 公顷（含线外）。

【东盟家电信息研发基地及啤酒文化街项目】 该项目委托征地面积 64.25 公顷。2011 年，征地任务 64.25 公顷，累计完成 3.62 公顷（含线外）。

【南宁市消防训练基地项目】 该项目委托征地面积 32.40 公顷。2011 年，征地任务 32.40 公顷。累计完成 8.42 公顷（含线外）。

【南宁保税物流中心二期储备用地】 该项目位于大沙田街道办，委托征地面积 48.15 公顷，主要涉及玉洞村 23、24、25、26、27、28 队。2011 年，征地任务 43 公顷，完成 4.14 公顷，累计完成 9.40 公顷。

五象新区堤园路道路及道路护岸工程（五象大道—外环高速路）项目位于良庆镇范围内，委托征地面积 146.03 公顷。年内，征地任务 8.76 公顷，完成征地任务 8.76 公顷。

【五象新区堤园路滨江公园项目】 项目位于良庆镇范围内，委托征地面积 113.02 公顷。2011 年，征地任务 67.46 公顷，完成 6.18 公顷。

【五象新区楞塘冲综合整治项目（一期）】 项目位于良庆镇范围内，委托征地面积 29.88 公顷。2011 年，完成 0.89 公顷，累计完成 33.1 公顷。

【良庆河综合整治项目（一期）】 项目位于良庆镇范围内，委托征地面积 57.91 公顷。2011 年，征地任务 46.70 公顷，完成 3.54 公顷。

【五象新区农民拆迁安置项目】 2011 年，良庆区继续抓好新区农民拆迁安置小区项目的征地工作。

小区 3 号点 项目位于良庆镇良庆社区，委托征地面积 36.53 公顷。年内，征地任务 3.15 公顷，完成 3.96 公顷，累计完成 38.12 公顷。

小区 4 号点 项目位于良庆镇良庆社区，委托征地 8.62 公顷，年内，征地任务 2.14 公顷，完成 1.11 公顷，累计完成 7.59 公顷。

小区 6 号点 项目位于良庆区大沙田街道办玉洞村，委托征地面积 8 公顷。年内，征地任务 0.61 公顷，完成 0.19 公顷，累计完成 8.15 公顷。

【玉龙学校项目】 该项目委托征地面积 7.17 公顷。2011 年，征地任务 5.22 公顷，完成 0.19 公顷，累计完成 1.95 公顷。

【建设项目开工】 2011 年，良庆区五象新区建设加快推进，项目开工主要有：

五象新区核心区丰庆路（原 4 号路）、秋月路、良兴路开工 4 月 28 日上午，五象新区核心区丰庆路（原 4 号路）、秋月路、良兴路举行开工仪式。五象新区丰庆路位于五象新区核心区内，路线呈南北走向，北起五象大道，南至玉洞大道，项目总投资 2.22 亿元，路长 1.76 公里；秋月路、良兴路（原 7 号路）路线呈东西走向，西起平乐大道，东至丰庆路，项目总投资 1.83 亿元，路长 2.49 公里。丰庆路、秋月路、良兴路均为城市一级主干路，宽度为 50 米，道路按双向六车道，行车速度设计为每小时 60 公里，项目计划 2012 年竣工。

五象新区核心区 7 号路延长线（平乐大道—玉象路）开工 10 月 18 日，良庆区五象新区核心区 7 号路延长线（平乐大道—玉象路）项目开工仪式隆重举行。

中国新闻社广西外宣基地开工 10月18日，位于五象新区的中国新闻社广西外宣基地项目开工建设。

广西南洋恒信混凝土有限公司良庆区年产100万立方米预拌混凝土搅拌站项目和建设路、锦绣路工程项目开工 2011年12月16日，良庆区举行广西南洋恒信混凝土有限公司年产100万立方米预拌混凝土搅拌站项目和建设路、锦绣路工程项目开工仪式。

南宁玉洞交通物流中心项目开工 2011年12月28日，南宁玉洞交通物流中心项目开工。项目位于银海大道与平乐大道交界处，一期工程总投资近4亿元，设计年货物吞吐量为380万吨。建成后，可提供货物中转、货物仓储、流通加工、配送、产品展示、电子商务等综合配套服务，将进一步完善南宁公路主枢纽的站场设施，提升南宁市物流集运能力和服务水平，促进南宁市经济社会的发展，对于南宁市和广西及全国各地物资的集疏起到积极的作用。

南宁中央直属储备糖库项目开工 2011年12月28日，南宁中央直属储备糖库项目开工。该项目是经国家发改委审核批准，并列为年内自治区层面统筹推进的重大项目。项目位于南宁市良庆区中国—东盟国际物流基地内，计划总投资2.70亿元，库容规模为13.30万吨，主要建设36栋食糖储备仓库，1500平方米的物料库，750平方米的物料罩棚，2000平方米的综合楼及其他附属设施。项目建成后，将极大缓解广西中央直属储备糖库库容不足的局面，实现中央储备糖专库存放，改变现在大量租用非专业库房所产生的利用率低、储存费用高、调运不灵活、损失严重的状况。同时，也将起到保护蔗农利益，提高蔗农收入，促进广西糖业生产发展，确保中央储备糖制度顺利实施和改善国家食糖储备体系，增强国家宏观调控能力，稳定食糖生产及市场供应的作用。

【查处“两违”行动】 2011年，良庆区党委、政府组织城建、国土、规划等部门，加大对五象新区核心区违章建设拆违工作力度。拆除违章建筑342栋（间），拆除面积38.30万平方米，清理违法占地34.11万平方米。有力地打击违法抢建的行为，为征地拆迁工作扫除障碍。

【办公室管理】 2011年，良庆区五象新区开发建设指挥部办公室负责日常事务管理，切实做好上传下达和协调工作，坚持每月汇报制度和重大问题的请示汇报制度，确保指挥部的正常运转。全年共上报市级部门相关汇报材料210次（份），上报相关工作请示53份，编写会议纪要81期，编写快报9期，向区、市、城区党办、信息办上报信息73条（篇），接待和处理群众来信来访35次（起），件件都得到妥善处理。

（孟翠萍　玉仁伟　黄运腾）

工　业

GONGYE

综　　述

【概　况】 2011年，良庆区工业企业完成总产值151.80亿元，比上年同期增长43.50%，工业增加值完成43.90亿元，增长22.60%；工业增加值占城区GDP比重为45.78%。

【规模以上工业】 2011年，良庆区规模以上工业企业57家，完成工业总产值139.60亿元，工业增加值39.40亿元，同比分别增长46.70%和25.80%，实现主营业务收入88.30亿元，增长18.90%，实现利润总额11.30亿元，同比增长180.70%。主要工业产品产量：机制纸59627吨，增长6%；配混合饲料680024吨，增长13.40%；中成药5966吨，下降1.60%；成品糖71672吨，同比增长4.40%；服装68万件，增长13.10%；纤维板303353立方米，增长45.30%。

【产值10亿元以上行业】 2011年，良庆区产值10亿元以上行业4个。一是农副食品加工业。完成工业总产值43.54亿元，同比增长24.30%，占城区规模工业产值的31.20%；二是有色金属冶炼及压延加工业。完成工业总产值37.04亿元，同比增长164.90%，占规模工业总产值的26.50%；三是医药制造业。年内有规模以上制药企业8家，以生产中成药为主，完成工业产值13.89亿元，同比增长11.50%，占规模工业产值的9.90%；四是金属制品业。完成工业总产值12.87亿元，同比增长73.30%，占规模工业总产值的9.20%。

【亿元企业】 2011年，良庆区亿元以上工业企业29家，完成工业总产值124.30亿元，同比增长47%，占城区规模工业总产值的89%，实现利润总额11亿元，增长187.20%，占规

模企业实现利润的97.40%。

【节能降耗】 2011年，良庆区规模以上工业企业综合能源消费总量为144495吨标准煤，万元规模以上工业增加值（按可比价计）能耗为0.42吨标准煤，同比下降5.55%；年耗标煤1万吨以上的重点能耗企业有3家，全年共节标煤7055吨。

（莫秦严）

主要企业简介

【百洋水产集团股份有限公司饲料分公司】 百洋水产集团股份有限公司饲料分公司成立于2000年4月19日，位于南宁市良庆区建业三街6号，占地1.35公顷，建筑面积10677平方米，总投资额6600万元。现有员工120人，其中高级职称管理人员6人，中级职称管理人员13人，高级专业技术管理人员6人。

公司主要产品为鱼、虾、蛙等系列专业水产饲料。企业先后通过了2000国际质量管理体系认证、美国HACCP验证和欧盟EEC认证，其中"百洋"牌系列产品先后被评为"广西名牌产品"、"中国饲料行业信得过产品"、"高新技术产品"。

公司被农业部等八部委联合认定为"农业产业化国家重点龙头企业"，集团各下属企业也分别被评为"高新技术企业"、"广西农业产业化十大龙头企业"、"广西农产品加工重点龙头企业"、"全国水产行业十佳企业"、"全国罗非鱼最具影响力企业"。

2010年公司实现工业总产值5亿元，上缴税金131.29万元（享受国家政策减免税233.41万元）。

【广西方略药业有限公司】 广西方略药业有限公司成立于1996年1月12日，是一家集药品研发、生产、营销于一体的产业化私营药品企业，公司前身为广西长高乐制药有限公司。2002年，公司进行GMP异地改造，选址位于南宁市良庆区亮岭路5号，用地面积25800平方米，建筑面积约10000平方米，在2003年竣工，累计投资5000多万元。2003年9月整体通过国家食品药品监督管理局药品GMP认证，并正式生产运营。

公司是自治区级高新技术企业，目前为社会提供210个就业岗位。员工综合素质较高，其中科技及管理层人员中具有硕士学历的1人，本科学历的31人；拥有中级职称的19人，初级职称的18人。

公司以生产中成药为主。现拥有片剂、口服液（口服溶液剂）、糖浆剂、酒剂、原料药、硬胶囊剂、中药前处理和提取等生产线。有各种剂型的中成药批文13个，西药批文4个，其中全国独家生产的品种3个。方略药业公司在药品流通领域以批发、零售药品和保健品为主，目前已经拥有63家连锁药店。公司产品销售覆盖全国各省（自治区、直辖市），并在全国建立了市、县、镇三级销售管理网络，目前在全国各地有市级经销商236家、县级经销商1300多家，部分产品出口东南亚各国。2011年公司实现工业总产值1.27亿元，纳税351万元。

【广西丰林木业集团有限公司】 2011年，广西丰林木业集团有限公司拥有南宁、百色、环江3个生产基地，7条生产线年生产能力达55万立方米中高密度纤维板。现有员工1500人，总资产10亿元，旗下的"丰林牌"为国家免检产品和广西名牌产品，是全国最大型的人造板生产企业之一。现集团总部基地（筹建）及南宁的生产厂位于南宁市良庆区银海大道1233号，南宁生产厂于1995年投产，占地33.33公顷，总投资3.50亿元，生产能力为20万立方米中密度纤维板。

2011年9月，广西丰林木业集团股份有限公司在上海证券交易所成功挂牌上市，发行 5862 万股，发行完成后总股本 23445.60 万股。广西丰林木业集团股份有限公司成为广西良庆经济开发区成功上市的第一家企业。2011 年，公司实现工业总产值 2.81 亿元，实现税收 2512.30 万元。

【广西南宁市中高糖机设备制造有限公司】 广西南宁市中高糖机设备制造有限公司是专业生产甘蔗压榨成套设备的厂家，其前身为全国 500 强私营企业之一的湛江糖机配件厂，具有近 30 年生产糖机设备的历史。公司位于南宁市良庆区银海大道 866 号，占地面积 4 公顷，注册资金 73 万元，固定资产 3000 多万元，拥有生产车间 2 万多平方米，各种生产设备 200 台（套），年生产能力约 1 万吨。公司现有员工 280 人，其中高级工程师 4 人，中级工程师 6 人，中技以上技术工人 76 人。

公司成立以来，先后完成南华糖业集团龙州糖厂日榨量 8000 吨直径 1000×2000 压榨机生产线、广西农垦糖业集团金光糖厂日榨量 5000 吨直径 850×1700 压榨机生产线、雷平永鑫糖业集团日榨量 8000～10000 吨直径 1000×2000 压榨机等几十家制糖企业生产线的设计制作及安装工程，并长期为广西、广东、云南等省区的 100 多家糖厂提供设备及零配件加工、维护等优质服务。

公司目前主要生产 500～10000 吨/日甘蔗压榨成套设备及其配件，产品销往广西、广东、海南、云南、山东、江西并出口到越南、印度尼西亚、柬埔寨及非洲等国家和地区。

2011 年，公司实现工业总产值 7468 万元，实现税收 317 万元。

【广西日星金属化工有限公司】 广西日星金属化工有限公司成立于 1997 年 8 月，位于良庆区银海大道 10.80 公里处西面，占地面积 4.59 公顷，注册资金为人民币 1 亿元。公司目前的主要业务为氧化锑的生产和销售。

公司自成立以来，严格按照全面质量管理的原则建立了完善的质量管理体系，先后通过了 ISO9001 质量认证、ISO4001 环境管理体系认证、GB/T28001 职业健康安全管理体系认证。公司还连续多年取得了国家批准的锑产品生产企业出口供货资格，大部分产品出口美国、西欧、日本、韩国、等发达国家和中国地湾地区。2011 年，公司完成工业总产值 17.68 亿元，上缴税金 2028 万元，为社会提供就业岗位 98 个。

【广西石埠乳业有限责任公司】 广西石埠乳业有限责任公司位于南宁市良庆区建业路二里 3 号，占地面积 22 万平方米，建筑面积 12.22 万平方米，注册资金 764 万元，总投资 1.80 亿元。现有员工 1000 多名，下辖广西石埠乳业有限责任公司、广西南牛乳业有限责任公司 2 家企业，拥有 3 个现代化奶牛场及三大奶源基地。

公司坚持技术创新理念，先后引进了国际化标准瓶装鲜奶生产线、UHT 瞬时灭菌无菌灌装百利包生产线、国际化标准屋型灌装生产线和利乐砖包生产线。同时还投入巨资建立了奶源基地、生鲜牛奶冷链运输系统和产品技术研发中心，引进高标准的监控系统和尖端检测仪器，严格保证进入市场的产品质量。

公司先后开发建成了鲜牛奶、乳品、植物蛋白饮品、凉茶植物饮料、果醋、谷物饮品等六大类别、三大品牌系列（石埠、南方牛、晨鲜）近百个品种的完整产品线。2009 年至 2010 年，相继推出了木瓜奶、玉米汁、芝麻黑米露、谷语麦香、罗汉果王、蜂蜜菊花茶等 10 多个乳品、饮料产品。公司还培育了一支优秀的营销队伍，目前拥有 500 家经销商、600 家牛奶专卖店，与沃尔玛、百盛、北京华联、华润万家、南城百货、人人乐等终端卖场有着紧密的合作，终端渠道占有率超过 75%。

2011 年公司完成工业总产值 6269 万元，缴纳税金 149 万元。

【广西苏氏集团有限责任公司】 广西苏氏集团有限责任公司 1994 年落户原邕宁沿海经济走廊开发区（现属于广西良庆经济开发区），注册资金为 5112 万元人民币，占地 4.10 公顷，现有员工 310 多人。公司发展近 20 年来，先后被国家科技部授予“民营科技企业创新奖”、“南宁市优秀产品创新示范企业”等称号。2011 年公司实现产值 2.60 亿元，上缴税收 1402 万元。集团公司为了提高企业的研发能力，加快科技成果转化，推动企业由传统型企业向科技型企业转变，在 2002 年 3 月通过英国 BSI 公司 ISO9001：2000 质量管理体系认证，在 2003 年成立了南宁市技术开发中心。公司在 2003 年通过科技厅“高新技术企业”认定，在 2007 年通过自治区技术中心认定，在 2011 年通过“国家高新技术企业”认定；截至 2010 年，公司已发展有 LIT-850、1000、1100、1200、1400 型连续离心分蜜机等 8 个系列 32 种型号的产品，拥有 7 项专利技术。产品不仅销往国内各省市，还出口印度、泰国等 10 多个国家，是用户公认的名牌产品。

目前集团公司已发展成为集科、工、贸为一体的多元化集团公司。其中广西盛誉糖机制造有限公司是全球最大的专业生产制糖离心机的高新技术企业之一，拥有先进的生产设备和雄厚的技术研发力量以及完善的检测设施。广西永骏封头制造有限公司采用哈尔滨工业大学的高新技术开发了“大型封头无模液压机组”，可生产中国长江以南最大型号的封头（最大直径 7500 毫米），填补了西南三省无大型旋压封头生产能力的空白。

【广西万寿堂药业有限公司】 广西万寿堂药业有限公司成立于 2002 年，位于南宁市良庆区大沙田荣光南路 1 号，注册资金 1042 万元，总资产 7160 万元，净资产 4651 万元，工厂占地 2.67 公顷，拥有员工 216 人，是自治区高新技术企业、信息化示范企业、知识产权示范企业、创新型试点企业、南宁市农业产业化重点龙头企业、南宁十佳创新企业、南宁市劳动关系和谐先进企业，广西药店联盟的战略合作伙伴。

公司非常注重技术创新与新产品开发，所设的研发机构被认定为自治区、南宁市两级工程技术研究中心。几年来，承担国家级、区级、市级等科研项目 25 项，荣获南宁市科技进步一等奖、二等奖各 1 项，开发各类新药新产品 22 个，有发明专利 29 项，其中中药三类新药伊血安颗粒是国家药监局成立以来唯一的妇科止血三类中药新药，是拥有发明专利技术的独家产品，也是科技部中小企业创新基金立项的科研项目成果。公司拥有片剂、胶囊剂等 13 个剂型生产线（包括中药饮片），是目前南宁市通过 GMP 认证生产剂型最多的制药企业，有 60 多个药品生产批文，其中国家科技部、国家发改委和广西科技厅、工信委分别立项开发的科技成果、发明专利伊血安颗粒、决明山绿茶、金莲胃舒片、明目滋肾片等都是独家产品。另有中药保护品种 1 个，国家基药 8 个，20 多个品种列入广西等地方医保、新农合目录。公司目前最大产能为 16000 件/月。

2011年公司实现工业产值2.7亿元，上缴税收631.81万元。

【南宁华威制衣有限公司】 南宁华威制衣有限公司位于广西良庆经济开发区建业路66号。公司成立于2000年6月15日，是一家港商独资经营的现代制衣企业。公司注册资金2469万元，投资总额600万美元，占地面积32000平方米，已建成标准厂房13500平方米，仓库4000平方米。

公司引进了具有国际先进水平的现代制衣设备1300台（套），年生产服装可达百万件（套）。目前公司拥有固定资产总额达400万美元，熟练技工700多人。公司的主要产品有各式梭织压胶滑雪衣及套装、风雨衣、棉夹克、大衣、牛仔裤及牛仔夹克、衬衣、POLO恤、裙子、运动套装、各式休闲服装、各式羽绒服装，各式婴儿、儿童服装等，产品主要销往欧洲、美洲等国家和地区。

2011年，公司实现工业总产值4393万元，上缴税金89万元。

【南宁市嘉大混凝土有限公司】 南宁市嘉大混凝土有限公司由明耀国际集团有限公司投资建设，位于南宁市良庆区五象大道14号，占地2.67公顷，注册资金1500万元，总投资额3000万元人民币，年生产混凝土规模达90万立方米以上，拥有员工110名，是具有预拌商品混凝土专业承包三级资质的生产企业，拥有2条技术先进的自动预拌混凝土搅拌生产线。公司坚持环保与生产同步发展，把环保管理纳入企业管理，加强节能减排工作，优美的绿化环境、新型集尘设施及污水回收系统都能最大限度实现资源循环再利用。公司还配备有混凝土搅拌车30辆，汽车泵5台，车载泵8台。

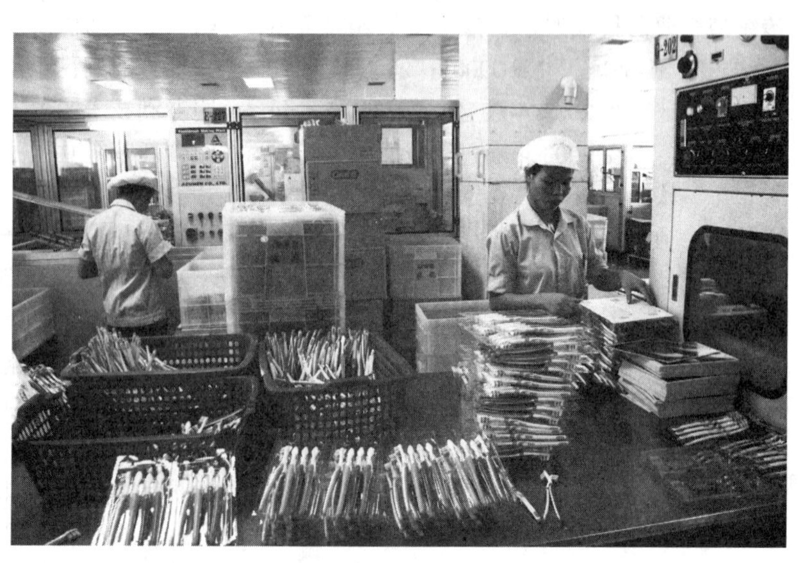
龙昌牙刷车间一角

公司参与的重点项目有南宁轻轨项目工程、广西体育中心一期主体工程、凌铁大桥、南宁市五象大道八尺江桥工程、广西机场航空业务楼、荣和中央公园、民歌广场综合改造工程、南宁市拆迁安置回建小区1号项目、埌东污水处理厂三期、广西规划建设展示馆、南宁市科技馆、广西美术馆、邕江大学教学楼等200多项工程项目。

2011年，公司实现工业总产值1.92亿元，税收1465万元。

【广西南国金属材料有限公司】 广西南国金属材料有限公司（原名为广西松日有色金属有限公司）位于南宁市良庆区银海大道988号，占地面积21.67公顷，注册资金1000万元，总投资约2.95亿元，拥有员工30名。公司的主营业务为合金材料、有色金属、建筑材料（除危险化学品及木材、铝制品、贵金属、五金化工产品）、机械加工、铅锭、锌锭和氧化锑的加工。

广西南国金属材料有限公司是广西百强企

业——河池市南方有色冶炼有限责任公司的子公司。南方有色冶炼有限责任公司自1996年1月成立至今，总资产超35亿元，连续多年纳税超亿元，现有员工3700多人。产品远销20多个国家和地区，其中铅锭、锑锭、银锭、锌锭被评为广西名牌产品。“NF”牌铅锭分别于2006年、2010年在伦敦金属交易所和上海期货交易所注册成功，成为国际知名品牌；“麒麟”牌锌锭2009在上海期货交易所注册成功，正式成为国内民企第一家、广西首家在上海期货交易所注册的锌锭生产企业。

2009年，南国金属公司筹划兴建的16万吨锌基合金技改项目工程，项目计划投资总额为4.80亿元人民币，主要生产锌基合金。该项目无“三废”排放，产品技术含量高，附加值高，项目符合广西和南宁市的产业政策和环保要求，公司还将计划做金、银、锑、铟等有色金属的深加工，全部建成后将成为广西领先、中国一流、世界有影响的有色金属深加工基地。锌基合金技改工程项目计划分三期进行，总工程完成后，每年可以增加热镀锌合金12万吨，压铸锌合金4万吨，计算期内平均每年销售收入50.88亿元（不含税），价外增值税4579.20万元，年税后利润9109.47万元，项目财务内部收益率税前33.06%，税后26.28%，经济效益好，并可安排500多人就业。目前，锌基合金技术改造工程首台3万吨/年工频炉熔锌项目于2011年7月13日顺利试产。

2011年，公司实现工业总产值17.38亿元，税收157万元。

招商引资

【概　况】　南宁市良庆区招商促进局是承办招商引资、区域经济合作、外商投资管理和投资服务具体工作的部门，为参照公务员法管理事业单位。核定编制为10人，领导职数为3人，局长1人，副局长1人，主任科员1人，科员6人。2011年，实有在编人员8人。年内单位获南宁市招商引资工作先进集体、良庆区党政信息工作先进单位三等奖。3人获自治区投资促进工作先进个人、2人获南宁市招商引资工作先进个人。

【指标任务】

实际到位内资　2011年，良庆区招商局年内引进内资任务32亿元，累计完成33.81亿元，完成全年任务105.65%，同比增长23.06%。

直接利用外资额　年内良庆区招商局年外引进内资任务2900万美元，累计完成3107万美元，完成全年任务的107.14%，同比增长21.70%（商务部口径）；任务2880万美元，计划完成2880万美元，完成全年任务的100%，同比增长15.06%。

大兑现“三率”工作　年内，良庆区列入自治区级招商引资大兑现项目6个，合同投资总额41.29亿元，年内到位资金14.57亿元，累计到位资金25.04亿元，履约率达到100%，资金到位率60.64%，开（竣）工率100%。

【项目引进】

新引进项目　年内新引进项目20个，其中内资项目19个，签约金额140.67亿元，外资项目1个，签约金额1500万美元。包括南宁雨润农副产品全球采购中心（投资40亿元）、中国石油广西总部基地及配套加油站项目（投资29亿元）、广西珠光汽车物流中心项目（投资4亿元）、苏氏科技工业园（投资3.50亿元）、南宁市华润良庆混凝土有限公司（投资7500万港元）等项目。

在谈项目　2011年在谈项目15个，计划用地181公顷，计划总投资45.18亿元。

【创新招商方式】　2011年，良庆区加大招商力度，创新招商方式。

注重择商选资　以世界500强、国内500

强企业、央企和行业龙头企业为重点，突出抓好五象新区、总部经济、园区招商和现代产业链招商。大力服务总部经济，南城百货总部经济大厦、青啤（海尔）总部基地、金川集团总部基地等项目已相继开工，协议入驻总部基地的广东龙光集团项目已注册成立项目公司。年内协议引进国内500强企业投资项目2个：中国石油天然气股份有限公司广西销售分公司、华润混凝土（广西）有限公司。行业龙头企业投资项目2个：中国最大的肉制品生产企业之一的江苏雨润集团、广西百强企业之一的广西壮族自治区扬翔饲料有限公司。同时，积极策划打造医药物流集中区、先进制造业集中区，为进一步做好择商选资和产业链招商奠定基础。

开展“无地招商” 尽量少甚至不占用土地或不新增用地的前提下开展招商引资。年内共引进广西龙光汇达高速公路有限公司、广西桂台钢铁物流有限公司、广西汇康源医药有限公司、南宁金诺投资有限公司、广西城投浩晨贸易有限公司、广西拓康科技有限公司、广西红夕阳车业贸易公司、广西良岩股份有限公司、广西高奇能源科技有限公司、南宁华润混凝土有限公司等9家企业入驻城区，涉及项目总投资27.33亿元人民币，7500万港元。

走出去，请进来 2011年，良庆区围绕五象新区的产业需求和发展方向，以项目对接洽谈为媒介和重点，坚持“走出去，请进来”战略，加强区域交流与合作。邀请中国石油、江苏雨润、中联重科、美特斯·邦威等重要客商到城区考察。同时积极参加自治区、南宁市组织的各种对外推介活动，在第七届东北亚博览会、2011年广州博览会、第十三届海峡两岸经贸交易会上，得到南宁市重点对外推介。加大项目考察力度，年初制定外出考察计划，并根据项目情况有针对性地组织项目考察组赴上海、南京、武汉、成都、广州、深圳、长春、厦门等地主动跟踪、主动对接、主动服务项目。城区主要领导亲自带队赴江苏雨润农副产品集团有限公司、上海春天控股有限公司考察洽谈项目，推动了南宁雨润农副产品全球采购中心、中国石油广西总部基地及配套加油站等一批重大招商引资项目成功落户城区，推进了与上海美特斯邦威集团广西区域中心等项目合作进度。

理顺项目入区程序 印发《良庆区招商引资项目入区审批暨项目协调推进工作方案》（良政办〔2011〕96号）和《良庆区2011年招商引资工作重点》，明确项目评审和推进工作程序，把招商引资项目归口到城区招商促进局统一收集和组织考察，并对项目进行联审。由此保证了入区项目的质量，并实现了项目归口管理，避免多头上报项目、工作脱节、部门推诿拖拉的现象，为企业提供优质高效的服务，使项目入区工作更加顺畅。

加大外资项目跟踪力度 注重加大对在谈和增资扩股外资项目的跟踪服务力度，促使项目尽快签约入区或资金尽快到位。力促华润混凝土项目、华劲纸业年产5万吨高级生活用纸成品深加工项目、锐升通盛仓储配送项目等资金到位，跟踪洽谈世界排名前十的零售业集团之一——法国欧尚集团大型超市项目。

实施大兑现项目 把开展招商引资项目大兑现工作作为优化投资环境、加快项目建设的重要举措，按照“政府兑现承诺，企业兑现投资”的总体要求，转变工作作风，深入企业走访，解决实际问题，促进项目投资，稳步提升招商引资项目履约率、开（竣）工率和资金到位率。年内，由城区政府分管联系领导分别带队走访城区6个列入自治区级大兑现项目的企业，深入企业协调解决项目在实施推进过程中存在的问题20人次，实现政府与企业双向良性互动，项目履约率和开（竣）工率均达到100%，资金到位率达到60.34%，全面完成2011年“三率”目标任务。

科学分析统计招商数据 在统计分析中结

合城区实际认真分析、研究招商引资中的新情况、新问题，提出有针对性的对策、建议，特别是对照自治区、南宁市和城区评先和绩效考核指标，逐项落实到位。召开2011年良庆区招商引资统计工作会议，开展招商引资经验交流，讲解招商引资统计业务知识，使城区各招商引资责任单位进一步加大对城区招商引资工作的支持力度，同时有针对性的、有效的开展招商活动，为科学招商提供依据。年内进行招商引资数据分析12次，进行招商引资工作运行分析2次。

投资项目奠基

【“两会一节”招商引资】 2011年，良庆区利用“两会一节”平台，加大招商引资力度。

严密组织周到接待 制定《南宁市良庆区服务2011年“两会一节”经贸活动工作方案》（良办发〔2011〕92号），成立服务“两会一节”经贸活动工作领导小组，由城区主要领导担任组长，各部门负责人担任小组成员，领导小组办公室设在城区招商局。热情周到的做好来宾接待工作，与城区接待办共同制定接待细案，接待工作得到城区领导和客商的好评。

举行专场推介会 10月22日，在南宁保税物流中心新良港大酒店成功举办了专场投资推介会，推介会签订了6个招商引资项目和2个商品购销合同。

签约成果丰硕 2011年“两会一节”经贸活动期间，城区分别在“上海交大·上海知名企业广西行——广西站·广西重点产业合作项目推介洽谈会”、“2011年自治区投资合作项目集中签约仪式”、“南宁保税物流中心和中国—东盟物流基地项目推介会”、“2011南宁投资贸易洽谈会暨重大项目签约仪式”和城区投资推介会上共签约内外资投资项目12个，涉及内资117.30亿元，外资1500万美元，商品购销合同2个，合同总金额8000万元。

（毛 鑫）

广西良庆经济开发区

【概　况】　广西良庆经济开发区是2007年3月由原南宁市大沙田经济开发区和南宁沿海经济走廊开发区整合成立的区级开发区。在行政上隶属于城区党委、政府。是广西最大的私营企业工业园之一、国务院发展研究中心的研究基地、国家农业部确定的全国农产品加工创业基地。2011年,已累计引进项目591个,实际投入210亿元,入园企业达339家,其中工业企业213家,规模口企业50家,年产值超亿元企业24家,经济总量在南宁市18个开发区(工业集中区)中排在第三位。年内被自治区加快工业园区发展工作领导小组办公室授予"工业总产值超百亿元园区",被自治区招商引资项目大兑现工作领导小组授予"自治区招商引资项目大兑现工作示范园区"等称号。

【发展目标】　2011年,广西良庆经济开发区制定"十二五"规划的发展目标:2012年工业总产值达到145亿元;2012年至2015年工业总产值、固定资产投资、工业投资年均增速分别不低于35%、30%、35%。2015年工业总产值达350亿元,固定资产投资323亿元,其中工业投资达到86亿元。

【主要经济指标】　2011年,广西良庆经济开发区实现工业总产值完成136.88亿元,比上年增长36%。规模以上工业总产值完成127.23亿元,比上年增长37.96%。完成目标任务113.81亿元的111.79%。全社会固定资产投资完成101.76亿元,比上年增长33.14%。完成目标任务96.57亿元的105.37%。实际到位内资突破30亿元,全年完成35.25亿元,比上年增长30.08%。完成目标任务30.40亿元的115.95%。直接利用外资(广西全口径)累计完成3107万美元,比上年增长21.70%;直接利用外资(商务部全口径)累计完成2880万美元。财政收入完成1.67亿元(只包括规模以上工业企业税收,如包括规模以下企业和其他行业税收,税收可达到3.05亿元),比上年增长35.27%。完成目标任务1.6047亿元的104%。

【主要产业】

轻工业　2011年,主要以日用品生产、包装印刷、制衣等企业为主。截至年底,已引进龙昌日用品工业(南宁)有限公司、南宁嘉道包装有限公司、南宁华威制衣有限公司等13家规模以上轻工企业,全年完成工业总产值7.34亿元,占开发区规模企业总产值的5.74%,同比增长31.07%;完成税收710.37万元,占开发区税收比重的4.25%,同比下降8.43%。

有色金属深加工业　主要以氧化锑及关联

产品生产企业为主。2011年，已引进广西松日有色金属有限公司、广西华锑化工有限公司、广西日星金属化工有限公司等3家规模以上有色金属加工企业，全年完成工业总产值37.04亿元，占开发区规模企业总产值的28.96%，比上年增长164.95%；完成税收2483.85万元，占开发区税收比重的14.87%，比上年增长50.06%。

建材业　主要以钢材深加工、林产品加工和水泥制品生产、建材化工产品生产企业为主。2011年，已引进广西丰林木业集团股份有限公司、南宁市蓝天钢管厂、南宁市嘉大混凝土有限公司等11家规模以上建材企业，全年完成工业总产值16.14亿元，占开发区规模企业总产值的12.62%，比上年增长32.95%；完成税收4967.90万元，占开发区税收比重的29.75%，比上年增长29.28%。

制药业　主要以中成药提取，中药深加工、西药生产企业为主。2011年，已引进广西千珍制药有限公司、广西万寿堂药业有限公司、广西昌弘制药有限公司等8家规模以上制药企业。全年完成工业总产值13.89亿元，占开发区规模企业总产值的10.86%，比上年增长11.48%；完成税收1385.35万元，占开发区税收比重的8.30%，比上年增长50.61%。

机械制造业　主要以糖机设备生产、汽车零部件生产企业为主。全年完成工业总产值14.80亿元，占开发区规模企业总产值的11.57%，比上年增长49.34%；完成税收1808.69万元，占开发区税收比重的10.83%，比上年增长53.03%。

饲料业　主要以饲料生产企业为主。全年完成工业总产值38.67亿元，占开发区规模企业总产值的30.24%，比上年增长23.31%；完成税收2260.75万元，占开发区税收比重的13.54%，比上年增长5.75%。

【投资环境】　2011年，广西良庆经济开发区以“经济要发展，规划和基础设施建设先行”思想为指导，大力开展各项基础工作特别是园区的基础设施建设及规划编制工作取得了良好成效，园区的发展环境进一步优化。

基础设施项目推进　年内，由开发区（庆海公司）负责的基建项目有15个。其中玉洞片区1号路已累计投入1100多万元，B标段路基基础工程基本完成；玉洞片区21号路已全部完成项目前期工作；其他13个项目正加快开展前期工作，工程概算总投资13.70亿元。

做好规划编制　委托有资质的规划设计编制单位，开展相关规划编制工作。完成了良庆

2011年良庆经济开发区六大主要产业情况一览

产业名称	规模以上企业（个）	完成产值（亿元）	比上年增长（%）	占规模总产值的比重（%）	上缴税收（万元）	比上年增长（%）	占开发区税收的比重（%）	从业工人（人）
有色金属加工业	3	37.04	164.90	28.96	2483.85	50.06	14.87	700
制药工业	8	13.89	11.50	10.86	1385.35	50.61	8.30	2000
机械制造业	7	14.80	49.34	11.57	1808.69	53.03	10.83	1300
建材工业	11	16.14	32.95	12.62	4967.90	29.28	29.75	1500
轻工业	13	7.34	31.07	5.74	710.37	-8.43	4.25	3000
饲料工业	8	38.67	23.31	30.24	2260.75	5.75	13.54	1200

片区土地利用总体规划的编制及报审，并取得批复；完成了良庆区玉洞片区控制详细规划的修编；完成了中国—东盟国际物流基地及平乐西片区竖向规划编制；完成了那马镇和太安龙象工业集中区土地利用总体规划文本的编制工作。

太安龙象工业集中区开发建设前期工作 一期控制性详细规划（面积约5平方公里）市政府已经批准，完成了集中区的分区规划和环评审批；污水处理厂一期工程立项申请与用地申请已获批复，正在办理集中区1号、2号、4号、6号、7号、9号、21号路的用地预审。

【项目建设】 2011年，广西良庆经济开发区认真抓好项目建设。一是服务建设项目13个。其中，新建项目2个，续建项目5个，已落地未开工建设项目6个。为南宁市鼎宏投资公司大型综合性车厢加工制造项目、南宁市诚通管材公司年产15000吨新型管材建设工程项目完善了用地手续，协助凯源铁塔公司电力塔、范记食品公司糕点产品生产等4个项目办理《建设工程施工许可证》，这些项目相继开工建设或竣工投产。二是统筹推进工业技改项目40个。开发区统筹推进了广西千珍制药有限公司特色中成药产业化开发等40个技改项目，全年累计完成投资21.55亿元，为企业进一步发展壮大打下了良好基础。三是积极开展6个已落地正在筹建项目的前期工作。着力推进南宁品真科技公司临床医学检验设备及器械开发制造项目、广西中凯钢材交易市场公司良庆区钢铁物流配送中心项目、广西方舟投资置业公司良庆区建材综合城等6个计划总投资28.20亿元项目的筹建工作。

【招商引资】 2011年，广西良庆经济开发区做好招商引资工作。一是项目引进。上报城区政府和市北部湾办公室材料项目16个，其中14个项目获得批准同意入区。这14个项目计划总投资35.10亿元，已有2个取得立项批复，有3个项目已初步选址。引进的大项目有：中闽钢材市场管理公司东盟—北部湾钢材交易中心（计划投资10亿元），广西苏氏集团公司苏氏科技工业园项目（计划投资3.50亿元）；广西柳州医药公司现代医药物流中心（计划投资2亿元）等项目。二是零地招商。通过“零地招商”方式引进了北部湾港务集团泛海有限公司、广西城投浩晨有限公司等企业落户开发区注册纳税，培育了新的税收增长点。上述2家企业在2011年第四季度上缴税收3000多万元。三是盘活闲置土地。全年盘活闲置土地11.47公顷，利用盘活的空闲土地、厂房引进了广西源源钢结构有限公司钢结构加工销售、南宁保利美圣诞工艺制品有限公司圣诞树加工销售等8个项目，这些项目产后可实现产值5.60亿元，上缴税收1000万元。

【征地拆迁】 2011年，广西良庆经济开发区完成签订征地协议面积106.18公顷，完成拆迁签约面积123792.66平方米。

【服务企业】 2011年，广西良庆经济开发区深入企业调研，听取企业的意见和建议，协调南宁市工信委、南宁供电局等部门，为开发区的重点企业解决用电问题；为企业举办“春风行动”暨企业用工大型招聘会，吸引近百家企业前来招聘，提供岗位9000多个，到场求职人员达5000多人，现场达成就业意向800多人，解决企业用工难的问题；建立大学生就业见习基地，向广西禾力药业有限公司、南宁正大畜牧有限公司、南宁通威饲料有限公司等企业输送了58名高校毕业生到企业见习。

【安监与综治维稳】 2011年，广西良庆经济开发区开展安全执法检查和专项整治活动，强化隐患排查整改，辖区安全生产形势保持稳定。大力加强社会治安综合治理工作，有效化解矛盾纠纷，保证了开发区的和谐发展。全年无人员进京或到自治区上访。调处各种矛盾纠纷15起，确保矛盾纠纷化解在基层，有效地防止了突发性事件和群体性事件的发生。

【党建工作】 2011年，广西良庆经济开发区切实加强党建和干部队伍建设。深入开展党组织建设年，“结对共建、先锋同行”，创先争优，建党90周年等活动，深挖亮点和特色，全力打造提升10个非公党建示范点的建设水平；年内预备党员转正18名，发展党员16名，培养入党积极分子28名。同时坚持正确的选人用人导向，有3名副科级领导被城区提拔为正科级，有5名同志交流到城区部门任职，各部门人员岗位调整累计达10人次；全年无干部职工发生违法违纪行为。

【扶持企业】 2011年，广西良庆经济开发区扶持和培育企业发展。一是大力扶持龙头企业。有湖南正虹科技公司南宁分公司、南宁盟达电子科技公司、广西方略药业集团公司等3家企业新进入亿元企业行列，26家亿元企业实现产值114.49亿元，占规模以上工业总产值比重的89.53%。其中，日星金属化工公司、正大畜牧公司产值已超过10亿元，鸿牌饲料公司、百洋水产公司产值已超过5亿元。二是协助条件成熟的企业上市融资。广西丰林木业有限公司于2011年9月28日成功上市，开发区上市公司实现零的突破。同时，该公司也是广西林业产业首家成功上市的企业。广西方略药业集团有限公司正在谋划进行股改，已着手准备申请上市的相关前期工作。三是全力实施“中小企业成长工程”。确定南宁保利美圣诞树工艺制品公司、广西源源钢结构公司等17家规模以下或新投产的企业作为重点扶持对象。通过大力扶持和培育，园区内的中小企业不断成为经济增长的动力源泉。据统计，年内，有盟达电子科技公司、板大木业公司等4家企业新进入规模口统计，使开发区的规模口企业达到了50家，进一步增强了园区的发展后劲。四是生物制药、有色金属深加工、机械制造、建材、饲料五大主导产业优势增强，已聚集成规模以上工业企业37家，累计实现产值114.49亿元，占规模以上工业总产值比重的89.53%，比上年增长48.11%。

【历史遗留问题处理】 2011年，广西良庆经济开发区处理历史遗留问题。原大沙田开发区和南宁市沿海走廊经济开发区隶属原邕宁县的2个开发区。由于开始原开发区采取“先上车后补票”方式的开发原因，一些业主、企业购地合同、开具地价款结算等存有缺陷，加上2005年原邕宁县撤县设区，区域变动后，致使土地证难办理成了历史遗留问题，尤其是金象四区是重点区涉及1187户，面积10.16公顷，迟迟没能处理，影响了开发进程。为确保五象新区建设步伐，开发区与有关部门协调、妥善解决这些难题。年内，金象四区问题取得突破性进展（已开始办理土地证）；玉洞商贸城正在进一步完善总平面图；全年为投资者确认原始购地合同、开具地价款结清证明等历史遗留问题240宗，办结率达100%。

（乐情温）

春季招商引资重大项目集中开竣工仪式现场

中共南宁市良庆区委员会

【概　况】　2011年，中共南宁市良庆区委员会核定行政编制5名，领导职数5名，设置工作机构8个，派出机构2个，直属事业单位4个。中共良庆区委深入贯彻落实科学发展观，紧紧围绕市委、市政府开展“三个年”活动和打好“五场攻坚战”的工作部署和城区第二次党代会提出的目标任务，深入开展征地拆迁安置、项目建设、产业园区建设等“三大会战”，全面实施城镇化建设、现代产业培育、统筹城乡示范、社会管理创新、民生改善、良庆文化营造、发展环境优化、党组织建设创优等“八大工程”，协调开展经济、政治、文化、社会和生态文明建设，全面推进党的建设新的伟大工程，实现了“十二五”发展良好开局。

【中共良庆区第一次代表大会第六次年会】

2011年1月10日，中国共产党南宁市良庆区第一次代表大会第六次年会在良庆区政府礼堂召开，会期一天。大会议程：听取城区党委书记储朝晖作《抢抓时代机遇，凝聚发展合力，为建设文明和谐富裕发展新良庆努力奋斗》的工作报告。听取城区党委常委、纪委书记刘长南同志代表中共南宁市良庆区第一届纪律检查委员会作的书面工作报告，城区党委副书记、组织部部长潘文虹同志作《关于良庆区第一次党代表大会第五次年会代表意见、建议处理情况的报告》（书面）和《关于2010年度城区党费收缴、管理和使用情况的报告》（书面），分发《中共南宁市良庆区关于制定国民经济和社会发展第十二个五年规划的建设》（书面），供代表们学习。大会应到正式代表195名，列席代表96名，特邀嘉宾6人，实到会代表182名，列席代表84名，特邀嘉宾6人。

【中国共产党南宁市良庆区第二次代表大会】　2011年7月22日，中国共产党南宁市良庆区第二次代表大会在良庆区办公中心礼堂隆重召开，会期三天。会议议程：听取和审查中国共产党南宁市良庆区第一届委员会的工作报告；听取和审查中国共产党南宁市良庆区第一届纪律检查委员会的工作报告；选举中国共产党南宁市良庆区第二届委员会；选举中国共产党南宁市良庆区第二届纪律检查委员会；选举出席中国共产党南宁市第十一次代表大会代表。南宁市委常委、宣传部部长、副市长吕洁。城区党委书记李斌代表中共良庆区第一届委员会向大会作了题为《立足新起点　抢抓新机遇　为建设富裕文明和谐宜居的现代化新城区而努力奋斗》的工作报告。会议还听取和审议了中共良庆区纪律检查委员会所作的工作报告和交党费收缴使用管理

宣讲中共良庆二次大会精神

情况的书面报告。大会应到正式代表210名，列席代表40名，特邀嘉宾13人，实到会代表208名，列席代表40名，特邀嘉宾13人。

（岑宝新）

【三大会战】 2011年6月13日，南宁市良庆区党委、政府决定开展征地拆迁安置、项目建设、产业园区建设“三大会战”。征地拆迁安置大会战的主要任务：一是创新征拆工作机制，及时解决征地拆迁中的各种问题。二是保障重点项目用地，力争全年完成征地面积1246.53公顷，房屋拆迁面积52万平方米。三是加大农民回建安置工作力度，力争年底前再动工建设3～5个回建点。四是认真做好群众的思想工作，赢得征地拆迁工作的主动权。项目建设大会战的主要任务：一是加大项目推进力度，确保全年完成全社会固定资产投资125.49亿元；二是着力破解项目建设资金、土地等瓶颈制约，提高项目用地效率；三是强化项目前期及储备工作，做到重点项目建设一批，申报一批、论证一批、储备一批。产业园区建设大会战的主要任务：一是创新管理体制和运行机制，着眼于建立新机制、搭建新平台、集聚新产业、创造新活力；二是加大园区用地储备，力争全年储备工业用地80公顷；三是加快园区基础设施建设。积极推进开发区银海大道西南片区、太安龙象工业集中区的开发建设，拓展产业发展空间。全年实现基础设施投资8亿元；四是优化产业布局，争取年内培育2家新的亿元企业，培育3家以上新的规模口企业。全年实现工业投资额15亿元，工业园区全部工业总产值135亿元；五是大力建设工业标准厂房。鼓励建设使用多层标准厂房，全年建设标准厂房面积2万平方米。

【掀起五象新区开发建设新高潮】

2011年良庆为全面贯彻落实自治区党委、自治区人民政府关于全力推进五象新区开发建设的战略部署，以及市委、市政府《关于掀起五象新区开发建设新高潮的决定》，形成推动五象新区开发建设掀起新高潮的强大合力，加快构建富裕文明和谐宜居的现代化新良庆。2011年12月12日，南宁市良庆区党委、政府作出了举全城区之力推动五象新区开发建设掀起新高潮加快城区发展的决定。决定指出：推动五象新区开发建设掀起新高潮，是实施城区第二次党代会战略部署的需要；是城区加快调整经济结构，转变经济发展方式的需要；是城区完善重大基础设施和公共服务设施的需要；是统筹推进城乡发展的需要；是加强社会管理创新的需要；是更好地服务民生的需要。决定要求：一要充分依托五象新区开发建设。做好城区规划完善工作，抓好产业布局对接调整，抓好城乡统筹发展。二要主动融入、积极参与五象新区开发建设。推动调结构、促转变，提升城区经济实力；加快推进城镇化步伐，提升城市建设管理水平；推动对外交流合作，提升招商引资水平；强化文化引领，提升第三产业发展水平；加强和创新社会管理，提升社会管理科学化水平；加强社会建设，提升民生保障水平。三要全力服务五象新区开发建设。做好征地拆迁安置；营造良好的新区开发建设秩序；加强新区市容市貌管理，营造洁、齐、美的五象新区市容市貌。

【向杨善洲同志学习活动】 2011年4月18日，按照中央、自治区和南宁市委的部署要求，中共南宁市良庆区委召开动员大会，在全城区广大党员干部中广泛掀起向杨善洲同志学习活动热潮。要求每一位党员干部，尤其是领导干部，都要像杨善洲同志那样，不断地加强学习、不断地努力工作、不断地提高自己的修养和水平，做到对理想信念始终不渝，对党的事业永不懈怠，对人民群众充满热情，对自己严格自律、淡泊名利，以杨善洲同志为镜子，找差距、增动力，自觉加强党性修养，自觉实践党的宗旨，做人民满意的好党员、好干部。真抓实干，开拓进取，争科学发展之先，创和谐社会之优，为良庆区在北部湾经济区开放开发和五象新区开发建设中贡献力量、建功立业！

【整治“五风”增强“五力”活动】 为匡正风气，提升行政效能，2011年5月30日起，南宁市良庆区党委、政府在全城区集中开展整治“五风”、增强“五力”活动，着力打造高效、务实、严明、清廉的发展环境，确保全面完成2011年各项目标任务。一是整治党风，增强凝聚力。以党员领导干部为重点，开展自查自纠、宣传教育，以风清气正、清正廉洁增强干部队伍凝聚力。二是整治政风，增强创新力。健全以“首问负责制、限时办结制、责任追究制”三项制度为重点的行政效能制度体系，严格限时办结、效能问责。创设责任追究制度，对服务态度生硬，办事效率低下，遇事推诿，执行公务行为不规范的机关工作人员，责令改正，情节严重的，追究主管领导和直接责任人的责任。三是整治作风，增强执行力。从强化公仆意识、责任意识、大局意识、纪律意识、垂范意识、奖惩意识“六个意识”入手，严肃查处迟到早退、上班时间办私事等现象。健全科学合理、简便易行的绩效评估指标体系，把绩效考评结果与行政问责以及干部的选拔任用、进退留转、奖励惩戒等有机结合起来，增强领导干部队伍执行力。四是整治会风，增强决策力。规范会议管理审批，明确规定城区性的工作会议由城区党委办、政府办统一协调、管理和审核，并对会议规模、时间、议程、纪律等作出具体规定，做到少开会，开短会，增强决策力。五是整治文风，增强求真力。积极倡导“短、实、新”的文风，实行文件、讲话稿限字制，规范简化办文审批程序。文稿坚持有一说一、有二说二，不夸大成绩，不掩饰问题，形成以有真才实学、能真抓实干为荣，以不学无术、不干实事为耻的健康政场文化。

【建党90周年庆祝活动】 2011年6月29日，中共良庆区委召开大会，隆重庆祝中国共产党建党90周年，表彰三年来全城区经济社会发展中涌现出来的先进基层党组织、优秀共产党员、优秀党务工作者和优秀村（社区）党组织书记，表彰“向建党90周年献礼”党建主题活动创意设计大赛优胜单位和个人。并号召全体党员牢记党的光辉历史，发扬党的优良传统，进一步提高城区各级党组织战斗力、凝聚力和创造力，进一步增强全城区广大党员干部的荣誉感、使命感和责任感，推进党的建设新的伟大工程和实现良庆经济社会发展新跨越。

【参与首府南宁2011年创建全国文明城市活动】 为配合首府南宁做好新一轮文明城市创建工作，全面提升文明水平，进一步优化发展环境，确保首府南宁实现全国文明城市“二连冠”称号。按照中共南宁市委的统一部署，2011年6月至8月，中共南宁市良庆区委在全城区范围内掀起新一轮的文明城市创建活动。活动以提高全体党员干部职工思想道德素质为核心，以创建文明城区，构建和谐良庆为目标，进一步深化创建认识，健全创建机制，形成齐抓共管的创建氛围；创新教育载体，提高市民素质，丰富全民参与的创建内涵；完善城市功能，提高城市品位，营造整洁优美的城市环境。有力推动创建全国文明城市工作的开展，努力营造一个环境更加优美、设施更加健全、功能更加完善、服务更加到位的生产生活环境。

【中心组专题理论学习】 2011年中共南宁市良庆区委共召开中心组专题学习会4次。分别是：6月8日，以“纪念中国共产党成立90周年宣讲报告和党史”为学习主题；7月6日，以“胡锦涛总书记在庆祝中国共产党成立90周年大会上的重要讲话精神”为学习主题；11月7日，以“党的十七届六中全会精神、自治区领导在五象新区调研现场会以及市委常委扩大会议精神”为学习主题；12月2至4日，在大明山“明顶山庄”召开2011年工作务虚会，以“自治区党委、自治区政府关于加快五象新区开发建设的战略部署，以五象新区开发建设为龙头，科学谋划城区2012年工作，促进富裕文明和谐宜居的现代化新城区建设”为学习主题。区委中心组成员积极开展专题调研活动，撰写调研文章200多篇，其中19篇作经验交流，8篇调研文章的思想观点融入城区“十二五”规划纲要和换届选举“两会”工作报告。

【“贷动青春”青年创业小额信贷活动】 2011年，良庆区团委和邮政储蓄银行南宁分行合作，对良庆区45岁以下创业者实行调查、评级、授信、放款“四个优先”，贷款额度2万元至15万元不等，用于扶持青年创业的一项举措。良庆区团委运用网络化推广的方法，发挥各级团组织广泛联系社会各界的优势，通过加强对基层团干部的金融业务培训，高质量地完成了青年创业人才信息的收集和推荐，并建立了农村致富能手项目库；树立成功典型，让更多的青年了解和参与青年创业小额贷款工程，争取项目资金，实现创业致富的梦想。

【“项目建设百日攻坚战”活动】 2011年，良庆区为确保全年全社会固定资产投资和重点建设项目各项目标任务的圆满完成，自2011年9月中旬起，良庆区开展了“项目建设百日攻坚战”活动，全力推进项目建设再上新台阶。活动的主要任务：一是妥善解决重点项目征地、拆迁工作中遇到的困难和问题，确保无障碍施工。二是拓宽融资渠道，多方筹措财政性资金，确保政府投资项目建设资金及时落实到位；同时，为企业融资创造条件，解决企业的资金困难。三是完善招投标管理机制，在公开、公正、公平的前提下，提高招投标成功率。四是加强对项目建设工作的领导、协调、服务、检查、督促，定期或不定期地对投资项目特别是重点投资项目建设、前期工作等各项工作任务的实施与落实情况进行指导和监督，及时协调解决工作中存在的问题，为项目建设的顺利进行扫清障碍。

【“立足新起点、抢抓新机遇、开创新局面”主题实践活动】 2011年11月8日起，中共良庆区委开展“立足新起点、抢抓新机遇、开创新局面”主题实践活动，动员全城区广大干部群众进一步坚定信心、振奋精神，全力冲刺，确保全面完成全年各项目标任务。活动强调，要科学研判形势，充分认识开展主题实践活动的重要性和必要性。要自觉树立依托五象新区、融入五象新区、服务五象新区的意识，以“等不起”的紧迫感、“慢不得”的危机感、“坐不住”的责任感，紧紧围绕市委、市政府开展“三个年”、打好“五场攻坚战”和良庆区2011年各项工作的部署和要求，紧抓“一把手”带头，深入基层、贴近群众，主动承担征地拆迁、项目建设、为民办实事、稳定、招商引资等重点、难点任务，以饱满的激情全面完成今年经济社会各项目标任务。同时要严格考评，奖惩并举，实行与“面子”、“位子”、“票子”和“问责”挂钩的“四个挂钩”考评制度，对年度考评被确定为“不合格”等次的单位，严肃查处，强化问责；对在连续优秀的单位进行培养和提拔干部，并在物质上给予一定的奖励，激发广大领导干部干事创业的干劲与活力。

【公开大接访活动】 2011年12月28日上

午，良庆区党委主要领导率城区四家班子在家领导以及29个职能部门负责人在辖区大沙田客运站广场开展公开大接访活动，面对面倾听群众的呼声，了解群众的真实意愿，化解群众的各种纠纷和矛盾，解决群众工作和生活中遇到的实际问题或困难，收效显著。接待了32批56人次，受理来访群众反映问题32件，当场答复19件，协调9件，领导批示4件。来访案件主要涉及民生、环境保护、征地拆迁、教育、公共设施等方面问题。

（黄祥就）

办公室工作

【概　况】　2011年，中共南宁市良庆区委办公室核定行政编制11名，实际在编6人，领导职数6名，其中办公室主任1名，副主任5名。办公室工作紧紧围绕城区党委的决策部署，全面落实科学发展观，以“抓一流管理，带一流队伍，创一流业绩，树一流形象”为目标，坚持解放思想，与时俱进，求真务实，创先争优，充分发挥综合协调和参谋助手作用，不断完善服务理念，全面提升服务水平，狠抓各项工作任务落实，圆满地完成了全年各项工作任务。获2010～2011年全市党委信息工作先进单位二等奖、首府南宁创国家卫生城市先进单位、“十一五”期间良庆区档案工作先进单位、2011年良庆区社会治安综合治理（平安建设）先进单位、2011年度良庆区人口计生工作先进奖等称号。

【综合协调】　2011年，中共良庆区委办公室坚持有利于团结、有利于全局、平等公正的原则，根据城区党委的决策部署和工作安排，加强联系、沟通和协调，科学统筹安排，为城区党委科学决策、总揽全局、指导发展做了大量的协调服务工作。对上级，加强与市委办公厅和市直各部门的沟通和联系，主动询问和了解市委的工作动向，反映问题，提出建议，全力为城区党委提供超前服务；对同级，加强与城区各基层党（工）委、党委各部门、政府各部门以及人大、政协机关的联系，争取他们对党委工作的支持和配合；对下级，加强对全城区办公室系统的联系和指导，提高了办公室服务城区经济社会建设的水平。

【办文办会】　2011年，中共良庆区委办公室认真执行《公文处理条例》，参照自治区党委、南宁市委的文件印制格式标准，重新制定了中共良庆区委文件印制格式标准，并指导城区各基层党（工）委及城区党委各部门进行文件改版，进一步规范了党委公文格式。坚持文秘人员严格核稿，领导层层把关，做到了公文制作规范，传阅准确、及时、保密。起草和审核城区党委和办公室文件350多个文号，处理中央、自治区、南宁市各类文件900多件，城区内各种来文600多件，没有出现收发错漏、压办、拖办、遗失等重大差错。做好城区党委重大会议的筹备、协调工作，认真做好会前、会中、会后各个环节的衔接，做到周密严谨、细致认真。全年共承办各类重大会议50多个，下发各种书面会议通知200多个，各种电话通知600多个，做到会议通知及时、准确、不漏、不拖，上传下达无重大偏差出现。

【文稿工作】　2011年，中共良庆区委办公室进一步树立精品意识，强化责任意识，以文辅政，创造性地起草、修改好各类文稿，全年共起草、审改综合文稿90余篇，字数23万多字，在服务城区、镇、村（社区）换届工作和城区经济社会发展中发挥了重大作用，为城区党委决策提供了优质服务。

【信息情报】　2011年，中共良庆区委办公室充分发挥信息主渠道作用，开展信息收集、研判、整理、分析、上报和反馈工作。重新修订下发了《南宁市良庆区党政信息工作规定》，进一步建立健全了信息报送制度，加强信息员队伍建设，使城区党委的重大决策、重大活动情况得到及时上报，制约城区经济社会发展的一些问题得到及时反映。累计上报自治区党委办公厅和市委办公厅各类信息885条次，被采用219条次，超额完成了区市下达城区的信息报送采用任务；编发《良庆信息》62期，编报《信息快报》12期。

【督查督办】 2011年，中共良庆区委办公室经常开展上级和城区党委重要会议、重大决策、文件精神的贯彻落实情况进行督促检查。坚持明察暗访，进一步加大对领导批示、交办事项的查办力度，做到批必查，查必果，果必报。重点对“三大会战”（即征地拆迁大会战、项目建设大会战、产业园区建设大会战）、经济运行情况、为民办实事项目、换届选举等工作进行了专项督查，形成督查报告22份，督查通报11份。

【调查研究】 良庆区2011年，城区、镇、村（社区）三级领导班子完成换届后，中共良庆区委办公室以解决五象新区建设问题和征地拆迁难点问题为突破口，以提高调研成果转化率为关键，认真抓好各层面的调查研究，加强全城区调研工作的组织、协调和重大课题的实施工作。全年共协助城区党委领导完成了13个重点调研课题，督促各部门完成调研报告130多篇，17篇调研文章在上级各类刊物和媒体上发表。

【机要保密】 2011年，中共良庆区委办公室办理“三密”文件982份，交换文件、信件、书刊和杂志共3.80万多件，无泄密、失密事件发生。利用党政机要专用系统召开了47次专题电视电话会议，系统均正常运行。开展城区级保密检查4次，全城区各级各部门保密工作进一步增强。

【后勤保障】 2011年，中共良庆区委办公室认真做好会务、后勤、接待等行政事务性工作，不断降低机关运行成本，提高工作质量和效率，树立办公室良好形象。按照“热情、周到、勤俭、得体”的要求，认真安排城区党委领导的各类公务活动，细致周密地把各方面的服务工作做在前、做到位，不断提高后勤保障能力。坚持重大财务支出集体审定制度，合理调度资金，确保了机关财务正常支出。加强机关安全保卫工作，全年无刑事、治安案件和安全责任事故发生。

【来信来访】 2011年，中共良庆区委办公室做好信访工作，最大限度把群众反映的问题解决在基层和萌芽状态。接待群众来访约89人次，收到干部、群众来信11封，均及时呈报领导阅批或转交有关职能部门办理。

（李冬翠）

组织建设

【概　况】 2011年，良庆区有基层党（工）委12个，党组5个，党总支17个，党支部330个，共有党员6270名，其中年内发展党员225名。2011年，良庆区坚持以邓小平理论和“三个代表”重要思想为指导，认真学习贯彻党的十七大，十七届四中、五中全会精神，深入学习实践科学发展观，以开展“党组织建设年”活动为契机，深入开展创先争优活动和“结对共建、先锋同行”活动，不断提高组织工作满意度，抓创新激活力、抓基层夯基础、抓示范作带动，大力加强党员队伍和领导班子、干部队伍建设，不断推进党的组织工作，进一步深化干部人事制度改革，为建设富裕文明和谐宜居的现代化新城区提供坚强的政治和组织保证。

【“党组织建设年”活动】 2011年，良庆区以开展“党组织建设年”活动为契机，进一步加强全城区党的基层组织建设和党员队伍建设。

推进基层党建“四化”建设　以打基础、出精品为目标，以上水平为重点，大力推进基层党建规范化、示范化、品牌化和信息化“四化”建设。在2010年党建示范点建设工作的基础上，深化“V”字形特色党建示范带品牌建设工作，分级分类培育24个市级、城区级党建示范点。

“四支队伍”建设　抓好党员队伍、基层党组织带头人队伍、党务工作者队伍、党员志愿者队伍“四支队伍”建设。继续在农村推广“6543”党员发展模式，不断改善党员队伍结构，切实增强农村党组织的凝聚力和战斗力。继续实施党员发展工作“源头工程”，不断提高党员队伍素质。健全和完善“党员义工”队伍，组织1035名党员志愿者建立覆盖城乡和各个领域的志愿服务队伍41支，充分发挥党员在服务群众、奉献社会中的先锋模范作用。

村（社区）党组织建设　在农村，扎实落实“一定三有”政策，进一步推广“农事村办”制度，在2010年设立的10个示范点基础上，新增30个“农事村办”示范点。全面推广“四议两公开”工作法，进一步激发农村党组织活力；在社区，按照“统一标准、统一设计、统一建设”的要求，划拨77万元对大沙田街道银沙、前进、五象、坡洋四个社区进行“三有一化”建设，以构建“五心五民为民服务体系”和建立“民族之家”为载体，有力推进社区区域化建设，切实加强社区党建阵地建设，进一步提高社区服务党员群众的水平。

【创先争优活动】　2011年，良庆区以“创先争优党旗红、服务发展建新功”为活动主题，“六比两争当”（比团结、比开拓、比发展，党组织争当改革发展的坚强堡垒；比素质、比胆识、比奉献、党员争当新区建设各项工作的排头兵）为活动载体，围绕城区“三大战略任务”和“八项重点工作”，在“推动科学发展、促进社会和谐、服务人民群众、加强基层组织”上出实招、下功夫、见实效。一是继续深化“结对共建、承诺联评、典型示范、绩效考评、党群共建”等五大行动。不断扩大创先争优活动的覆盖面，建立公开承诺、互动联评的动力机制，充分发挥先进典型的示范引领作用，在全城区的基层党组织创造争先进、赶先进、当先进和广大党员作表率、当标兵的良好局面。二是扎实开展窗口单位和服务行业创先争优活动。在教育、公安、民政、司法、国土资源、城建、规划、交通、卫生、计生、税务、工商、质检等窗口单位和服务行业，紧贴行业性质特点和职责任务，扎实开展创群众满意窗口和优质服务品牌、党员公开承诺、挂牌上岗和“先锋岗”、“示范岗”创建等活动。780名窗口单位和服务行业党员在建设群众满意窗口、创造优质服务品牌、提高服务水平等方面进行了2600多项公开承诺，接受群众监督，落实2195件。三是开展“微笑满绿城，志愿促和谐”党员志愿服务活动。规范各类志愿服务活动，整体推进党员志愿者服务行动，服务五象新区建设和“两会一节”。全城区有3588名党员，661名入党积极分子，2045名团员，青年志愿者组建各类党员志愿者服务队558支，参加志愿服务8133人次，共为群众做好事、办实事、解难事6890件。四是开展树立典型、学习先进活动。开展“向杨善洲、王辉、李林森、蓝云等同志学习”的主题活动，引导广大党员干部爱岗敬业、改进作风，提高服务水平，提升工作效能，在五象新区建设中建功立业。选树、表彰了30个“先进基层党组织”、80名“优秀共产党员”、30名“优秀党务工者”和15名“优秀村（社区）党支部书记”等先进集体和个人。

【城区、镇领导班子和村（社区）“两委”换届】　2011年，良庆区城区、乡镇、村（社区）三级换届各项工作圆满完成。良庆区5个镇党委、人大、政府的换届工作于7月20日全部结束；7月23日良庆区第二次党代会胜利闭幕，成功选出了城区党委、纪委新一届领导班子；8月15～19日，城区政协二届一次会议、人大二届一次会议相继召开，顺利选举产生城区人大、政府、政协的新一届领导班子、“两院”院长；切实加强对村（社区）“两委”换届工作的指导，选派换届工作指导员、结对共建单位帮扶员、换届工作监督员“三员”319名，确保每个村（社区）至少3名指导员，着重加强对换届工作重点村、难点村的指导工作，确保城区7个重点村全部顺利完成换届工作，截至10月1日，村（社区）“两委”班子换届工作顺利完成，新当选“两委”成员623人。

【“结对共建、先锋同行”活动】 2011年，良庆区以“党员受教育，群众得实惠，党建上台阶，发展见成效”为目标，以“组织共建、党员共管、队伍共抓、发展共谋、和谐共促、先锋共创、资源共享、致富共帮”为主要内容，创新形式，开展“1+2”（1个机关、事业单位党组织结对帮扶1个农村基层党组织和1个城市基层党组织）共建活动，组织城区各村（社区）、企业党支部共与4个区内高校、4个自治区直属机关、城区59个机关单位结成党建共建对子，开展“九个一”活动（即召开一次座谈会，开展一次党组织共建主题活动，开展一次村（居）、企业情况调研活动，为村（社区）、企业党员上一堂党课，走访慰问，帮扶一户困难党员和困难群众，联系一名优秀党员乡土人才，为村（社区）、企业党组织建设提一条好建议并初步实施，办一件让村（居）民、企业职工普遍受益的实事好事，联系培养发展一名新党员）213次，为基层党组织解决实际困难113个，取得了良好的效果。

【选派新农村建设指导员】 2011年，良庆区125名干部进驻62个村（社区）担任新农村建设指导员，其中，市级指导员10名，城区级指导员53名，镇级指导员62名。指导员认真履行职责，投身社会主义新农村建设，做好村级换届工作，取得了突出的成绩。指导员走进62个村（社区）的457个自然村，走访农户3546户，撰写调研报告62篇，村情民意调查表125份，编印换届工作简报5期共20000份，召开各类座谈会132次，排查出7个重点难点村，解决纠纷22起；协调落实项目23个，落实资金613万元，协调修建村屯道路9.80公里，修建桥梁2座，修建饮水工程29处、解决8405人饮水难问题；建设市级新农村示范点1个，投入资金150万元，帮扶贫困户98户，争取到各种捐款12万元，给困难群众开办各类技术培训班87期，培训农民7880人次；组织举办党课14次，参加人员563人次，培养入党积极分子53名，新发展党员26人。

【党员干部现代远程教育】 2011年，良庆区按照自治区、市远教工作会议的安排和部署，拓展远教平台，建成77个固定站点，实现城区范围内全部村（社区）建成远教站点，建设开通使用率达100%。购置8套“移动小电影”设备及190台“移动远教设备”，将远教站点拓展延伸至坡屯的党小组。充分发挥“绿城党旗红”党建信息平台的作用，开展互联网在线教育培训、开展网上党务工作、网络调查等活动。积极整合技术资源，拍摄了《快乐使者周大志》、《征地组长李鸿威》等反映本地先进党员干部的先进典型人物电视专题片，加强党建宣传工作。

【领导班子和干部队伍建设】 2011年，良庆区全面实行党委任免干部票决制。全委会票决干部3次，无记名投票表决干部35名。加大从基层一线选拔干部的力度。新提拔的30名科级干部中，有16名同志有在征地拆迁、信访维稳、计生服务和新农村建设等艰苦一线岗位工作经验。建立干部考察反馈机制。2月，结合科级干部年度考核、部分干部试用期满考核等，将民主评议、个别谈话等基础资料进行梳理概括和综合分析后，逐一向考察对象进行反馈。7月下旬，开展领导干部谈心谈话活动，由城区党委常委与各镇、各单位正职领导进行谈心谈话，同时各镇、各部委办局也与所管辖的村一级、中层及全体干部谈心谈话。在谈心谈话活动中，城区各级领导干部共开展谈心谈话 2529 人次，收集到意见和建议 1232 条。10 月，组织城区 1508 名行政事业单位在职干部进行健康体检。

【人才工作】 2011 年，良庆区科级干部择岗意向信息库建立，年内涉及岗位调整的科级干部中，有超过 50%的同志实现了个人择岗意向。多方面培训综合性人才，先后从城区选派 10 名年轻后备干部到市直部门进行锻炼学习，从机关各部门和各镇选派共 62 名后备干部到村第一线担任新农村建设指导员，从机关各部门和各镇选拔一批优秀青年干部充实到五象新区征地拆迁工作队伍中。同时，积极参加南宁市“推优育才”工程。拿出良庆经济开发区安全生产监督局副局长和良庆区机关事务管理局副局长两个职位在南宁市县（区）交流，成功引进了两名基层工作经验较为丰富的人才。

【干部教育】 2012 年 3 月，良庆区组织委托清华大学举进行为期 10 天的公共管理高级研修班，参加人员为科级领导干部 50 人。9～10 月，先后组织全城区 292 名科级干部到自治区党校进行为期 3 天的良庆区科级干部秋季主体班集中封闭培训，聘请专家进行授课，采用正面传授与典型交流相结合，理论学习与实践操作相结合，开阔视野与增长才干相结合的方式全面推行学员论坛、情景模拟、案例分析式教学制度。同时，加强师资库建设，选聘 10 余名区内外不同领域的专家、领导、上级党校和大专院校的优秀师资担任城区党校的“客座教授”。10 月，在南宁市委党校举办了全城区村（社区）干部培训班，组织全体村（社区）定工、半定工干部 482 人次进行集中封闭培训，聘请专家进行授课，举办座谈开展交流。邀请了区内优秀基层干部为全体村（社区）干部现身说法，介绍基层工作经验，传授工作的方式方法。此外，结合学习培训，大范围开展谈心活动，由城区四家班子处级领导、组工干部与村（社区）干部 482 人进行交心谈心。在谈心过程中，采取“一对一”、“面对面”谈话形式，认真倾听基层干部在工作和生活中的心声，收集、整理意见和建议 154 条。

【干部监督】 2011 年，城区党委主要领导和分管领导共对 119 名任免干部进行了任职前谈话，同时对个别干部存在的不足有针对性地进行了必要的提醒，打“预防针”。坚持对任期届满或任期内办理调任、转任、轮岗、免职手续的党政机关、群团组织和事业单位的正职或主持工作的副职领导进行离任审计。2011 年提出对 4 名科级领导干部进行离任审计。积极整合各方监督力量，聘请了 24 名“两代表一委员”担任城区干部工作监督员，对城区党委决策、领导干部作风、组织部门建设等各项工作进行监督评议。

【老干部管理服务】 2011 年，良庆区开展“亲情服务体系”建设，实行重大节庆日，老干部有困难和老干部生病住院“三必访”制度，将重要节庆日的慰问和平时的走访慰问相结合，落实好老同志的政治生活待遇，确保老干部安享晚年。春节前从城区党费中拨付资金慰问了离退休干部。同时认真抓好离退休支部建设，定期开展支部活动，投入 5000 元组织退离休老同志进行全面的健康体检，促进离退休同志的身心健康。10 月下旬，组织离退休干部到贺州进行考察，开阔视野。

【信息调研】 2011 年，良庆区委组织部上报区、市信息文章共 54 篇，其中被自治区级组织工作刊物采用 6 篇，被市级组织工作刊物采用 37 篇。良庆区荣获 2011 年度南宁市组工信息工作先进单位三等奖。两篇调研文章分别荣获 2011 年南宁市组织工作优秀调研成果二等奖、三等奖，一篇获 2011 年度南宁市组织工作优秀创新案例三等奖，进一步宣传了城区组织工作的新做法、新成果。

（李雪丽　韦永海　谢志军　黄耀川　郭　剑　宋　懿　班贵友　李明祥　廖志强　刘永利）

宣传工作

【概　况】　2011年，是中国共产党建党90周年，是城区、镇（街道）、村（社区）三级机构换届年，是“十二五”开局之年。良庆区围绕中心，服务大局，深入开展思想政治工作，在统一思想、提高素质、凝心聚力上下功夫，为建设富裕文明和谐宜居的现代化新城区，实现科学发展新跨越提供了思想保证、精神动力和舆论支持。

【党员干部理论学习】　2011年，良庆区各基层党（工）委按照城区党委关于年度理论学习的通知要求，开展本级中心组和所辖党支部的理论学习；各基层党（工）委中心组成员还多次参加了区委中心组的理论学习。城区宣传部发动各部门各单位订阅有关《从怎么看到怎么办？——理论热点面对面2011》、“十二五”规划、党的十七届六中全会等10多种理论书籍共2000多册，并组织大家学习，帮助大家在民生领域焦点、热点等问题上解疑释惑，凝聚共识，让大家对城区发展潜力有了更清晰的认识。

【形势政策宣传教育】　2011年良庆区坚持开展形势政策宣传教育。1月上旬，组织城区党员干部集中听取自治区宣讲团李海荣教授主讲的党的十七届五中全会精神报告会；5月下旬到6月底，邀请南宁市宣讲团的教授到城区组织开展纪念中国共产党成立90周年宣讲活动，“深入学习中国革命史和中共党史，不断总结经验教训，努力提高党的建设科学化水平”；9月下旬，组织城区第二次党代会精神宣讲团深入镇（村）、街道（社区）、开发区（企业），给镇、村（社区）干部群众宣讲。

【纪念建党90周年活动】　2011年，良庆区开展纪念建党90周年系列活动。在青少年中开展“历史的选择”主题征文、讲故事、演讲、书法、绘画比赛；组织参加全市“童心向党”优秀童谣儿歌汇演；组织党员干部参加“全国党建知识竞比赛”、网上评选全国优秀共产党员和“广西党史知识竞赛”活动；组织开展“绿城红歌献给党”合唱比赛和乡村（社区）文艺大展演；组织开展“镜头聚焦新良庆”主题摄影比赛、“党在我心中”主题征文活动，发动城区干部群众撰写论文，参加南宁市组织的建党90周年理论研讨会，组织开展建党90周年宣讲活动。

【学习型党组织建设】　2011年，良庆区开展学习型党组织建设。一是加强领导，精心组织。城区成立了以区委书记为组长、分管副书记具体抓的推进学习型党组织建设工作领导小组，坚持每月下发一次工作简报，每季度分析一次工作形势，每半年检查讲评一次工作开展情况。年初专门召开专题会议，具体部署全年工作，确定了学习的重点。二是分类指导，分头并进。区分不同层次、不同类别，有步骤按计划地在城区推进学习型党组织建设。党委中心组学习有序展开，干部理论学习扎实进行，专题调研活动富有成果，全民读书学习蔚为风气，做到了经济社会发展和推进学习型党组织建设“两不误，两促进”。三是创新方法，丰富载体。在全城区组织开展整治“五风”（党风、政风、作风、会风、文风）、增强“五力”（凝聚力、创新力、执行力、决策力、求真力）活动，全力助推以“三大会战”、“八大工程”等为重点的五象新区建设；开展“百名机关干部大走访”活动，组织城区四家班子主要领导和党委常委带队的7个大走访工作组深入乡镇村屯、街道社区、厂矿企业，收集群众的意见和建议，现场解答解决问题。

【新闻宣传】　2011年，良庆区委宣传部围绕“两个年”、“三大会战”、“五场攻坚战”、“八大工程”、“七项重点工作”、全国文明城市复查迎检、换届等重点工作做好新闻宣传工作。据统计，在市级以上媒体发稿995篇(次)。其中《新华每日电讯》1 篇；《广西日报》41 篇，其中专题报道 5 篇；《当代广西》2 篇；《南国早报》120 篇；《当代生活报》70 篇；《南宁日报》185 篇，其中系列报道 1 个，头版头条 4 篇，论文 4 篇，专题报道 15 篇，典型报道 5 个，专版 4 个；《南宁晚报》140 篇。在广西电视台、广西电台、南宁电视台、南宁电台发稿 250 篇（次）。按照城区党委、政府要求，从城区党校、经信局抽调 3 人，从应届大学毕业生中招聘 4 人，成立了全市首个城区级新闻信息中心，履行编辑、发布政务信息，拍摄、制作电视新闻，网络舆论引导，编辑内刊，向各级媒体投稿等宣传职责。6 月 23 日创办《今日良庆》内刊和《良庆手机报》。至年底，《今日良庆》共出版 14 期，特刊 3 期，共发稿 500 多篇；手机报共发信息 40 条，系统宣传良庆区在建设富裕文明和谐宜居的现代化新城区进程中的新成就、新进展、新亮点。

【网络舆情监控与引导】 2011 年，良庆区委宣传部针对网上出现的涉及城区突发事件的负面舆情帖子，除了及时汇报、组织人员密切进行监控引导外，还积极向市委宣传部网宣办汇报，协调处理，维护稳定和谐的网络舆情环境。全年共协调处理影响本城区的负面网帖 8 个。

【社会宣传环境布置】 2011 年，良庆区围绕春节、创建全国文明城、创建国家卫生城市、创建国家森林城市、建党 90 周年活动、第三届“香火龙”民俗文化旅游节、国庆、“两会一节”等节日、纪念日、重大活动、重要会议做好社会宣传环境布置，采用悬挂横幅标语、摆放鲜花、设置国旗和 POP 旗、电子屏幕滚动播放、宣传栏等多种形式，营造浓厚、热烈的氛围。在年初城区党委、人大、政协例会期间，组织编写了《新区良庆：克难攻坚铸辉煌，满怀豪情谱新篇》宣传小册子，总结宣传良庆区成立以来（“十一五”）的成就，展望良庆区发展前景，发给参加城区党委、人大、政协“三会”代表和委员。城区、镇（街道）、村（社区）三级机构换届及城区“三会”期间，组织编写《今日良庆》特刊，编发选举简报，印发会议简报，出版宣传板报，营造了会议民主团结、开拓奋进的浓厚氛围，为选举工作的圆满完成提供了舆论支持。

【典型宣传】 2011 年，良庆区向市委宣传部推荐本城区敢于致富带富的农村带头人黎家楣、勤于技术创新的企业科技人员韦代鹏、勇于创业办厂的返乡打工仔韦大干的典型事迹，在南宁市两台两报一网上大力宣传，弘扬“能帮就帮、敢做善成”南宁城市精神，引领干事创业的新热潮。在《今日良庆》上连续推出李鸿威、蒙仪缦、周志飞、拆迁办党支部、黄琳、蒋铁滔、苏永秀、黄家宽、刘燕铃、杨超文等 10 个先进典型，引导广大党员干部在平凡的工作岗位上创先争优、建功立业。

【队伍建设】 2011 年，良庆区委宣传部针对本年度各党（工）委特别是镇党委班子换届后宣传委员调整，通讯员、网评员队伍成员变动的情况，及时完善组织网络、组织业务培训，举办业务培训 2 期，参加人数 100 多人；还组织 12 人参加城区党委或上级举办的 5 期培训班。

【思想政治工作目标管理】 2011 年，良庆区委年初召开宣传思想工作会议，总结上年工作，布置新一年工作，印发宣传思想工作要点、理论学习通知（含计划）、2011 年思想政治工作目标管理考评细则，城区党委与各党（工）委签订思想政治工作目标管理责任书。年中对各基层党（工）委落实责任制的情况进行了督查，年终进行考评，将各项工作落到实处。

（覃重光）

精神文明创建

【概　况】 2011 年，良庆区精神文明创建工作以邓小平理论和“三个代表”重要思想为指导，深入贯彻落实科学发展观，以全国文明城市复评工作为抓手，大力推进群众性精神文明创建活动；以提高公民思想道德素质为核心，大力加强社会主义核心价值体系建设；以提高城乡文明程度和市民文明素质为目标，全力推进“三基”(增强基础文明、提升基本素质、健全基层组织）建设活动；以开展道德实践系列活动为载体，不断加强未成年人思想道德建设，取得新成效。

城区领导考察创建文明城活动工作

【参与首府南宁迎接全国文明城市复评】 2011年，良庆区先后制定下发了《良庆区参与首府南宁2011年创建全国文明城市实施方案》、《良庆区2011年迎接全国文明城市复评实地考察责任分解表》和《良庆区参与首府南宁2011年未成年人思想道德建设实地测评责任分解表》等文件，要求各责任部门按指标分解任务，抓好复评迎检的培训、宣传、督查、整改等工作。创城期间，发放《致市民朋友的一封信》、《希望您了解的创城知识》5万份，张贴宣传画1200张，喷绘宣传标语3000平方米，制作宣传板报50块，悬挂标语100条，营造了浓厚的创城氛围。8月24日，全国文明城市测评组到大沙田街道银海社区、前进社区进行入户问卷调查，市民对测评人员热情大方、积极配合、认真填写，得到了测评组的高度赞扬。

【“发展环境建设年”活动】 2011年4月29日，良庆区在辖区大沙田客运站举行“深入优化发展环境 推进文明城市创建活动”市民建言献策现场征集活动，现场共征集到各类意见（建议）315条。7月至8月，开展“创建全国文明城市，机关干部进社区”主题宣传活动，城区四家班子领导及各单位主要领导坚持每周至少1次进社区开展宣传、座谈活动，把创城工作与着力解决社区居民关心的热点、难点问题结合起来，走家串巷与市民沟通，主动“问情于民、问计于民、问政于民、问需于民”，截至8月10日，收集意见和建议121条，制定了整改方案或协调市直有关单位解决。

【群众性文明创建活动】 2011年，良庆区开展各级文明单位、文明村镇、文明社区、文明行业和军（警）民共建标兵单位、先进单位的培育和考评工作。荣获自治区文明单位2个、文明村1个；荣获南宁市第二十四批文明单位3个，命名了城区级文明单位2个。推荐申报南宁市第25批文明单位3个，文明村1个；培育城区级文明单位6个、文明村5个，军（警）民共建先进单位1对。

【公民道德建设实践活动】 2011年，良庆区继续以“公民思想道德建设”为重点，深入开展“我推荐、我评议身边好人”、“讲文明、树新风、促和谐”等一系列道德实践活动，积极组织参与全国“道德模范”评选活动和学习宣传活动。同时深入开展理想信念和社会主义荣辱观教育等活动10多场次，参与活动群众达1万多人（次）。通过开展活动，引导市民自觉履行法定义务、社会责任、家庭责任，推动形成男女平等、尊老爱幼、扶贫济困、礼让宽容的人际关系，培育文明道德风尚和健康向上的社会风尚。

【“书香绿城”读书活动】 2011年，良庆区开展组织干部群众参加南宁读书活动，12个基层党（工）委以十七大精神和中华经典文章为主要内容，开展形式多样的读书活动和“经典诵读”活动，大力普及理论知识、科学知识和文学知识，倡导文明风尚，营造和谐文明的社会环境。先后组成2个队参加了南宁市“中华经典诵读”、“中秋诗咏会”等活动。

【“爱国歌曲大家唱”活动】 2011年，良庆区围绕建党90周年，在社区、企业、机关、学校、乡村开展了“爱国歌曲大家唱”活动120场次，近6万人参与了传唱活动。

【“我们的节日”主题文化活动】 2011年，良庆区利用春节、“三月三”、清明节、端午节、中秋节、重阳节以及“良庆区第三届‘香火龙’民俗文化旅游节”等传统民族民俗节日，在乡镇、社区、学校开展“纪念先人、缅怀先烈、感恩思源、共创未来”、“三月踏春”、尊老爱老等系列活动100多场次，市民、学生参与率达90%以上。通过开展“我们的节日”主题文化活动，丰富了群众的民俗文化活动，加强了中华优秀文化传统的教育。

【开展素质培训活动】 2011年，良庆区举办“市民素质培训”、“农民就业培训”活动等各类素质培训班20期，培训人数10000多人次。

【“三下乡”、“四进社区”活动】 2011年，良庆区组织开展婚育新风、关爱女孩、诚信计生为主题的文艺下村坡宣传活动。3月28～29日和5月27日，分别在良庆镇、大塘镇、那马镇、大沙田客运站开展四场文艺宣传活动，在活动期间发放宣传品2万多份，计生知识有奖问答2000份。到目前为止，城区“三下乡”活动送科技书及其他实物折合人民币共计6万多元；组织文艺工作者、医疗工作者、科技工作者、法律工作者等专业志愿者队伍开展科教、文体、法律、卫生“四进社区”活动20多场次，参与活动市民群众5万多人次。

【“文明市民”宣传教育活动】 2011年，良庆区开展以深化“文明交通、安全你我他”为主题，开展“关爱生命，文明出行”交通劝导活动，组织300多名各类志愿文明劝导员，在城区主要交通路口开展文明劝导活动10多次，发放宣传资料1万多份，各级文明单位及社区群众也积极响应，参与文明劝导活动。

【“能帮就帮，志愿服务在绿城”活动】 2011年，良庆区宣传、组织、教育、民政、卫生、司法及青年团组织、关工委等部门开展志愿者服务活动，组织党员义工、青年志愿者到社区（村）了解社情民意，开展关爱农民工、帮扶解困，清理城乡垃圾，上街维护交通秩序等志愿活动100多次，参与人员达1万多人。开展送温暖、献爱心、无偿献血、扶弱助残、保护环境、关爱女童等道德实践活动100多次，送上慰问品及慰问金50多万元。

【“做一个有道德的人”活动】 2011年，良庆区开展活动50多场次，未成年人参与3万多人次，各项活动成为未成年人道德教育工作的有效平台和传播文明、引领风尚的有效载体。围绕纪念建党90周年，开展了优秀童谣传唱、“童心向党”歌咏活动及开展“历史的选择”主题征文、讲故事、演讲、书法、绘画比赛。

【净化社会文化环境专项整治】 2011年，良庆区开展社会文化环境整治，消除危害青少年健康成长的社会不良因素，净化青少年成长环境，年内城区对社会文化市场的日常巡查达156次，出动检查人员466人次，车辆165辆（次），检查音像店、书报刊、网吧、电子游戏（游艺）、歌舞厅（KTV）等经营场所251家（次），对文化经营场所检查覆盖率达到100%。查获非法音像制品1137盘（件）；查处违规网吧5家；受理举报投诉8件，办结案件8件；罚款13000元。

【落实未成年人权益保护机制】 2011年，良庆区开展《中华人民共和国未成年人保护法》、

《中华人民共和国预防未成年人犯罪法》等法律法规的宣传教育；未发生侵犯未成年人合法权益的现象，孤残、留守、流动、边缘儿童的合法权益得到保障；义务教育普及率达标。

“乡村学校少年宫”活动场所建设 为2个“乡村学校少年宫”配备电脑及书籍、活动器材，丰富未成年人的文化生活。

未成年人思想道德建设宣传 以“未成年人思想道德建设宣传日”、“六一”儿童节等为契机，在城区各中小学校组织开展“共建和谐，快乐成长”、“能帮就帮”、“快乐游戏 健康成长”、“知荣辱、树新风、我行动”、“做一个有道德的人”等主题教育活动300多场次，参与学生达2万多人次。

（李 贞）

统一战线工作

【概 况】 2011年，中国共产党良庆区委员会统一战线工作部编制3人，在职4人。归口管理城区宗教事务局、对台、侨务工作，协调城区各民主党派工作，指导工商业联合会工作。统战工作部牢牢把握“大团结、大联合”主题，不断巩固和发展城区最广泛的爱国统一战线，推进各领域统战工作跃上新台阶。

【落实目标管理责任制】 2011年3月，良庆区党委与12个基层党（工）委签订了统战工作目标管理责任书，按照统筹安排，分类指导的要求，对责任书进行了进一步的细化、量化，使统战工作真正纳入各级党委的重要议事日程，12月，进行年终检查考核验收，各基层统战工作目标完成情况良好。

【干部培训】 2011年良庆区加强统战干部培训。3月24日～5月12日，选派2名党外副科级领导到市党校参加南宁市党外年轻科级干部培训班学习；9月16日，举办良庆区统战系统干部培训班；10月28～29日，组织23名统战系统成员到革命老区根据地百色市进行考察学习。

【政协换届】 2011年，良庆区统战部开展城区政协委员及政协常务委员会组成人员的推荐考核提名工作。年初，着手开始对各界人士代表情况进行调查摸底，6月，根据南宁市委的文件精神，结合本城区实际，与组织部联合制定《政协南宁市良庆区第二届委员会常务委员、委员推荐提名工作的实施方案》、《关于推荐政协良庆区第二届委员会委员的通知》等文件，明确了推荐名额、推荐人选条件及推荐工作要求。在广泛征求公安、检察院、法院、纪检、监察、安监、计生、环保、综治等部门意见，本着坚持放宽视野、统筹兼顾、综合平衡、全面考虑的原则，既体现广泛性、代表性，兼顾到党内、党外、民族、地域、界别、年龄、性别、历史等，又照顾到各民主党派成员、无党派人士、各人民团体、各个阶层、各条战线和少数民族等都有代表人物参加的情况下，从最初推荐168名代表人选中最终协商确定提名115名政协委员，比例结构符合中发〔2005〕5号文件的规定，通过了城区政协党组的审议、城区党委常委会的审定和政协常委会的决定，确保了良庆区政协第二届第一次会议如期召开，选举产生了新一届政协领导班子，圆满完成了政协换届工作。

【经济统战】 2011年，良庆区统战部围绕城区党委、政府中心工作，发挥自身独特优势，增强以经济建设为中心、树立为经济建设服务的意识，在开展“三个年”及“五场攻坚战”活动中积极发挥职能作用。

为企业排忧解难 一是加强对工商联工作的指导。指导城区工商联搞好执委轮执制度，每季度协助工商联召开一次执委工作总结会议，使轮执制度正常化、制度化、规范化，做到有主题、有人员、有组织、有活动、有记录。二是继续开展“百家非公企业调研服务”

活动。部领导与工商联领导分别深入到台资企业广西景皇成片土地开发公司、广西昕涛文化发展有限公司等10多家非公企业，重点调查研究企业的融资策略、发展现状、服务环境、关注热点等问题，及时了解掌握非公企业生产经营情况存在的主要问题、制约发展的主要因素，努力为他们排忧解难。三是积极搭建合作平台。5月协助工商联与良庆经济开发区共同组织召开银企座谈会，为辖区企业和金融部门之间牵线搭桥，促进解决非公企业融资难的瓶颈问题。四是深入基层指导商会工作，发挥商会纽带作用，积极为当地经济发展服务。

引导促进非公企业健康发展 在非公经济人士中开展争做优秀中国特色社会主义事业建设者活动，推荐两名非公经济人士参加自治区优秀社会主义建设者评选。发动非公企业主提供更多的劳动就业岗位，配合城区人社局做好企业人才招聘会，20多家非公企业提供劳动就业岗位1500多个，解决企业用工和高校毕业生就业难问题，为地方经济和谐发展做贡献。引导非公经济人士“富而思源”，南宁市国田房地产有限公司等8家企业捐款10多万元给那陈镇中心小学等学校，捐助其贫困学生上学。中秋节期间，发动南宁市瑞和房地产有限公司等非公企业捐赠价值2万多元慰问品及19000多元慰问金给大塘镇敬老院。

招商引资 年内招商引资任务是1000万元，统战部发挥统战联系广泛的优势，主动做好前期服务工作，并以“两会一节”为契机，向客商推介城区的区位优势及投资环境，最终与华润集团签约了投资1500万美元的项目。

【文化统战】 2011年，良庆区统战部开展文化统战工作。一是协助城区民族局、文体局做好发现、保护、挖掘和整理少数民族民间文化遗产工作，特别是对有一定影响的那马龙狮队、香火龙舞和斑鸠舞等，并积极申报市级、自治区级文化遗产保护项目，使其得到传承和发扬。通过举办第三届“香火龙”民俗文化旅游节，对文化品牌进行了包装、推介，把这些民族特色浓郁的民间文化以多种形式扩大宣传面，进一步提升城区的社会影响力。

二是开展服务五象新区教育发展活动。民进市委会充分发挥自身优势，利用人才荟萃、教育资源丰富的有利条件，以五象新区为主战场，积极开展调研活动，为新区教育发展建言献策，并对新区规划建设、学校管理及安全方面存在的困难及问题提出对策意见，同时开展学习方法辅导、示范课等一系列教育帮扶活动35场次，培训各学科骨干8场次。活动中统战部积极配合，大力协助抓好此项工作。

三是组织举行各界人士茶话会。为加强联谊，凝聚力量，搭建各界人士代表联络平台，举行了城区各界人士春节茶话会、庆祝建党90周年茶话会和中秋茶话会，共商发展大计。

四是开展丰富多彩的文化统战活动。春节期间组织有书法功底的统战对象为广大群众书写迎春对联，与群众共庆佳节。

【和谐统战】 2011年，良庆区委统战部加强民主党派工作和民族宗教工作，促进各党派、各少数民族之间和谐相处。

民主党派工作 一是向党委争取党派调研活动经费。为了保证各党派支部按计划开展各项调研专题活动，向党委申请党派活动经费35000元并得到落实。二是加强组织学习。每季度召开一次城区民主党派支部委员例会，传达和学习党的有关统战政策，了解各民主党派支部的思想和组织建设动态，及时协调解决遇到的问题和困难。三是认真落实通报制度。在2011年的迎春座谈会、建党90周年茶话会和中秋茶话会上，城区政府向各民主党派、工商联负责人通报了城区经济和社会发展基本情况，自觉接受监督，支持民主党派参政议政。四是支持和指导各党派开展主题活动。支持协助民进市委会到良庆镇开展支教帮扶活动，巩固民进南宁市委会服务五象新区教育实践活动基地并取得初步成效；通过举办统战系统干部培训班，组织城区各民主党派支部委员到革命老区百色起义纪念馆参观学习等活动，丰富民

主党派政治交接教育活动的内容，不断加强民主党派成员思想意识教育。五是加大力度支持和指导无党派人士进行自身建设，增强参政议政能力，促进城区多党合作事业健康发展。

新的社会阶层人士和海外联谊工作　加强对新的社会阶层如非公经济人士、知识分子等思想教育工作，为他们解决工作生活中存在的实际问题，如子女入学难等，促进阶层和谐。与上级海外联谊协会联系，做好海外社团的考察交流接待工作，2011 年共接待 5 批次 50 多人海外考察团体到城区进行投资考察；在春节期间继续对台胞回乡定居人员和黄埔军校学员进行慰问，体现党和政府对统战对象的关怀。

党外代表人士队伍建设　一是继续健全和完善档案资料库。9 月，在换届完成之后对各机关事业单位、企业党外人士进行一次全面调查摸底统计，不断充实和完善资料库，并有重点地进行培养和引导，加强后备队伍建设，目前党外后备干部队伍资料库共有 50 多人。二是通过组织到百色起义纪念馆参观学习及参加各种培训班学习，积极引导党外人士参与主题教育活动。三是注重对党外干部的培养选拔、举荐工作。目前担任自治区人大代表 1 名，自治区政协委员 1 名，市人大代表 17 名，市政协委员 9 名，城区人大代表 79 名，城区政协委员 69 名，城区政协常委 15 名。全城区党外干部中，有副处级 4 人，正科级 6 人，副科级 26 人。

民族宗教工作　民族工作方面：一是继续为少数民族做好事办实事，及时上报 2011 年少数民族发展资金备选项目并进行考察论证。二是积极落实对优秀特困生的入学补助工作，发放补助金 4000 元。三是通过举办民族知识宣传月活动，以板报、座谈会、歌舞晚会等形式加大市民对民族知识的理解，促进各民族之间的团结。四是夯实民族团结创建活动进社区工作。大沙田银海社区建立的“民族之家”、“少数民族流动人口服务站”的“三项创新”(即创新教育模式，营造“民族之家”团结氛围；创新管理模式，当好“民族之家”家长；创新服务模式，送去“民族之家”温暖）功能得到发挥，积极为少数民族特别是外来少数民族群众服务取显著成绩，得到各级领导充分肯定和赞许，吸引了来自区内外的同行前来取经学习，并被全国各大新闻媒体报道，被称为“民族之家”的一朵奇苑。五是建立少数民族体育传统项目训练基地。在充分考察基础上，2011 年在南宁市四十四中建立了良庆区少数民族传统体育项目训练基地，并向上级部门争取到 5 万元项目资金，为基地早日建成和促进少数民族体育事业发展尽力。宗教工作方面：一是继续做好《宗教事务条例》的学习宣传、贯彻落实工作。5 月，以板报的形式在 5 个镇、街道办、公安局等部门开展了宗教政策法规知识宣传活动。二是依法管理宗教事务，继续抓好那陈镇六眼基督教活动场所的管理工作，指导他们积极开展创建“和谐寺观教堂”活动。三是对全城区进行私立基督教聚会点情况进行调查和宗教书籍、影像品的检查。四是健全宗教工作网络，保证宗教信息畅通。五是建立宗教责任制，防御境外宗教渗透，维护宗教界的稳定。六是妥善处理了那马镇竹泉岛和大沙田五象岭两起非法聚会点活动，把矛盾解决在萌芽状态中。七是做好“两会一节”期间宗教排查工作。8～10 月不定期地深入镇、开发区、街道办进行宗教排查工作，坚决遏制非法宗教活动的出现，确保宗教界的稳定，为“两会一节”召开营造稳定环境。

【非公经济组织党建】　2011 年，良庆区非公经济组织 7178 户，其中规模以上企业 53 家，亿元企业 27 家。非公企业成立了党组织 52 家，党员 379 名。广西方略药业集团有限公司党支部被自治区、南宁市授予“先进基层党组织”，并在 7 月 27 日全区非公企业创先争优活动工作汇报会上作典型交流，公司党支部书记卢代鹏同志的先进事迹也在 6 月 21 日的《南宁日报》作典型报道。南宁市国田房地产责任有限公司党支部书记梁新树同志作为南宁市非公企业唯一代表，被评为自治区优秀党务工作者，为辖区非公企业树立了榜样。

【统战信息调研】　2011年，良庆区统战部上交市委统战部参加评比调研论文9篇，其中良庆区大沙田街道办事处黄健撰写的《影响民族关系的主要因素及增进民族团结对策研究》及良庆经济开发区管委会张强撰写的《如何在非公有制企业中构建和谐劳动关系》分别荣获一等奖和三等奖。被《广西统战信息》采纳4篇，《南宁统战信息》10篇、良庆政府信息网站12篇等。

（谢克福）

直属机关党建

【概　况】　2011年，良庆区直属机关党（总）支部46个，其中党总支1个，党员628名。党工委设机关工会委员会、机关共青团委员会、机关妇女工作委员会3个群众团体机构。核定编制3人，其中领导职数2名，组织委员1名。现有干部4人，其中书记1名、副书记3名。主要负责城区直属党政机关、事业单位的党务工作；制订机关党的建设计划，指导基层党组织搞好政治建设、思想宣传、组织建设、作风建设和党风廉政建设工作，做好对党员发展和管理工作；切实做好联系群众、宣传群众、教育群众、服务群众的工作。

【机关党建目标管理】　2011年，良庆区直属机关党工委紧紧围绕城区第二次党代会确定的工作目标，以创新求实的精神加强党的思想、组织、作风、制度和反腐倡廉建设。年初召开直属机关党建工作会议，与所属各党组织签订了目标管理责任书；制发了《2011年度良庆区直属机关党建工作目标管理责任制考评细则》，并对直属机关46个党（总）支部的党建工作落实情况进行检查考评。

【党员干部队伍建设】　2011年，良庆区直属机关党工委按照城区党委思想政治工作的统一部署，加强党员思想教育。。利用中国共产党成立90周年纪念日，组织学习贯彻胡锦涛总书记的“七一”讲话精神，全体党员进行入党再宣誓、组织参加和开展“绿城红歌献给党”、“参观革命老区”等重温入党誓词、歌颂党的丰功伟绩、重温党的光辉历程等一系列活动开展。开展或协助组织开展的各类培训讲座12次，培训党员干部4800多人次；基层各党组织组织开展专题学习教育活动300多场次，受教育党员和干部职工6000多人次。

【党代表推荐】　2011年，良庆区党委、政府换届。直属机关党工委按城区党委的统一部署，在各基层党组织深入开展《干部选拔任用条例》、《四项监督制度》、和中央纪委“5个严禁、17个不准、5个一律”及自治区党委“四要四不准”的学习教育和宣传，组织开展组织工作满意度调查，机关党员干部，特别是党员领导干部正确用人的意识进一步增强，组织工作的满意度得到提升。在2011年城区党委、政府换届选举中，顺利选出了直属机关60名城区党代表，为城区党委、政府顺利完成换届工作奠定了基础。同时，在调整选配充实基层党组织领导班子过程，坚持德才兼备、群众公认、以德为先得原则，进一步提高选人用人公信度，提高了组织工作的满意度。

【基层组织建设】　2011年，良庆区直属机关党工委根据城区党委和组织部的统一部署，严格按照《中国共产党和国家机关基层组织工作条例》的规定，组织指导所属各党（总）支部做好组织设置和党（总）支部委员会委员换届工作。充实调整了部分党组织领导班子，选准配强基层党务干部队伍。成立党支部4个、换届选举支部领导班子1个，调整充实班子成员党支部25个。

【党员发展】 2011年，良庆区直属机关工委抓好党员队伍的发展工作，组织举办专题学习班、培训班，向广大干部职工和入党积极分子宣传党的性质和宗旨和政策规定。举办入党积极分子培训班1期，培训入党积极分子25人次，发展党员18人。

【群众团体组织建设】 2011年，良庆区新增成立了机关基层工会组织20个，投入资金38000元，为机关工会936名会员办理了职工指定疾病互助保险，为机关4名会员办理了疾病补助金6万元。团工委建立青年志愿者队、青年党员服务志愿者队二支志愿者队伍，为城区经济建设、维稳、抢险、创建精神文明城市等活动中发挥了重要作用；妇女组织带领机关妇女扎实开展“贫困母亲救助”,“金秋助学”,“创先争优”,“送温暖、献爱心”,“巾帼志愿者服务”等系列活动,充分发挥机关妇女在城区经济建设，精神文明建设中不可替代的作用。

【创新实践活动】 2011年，良庆区直属机关工委在2010年创新推行赠送一份“生日”贺卡、纪念品、开展一次谈心交流、撰写一段“入党纪念日”感言、提出一条合理化建议的“五个一”活动的党员“入党纪念日”制度的基础上，在机关工委内部创新开展“寻根感恩”活动，在党员过“政治生日”的前后，给自己的入党介绍人或培养人打一个电话，写一封感谢信，汇报一次思想、工作情况的“三个一”活动，通过开展这一活动，进一步丰富了“入党纪念日”活动的内容，唤起党员在入党时的承诺，教育党员要常怀感恩之心，不忘入党之志，巩固并强化了党员对党的信仰，增强了党员责任心和使命感，激发了党员工作热情。

【“党建示范点”创建】 2011年，良庆区直属机关工委根据城区党委继续打造“V”字形党建示范带的目标要求，培育基层组织党建工作示范点，从而带动机关基层党建工作整体水平提高。确立了城区房屋和征地拆迁办公室、法院、检察院3个党支部为建设示范点。

（庞 勃）

机构编制

【概 况】 2011年，良庆区行政机构52个，其中：党委部门8个，群团组织8个，政府部门22个，人大部门4个，政协部门3个，乡镇5个，开发区1个，街道1个。事业单位机构197个，其中：党委直属事业单位4个，政府直属事业单位7个，部门所属事业单位147个，乡镇所属事业单位39个。城区机构编制委员会办公室行政编制2名，领导职数2名，在职人员3人。下设事业单位登记管理中心(局)，事业编制3名，领导职数1名，在职人员3人。机构编制工作坚持以邓小平理论和“三个代表”重要思想为指导，深入贯彻落实科学发展观，紧紧围绕城区的中心工作，继续深化行政管理体制改革，创新机构编制管理，不断提升机构编制工作水平，为“十二五”开好局起好步，加快建设富裕文明和谐宜居的新城区提供强有力的体制机制保障。城区编办被评为2010年度全市机构编制统计工作先进单位、荣获2011年度全市机构编制信息工作二等奖。

【政府机构改革】 2011年，良庆区编制办按照自治区、南宁市的部署和要求，推进政府机构改革。截至5月底，城区政府22个工作部门“三定”规定下发完毕并执行到位，各部门均按照新的职责开展工作，部门名称、内设机构、人员编制按新规定进行设置。此次改革调整职责112项，其中：增加职责20项，明确或加强职责62项，取消或弱化职责24项，理顺职责关系3项；明确承担的责任3项。15个部门取消了由南宁市人民政府公布取消的行政审批事项，完成了“转变政府职能、理顺职责关系、明确和强化责任、优化组织结构、严控机构编制”的改革任务。

【乡镇机构改革】 2011年，良庆区编制办按照自治区、南宁市有关深化乡镇机构改革精神，结合城区和乡镇的实际，按照精简、统一、效能的原则，各镇统一设置5个综合性办事机构：党政办公室、社会事务办公室、经济发展办公室（挂“安全生产管理办公室”牌子）、人口和计划生育工作办公室、社会治安综合治理办公室。7个为社会提供公益服务或为乡镇政府行政职责提供保障的事业机构：农业服务中心（加挂水利站牌子）、社会保障服务中心、文化体育和广播影视站、规划建设管理站、人口和计划生育服务所、财政所、林业站。此次改革，乡镇机关明确职责37项，增加职责7项，取消职责3项；乡镇事业单位取消业务范围11项，增加业务范围9项。同时，根据机构设置和职责调整变化，同层级调整行政编制2名，事业编制1名，确保机构个数、行政编制总量和领导职数不突破。截至10月底，良庆区所辖5个镇全部完成了机构改革工作。通过改革，乡镇机构职责得到明确界定，机构设置合理，城区乡镇职责关系进一步理顺，机构编制管理得到进一步加强。

【文化市场综合执法体制改革】 2011年，良庆区编制办按照中央对文化市场监管执行“统一领导、统一协调、统一执法”的要求，整合城区现有文化新闻出版、广播影视等有关部门行政执法职能，将南宁市良庆区广播电视站（良庆区文化市场综合稽查队）调整设置为南宁市良庆区文化市场综合执法大队，隶属良庆区文化新闻出版体育局管理的财政全额拨款事业单位，核定的13名事业编制（其中领导职数3名）以及相当副科级机构规格维持不变。

【机构编制实名制管理】 2011年，良庆区编制办根据南宁市的工作部署，建立了“主要领导负总责、分管领导严把关、具体人员抓实施”的工作机制，切实抓好机构编制实名制管理工作。一是组织各单位负责实名制工作人员参加自治区、南宁市举办的机构编制实名制管理系统培训班，使他们初步掌握实名制管理系统的使用流程和信息收集、审查、录入、统计的基本操作要领。二是指导城区管理的机构在实名制系统录入在编人员信息。三是对入库信息认真审核、严格把关。对于单位工作职责、内设机构、人员编制、领导职数方面的信息，严格按照“三定”规定录入，切实维护“三定”规定的严肃性和权威性。城区248个机构（行政单位51个，事业单位197个）基本信息已全部完成录入，录入率达到100%。

【政府相关机构编制完善】 2011年，良庆区整合管理资源，完善机构编制，强化政府社会管理和公共服务职能。

重新核定社区卫生服务中心编制　年内，根据良庆区实际情况，对良庆区管理的2个社区卫生服务中心编制进行了重新核定。核定良庆区大沙田开发区社区卫生服务中心事业编制29名，后勤服务人员控制数3名；核定良庆区大沙田街道办社区卫生服务中心事业编制33名，后勤服务人员控制数3名。

设置良庆区委办值班室管理机构　年内，成立良庆区委员会办公室值班室，为良庆区委员会办公室的内设机构，核定行政编制2名。进一步提高城区党委办公室值班、信息报送和应急能力，规范城区值班室机构设置。

设置区委、人民政府接待办公室管理机构　年内，成立良庆区委、人民政府接待办公室，为隶属良庆区党委管理的直属事业单位，机构规格为相当正科级，实行全额拨款的经费管理形式，所需经费由城区财政核拨。核定事业编制5名（其中领导职数2名）。

设立政协良庆区提案委员会管理机构　年内，城区政协机关增设提案委员会，为政协良庆区委员会的正科级办事机构，增加城区政协机关行政编制1名，由5名调整为6名；增加领导职数2名，由4名调整为6名。

设置大沙田街道办事处司法所管理机构　年内，成立良庆区大沙田街道办事处司法所，为城区司法局的派出机构。核定行政编制2名（其中领导职数1名）。

设置普查中心管理机构　年内，成立良庆区统计局普查中心，为统计局管理的事业单位，机构规格确定为相当副科级，实行全额拨款的经费管理形式，所需经费由城区财政核拨。核定的统计局普查中心事业编制6名（其中领导职数2名）。

增加柳沙江南小学教职工编制控制数　年内，为做好南宁市柳沙江南小学迁扯扩建后2011年秋季学期计划招生，增加教职工编制控制数102名。调整后，柳沙江南小学教职工编制112名，编制结构确定为：教师编制102名、职员教学辅导人员编制7名、后勤服务人员控制数3名。

调整疾病预防控制中心机构编制　年内，增加良庆区疾病预防控制中心事业编制12名，所增编制专用于配备防治艾滋病工作人员。调整后，良庆区疾病预防控制中心事业编制由17名增至29名，后勤服务人员控制数由2名增至3名。

调整良庆区纪委监察机关内设机构　年内，城区纪检监察机关内设机构作如下调整：保留办公室、案件检查室，设立信访室（举报中心）、行政监察综合室、党风廉政建设室，撤销案件审理室、纠风执法室、行政效能监察室（行政效能投诉中心）。调整后，城区纪检监察机关内设机构仍为5个，即办公室、案件检查室、信访室（举报中心）、行政监察综合室、党风廉政建设室。城区纪检监察机关各内设机构的主要职责由城区纪委、监察局根据工作实际进行明确。

明确良庆区南州林场和民兵军事训练基地机构规格　年内，确定良庆区南州林场机构规格为相当正科级，核定领导职数为5名。确定良庆区民兵军事训练基地机构规格为相当副科级，核定领导职数为2名。

【编委会会议】　2011年，良庆区召开编委会会议4次。审议和确定议题及事项22项。

第一次会议　2月18日，在城区机关办公楼四楼会议室召开，审议议题和确定事项：①审议城区编委办《关于良庆区所属中小学教职工编制核定的请示》。②审议城区编委办《关于呈报2011年度编制使用计划的请示》。③审议城区人社局《关于编制呈报2011年城区机关事业单位增人计划的请示》。④审议城区人社局《关于办理南宁市阳光新城学校竞聘上岗教师入编手续的请示》。⑤审议城区人社局《关于办理城区机关、事业单位人员交流手续的请示》。

第二次会议　5月4日，在城区机关办公楼四楼会议室召开，审议议题和确定事项：①审议城区编委办《关于良庆区人民政府工作部门人员编制和领导职数核定方案》。②审议城区编委办《关于审定良庆区政府工作部门“三定”规定的请示》。③审议城区编委办《关于设立南宁市良庆区新闻信息中心的请示》。④审议城区编委办《关于设立良庆区大沙田街道办事处司法所的请示》。⑤审议城区编委办《关于增加呈报2011年度编制使用计划的请示》。⑥审议城区人社局《关于调整呈报城区事业单位2011年上半年增人计划的请示》。7.审议城区人社局《关于人事调配的请示》。

第三次会议　6月28日，在城区机关办公楼四楼会议室召开，审议议题和确定事项：①审议城区政协《关于增设提案委员会为机关内设工作机构的请示》。②审议城区土地储备中心《关于请求增加人员编制的请示》。③审议城区人民武装部《关于协调解决良庆区民兵军事训练基地机构规格设置的请示》。④审议城区农林水利局《关于重新明确南州林场机构定级的请示》。⑤审议城区编委办《关于呈报2011年下半年编制使用计划的请示》。

第四次会议　9月6日，在城区机关办公楼四楼会议室召开，审议议题和确定事项：①审议城区编委办《关于南宁市良庆区深化乡镇机构改革的实施意见》。②审议城区编委办《关于良庆区文化市场综合执法体制改革方案》。③审议城区纪委监察局《关于调整良庆区纪检监察机关内设机构名称的请示》。④审议城区人社局《关于呈报城区机关、事业单位下半年增人计划调整的请示》。⑤审议城区人社局《关于办理城区人员交流手续的请示》。

【机构编制管理】 2011年，良庆区办理机关使用编制审批手续52份。其中：机关内部调整31人，选调生0人，调任11人，军转干部安置8人，城区外调入2人。办理事业单位使用编制审批手续92份。其中：军转干部安置2人，内部调整41人，公开招聘49人。为42个事业单位岗位设置提供机构编制有关材料。

【事业单位登记管理】 2011年，良庆区编办按照审批机关的批复，办理法人设立登记1个，变更26个。办理186个法人事业单位的年检，年检率100%，合格率100%。

（李雪琳）

南宁市良庆区人大常委会

【概　况】 2011年，南宁市良庆区第二届人民代表大会常代表162名，常委会主任1人、副主任4人，委员12人，副调研员1人，人大机关工作机构设有办公室、财政经济工作委员会、法制工作委员会、代表联络工作委员会。机关人员编制：办公室主任1人、副主任（主任科员）1人、副主任科员1人；财经工委主任1人；法制工委主任1人，主任科员2人；代表联络工委主任1人，主任科员1人。人大工作坚持以邓小平理论和“三个代表”重要思想为指导，认真学习党十七届六中全会精神，深入贯彻落实科学发展观，始终把坚持党的领导与加强民主法制建设有机地结合起来，坚持以人为本，依法履行职权，以城区开展整治“五风”、增强“五力”活动为契机，主动融入五象新区建设，为推进城区全面、协调和可持续发展做出了积极贡献。

【良庆区第一届人民代表大会第八次会议】 2011年1月18～19日在良庆区政府礼堂召开，会议应到代表170名，实到代表165名。会议听取和审议并通过了政府工作报告、2010年财政预算执行情况和2011年预算草案报告、人大常委会工作报告、法院工作报告、检察院工作报告，会议审议通过了《南宁市良庆区关于国民经济和社会发展第十二个五年规划纲要》。会上，代表联名提出议案3件，建议、批评和意见68件。

【良庆区第二届人民代表大会第一次会议】 2011年8月16～19日在良庆区政府礼堂召开，会议应到代表162名，实到代表159名。会议听取和审议并通过了政府工作报告、人大常委会工作报告、法院工作报告、检察院工作报告，选举产生南宁市良庆区第二届人大常委会主任、副主任、委员，南宁市良庆区人民政府区长、副区长，南宁市良庆区人民法院院长，南宁市良庆区人民检察院检察长和南宁市良庆区出席南宁市第十三届人民代表大会代表。会上，代表联名提出建议、批评和意见101件。

【常委会会议】

一届第四十九次会议 1月7日在良庆区人大常委会会议室召开。议程：①听取和初审南宁市良庆区2010年财政预算执行情况和2011年财政预算（草案）；②听取和初审南宁市良庆区国民经济和社会发展第十二个五年规划纲要（草案）；③通过城区第一届人民代表大会代表资格审查委员会关于城区第一届人大代表变动情况的审查报告。④讨论通过南宁市良庆区第一届人民代表大会第八次会议的有关事项；⑤讨论修改南宁市良庆区人大常委会工作报告；⑥讨论南宁市良庆区人大常委会2011年工作要点和2011年主要工作安排。

一届第五十次会议 3月25日在良庆区人大常委会会议室召开。议程：①听取和审议良庆区人民政府关于城区当前农业生产安排和

春耕生产工作情况的报告；②听取和审议良庆区人民政府关于城区各镇公共体育设施建设的情况汇报；③听取和审议良庆区人大常委会议案调查组关于一届人大八次会议主席团交付审议的第01、第02、第03号议案调查情况的报告；④人事任免。

一届第五十一次会议　5月26日在良庆区人大常委会会议室召开。议程：①听取和审议良庆区人民政府关于城区贯彻执行《中华人民共和国环境保护法》情况的报告；②听取和审议良庆区人民政府关于城区贯彻执行《中华人民共和国消防法》情况的报告；③人事任免；④审议通过换届选举工作的有关事项。

一届第五十二次会议　6月27日在良庆区人大常委会会议室召开。议程：通过周毅同志辞去南宁市良庆区选举委员会成员职务。

一届第五十三次会议　7月26日在良庆区人大常委会会议室召开。议程：①听取和审议良庆区人民法院关于民事审判工作情况的报告；②听取、审议和通过良庆区一届人大代表资格审查委员会关于城区二届人大代表资格审查的报告；③人事任免。

一届第五十四次会议　8月8日在良庆区人大常委会会议室召开。会议通过：①讨论通过南宁市良庆区第二届人民代表大会第一次会议有关事项。一是关于召开南宁市良庆区第二届人民代表大会第一次会议的决定；二是南宁市良庆区第二届人民代表大会第一次会议议程；三是南宁市良庆区第二届人民代表大会第一次会议列席人员的决定；四是南宁市良庆区第二届人民代表大会第一次会议主席团和秘书长建议名单（草案）；五是南宁市良庆区第二届人民代表大会第一次会议主席团常务主席建议名单（草案）；六是南宁市良庆区第二届人民代表大会第一次会议主席团常务主席轮值名单（草案）；七是南宁市良庆区第二届人民代表大会第一次会议大会副秘书长名单（草案）；八是南宁市良庆区第二届人民代表大会第一次会议议案审查委员会成员名单（草案）；九是南宁市良庆区第二届人民代表大会第一次会议大会议案办法（草案）；②审议南宁市良庆区第一届人民代表大会常务委员会工作报告。

二届第一次会议　9月2日在良庆区人大常委会会议室召开。议程：人事任免。

二届第二次会议　9月30日在良庆区人大常委会会议室召开。议程：①听取和审议城区人民政府《关于良庆区2010年财政决算草案的报告》；②听取和审议城区人民政府《关于良庆区2011年上半年财政预算执行情况的报告》；③听取和审议《城区人民检察院公诉工作情况的报告》；④人事任免。各位委员对这个议程安排有不同意见的请发表。

二届第三次会议　11月25日在良庆区人大常委会会议室召开。①听取和审议良庆区人民政府关于城区一届人大八次会议及二届人大一次会议代表建议办理情况的报告；②听取和审议良庆区政府关于城区贯彻实施《中华人民共和国红十字会法》和《广西壮族自治区实施〈中华人民共和国红十字会法〉办法》情况的报告；③听取和审议良庆区人民政府关于农家书屋建设情况的报告；④听取和审议良庆区人民政府关于2011年开展城乡最低生活保障工作情况的报告；⑤审议2011年良庆区为民办实事项目落实情况的考察报告；⑥审议和通过良庆区人大常委会关于代表资格审查委员会主任委员、副主任委员、委员建议名单（草案）；⑦人事任免。

二届第四次会议　12月29日在良庆区人大常委会会议室召开。①人事任免；②审议城区政府《关于2011年良庆区地方政府债券预算调整的报告（书面）》，通过关于《2011年良庆区地方政府债券预算调整的决定（草案）》；③听取和审议关于良庆区“五五”普法实施情况的报告和《关于在公民中开展法制宣传教育的第六个五年规划（2011～2015）》；④常委会组成人员业务培训。

【任免国家机关工作人员】　2011年，良庆区人大常委会按照法定程序，任免国家机关工作人员 89 人次。

【执法检查】 2011 年，良庆区人大常委会组织对《中华人民共和国消防法》、《中华人民共和国环境保护法》、《中华人民共和国红十字会法》等法律的执行情况进取检查，听取和审议良庆区人民政府关于执法情况的报告、良庆区人民法院关于执行工作情况的报告、良庆区人民检察院落实检察监督制度促进公正执法情况的报告以及良庆区人大常委会执法检查情况的汇报，对存在的问题，督促“一府两院”相关部门及时加以整改。

【工作监督】 2011 年，良庆区人大常委会先后组织对良庆区春耕生产、一届人大八次会议主席团交付审议的议案、乡镇体育设施、法院民事审判工作、一届人大八次和二届一次会议代表提出的议案和建议办理、财政预算执行、少数民族体育项目和农村图书建设、为民办实事和城乡最低生活保障工作等工作进行调研、检查或视察，对城区检察院公诉工作开展评议，并听取和审议“一府两院”相关工作情况汇报，形成决议、决定或审议意见，要求“一府两院”及其相关部门认真贯彻落实。

【联系代表】 2011 年，良庆区人大常委会坚持联系代表制度，通过走访和接访人大代表，加强与代表的联系与沟通，年内分批组织了常委会领导走访代表活动；编印《良庆人大》，发送《南宁人大》，指导代表开展活动；组织代表进行依法履职培训；认真办理代表意见建议，良庆区一届人大八次和二届一次会议共收到代表议案、建议、批评和意见 172 件，办复率 100%。

【信访工作】 2011 年，良庆区人大常委会把信访工作作为做好社会稳定、工作监督的重要手段，严格按照《南宁市良庆区人大常委会机关信访工作暂行办法》的规定，依照来访登记、立案受理、领导审核、归口转办、信息反馈、结果回报的信访案件的办理程序，使信访工作实现责任明晰化、工作制度化、程序规范化。受理人民群众来访、来信 126（次），接待来访 72 人（次），做到热情接待，及时转办和督办，对一些重要的信访件，常委会领导亲自阅批、交办并检查办理结果，为城区社会和谐稳定，改善投资环境做出了贡献。

【业务指导】 2011 年，良庆区人大常委会加强了对镇人大工作的联系和指导，充分发挥镇人大在基层政权机构中的作用。一是坚持邀请镇人大主席列席常委会会议制度，使镇人大主席既参加评议“一府两院”工作，又得到学习的机会。年内共邀请 60 人次列席常委会会议。二是加强业务培训，努力提高镇人大依法履职能力。年内共组织选举法、代表法、监督法培训三期。三是加强对镇人大例会、代表小组活动、代表建议办理等工作的指导。四是指导镇人大做好代表换届选举工作，按照法定程序，实现城区党委意图，各镇人大、政府两套班子成员高票当选。

【自身建设】 2011 年，良庆区人大常委会抓好政治建设、组织建设、作风建设和制度建设，不断提高整体工作水平。一是加强理论学习。常委会党组和领导班子成员在学习上率先垂范，深入学习党的十七大和十七届三中、四中、五中、六中全会精神，紧密结合城区的工作实际，认真贯彻落实科学发展观，不断增强政治意识、责任意识和大局意识，在思想上、政治上始终与党中央保持高度一致，确保城区党委的重大决策在各项工作中贯彻落实。二是加强人大工作宣传。通过《广西人大》、《南宁人大》、《人大信息》等刊物宣传人大工作及先进典型。在市以上宣传刊物上稿 28 篇。三是完善工作制度。常委会以开展深入学习党的十七届六中精神，结合城区开展整治“五风”、增强“五力”活动，进一步完善了良庆区人民代表大会常务委员会议事规则、主任会议议事规则、决定重大事项规定、组织代表视察制度、常委会机关办事规则以及进一步规范日常办公秩序。通过完善各种制度，使各项工作制度更有操作性。四是加强培训力度，提高机关整体素质。常委会机关共参加城区级以上培训6期，本机关组织业务培训3期。

【决定重大事项】 2011年，良庆区人大常委会全面贯彻落实科学发展观，按照“科学决策、民主决策、依法决策”的要求，紧紧围绕开发建设五象新区的大局，根据城区全面发展需要，依法作出《南宁市良庆区人大常委会关于批准2011年良庆区地方政府债券预算调整的决定》。

（邓启建）

南宁市良庆区人民政府

【概　况】 2011年，良庆区人民政府坚持以邓小平理论和“三个代表”重要思想为指导，团结带领全城区各族人民深入贯彻落实科学发展观，着力转方式、调结构、扩内需、惠民生、促和谐，深入开展征地拆迁安置、项目建设、产业园区建设“三大会战”，全面实施城镇化建设、现代产业培育、统筹城乡示范、社会管理创新、民生改善、良庆文化营造、发展环境优化、党组织建设创优“八大工程”，全面贯彻落实良庆区第二次党代会精神，保持了经济平稳较快发展、社会和谐稳定的良好势头，实现了“十二五”的良好开局。2011年，良庆区先后荣获“全国科技进步先进县（区）”、自治区“双拥模范县区”、广西“义务教育学校常规管理先进县区”、全市“创建全国文明城市先进单位”、全市“创建国家卫生城市先进单位”等10多项市级以上称号。

【重要会议】

良庆区人民政府全体（扩大）会议　1月12日在城区行政办公中心礼堂召开，城区人民政府班子领导、政府组成各部门主要领导参加。

良庆区医改工作会议　3月11日，在城区行政办公中心四楼会议室召开良庆区医改工作会议，城区人民政府副区长陈晓红，城区发改局（医改办）、卫生局、财政局、人社局、编办各1名主要领导，城区人民政府办公室、宣传部、监察局、民政局、街道办、各镇政府各1名领导，各镇卫生院院长参加会议。

良庆区2011年度卫生工作会议　4月12日上午在广西水电医院会议室召开，城区人民政府分管领导，各镇（街道）分管领导，各镇卫生院院长、副院长，各镇新农合经办点主要负责人，各社区卫生服务机构主要负责人，城区卫生局中层以上领导参加。

良庆区2011年人力资源和社会保障工作会议　4月18日上午在城区人力资源市场会议室召开，城区人民政府分管领导，各镇政府、良庆经济开发区管委会、大沙田街道办、城区人民政府各部门、城区直属各事业单位各1名领导，城区人社局全体工作人员、各镇劳动保障事务所和村（社区）劳动保障工作站全体工作人员参加。

良庆区2011年农村工作会议　4月27日下午，城区人民政府在城区行政办公中心礼堂召开良庆区2011年农村工作会议。

2011年项目前期工作推进会　5月26日下午在城区行政办公中心五楼会议室召开，城区人民政府班子领导，城区各有关部门主要领导参加会议。

良庆区教育工作会议　5月30日上午，召开城区党委、政府召开良庆区教育工作会议，城区四家班子主要领导和分管（联系）领导，城区机关各部门各1名主要领导，各镇、街道、开发区党政主要领导和分管领导，城区教育局全体干部，城区各中小学、幼儿园（含民办）校（园）长及教师代表参加会议。

2011年良庆区环境保护暨环保专项行动工作会议　7月29日上午，城区人民政府在城区行政办公中心礼堂召开2011年良庆区环境保护暨环保专项行动工作会议，城区人民政府主要领导、分管领导，各镇政府、开发区、街道办主要领导和分管领导，城区环保委成员单位主要负责人，规模以上企业主要负责人参加会议。

良庆区2011年村（居）“两委”换届选举工作动员暨培训会议 8月2日上午在城区行政办公中心礼堂召开，城区四家班子领导，各镇（街道）党政主要领导、分管领导，城区村（居）“两委”换届选举工作指导委员会全体成员、指导员，各村（居）书记、主任参加会议。

2011年良庆区人民政府廉政工作会议 8月3日上午在城区行政办公中心礼堂召开，城区人民政府班子领导（含副调研员）、城区人民政府各部门正副职领导、各镇政府领导班子、开发区管委会班子领导、街道办领导班子，城区人民政府直属事业单位正副领导，城区各中小学校长，各镇卫生院院长参加。

良庆区2011年年中工作会议 8月4日上午，在城区行政办公中心礼堂召开，城区四家班子领导、“两院”、良庆公安分局主要领导，良庆经济开发区、直属机关工委书记，各镇、街道、开发区、城区党委和城区级国家机关各部委办局、各人民团体、城区直属各事业单位副科职以上领导参加。

良庆区城乡居民社会养老保险工作会议 9月23日上午在城区行政办公中心礼堂召开，城区人民政府主要领导和城区四家班子分管（联系）领导，城区党委组织部、宣传部、编办各1名分管领导，城区人民政府各部门、开发区、直属事业单位各1名主要领导，各镇、街道1名主要领导和分管领导，各镇、街道劳动保障事务全体人员，各镇、街道、村（社区）书记、主任和劳动保障协管员，城区全体新农村建设指导员参加。

良庆区贯彻落实自治区第十次党代会精神，举全城区之力掀起五象新区开发建设新高潮动员大会 11月22日上午在城区行政办公中心礼堂召开，城区四家班子成员（含调研员、副调研员），城区直属机关工委书记，“两院”、良庆公安分局正职领导，各镇（开发区、街道）、城区机关各部门、各人民团体、直属事业单位副科级以上领导参加。

良庆区第二届人民政府第一次全体（扩大）会议 12月1日下午在城区行政办公中心礼堂召开，城区人民政府领导班子（含党组成员、副调研员），城区人民政府各组成部门主要领导，各镇政府、开发区管委会、街道办事处主要领导，城区级各双管单位主要领导，城区直属事业单位主要领导参加会议。

2011年良庆区人民政府党组民主生活会 12月31日上午，在城区行政办公中心五楼会议室召开，城区党委书主要领导，城区人民政府领导班子、党组成员参加会议。

【重要活动】 2011年良庆区春季招商引资重大项目开（竣）工仪式 4月15日上午，城区党委、政府举行2011年良庆区春季招商引资重大项目开（竣）工仪式（一是“东盟和城”项目奠基仪式；二是“南宁市鼎宏投资管理有限公司车厢制造项目、南宁市诚通管材有限公司生产项目、广西科达建材化工有限公司混凝土外加剂生产项目”开工仪式；三是“广西南宁沧海钢管有限公司螺旋钢管生产项目、南宁聚富祥制品有限公司纸板生产项目”竣工投产仪式），城区四家班子领导（含副调研员），城区机关各部门，城区级各双管单位，城区直属各事业单位，良庆经济开发区，大沙田街道办各1名主要领导参加。

五象新区核心区丰庆路、秋月路、良兴路开工仪式 4月28日上午，市委、市政府在五象新区核心区举行丰庆路、秋月路、良兴路开工仪式，城区四家班子领导（含副调研员），城区住建局、征地拆迁办、开发区、良庆镇、大沙田街道组织部分干部职工参加。

2011年5月份重大项目开（竣）工仪式 5月27日上午，市委、市政府在五象新区博艺路举行南宁市2011年5月份重大项目开（竣）工仪式，城区四家班子领导（含副调研员），城区住建局、城管局、农林水利局、征地拆迁

办、大沙田街道办组织部分干部职工参加。

青岛啤酒（广西）总部基地＆海尔（东盟）总部基地奠基仪式　6月18日上午，市委、市政府举行全市重大项目开（竣）工仪式——青岛啤酒（广西）总部基地＆海尔（东盟）总部基地奠基仪式，城区党委、政府主要领导，城区征地拆迁办、住建局、交通局、农林水利局、城管局、文体局、财政局、良庆镇、开发区、街道办组织部分干部职工参加仪式。

良庆区第三届“香火龙”民俗文化旅游节开街仪式及开幕式晚会　9月28日，城区党委、政府在大沙田客运中心广场举行良庆区第三届“香火龙”民俗文化旅游节开街仪式及开幕式晚会，城区四家班子领导（含调研员、副调研员），“两院”、公安分局正职领导，武装部政委，城区机关各部门、城区级各双管单位、城区直属各事业单位正职领导参加。

五象新区核心区7号延长线（平乐大道—玉象路）和中新社广西外宣基地项目开工仪式　10月18日上午，市委、市政府在五象新区举行五象新区核心区7号延长线（平乐大道—玉象路）和中新社广西外宣基地项目开工仪式，城区四家班子领导和机关各部门组织部分干部职工参加。

广西规划馆竣工启用仪式　11月8日上午，自治区人民政府在五象新区平乐大道广西规划馆举行竣工启用仪式，自治区、南宁市领导及有关部门主要领导，城区党委、政府主要领导参加。

掀起五象新区建设新高潮暨良庆区2011年12月份重大项目开工仪式　12月16日上午，城区党委、政府举行掀起五象新区建设新高潮暨良庆区2011年12月份重大项目开工仪式（一是年产100万平方米预拌混凝土搅拌站项目开工仪式；二是建设路暨锦绣路延长线项目开工仪式）。城区四家班子领导（含调研员、副调研员）、城区直属机关工委书记、良庆经济开发区党工委书记及城区机关各部门干部职工参加。

玉洞交通物流中心（一期）项目和13.3万吨中央直属糖库项目开工仪式　12月28日上午，城区党委、政府举行掀起五象新区建设新高潮暨良庆区2011年12月份重大项目（玉洞交通物流中心（一期）项目、13.3万吨中央直属糖库项目）开工仪式，城区四家班子（含调研员、副调研员）、城区直属机关党工委书记、开发区党工委书记及城区机关各部门干部职工参加。

五象新区核心区2号路东侧南城百货总部大厦开工仪式和五象大桥工程启动仪式　12月29日上午，市委、市政府举行掀起五象新区建设新高潮暨南宁市2011年12月份重大项目开（竣）工仪式（一是五象新区核心区2号路东侧南城百货总部大厦开工仪式；二是五象大桥工程启动仪式），城区四家班子主要领导及城区机关各有关部门干部职工参加。

为民办实事

【自治区级为民办实事项目】　2011年，良庆区承办的自治区级为民办实事项目为：一是村级人口计生健康服务室建设项目，该项目已完成。二是村卫生室标准化建设项目，实现每个行政村有1所标准化的卫生室。该项目指标为57个村卫生室建设任务，其中新建33个，维修24个。其中新建已全面完成5个，主体完成21个，主体在建7个；维修项目已全部完成。

【市级为民办实事项目】　2011年，良庆区承担的市级为民办实事项目50项，其中已完成43项，正在实施的有7项。具体情况是：

已完成的43个项目　一是完成医疗保险参保26000人。二是扩大城镇企业职工基本医疗保险、城镇居民基本医疗保险覆盖面，参保率达到90%以上，参加城镇居民基本医疗保险人员的补助标准提高到年人均200元。三是实施新型农村合作医疗保险，参保率达到 90%以上，补助标准由每人每年 150 元提高到 200 元。四是提高城乡居民最低生活保障补助标准，农村低保补助标准由 58 元提高到 65 元，城市低保补助标准由 173 元提高到 180 元。五是为 100 户农户提供农房政策性保险保障。六是对存在安全隐患的中小学校舍进行安全加固改造、重建或避险迁移，目前已完成 1500 万元资金的筹措任务。七是免除就读普通高中 21 名学生（四十六中）的库区移民子女学费，发放家庭困难寄宿生生活费 80.50 万元。八是资助考上大学的困难新生路费和短期生活费。九是资助家庭经济困难的大、中、小学生。十是每个行政村每月放映一场电影。十一是完成全年 5 场次送百戏下乡演出任务。十二是完成 2 个乡镇建成区（那陈、南晓镇）绿化。十三是完成 1 个村屯（大塘镇横州村念吉坡）改造增绿工作。十四是完成 1 段 5 公里（南北二级公路大塘至那马段）通道绿化工作。十五是新建 1 条“创业街”。十六是城镇新增就业人数 4050 人。十七是改造 4 座土建环卫公厕，新建 1 座生态环保型移动公厕。十八是实施“阳光家园”计划，为 80 名重度残疾人提供托养服务。十九是实施无障碍改造，为 10 户贫困残疾人家庭进行无障碍改造。二十是实施 9 类基本公共卫生服务，为城乡居民免费提供建立居民健康档案、健康教育、预防接种、传染病防治、儿童保健、孕产妇保健、老年人保健、慢性病管理、重性精神疾病管理等 9 类基本公共卫生服务。人均基本公共卫生服务经费标准提高到 25 元。二十一是在城区设立社会保险经办分支机构。二十二是足额安排义务教育经费投入，九年义务教育巩固率比 2010 年提高 1 个百分点。二十三是扶持 7 支村屯、社区文艺队。二十四是新建 350 座沼气池。二十五是修建贫困村、革命老区通屯水泥道路。二十六是实施艾滋病防治攻坚工程。二十七是实施地中海贫血防治工程。二十八是救助贫困危重孕产妇。二十九是救助贫困肺结核患者。三十是给予农村义务教育阶段家庭经济困难寄宿生生活费补助。三十一是新建大沙田街道那平五保新村和大塘镇锦亮、那造五保新村等 3 个五保新村。三十二是建设南晓镇新民村、大塘镇大塘社区那了坡 2 个村级公共服务中心。三十三是对农民购置农机具进行补贴。三十四是做好农田水利项目前期工作。三十五是解决饮水困难和安全问题。三十六是建设移民新村 1 个。三十七是建设 3 条健身路径。三十八是完成 5 条小街小巷改造。三十九是完成 1 条主要城市道路开展无障碍设施改造完善工作。四十是改造垃圾中转站。四十一是完成农资综合补贴发放 1453.62 万元；完成农村“一事一议”奖补项目资金 318 万元。四十二是完成 2011 年农村危房改造工作。四十三是建设一所普惠性公办幼儿园。

正在实施的 7 个项目 一是建设大沙田街道前进社区日间照料中心。二是新建玉泉社区办公楼和扩建金象社区办公楼。三是建设那马镇干部周转住房。四是完成新增发放租赁补贴 200 户任务。五是保障性安居工程。一要 6 月 30 日前完成 2011 年新增保障性安居工程项目 5 公顷的征地拆迁任务，12 月底已签约 1.74 公顷，完成内分土地约 3 公顷；二要 12 月 31 日前完成 2012 年新增保障性安居工程建设项目 10 公顷的征地拆迁任务，由于安置工作不到位，农户要求先安置后征地，所以征地拆迁工作推进缓慢。六是上报 2 个“菜篮子”工程生产基地。城区已将良庆镇新兰村 33.33 公顷、那马镇共和村 30 公顷“菜篮子”生产基地项目申请计划上报南宁市农业局，申请市财政扶持资金 110 万元。2011 年 11 月 10 日，市发改委和市农业局联合下达批复文件，并同意该项目列入 2011～2012 年项目，计划投资 231 万元，要求 2012 年 10 月底完成。七是建设那陈镇、南晓镇卫生院职工周转房。南晓镇卫生院项目预计 2012 年 3 月底前全部完工；那陈镇卫生院项目预计 2012 年 4 月底前全部完工。

【城区级为民办实事项目】 2011年，良庆区为民办实事项目已完成的有9项，正在实施的有5项，已取消的有2项。具体情况如下：

已完成的9个项目　一是培训就业工程：城镇新增就业4300人，农民技能培训1000人。该项目同时属于市级为民办实事项目，市级任务为完成城镇新增就业人数4505人，完成农村劳动力转移就业职业技能培训1400人。二是农村饮水安全解困工程：解决3000人饮水困难问题。良庆镇新兰村邓屋坡等9个人饮工程已完工，解决农村饮水不安全人口7010人，完成城区下达任务的233.60%。三是教育惠民工程：资助350名家庭经济困难的大学新生、中小学生。2011年城区已受助学生总人数475名。四是基础设施便民工程：改造升级大沙田祥荣市场和整治周边环境。五是道路设施改造工程：改造大沙田辖区10条道路路灯设施。六是市场建设改造工程：改造涉及农贸市场及公共场所周边的9个旧公厕。七是助困扶残工程：为城区80名二级以上智力、精神和重度残疾人开展居家托养服务。八是基层保障建设工程：维修5个村委会办公楼。九是文化惠民工程：建设2个村的舞台、篮球场和综合服务楼。

正在实施的5个项目　一是社会保障惠民工程：建设2个社区"托老服务中心"。二是道路亮化工程：实施辖区5个镇政府所在地的道路亮化工程。三是市场改造升级工程：大沙田辖区新增4座移动公厕，该项目已完成3座移动公厕改造，第4座已完成土建工作，目前正在进行设备的安装工作。12月初城管局已申报采购设备，待设备采购事项落实，该项目即可全部完成。四是基础设施改造工程：改造金象四区基础设施和整治周边环境。五是农村交通改造工程：维修那陈至西宁公路。

取消的2个项目　一是卫星接收电视工程：为74个20户以下已通电自然村（屯）发放1109套卫星接收设备。市广电局批复城区2011年无安装任务，该项目已取消，城区人民政府已向城区人大常委会进行说明。二是基础设施建设工程：新建1座垃圾中转站。2011年8月12日政府常务会议已通过取消该项目，城区人民政府已向城区人大常委会进行说明。

办公室工作

【概　况】 2011年，良庆区人民政府办公室公室机关行政编制为17名［含政务服务中心管理办公室1名，应急办公室（良庆区人民政府值班室）4名，督查室1名，调处办2名，信访局3名］。原承担的政府法制工作职责划入城区法制办公室。强化协调服务职责，加强应急、督查工作，充分发挥政府参谋助手和运转枢纽作用，在促进政府行政效率和处置"急难险重"工作中取得了良好成绩。全年先后荣获南宁市政务服务政务公开政府信息公开工作先进单位、市政协提案工作先进单位、首府南宁献血委员会的"公务员献血月"活动先进单位、良庆区人口计生先进帮扶单位、良庆区平安建设（社会治安综合治理工作）先进集体等称号。

【公文办理】 2011年，城区人民政府办公室统一使用文件登记系统，该系统分各单位来文、经费请示、修车请示、上级来文、群众来信、转来信、传真类、领导批示件、征求意见类、政府办公室内部文件十大类，每类的编号各不相同，查询方便快捷，大大提高了办公效率。同时加强公文质量，一是政府办公室文秘人员内部学习，提高自身素质。二是组织跟班学习，各个单位派员到城区人民政府办公室学习公文知识一个星期。三是开展集中培训，9月2日邀请市人民政府专家在城区礼堂举办了全城区公文知识培训班。四是开展即时培训，如发现向城区人民政府行文不规范的公文，立即通知该单位的文秘人员到政府办公室即时培训。五是公文会商制度，即对难以把握的公文进行会商。

六是印发退文通报，从2011年第四季度起，坚持每个季度印发退文通报，分析被退文的原因。城区党委李斌书记充分肯定了退文通报的做法。

【督查督办】 2011年，城区人民政府办公室健全督查网络，改进督查方式，对重大决策部署进行专题督办，对群众反映的热点问题进行现场督办。一是加大对南宁市、城区两级为民办实事项目落实情况的督查，指定一名分管副主任和一名工作人员加强对项目的督办，定期收集、检查各项目的进展情况，及时向市人民政府办公厅及城区领导报送有关督查情况材料。二是抓好自治区、南宁市政府督办材料的报送工作，做到按时报送。三是抓好人大、政协议案提案答复。通过督办，有力地促进了城区人民政府各项工作部署的落实。

【党支部工作】 2011年，城区人民政府办公室党支部继续深入开展“创先争优、结对共建”活动，推动政府机关党支部与南晓镇晓元村党总支联动共建，充分发挥党支部的战斗堡垒作用和党员的先锋模范作用。组织党员参加活动18人次，上党课或辅导学习10次，召开座谈会2次，组织党员谈心30人次，受教育党员达50多人次，慰问党员10多名，慰问群众30多名，为群众办好事、实事10多件。开展党风廉政建设，组织党员群众学习4次，参与人数达30多人次。组织参加城区纪检反腐倡廉知识竞赛活动1次，参观反腐倡廉书画、成果展2次，参加廉政建设报告或会议3次，党员干部受教育面达100%。

【办文办会】 2011年，城区人民政府办公室共起草城区人民政府文件29件，印发的文件共767份（良政报87份，良政发38份，良政函183份，良政干15份，良政议案13份，良政复19份，良政党组77份，良政办165份，良政办函41份，良政办报11份，会议纪要118份）。起草各类汇报材料150份，领导讲话120篇；处理全城区请示、报告等文件或材料9698份（城区各单位事务性来文2161份，来信192份，经费请示3272份，上级来文4073份）。全年共筹备会议80多次。

【政务信息】 2011年，城区人民政府办公室抓好OA内网系统的“自治区政府系统智能通讯及数据交换平台”和“自治区政府系统信息共享平台”信息录入工作，全年共录入617条信息。与城区经信局、政务服务中心共同做好良庆政务信息网、政府信息公开工作，协调全城区各部门各单位更新信息10161条。超额完成市政府下达的信息报送任务。

【政务督查】 2011年，城区人民政府办公室印发《督办快报》6期，加大对南宁市、城区两级为民办实事项目落实情况的督查。全年共办理自治区、南宁市督办件8件，办结率、答复率均达到100%。全年办理人大代表建议106件，办理政协委员提案146件，办复率均达100%。

【应急管理】 2011年，城区应急办发挥网格化作用，上联市应急办及市应急联动中心，下通各镇、开发区、街道及村委（社区），横接城区应急委21个专项应急指挥部的网络体系，确保第一时间掌握突发事件信息，为城区党委、政府及城区应急委应对突发事件提供翔实情况。5月起，城区总值班室专职值班人员由2名增加至4名，坚持24小时值班。城区应急办3名工作人员分别配备了中国移动、中国联通、中国电信不同制式的3G多媒体手机，各镇、开发区、街道的应急管理信息人员各配备一部3G多媒体手机，69个村委（社区）的应急管理信息员也配备了手机。制订和完善应急管理联络网，并在城区应急办、总值班室上墙公布。全年分别在大沙田南城百货开展消防应急疏散演练、在良庆镇中学开展重大安全事故应急演练、在城区行政办公中心开展防空袭警报试鸣演练；镇（街道）级及学校的应急演练有20次。组建10多支应急救援队伍，提高应对处置能力。全年共接报突发事件信息257件（均为一般突发事件），其中自然灾害类53件、事故灾难类38件、社会各类事件166件，上报市应急办信息16件，各类突发事件信息均实现及时、准确上报。

【机关建设】 2011年，城区人民政府办公室全体干部职工以打造学习型、服务型、法治型、效能型、廉洁型政府窗口为目标，以提高执政能力建设为重点，加强学习，转变作风，率先垂范，提升形象，政府机关建设得到全面加强。思想建设进一步重视。在思想上、行动上与中央、自治区、南宁市及城区党委保持高度一致，使上级的各项决策部署得到了很好落实。作风建设进一步加强。自觉讲学习、讲政治、讲正气，牢固树立服务群众、服务领导一盘棋思想，做到言行一致、步调一致，心往一处想、劲往一处使，大事讲原则、小事讲风格。政府办公室领导班子坚持民主集中制，重大工作经过集体讨论，密切配合，团结协作，敢于开展批评与自我批评。廉政建设进一步落实。认真组织党员学习《中国共产党党员领导干部廉洁从政若干准则》，加强对党员特别是领导干部的监督，坚持领导干部过双重组织生活制度，落实廉政提示、廉政公开承诺和重大事项报告制度，严格财务资金管理，按规定管好人、财、物。

（黄锡荣　杨海兰　阮大增
吴助雄　李一梦）

信访工作

【概　况】 2011年，中共南宁市良庆区委员会、南宁市良庆区人民政府信访局，属城区人民政府机构设置，由城区人民政府办公室领导，编制3人，合并在城区人民政府办公室编制内，年末在职干部3人，其中局长1人，副局长1人，副主任科员1人。

【基础信访办理】 2011年，良庆区本级累计接待群众来访229件1449人次，与上年同期来访235件1311人次相比，件数下降2.60%，人次上升10.50%；城区非正常上访共48批1156人次，其中本级集体访33批674人次，越级访15件482人次；本级立案交办55件103人次。按期开展信访件的督办工作，促进信访件办结，到期办结率为100%。向上级信访部门和城区党委、政府提供信访信息、信访动态（情况报告）46条。

【区长公开热线电话】 2011年，良庆区长公开电话受理市民有效来电595件，直接答复331件，承接市长公开电话转交办516件，由区、市信访局转来信件109件，信件转交办率100%。受理网上信访29件，受理区长电子信箱邮件333件，受理政民互动平台诉求信息27件，办结率均为100%。

【公开大接访和干部下访活动】 2011年5月1日至7月31日期间，良庆区每天安排领导到信访接待室带班接访，并组织城区分管领导和其他领导参加南宁市每月10日举行的南宁市领导接待日活动。根据市委、市政府的统一部署和城区党委政府的具体要求，分别于3月2日、6月2日、9月27日、12月28日开展了四次“公开大接访暨与民沟通日”活动。城区四家班子主要领导和分管领导带头参加每次的“公开大接访暨与民沟通日”活动，43个职能部门领导积极参与，共有处级领导33人次，科级领导141人次，科级以下干部104人次参加城区开展的各次公开大接访活动。接待来访群众163件次，354人次，受理上访群众反映的信访问题107件次，当场解决或答复106件次，立案办理107件次，到期办结107件次，办结率100%。8月初至10月开展为期三个月的干部下访活动，机关、各镇、街道办和开发区抽调干部深入问题突出、矛盾纠纷多的村坡、社区，采取召开座谈会、入户等形式，做好法律法规政策宣传和新矛盾纠纷的排查化解工作，期间城区四家班子成员带案下访27件。

【信访联席办工作】 2011年，良庆区信访联席办排查各类信访矛盾纠纷66件，参与处置各种突发性、群体性事件69件涉及人员890多人，并参加自治区组织在南宁市以及在全国“两会一节”等各种重要活动值班、值勤160多天220多人次，年内完成化解2件自治区交办的信访积案，其中筹措1264万元用于处理代课人员的信访积案，解决了辖区范围内的代课人员的养老等问题，协调处理办结特殊疑难问题信访积案7件，涉及人员2400多人，很好地维护了城区的社会稳定。

（方永沛）

纠纷调处

【概　况】 2011年，良庆区调处办是城区人民政府设在政府办公室的“三大纠纷”（即土地、山林、水利纠纷）调处机构，正科级行政单位。单位干部职工8人，编制6人，其中领导3人，副科级非领导职务3人。工作用车6辆。调处工作以构建社会主义和谐社会为主题，以调结城区“三大纠纷”案件为目标，集中调处和化解一批群众反映强烈的影响社会稳定的“三大纠纷”突出问题；做好本辖区“三大纠纷”案件调处工作和组织协调、督促指导各镇（街道）及相关职能部门的“三大纠纷”案件调处工作；制订城区调解处理“三大纠纷”案件工作方案，总结交流调解处理“三大纠纷”案件工作经验，做好调解处理“三大纠纷”案件工作人员的业务培训和业务统计工作；调解处理城区政府直接交办的特别重大的“三大纠纷”案件；负责有关土地、山林、水利争议群众来信和来访接待工作；承办城区人民政府交办的其他事项；各镇（街道办事处）均设有调解机构，各村（社区）委员会也相应成立调处机构，形成城区、镇（街道办事处）、村（社区）三级调处工作网络。荣获广西壮族自治区三大纠纷调处工作先进集体。

【纠纷调处】 2011年，良庆区发生“三大纠纷”案件192起，调处192起，调处率100%，结案178起，调结率92.70%。其中：土地纠纷案件110起，结案99起；山林纠纷案件82起，结案79起；解决纠纷面积120公顷。处理群众来信32件，接待群众来访523人次，劝阻和化解群众性机械斗苗头5起。“三跨”案件（合历年积案）11起，其中：跨县（区）案件6起，稳控6起，跨市案件5起，稳控5起。南宁五象新区建设项目征地引发的纠纷案件38起，调结36起，劝阻和化解群众阻挠干扰工程施工2起。有效预防群体性事件1起。

【五象新区重点项目三大纠纷调处】 2011年，良庆区制定《良庆区五象新区征地拆迁调处“三大纠纷”工作方案》，在五象新区征地拆迁工作指挥部内设立征地拆迁“三大纠纷”调处工作领导小组，从各镇和职能部门抽调人员17名，专门从事五象新区“三大纠纷”调处工作。领导小组设工作组6个和审查确权组。按照“一坚持，二严格”的制度，即“一坚持”是坚持每月一次排查研判，及时掌握矛盾纠纷动态，做到排查工作日常化、制度化，“二严格”是严格按“属地管辖，分级调处”和“谁主管，谁负责”的原则，认真开展排查化解工作，排查工作做到横到边纵到底，不留死角；严格按照“五个一”和“五包”调处工作责任制落实排查出来的不稳定问题，严格执行调处工作责任制和责任追究制；同时，畅通群众诉求，变群众上访为调处工作人员下访，积极开展调处纠纷案件；并采取调处经费与调处效果挂钩的办法落实调处经费，形成有调处工作人员、有调处工作用车和设备、有调处工作经费的工作格局。年内，五象新区建设项目征地拆迁发生“三大纠纷”案件38起，调处38起，调处率100%，结案36起，调结率94.70%，有效地调处化解一批因建设项目征地拆迁引发“三大纠纷”案件，营造和谐征地拆迁氛围，推动了征地拆迁工作的顺利开展。

【跨辖区纠纷调处】 2011年，良庆区调处办根据《2011年南宁市跨县（区）土地山林权属纠纷大调处活动实施方案》的精神，结合良庆区实际制定了《2011年南宁市良庆区跨县（区）土地山林权属纠纷大调处活动实施方案》和《2011年良庆区重点矛盾纠纷领导包案责任表》，城区调处办负责配合由上级调处部门牵头调处的跨市（城区）“三大纠纷”案件。主动协调周边县（区），牵头与相邻的邕宁区、江南区、南宁经济技术开发区、钦州市钦北区、防城港市上思县等5个县（区）签订《边界地区三大纠纷联合调处工作协定书》，建立健全重点边界“三大纠纷”问题信息布控反馈工作机制，边界“三大纠纷”排查信息情报共享制度，坚持每月一次排查分析研制，及时掌握矛盾纠纷动态，对排查出来的不稳定问题及时联系通报；加强信息沟通协作，建立边界“三大纠纷”联合调处工作制度，采取有效措施，加强协作，共同做好预防和处置边界“三大纠纷”引发群体性事件工作。

（农振湘 梁尚快）

机关事务管理

【概 况】 2011年，南宁市良庆区机关事务管理局设置为正科级单位，核定人员编制40名，领导职数3名，其中局长1名，副局长2名。后勤保障工作紧紧围绕城区党委、政府的工作决策、部署安排，为实现提供安全、优质、高效的机关后勤服务，保障良好的机关工作环境，保证机关正常运转的目标，全局上下团结一致，不断创新工作思路，完善工作机制，切实改进工作作风，全面提升各项服务水平，圆满完成了全年各项工作任务。

【会务活动保障】 2011年，良庆区机关事务管理局加强会场设施设备管理，精心谋划，周密部署，合理调配会务服务人员，做好会前准备和工作衔接，做到工作细致、服务到位。完成城区党代会、人大会、政协会等各大小型会务共600余场（次）的服务保障工作，协助城区组织的拆违、保护性施工、大接访和各类启动仪式等活动共170余场（次），满意率达100%。

【节能降耗】 2011年，良庆区机关事务管理局贯彻落实国家节能降耗政策，制定公共机构节能工作实施方案和公共机构节能工作绩效考评办法，确保节能工作顺利开展。定期或不定期组织人员深入各镇、开发区、街道办以及城区各部门各单位进行节能调研、协调、督查和考核。组织开展的节能周宣传活动参与人数达30000多人次，组织城区本级公共机构节能工作培训参会人员180人。城区完成南宁市下达的公共能耗下降5%的目标任务，顺利通过南宁市公共机构节能工作领导小组的考评。2011年度良庆区人民政府被南宁市公共机构节能工作领导小组评选为“南宁市2011年度公共机构节能工作先进单位”。

【设施保障】 2011年，良庆区机关事务管理局在确保城区机关各办公楼电力、供水、消防、空调等系统设备正常运行无事故的前提下，针对部分办公设施设备严重老化现象，进行了全方位的检修改造。对机关食堂进行装修；对办公大楼的消防系统采取日常性的维护、保养；对城区机关大院停车场进行改造；

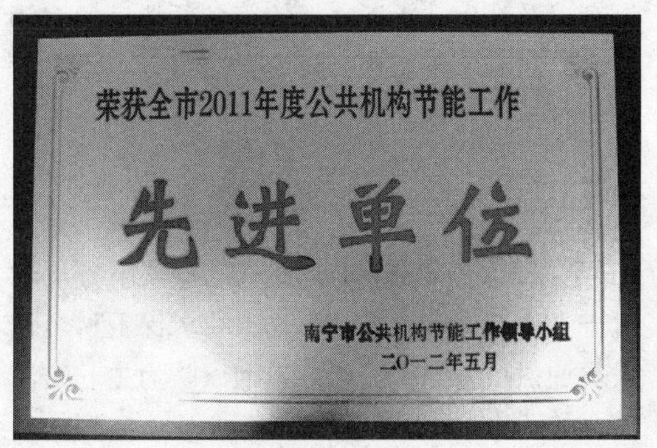

对新建办公楼安装监控系统；对办公大楼二楼、六楼处级领导办公室进行墙面翻新，二楼、三楼共3间大办公室进行分隔改造；对各办公楼的水电等设施检修800余件（次），完成了全年的修缮目标。

【国资管理】 2011年，良庆区机关事务管理局加强国有资产的管理。一是确保国有资产的保值增值。城区国有资产出租铺面共7间，将金沙大道14号办公楼一楼临街合同到期的国有铺面向社会公开招租，所得国有资产租赁收入707328.80元全部缴入城区财政专项账户。二是做好办公用房日常管理。全年为城区部分单位在外租用办公面积6939平方米，为30多个部门单位调配了办公用房50多间，有效缓解了城区办公用房的紧张状态。

【食堂管理】 2011年，良庆区机关事务管理局严格把好食堂食品安全关，请食监部门上门指导，抓好食品制作卫生和场所清洁卫生。把好食品采购关，降低了采购成本。推广“五常法”，即常组织、常整顿、常清洁、常规范、常自律，实现精细化和规范化管理。为135240人次提供了早、中餐，满意率达100%。

【公车管理】 2011年，良庆区机关事务管理局加强对驾驶员的教育管理，着力提高服务意识，在驾驶员的调度使用实行取长补短，提升车辆保障能力，在节假日期间等特殊时期加强夜间值班制度以及应急出车管理。在用车任务繁重的情况下，灵活调动车辆，确保正常公务用车以及计生、拆迁、拆违等各项活动的车辆保障。对车辆维修费、保险费用等方面实施严格监管，控制支出费用。城区所有车辆无重大事故，达到了预期目标。

【安全保卫】 2011年，良庆区机关事务局通过进一步加强安全保卫工作，要求保卫科全体人员加强防患意识，始终贯彻以防为主、防治结合的工作原则，以强烈的事业心、高度的责任感和无怨无悔的工作态度，识大体、顾大局，舍小家、顾大家，在机关大院安全保卫这个岗位上默默奉献，始终如一。全年累计处理大门口个访20多人次，集体上访10多起，确保了机关办公大院的安全和稳定，为机关单位正常办公提供了良好的治安环境。

（何燕娥　罗　媛）

政府采购

【概　况】 2011年，良庆区政府采购委托、办理公开招标业务1016宗次，完成采购预算9513.81万元，实际采购金额8859.10万元，节约资金654.71万元，节约率为6.88%。南宁市良庆区政府集中采购中心（简称“采购中心”）是本级城区政府集中采购执行机构，是城区人民政府直管的副科级、全额拨款非营利性事业单位，2005年10月核定人员编制5人，现在职5人，其中领导1人。年内采购中心根据南宁市政府采购目录及限额标准，结合良庆区的实际情况，将50万元以上的工程项目委托给代理公司进行招标，50万元以下10万元以上的工程项目通过公开招标确定施工单位实行定点管理，10万元以下的工程项目由采购单位按规定自行委托资质合格的施工单位进行施工。同时，还通过公开招标采购了对工程项目上限控制价进行审核的造价公司，加强对编制上限控制价的管理，实行工程造价的编制、审核、审结三个环节分开。

【工程招标采购】 2011年，良庆区工程类采购73宗次，完成采购预算金额7490.10万元，成交金额7015.22万元，节约金额474.88万元，节约率6.34%。

【货物招标采购】 2011年，良庆区货物类采购234宗次，完成采购预算金额1786.15万元，成交金额1652.20万元，节约额133.95万元，节约率7.50%。

【服务招标采购】 2011年，良庆区服务类（含车辆维修、车辆保险）采购709宗次，完成采购预算金额237.56万元，成交金额191.68万元，节约额45.88万元，节约率19.31%。

（欧耀江）

政协良庆区委员会

【概 况】 2011年，中国人民政治协商会议南宁市良庆区委员115名，其中，常务委员17人，主席1人，副主席4人，秘书长1人。机关内设办公室和综合专门委员会两个机构。办公室主任1人，副主任2人；综合专门委员会主任1人，副主任1人，主任科员2人。设立专门委员会5个，分别为：提案社会法制委员会、经济科技委员会、文教卫体史委员会、海外联谊民族宗教委员会、城市建设管理委员会，编成委员小组7个。政协工作牢牢把握团结和民主两大主题，认真履行人民政协职能，全力服务科学发展、促进民生改善、增进社会和谐，切实发挥了协调关系、汇聚力量、建言献策、服务大局的优势和作用，为促进全城区经济社会科学发展、加快发展、率先发展、和谐发展做出了积极的贡献。

【政协良庆区二届一次会议】 2011年8月15日至18日召开政协南宁市良庆区委员会二届一次会议。大会应到委员115名，实到会委员115名。会议听取和审议政协南宁市良庆区第一届委员会常务委员会工作报告；政协南宁市良庆区第一届委员会常务委员会关于提案工作情况的报告；列席南宁市良庆区二届人大一次会议，听取和协商讨论南宁市良庆区政府工作报告及其他报告；选举政协南宁市良庆区第二届委员会主席、副主席、秘书长和常务委员；会议表决通过了《政协南宁市良庆区二届一次会议政治决议》、《政协南宁市良庆区二届一次会议关于常务委员会工作报告的决议》和《政协南宁市良庆区二届一次会议关于政协南宁市良庆区第一届委员会常务委员会提案工作情况报告的决议》。选举刘长南为政协主席，韦煊才、谢桂荃、吴晓、钟正宁为副主席，曾愈祥为秘书长，王金英、江中舟、李雪丽、何立威、陈虎剑、周厚冠、周剑涛、黄庆田、黄胭樱、龚廷榜、梁天皓、梁星桃、蒋雪花、谢克福、蒙永业、黎兵、潘波为常务委员。

【议政协商】 2011年，良庆区政协通过主席会议、常委会议、全体会议等方式积极开展政治协商、参政议政活动。

重大决策协商 就城区“十二五”发展规划、重大人事调整、行政管理区域调整以及重大招商引资项目等关系全城区改革、发展和稳定大局的重要问题及重大决策，积极地开展政治协商。

重点热点问题协商 通过召开常务委员会议、对口协商会等，围绕城区经济社会中的重要问题和热点问题，认真组织委员、政协参加单位和各专门委员会，开展不同层次的政治协商，推进了城区民主的进程。

专题协商会议 组织常委会考察、调研召开专题协商会，邀请政府分管领导、相关各部门负责人参加，由此加强各职能部门的协商与沟通，提高考察、调研中发现的问题的解决进程，使调研成果更具有可行性，从而促进了城区经济社会的发展。年内开展常委会考察、调研3次，专题协商会3次。

【政协良庆区一届八次会议】 2011年1月17日至19日召开政协南宁市良庆区委员会一届八次会议。大会应到委员122名，实到会122名。会议听取和审议通过韦煊才副主席受政协南宁市良庆区第一届委员会常务委员会委托所作的工作报告，谢桂荃副主席所作的政协南宁市良庆区第一届委员会常务委员会关于一届七次会议以来提案工作情况报告。与会委员列席良庆区人大一届八次会议，听取和讨论《政府工作报告》等报告。会议表决通过了《政协南宁市良庆区一届八次会议政治决议》、《政协南宁市良庆区一届八次会议关于常务委员会工作报告的决议》和《政协南宁市良庆区一届八次会议关于常务委员会一届七次会议以来提案工作情况报告的决议》。

【政协常委会议】

一届三十四次常委会议　1月18日，会议审议政协南宁市良庆区第一届委员会常委会工作报告决议（草案）；政协南宁市良庆区第一届委员会常务委员会关于一届七次会议以来提案工作情况报告的决议（草案）；政协南宁市良庆区第一届委员会第八次会议政治决议（草案）。

一届三十五次常委会议　1月9日，会议听取各委员小组讨论情况汇报；审议通过政协南宁市良庆区第一届委员会常委会工作报告决议（草案）；政协南宁市良庆区第一届委员会常务委员会关于一届七次会议以来提案工作情况报告的决议（草案）；政协南宁市良庆区第一届委员会第八次会议政治决议（草案）。

一届三十六次常委会议　3月24日，会议会审议通过《南宁市良庆区政协2011年工作要点》。

一届三十七次常委会议　6月9日，会议协商通过政协机关科级干部的人事问题；良庆区第二届政协界别及委员名额分配方案。

一届三十八次常委会议　8月3日，会议听取政协南宁市良庆区第二届委员会委员建议人选推荐提名说明；协商决定良庆区第二届政协委员名单；审议通过有关人事问题。

一届三十九次常委会议　8月8日，会议听取良庆区政协第二届委员会第一次全体会议筹备工作情况说明；审议通过召开城区政协第二届委员会第一次全体会议的决定；全体会议议程（草案）、日程（草案）；政协良庆区第二届委员会第一次全体会议主席团成员建议名单；主席团会议主持人建议名单；主席团常务主席建议名单；大会秘书长建议名单和副秘书长建议名单；提案审查委员会主任、副主任、委员建议名单；政协良庆区第二届委员会主席、副主席、秘书长、常务委员《选举办法》（草案）；委员小组召集人建议名单。通过政协良庆区第一届常委会工作报告、提案工作报告；关于政协良庆区第一届常委会委托主席会议主持政协良庆区第二届委员会第一次全体会议预备会（第一阶段）会议的决定；大会秘书处各组正副组长名单；大会提案截止时间；列席人员名单。

二届一次常委会议　10月27日，会议学习贯彻南宁市党代会及南宁市“两会”精神；审议通过设立良庆区政协二届委员会各个专门委员会。

【大会发言】　2011年，良庆区一届政协组织委员、参加单位、专门委员会、委员小组，围绕城区经济、政治、文化、社会建设的重大问题，开展考察、调研，形成大会发言15篇，涵盖了城镇化建设、法律援助、物流业、信访、非公经济发展、非物质文化遗产等方方面面。在良庆区政协一届八次会议上安排委员大会发言的课题有：《推进城乡统筹改革，加强乡镇城镇化建设》、《夯实法律援助基础，维护社会公平正义》、《关于完善乡镇农技协会的几点建议》、《加大良庆区科技型企业创新工作的建议》、《加快良庆区物流业发展，做大做强物流业的对策》、《实践科学发展观，做好信访工作的几点建议》、《加强新时期民族宗教管理的思考》、《优化发展环境，做好非公有制经济统战工作》、《良庆区非公有制经济发展的思考》、《组织实施好城乡风貌改造工程，统筹城乡一体化发展进程》、《良庆区非物质文化遗产开发与保护》、《关于进一步加强预防未成年人违法犯罪工作的建议》、《良庆区农村体育发展的思考》、《关于进一步加强婚检工作的建议》、《充分发挥商会平台作用，促进非公有制经济跨越发展》等15篇。前3篇安排梁鸿、黎金聘、邓菊莲等3名委员在会上作口头发言，后12篇作为书面发言。

【民主监督】　2011年，良庆区政协依照政协章程，围绕推进民主政治建设，探索民主监督的有效方式、方法和途径，不断拓宽监督范围，加大监督力度，民主监督取得明显效果。

重大决策执行监督　城区政协领导除列席城区党委、政府重要工作会议，直接参与决策过程并实施民主监督外，还加大对重点问题和决策执行过程的民主监督。城区每项重大中心工作布置后，城区政协都派员参加城区党委、政府组成的联合督查组，对工作贯彻落实情况进行全程监督，确保了城区重大中心工作的依法开展、如期完成。

民主监督　动员和组织政协委员利用各自优势，开展民主监督。1月12日和6月15日，应城区法院邀请，分别派出7名和2名政协委员参加城区法院在第一审法庭公开开庭审理有关土地租赁合同纠纷案的旁听和开展执法监督。2月17日和22日，先后安排2名政协委员参加市交警六大队开展的“听民意、汇民意、防民事、保畅通”为主要内容的“大走访”开门评警活动。

项目落实情况监督　组织政协常委和政协委员先后对列入“项目建设年”重点项目的银海大道拓宽工程、广西体育中心建设、南宁保税物流中心建设等重点工程和社会主义新农村道路建设、新型农村合作医疗参合工作等开展视察，对存在的问题及时提出解决意见，对加快工程进展和工作进度、确保工程质量发挥了很好的作用。

【参政议政】　2011年，良庆区政协紧紧围绕全城区政治、经济、文化和社会生活中的重要问题，选择群众关心、党政重视、政协可做的课题，组织政协委员开展调查考察活动，通过调研报告、考察报告、提案、建议案等形式，向党委、政府及有关部门提出意见和建议。

调研考察　抓好委员调研考察活动。3月，良庆区政协组织城区政协常委会组成人员及部分委员到城区良庆镇、那马镇、大塘镇、南晓镇开展城区农田水利灌溉建设和农村土地流转工作调研的情况，为解决农田水利灌溉建设和农村土地流转工作实际困难建言献策，形成了《关于良庆区农田水利灌溉建设情况的视察报告》、《关于视察城区农村土地流转情况的报告》，经主席会议研究后，作为主席会议建议案呈送城区党委、政府，引起了城区党委、政府对此项工作的重视。8月，围绕如何更好地改善招商引资环境，促进民营企业发展进行实地调研，并形成了《关于当前影响民营企业发展的问题和建议》。11月，城区政协委员视察组分别由主席、副主席带队，专题考察了2011年度城区各部门承办的南宁市、城区政府为民办实事项目，重点考察了市政设施建设项目、村级公共服务设施和危房改造三个项目落实情况。城区城管局、文体局、住建局以及项目所在的良庆镇、那马镇、大塘镇、南晓镇等有关部门、乡镇的负责人陪同考察。通过座谈交流、现场调研、实地察看的方式，城区政协委员了解了当前城区承办的2011年度南宁市为民办实事项目以及城区本级的为民办实事项目的进展情况，工作中存在的困难和问题，并提出了解决困难和问题的意见和建议，同时形成了《关于城区承办的2011年度市级为民办实事项目活动的视察报告》，促进了为民办实事项目加快完成。

【提案工作】　2011年，良政协收到的提案在推动决策科学化、民主化，建设社会主义政治文明，促进城区经济、社会全面发展发挥了积极作用。

一届八次会议提案　收到提案69件，其中，委员提案59件，专委会提案1件，委员小组提案9件，经提案审查委员会审查，立案63件。立案率91.30%。其中，经济建设类的提案23件，占36.50%；科教文卫类的提案20件，占31.70%；政治法律类的提案20件，占31.70%。1月30日交由良庆区政府办公室等28个承办单位办理。截至2011年4月30日，所有提案已全部办复，办复率100%。其中，问题已经解决的有21件，占32.30%；正在解决或列入计划解决的有38件，占58.47%；受条件限制，一时难以解决和无法解决的有6

件，占 9.23%，承办单位也实事求是地向提案者作了解释。委员对提案办理结果均表示满意。经认真筛选，将一届八次会议上收集到的《关于维护通村通屯公路的建议》、《关于全力推进银海大道拓宽工程建设项目的建议》、《关于加强我城区健康教育，促进健康事业发展的建议》等 3 件提案为重点提案，由主席、副主席带队组成 3 个组进行跟踪督办。

二届一次会议提案　收到提案 92 件，其中，委员提案 90 件，专委会提案 0 件，委员小组提案 2 件，经提案审查委员会审查，立案 82 件。立案率 89.10%。其中，经济建设类的提案 47 件，占立案提案的 57.30%；科教文卫类的提案 15 件，占立案提案 18.30%；政治法律类的提案 19 件，占立案提案的 23.20%，政协统战类的提案 1 件，占立案提案的 1.20%提案交由 40 个单位部门办理，截至 11 月 30 日全部办复完毕，办复率 100%。其中，解决或基本解决的 A 类提案 39 件，正在解决或列入计划解决的 B 类提案 36 件，受条件、体制限制或政策规定，一时难以解决和无法解决的 C 类、D 类提案 7 件，承办单位也实事求是地向提案者作了解释。委员对提案办理结果均表示满意。12 月 7 日至 13 日，良庆区政协对《关于建设良庆区医药生物工业园区的提案》、《关于城区参公事业单位部分人员干部身份确定的建议》、《关于在城区各主要场所安设摄像系统的建议》、《关于加强学前教育的建议》、《关于加强我城区食品安全监管的建议》等 5 件重点提案开展督办活动。通过开展重点提案的跟踪督办工作，对于做好提案办理工作，以点带面进一步促进提案的办理落实，切实发挥提案积极作用，取得了有效运用提案参政议政，提高政协履行职能水平的效果。

【联谊交流】　2011 年，良庆区政协认真围绕城区的中心工作，积极采取“走出去”的办法加强与兄弟县（区）政协的联谊，组织政协委员学习和借鉴外地的先进经验等形式的考察调研活动。各专委、委员小组按照年初制定的专委及委员小组活动计划到区内外进行考察调研，分别到桂林、贺州等兄弟县（区）政协开展交流学习。

对内联谊　坚持主席、副主席走访委员制度，关心委员的生产、工作、生活。开展委员小组活动，加强委员之间的沟通联系。9 月，良庆区政协、良庆区委统战部在金威皇大酒楼宴会厅举办良庆区各界人士中秋茶话会。城区四家班子在家领导，工商界、侨界、港澳台代表，民主党派，无党派人士，城区、驻城区有关部门负责人等 110 多人出席茶话会，大家欢聚一堂，共叙情谊、共庆佳节，共谋发展，共话和谐。11 月，精心组织开展“委员活动日”，增进了委员之间的交流和友谊，增强了政协组织的凝聚力。

对外交流　参加广西 28 县（市、区）政协经济联系会，组团参加 5 月 17 日至 20 日在柳州市城中区和北海市海城区举行的广西二十八县（市、区）政协经济联系会第 32 次会议。城区政协作了题为《殚精竭虑献良策，凝心聚力为发展》的书面发言。

参加全国省会（首府）部分城区政协工作联席会，5 月，参加在南京市鼓楼区召开的全国省会（首府）部分城区政协工作联席会第四次会议，作了题为《发挥委员主体作用积极建言献策》的书面发言材料。会议围绕“加强制度化规范化程序化建设，提高政协履职实效”主题进行了交流。

【信息宣传】　2011 年，良庆区政协利用各种宣传渠道和信息手段反映城区政协工作动态，扩大影响，为政协委员服务。在政务网站、内刊、报纸等媒介发表宣传稿件 62 篇，其中《广西政协报》3 篇，《南宁市政协》6 篇，南宁市《心桥》杂志 5 篇，《良庆信息》15 篇，《良庆区政务信息网》34 篇，全面完成区、市政协和城区党委下达的信息采编任务，浓厚的宣传氛围扩大了城区政协社会影响力。被自治区政协办公厅评为 2011 年度政协报刊宣传工作先进单位。注重文史收集整理工作，编印城区政协内部文史资料，编印《良庆政协》4期，《文件汇编》2期。

【为民办实事】 2011年，良庆区工商经济界、非公经济人士中的政协委员热心社会公益事业、慈善事业，通过红十字会等机构捐赠款物。4月，政协机关派出工作队，深入到政协联系点那陈镇，以“大兴水利强基础，大闹春耕兴农事，大优生态美家园，大壮产业促增收”为主题，利用赶集圩日农民相对集中镇里的特点，设点开展以春耕、春种、造林、春防为重点的农业技术讲座，共发放农业科技书1200多本，分发各种农业科技技术资料2500多份，对农民搞好春耕春种，保证农村粮食安全生产、农村生态建设，提高农民增收致富起到了指导作用。6月，城区政协和城区团委牵线搭桥广西光明职业大学，为五象中学、锦绣学校和大沙田小学三所民办学校捐赠图书、桌椅、电风扇、讲台、床架等一大批教学用品和学生用具，总价值6万多元，在支持民办学校和农民工子弟教育中做出了积极贡献。12月，城区政协机关给结对共建支部台南晓镇马村党支部赠送了农村种养殖技术、党课、文史资料等方面书籍200多册。

【自身建设】 2011年，良庆区政协加强自身建设。

政协委员小组活动 3月，组织城区政协提案委赴桂林、贺州参观学习考察；第一委员小组赴云南大理、丽江等地；第二委员小组赴河池南丹县等地；4月，第七小组赴湖北武汉市等地；5月，第二小组到那马镇竹泉岛开展活动；第七小组到钦州三娘湾开展活动。

表彰先进 对2010年度政协工作先进集体、优秀政协委员、一届七次会议优秀提案进行表彰。先进集体5个，分别是提案社会法制委员会、海外联谊民族宗教委员会、第三委员小组、第四委员小组、第七委员小组；优秀政协委员王德武、韦美荣、孙泳坚、闭耀新、李杰丸、陈虎剑、吴木华、黄业春、黄庆田、黄丽英、黄振飞、黄朝康、黄瑞闲、梁小玲、梁明江、梁　鸿、温日光、曾月生、粟永科、蒙永业、滕武超、滕熙光等22名；优秀提案16件，分别是《关于进一步加快推进南宁中国—东盟国际物流基地建设的建议》、《关于做好土地储备促进开发区经济又好又快发展的建议》、《关于及时协调修整南北二级公路及消除安全隐患的建议》、《关于加大农特产品品牌建设的建议》、《关于加强城区园林绿化设施建设的建议》、《关于进一步加强婚检工作的建议》、《关于加强我城区艾滋病防治工作的建议》、《关于加强食品安全监管工作的几点建议》、《关于加强农民工合法权益保障的建议》、《关于加强我城区流动人口管理的建议》、《关于构建畅通诚信的治安信息有奖举报网络,强化治安综合》、《治理维护大沙田片区安全的建议》、《适当增设便民街,缓解就业压力的建议》、《关于加快推进五象新区农民安置回建点建设工作的建议》、《关于加强我城区计生行政执法规范化的建议》、《关于进一步规范校车管理的建议》。

走访委员 由正副主席带队，分5个小组，分别到委员所在单位（或者企业）进行走访，了解委员们学习工作生活情况（或者企业生产经营情况），以及履行职能情况、存在的困难和问题，倾听委员的心声，收集委员的意见和建议，整理形成《良庆政协》信息或《社情民意》，编发给有关部门参考，或者由主席、副主席在列席参加城区党委常委会议、政府常务会议等不同会议上、不同场合里提出意见建议，实行咨政建言。

参加纪念建党90周年活动 6月29日，在良庆区委组织部、宣传部及机关工委联合举办的“向建党90周年献礼”创意设计大赛中，良庆区政协机关党支部荣获一等奖并在良庆区纪念建党90周年大会上接受城区党委表彰。

推进政协履职制度化建设 2011年换届后，城区政协及时明确内部分工，设立了4个专门委员会和7个委员小组，任命了专委会负责人。同时修订了《良庆区政协常委会工作规

则》、《良庆区政协专委会工作通则》及《良庆区政协机关工作制度》、《良庆区政协机关学习制度》、《良庆区政协机关工作人员请、销假制度》《良庆区政协机关文印工作制度》等16项机关内部管理制度。通过抓组织和制度建设，健全了政协工作组织，进一步完善了政协常委会议、主席会议、专委会会议制度和机关内部管理制度，使政协工作进一步走上制度化、规范化、程序化轨道。

机关队伍建设　以推进“四型”机关建设为抓手，按照城区党委关于开展整治“五风”、增强“五力”活动的要求抓好机关作风整治，进一步转变政协机关工作作风、全面提升机关工作效率和服务水平。

（卢秀娟）

纪律检查和行政监察

【概　况】　2011年，中共南宁市良庆区纪律检查委员会与南宁市良庆区监察局编制12名，在职在编人员10人，内设办公室、案件检查室、信访室（举报中心）、党风廉政建设室和行政监察综合室（兼案件审理、纠风、执法、行政效能监察等职责）等5个职能科室。良庆区绩效考评领导小组办公室和良庆区工程建设领域突出问题专项治理领导小组办公室都挂靠在良庆区纪委（监察局）。辖良庆经济开发区和大沙田街道2个纪工委，良庆镇、那马镇、大塘镇、那陈镇、南晓镇和良庆公安分局等7个纪委。按照《党章》和《行政监察法》的规定，具体承担城区纪委监察机关的信访举报工作（包括信访初核）、案件检查以及城区的案件审理、党风廉政建设、党性党纪党风教育、行政效能监察、纠风执法、工程领域突出问题治理以及商业贿赂治理等各项工作。并对城区其他部门开展的政府采购项目、工程招投标、安全生产、计划生育、为民办实事、强民惠民政策的落实、私设“小金库”、公车治理等工作进行监督检查，预防腐败问题的发生。

【党风廉政建设】　2011年，良庆区纪委监察局协助党委全面落实党风廉政建设工作责任制，层层签订目标责任书，以强化“一岗双责”责任意识为重点，抓好检查督促、责任考核、责任追究三个环节，形成反腐倡廉工作齐抓共管的良好局面。加强对城区、镇、村三级换届年选举工作的监督检查，营造风清气正的换届环境。开展廉政谈话500余人次，其中：集体廉政谈话300余人次，领导干部任前廉政谈话184人次。进行廉政鉴定398人次，其中：对党员廉政审查329人次，对监察对象廉政审查69人次。

【廉政教育】　2011年，良庆区纪委监察局深开展“创先争优”活动，结合城区“V”字形党建示范带建设，以“六阵地”、“六进入”、“三措施”开展反腐倡廉宣教工作。一是通过环境教育、信息教育、课堂教育、媒体教育、警示教育、任前教育“六阵地”营造宣教大氛围；二是通过进机关、进社区、进学校、进农村、进家庭、进企业“六进入”构建宣教大格局；三是通过加强领导严责任、加强督查抓落实、加强结合出成效“三措施”保障宣教大落实。投入廉政文化场所建设经费10多万元，建设城区、镇、村廉政文化书屋50间、廉政文化宣传橱窗（栏）130个；在各单位的办公室、走廊、会议室等地制作悬挂廉政格言警句500余条、廉政书画30余幅、摄影作品20余幅，组织集中开展《廉政准则》测试455人次，在报刊、纪检监察网、政务信息、绿城党旗红等媒体发表信息200多篇次，利用农村远程教育系统播放廉政教育片6期，组织开展大型警示教育专题活动4次，开展干部任前廉政考试184人次；共创建金象社区、阳光新城小学等14个廉政文化“六进入”示范点。

【作风建设】 2011年，良庆区纪委监察局通过开展整治“五风”、增强“五力”活动提升执行意识。整合督查力量，组织有关部门组成6个督查组，以干部作风、工作纪律、会议纪律和制度建设为重点，对城区62个单位进行为期一个多月的全面整治。一是动真格。共对各部门、各单位开展监督检查357人（次），查出问题人员52人（次），处理了2个单位、38人。二是严问责。对不作为、乱作为、慢作为的干部全部进行约谈，对在政务服务中心违反政务服务制度的3名干部进行了问责。三是强宣传。在整治的同时，及时开展多种形式的宣传，推动城区各部门各单位掀起完善制度、学习制度、执行制度热潮，提高制度的执行意识，进一步转变机关作风、提高了工作效能。

开展主题实践活动 针对在整治“五风”增强“五力”活动后暴露出来的“庸、懒、散”等一些深层次的问题开展主题实践活动。一是建立健全激励机制。通过绩效考评的“四个挂钩”（面子、票子、位子、问责），对履行职责不好的公开问责，让干部有适度的危机感；对履行职责好的加以表彰激励，让干部看到晋升的希望而形成努力工作的动力，促使广大干部强化责任意识，积极进取、奋起直追，自觉加强自身能力的培养。二是强化绩效督查。相应成立三个督查组，城区党委、政府督导组负责对照绩效考评的指标开展常规性的督查，城区“四大办”联合督查组负责干部“五风”的督查，城区政府特邀监察员督查组负责行政效能的督查，并由城区绩效办定期编发良庆区《绩效动态》，通报督查结果，鞭策后进。三是营造协作氛围。通过板报、信息、座谈会、横额等形式，加大宣传力度，其中：通过城区短信平台，逢周一、周五编发一些执行力文化短信，潜移默化教育和激励广大干部群众，凝心聚力，共谋发展。城区党委、政府专门划拨出200多万元作为绩效考评奖励基金，主要领导多次亲自听取汇报，亲自处理棘手的问题。

专题讲廉活动 重点挖掘各部门、各单位推进执行力建设的成功经验，扬正气、造形象、树典型。一是弘扬正气。为34个重点部门和单位500余名干部职工上一次廉政教育课，打好元旦、春节“清廉”关的预防针，勤政廉政意识进一步提高，弘扬了正气。二是树立形象。通过走出去讲廉与干部职工座谈交流，变“紧箍咒”为“保护伞”、变“震慑力”为“推进力”，树立了纪检监察干部“可敬、可亲、可信”的良好形象。三是树立典型。挖掘出多个勤政廉政工作亮点作典型推广。

【监督检查】 2011年，良庆区纪委监察局围绕城区党委、政府中心工作，加强重大决策部署贯彻落实情况监督检查。重点开展对五象新区开发建设的监督检查，创新督查的方法、内容和形式，加强部门协调，对涉及征地拆迁工作的部门、单位开展常规化的“一线督查”，形成大督查格局，打造高效运转的执行氛围，全力以赴推进征地拆迁工作。形成《征地拆迁工作督查情况周报》21期，提出整改意见40条，发出监察建议书2份，形成征地拆迁工作规范性文件1份，规范完善制度7项。对审核不够严格造成面积误差、重复补偿征地款及个别内部机构形同虚设等问题提出建议，发出监察建议书规范征地拆迁部门管理机制和工作机制，印发《关于进一步严肃纪律全力推进征地拆迁工作的通知》，督促城区带队的片区领导主动深入征地拆迁工作一线，靠前指挥，解决实际问题，并对一线工作人员加强廉政教育，筑牢反腐倡廉的防线。

【查办案件】 2011年，良庆区纪委监察局密切与司法机关、审计、财政等部门的沟通和联系，实行案件信息资源共享。不断完善联合办案机制和全员办案机制，畅通信访举报渠道，突出查办案件重点，严格依纪依法办案。注重案件分析，提高办案效率，不断提高查办案件的能力和水平。城区纪检监察机关共初核案件24件，立案20件，移送检察院3件3人；结案16件，挽回经济损失1400多万元；给予党纪处分9人、政纪处分2人、党纪政纪双重处分2人，其中：涉及科级干部3人，一般干部12人。

【健全信访管理机制】 2011年，良庆区纪委监察局受理信访举报73件，网络举报1件，转办17件，其中：涉及村干部9人、一般干部4人、科级领导干部5人、处级领导干部3人，办结74件，办结率100%。正确处理惩处与保护的关系，通过初核和信访了解，为8名科级以上领导干部澄清了问题，旗帜鲜明地保护和支持，履行了保护职能。对以监督为名侮辱、诽谤、诬陷他人的，依法给予必要的打击。

【专项治理】 2011年，良庆区纪委监察局开展公车治理工作。按照上级有关规定，一是对城区564辆公务用车进行了分类登记。二是扎实推进工程建设领域突出问题专项治理工作，开展自查自纠、重点排查、督促检查等工作12人次，形成督查文件4份、整改措施14条。三是继续开展“小金库”排查与治理，组织相关部门对城区重点单位重点部门进行3次全面的排查，对个别仍然存在“小金库”现象的单位进行了查处。四是继续开展厉行节约治理，未发现各单位部门有超控制指标情况。

【纠风惠民】 2011年，良庆区纪委监察局组织协调农村基层党风廉政建设工作联席成员单位228人次，通过明察暗访、听取汇报、查账核对、实地走访、查看公示等方式，组织深入开展纠风治乱工作，其中：开展民政救灾资金、农村低保资金、新农合资金等专项资金监督检查24人次，对民政局、移民局等单位发出监察建议书11份，查处安全生产责任事故1起，治理教育乱收费1起，纠正医药购销和医疗服务中的不正之风2起，纠正支农惠农政策工作落实不到位现象2起。在查处某局套取涉农资金案后，及时汲取经验教训，抽调城区农口、财政、人社等部门领导，组织5个工作组深入镇、村、户开展专项调研，规范财政专项资金管理。

【机关自身建设】 2011年，良庆区纪委监察局高标准、严要求建设高素质的纪检监察机关干部队伍。一是干部综合素质不断提升。在建设学习型机关、开展大调研、业务培训上着力，共组织学习培训100余人次，并分别选派3名纪检干部到国内知名高等院校参加学习培训。二是队伍凝聚力不断增强。通过谈心谈话活动，全面了解每一个纪检监察干部的困难情况，积极采取措施，解决他们后顾之忧，使全体纪检监察干部得以精神振奋、解放思想、创先争优、积极履责、全力以赴投身于工作中。三是保障措施不断完善。城区党委、政府在巩固落实中纪委9号、10号文件精神基础上，落实办案人员津贴及乡镇办案经费、解决纪检监察干部后顾之忧、添置城区纪检监察机关办公办案设备等都给予了支持。

（纪委监察局编写组）

民主党派·群众团体

MINZHUDANGPAI QUNZHONGTUANTI

中国民主同盟南宁市良庆支部委员会

【概　况】　2011年，中国民主同盟南宁市良庆支部委员会共有盟员13人。在市委统战部、民盟市委、城区统战部的领导下，坚持学习实践科学发展观，牢固树立和践行社会主义核心价值体系，加强团结合作，努力克服困难，积极参加各种理论调研、学习实践和参政议政活动，支部盟员兼任社会职务人数多，层次高；工作成绩显著。年内得到有关部门领导的肯定和表彰。

【理论学习】　2011年，中国民主同盟南宁市良庆支部委员会认真组织盟员进行集中学习或向盟员印发学习宣传资料等形式学习中共十七届五中、六中全会，胡锦涛总书记“七一”重要讲话，自治区党委九届十四次会议、第十次党代会，南宁市第十一次党代会和良庆区第二次党代会精神等，使支部盟员能够更加准确地领会新精神，把握新形势，全面提高了支部盟员的思想政治理论水平。同时，加强盟员的学习和培养，选派黄忧同志到市委党校和复旦大学参加市委组织部、统战部联合组织举办的《南宁市民主党派与无党派人士骨干培训班》，全面系统地学习社会主义价值体系理论和党政领导管理理论知识，提高理论水平。

【政治交接】　2011年，中国民主同盟南宁市良庆支部委员会认真筛选和推荐人大代表和政协委员人选，在换届选举中，担任南宁市政协委员盟员3名，其中常委1人；担任良庆区政协委员盟员4名，其中1人担任政协副主席；担任民盟南宁第十三届委员会委员、常委盟员3名，较好地完成了换届人选推荐和政治交接工作。

【参政议政】　2011年，中国民主同盟南宁市良庆支部委员会认真履行民主监督、参政议政职能，盟员黄振飞在市政协九届六次会议提交的《关于解决企业用工荒问题的建议》获优秀提案奖，并被列入市政协2011年重点督办提案。支部其他市政协委员和良庆区政协委员也分别就南宁市经济社会发展、五象新区开发建设和良庆区“三大会战”、“九大工程”等积极提交提案（议案），取得良好的社会效果，受到有关部门领导的肯定和表彰，其中盟员李聪获“风雨同舟、励志奉献”多党合作突出贡献奖，盟员黄忧荣获民盟南宁市委2011年度优秀盟员和良庆区政协2011年度优秀政协委员。

【组织建设】　2011年，中国民主同盟南宁市良庆支部委员会严格物色合格人选，注重吸收和培养入盟对象，年内共有3名入盟积极分子递交了入盟申请书，重点培养了3名积极分子。

（黄　忱）

中国民主促进会南宁市良庆区总支部

【概　况】 2011年，中国民主促进会南宁市良庆直属支部有会员22人，其中任南宁市海外联谊委副主任1人、委员1人，市人大代表1人、市政协委员1人、城区政协常委2人、政协委员6人。支部在11月23日成立良庆区总支部并召开第一次会议。会议选举产生总支第一届领导班子，主任黄庆田，副主任何立威、黄瑞闲，组委陈学范，宣委潘艳明。下设科教支部、综合支部。年内，民进良庆区总支部获民进区委先进支部；黄庆田获自治区“双岗建功”先进个人、广西北部湾建设先进工作者、良庆区优秀政协委员；黄瑞闲获南宁市统战系统“风雨同舟励志奉献”多党合作先进个人、南宁市民进会务工作先进个人、良庆区优秀政协委员；梁荫泉获2010年全国科技活动周南宁市活动先进个人、南宁市科普活动先进个人；潘艳明获自治区“双岗建功”先进个人、2011年南宁市民进会务工作先进个人；成林蔚撰写论文《浅议激发教育》获自治区教育论文三等奖；调研课题《汽车营销口语训练在语言教学中的实践与探索》和《体验式的德育教育模式在教学中的应用与研究》分别获教育厅教育课题二等奖和三等奖。

【参政议政】 2011年，民进良庆区总支部积极参政议政，建言献策。担任城区政协委员的会员撰写的建议、提案有：《关于在工商联设立非公企业服务中心的建议》、《关于政府机关部门驻三鸿大厦办公指示牌及楼层引导的建议》、《关于如何使偏远基层卫生院留住人才，引进人才的建议》、《关于让城区各镇群众享受国家实行的九大公共卫生服务项目的建议》、《关于在大沙田公平街路口与金象大道交叉处交通设置的建议》、《关于加强食品卫生监管的建议》、《那马“神经市场”何时回归正常》、《建议建设妇女儿童活动中心》、《建议建设三叠石休闲公园》等9个提案。其中《关于加强食品卫生监管的建议》、《建议建设三叠石休闲公园》获城区优秀提案。会员潘艳明撰写统战论文《新形势下民主党派基层组织建设浅谈 》分别报市委会、城区统战部。

【支部活动】 2011年，民进良庆区总支部积极开展支部活动。1月13日组织全体会员参加民进市委会会庆活动。3月9日，组织女会员参加民进市委会举办庆祝三八妇女节活动。3月26日，支部主任、人大代表和政协委员到党派机关礼堂参加民进南宁市十届二次全体委员（扩大）会议。4月1日，联合市政协第五委员小组、市委会海外联谊委、经济科技工委先后到到广西体育中心、南宁国际物流园保税物流中心开展考察调研活动。4月29日，参加市委会“宣传及统战理论工作会议”。6月13日，支部班子召开上半年工作总结会议。6月16日，市民进陈蓉副组委等领导到支部检查指导工作。7月，支部组织会员参加市委会第五届气排球赛。9月16日，支部班子参加良庆区2011年统战系统干部培训班学习。9月17日，4人参加市委会举办的2011年基层骨干培训班学习。11月23日，召开民进南宁市良庆区总支部第一次会议（选举产生总支部第一届领导班子）。11月29日，举行“同心·服务五象新区教育发展暨民进良庆区总支部成立大会”。12月8日，1名会员参加2011年城区党委民主生活征求意见建议座谈会。12月23日，3名会员参加评议城区法院工作座谈会。

【社会服务】 2011年民进良庆区总支部组织会员参加各种社会服务活动。1月22日，支部购买了棉被、花生油、鸡蛋、米、面条等生活用品，总价值3500元，前往辖区大塘镇那梨村敬老院慰问孤寡老人。9月3日，与天桃实验学校支部联合开展学习胡锦涛主席“七一”讲话精神活动。9月9日，与民进南宁市委会、良庆区工商联合会以及各企业等一行联合到大塘镇对各阶层进行慰问。

（潘艳明）

中国农工民主党良庆区支部

【概　况】 2011年，中国农工民主党良庆区支部党员8人，其中研究生2人，大学学历5人，大专1人，主要由医卫界、教育界、法律界、经济界等人士组成。1人为城区人大常委，3人为城区政协委员。其中1人参加政协常委，年内新发展党员1名。陈玉靓获广西小学语文教研工作先进个人、南宁市“巾帼标兵”、良庆区优秀教师和良庆区义务教育常规管理先进个人、先进工作者、优秀政协委员；梁星桃获南宁市十月科普大行动先进个人和良庆区优秀妇联干部；岑珊珊获南宁市创建国家卫生城先进个人、良庆区优秀政协委员；凌德强获良庆区优秀政协委员。

【参政议政】 2011年，中国农工党良庆区支部积极参政议政，建言献策。政协会议期间，担任城区政协委员提交作为政协大会发言材料有：《强化学前教育管理，促进基础教育发展》和《城市管理的困惑与出路》；撰写了《关于加强学前教育的建议》（优秀提案）、《关于加快实施教育系统优秀人才引进进程的建议》、《关于维修那陈镇华群村驮利大桥的建议》、《关于做好五龙村小学到那西公路口的水泥路的建议》等人大、政协建议和提案共计10件；岑珊珊主持完成了“以市政道路清扫保洁面积测量推动环卫工作标准化规范化”的调研课题。在城区试行邀请第三方参与，开展以核定清扫保洁面积核定环卫工人工作量的试点，现已经得到了南宁市的充分肯定，作为经验准备在南宁市推广。

【组织建设】 2011年，中国农工党良庆区支部在医卫界严格发展新党员1名，同时从外支部调入党员1名。支部组织开展民主生活学习活动6次，开展学习全国“两会”和农工党自治区委、南宁市委及中共十七届六中全会、中共自治区十次党代会的精神。组织参加中共良庆区委统战部举办的各期党外人士培训班3期9人次。支部主委3月到清华大学参加良庆区公共管理高级研修班学习。梁星桃和凌德强参加了农工党南宁市委会和中共南宁市委统战部举办的南宁市“6·26”国际禁毒宣传、中共南宁市委统战部隆安县支农、农工党南宁市委会经济综合专委慰问老年人等活动。11月，支部组织到大化县参观考察大化水电站建设和水库区风景，开阔视野，更好开展工作。

【社会服务】 2011年，中国农工党良庆区支部积极组织参加扶贫助困、扶贫助医和“三下乡”等活动。一是继续资助贫困学生，通过捐款资助2名贫困学生1000元。二是继续开展百名村医培训活动，争取农工党市委会的技术支持，邀请南宁市红十字会医院支部欧红为城区80名村医上课，讲授了农村卫生人员妇产科基本知识，使良庆区村医进一步熟悉和掌握了妇产科基本知识和技能。

（梁星桃）

工商业联合会

【概　况】 2011年，良庆区工商业联合会编制2人，在职2人。有各级商会会员316名，其中：企业会员42名，个人会员274名。下辖大塘、南晓、那陈、那马、良庆镇和经开区、大沙田街道办等7个商会。7月11日召开南宁市良庆区工商业联合会第一届执行委员会第七次全体会议，选举增补黄庆田同志为南宁市良庆区工商业联合会执委会执委、联合会主席。工商联围绕城区党委、政府工作中心，服务大局，努力促进非公有制经济健康发展，引导工商联商会履行参政议政职能，为良庆区各项事业发展出谋献策。

【调查研究】 2011年，良庆区工商业联合会围绕加快良庆区非公有制经济发展主题，积极开展调查研究，先后35次深入各会员企业走访，广泛听取意见和建议。在调研的基础上，针对会员企业在生产经营上遇到的各项难题写出《良庆区非公经济企业发展现状及对策》调研报告，引起城区政府及有关部门的高度重视。

【参政议政】 2011年，良庆区工商业联合会充分发挥工商联界别政协委员的作用，运用大会发言和提案、社情民意、组织委员调研考察等形式，就城区经济建设和社会发展的一些热点问题，积极向城区政府及有关部门提出意见和建议。年内向城区人大、政府、政协等部门提交提案、建议12条。

【服务会员】 2011年，良庆区工商业联合会继续做好会员企业定点联系工作。班子成员，对联系的企业既注意做好思想政治工作，又认真帮助解决生产经营中的实际问题。7月份，会员企业诚通管材、鼎宏车厢和皇石轩投资有限责任公司因企业项目用地问题影响了建设进度，还有玉云纸业工业用水难的问题，工商联积极充当桥梁助手的作用，协助他们认真解决用地用水等实际难题，使民营企业对商会增强了信任感和认同感。10月份，会员企业中高糖机公司，因土地历史遗留问题，妨碍了施工进度。商会便与有关部门联系，及时地解决了历史遗留问题，使企业施工能得以顺利进行，按时地完成施工任务。积极为会员企业提供信息服务。成立会员活动中心，组织会员参加各项经贸活动。6月份，召开“科技助企”座谈会，帮助企业开拓新的工作思路；9月份，组织会员参加中国—东盟博览会，推荐会员企业三环丝花设备厂的产品参展。

【光彩事业】 2011年，良庆区工商联积极发动会员参加扶贫帮困、捐资助学等“光彩事业”活动。1月份，在统战部领导的带领下，慰问了南晓镇晓元村“三老”，捐资9000元。9月份，中秋慰问大塘孤老院活动，本次慰问活动共筹集慰问金及物品19800元，其中，广西瑞华投资有限责任公司捐赠价值6000元慰问品一批，南宁市玉云纸制品有限责任公司捐赠价值3000元慰问品一批，全视美眼镜店捐赠价值3000元慰问品一批，广西中凯钢材交易市场捐赠慰问金2000元，南宁市皇石轩投资有限责任公司捐赠慰问金2000元，银海电线电缆电塔厂捐赠慰问金2000元，南宁市顺威运输有限责任公司捐赠慰问金1800元。

（李七星）

良庆区总工会

【概　况】 2011年，良庆区总工会人员编制2名，在职3名，其中常务副主席1名，副主席1名，主任科员1名；总工会主席由城区政协副主席兼任，另设兼职副主席1名；聘请工会协理员2名。下辖良庆、那马、大塘、那陈、大沙田街道办事处、良庆经济开发区6家总工会；南晓镇、城区直属机关、教育局等3家工会工作委员会，623家基层工会组织，会员25072名。总工会坚持“组织起来，切实维权”的工作方针，加强基层工会组织建设，努力维护职工的合法权益。年内荣获南宁市本年度工会工作特等奖、工会经费审查工作三等奖。

【一届八次全委（扩大）会议】 2011年5月13日，良庆区总工会在银田大酒店会议室召开一届八次全委（扩大）会议。14名委员出席了会议，30名基层工会主席和分管工会工作的单位领导列席会议。会议主要议程：听取和审议良庆区总工会第一届委员会第八次全体会议工作报告、经审工作报告并审议通过这两个报告的决议。

【帮扶机制】 2011年，良庆区总工会按照自治区、市总工会的要求进一步完善困难职工帮扶机制。争取到中央财政专项帮扶资金11万元、自治区配套专项帮扶资金11.70万元、本级配套专项帮扶资金5万元、市总工会困难职工帮扶中心送温暖资金1万元。本总工会投资了5.20万元为各镇、街道办、开发区总工会困难职工帮扶中心工作站配置了办公电脑，并开展帮扶活动。

“送温暖”活动 春节期间，慰问了37个单位，其中困难企业13家、困难职工141户，发放慰问金5.87万元和慰问品一批。

“金秋助学”活动 年内，资助困难职工（含农民工）子女上大学21名，高中2名。发放助学金4.50万元。此外，根据上级总工会的要求，6月高考前慰问13名参加高考的困难职工家庭子女，发放慰问金6500元。

“送清凉”活动 推动改善农民工生产生活条件、防暑平安度夏。8月份，慰问了奋战在工作岗位上的市交警六大队、城区拆迁办、良庆经济开发区拆迁办、南宁市中高糖机设备制造有限公司等企事业单位职工、农民工500多人，送去价值2.80万元的清凉饮料。

职工医疗援助活动 年内慰问2名因病因伤住院治疗的城区机关职工、干部和1名患病企业职工，发放慰问金1万元。

特困职工日常援助活动 1~7月，对6名特困职工进行日常救助，每人每月救助200元，共计8400元；8~12月，对8名特困职工进行日常救助，每人每月救助240元，共计9600元。

关爱女职工活动 9月，组织城区20名困难女职工到医院进行身体健康检查。

职工医疗互助保障活动 发动4317名职工参加广西职工医疗互助保障协会。年内，有4名职工因患指定疾病获得保障赔偿金15.90万元。

农民工培训活动 经市总工会批准，确定南宁科技职业技能培训学校为良庆区培训基地，继续完善挂牌在环卫站的良庆区职工业余学校的教学设施和管理。全年培训农民工200多名，涉及电工、电焊、美容、烹调等专业，投入培训费6万多元。

【职工文娱活动】 2011年，良庆区总工会广泛开展职工文娱活动。元旦、春节期间，会同直属机关工会工委举办机关干部职工“迎春”拔河、扑克、象棋、猜谜、抛圈、击鼓等游艺活动；分别与各镇、开发区、街道办工会工委举办体育活动20场、游艺活动10场、文艺演出12场。3月份，参加市总工会举办纪念“三八”妇女节板报比赛，充分展示本城区各条战线女职工的精神风貌，荣获二等奖。4月份，发动城区职工参加市总工会和市大型活动办公室联合举办“2011年南宁市‘感动在身边’外来务工人员主题摄影比赛”，参赛作品8幅。“五一”期间，举办“创先争优展风采，建功立业比贡献”工会工作板报比赛活动。板报以“职工建功立业工程”和“职工素质提升工程”为主题，反映各级工会组织团结带领广大职工在建功立业、素质提升、维权帮扶等方面所取得的工作成就，各基层工会踊跃参展参赛。同时举办良庆区“五一”气排球比赛，分别有“企业组”、“机关组”比赛。“企业组”由良庆经济开发区总工会组织有18家规模以上企业参赛，广西水电安装公司获得第一名；“机关组”由城区总工会和直属机关工会工委联合组织26个参赛队，财政联队、农林水利局队和发改联队获得前三名。

【职工素质提升工程】 2011年，良庆区总工会根据上级有关文件精神，继续深入开展“安康杯”竞赛、创建“工人先锋号”、“五一巾帼标兵”、“百名技术标兵”、“百条合理化建议”等活动，广大职工整体素质得到了进一步提高，涌现了一批先进单位和先进个人。①广西万寿堂药业有限公司获年度南宁市“安康杯”竞赛优胜企业；广西石埠乳业有限责任公司奶饮车间机修班优胜班组；良庆区总工会、良庆区人力资源和社会保障局、广西良庆经济开发区管理委员会、良庆区安全生产监督管理局优胜组织单位；李忠伟优秀组织个人。②梁丽颖获“五一巾帼标兵”称号。③广西万寿堂药业有限公司综合车间班组、广西石埠乳业有限责任公司奶瓶车间、南宁正大畜牧有限公司生产部生产车间获南宁市“工人先锋号”集体称号。④徐桂超、陈进坚、陆祖稳、覃绍敏、李冬青获南宁市企业“百名技术标兵”称号。⑤陆祖稳、周江、石修平、李修益、潘修浩、韦启大获南宁市“百条合理化建议”奖锅炉燃料及循环水处理改造建议；覃绍敏 、蔡登科获热磨密封水、冷却水回收使用建议；覃龙森获砂光除尘系统 120# 砂架吸风口改造建议；苏宏获燃煤水分检测建议；覃绍敏获外购木片含水率检测方法建议（建议人单位均系广西丰林木业集团股份有限公司）。

【建立工会组织和发展会员】 2011 年，良庆区总工会认真贯彻落实中共中央政治局委员、全国人大常委会副委员长、中华全国总工会主席王兆国同志代表党中央在中华全国总工会十五届四次执委会议上，提出“两个普遍”即“依法推动企业普遍建立工会组织”和“依法推动企业普遍开展工资集体协商”的精神，与各级党组织密切配合，深入基层，广泛宣传《中华人民共和国工会法》和《广西壮族自治区实施〈中华人民共和国工会法〉办法》，开展“党建带工建，工建服务党建”的活动，年内，建立工会组织 243 家，超出市总工会下达任务数 123 家，发展会员 2056 名，超出市总工会下达 1346 名任务。

【乡镇工会规范化建设】 2011 年，良庆区总工会继续抓好巩固乡镇工会规范化建设，完善工会组织网络。在南宁市乡镇（街道）工会规范化建设达标单位活动中，经推荐申报，市总工会考核验收和乡镇（街道）工会规范化建设达标单位活动领导小组审定，良庆经济开发区、大沙田街道办事处、良庆、那陈、大塘、那马镇总工会和南晓镇工会工委等 7 个工会组织被授予“南宁市乡镇（街道）工会规范化建设达标单位”。

【维权工作】 2011 年，良庆区总工会与政府部门建立劳动纠纷调解机制。年内会同安监、监察、人社、经信、公安、检察院、街道办、开发区等部门组成联合调查组分别对“1·18”、“1·23”两个死亡事故，“8·7”高空坠落事故、“8·21”高处坠物事故、“11·14”安全生产事故进行调查，并形成调查报告交给城区人民政府处理。同时积极做好 “四项集体合同” 签订工作。全年签订“四项集体合同”46 份（其中，规模以上企业单独签订 40 份，区域性 6 份），覆盖企业 439 家，签订率达 85%，完成了南宁市总工会下达签订率要达到 80%以上的目标任务。

【经费收缴与经审】 2011 年，良庆区总工会积极做好工会经费收缴管理和审查审计工作。主动联系地税部门，不断完善以税代收工作，有的放矢地深入企业做好宣传发动工作，完成年度上解市总工会经费 68 万元，超额完成了全年工会经费收缴任务。同时加大工会经费审查审计工作力度，把工会经审工作纳入工会工作重要议事日程，积极配合市总工会经审办例行对本级工会经费管理和使用进行审查审计，加强组织实施基层工会经费审验、审核制度，把服务和监督有机结合起来。完善对本级工会经费预决算和执行情况的审查审计工作，确保工会经费收缴和上解任务稳步增长，以及确保本级和各基层工会合法合规地使用工会经费。

【计生工作】 2011 年，良庆区总工会按照年初与城区党委、政府签订的责任状，积极在广大职工中开展人口形势、计生政策法律法规、婚育新风等宣传教育活动；积极参加联系点良庆镇每次计划生育法律法规大落实行动。年内，没有发生工会会员违反计生政策的现象。

【参与“城乡清洁工程”】 2011年，良庆区总工会积极组织职工参与“城乡清洁工程”工作。坚持对责任地段（大沙田春风路）每周“三查一扫”，保持街道清洁卫生。要求规模以上企业的工会组织积极参与“城乡清洁工程”，主要组织职工整治厂区车间、宿舍、公共场所的卫生死角，绿化美化厂区庭院，单位“门前三包”等，厂容厂貌有很大改观。

【征兵工作】 2011年，良庆区总工会积极参与征兵工作。一名领导由政府抽调作为征兵工作领导成员，从10月下旬起，全程参加冬季征兵的各项工作，完成了全城区征送新兵任务。

（黎金聘）

共青团南宁市良庆区委员会

【概　况】 2011年，共青团南宁市良庆区委员会编制2名，在职2人。下辖22个团（工）委，共有36个团总支，249个团支部，团员8473名，其中年内新发展团员1865名。城区团委坚持以邓小平理论和“三个代表”重要思想为指导，深入贯彻落实科学发展观，坚持党建带团建，紧密结合本城区实际，围绕中心，服务大局，充分发挥共青团组织青年、引导青年、服务青年、维护青少年合法权益的职能作用，不断深化团的工作，各项工作取得了新的进展，为全城区经济社会加快发展做出了应有的贡献。年内，团委获南宁市共青团工作二等奖、创新奖；团委书记周毅获南宁市“十佳团干之星”称号。

【青少年思想道德教育】 2011年，良庆区各级团组织加强青少年思想道德教育工作。城区团委印发《良庆区青少年“学党史、知党情、跟党走”主题教育活动实施方案》，指导各基层团组织在广大青少年中深入开展主题教育活动，增强广大青少年政治意识。一是开展“党在我心中”主题宣教活动。成立主题宣讲团，深入5个镇中心学校、中学开展主题宣讲活动15场。二是开展五四主题团日活动，五四期间，各级团组织通过专题报告会、座谈会、党史图片展、集体诵读、入团仪式等多种形式组织开展主题团日活动，隆重纪念五四运动92周年，喜迎建党90周年，使广大团员青年度过了一个富有意义的五四青年节，在全城区青少年中进一步唱响“永远跟党走”的时代主旋律。三是开展“红领巾心向党”主题活动，动员辖区团员和少先队员积极参与5月31日在城区政府礼堂举办以“童心向党 快乐成长”为主题的庆祝“六一”国际儿童节文艺汇演活动。各学校少先队组织根据文件要求通过文艺晚会、联欢会、主题队会等方式开展系列活动，进一步培养青少年心向党、跟党走的高尚情操和远大志向。四是组织城区广大团员青年参与团市委组织的党团知识竞赛，有5000多人参与，加深了党和共青团在青年群体中的影响力。五是举办了“红歌嘹亮，青春飞扬”良庆区第三届十大青年歌手大奖赛活动，有150多名青少年报名参赛，广大青年团员用甜美的歌喉，唱出了青年人爱党、爱国的热切情怀。

【创先争优活动】 2011年，良庆区各级团组织继续开展以“青春建功新良庆，争当先锋我先行”为主题，以推进“加强基层团组织建设、活跃基层工作和推动青年就业创业”两项重点工作为核心的团员青年创先争优活动，号召全城区团员青年争做团建创新的先锋、争做服务发展的先锋、争做务实高效的先锋。涌现出了一大批先进典型：广西丰林木业集团股份有限公司团总支获“全国五四红旗团总（支）部”和广西“五四红旗团总支”；城区团委和大沙田街道团工委等5个基层团委获“南宁市五四红旗团委”；良庆镇新兰团支部等5个团支部获“南宁市五四红旗团（总支）支部”；良庆区五象中学志愿者服务队获“南宁市星级志愿服务队”；5人获“南宁市优秀共青团干部”称号；5人获“南宁市优秀共青团员”；7

人获“南宁市志愿之星”；南宁市信宁电子厂总经理韦大干获“广西青年创业明星”等称号。

【党建带团建工程】 2011年，良庆区团委紧紧抓住换届年的机遇，依照“充实乡镇团委工作力量、拓宽乡镇团委联系青年渠道、丰富乡镇团委工作资源”三个主要目标为重点，主动跟城区党委领导汇报，主动跟各镇、街道党（工）委沟通，切实利用换届年的机会配齐配强镇、街道团（工）委班子，做到早跟进、早部署、早落实。同时按照市委组织部和团市委联合下发的《关于南宁市乡镇、街道团的组织格局工作创新实施方案》（南团发〔2011〕34号）的文件精神，按照“1+3+X”的模式配备好乡镇和街道的团委书记班子。各镇均于12月底前完成了换届工作。同时紧紧围绕“两个全体青年”的政治目标，以建立健全“两新”组织团建工作体系为基础，以增强“两新”组织团的活力为目标，不断提升共青团在“两新”组织中的影响力和号召力，团结带领“两新”组织团员青年为促进区域经济社会发展做出积极贡献。并且采取独立建团、楼宇建团、联合建团、网络建团等灵活多样的设置方式，进一步巩固和加强 “两新组织”的基层团建工作，以提高非公经济组织、新兴社会组织的建团率，全年共成立了5个“两新”组织团支部，还成立了一个驻外团工委，18个驻外团支部，从而推进了团组织在务工青年中的覆盖。

【服务青年就业创业】 2011年，良庆区各级团组织积极开展青年就业创业服务工作。一是加强与社会保障、中介机构广泛合作，组织各镇、街道青年参加城区“春风行动”大型招聘会、区域招聘会、非公企业专场招聘会等活动，共推荐青年就业462人次。二是多渠道提升青年就业能力，通过举办农村青年种植、养殖培训班、转移就业技能培训、SYB、KAB培训等方式，增强青年就业信心，提高青年工作技能。全年开展农村青年种养殖培训3期，培训880人次，组织转移就业技能、SYB、KAB培训4期（班次）共培训240人次。三是继续加强青年就业创业见习基地创建工作，通过开展“见习基地岗位对接月”活动，辖区内广西丰林木业有限公司、中国联通五象分公司等15个市级见习基地与辖区大中专院校毕业生返乡农民工对接。年内共组织185人到各见习基地见习，有35人在见习期间表现突出与企业正式签订了工作合同。四是继续联合农信社举办金融知识下乡活动，分别在大塘、南晓、那马镇和大沙田街道开展了4期青年创业小额信贷宣传活动，同时加强合作，为58名创业青年争取到农信社的贷款120多万元。五是携手邮政储蓄银行南宁分行开展“贷动青春”良庆区青年创业小额贷款工作，8月份，联合邮储银行的信贷业务员分别深入5个镇举办了5期金融知识培训班，为广大创业青年拓宽创业途径和创业资金短缺问题提供切实的帮助，共有近200人获得邮储银行青年创业小额贷款总额达400多万元。

【青年志愿者活动】 2011年，良庆区团委以增强青年志愿服务的针对性、长期性和实效性为目标，创新活动方式和服务内容，突出两个重点的志愿服务内容。一是突出青年志愿者竭诚服务党政中心工作这个重点，组织开展“创建国家卫生城志愿者在行动”、“创建国家文明城市志愿者在行动”、大学生志愿服务万村远程教育行动、青年志愿者法律宣传进社区活动、禁毒宣传志愿行动、防艾宣传志愿行动、良庆区第三届“香火龙”民俗文化旅游节志愿服务活动等主题志愿活动10余场，参与志愿服务1000多人次。二是突出关爱农民工子女志愿服务活动这个重点，组织辖区青年志愿者与农民工子女比较集中的学校继续开展“关爱农民工子女一帮一”结队活动，已经结对的16所农民工子女较为集中的中小学校开展结对活动30余场，各志愿团队共为结对学校募集贫困生捐助款3000多元，资助20多名农民工子女。8月下旬，联系广西光明职业大学为辖区的农民工子弟学校——五象中学、民办大沙田小学和锦绣学校等三所学校捐赠书籍、课桌椅、教学设配等物资，价值6万余元，为农民工子弟学校改善办学条件尽心尽力。同时开展关爱农民工子女志愿服务基地建设，在大沙田银海社区、前进社区、五象中学等地成立了四个服务基地。6月20日，广西机电工业学校团委与良庆镇团委结对共建协议签字仪式暨关爱农民工子女示范基地揭牌仪式分别在良庆镇中学和良庆中学举行。广西机电工业学校党委书记出席共建协议签字仪式并为两个关爱农民工子女示范基地揭牌，根据共建协议双方将在今后重点打造“四个基地”。9月9日上午，在南宁市大沙田小学开展了主题为“心手相牵爱满中秋”关爱农民工子女的中秋慰问活动，为30名受助的农民工子女每人发放一份爱心月饼和400元助学金，发放助学金总额达1.20万元。让广大的农民工子女切实感受到社会的关爱和温暖。

【青少年植绿护绿行动】 2011年，良庆区团委结合“绿满邕城 青年现行”大种树计划，开展植绿护绿和环境保护志愿服务活动。在3月5日志愿者日启动主题为“保护五象新区优美环境 良庆青年奋勇争先”的志愿服务行动，广泛开展“捡拾白色垃圾”、“植树护绿”、“环保购物袋发放”等环保志愿服务活动，不断提升城市软硬环境。3月29日，联合广西职业技术学院绿色新声环保协会开展“同一片蓝天下”环保知识进乡村主题志愿服务行动，组织15名志愿者从广西职业技术学院出发，骑着自行车辗转近70公里，到大塘镇那团村给那团小学的学生上环保课，给全村的村民放映科普电影《海洋》，并走村入户发放保护环境的宣传资料2000多份。年内各级团组织已开展志愿服务38次，参与青年3200余人次，植树5万多株，发放宣传材料近万份。

【少先队组织建设】 2011年，城区团委认真履行全团带队的工作要求，以深入贯彻落实科学发展观为核心，积极推进争当“四好少年”为重点的未成年人思想道德建设，以抓阵地、强队伍、促活动为主线，通过加强基层组织建设，深入开展“少年儿童平安行动”、“雏鹰争章”等少先队实践教育活动，全面履行团结、教育、引导少年儿童的基本职能，少先队工作硕果累累。南宁市玉洞小学少先队大队部、南晓镇中心学校少先队大队部获得南宁市少先队红旗大队；11个中队获南宁市少先队红旗中队；11人获南宁市优秀少先队辅导员；811名同学获得南宁市优秀少先队员等称号。

（张伟娜 谭莲满）

良庆区妇女联合会

【概　况】 2011年，良庆区妇女联合会人员编制2名，在职2名。下辖良庆、那马、大塘、那陈、南晓镇、大沙田街道办、良庆经济开发区和社区妇联共19个，村妇代会57个，非公企业妇委会12个，机关事业单位妇委会13个。妇联按照“一手抓发展，一手抓维权”的工作方针，继续开展“三大主体”活动（即“双学双比”、“巾帼建功”、“五好文明家庭”活动）和“双合格”（争取做合格家长，培养合格人才）活动。年内先后获南宁市先进妇女组织、南宁市实施妇女儿童发展规划先进集体、“巾帼创新业 建功十二五”绿城巾帼家政技能竞赛活动优秀组织奖、“南宁市妇联2011年度目标责任制”二等奖、“南宁市良庆区党政信息工作先进单位”等称号。

【“妇女之家”建设】 2011年，良庆区妇联在各镇（街道）、村（社区）开展“妇女之家”建设，全城区按照“五个有”（有组织、有阵地、有队伍、有活动、有成效）标准创建了73个“妇女之家”。并向本级财政申请资金2万元用于“妇女之家”制度建设，还申请上级妇联给“妇女之家”赠送妇女报纸和杂志，给大塘镇南荣村“妇女之家”赠送海尔液晶彩电。年内，各村（社区）“妇女之家”配套有“农家书屋”72家，组建文艺宣传队51支，体育健身队伍16个，每逢节假日都开展读书、体育及文艺演出活动。南晓镇派双村女子拔河队、采茶歌舞团；那马镇那马社区女子龙狮队；大塘镇大塘社区采茶剧团；那陈镇社区、那蒙村、良庆镇新兰村的文艺队经常开展各种文化表演，丰富了农村精神文化生活，填补了农村文化舞台的空缺。此外还结合创先争优“巾帼万千百，双带双争”先锋行活动和“妇女之家与农家书屋”共建活动，把“妇女之家”打造成妇女工作的坚强阵地和深受广大妇女信赖的温暖之家。

【基层妇联组织换届】 2011年，良庆区妇联切实抓获好基层妇联组织的换届选举工作。按照城区党委的部署和选举要求，从6月中旬启动至7月30日结束，全城区72个村（社区）妇女组织圆满完成了换届选举任务，实现预期目标，组建率达100%。新一届村妇代会主任平均年龄为38岁，社区妇联主席平均年龄为41岁，文化程度也有了很大提高，一批回乡创业女青年、致富女能人、热心服务群众的优秀妇女走上妇女“领头人”的岗位，增强了基层妇女干部队伍的战斗力。

【基层妇干素质培训】 2011年8月，良庆区妇联在大沙田兴大酒店举办了村（社区）“两委”女干部、新一届妇代会主任、妇联主席培训班，参加培训人数102人。培训班上开展妇女参政议政、妇女创业就业讲座等，帮助基层妇干了解城区发展前景，提高业务工作能力。此外还积极组织基层妇干参加上级培训，年内推荐8名村女干部到高校进行“李嘉诚培训项目”学习培训，推荐3人参加市级以上的妇女干部培训。

【“扶贫济困送温暖”活动】 2011年，良庆区妇联积极开展“送温暖”活动，深入社区、农村进行慰问，切实为群众办好事、办实事。元旦、春节前夕走访慰问困难妇女和老妇干等49人，发放春节慰问金和慰问品共40200元，慰问贫困儿童和留守儿童29人，发放慰问金2900元；此外“母亲节”慰问困难单亲母亲5名，“重阳节”慰问孤寡老人5名。

【建党90周年系列活动】 2011年，良庆区妇联以“忆党史、铭党恩，强党性、促党建”为活动主题，组织开展“读红色经典，品家庭书香”家庭读书征文比赛、“书香家庭我最美”家庭读书摄影展示活动、发动女党员参与“党员奉献月”活动、“学习党的历史展示巾帼风采”党史知识网络竞赛、“廉政文化进家庭”廉政警示教育等活动。其中3篇征文、1幅读书摄影作品获南宁市妇联表彰。组织30名女干部参加“书香人生，魅力女性”读书讲座。

【创先争优活动】 2011年，良庆区妇联“三八”妇女节期间，以“巾帼创新业、建功‘十二五’”为主题，把创先争优融入到引导、服务和维护妇女群众利益的具体实践中，组织开展内容丰富、形式多样的纪念活动。组织召开了城区纪念“三八”国际劳动妇女节101周年暨表彰大会，一批在各自工作岗位上自强不息、开拓进取、爱岗敬业、贡献卓著，为妇女儿童发展事业无私奉献的先进集体、先进个人受到表彰。以此激励广大妇女干部职工为城区经济社会发展、实现“十二五”规划的良好开局再创佳绩。

【志愿服务】 2011年，良庆区妇联招募巾帼志愿者，建立健全巾帼志愿服务工作组织网络，组建了巾帼志愿者服务队44队603名志愿者。以“争做巾帼志愿者，能帮就帮促和谐”为行动主题，在广大妇女和家庭成员中广泛普及志愿服务理念，先后在公民道德宣传日、文明交通宣传日、九九重阳节等组织开展志愿服务活动5场次。

【和谐家庭创建】 2011年，良庆区妇联在全城区妇女和广大家庭中开展了南宁市第三届“十百千户”和谐家庭创建评选活动，引导广大家庭以德治家、文明立家、平安保家、廉洁守家、和谐兴家，吸引和激励更多的家庭投身文明家庭创建，以家庭和谐促进城乡社区和谐。年内共评选出“五好文明”家庭55户，“绿化阳台，美化南宁”——最美阳台（庭院）5户，受到南宁市妇联和市绿委的表彰。

【开展“春风行动”活动】 2011年，良庆区妇联配合城区人社局开展“春风行动”，帮助妇女就业。组织93家企业参加招聘活动，提供就业岗位11427个，进场参加应聘5000多人，登记求职达成就业意向1629人，其中妇女900人。同时在广西良庆经济开发区举行的“春风行动”企业用工大型招聘会中妇女现场达成意向者462人。“母亲节”期间又组织30名单亲母亲参加南宁市2011年母亲专场招聘会。

【妇女创业就业培训】 2011年，良庆区妇联为了解决妇女就业问题，积极做好妇女就业的“红娘”，多方与各县市家政公司联系，努力促进妇女创业就业。年内共举办培训班6期，培训妇女216人。介绍推荐了103名妇女到家政服务就业。帮助她们在经济上自立、自强。此外，继续加大宣传国家惠农政策，加大力度为妇女小额贴息贷款，共推荐58名妇女向农行申请贷款284万元，已发放贷款30万元，其余均已按程序转农行审理。

【“巾帼示范村”创建】 2011年，良庆区妇联在5个镇各选取1个村坚持不懈地开展“巾帼示范村”创建工作，通过“岗村联动”活动，组织2个“巾帼文明岗”分别与“巾帼文明示范村”结对为农村妇女服务，带动农村“巾帼示范村”建设。一是建立示范基地，带动农村妇女创业致富。在新兰村建立了蔬菜科技致富示范基地，成立蔬菜种植协会，全村参加蔬菜协会的妇女劳动力达30%以上；那陈镇西宁村火龙果种植基地建立红龙果种植协会。二是建立教育培训阵地，打造致富典型示范。联合农业、科技等部门举办农村妇女实用技术的培训，举办甘蔗种植、温氏鸡养殖、网箱养鱼等种养殖培训班，帮助妇女科技致富。开展“蚕娘兴业”、“鱼娘兴业”特色养殖活动，树立一批养猪女能手、养鸡女能手、养鱼女能手、种植火龙果女能手等，带动妇女群众致富。三是以“妇女之家”为依托，丰富妇女精神生活。全城区建立村级“妇女之家”73个，并挂牌上墙，建立阅览室，赠阅《中国妇女报》和《中国妇运》、《广西妇女》等杂志宣传妇女政策及有关动态。四是开展“美德在农家”活动，促“巾帼示范村”乡风文明、村容整洁。

【“家庭幸福林”植树活动】 2011年，良庆区妇联先后3次组织巾帼志愿者和“妇女儿童维权岗”的岗员、部分机关单位女干部职工200多人参加“植百年三八树·造家庭幸福林”义务植树活动，在那马镇子伟村建立“三八绿色工程”示范基地，栽种树木500多株。

【妇女儿童维权行动】 2011年，良庆妇联深入开展妇女儿童维权行动。一是利用“三八”维权周在大沙田客运站开展了法律咨询活动，发放《广西壮族自治区实施〈中华人民共和国妇女权益保障法〉办法》宣传资料2000份，接受咨询150人次。组织2000多名妇女参加“百万妇女学法律、家庭平安促和谐”妇女权益法律知识竞赛。二是6月份妇联作为禁毒成员单位在城区共进行12场次的禁毒宣传教育活动。6月30日，城区妇联专门对大沙田街道玉洞村1名吸毒解教妇女进行关爱帮扶。为加大预防艾滋病宣传力度，8月10日专门举办妇女骨干防艾知识培训班，邀请城区疾控中心主任对村（社区）“两委”女干部、新一届妇代会主任、妇联主席102人进行防艾知识培训。三是积极主动参加城区组织开展的大接访活动，共接待妇女群众110人次；四是做好日常来访接待工作，针对来访妇女反映的家庭婚姻纠纷、出嫁女的土地权益等问题一一耐心解答，告知其相关的法律条文、维权途径和提供法律帮助的部门，对一些特殊的情况上门帮助调解。年内共接待来访妇女45人次，满意率达98%。对辖区内的“出嫁女”问题、家庭暴力、婚姻纠纷等矛盾尖锐的问题进行了重点排查。五是建立了妇女儿童维权岗3个，维权服务站57个，同时促成城区法院民一庭、检察院公诉科这两个“妇女儿童维权岗”分别与良庆镇那黄村“维权服务站”、大沙田街道办前进社区“流动妇女平安之家”结对共建。

【关爱儿童实践活动】 2011年，良庆区妇联开展了形式多样的关爱儿童活动。一是以“六一”国际儿童节为契机联合城区妇儿工委、教育局等部门开展系列关爱儿童活动如“庆六一·童心向党”文艺汇演，来自城区各学校的19支代表队载歌载舞欢庆自己的节日；通过校园广播、校园网络、文体表演、日记、书画、摄影、党史知识大赛等多种形式，提高孩子们的道德素质和文化涵养；开展校园周边食品卫生、交通安全检查工作；开展以保护儿童权益为主题的法制宣传进校园活动，倡导儿童优先理念。二是继续实施“春蕾计划”向南宁市妇联申请支助款5300元，支助了11名家庭困难女生。城区妇联从预算外资金拨出专款3000元扶持了30名贫困女童。此外还招募爱心人士开展“爱心妈妈”、“代理家长”活动，给农村留守儿童关爱。三是开展农村留守妇女、儿童状况专题调研。经统计，全城区有农村留守儿童2294人，其中小学1334人，占在校小学生人数4.20%；初中506人，占在校初中学生人数4.90%；高中53人，占在校高中生5.80%。幼儿401人，占在园幼儿的3.50%。

（潘凤谦）

良庆区科学技术协会

【概　况】 2011年，良庆区科学技术协会在编3人。辖区内有卫生工作协会、农村专业技术协会等12个，会员39100人。良庆区科协坚持用科学发展观统领科协工作全局，创新思路，创新举措，积极组织科技工作者开展科普活动，投身经济建设，推进科技进步和技术创新，为促进城区社会主义物质文明和精神文明建设贡献力量。

【科普活动】 2011年，良庆区科学技术协会结合“科技活动周”、“全国科普日”组织形式多样的科普活动。以“节约能源资源、保护生态环境、保障安全健康、促进创新创造”的科普内容，开展低碳生活、防灾减灾、公共安全、身心健康等科普知识宣传3次，发放各种科普资料7000多份。

【实施《全民科学素质行动计划纲要》】 2011年，良庆区科学技术协会分别在那陈镇西宁村、大塘镇那梨村和南荣村建立3个“科学素质建设示范村”，投入资金6万元，购买科普书籍900本，赠送科普挂图12套，为每个示范村订阅《南方科技报》1份。发放《南宁市民科学素质知识100问》1200册。

【“五个一”农村适用技术培训】 2011年，良庆区科学技术协会根据《广西区科协“五个一”农村适用技术培训工程实施方案》，举办良庆区科普惠农培训班5期，175人次；举办种养技术培训班12期，参加人数480人次；组织农技协负责人、村干部50人赴外地参观学习1次；参加市科协举办培训班2期。

【实施“科普惠农兴村计划”】 2011年，良庆区科学技术协会组织实施“科普惠农兴村计划”，引进农业、科技项目，推广先进新型实用技术，田间搭架吊瓜栽培、病虫害无害化综合防治技术，提高农民的种植技术和管理水平，建成南晓镇180公顷无公害黑皮冬瓜生产示范基地；引进、推广农业新品种、新技术，引进“桂蔬一号”、“铁心王”、广东黑皮冬瓜、海南黑皮冬瓜等新品种，平均亩产6500公斤，引进“桂蔬一号”在两个行政村、五个自然村推广种植133.33公顷，“铁心王”73.34公顷。推广新技术，引进优良品种南晓黑皮冬瓜总产量比上年增加1550吨，产值增加124万元，亩纯收入增加1458元。

【青少年科技创新和实践】 2011年，为贯彻实施《全民科学素质行动计划纲要》，培养青少年的创新精神和实践能力，良庆区科协与城区教育局共同开展青少年热爱科学实践活动。参加实践活动达220人次，举办“2011年广西快乐科普校园行”南宁市良庆区活动；开展“珍爱生命之水 编织绿色梦想”主题科普教育活动。还组织青少年动手做实验探究水的奥秘，参观污水处理厂，了解到污水处理的知识，培养科学用水的意识。

【科技创新大赛】 2011年，良庆区科协与城区教育局共同组织“良庆区青少年科技创新大赛”，参加活动18671人，经专家评比，竞赛系列高中、初中、小学组分别获奖5个、19个、63个；辅导员创新项目2个。作品展示系列青少年科学DV2个，少儿科幻画253幅；科学实践活动3个。科技创新大赛激发学生爱科学、用科学的意识，提高学生的创新能力和实践能力。

（林万忠）

良庆区残疾人联合会

【概　况】 2011年，良庆区残疾人联合会人员编制3名，在职2人。根据广西第二次全国残疾人抽样调查数据公报，良庆区有残疾人1.44万人，占全城区总人口的7.23%。其中：视力残疾人占15.60%；听力残疾人占25.13%；言语残疾人占1.16%；肢体残疾人占24.42%；智力残疾人占5.54%；精神残疾人占5.21%；多重残疾人占22.93%。

【残疾人组织建设】 2011年，良庆区重视残疾人的组织建设。全城区6个镇（街道）均成立残疾人联合会，每个镇（街道）都配备1名协管员协助理事长开展残疾人工作。62个村（居）委会也都均成立有残疾人协会，各配备1名残疾人专职委员协助村（居）干部开展残疾人工作。同时配给档案柜、文件盒等办公设备。

【康复工作】 2011年，良庆区残联继续开展常规白内障复明手术工作。年初，市残联把良庆区列入创建“全国白内障无障碍县（区）”工作的示范县（区），全年进行手术任务168例。经对患者登门筛查、单独登记造册制度和贫困患者能够手术输送等，年内已免费进行白内障复明手术224例，超过实际任务56例，有202名白内障患者重见了光明，共为广大白内障患者减免费用50多万元。

【精神病患者常规服药住院费用补助】 2011年，良庆区继续对贫困精神病患者常规服药药物费用补助和住院医疗费用补助，切实解决贫困精神残疾人资金少买药难的问题。年内在免费为精神残疾人办理第二代《残疾人证》的同时，筹集资金6万元，为辖区120名农村家庭经济困难的精神病患者提供常规服药药费补助（每人每年500元）。为2名贫困精神病患者提供住院医疗救助7200元（3600元/人）。

【残疾人就业培训】 2011年，良庆区残联帮助推荐30名残疾人在辖区内的企业实现了就业。并选送17名残疾人参加市残联组织残疾就业培训班；选送6名参加长江高科技电脑初端学习培训班；选送3名盲人参加按摩培训学习。以提高残疾人的技术技能。

【助残日活动】 2011年，良庆区残联积极开展助残日活动。为了弘扬人道主义精神，倡导扶残助残的良好社会风尚，营造文明进步的社会环境，在第二十一次“全国助残日”期间，城区政府、教育局、残联等部门的领导前往大塘中心小学，与该校的部分残疾学生及其家长进行座谈，勉励残疾学生要克服困难，自强、自立，并为33名残疾学生每人发放300元慰问金，共9900元。

【扶持生产】 2011年，良庆区残联积极想办法扶持帮助困难残疾人家庭发展生产。为解决部分残疾人家庭发展生产投入不足的实际问题，残联积极联系争取各方支持，筹集到资金3.10万元，给62户困难残疾人家庭每户500元发展生产。

【为民办实事】 2011年，良庆区残联认真承办南宁市为民办实事“助困扶残”2个工程项目。一是为80户贫困的智力、精神和重度残疾人进行居家托养服务。8月份，按照要求完成了资金发放和上门服务等工作。二是为10户贫困残疾人家庭进行无障碍改造建设。8月份，投入资金4万元完成了10户无障碍改造建设任务。

【慰问活动】 2011年，元旦、春节期间，良庆区四家班子领导以及城区各有关单位的领导分成6个走访慰问小组，共慰问200户贫困残疾人家庭，送去慰问金6万元（300元/户），并送去花生油、糖饼等慰问品（折合人民币1000元）；并对7户残疾人困难家庭进行临时困难救助，每户救助款500元；同时给予40名长年在基层工作的残疾人工作者、残疾人专职委员每人慰问金200元。

【办理残疾人证】 2011年，良庆区残联先后派员深入村（屯）免费为残疾人办理第二代《残疾人证》。共办理《残疾人证》3116本（其中新增1115本），残疾人持证率达21.60%。

（梁文娇　黎　晖）

良庆区红十字会

【概　况】 2011年，良庆区红十字会有机关事业编制2名，其中领导职数1名（常务副会长1名）。有理事单位40个，下辖良庆、大塘、那陈、那马、南晓镇五个镇和大沙田街道红十字会。红十字会以科学发展观为统领，认真贯彻落实市红十字会要求，大力弘扬红十字精神，坚持以人为本、依法建会，广泛开展募捐筹资活动，着力实施人道救灾、救护、救助工作，推动红十字会事业不断发展为改善民生、推动和谐建设做出积极贡献。年内获2011年度南宁市红十字救助工作先进单位；南宁市县（区）无偿献血工作优秀奖。

【组织建设】 2011年，良庆区各镇、街道均成立了红十字会，全城区有红十字会基层组织6个，红十字团体会员单位10个，学校红十字会15所，社区（村）红十字会25个，会员650多人，红十字志愿者180多人。

【人道救助】 2011，良庆区为了大力弘扬“人道、博爱、奉献”的红十字精神，春节期间，积极做好对弱势群体的救助工作，在全城区范围内开展“红十字博爱送万家”慰问活动。慰问了175多个贫困家庭，为每个贫困家庭送去棉衣、棉被、大米、糖果等过节物资和慰问金，价值共计46560元。其中:南宁市红十字会慰问金1万元；棉被/套30床4200元；自治区、南宁市红十字会的家庭温暖箱（大米、食用油、棉被、棉衣、糖果等过节物资）20箱，价值5360元；南宁市红十字会、温州商会送慰问金（品）60户价值1.80万元；城区红十字会自筹9000元。

【募捐活动】 2011年，良庆区积极组织开展各种献爱心活动，凝聚更多的社会力量参与红十字事业。1月，红十字会与总工会、妇联、团委一起发出倡议，为黄译同学（10岁）开展募捐活动，该同学患霍奇金淋巴瘤，为帮助他树立信心战胜病魔，呼吁社会各界爱心人士积极献爱心，共收到爱心募捐款28107.60元，募捐款全部拨付给自治区人民医院用作该同学治疗费。3月，广西中恒集团与自治区统战部、自治区红十字会共同开展“2011广西中恒助农安康行动”大型公益活动，良庆区红十字会共接收中恒集团捐赠的常规药品73箱，总价值人民币16.80万元，捐赠药品全部用于辖区卫生院免费为贫困患病群众治疗。12月，得到广西桂嘉汇基金会捐助资金2万元，资助大沙田街道志远社区居民黄秋潮老人住院养老费。同时开展经常性募捐活动，畅通筹资渠道，救助资金来源逐步稳定，主要是开展募捐箱设置和常规社会募捐工作，年内共收到经常性募捐款约1.20万多元。

【项目建设】 2011年，良庆区得到南宁市红十字会的大力支持，调拨给城区抗旱救灾专项资金10万元，用于受旱灾的村屯打井、修建水池等人饮设施。分别下拨给大塘镇那梨村那梨坡、南晓镇新民村新州坡各5万元，6月底两个工程建设都已经完成并投入使用。

【重大会议】 4月14日，良庆区红十字会第一届理事会第五次（扩大）会议在城区政府礼堂召开。参加会议人员有城区红十字会理事，各镇、开发区、街道红十字会会长（或分管领导）等38人。会议明确了2011年城区红十字会工作重点，将按照上级红十字会的工作目标要求开展相应的红十字服务工作，进一步加强基层组织建设；开展群众性急救知识培训；组织动员群众无偿献血等活动；抓好募捐筹资工作，增强救灾、救助、救护实力；推广社区红十字服务示范试点经验，推动红十字服务进社区、进乡村、进学校；加大宣传力度，加强国际人道法传播工作；开展地区间交流，努力推动红十字事业的发展等方面工作。

【无偿献血】 2011年，良庆区积极开展《中华人民共和国无偿献血法》的宣传和发动工作，向辖区各单位、社会团体、驻城区各单位、各界人士发出《无偿献血倡议书》；同时积极联系南宁市中心血站分别到大沙田客运中心、良庆镇开展无偿献血活动。年内组织了三次无偿献血活动，符合条件的献血人员共有77人，献血量2.78万毫升。其中：3月11日，在良庆镇开展一次无偿献血活动，镇、村干部职工踊跃献血，符合条件的干部职工21人，献血量7000毫升；3月31日，在大沙田客运中心广场开展献血公益活动，这次符合条件19人，献血量6550毫升；7月13日在大沙田客运中心广场举行以“我为人民献热血，我为党旗增光辉”为主题的公务员无偿献血公益活动。城区机关、企事业单位干部、职工发扬团结互助，无私奉献的精神，积极参与无偿献血。此次活动符合条件献血的干部、职工人数有37人，献血量1.42万毫升。

【业务培训】 2011年，良庆区加强红十字会骨干的业务培训工作。9月14日至19日，城区红十字会组织专职干部、基层红十字会骨干共30人，分两期参加南宁市红十字会举办的基层红十字会组织建设工作暨干部培训班。参加培训主要人员有城区红十字会专职干部和来自各镇、街道，各社区、各中小学校的红十字工作骨干。培训班主要学习内容：一是开展红十字会组织建设工作培训。帮助指导各镇、街道加强红十字会业务工作和红十字会基层组织建设；二是开展应急救护知识培训。学员通过认真听课、学习教材、观看视频和实际操作，接受了止血、包扎、搬运伤员、心肺复苏等急救知识培训，促进了良庆区“人人学急救，急救为人人”工作的开展，弘扬了“人道、博爱、奉献”精神，在城市、农村保障群众健康与安全、促进和谐社会、发挥重要作用。

【宣传活动】 2011年，良庆区大力宣传“人道、博爱、奉献”的红十字会精神，进一步提高全民参与的自觉性和积极性。①广泛宣传“红十字会法”，使“红十字会法”深入人心，对红十字会的认知度有了明显提高，为红十字会依法开展工作和维护自身的合法权益营造了良好的社会氛围。②为纪念第64个世界红十字日，凝聚更多的社会力量关心和支持红十字事业，根据南宁市红十字会《关于开展“2011年红十字博爱周”活动的通知》的要求，开展多种形式的红十字博爱周活动。5月6日在大沙田客运站广场，开展以“携手人道促和谐，志愿服务为民生”为主题的纪念活动，宣传“人道、博爱、奉献”的红十字精神。城区红十字会理事单位以及辖区内有关医疗单位的干部职工和医护人员，参加了这次纪念世界红十字日为民服务宣传活动，吸引了众多市民前来参与。活动过程中，向过往群众发放红十字运动的人道传播知识、博爱、奉献精神、意外伤害救护知识、造血干细胞捐献、预防艾滋病和卫生保健知识各种宣传资料1500多份。各个医院医务人员，免费对群众进行各项常规身体检查，并举行医疗保健知识现场咨询活动，向群众进行卫生知识宣传，为群众测量血压、量身高、体重、咨询，发放宣传册等；5月7日参加南宁市红十字会在金湖广场举行纪念第64个红十字日活动及召开“博爱一元捐”现场观摩会，并前往金洲社区、民族大道中段社区参观开展“博爱一元捐”工作成果展；5月8日到金湖广场参加自治区红十字会“五八”纪念活动以及组织开展应急救护培训进社区、进学校活动等。为配合我国颁发的《防震减灾法》的实施，于5月12日与教育局一起组织良庆区各中小学校开展“防震逃生安全疏散演练”等活动、以形式多样的教育方式丰富师生的安全知识，增强师生的自防自救能力，通过“体验”这种贴近实际、寓教于乐的教育方式让全校师生都能掌握消防安全、交通安全等基础知识。

（林　静）

政 法
ZHENGFA

综 述

【概 况】 2011年，中共南宁市良庆区委政法委员会、南宁市良庆区社会治安综合治理委员会办公室、南宁市良庆区防范和处理邪教问题领导小组办公室（610办公室）合署办公，核定行政编制6名，实际在编人员8名，其中书记1名、副书记4名（其中1名属挂职干部）、主任科员2名、副主任2名。下设事业单位良庆区流动人口管理领导小组办公室（出租屋管理办公室）。紧紧围绕建设“社会和谐稳定模范城区”的总要求，深入推进社会矛盾化解、社会管理创新、公正廉洁执法三项重点工作，建立重大决策和重大项目社会稳定风险评估制度，及时化解影响社会稳定的问题和隐患，深入推进社会治安综合治理，着力提升社会管理科学化水平。年内没有发生进京上访事件，没有发生重大刑事、治安案件，没有发生“法轮功”等邪教组织的破坏活动，全城区社会大局安全稳定。年内，良庆区被自治区综治委铁路护路联防工作领导小组命名为“2009～2011年度平安铁路示范县（市、区）”。良庆区委政法委荣获2006～2010年南宁市法制宣传教育先进单位、2011年度全市政法综治宣传工作先进集体、良庆区新闻宣传工作先进单位二等奖、良庆区党政信息工作先进单位三等奖、良庆区人口和计划生育工作进步奖、“十一五”期间良庆区档案工作先进单位。良庆区综治办荣立南宁市2005～2008年度社会治安综合治理工作集体三等功，荣获首府南宁2009～2011年创建全国文明城市工作先进集体、2011年度良庆区安全生产工作先进集体。良庆区政法委课题组撰写的《创新思路优化社会管理资源 狠抓落实提升治安防控效果——南宁市良庆区大沙田街道社会治安调研报告》获南宁市政法系统大调研活动三等奖。

【维稳工作】 2011年，良庆区狠抓维护社会稳定工作大局，深入开展矛盾纠纷调处攻坚活动，落实“五包”领导包案调处制，切实抓紧镇（街道）综治信访维稳中心和村（社区）民调组织建设，扎实开展公开大接访活动和干部下访、走访活动，全面整合调解资源，坚持抓早、抓小、抓苗头、抓源头，稳妥控制各种不稳定因素，各类矛盾纠纷得到及时化解。全年共排查各类矛盾纠纷1081件，调处1081件，调处率100%，调处成功1035件，调处成功率为95.74%；2件市级挂牌督办的重点矛盾纠纷全部调结，调结率100%；6件市级挂牌督办配合调处的重点矛盾纠纷均得到有效稳控；8件城区级重点案件调结3件，其余5件得到有效稳控；4名城区重点教育对象均得到有效稳控；群体性事件与上年同比下降48.50%，非正常上访事件与上年同比下降25.50%，年内无进京上访事件，有效确保了全国、区、市“两会”，国庆节，第八届中国—东盟博览会等重大节庆和敏感时期社会大局的稳定。社会稳定动态六项工作在全区111个县（市、区）排名中位列37名，比2010年上升41名，在全市12个县区排名中位居第二。

【维稳基础建设】 2011年，良庆区切实抓好综治维稳基层基础建设。城区、镇（开发区、街道），两级综治部门调整充实了专职副主任和专职干部，做到人员、经费、办公场所、办公设施“四到位”；基层综治维稳信息员队伍作用得到充分发挥，搜集、研判不稳定因素的能力进一步提高；健全完善应急处置机制，处理群体性事件、突发事件的能力全面提升。全年各镇（街道）综治信访维稳中心共搜集带有倾向性、苗头性的涉稳信息190多条，均能及时消除和化解，基层维护社会稳定的“第一道防线”更加牢固。

【服务发展大局】 2011年，良庆区政法委充分发挥政法资源优势，自觉围绕、服务中心，发挥职能，特别是服务五象新区开发建设中工作成效明显。城区维稳部门对五象新区重大项目建设保护性施工、征地拆迁等重大事项全面开展社会稳定风险评估，实现矛盾纠纷源头防范治理；法院对涉及重点项目、重点工程的案件开通“诉讼绿色通道”，有力保障重点项目、重点工程顺利推进；检察院率先出台了具有针对性的《关于服务五象新区的工作意见》及实施方案；公安机关开展了服务五象新区项目建设的“五象行动”等一系列专项整治行动，营造安全、稳定的建设环境；司法行政部门在征地拆迁片区及重点工程建设周边地区大力开展法律法规宣传，营造五象新区开发建设良好的法治氛围。

【平安建设】 2011年，良庆区深入开展平安镇（街道、开发区）、平安村（社区）、平安企业、平安学校、平安市场、平安家庭、平安医院等创建活动，以社会宣传为重点，注重群众看得见、摸得着、影响大的宣传载体，大造平安建设声势，夯实群众基础。依托复合型警务站、综治委成员单位轮值普法宣传、企信通群发短信、固化广告宣传牌4个平台，提高广大群众对政法工作和平安建设的知晓率和支持率。年内发放各种宣传资料及图册近5万份，编发良庆综治维稳信息45期，展出宣传板报40版，悬挂横额标语30多条，在区市媒体上发稿30多篇，群发短信4万多条，营造了人人共创平安、人人共享平安的浓厚氛围和工作局面。全城区平安镇（街道）、平安村（社区）创建率达100%，命名了平安医院5个、平安学校10个、平安企业10个、平安家庭9个。

【社会管理】 2011年，良庆区着眼于优化社会环境，在营造良好社会治安环境上下功夫。在大沙田街道金象社区金沙碧园和欣荣自建房小区建成了“小区安防监控与边界报警系统平台”，探索出了由开放式街区向封闭式小区管理的新路子。强化以出租房屋为重点的流动人口落脚点的管理，大力推进流动人口及出租屋综合管理信息平台建设，做到流动人口动态管理，实现了从城区、街道中心、社区站联网，达到信息资源共享、动态管理的目的，切实维护流动人口的合法权益和辖区和谐稳定，全年共登记在册流动人口62405人，录入南宁市信息系统61503条，登记出租屋7060栋，录入信息系统27625套，代征出租屋税费600万元。建立了前进、银沙两个复合型警务站，在主要街道、要害部位等重点地区增建156个监控探头，在案件高发区的大沙田街道实施了“科技防盗入户”工程，鼓励群众安装摄像头，全面提升社会治安动态管控的能力和水平。

【严打整治】 2011年，良庆区坚持“面上打击，点上整治，点面结合，相互促进”的策略，组织开展打击“两抢一盗”、打击黄赌毒等一系列专项整治行动。始终保持对违法犯罪高压态势，依法严惩一大批违法犯罪分子，扭转了案件高发的被动局面，社会治安呈现刑事案件、治安案件下降，群众满意率提升的“两降一升”良好局面，治安状况逐步好转。年内，公安机关共立刑事案件3609起，同比下降31.90%，破1162起，刑事拘留436人，逮捕311人，起诉232人，劳教66人，打掉犯罪团伙58个；发命案9起，破8起。检察机关共受理审查逮捕案件247件347人，批准逮捕225件309人，受理移送审查起诉案件253件372人，提起公诉248件360人，有罪判决率100%。审判机关共受理各类刑事案件240件341人，结案率100%。同时，以“反传销风暴行动”为抓手，以“捣窝点、捕骨干、毁网络”为重点，掀起了全城区打击传销新高潮，全年共开展联合打击行动14次，捣毁传销窝点81个，教育遣散传销人员1154人，审查涉案人员93人，立案侦查传销案件27起，破27起，刑事拘留93人，劳动教养58人，解救受骗群众1260人，辖区内传销人员大幅减少。

【政法队伍建设】　2011年，良庆区政法系统深入开展“大比武、大培训、大调研”活动和“发扬传统、坚定信念、执法为民”主题教育实践活动，开展了岗位业务技能竞赛、理想信念教育、开门评警等形式多样的活动，使广大干警在办案水平上有所建树，在攻坚克难和实战能力方面有所提高。城区法院在南宁市“百万案评卷”中抽查100件案件优秀96件、良好4件，优良率达100%。案件审判质量连续四年位居全市前列。政法部门的公信力明显增强，各项工作取得了明显进步，人民群众对政法部门的满意度明显提升，全年没有发生政法干警违法违纪案件。

（郑　雪　刘国山）

审　判

【概　况】　2011年，南宁市良庆区人民法院有在编干警54人，其中研究生学历14人，占25.90%，本科学历35人，占64.80%，大专学历4人，占7.40%，高中学历1人，占2%，另有聘用人员28人。主要负责审理良庆区辖区内的第一审刑事、民事、行政案件及执行案件。全年受理各类案件1298件，审结2076件，结案率为99.62%。案件质量连续四年位居全市基层法院前列。

【立案信访】　2011年，良庆区人民法院认真抓好立案和信访工作。积极推进“立案信访窗口”建设和推行电话立案等便民立案的新举措，立案大厅内设置导诉台、触摸屏、可上网的电脑、等候休息区等，健全立案窗口各项服务功能，为当事人诉讼提供咨询和引导，告知当事人诉讼和举证注意事项、诉讼风险，“立案信访窗口”已达到自治区高院的要求。年内，共接待来访225人次、处理来信18件次。在推进“窗口”建设过程中，加大司法救助力度。对涉及下岗职工、残疾人、特困户、孤寡老人、孤儿的案件依法缓、免交诉讼费达7万多元。

【刑事审判】　2011年，良庆区人民法院加强刑事审判，重点落实宽严相济的刑事政策，努力维护社会稳定。严厉打击危害社会稳定的恶性犯罪、常发性犯罪，积极参与社会综合治理和平安南宁建设活动。配合上级法院和城区相关部门开展打黑除恶和打击传销犯罪等专项活动。强化对刑事大要案的审理，坚持刑事大要案的提前介入制度和请示汇报制度；继续坚持“教育、感化、挽救”相结合的方针，抓好未成年人犯罪案件审理，审结未成年人案件25件32人。7月12日，法院首次对一适用缓刑的未成年被告人依法宣告禁止令。11月1日，刑事审判庭庭长方艳红、副庭长梁春松等法官到自治区未成年犯管教所，对16名未成年犯开展回访帮教活动。全面推进量刑规范化工作，制定了量刑规范化工作实施方案，提请城区党委领导组织召开城区政法部门量刑规范化工作协调会，并与检察院、公安等部门多次召开量刑规范化联席会，司法公正程度进一步增强。全年共受理各类刑事案件240件341人，比上年同期增加93件56人，审结240件341人，结案率为100%。

【民商事审判】 2011年，良庆区人民法院加强民商事审判，积极开展调解工作，努力化解民商事纠纷。以案结事了人和为目标，坚持"调解优先，调判结合"原则，建立庭前、庭上、庭后全程调解工作机制，将诉前、诉中、诉后调解结合起来，采取电话、传真调解等多样化和灵活性调解方式，充分吸收社会力量参与调解，最大限度化解矛盾纠纷，妥善处理敏感案件。民商事案件调解、撤诉结案571件，调撤率为64.67%，调解案件无一申请执行，取得了良好的法律效果和社会效果。原告杜某诉被告黄某山林木砍伐合同纠纷一案。该案涉及30多名林木砍伐农民工劳务报酬。5月31日上午案件开庭时，涉案全体农民工在庭外聚集。庭审结束后，因4年多时间未能领到工资，情绪激动，将被告围堵在法院，不允许离开。法院组织原、被告与农民工代表协商，被告留下车子作抵押，农民工才勉强允许被告离开。后经民一庭多方做调解工作，被告筹集12.70万元于6月24日与原告达成和解协议，并将工钱发放给农民工，成功避免了群体性事件的发生。11月11日，法院立案受理了原告黄某诉被告防城港市某码头仓储有限公司民间借贷纠纷一案。该案标的额高达4000万元，是良庆区法院自建院以来受理的最大标的额案件。民一庭在了解案件涉及的相关情况后，应双方当事人的请求，立即组织双方当事人进行调解，仅用两个工作日就调结了这起民间借贷纠纷案件，既保全了涉案土地、拯救了企业，又保障了债权人的合法权益，实现了法律效果和社会效果的有机统一，赢得了双方当事人的一致好评。全年共受理各类民商事案件891件，审结883件，结案率为99.10%。此外，法院强化诉前联动调解工作，年内共成功开展诉前调解案件467件。

【行政审判】 2011年，良庆区人民法院加强行政审判，充分发挥行政审判的良性制衡作用，努力化解群体性纠纷。严格审查被诉具体行政行为的合法性，坚持既维护、支持行政机关依法行政，又依法及时保护公民、法人和其他组织的合法权益。依法审理因打击传销活动引发的不服劳动教养决定行政诉讼案件，指导相关行政机关严格执法。11月8～18日，行政审判庭庭长韦思阳作为特别顾问，与市劳教委文青主任等人一起远赴山东省单县，对王某等四人不服劳动教养决定的行政诉讼案件进行应诉，为南宁市打击传销工作做出了积极的贡献。此外，诉前协调解决了一批社会影响较大的征地拆迁纠纷和山林纠纷，为五象新区开发建设和农村经济发展提供了良好的服务和保障。年内共受理行政诉讼案件11件，审结11件，结案率为100%。另审查行政非诉执行案件280件。

【案件执行】 2011年，良庆区人民法院加强执行工作，不断改进执行方法和措施，努力破解"执行难"。全年共受理执行案件194件，执结194件，执结率为100%，执结标的3610万元。其中执行和解122件，执行和解率为62.87%；执行标的到位率为100%。执行和解率、执行标的到位率等指标均超过了市中院年初下达的指标。在执行工作中，建立执行联动机制，建立并正式启动执行救助基金。扎实开展反规避执行专项活动，制定工作方案，成立反规避执行专项活动小组，积极采取各种反规避执行措施。6月9日，法院对一批被执行人发出财产报告令及限制高消费令，在新闻媒体上对"赖账者"进行曝光，仅半个月时间就执行回执行标的款约110万元，部分被执行人迫于反规避执行的法律威慑力，也表示愿与申请人协商和解，反规避执行活动取得了显著成绩。此外，多次远赴江西、浙江、湖北和广东等地开展执行，推进异地执行的四项举措得到了南宁市中院院长周腾的肯定，专门批示市中院办公室及执行局予以总结推广。

【巡回审判】 2011年，良庆区人民法院全面推行工作重心下移、审判力量下沉的工作思路，以巡回法庭为载体，不断加大巡回审判的工作力度。注重强化便民、强化调解、强化速裁理念，80余件纠纷案件到发生地进行调解、开庭，最大限度地方便人民群众，有效节约了当事人的诉讼成本。10月20日，时逢“两会一节”召开期间，民事审判第一庭庭长李愿放弃假期，一大早把巡回法庭搬到辖区大沙田街道玉洞村委会，公开审理一起健康权纠纷案件，引来众多社区居民旁听。社区居民对法院这种“亲民、便民”的巡回审判方式给予一致好评。

【机制创新】 2011年，良庆区人民法院积极创新工作机制，案件审判质量不断提高。一是将全部法院“百万案件评查”与“管理机制创新年”活动紧密结合起来，通过找差距、强培训、重评查、严考核、健制度五项措施抓好规范化管理。实行内控审限催办、督办制度，增强法官审限意识；定期开展业务庭自评和院内管理部门评查相结合，提高法官质量意识，确保案件质量。年内，在“百万件案件评查”活动中，良庆区法院100件案件，经市中院复查，96件被评为优秀，4件被评为良好，优良率达100%。案件审判质量继续位居全市法院前列。二是积极开展“阳光司法”，成立领导小组和工作机构，制定实施方案，健全审判设施、设备，分门别类做好“阳光司法”工作，将立案、庭审、执行、听证、文书、审务等公开工作落到实处。对符合条件的案件，一律公开开庭审理；人民陪审员参与审理普通程序案件209件，参审率为94.57%；开展庭审网络直播60次；邀请人大代表、政协委员、新闻媒体及普通群众旁听庭审、参与执行等30余次；网上公布裁判文书268篇。提高了审判的透明度和公正度。

【队伍建设】 2011年，良庆区人民法院根据上级部署，开展“发扬传统、坚定信念、执法为民”主题教育实践活动，以庆祝建党90周年为契机，不失时机地开展党建活动，共组织5批次党员到革命传统教育基地接受教育。开展创先争优主题教育活动，通过重温入党誓词、听党课、唱红歌和党史知识竞答等活动，使干警在别开生面的形式中受到思想教育，增强队伍凝聚力，坚定了跟党走的信念。同时，创建党员活动室，实现党建制度上墙，设立党内互助金，切实发挥共产党员的先锋模范作用。开展“清廉务实、执政为民”和警示教育等主题教育活动，构建“思想育廉、警示提廉、榜样述廉、制度治廉、监督促廉、文化兴廉”的“六位一体”廉政建设新模式。在院办公大楼走廊、会议室、党员活动室悬挂廉政格言警句，每周通过短信平台定期或不定期地向全体干警群发内容为格言警句的手机短信；组织干警观看警示教育视频，学习警示教育材料，并认真自查自纠。着力构建青年干警成才机制，积极组织干警参加区高院、市中院举办的培训班，参加网络教学培训。注重学历教育，提升青年干警理论修养和业务水平，有2名干警通过国家司法考试，4名干警参加在职研究生学习；注重业务教育，提升青年干警的执业水平，推荐1名干警参加广西预备法官培训，还向广西区高院和市中院各输送1名优秀青年干警，另推荐2名青年干警到上级法院跟班学习。

【调研信息】 2011年，良庆区人民法院认真抓好司法调研信息工作。课题《关于传销犯罪若干问题的调研报告——以来宾、南宁、北海为重点考察对象》获三年一评的全国法院第五次优秀调研成果二等奖，是全国二等奖以上奖项中三个基层法院之一，也是唯一的西部地区基层法院。此外，还获全区法院调研工作组织奖，是唯一获此殊誉的基层法院，也是连续两年获得该项荣誉。在全国法院第二十三届学术讨论会中，有1篇学术论文获优秀奖；有3篇学术论文在全区法院第二十二届学术讨论会中，分别获二等奖、三等奖和优秀奖。有2篇调研课题在南宁市第十一次社会科学研究优秀成果评奖活动中分别获二等奖和三等奖。同时强化司法宣传工作，年内，在各级各类媒体（包括网络）刊发稿件855余篇。8月19日，最高人民法院政治部和人民法院报社联合下文，在全国通报表扬了良庆区法院司法宣传工作经验，成为首次获全国殊荣的单位，也是全区法院系统获此殊荣的两家法院之一。

【物质装备建设】 2011年，良庆区人民法院加强审判物质装备建设。在法院审判法庭和重要场所安装了视频摄像头、X射线安全检查仪等锐新审判管理系统并积极应用，实现了规范管理；进一步优化本院网站，推进了庭审网络直播及裁判文书上网工作；同时加强档案室基础建设和规范管理。7月，城区党委办公室和政府办公室授予“十一五”期间城区档案工作先进单位。此外，法院建筑面积达1.10万平方米的审判综合楼已进入装修阶段。

（林振明　谢志强）

检　察

【概　况】 2011年，南宁市良庆区人民检察院内设12个机构——侦查监督科、公诉科、反贪污贿赂局、反渎职侵权局、民事行政检察科、控告申诉科、人民监督员办公室（兼预防职务犯罪办公室）、办公室、政工科、行政装备科、法警大队、案件管理中心。警力编制42人，在职44人（含事业编4人），本科学历30人，占全院总数68%，其中研究生学历4人，硕士生学位4人，学士学位16人，双学士2人，大专学历5人、高中学历1人。年内，围绕“乘势而上，奋力拼搏，整体推进，再上新阶”的工作目标，立足检察职能，以深入开展“发扬传统、坚定信念、执法为民”主题教育实践活动为契机，着力提升干警的改革创新能力和创先争优能力，创造性地开展各项检察工作。年内有15人（次）获县（区）级先进个人，9人（次）获市级先进个人，公诉科获自治区检察院向最高人民检察院推荐参评“全国优秀公诉团队”。队伍职业素能建设工作单项考评2009～2010年连续两年在全区基层检察院绩效考评中获得广西基层检察院第一的佳绩，并创造了队伍建设工作中的几个“最”：干警入选全区检察系统人才库最多的基层检察院；南宁市检察系统干警平均学历最高的基层检察院；司法考试通过率最高的基层检察院之一。

【严打刑事犯罪】 2011年，良庆区人民检察院刑检部门认真履行职责，加强与有关部门密切合作，针对地处城郊结合部治安形势严峻的特点，保持“严打”的态势，继续把伤害、绑架、非法拘禁、强奸等暴力犯罪和“两抢一盗”多发性侵财犯罪作为打击重点，做好案件繁简分流，做到快捕快诉快结，依法严厉打击各种刑事犯罪，办案质量和效果得到进一步提升。全年共受理审查逮捕案件247件347人，经审查，批准逮捕225件309人；受理移送审

2011年良庆区人民检察院
打击刑事犯罪活动情况

办案部门	项目	年份		人数同比（%）
		2010	2011	
侦监科	受理	262件357人	247件347人	下降2.80%
	批捕	234件306人	225件309人	增长0.90%
公诉科	受理	221件322人	253件372人	增长16%
	起诉	191件309人	248件360人	增长17%
	有罪判决	173件 287人	248件 360人	增长25%

查起诉案件253件372人，提起公诉248件360人。所起诉的案件，全部获有罪判决。

【坚持宽严相济刑事政策】 2011年，良庆区人民检察院坚持宽严相济，打击犯罪该严则严，当宽则宽，宽严适度。对涉嫌犯罪但主观恶性较小、无逮捕必要的未成年犯、初犯、偶犯、过失犯，依法决定不批捕19人；对犯罪情节轻微、认罪态度较好，依照刑法规定不需要判处刑罚或者可以免除刑罚的，依法决定不起诉7人；对因邻里纠纷引发的轻微案件，当事人之间达成和解的，依法决定不起诉或者建议法院从轻判处5人。如潘某东、潘某仁等5人因不满土地租赁问题，在多次诉求解决不了的情况下毁坏通往租赁地的道路，被公安机关提请逮捕。受理案件以后，经审查认为承租方存在一定过错，如果不解决租赁问题仅仅批捕潘某仁等人只能进一步加剧村民与承租方的矛盾，在进行实地走访和协调之后，对犯罪情节轻微的潘某仁等4人作出不捕处理。

【职务犯罪查办】 2011年，良庆区人民检察院转变执法观念，针对职务犯罪在一些领域仍然多发和易发、涉案金额更大、手段更加隐蔽的特点，创新侦查机制和工作方法，紧紧围绕工作目标，围绕保障和改善民生，明确办案重点，整合办案力量，全面加强查办和预防职务犯罪工作力度。全年反贪受理贪污贿赂案件线索30件32人。初查案件线索15件15人，立查案件10件10人，其中，贪污类案件1件1人，贿赂类案件5件5人，挪用类案件4件4人。所立案件大案9件9人，其中20万～30万元4件4人，50万～100万4件4人，3000万1件1人。已侦结移送审查起诉6件6人，全部移送法院。收到法院生效判决8件10人(含去年上诉本年判决案件)。反渎立查案件2件2人，全部侦结移送审查起诉，已向法院起诉1件1人。收到法院生效判决2件2人（含去年上诉本年判决案件），均为特大案件。

【大要案件查办】 2011年，良庆区人民检察院自侦部门立查的案件12件12人（含反渎案件2件2人），大案占11件11人，占立案数91.67%，是建院以来大要案占比例最高的一年。所查办的大要案件多发生在国家基建工程项目、国企经营及国家人事就业组织管理中，其中工程建设领域商业贿赂案件5件5人，有4人涉案金额在20万元以上，国企经营挪用公款案件3件3人，涉案金额在30万元至100万元之间，这些案件危害严重，影响大，从侦办到结案，领导重视，集中精兵，坚决查办。如中国第四冶金建设公司广西分公司副总经理蒋某为承建“国际日元贷款”的广西教育基建项目，采取新的贿赂手段秘密围标，从中向国家工作人员行贿20万元，本院配合上级院一并将行、受贿嫌疑人犯罪事实成功侦破。

【初查机制】 2011年，良庆区人民检察院认真贯彻上级院的“侦查重心前移，切实强化初查”的要求，牢固树立“初查决定成案”的意识，注重从案源线索的深度、广度入手，把案件侦细侦熟，自侦案件判决率高，案件质量好，有效提高了成案率。在年初受理的区院交办的国有广西农垦金光制糖有限公司财务人员凌某、苏某、黄某涉嫌系列挪用公款的线索，企业账目如麻，多种经营账目交织在一起，款项去向繁杂，难以下手。但侦查人员不厌其烦，分析请教企业财务人员的账务管理规律，梳理发案线索，锁定线索目标指向，先后在工行、农行、建行、光大银行等几大银行调取公司近几年在银行开设的全部账户流水账和几百份存取款凭证逐笔筛查，再调取三名嫌疑人的个人相关存款账目核对，终破获了凌某等三人分别利用职务之便先后挪用公款50万元、68万元、99万元用于炒股、购买个人理财产品等三起系列重大案件。经法院开庭审理后，一审判决全部作出有罪判决。

【职务犯罪预防】 2011年，良庆区人民检察院认真贯彻中央“在坚决惩治腐败的同时，更加注重治本，更加注重预防，更加注重制度建设，拓展从源头上防治腐败工作领域”的要求，紧紧围绕城区党委、政府的工作大局铺开预防网络。派干警深入走访辖区机关、部门、重点项目建设现场，向干部职工直面说法，答疑解惑，接受预防咨询46次；与农林水利局等12个单位和部门共同开展职务犯罪预防调查，进行案例分析12次，分析案发苗头，探讨预防对策，提出预防检察建议28份；开展预防警示宣传教育活动57次，受教育人数达1500人次；开展行贿犯罪档案查询活动280次；对有行贿犯罪记录的单位或个人作出处置2次。派员会同城区财政、审计等部门参与城区工程招、投标监督工作共40次。6月13～17日，由城区检察院承办的“全区检察机关预防职务犯罪展览”良庆区巡展在原邕宁公路管理局篮球馆举行，城区各有关单位共有950余人到场参观了展览。

【监督工作】 2011年，良庆区检察院加强监督工作，确保所立案件判决的准确度，维护司法公正。

侦查监督　年内共办理立案监督案件4件7人，已有3人获判决（其中有1人是去年立案本年判决）。向公安机关发出《纠正违法通知书》4份，纠正公安机关违法4件；纠正漏捕20人，纠正漏捕案件共起诉21人（其中有10人是2010年批捕本年判决）被法院作出有罪判决。共追诉漏犯6人、追加遗漏起诉罪行30起、改变公安机关定性8起。

审判监督　依法提请抗诉2件2人，获市院支持。年内对班杏鲜受贿、莫建才行贿一审判决依法提出抗诉。原审法院对起诉的班、莫受行贿9万元只认定行受贿4万元，判处班缓刑。后经审查，公诉部门认定一审法院认定事实错误，导致量刑畸轻，依法提出抗诉，得到市院的大力支持，二审经过开庭审理，采纳抗诉意见，依法改判，班、莫分别被判处五年、一年有期徒刑，有力地维护了司法公正。

民事行政检察　年内共审查处理各类民事行政申诉案3件；办结市院交办案件7件；上年提请或建议提请上级院抗诉的民事行政案件抗诉6件，获法院改判5件，改判率83%。根据上级院工作部署，努力在非抗诉案件审查上下功夫，向法院发出再审检察建议2件；向法院发出执行监督检察建议1件；协助法院调解成功24件；办理民事督促起诉案件10件，涉案总金额430多万元。

控申工作　将控告申诉、举报中心的日常接待和检察长接待日的重点接待相结合，畅通群众控告申诉渠道。全年接待群众来访275人（次），共受理各类信访案件64件；开展检察长接待日56次，检察长共接待群众5件17人。以城区组织的“公开大接访暨与民沟通日”活动及“全国检察机关举报宣传周活动”等各种专题活动为契机，检察干警深入街道、乡镇等公共场所，面对面地与来访的31批119名群众进行沟通交流，对反映的问题，全部落实专人办理，并已全部办结。

【检力下沉】 2011年，良庆区人民检察院根据最高人民检察院印发的《关于进一步加强和规范检察机关延伸法律监督触角 促进检力下沉工作的指导意见》的要求，结合城区群众工作需要，制定了《关于加强与镇（村屯）、街道（社区）联系的工作意见》和《关于充分发挥检察职能为良庆经济开发区发展服务的工作意见》，积极推进检察工作联系点建设，在辖区5个乡镇及其所属村、1个街道办和1个经济开发区设立9个检察工作联系点，结合辖区各镇的社会治安状况等情况和本院工作实际，抽调院领导和干警组成联系工作小组，直接送法上门，倾听群众诉求，为人民群众答疑解惑，调查了解影响基层稳定和发展的问题，确保社会矛盾纠纷早发现、控得住、处置好，切实维护社会和谐稳定。年内共派出9个联系工作小组，共有65人（次）赴9个联系点开展工作；收集到联系点群众提供的有关信息50条，解答联系点法律、政策咨询近百个，协调推进案件处理5件，指导、协助基层组织调解矛盾纠纷7次；向城区党委、人大、政府等机关反映基层问题3件；联系点的党委、政府及村等单位和组织的负责人主动联系举报、反映问题13人(次)；发放检察宣传资料1万余份。

【服务五象新区建设】 2011年，良庆区人民检察院针对城区党委、政府全力融入五象新区、服务五象新区的指示，紧紧围绕城区大局，立足职能，深入研究检察工作服务五象新区开发建设的新思路、新举措，及时制定出台了《关于服务五象新区建设的工作意见》及其实施方案，通过七个方面的内容主动把检察工作置于五象新区开发建设的大局中去谋划和推进，全力为新区建设提供强有力的司法保障。第一，加强与公安、法院等部门配合，依法严厉打击各类刑事犯罪，坚决维护五象新区社会和谐稳定。第二，深入项目建设、招商引资、征地拆迁等领域进行职务犯罪预防调查，及时向城区党委、政府及五象新区开发建设的相关职能部门提出针对性强的预防建议。第三，充分发挥民事行政检察职能，涉及五象新区开发建设的民事、行政诉讼申诉案件，予以优先受理。第四，强化诉讼监督职能，加强对违法裁判、执行等司法活动的监督，为五象新区建设营造公平公正的司法环境。第五，延伸检察工作触角，主动站到五象新区建设第一线，通过在各镇、进驻五象新区建设的重大项目部建立的检察工作联系点，关注民生，服务群众，服务项目建设。第六，畅通控告申诉渠道，开通"举报绿色通道"，公开便民投诉电话，24小时统一受理申诉、控告。第七，加强检察队伍建设，提升干警综合素能，为五象新区的开发建设提供高水平的法治服务。年内，《关于服务五象新区建设的工作意见》获良庆区委书记李斌高度评价并作出重要批示："城区检察院围绕五象新区开发建设的工作很及时、很有针对性，请城区政法委要组织好、协调好政法系统学习检察院的做法，切实有针对性地为五象新区开发建设保驾护航。"

【参与综治平安建设】 2011年，良庆区人民检察院结合办案开展释法说理、心理疏导、调解和解工作，将化解矛盾融入执法办案的每一个环节，积极参与社会治安综合治理和平安建设。在"两会一节"等大型活动和重大节假日期间派出干警282人次巡逻、值班、防控维稳和深入群众化解矛盾，将法律效果、社会效果和政治效果有机统一，有效维护了社会和谐稳定。年内，还有效地处理一起历史涉检进京访案件。在良庆未建区前，原邕宁县检察院办理的一起黄某故意伤害案，认为事实不清，故对黄某作存疑不诉处理。被害人李某不服，多次申诉且在2003年曾进京到最高人民检察院上访，高检院交由区院督办，区院转市人民检察院。市院2005年9月交良庆检察院办理，经呈报市院批准对犯罪嫌疑人逮捕，犯罪嫌疑人闻风出国。公安机关将黄某列为网上追逃人员。几年来坚持跟踪追逃情况，多次敦促加大追捕力度，并在重大节日和重要活动期间落实排查防范制度，确保李某在南宁召开的各级各类大会、举办重大区域、国际活动中未出现上访等过激行为。六年来始终与公安机关紧密联系，2011年9月犯罪嫌疑人返回国内时，公安机关将其抓获归案。案件依照法定程序处理，受害人李某多年的不满积怨终得到化解。

【联系人大代表和政协委员】 2011年，良庆区人民检察院坚持在党委领导和人大监督下开展工作，坚持以定期报告，专项报告等多种形式，向人大及其常委会报告工作。加强与人大代表、政协委员的联系，坚持在检察决策和执法办案中充分听取政协、政协委员和社会各界的意见和建议，主动邀请政协委员来院视察检察工作；深入推进检务公开，开设检察外网，加强网上信息发布、意见反馈，依法保障人民群众的知情权、参与权和监督权。主动回应社会关切，邀请社会各界点评检察工作，健全新闻发布工作机制，进一步拓宽了外部监督渠道，有效保障检察权在监督下的正确行使。9

月中旬，城区人大对公诉工作进行了专项评议并给予了肯定。

【检察信息】　2011年，良庆区人民检察院认真起草各类文稿近200份，做好综合协调和督查工作。积极开展检察宣传工作，发动干警投稿100多篇。在市级以上刊物发表稿件120多篇，其中，国家级的4篇，自治区级117篇；共编写检察信息75篇（检察情况反映17期，检察工作简报58期）。组织干警撰写检察调研文章31篇，在省级以上刊物发表调研文章27篇；组织4篇理论调研文章参加自治区综治办和广西法学会主办的“全区加强和创新社会管理”理论研讨会征文活动，两篇调研文章获三等奖，其中一篇调研报告被主办单位作为大会主推发言的五篇文章之一，执笔干警覃勇代表课题组在研讨会上作主题发言并获得自治区政法委副书记刘耀龙的充分肯定和点评专家的高度评价。

【“两房”建设】　2011年，良庆区人民检察院继续抓紧“两房”建设，在上年申请到专项资金236万元、国债资金300万元的基础上，年内再获国债资金支持130万元，二次装修工作已完成约70%，接下来将全力以赴积极做好项目建设工作，力争早日实现整体搬迁。12月15日，40多名在邕的全国、自治区、市级三级人大代表在广西南宁市人大常委会副主任刘雄的带领下到良庆区检察院“两房”建设工地考察。南宁市人民检察院副检察长沈兵、良庆区人大常委会主任郑国健陪同视察。人大代表希望良庆区检察院在抓工程进度时，一定不要忽略工程质量，要把“两房”建得符合现代检察办公要求，符合五象新区发展形势要求，符合城区法治建设进程要求，为良庆经济社会发展创造更好的法治环境。与此同时，严格执行财务管理制度，规范本院差旅费的管理；配合城区开展“小金库”治理工作，开展“小金库”全面复查；根据中央“公务用车整治专项行动”的部署，开展本院公务用车改革，进一步加强公务用车的管理，节约财政资金。

2011年12月15日，全国、自治区、市级三级人大代表在广西南宁市人大刘雄副主任的带领下到良庆区检察院“两房”建设工地视察。

【检察技术】　2011年，良庆区人民检察院加强信息化建设，扎实推进网上办公、网上办案、网上队伍建设、网上检务保障“四个应用”。全面推动案件管理系统软件的全面应用，定期维护三级检察专线网络、视频会议系统。内网建设进一步加强，适时更新版面。严格对照绩效标准要求，配合业务部门开展技术办案工作。年内，建设技术办案总数达受理审查起诉案件总数23.50%。

【法警工作】　2011年，良庆区人民检察院认真落实《人民检察院司法警察执行职务规则》，依法、全面履行拘传、传唤、参与搜查、追逃、看管等9项职责，努力使司法警察履行职责的水平与检察业务工作的发展相协调。全年完成执行传唤12人，看管11人，参与搜查3次，协助执行拘留、逮捕等强制措施4人，协助追捕并抓获犯罪嫌疑人1人，送达法律文书246份，保护公诉人出庭2次，押解犯罪嫌疑人、被告人144人次，多次协助自侦部门调查取证，并且较好地完成检察长交办的各项任务。

2011 年 4 月 22 日，良庆区人民检察院在龙州起义革命旧址开展“缅怀革命先烈，重温入党誓词”主题实践活动。

【检察队伍建设】 2011 年，良庆区人民检察院队伍建设常抓不懈，加强五个建设有效提升整体素质和执法水平。①加强思想政治建设。深入开展“发扬传统，坚定信念，执法为民”主题教育实践活动，组织红色之旅学习，重温入党誓词，引导检察人员自觉践行“忠诚、公正、清廉、文明”的职业道德准则。②加强班子作风建设。班子成员严格坚持民主集中制原则，团结务实，以身作则，清正廉洁，模范带头。③加强执法能力建设。组织干警参与上级院举办的“大比武，大培训，大调研”活动，参加“检察官职业道德周末讲堂”、“南宁政法文化讲坛”等业务培训讲座，全员参加全国《检察机关执法工作规范化》培训，并全部通过统考。④加强廉政建设。全员签订《廉政建设责任状》，从院领导班子到干警实行自上而下的逐级管理，层层负责，有力杜绝了金钱案、人情案、关系案的发生。⑤加强纪律作风建设。认真开展“纪律教育周”活动，组织修正《上下班考勤制度》、《请销假制度》、《车辆使用管理制度》等纪律制度，开展谈心谈话活动。

【检察文化建设】 2011 年，良庆区人民检察院认真组织学习《中共中央关于深化文化体制改革 推动社会主义文化大发展大繁荣若干重大问题的决定》，把加强检察文化建设摆在检察工作的重要位置，开展各种形式的文体娱乐活动，组织干警外出考察学习，丰富检察人员的精神生活，为紧张工作的检察干警减压。院党组积极创建检察文化氛围，按政策为研究生落户申请安家费，同时用真情关爱干警，坚持做到在干警生病时、结婚时、亲人去世时登门看望；在干警思想波动时、工作岗位变动时、工作出现失误时、家庭出现变故时、评先晋级落榜时、与同志发生矛盾时开展谈心谈话活动，坚持每年组织干警体检，坚持搞好职工饭堂。

（刘燕云　滕　珊）

公　安

【概　况】 2011 年，南宁市公安局良庆分局有公安民警 187 人（不包括工人 3 名），下辖 15 个大队（科、处、室）、大沙田、玉洞、良庆、那马、大塘、南晓、玉洞、大王滩 8 个派出所及前进警务站、银沙警务站。在良庆区党委、政府和市局党委正确领导下，以“发扬传统、坚定信念、执法为民”主题教育实践活动、“大走访”开门评警活动以及构建和谐警民关系“三大”活动为载体，努力提高队伍整体素质，有力推进了分局各项公安工作的发展，保持良庆区政治大局稳定，圆满完成了 2011 年“两会一节”等一系列重大安保任务。

【打击违法犯罪】 2011 年，良庆区立刑事案件 3609 起，同比下降 31.90%，破案 1162 起，破案率 32.20%，刑事拘留 436 人，逮捕 311

人，起诉232人，劳教66人，打掉犯罪团伙58个。分局创新打防控思路，保持严打高压态势，细化打击任务指标，以派出所为点警务站为线，采取强化巡防、定点伏击、全面布控等多种措施，有力地打击了违法犯罪行为，超额完成市公安局下达的任务指标。

【维隐工作】 2011年，良庆区公安分局强化收集预警性、内幕性和行动性情报收集工作，做好信息研判，全年共收集上报各种情报信息46条，及时妥善处置群体事件10起，有效地维护了社会治安、政治稳定。同时树立接处警的过程也是调解的过程、调解也是执法的理念，努力从源头上化解矛盾。积极开展局长接待日、“公开大接访”、信访超市等活动，协同有关部门调处化解各种矛盾纠纷4249起。年内分局信访部门收到群众信访件76件，接待来访群众69人，办理公安部督办信访件1件、区厅交办信访调查案件2件、厅长信箱信访件6件、市局交办信访件4件，人大、政协提案、建议答复11件，切实做到件件有答复，努力把不稳定因素消除在萌芽状态。

【专项行动】 2011年，良庆区公安分局充分发挥公安机关的职能作用，全力打击“两抢一盗”、诈骗等侵害人民群众财产安全、人民群众反映强烈的违法犯罪活动。以深入开展“大走访”开门评警活动为契机，继续以命案攻坚为龙头，不断把严打整治斗争引向深入。先后开展了社会治安“春季攻势”、“亮剑”专项行动、“灭鼠”行动、“鹰眼”行动、“昆仑”系列行动、打击敲诈勒索违法犯罪行动和打击整治电子游戏机赌博“春雷”行动、特种行业专项整治、禁毒战争、打击传销等一系列严打整治行动并取得显著成效，人民群众的安全感满意度从全区靠后跃居全区第八十九名。

【侦破命案9起】 2011年，良庆区现行命案发9起，破8起，另破1起年前命案。分局在思想认识、组织领导、保障经费上高度统一，体现了对命案侦破工作的重视。大塘镇“4·22”命案发生后，分局领导组织警力连夜加强侦查工作。次日，涉案的两名犯罪嫌疑人迫于公安机关强大的震慑力投案自首。5月28日下午，南晓镇发生了一起一死一伤的命案，分局领导连夜组织指挥分局各办案单位联合攻坚破案，仅用8小时就抓获涉案嫌疑人。

【复合型警务改革】 2011年，良庆区公安分局进一步加强治安防控体系建设，大力推进城区复合型警务机制改革，投入234.20万元解决了前进警务站、银沙警务站的车辆、办公装备、通信监控、平台建设等问题，并在2011年6月13日投入使用。前进警务站自2011年6月13日至12月31日共接处警4922起，出动警力11083人次，盘查1231多人，当场抓获嫌疑人169人，其中刑事拘留12人，行政拘留17人，移交网上逃犯1人，处理吸毒人员10人，收缴管制刀具65把、仿六四式手枪一把、子弹13发，盘查、扣押无牌无证的车辆1156辆，救助服务群众1976人次，警务站辖区案件发613起，比上年同期1362起相比下降55%，“两抢”案件发案49起，比上年同期280起下降83%。此外银沙警务站刑事案件发案和上年同期相比下降了86%，是2011年全市城区复合型警务站运行之后压案效果最为突出的，有效地提升辖区群众安全感满意率。

【治安管理】 2011年，良庆区公安分局坚持“严管、严控、严查、严处”的原则，集中整治治安乱点，突出宾馆、旅店、网吧、酒吧、发廊、娱乐场所等治安复杂场管理，严厉打击“黄赌”丑恶现象。年内发现并受理治安案件7152起，同比下降2%，查处6924起，结案1189起。根据《广西娱乐场所治安分级管理暂行规定》和《南宁市公安局开展娱乐场所治安分级管理工作方案》对娱乐场所治安分级管理评定等级进行复核，为良庆区娱乐场所下一步规范化管理奠定了坚实基础。

分局开展了打击毒品犯罪的专项行动,加大对娱乐场检查力度,切实提高对吸毒人员的管控工作。共破获重特贩毒案件13起、一般贩毒案件31起，逮捕35人，收戒吸毒人员99人，缴获毒品海洛因32.28克、K粉3606.95克、神仙水1450.99克、冰毒52.65克、麻古1051.90克。12月7日晚,分局组织刑侦责任区大队、禁毒大队、银沙警务站通过包围堵截在灵山至邕宁二级公路城东收费站附近抓获两名涉嫌贩卖毒品犯罪嫌疑人,当场缴获运输毒品车辆一辆及毒品K粉2公斤及“神仙水”54瓶。

【打击经济犯罪】 2011年，良庆区公安分局继续采取强化措施保持打击经济犯罪的高压态势，加强打击传销宣传工作。年内破获经济案件47起，其中传销案46起，合同诈骗案1起，刑事拘留犯罪嫌疑人115名，其中逮捕2人，起诉2人，劳教66人，清查捣毁传销窝点179个，打掉团伙8个，教育遣返传销人员2536人，冻结存款13.95万元，有效地遏制了传销违法犯罪活动的发生。

【清网行动】 2011年，良庆区公安分局年内抓获各类逃犯150名，特别在2011年5月26日开展“清网行动”以来，分局迅速整合警力资源，及时调整追逃策略，规劝和追捕工作两不误。抓获5.26前在册逃犯48名（包括抓获潜逃10多年的命案逃犯4名，地督逃犯2名），逃犯下降率达到90.57%，提前两个月完成区公安厅下达的2011年底撤网率为80%的任务指标，分局在全区“清网行动”工作排名前列。

【队伍建设】 2011年，良庆区公安分局以“发扬传统、坚定信念、执法为民”主题教育实践活动、“大走访”开门评警活动以及构建和谐警民关系“三大”活动为载体，切实加强公安政治工作，队伍整体战斗力明显增强，为业务工作顺利开展提供了有力保障。公安队伍连续四年保持零发生违纪违法事件。

【执法规范化建设】 2011年，良庆区公安分局以开展涉案财物管理问题专项治理、集中整治执法过程中涉案人员非正常死亡问题工作（简称“两个专项治理”），大力加强执法主体建设、执法场所标准化建设和执法制度建设，一年来共投入84万元，使大沙田派出所实现了功能区划分，全局各单位共增加探头91个，录音录像设备2套，增加其他防护设施1处。目前各办案单位三室均按要求设在一楼并装有监控探头，全体民警能严格遵守规定，所有的询问、讯问工作都能做到不在二楼以上进行。法制部门年内审核刑事案件306起，发现问题案件45起并当场进行整改；审核治安案件309起，发现整改执法问题案件95起，考评后由法制科督促办案单位进行整改。公安机关执法公信力有了明显增强。

（良庆分局编写组）

交通管理

【概　况】 2011年，南宁市公安局交通警察支队六大队位于良庆区银海大道231号，主要负责南宁市良庆区辖区内道路交通安全管理工作。有民警32人，领导5名（其中大队长1名、教导员1名，副大队长3名）大队业务分事故处理、交通秩序、交通宣传三大块。下设一中队（事故中队）、二中队（内务宣传、路面中队）、三中队（大塘中队）。管辖道路有325国道南北二级公路61.50公里，101省道二级公路（改称五象大道）12公里，县道37公里，四级公路85.50公里，总里程196公里。交通管理工作以党的十七大精神为指导，以科学发展观为统筹，围绕“安全、畅通、和谐、稳定”的总目标，积极探索交通管理长效机制，以加强道路交通事故预防为重点，大力开展春节、五一、国庆、元旦等佳节交通安全保卫，开展整治酒后驾驶及摩托车专项集中整治、深化和拓展道路客运隐患整治、“三超一疲劳”整治等专项行动，并深入开展学校周边社会环境集中整治和“护卫天使行动”，同时大力推进“文明交通行动计划”及“八个平安”建设工作，不断规范执勤执法行为，维护辖区道路交通秩序和治安秩序，开创各项交通管理工作新局面。年内，交警六大队先后荣获南宁市党委政府授予创建全国文明城市先进集体；区公安厅授予社会综合整治专项行动先进集体；南宁市公安局授予集体嘉奖；南宁市安全生产工作先进集体；首府南宁市创建国家文明城市先进集体；获一等功的民警有2人；获嘉奖的民警有8人。

【纠正交通违法行为】 2011年，交警六大队坚持严格执法，年内开展“五进”交通安全宣传84次，受教育人数达8万人次，上交通安全教育课72次，印发各类宣传资料2万份，圆满地完成了上级下达的各项工作任务。共纠正各种交通违法行为2731起，扣留机动车辆1138辆次，教育放行3700人次。至12月，辖区共发生立案交通事故24起，死亡23人，受伤17人，经济损失为44765元。与上年同期相比分别为20%、0%、88.90%、-25.60%。

【道路交通事故预防】 2011年，交警大队围绕预防道路交通事故保畅通中心工作，在上级统一部署下，大队分别开展了春运、清明、五一、端午、国庆和元旦等节假日道路交通安全管理，认真开展酒后驾车和摩托车专项整治、粤闽桂三省（区）道路客运隐患集中整治联合行动、“三超一疲劳”整治等专项行动等。为消除校园周边道路交通安全隐患，认真开展中小学校园周边交通环境专项整治及“护卫天使行动”。在预防道路交通事故工作中，联合城区职能部门各司其职，多措施共同开展预防道路交通事故工作，同时狠抓路面秩序管理，开展非机动车交通秩序专项整治和“三超一疲劳”集中整治行动，采取宣传和整治相结合，层层落实工作任务，由各中队到各自责任区把整治要求传达到各客运企业、学校和重点单位，提高广大群众知晓率，并每月集中开展一次以上对超员、超载、超速和疲劳驾驶等统一整治行动，大力查处各类交通违法行为，消除道路安全隐患，使辖区道路交通事故高发态势得到缓解。

【文明交通行动】 2011年，是深入推进“文明交通行动计划”工作的第二年，也是该项工作承上启下的一年，交警六大队将交通安全宣传教育工作摆在重要位置，营造和谐、文明的道路交通环境。一是结合辖区交通事故情况，以325国道沿线为重点铺开交通安全宣传教育活动，在325国道沿线悬挂交通安全宣传横幅38条，提醒过往车辆驾驶人注意行车安全，潜移默化的提高沿线村民交通安全意识。二是开展集中宣传活动。在春运、清明、五一、端午等节假日期间均由内务宣传中队、大塘中队集中统一宣传活动，在大沙田客运中心，大塘客运站展出宣传展板，在候车大厅播放《关爱生命、平安出行》CD，同时设点向过往群众发放宣传资料，解答群众咨询68次。三是联合城区妇联、文明办开展青年志愿者义务劝导活动，在维护重要路口交通秩序的同时，劝导和纠正各类不文明行车行为。四是多形式，灵活开展交通安全宣传活动。结合“大走访”开门评警活动，深入辖区各学校、运输企业和家庭开展一次走访和宣传教育；召开警营开放日活动，积极组织白马公交公司玉洞车场和阳光新城小学学生走进大队部体验大队警务通、电子警察和雷达测速仪等高科技装备的使用，使他们近距离了解民警执法工作，取得了良好的宣传教育效果。年内共开展大型交通安全宣传活动125次，展出各类宣传展板120幅，悬挂横幅65条，播放光盘106次，使2万名群众得到一次宣传教育。

【“八个平安”创建】 2011年，交警六大队根据自治区、南宁市关于“八个平安”创建工作的有关部署，以联席办为平台，加强统筹协调，分别联合有关部门开展客运车辆集中整治、农村道路交通安全集中整治、校车及校园周边环境交通安全整治、道路交通安全隐患排查整治、路面行车秩序集中整治、完善交通事故伤员救治“绿色通道”机制、完善交通事故救援机制等一系列道路交通安全综合整治，确保交通安全形势保持稳定，道路交通事故死亡人数不断下降。一是城区政府将道路交通安全工作纳入政府目标管理范畴，把道路交通安全列入政府工作目标进行统一考评。二是完善城区和镇级道路交通安全工作联席会议工作机制，联席办坚持每季度召开一次例会，研究道路交通安全形势。凡涉及全局性的重大问题，以政府或联席会议名义进行统一部署，着力解决影响道路交通安全全局性、基础性、战略性、长远性问题，切实提高政府驾驭道路交通安全形势的能力。三是开展各类重点车型整治。集中整治客运车辆超速行驶、疲劳驾驶、超员、酒后驾驶等重点交通违法行为，预防涉及客运车辆的重特大道路交通事故。集中整治农用拖拉机非法载人，驾驶非法改拼装、报废拖拉机上道路行驶等重点交通违法行为。严厉查处“黑校车”违法载运师生等违法行为，对校车超员载客、逾期未检、报废车上路等严重违法行为，坚持严管严查，预防校车重特大道路交通事故。针对各个不同交通规律，有针对性地组织对严重交通违法行为的专项整治，尽可能消除重特大交通事故隐患。据统计，全年开展整治112次，扣各种违法车辆140辆，出动警力1046人，警车256辆。四是完成对“生命绿色通道”标示牌的悬挂，公开急救电话和事故报警电话，并及时向社会承诺：对发生的交通事故，本着“生命至上、救死扶伤”的原则，用最快的速度和优质高效的服务挽救伤员的生命，危重伤员送到医院直接进入抢救程序，简化入院手续、缩短入院时间，为患者获得及时救治赢得时间，最大限度地救治伤员。牵头开展“平安摩托”创建，通过摸底完善辖区摩托车及驾驶人信息台账，开展摩托下乡服务，提高摩托车注册登记率，同时加强路面管控，查处摩托车各类交通违法行为，改善摩托车通行秩序，使城区摩托车违法行为有效遏制，涉及摩托车道路交通事故有所下降。年内大队开展摩托下乡服务12次，新增注册摩托车612辆，查处摩托车道路交通违法行为4120起，新增摩托车驾驶人信息1600条，新增摩托车辆230辆。

【大型活动交通安全保卫】 2011年，交警六大队根据上级部署，参与“两会一节”中国—东盟博览会开幕式及领导人巡馆，大地飞歌预演和正式演出、国际民歌艺术节良庆歌台等系列交通安全保卫任务，全体民警发扬连续作战、顽强拼搏，确保各项安保万无一失。出动警力1083人次，出动警车295辆次，一级交通安全保卫10起，二级交通安全保卫28起，三级交通安全保卫85起，查处各类交通违法行为982起，参加各类警卫任务18个，指挥疏导车辆达21900辆次，累计加班加点超过1200小时。

（南宁市交警支队六大队）

司法行政

【概　况】 2011年，南宁市良庆区司法局核定编制27人，在职人员29人（局机关10人，法律援助中心4人，各司法所15人），机关内设办公室、法制宣传教育股、基层工作股、社区矫正工作股共4个职能股室。下辖良庆、那马、大塘、那陈、南晓、大沙田街道6个派出司法所；管理一个二层事业单位良庆区法律援助中心。年内坚持围绕中心、服务大局，坚持以人为本、执法为民、服务为民，以深化3项重点工作为切入点，全面推进司法行政工作8项任务，各项工作实现新突破，有新发展。年内，良庆区司法局荣获2011年度南宁市司法行政系统先进集体及城区平安建设先进单位称号；依法治理办获全区法制宣传教育先进普法依法治理办公室；大塘司法所获全区先进司法所；南晓司法所获南宁市司法行政系统先进集体。黄英武获全国模范司法所所长、全国、全区政法系统优秀党员干警、全区司法行政系统优秀共产党员等，其优秀事迹和典型经验先后在《广西法治报》、《党风廉政教材》等报纸刊物上宣传推广。全系统有15人次获市级以上荣誉称号，有8个单位（集体）分别获自治区、南宁市、城区表彰。

【人民调解】 2011年，良庆区司法行政部门加强人民调解工作，认真贯彻实施《人民调解法》，广泛开展矛盾纠纷排查化解专项活动，开展“争当人民调解能手”活动。年内排查调处矛盾纠纷1617起，调处成功1557起，调处成功率达96.29%，防止群体性械斗事件12起343人，防止群体上访6起147人次，防止民转刑13起29人。行业性、专业性人民调解组织建设取得新进展，良庆区道路交通事故人民调解委员会在南宁市交警六大队挂牌成立。

【刑释安置帮教】 2011年，良庆区司法局把刑释解教人员安置帮教工作列入基层司法行政工作年度绩效考评指标内容。针对刑释解教人员数量多，成分杂和帮教工作难度大的情况，健全安置帮教网络，建立健全释解人员信息库，做到情况明、底数清、衔接工作规范、安置帮教措施落实、帮教无死角。年内，城区在册刑释解教人员共有267人，其中刑释245人，解教22人，重新违法犯罪2人，重新违法犯罪率为0.70%。

【社区矫正工作启动】 2011年，良庆区司法局贯彻落实《广西壮族自治区社区矫正工作流程（试行）》的通知精神，建立健全接收、管理、考核、奖惩、解除矫正等有关制度，明确基层司法所要加挂社区矫正工作站牌子。8月11日城区召开社区矫正工作会议，社区矫正工作正式启动。年内，对14名符合规定、条件成熟的社区服刑人员进行交接、入矫教育和培训。社区矫正工作有序推进。

【普法治理】 2011年是实施“六五”普法规划的启动年。良庆区把法制宣传教育作为服务于党委政府中心工作的重点任务，制定下发《南宁市良庆区2011年度普法依法治理工作要点》，城区党委政府转发《关于在公民中开展法制宣传教育的第六个五年规划》，城区第二届人大常委会第四会议通过《关于进一步加强法制宣传教育的决议》。完成年度普法教材征订3800多套，编印“六五”普法笔记本4500多册。举办领导干部培训班2场，500多人次。为学生上法制课52场（次），受教育学生3000多人（次）。继续深入开展“法律六进”活动，共发放宣传资料8500多份，法律服务（援助）联系卡2.50万多张，接受法律咨询1600多人次，赠送书籍200多册。参加专项治理活动11场次，制定专项法制宣传活动方案6个，出动法制宣传车50车次，制作宣传板报5板。

【法律援助】 2011年，良庆区法律援助中心坚持“应援尽援”的工作原则，扩大法律援助受助覆盖面，不断拓展法律援助案件的办案量。接待解答法律咨询1589人次，办理法律援助案件97件（其中为未成年人提供刑事辩护36件、民事诉讼案件61件），指导和调解非诉讼案件9件，代写法律文书56份。受援人352人，为当事人挽回经济损失30余万元。办案数和受援人数年均分别递增10%和50%。

【法律服务】 2011年，良庆区完成对2家法律事（服）务中心（所）14名法律服务工作者的年检、注册工作。各法律事（服）务中心（所）担任常年法律顾问17家，办理各类诉讼案件133件，办理非诉讼案件37件。

【业务用房建设】 2011年，良庆区司法局针对撤县设区行政区域变动暂无行政业务用房的状况，认真贯彻落实上级有关文件的精神，及时同相关部门沟通协调，编报中央预算内“十二五”投资项目计划，拟建设司法行政业务用房2058平方米，总造价650万元。

【基层基础建设】　2011年，良庆区司法局贯彻落实上级有关加强“两所一庭”建设的指示精神和司法所规范化建设工作的有关要求，把人、财、物向基层倾斜，推进司法所的规范化建设。筹措资金购置了5台微机配发到司法所，为全体干警定做了一批司法行政工作制服。成立南宁市良庆区大沙田街道司法所。

【服务五象新区建设】　2011年，良庆区司法局共抽调8人（含司法所），专门负责协调南宁五象新区范围内群众反映强烈的、影响社会稳定的矛盾纠纷，尤其是集中调处和化解由于项目征地拆迁补偿涉及个人和集体的利益以及长期得不到解决的历史遗留疑难纠纷。年内，参与调处南宁五象新区建设项目征地引发的纠纷案件131件。为城区有关部门在五象新区开发建设中遇到的重大疑难案件进行专业调研和分析，帮助有关部门防范和控制法律风险，共出具处理意见书5份。

【主题教育实践活动】　2011年，良庆区司法行政系统深入开展创先争优和“发扬传统、坚定信念、执法为民”主题教育实践活动。举办党史党建知识竞赛。组织人员参加南宁市“12348”法律服务热线解答服务普通话大比武、南宁市司法行政系统人民调解员大比武，均获得三等奖。通过踏访革命历史遗迹、重温革命事迹，参加自治区司法行政系统主题教育实践活动展示汇报会和纪念中国共产党成立90周年唱红歌比赛等活动，激励干部，弘扬正气。

【队伍建设】　2011年，良庆区司法局切实做好“三定”方案的报批工作，增设社区矫正工作股，新考录2名司法助理员。同时高度重视干部队伍教育培训工作，组织普法骨干参加南宁市普法业务培训，组织科级以上干部参加秋季主体班学习，分管领导、基层工作负责人、司法所长实行执法轮训。全系统累计参加各类学习、业务培训69人次，司法行政干警的政治、业务素质明显提高。

（韦冬英）

政府法制

【概　况】　2011年，良庆区人民政府法制办公室为政府组成部门，正科级单位，在编人员4人。法制办认真当好政府参谋顾问，处理社会热点、难点问题，依法处理“三大纠纷”确权案件，对各部门的行政行为进行监督，提高政府依法行政水平。

【法律业务培训】　2011年4月，良庆区政府制订政府常务会议学法制度。全年举行常务会议学法活动5次。10月，组织55名执法人员参加南宁市统一举办的封闭式强化培训。11月，组织国土、城管等部门人员到成都参加《中华人民共和国行政强制法》业务培训；举办了“三大纠纷”调处业务培训，对乡镇及调处职能部门调处工作人员共60多人进行培训。

【办理领导批示件】　2011年，良庆区人民政府法制办公室办理领导批示66件，比上年增加14件。其中涉及合同12件，征地拆迁21件，扶贫安置3件，土地纠纷16件，人事劳动保障5件，生产安全3件，社会治安2件，交通管理1件，教育管理3件。法制办均坚持“依法办理、尊重事实、平衡利益、和谐处理”的原则提出法律意见。

【行政审批事项清理】　2011年，良庆区人民政府法制办公室对城区行政审批事项进行清理，清理出属于城区政府非许可审批项目26项，许可项目5项；属于乡镇非许可审批项目3项，许可项目7项；属于城区各行政部门非许可行政审批项目157项，许可项目123项。

清理的同时，将这些项目的程序环节和办理时限最大限度地进行缩减，真正使审批达到“简化”、“便民”的目的。

【规范执法行为】 2011年，良庆区人民政府法制办公室履行职能，规范各部门行为。

执法监督检查 10月，派员参加自治区组织的物价食品执法监督检查，提高了执法监督业务水平；积极配合人大开展《中华人民共和国禁毒法》、《中华人民共和国消防法》等执法检查，提出部门整改意见。

案卷评查 9月，抽查了公安分局、计生局、安监局、工商分局、环保局、农林水利局、文体局、城市管理局等部门的行政处罚、行政许可案件，并进行案件评查，发现少数案件存在实体内容、办案程序、档案管理、文书用词等问题，并将评查的情况在城区范围内进行通报。

【规范性文件备案审查】 2011年，良庆区人民政府法制办公室在上年建立规范性文件审查备案档案库的基础上，又专门对规范性文件备案审查等工作提出了具体要求，做到了有件必备、有备必审，有错必究。年内审查2件，并及时向市政府报送备案。另外，对南宁市、自治区将出台的法律草案，广泛征求社会各界人士的意见，综合形成意见报送市政府。

【化解矛盾纠纷】 2011年，良庆区人民政府法制办公室发挥职能，化解矛盾纠纷。

服务五象新区征地拆迁 参与五象新区征地纠纷、历史遗留问题、征地拆迁引发的各种民事纠纷、行政纠纷协调处理，办结36件。严把各项工作的依法行政关，保证拆违执法活动行为的合法性，有效地制止了五象新区违法抢建的不良势头。

处理热点问题 继续参与大塘糖厂、金刚水泥厂、正大饲料厂改制及遗留问题的处理，还牵头处理辖区内林权改革和扶贫安置历史遗留问题共8件。

办理“三大纠纷”案件 组织相关调处职能部门人员、法律顾问等人员对“三大纠纷”积案进行审查确权，为征地拆迁和林权制度改革保驾护航。审理“三大纠纷”案件42件，确权20件，其他处理5件，正在处理12件。

【行政复议和应诉】 2011年，良庆区人民政府法制办公室认真做好行政复议和应诉工作。

行政复议 推行行政复议简易程序和听证制度，进一步健全行政复议和解、调解机制，做好复议受理前的调解工作，主动化解行政争议。通过网络信息公开和行政复议便民卡等形式畅通行政复议渠道。协调处理行政争议案件3件，作行政复议受理1件，调解成功1件，转为信访件化解处理的1件。

行政诉讼 代理政府进行行政诉讼一审案件9件，经一审判决维持5件，撤销1件，正在审理当中3件，二审案件5件判决维持3件，尚有2件正在审理当中。

（梁枫光）

军事

JUNSHI

人民武装

【概　况】　2011年，良庆区人民武装部属正团级现役部队，是良庆区党委的军事部门，兼良庆区人民政府的兵役机关。受南宁警备区和良庆区党委、政府的双重领导。主要负责良庆区的民兵工作、兵役工作和动员工作。内设军事科、政工科、后勤科等3个科室。下辖良庆、那马、大塘、那陈、南晓镇和大沙田街道等6个基层人民武装部。年内，在上级党委正确领导下，认真贯彻两级军区和警备区的要求和指示，坚持以科学发展观为指导，以《军队基层纲要建设》为依据，学习胡锦涛主席关于国防和军队建设的一系列论述，始终把思想政治建设摆在首位，不断加强党委班子建设，狠抓各项工作的落实，完成了年度各项工作任务。年内先后荣获南宁市委、市政府和警备区双拥工作模范单位；广西军区民兵武器装备仓库规范化建设达标单位；自治区征兵工作先进单位。在警备区组织的全市民兵应急能力军事比武竞赛中，取得团体总分第二名、射击第二名和长跑第三名的好成绩。现役干部年度军事训练考核，取得团体总分第一名；警备区安全稳定“四无”单位、新闻报道先进单位和优秀四会教练员评选先进单位，征兵工作实现连续6年无责任退兵。

【班子建设】　2011年，良庆区人民武装部自身建设以“团结和谐、风清气正、坚强有力、奋发有为”为目标和努力方向。严格按照上级关于加强党风廉政建设的一系列指示，教育引导班子成员和干部把好“五个关口”、守住“三道底线”。“五个关口”即：把住政治关口，听招呼、守纪律；把好廉政关口，不伸手、不贪占；把住生活关口，拒腐蚀、抗干扰；把住用权关口，不擅权、不谋私；把住交往关口，讲品位、不滥交。“三道底线”即：守住政治底线、守住道德底线和守住生活底线。在进行党性剖析和民主评议时，对党员干部、群众提出“五讲五不讲”，即讲政治信念、讲能力素质、讲思想道德、讲革命精神和讲廉洁自律；不讲偏激话、不讲违心话、不讲表扬话、不讲共性话和不讲肤浅话。在民主生活会上，班子成员首先自觉拿起思想斗争武器，敢于进行批评与自我批评，做到有意见讲在当面，有问题摆上桌面，不搞好人主义，更不搞自由主义。在确保活力不衰减的情况下，坚持从“抓学习、抓状态，抓作风”等三抓着手，进一步加强党管干部的力度。

【军事落实】　2011年，良庆区人民武装部认真抓好军事落实。坚持以邓小平理论和“三个代表”重要思想为指导，深入贯彻落实科学发展观，认真落实党管武装各项制度，学习贯彻党的十七大和十七届四中、五中、六中全会精神，以做好军事斗争准备为牵引，坚持用“五句话”总要求和“三个提供、一个发挥”统揽各项工作。一是人武干部训练。按照《中国人民解放军陆军军事训练与考核大纲》要求，明确训练的内容、条件、标准及考核评定方法，强化按纲施训意识，突出组织全体干部的首长机关在职训练，抓好干部军事理论、兵役工作及动员工作法规和指挥自动化系统使用的学习，突出以手枪射击和体能训练为重点，做到内容不偏训，时间不缩减，标准不降低，确保训练人员、内容、时间、效果的四落实。二是专武干部、民兵营长集训。从5月15日至5月23日历时7天对5个镇和1个街道办的专武干部和民兵营长进行认真扎实的集训，强化队伍综合素质。三是民兵训练。从6月23日至8月2日历时近2个月，对步兵分队、民兵应急连和其他专业分队等基干民兵分队进行系统训练，增强民兵军事素质，提高参战、担负支前保障任务和应付突发事件的能力，达到了“招之即来、来之能战、战之能胜”的要求。经上级考核验收，所有参训民兵分队训练科目优良率达85%，合格率98%，完成了年度军事训练任务。

【政治落实】 2011年，良庆区人武部紧紧围绕“三个确保”目标，按照“三个紧贴”的要求，坚持从创新理论入手，采取“严格学习制度，突出主要内容，抓住重点对象，落实关键环节”的方式，深入抓好国防和军队建设主题主线重大战略思想和十七届六中全会精神等政治理论专题学习，并注重搞好理论学习成果的转化。认真组织培育当代革命军人核心价值观主题教育，通过读党史军史、看红色经典、唱革命歌曲、悟革命真理，营造爱党信党跟党走的浓厚氛围，焕发干部贯彻主体主线、有效履行使命的政治热情。还集中开展“加强党性修养、锤炼思想作风”等教育整顿和专项整治活动。通过抓思想正导向，抓制度促规范，抓整改保实效，广大党员干部职工严格按章办事的自觉性明显增强。同时围绕坚定理想信念，扎实抓好“四反”（反渗透、反心战、反策反、反窃密）专题教育和形势政策宣传教育，严格涉密岗位等重点人员的政治考核，确保单位内部纯洁巩固，没有出现任何政治性问题。

【组织落实】 2011年，良庆区人武部根据《民兵工作条例》和总参谋部、总政治部〔1997〕参联字2号文件及两级军区有关文件精神，按时间节点组织开展民兵组织整顿工作。村和企业单位及时成立民兵整组工作领导机构，镇武装部、村民兵营和企（事）业单位民兵连拟制民兵整组工作实施计划。层层召开民兵整组工作会议，进行骨干培训。对广大干部、民兵、群众普遍进行《中华人民共和国国防法》、《中华人民共和国兵役法》和《民兵工作条例》为主要内容的国防教育，教育形式多样，方法灵活，受教育面达85%以上。基干民兵编组符合总部2号文件规定的“五个有利于”原则：即有利于领导、有利于提高质量、有利于开展活动、有利于执行任务、有利于平衡担负。选编基干民兵特别是民兵应急分队，做到“六优先”（退伍军人优先，训练合格人员优先、党团员和现实表现好的优先，家庭劳力充裕的优先、不外出打工或短期近距离外出的优先），基干民兵经过军事比例符合上级的要求，地方与军事专业对口的技术人员编入基干民兵或进行登记储备。集中点验行动迅速，点到率达95%以上。按选配条件和任免权限，配齐配强了各级民兵干部，所配干部能胜任本职工作，履行职能，发挥作用。民兵组织均建立健全了民兵组织整顿、民兵干部会议、民兵活动、政治教育、军事训练和基干民兵外出管理等六项制度。

【后勤建设】 2011年，良庆区人武部坚持深化改革，强化管理，抓紧后装基础建设。在后勤建设方面，大力发扬艰苦奋斗、勤俭节约的精神，不断加强家底工程建设，实现三年连续达标，整个后勤建设有了新的突破。主要是从“出纳把好经费使用关、会计把好验票关、部首长把好会签关”等三关入手，严格落实上级后勤部门关于物资定点采购和财务银行账上划拨的规定，确保经费来龙去脉清楚，使用合理，讲究效益，减少浪费，堵塞漏洞。

【安全稳定】 2011 年，良庆区人武部按照两级军区和警备区部署，积极做好经常性思想教育工作，围绕学习贯彻党的十七大精神，集中开展形势政策宣传教育。认真落实《中国人民解放军预防犯罪工作条例》和《军队预防职务犯罪工作若干规定》，主动抓好经常性法制教育，不断增强干部职工法纪观念。同时结合实际，制定和完善维护复转退军人稳定和军人军属合法权益的措施，把各种隐患解决在萌芽中，确保部队安全稳定。

【国防教育】 2011 年，良庆区人武部深入贯彻落实全国国防教育工作会议精神，把加强国防教育作为固长城、强国魂、聚民心、促发展的一项基础工程来抓，推动全民国防教育深入普及，不断提高全民国防教育水平。进一步强化领导，健全机制，突出重点，创新方法，拓宽渠道，完善设施，搞好保障，把国防建设引入科学发展的轨道。

【征兵工作】 2011 年，良庆区各级党委、政府和兵役机关高度重视冬季征兵工作。严格按照上级统一部署，按照组织准备、宣传发动、政审体检、复查定兵、新兵起运等五个阶段进行。在时间紧迫、任务繁重的情况下，各有关部门密切配合，始终围绕高标准、高质量地征集兵员这个中心，认真细致地做好各阶段的工作，经过两个月的 努力，出色地完成了上级赋予的 75 名新兵征集任务。征集的新兵中高中以上文化程度、团员占总人数的 60%以上，总体素质比往年均有提高，实现连续 6 年无责任退兵的目标。

（文 艺）

经济贸易

JINGJIMAOYI

民营经济

【个体工商户】 截至2011年底，良庆区登记注册的个体工商户10678户，注册资金2.72亿元；非公经济营企业1724户，注册资金4.13亿元。加入工商联的各级商会会员361名。非公有制经济组织和人士上缴国家的税收共5.18亿元，占财政总收入7.17亿元的72.31%。其中，地税收入3.83亿元，非公有制经济企业和人士上缴的税款达2.82亿元，占地税收入的73.58%。城区国税收入2.83亿元，非公有制经济企业和人士上缴的税款达2.36亿元，占国税收入的83.27%。

商　业

【概　况】 2011年，良庆区经济贸易和信息化局人员编制10人。下辖良庆区信息网络管理中心，人员编制6人。年内城区商贸经济运行良好，私营经济、个体经济发展活跃。各类消费市场购销两旺，批零业商品销售增长迅速。全年实现社会消费品零售总额19.32亿元，与上年同期比增长18.02%；实现外贸进出口5691万美元，与上年同期比增长15.70%。

【农贸市场】 2011年，良庆辖区已建成祥荣、银沙、大田、鑫象等24个农贸市场，其中城区级11个，乡镇级13个，年成交额达1亿多元。经多年建设和改造，各集贸市场布局比较科学合理，市场经营秩序良好，市容市貌大有改观。同时，已建成中凯、中闽等2个钢材交易市场，年成交量达100多万吨。

【超　市】 2011年，良庆区以南城百货超市、广西百佳华百货超市为主体，聚福隆超市、星港百货超市、万佳购物商场等共存组成辖区五大超市，年成交额近2亿元。

【限额以上商业企业】 2011年，良庆区限额以上商业企业有良庆区南城百货有限公司、广西百佳华百货有限公司、南宁长生花生油有限责任公司、南宁港港汽车销售服务有限公司、南宁市兴大大酒店、广西锐升通盛仓储配送有限公司、南宁大王滩度假村、南宁市海方燃气有限公司等12家企业。年实现营业额4.50亿多元。

【万村千乡市场工程】 2011年，良庆区在良庆、大塘、那马、那陈等4个镇建成农家（农资）店159家。

【会展业】 2011年9月底，良庆区成功举办“2011南宁良庆区美食商贸一条街”活动，据统计，本次展会实现成交额105万元。

【物流项目】 2011年，良庆区完成中国—东盟国际物流基地规划用地面积约29.11平方公里，将园区规划为综合型物流园区，加快了园区配套基础设施建设。已入园的重点建设项目有南宁保税物流中心、南宁国际综合物流园、中国—东盟钢铁物流配送中心，其中：南宁保税物流中心项目已建成，并封关运营。南宁国际综合物流园的南宁玉洞冷库（1～5号）已投入使用。园区内还引进了广西方舟建材综合城、南宁（中国—东盟）医药物流中心、南宁生产资料物流中心、中国东盟啤酒文化街、南宁大型粮食交易市场、南宁中央直属储备糖库等项目。

（莫秦严）

粮食商业

【概　况】 2011年，良庆区粮食局在良庆区发展和改革局挂牌，有负责粮食业务的工作人员2名，其中发改局1名副局长兼粮食局局长。粮食局负责管理和使用5个镇原国有粮食企业的土地和国有资产。下辖企业庆丰粮油购储管理中心为自主经营自负盈亏、独立核算的国资企业。中心有职工20人，具体配合粮食行政管理部门履行粮食行政管理职能。

【粮食储备】 2011年，良庆区庆丰粮油购储管理中心收购储备稻谷2860吨，按时完成南宁市人民政府下达的城区级粮食储备任务。

【业务经营】 2011年，良庆区粮食企业为南宁市粮食储备公司代收代储稻谷1430吨，增收10多万元。代农民加工花生油24万公斤，收益6万元，取得良好经济效益和社会效益。

【惠民政策】 2011年8月至12月，良庆区粮食企业按照自治区和南宁市人民政府文件要求，积极执行临时价格干预政策措施，在大沙田祥荣农贸市场设立指定平价粮油供应点（南宁市六个供应点之一）。组织人员、投入经费，连续几个月不间断开门营业，顺利完成工作任务，为平抑南宁市市场物价、降低物价指数做出应有的贡献。同时积极配合民政部门组织供应和发放救灾救济粮，做好民生和社会保障工作。

【安全生产】 2011年，良庆区粮食企业重视和抓好安全生产工作，在生产安全、防事故、防火、防盗各方面加大宣传，强化安全意识。经常自查隐患，发现问题积极整改，年内共投入仓库维修和整改经费9万多元。全年没有发生一起安全事故，无人员伤亡，实现建区以来连续6年保持安全生产无事故发生。

（黄汉伟）

供销合作

【概　况】 2011年，良庆区供销合作联社下辖那马、那陈、大塘、南晓4个基层供销合作社和南宁市伟业成商贸有限责任公司、南宁市弘尔昌商贸有限责任公司2个公司，职工总人数264人，其中城区联社8人，基层供销社和公司256人，在职干部职工90人，离退休人员174人，其中离休干部2人（具体人员情况详见附表一）。全系统设立6个分店，3个桑蚕茧专业合作社（经济协会），2个农资专业合作社，1个红龙果专业合作社、1个木薯专业合作社，60个购销网点。另外有归口供销社管理的由农民及个体户经营的化肥农药店83个，烟花爆竹零售点150个。荣获得2011年度南宁市供销社系统综合经营业绩考核二等奖、良庆区安全生产目标管理优秀单位等称号。

【商品购销业务】 2011年，良庆区供销合作联社充分发挥供销社作为农村商品流通主渠道的优势条件，指导下属企业抓好农业生产资料供应，农副产品生产扶持和购销，副食品、酱料的生产加工以及日用生活资料零售等业务。全年累计完成商品总购进1.36亿元，其中农副产品收购完成1657万元，分别完成年计划的123%和243%，比上年分别增长47%和178%。商品总销售完成1.44亿元，比上年增长51%（商品购销业务完成情况详见表1）。利用供销社门店开展家电下乡销售业务，全系统4个家电下乡销售点销售空调28台、彩电262台、洗衣机315台、电冰箱630台、电热水器62台、微波炉15台，销售额236万元。

【农业生产资料供应】 2011年，良庆区供销合作联社根据上级部门的布置要求，组织开展农资商品供应“四比四赛”（比销售、赛数量多；比贡献，赛效益好；比服务，赛态度好；比管理，赛措施好）竞赛活动，采取多种措施努力做好农资商品组织供应工作。多渠道筹集资金购进农资商品储备，保证农业生产用肥、用药需要。统筹集资金1200万元，购进各种化肥43000吨、农药230吨、农地膜105吨;利用供销社经营网点、人员、技术等优势，联合农村经济能人开设村镇两级化肥经销店（农资“农家店”）83家，其中设在村级的网点60家，使农民不用出村就可以购买农资商品，节省了农民时间和购买成本。全系统全年销售各种化肥40493吨、农药224吨、农地膜102吨;保证农资商品质量，维护供销社声誉和农民利益。各基层供销社积极配合工商、物价等部门开展农资商品打假护农活动，坚持从正规渠道进货，并严格检查“产品登记证、生产许可证、质量合格证”三证是否齐全，避免假冒伪劣农资商品通过供销社渠道进入市场。

【参与农业产业化经营】 2011年，良庆区供销合作联社立足“三农”（农业、农村、农民），服务“三农”根本宗旨，认真实施科技兴农、富民强社战略，组织各基层供销社积极参与农业产业化经营。巩固完善原有的由供销社领办的那陈、大塘、南晓3个桑蚕茧专业合作社（经济协会），使入社（入会）农户、桑园面积、养蚕张数、鲜茧产量等有新的突破。协会会员253人，其中农民会员236人，桑园面积320公顷；发挥良庆、大塘两个农资专业合作社的作用，开展化肥连锁经营，设立村级化肥经销点60个，方便群众购买化肥；抓好农副产品生产扶持和购销工作，扶持农民良种桑苗13万株，蚕种760张。同时通过合作形式组织农村经纪人参与红龙果、木薯、西瓜、黑皮冬瓜及其他水果收购，解决农副产品的销路问题，增加农民经济收入。

【“新网工程”建设】 2011年，良庆区供销合作联社根据城区党委、政府和南宁市供销社的工作部署，积极开展“新网工程”（新农村现代流通网络工程）建设，认真做好项目申报、选点、方案设计以及组织实施工作。全年完成“新网工程”建设的各个子项目，其中：建设农家店（便民店）17个、物流配送中心1个；完成超市小商场改造3个；新发展专业合作社1个。

【企业改革改制】 2011年，良庆区供销合作联社认真贯彻国务院《关于加快供销合作社改革发展的若干意见》（国发〔2009〕40号）、自治区人民政府《关于加快供销合作社改革发展的实施意见》（桂政发〔2011〕10号）以及南宁市人民政府有关供销合作社改革发展的文件精神，根据良庆区供销社系统实际，组织开展全系统企业的改革改制和基层供销社改造重组工作。重点做好那陈、南晓两个基层供销社资产评估、财务审计、职工工龄确认等基层供销社改造重组各项前期工作。另外，良庆区供销合作联社还指导各基层供销社抓紧办理土地办证确权和盘活利用闲置资产工作，为土地资产进入企业改制成本弥补企业改制资金缺口打下基础。

表 1　良庆区供销社系统 2011 年商品购销完成情况

项目 实绩 单位					其中：农副产品收购				商品总销售			
	任务	实绩	占任务(%)	上年同期	任务	实绩	占任务(%)	上年同期	任务	实绩	占任务(%)	上年同期
弘尔昌商贸公司	2750	2925	106.30	1930					3060	3245	106	2008
那马供销社	1500	1758	117.20	1072					1500	1888	125.80	1014
那陈供销社	2250	2350	104.40	1585	180	180	100	105	2050	2170	105.80	1326
大塘供销社	2600	3023	116.30	1852	200	202	101	95	2950	3371	114.30	1925
南晓供销社	1900	2150	113.20	1370	300	305	106.60	1170	2050	2225	108.50	1352
福宁红果专业合作社		1350				970				1455		
合　计	11000	13556	123.20	7809	680	1657	243	350	11610	14354	123.60	7625

表 2　良庆区供销社系统 2011 年职工情况

单位：人

单 位	职工总人数	在职干部职工		离退休人员	
		总人数	其中女职工	总人数	其中离休人员
城区联社	8	4		4	
弘尔昌公司	61	29	10	32	
那马供销社	16	4	1	12	
那陈供销社	49	12	5	37	
大塘供销社	77	20	8	57	1
南晓供销社	53	21	6	32	1
合 计	264	90	30	174	2

【安全生产管理】　2011 年，良庆区供销合作联社贯彻执行《中华人民共和国安全生产法》，国务院《烟花爆竹安全管理条例》、《广西壮族自治区安全生产条例》等安全生产法律法规，按照“预防为主，从严管理”的方针和“谁主管谁负责”的原则，指导各基层供销社抓好安全生产工作，重点抓好烟花爆竹安全经营监督管理。全系统自查自检农药、烟花爆竹安全经营，门店柜组的防盗防火和食品卫生安全以及危房隐患等 16 次，查出隐患 20 处，已整改 20 处，投入资金 4.50 万元新增灭火器、购买防盗门、翻修危房等。由于勤检查、抓整改，年内全系统没有发生任何安全生产事故。

（杨英况）

烟草专卖

【概　况】　良庆区烟草专卖局办公场所位于良庆区大沙田银海大道 102 号，占地面积 303.76 平方米。下属一个营销部、专卖股、两个管理所、一个稽查中队。专卖局（营销部）有职工 31 人，其中领导 4 人，员工 27 人；研究生 1 人，本科学历 10 人、大专学历 14 人、中专学历 1 人、高中学历 5 人。专卖局（营销部）主要负责良庆区卷烟市场清理整顿、卷烟营销服务及配送等工作。

【卷烟销售】　2011 年，良庆区烟草专卖局销售卷烟 14995.70 箱，完成年任务的 102%，与上年同比增加 1334.68 箱，增长 9.80%。地产卷烟销售 6483.80 箱，比上年增长 2%。其中真龙卷烟销售 3104.80 箱，比上年增长 30.40%。

【网络建设】　2011 年，良庆区烟草专卖局（营销部）以“两个至上”行业价值观为指导，开展新商盟网络营销工作，利用信息化技术促进卷烟销售。在认真做好“新商盟”网上客户订货工作指导的同时，对推行“新商盟”网上订货工作进行大力宣传，让客户了解“新商盟”应用的便捷与实效，使更多客户加入网上订货队伍。年内良庆辖区共有卷烟零售客户 1227 户，已入网客户 896 户，占总客户数的 73%。

【专卖管理】　2011 年，良庆区加强烟草专卖管理。出动执法人员 2994 人次，其中政府 60 人次，工商 140 人次，公安 262 人次，专卖 2502 人次，新闻媒体 30 人次，车辆 836 台次，查获涉烟违法案件 105 起，查扣各类非法卷烟 96.84 件，比上年（27.25 件）增长 355.40%；查获案值在 1 万元以上的案件 11 起，同比（1 起）增长 10 起；5 万元以上的案件 5 起，10 万元以上案件 2 起，移送公安机关 5 起。

【市场清理】　2011 年 3 月，良庆区成立以城区政府副区长为组长，公、检、法等部门一把手为为副组长的清理整顿卷烟市场领导小组，小组成员为单位业务骨干。如清理整顿小组中新增成员有检察院公诉科科长、法院行政庭庭长，治安大队副大队长等。为进一步提高案件移送质量，从重从快查处涉烟违法犯罪行为，加大对涉烟违法犯罪份子的追刑力度，烟草专卖局与良庆公安分局治安管理大队共同制定《打击涉烟违法犯罪工作联系机制》；与工商局制定《取缔无照经营烟草制品违法行为工作机制》，保证了移送案件的质量。同时定期召开联席会议对重大复杂的涉烟案件进行讨论和分析，明确工作重点，案件性质，确定案件侦查重点方向，有效打击无证经营和涉烟犯罪行为。年内，专卖局充分发挥日常监管的作用，主动出击，充分依靠自身力量发现和挖掘案件线索，不怕艰难、日夜跟踪监控，连续查获“1·13”、“9·01”、“9·22”案件及“2·21”、“8·11”等具有重大影响的非法经营假烟案件。共向公安机关移送涉烟案件5起，涉烟犯罪分子11人，其中逮捕1人，监视居住2人，刑事拘留5人。广西电视台、《南国早报》、《南宁晚报》多家区级媒体对以上案件进行了全程跟踪报道，有力震慑了涉烟违法分子。

【许可证管理】 2011年，为适应辖区经济发展需要，良庆区烟草专卖局在充分调研的基础上，修订了《良庆区烟草制品零售点合理布局管理规划》，并召开听证会。7月28日，为加强烟草专卖行政许可证的管理举行听证会，出席领导有城区政协主席、人大办公室主任、法制办主任、消协秘书长及社会各界代表100多人，广西电视台法制最前线频道对此进行全程报道。听证会得到各界的好评。年内，良庆辖区有卷烟零售营户1227户，均办理烟草专卖行政许可证，持证经营户的守法意识普遍增强。经营户每月均销售卷烟247条，月均获利1753元（按10%的毛利率算），比上年增长18.80%。

【企业文化】 2011年，良庆区烟草专卖局（营销部）通过交流学习、知识竞赛、板报宣传、座谈的方式进行企业文化的宣传活动。在南宁市烟草专卖局（公司）职工运动会中，夺得男子三人篮球比赛第一名；建党90周年文艺汇演中，自编自导的情景剧《烟草情》得到了市局（公司）领导的一致好评。局（营销部）领导还多次组织工会人员慰问住院及困难员工。同时通过行业媒体对先进人物事迹进行宣传报道，使创先争优活动更富有特色。

【队伍建设】 2011年，根据市局相关要求，良庆烟草专卖局有组织、有计划、有步骤地开展专卖思想纪律作风整顿活动，通过动员、查摆问题、整顿提高、检查验收，切实解决部分专卖员中存在工作作风不够扎实，学习意识不够的突出问题，精神面貌和工作作风发生明显变化。还通过岗位劳动竞赛与创优工作相结合，营造良好学习氛围，调动员工队伍工作激情。七一前夕，专卖局党支部组织全体党员及入党积极分子到昆仑关参观学习，增强爱党、爱国的热情。

（黄　林）

农　业

NONGYE

综　述

【概　况】　2011 年，良庆区农林水利局在职干部职工 75 名（其中行政机关 14 人，事业编制 61 人）。局下属事业单位有良庆区农业服务中心、林业技术推广站、林政稽查大队、农村生态能源办、水利工程建设管理站、水政监察大队、水产畜牧兽医技术推广站、动物卫生监督所共 8 个单位（参照公务员管理单位 6 个，37 人），其中技术干部 53 人（具有中级专业技术职称 24 人，初级职称 29 人），技术工人 8 人。主管良庆、那马、大塘、那陈、南晓镇水产畜牧兽医站、南州林场、大塘灌区管理所和大王滩灌区管理所 8 个单位 320 人。农林水利局认真贯彻党的十七届五中、六中全会精神，全面落实科学发展观，统筹城乡发展，紧密围绕农村产业发展能力增强、农民收入持续增加和农产品质量安全三个目标，加强农村水利基础设施建设，调整优化产业结构，推进农业、林业、水产畜牧业产业化，促进农业和农村经济持续稳定发展，较好地完成了农业和农村经济发展的各项目标任务。年内局系统获得的荣誉有：2011 年度南宁市社会主义新农村指导员先进后盾单位、南宁市水利系统汽排球比赛男子组第二名、南宁市良庆区安全生产目标管理优秀单位；农业服务中心获 2009～2011 年度南宁市科学普及工作先进集体、南宁市“十月科普大行动”先进集体、南宁市 2010～2011 年先进集体；水产畜牧兽医局获 2011 年度南宁市动物屠宰检疫技能演练二等奖、南宁市生鲜乳及奶站质量安全监管二等奖。

【粮食生产】　2011 年，良庆区落实扶持发展粮食生产的政策措施，实施粮食综合直补、水稻、玉米良种推广补贴和超级稻推广示范补贴，发动群众发展粮食生产，大力推广种植超级稻，继续实施国家农业部万亩连片粮食高产创建示范项目，推广节本增效实用新技术，加强病虫害预测预报和综合防治。全年粮食种植面积 1.98 万公顷，比上年减 0.09 万公顷，粮食产量 9.87 万吨，与上年持平。

【农业产业结构】　2011 年，良庆区大力推广种植优质农作物品种，发展特色优势产业。优质谷推广种植面积 1.43 万公顷，占水稻总面积的 92.20%。超级稻推广种植面积达 8100 公顷，比上年增加 1400 公顷，超级稻平均单产达 7938 公斤/公顷。南晓黑皮冬瓜、大塘淮山、那陈黑美人西瓜、那马红龙果、菠萝、萝卜、良庆辣椒、甜玉米等地方特色产品实现了规模化生产，初步形成地方品牌效应，基本形成每个行政村都有 1～2 个优势主导产业的格局。全年经济作物面积（含果园）4.93 万公顷，比上年增长 2.10%。粮食作物与经济作物面积比例达到 1∶2.49。

【国家测土配方施肥项目】 2011 年，良庆区农业部门继续组织实施国家农业部测土配方施肥项目，完成投资 42 万元，土壤样品化验 8600 项（次），田间小区试验、校正实验和定位试验 23 个，完成测土配方施肥技术中心示范面积 0.20 万公顷，发放施肥建议卡 2.23 万份，推广覆盖面积 1.68 万公顷。

【国家万亩连片粮食高产创建示范】 2011 年，良庆区农业部门继续在大塘镇大塘社区、南荣村、团垌村、那梨村建立万亩连片水稻高产创建示范区，面积 750.40 公顷（合 11256 亩），每个村建立 1 个 13.33 公顷以上中心示范片，目标任务是：建设万亩连片晚稻高产示范区，平均亩产达 450 公斤以上。经自治区专家组验收，晚造取得了平均亩产 481 公斤，超目标计划 6.89%，比当年全城区晚稻平均亩产增 131.50 公斤。

【落实强农惠农政策】 2011 年，良庆区农业部门组织农业技术干部深入村、坡，大力宣传国家扶持发展粮食生产的政策措施，发动群众发展粮食生产，组织实施水稻、良种推广补贴和超级稻推广示范补贴工作，对种植水稻良种的农户按早稻、晚稻均为 15 元/亩的标准进行补贴，全年审查、落实水稻良种补贴面积 15513.33 公顷，共补贴 348.20 万元，对玉米种植户按 10 元/亩的标准进行补贴，落实玉米良种补贴面积 2920 公顷，共补贴 43.80 万元。组织生产示范，大力推广种植超级稻，重点抓好超级稻中心示范片建设，每个镇建立 1 个 13.33 公顷以上的超级稻中心示范片，全城区早、晚造示范面积共 147.67 公顷，投入超级稻示范经费19 万元。

【农业技术指导与培训】 2011 年，良庆区农业部门大力推广实用新技术和优质新品种，指导农民实施农作物无公害标准化栽培、“三免”栽培、“三避”栽培、蔬菜生产技术，农产品质量安全标准化生产技术，测土配方施肥技术，农作物间套种技术，冬植蔗生产技术，种桑养蚕技术，病虫害无害化防治等实用技术。各级农技部门采取集中办班授课、农民田间学校、现场技术解答、集中接受咨询、组织播放技术光盘、发放技术资料等方式对农民进行技术培训，组织培训班 35 期，培训农民 7385 人，完成全年计划任务的 102.80%。

【蔬菜质量安全管理】 2011 年，良庆区农业部门组织开展蔬菜质量抽样检测监督，城区检测组每月从各生产基地和各市场抽检 100 个蔬菜样品，那马、良庆两个镇的生产基地坚持做到 5 日一检 10 日一报，每 10 天编印 1 份《良庆区蔬菜质量安全监测情况简报》，向城区领导、各镇（街道）及有关部门通报。年内全城区蔬菜农药残留检测共抽检蔬菜样品 19811 个，农药超标 42 个，超标率 0.21%，合格率达 99.79%，蔬菜质量保持较高的安全水平。

【农业行政综合执法监督】 2011 年，良庆区农业部门开展行政执法，组织开展假冒伪劣农资、高毒高残留农药、植物生长调节剂及水溶肥料、豆芽产品生产销售、农民减负等专项整治，维护正常生产秩序，全年共出动执法人员 240 人（次），检查农资经营店 289 家（次），检查植物生长调节剂 15 个品种、水溶微肥 53 个品种，检查豆芽产品生产销售摊点 63 个（家）。开展农民负担专项检查 2 次，清理涉农收费项目 2 项，减轻农民负担 1620 万元，人均减轻 83.85 元，年内无加重农民负担的案件发生。

粮油作物

【概　况】 2011 年，良庆区粮油作物以水稻、玉米、大豆、红薯、花生为主。全年粮油作物种植面积 2.21 万公顷，其中粮食作物种植面积 1.98 万公顷，油料作物种植面积 0.23 万公顷。粮油作物总产量 10.35 万吨，减 1.05%，其中粮食总产量 9.87 万吨，与上年持平；油料作物产量 0.52 万吨，减 11.86%。

【水稻种植】 2011 年，良庆区水稻种植面积 1.55 万公顷，其中早稻种植面积 0.81 万公顷，中晚稻种植面积 0.74 万公顷。水稻平均单产 6367 公斤/公顷，总产量 8.41 万吨，减 0.35%。优质水稻品种面积 1.43 万公顷，占水稻总面积的 92.20%。年内引进示范推广甬优 6 号、泰丰优 9918、泰丰优桂 99、Q 优 6 号、百优 1025 等 5 个超级稻新组合品种，水稻主要栽培品种有“特优”系列、“金优”系列、“博优”系列、“秋优”系列杂交稻，中浙优 1 号、Y 优 1 号、辐香优 99、准两优等超级稻品种和“中二软占”、“八桂香”等常规优质稻。

【玉米种植】 2011 年，良庆区玉米种植面积 0.30 万公顷，比上年减 12.2%，其中杂交玉米种植面积 0.29 万公顷，玉米平均单产 5010 公斤/公顷，总产量 1.52 万吨，减 10.10%，主要栽培品种是“掖单”系列、正大 619 和迪卡 007 等杂交品种。

经济作物

【概　况】 2011 年，良庆区经济作物以甘蔗、西甜瓜、木薯、各种蔬菜和水果为主，全年经济作物种植面积 4.93 万公顷。地方特色产品主要有南晓镇的荔枝、龙眼、黑皮冬瓜；大塘镇的甘蔗、西瓜、大白菜；那陈镇的甘蔗、西瓜、芒果、红龙果；那马镇的菠萝、红龙果、无公害蔬菜；良庆镇的甜玉米、辣椒、莴笋；大沙田街道办的红萝卜、韭菜、迟熟龙眼等。

【甘蔗生产】 2011 年，良庆区甘蔗种植面积 1.78 万公顷，增长 0.56%，总产量 135 万吨，增长 1.50%。主要甘蔗品种有新台糖 16 号、20 号、22 号、26 号、27 号，粤糖 93/159 等；主要集中在大塘、那陈、南晓、那马等四镇。

【蔬菜生产】 2011 年，良庆区蔬菜种植面积 1.04 万公顷，增长 2.97%，总产量 26.40 万吨，增长 3.10%。主要蔬菜品种有叶菜类的大白菜、卷筒青、小白菜；茄果类的番茄、辣椒、茄瓜；瓜果类的冬瓜、南瓜、青瓜（黄瓜）、苦瓜；根菜类的萝卜等。蔬菜在各镇（街道）都有种植，主要集中在那马镇、良庆镇、大沙田街道办。

【水果生产】 2011 年，良庆区果园面积为 1 万公顷，总产量 5.45 万吨。主要品种有：荔枝、龙眼、红龙果、菠萝、芒果、香蕉、柚、李、梨、梅等，集中分布在南晓、大塘、那陈、那马、良庆等镇。西瓜种植面积 0.52 万公顷，主要分布在那陈、大塘镇，主要品种有“黑美人”、“小麒麟”、“广西三号”无籽瓜等，总产量 11.20 万吨。

【木薯种植】 2011 年，良庆区木薯种植主要分布在那马、那陈、大塘等镇，面积 0.19 万公顷，总产量 3.60 万吨（干片）。

农业科技与产业化

【科技培训和推广应用】 2011 年，良庆区农业部门共组织农业实用技术培训班 35 期，培训农民 7385 人次，占任务总数的 102.80%。全年实施水稻免耕抛秧示范推广 0.20 万公顷；推广无公害优质稻生产 0.34 万公顷；西瓜“三避”栽培技术推广 0.40 万公顷；菠萝无公害标准化生产推广 0.10 万公顷；建设无公害荔枝基地 0.08 万公顷；水果套袋推广应用

0.12万公顷、频振灯杀虫和黄板诱杀虫技术推广0.17万公顷；测土配方施肥推广覆盖面积2万公顷。

【新品种新技术引进】 2011年，良庆区引进推广示范超级稻组合5个；引进推广西瓜、黄瓜、苦瓜、番茄、辣椒等经济作物新品种16个。组织新农药试验17个品种，开展主要农作物病虫害多点调查分析预测，发布病虫测报6期，指导群众开展综合防治工作，农作物病虫害综合防治覆盖率达90%以上。

【农业产业化龙头企业】 2011年，良庆区农业产业化龙头企业共有15家，其中列入国家级重点龙头企业的有1家，自治区级重点龙头企业的有5家，列入南宁市级重点龙头企业的有9家，其中销售收入1亿元以上的龙头企业共10家，销售收入500万元以上的龙头企业有5家。龙头企业固定资产总额16.20亿元，年内龙头企业产品销售收入30.90亿元，上缴国家税金2.10亿元，创汇372万美元，企业直接带动农户约4.50万户，年带动基地农户人均增收370元。

【农民专业合作经济组织】 2011年，良庆区在工商部门注册登记的农民专业合作经济组织有47个，比上年增加12个，会员人数4822人，年内专业合作经济组织会员农产品总产量为13万吨，协会统一收购会员农产品总量约7万吨，代购农用资料830吨，农民专业合作社产品销售收入约8500万元，会员户均比上年增收1200元。

（卢少勇 陈应进）

糖蔗生产

【概　况】 良庆区自然条件优越，属南亚热带季风气候区，年平均气温21.80℃，有效积温7100～7600℃，年平均无霜期长，年降雨量1294毫米。糖料蔗生产的综合条件与区内外主要产糖地区相比，处于中等水平。糖料蔗生产稳定，良种覆盖率达到85%以上。主要推广的高产高糖糖料蔗优良品种有：新台糖16号、20号、22号、25号、26号、27号，粤糖93/159，农林8号，桂引选83/2，CP80/1827号，粤糖94/128、桂糖94/11、台优等，平均单产4.50吨，糖料蔗平均含糖分14.20%。2011年，甘蔗面积1.74万公顷，总产量130万吨。辖区内有广西南宁统一糖业股份有限公司和广西冠桂糖业股份有限公司两家制糖企业。

【糖料蔗种植】 2011年，良庆区狠抓稳定糖料蔗种植面积，提高单产工作。①建立吨糖田高产示范区。主要是建设田间小型水利设施，以提灌和移动式喷灌为主，新增有效灌溉面积6666.67公顷，建设“吨糖田”面积3333.30公顷。以“吨糖田”建设为纽带，带动“双高”糖料蔗生产1.33万公顷。②进行吨糖田综合配套技术开发。采用高产模式栽培技术，应用生物技术培育地力，智能化电脑测土配方平衡施肥技术和大田管理技术、推广机械深耕深松、小型机械收割、蔗叶还田、病虫害综合防治等配套增产技术来组建吨糖田的技术体系。③抓好技术培训体系。对城区、镇、村技术干部和农民进行培训，提高科技人员的技术水平和广大蔗农的科学种蔗水平。④加快本蔗区品种更新换代。依托广西甘蔗研究所，建设本蔗区糖料蔗新品种培育及引进展示基地，积极推进国家糖料基地建设项目的实施。加快国内外糖料蔗品种的引进、筛选和扩繁，加快本蔗区品种更新换代。大力推广高产高糖早熟品种增加种植面积，使之占糖料蔗面积40%左右，中迟熟高产高糖糖料蔗品种面积占60%左右。

【服务体系建设】 2011年，良庆区认真抓好蔗区社会化服务体系建设。确定糖蔗生产发展优势区域集中在大塘、那陈、那马、南晓4个镇，继续强化蔗糖业的支柱地位。重点加强大塘、那陈镇农业服务中心基础设施建设，完善配套服务体系，开展包括种子、肥料、农药、农机、喷药、砍运等生产全程有偿服务。

【产业化经营】 2011年，良庆区积极推进产业化经营，实行订单生产。制糖企业将糖料蔗生产视为"第一车间"，采取切实措施，充分调动农民发展糖料生产的积极性，形成以规范化的股份制企业为龙头、以现代企业管理和高技术含量为特征、规模化高产高糖品种为原料基地的产业化经营模式。建立和完善糖料收购价和食糖销售价的联动机制，制糖企业对签订糖料种植合同的农户，承诺一个最低收购保护价，并实行蔗糖价格挂钩连动。使糖厂和基地的农户结成利益共享、风险共担的联合体。

（卢少勇）

林　　业

【概　况】 2011年，良庆区林业用地面积7.01万公顷，其中有林面积5.31万公顷，森林覆盖率38.84%，比上年增长0.27%；辖区有纤维板厂2家、松香厂1家、造纸厂1家、木材加工及销售企业350家（其中较大的木材加工企业有广西华劲集团南宁纸业分公司、广西丰林有限公司和南宁市阳光人造板有限公司）；短轮伐期速生丰产用材林累计面积23680公顷，比上年增长0.53%；退耕还林工程累计面积5780公顷（其中退耕地还林1193公顷、配套荒山造林4590公顷），退耕地还林保存率100%。

【造林绿化】 2011年，良庆区深入贯彻实施"绿满八桂"造林绿化工程，大力开展造林绿化工作。完成山上人工造林面积1357公顷；完成通道绿化累计6.40公里，新种绿化苗木9453株；完成乡镇建成区绿化2个镇，新种绿化苗木4000株；完成重点村屯绿化1个村屯，新种绿化苗木956株；开展"百万农户种千万棵树活动"赠送珍贵树种植树11万株；组织开展义务植树和大种树活动，全民义务植树60万株。全面完成上级下达的年度计划任务。

【退耕还林】 2011年，良庆区继续开展国家林业重点生态工程——退耕还林工程实施。完成对历年1193公顷退耕地还林的年度检查验收、兑现一年一度国家补助和完善项目管理。全城区当年共兑现退耕还林国家补助342万元（含粮食补助折款、生活补助、完善政策补助和巩固退耕还林成果用材林补助）。

【木材生产】 2011年，良庆区木材采伐量为167287立方米，生产量135695立方米，销售量135695立方米，销售量比上年增7.13%。

【建设项目使用林地】 2011年，良庆区完成项目征占用林地审核上报共38宗，已批准的项目共使用林地面积210.48公顷。

【林政执法及木材经营（加工）企业年度核查】 2011年，良庆区农林水利局受理查处各类林业行政案件235起，没收各种违法木材750立方米，挽回林木经济损失45多万元。根据市林业局的部署，对辖区内的木材经营（加工）企业进行全面检查，通过核查的加工户共302家，另新办证21家；同时依法处理涉嫌非法经营（加工）木材加工厂35家（其中无证加工木材5家，加工非法木材30家），进一步规范了木材经营秩序。

【集体林权制度改革】 2011年，良庆区全面完成上级下达的集体林权制度主体改革工作任务，顺利通过了自治区林权主体改革的检查验收，全城区完成林改外业勘界面积55733.34公顷，累计发放林权证21912本，70438宗地；面积52849.34公顷，占上级下达任务的94.80%；商品林到户面积47368公顷，完成公益林到户面积3620公顷；开展林权纠纷调处119起，调结率90.75%。

【森林病虫害监测和防治】 2011年，良庆区按照上级下达的计划对本辖区内4.22万公顷森林常年开展病虫害监测，监测覆盖率达100%。其中：对松毛虫、松材线虫监测面积1.50万公顷，监测率100%。指导开展对松树、桉树病虫害防治面积860公顷。

【森林防火】 2011年，良庆区加强森林防火宣传、值班和巡逻。防火工作以预防为主，早部署、早安排、早落实，坚持“打早、打小、打了”原则，取得了较好成效。全城区发生一般森林火灾4起，过火面积14.60公顷，森林受害面积4公顷，森林火灾受害面积占总面积0.07‰，未有人员伤亡情况。

【农村能源建设】 2011年，良庆区实施中央预算内投资农村户用沼气池项目，完成新建沼气池350座，占计划100%。项目总投资166.25万元，其中中央投资70万元，自治区配套15.75万元，南宁市配套7万元，城区配套7万元，农户自筹66.50万元；同时还实施中央预算内投资农村沼气乡村服务网点项目，完成服务网点建设6个，占计划100%。项目总投资36万元，其中中央投资27万元，自治区配套3万元，南宁市配套1.80万元，城区配套1.80万元，站点自筹2.40万元。项目建设完成后，各服务网点可为所在村及邻近的300～500户沼气建设农户提供抽排渣、维修、日常管理等优质高效服务。

【为民办实事】 2011年，良庆区积极为民办实事。一是完成乡镇建成区绿化2个镇（那陈、南晓镇），新种绿化苗木4000株；二是村屯绿化已完成1个自然村（大塘镇南州村念吉坡），新种绿化苗木956株；三是完成新建沼气池350座。

（苏义向　梁祖昂　黄秋兰　李国钧）

南宁市良庆区南州林场

【概　况】 2011年，南宁市良庆区南州林场总部内设场办公室、财务科、营林科、林政科、企业管理科、销售科、防火办。下辖平江、南州、八里亭、安祥、上来、蒙湾、岽眉、太安8个分场。全场现有人口1000多人，在编职工493人，其中退休职工277人，在职职工216人（其中在岗职工79人，自营经济职工137人）。编外人员在聘9人。林场党委有机关、南州、平江、八里亭等4个党支部，党员80名。林场主要经营植树造林、森林抚育、林木采伐、加工、销售、土地租赁等项目。

【营林生产】 2011年，南州林场完成迹地新造林面积40.2公顷，其中：安祥分场7.26公顷、蒙湾分场32.93公顷，年终检查造林保存率达到95%以上，林木长势良好，大部分面积的林木平均树高达到2.5米。年内全场共完成中幼龄林抚育面积559.33公顷，分布在安祥、蒙湾、上来分场，其中当年抚育44.6公顷，第二年追肥抚育288.06公顷，第三年追肥抚育226.67公顷。

【林政工作】 2011年，南州林场山林纠纷争议发案8起，立案处理8起，涉案面积475.44公顷。其中处理完成结案5起，结案面积229.97公顷；已处理未结案3起，未结案面积245.46公顷。

【安全生产】 2011年，南州林场加强各木材加工厂安全生产工作，严格执行上级主管部门关于安全生产的要求，组织全场辖区的木材加工厂认真学习《生产安全事故报告和调查处理条例》、《安全生产法》、《生产经营单位安全培训规定》、《劳动合同法》等有关法律、法规5次，签订年度安全生产目标责任状18份，缴纳相应的风险抵押金18万元；监督各厂与员工签订《劳务合同书》180份，购买工伤保险150份。通过这些措施，提高了各厂安全生产防范意识，全年没有发生重大安全事故。

【基础设施建设】　2011年，南州林场争取南宁市水利局和城区农林水利局的支持，投资48万元的“南州林场人饮工程”项目开工建设，将建成一个20米高容水量50立方米的“伞”形水塔和容水量100立方米的蓄水池，配套水泵房、管网等设施，预计次年春节后完工并交付使用。人饮项目的建成将较好地解决太安总场内职工居民生活用水和各加工厂消防用水的问题。同时投资10多万元新建成一个1000多平方米的职工文体活动场地。

【危旧房改造】　2011年，南州林场积极启动国有林场危旧房改造工作。经过宣传发动，符合改造条件报名参加危旧房改造的有328户，其中第一批189户已进行公示，并到城区规划局、林业局、土地局、发改委、财政局等部门报送相关材料备案，该项目在筹建中。

【护林防火】　2011年，南州林场针对林地分散、林区流动人员多的实际情况，采取有效措施，加大火源管理力度，从源头上控制野外火源。在防火期加强监控火情，特别注意监控上坟烧香、燃放鞭炮、点香烛等行为，消除火灾隐患。全年共铲防火线7.6千米，并从市、城区农林水部门申请到背式灭火机3台，手提式灭火机8台，背式喷水机2台，已全部装备到各分场使用。年内没有发生重大森林火灾。

【帮扶工作】　2011年，南州林场继续抓好改善职工生产生活条件的工作，全年办理符合退休条件职工20人，为困难职工及家属办理最低生活保障14户，共20人次，累计享受金额5.06万元；认真落实“金秋助学”制度，为考上大学的2名困难职工子女申请到助学金每人各2000元；中秋节、春节慰问职工527人，累计发放慰问金28.01万元。

【机构调整】　2011年，南州林场根据工作实际需要，调整机构，新增设了“南州林场效能办”和“南州林场采购办”2个办公室，并制定相应工作职责。

【人才招聘】　2011年，南州林场重视人才，认真做好招才纳贤工作。年内到大中专院校招聘了6名具有大专以上学历的大学生到场工作，充实林场专业技术队伍；同时根据需要，在场内聘用有林政工作丰富经验的老同志当林政科顾问；并且从自营经济职工中物色德才兼备的职工重新上岗就业，做到人尽其才。

（岑　威　黄佳登）

水　　利

【概　况】　2011年，良庆区辖区有3座大型水库，12座小型水库，169座山塘，两个中型灌区，渠道总长658.36公里，其中主干渠110.65公里，支渠547公里。灌区、水库、山塘等水利工程总灌溉面积为15800公顷。大王滩水库于2010年5月划归南宁市水利局直辖水管单位，屯六和凤亭河两座大型水库为自治区水利厅直辖水管单位，3座大型水库总库容13.06亿立方米，分别通过大王滩灌区和凤亭河（大塘）灌区输水灌溉农田，设计灌溉面积为13338.67公顷，实际灌溉面积6486.67公顷。辖区12座小型水库，总库容691.43万立方米，有效灌溉面积593.34公顷。辖区169座山塘，有效库容537.80万立方米，设计灌溉面积1833.34公顷，有效灌溉面积1030公顷。城区日供水量较大的主要有大沙田供水公司、良庆新兰水厂、大塘天湖水厂、那陈水厂、南晓雅王水厂、南晓南焕水厂。城乡饮用自来水人口达19.76万，自来水普及率为95.22%。

【水利项目建设】　2011年，良庆区年度水利项目下达投资计划共三大类53项，计划投资1637.51万元，其中：中央投资804万元，自治区投资104万元，南宁市财政投资401.20万元，城区财政投资189.13万元，群众自筹资金139.18万元。具体项目：一是病险水库除险加固4座，计划投资100万元；二是农村饮水项目16处，计划投资601.59万元；三是地方面上小型农田水利建设项目33项，计划投资635.92万元。其中：灌区渠道防渗15处，共27.84公里，人饮项目5个，其他项目13个。效益目标：计划投入工程类工日2.25万个，完成土石方2.20万立方米，新增供水受益人口0.15万人，改善灌溉面积460公顷。年内，除4座水库因属预下达投资计划，项目无法实施外，其余项目资金已全部到位，并按计划完成49个项目建设，累计完成投资1237.51万元。

【为民办实事】　2011年，良庆区农林水利局承担市级为民办实事水利项目主要为农村饮水项目13项，计划总投资552.39万元，新增解决农村饮水困难人口9160人。

【防汛抗旱】　2011年，良庆区农林水利局高度重视防汛抗旱工作，将防汛抗旱工作列为本部门重要的任务来抓，牢固树立“防大汛、抗大灾”的思想，提高认识，增强工作责任感，落实相关工作责任，确保安全度汛。一是以城区政府名义印发关于调整良庆区防汛抗旱指挥部成员的通知，落实防汛抗旱指挥部成员；城区各镇、街道办相应的成立指挥机构及落实成员名单，各有关单位和部门也建立防汛抗旱领导机构和落实抢险队伍。二是按照国家有关预案编制大纲或导则，结合城区水库工程实际情况，认真做好预案的修订和完善工作，各类预案（防洪预案、防山洪灾害预案、防台风预案）已经修改完成并上报南宁市防汛办，乡镇各座水库的一库一案也修订完成。三是各座水库防洪工程均落实了行政责任人、技术负责人及工程管护人，水库管护人管护经费每月从400元提高到600元。四是在防汛期间，城区防汛办及各镇政府、各水库严格实行领导带班24小时值班和“零”报告制度，加强对雨情、汛情、灾情信息的采集、整理和上报工作。五是加强对病险水库、地质灾害隐患区域、内涝重点区域的巡查、监测工作。六是定点储备了冲锋舟、麻袋、编织袋、救生衣、救生圈等一批防汛物资，并定向储备编织袋1万个，砂500立方米，石500立方米、铁铲250把。

（黄玉红　何晓新）

凤亭河水库

【概　况】　2011年，凤亭河水库管理处是广西水利厅直属事业差额拨款单位，管辖凤亭河、屯六、屯村、晓村等四座水库。凤亭河、屯六水库均以灌溉为主，兼有防洪、发电、供水养殖等综合利用的大（二）型水利枢纽工程；屯村、晓村水库均以灌溉为主、兼顾防洪的小（二）型水库。水库地跨南宁、钦州、防城港三市两区一县，其中凤亭河水库集雨面积176平方公里，总库容5.19亿立方米；屯六水库集雨面积98.5平方公里，总库容2.26亿立方米；屯村水库集雨面积0.454平方公里，总库容32.99万立方米；晓村水库集雨面积0.465平方公里，总库容21.50万立方米。管理处机关设在南宁市良庆区大塘镇政府所在地。年末全处有职工227人，其中在职职工134人，离退休职工93人。

【水库工程建设】　2011年，凤亭河水库管理处主要完成的工程建设项目有：屯六水库横渠坝内坡及坝顶的整修；屯六水库一、二副坝坝面整修；南晓渠道二号渡槽头边坡塌方的修复；凤亭水库管理所、南晓电站环境整治；南间渠道的清淤；南晓渠道除险加固工程，增加渠道的过水量，确保农田灌溉和电站发电用水安全。

【水文水情】 2011年，凤亭河水库全年降雨量为1598.2毫米，来水量10292.67万立方米；屯六水库全年降雨量为1596.8毫米，总来水量13208.59万立方米（包括凤亭河水库调入水量4456.75万立方米）。凤亭河水库水位高程172.08米，相应库容为34489.6万立方米；屯六水库水位高程144.63米，相应库容为12288.1万立方米。

【农田灌溉】 凤亭河水库管理处肩负着南宁市良庆区大塘镇、南晓镇及钦州市钦北区贵台镇、大寺镇、那蒙镇等0.52万公顷农田灌溉任务。2011年，凤亭河、屯六两水库向灌区放水总量11809.47万立方米。其中向南晓灌区放水量万6470.16立方米，钦北灌区放水量5065.17万立方米，大塘灌区放水量274.14万立方米。确保大塘、南晓、钦北灌区工农业生产及城乡人民群众生活用水。

【防汛工作】 2011年，凤亭河水库对《凤亭河水库、屯六水库防洪预案》及《防汛通讯预案》进行了完善，细化各指挥员、各成员单位职责，组织召开大王滩、凤亭河两水库防汛指挥部成员联席会议和南宁市防汛抗旱工作调研及分析研判会，落实1600多人的防汛抢险队伍；储备充足的防汛物资，配备好防汛交通工具;落实水库安全巡视检查制度，做好水库水工建筑物的检查、巡查记录和水文水情观测等记录工作，建立了数据档案。年内，四座水库安全度汛。

【职工教育】 2011年，凤亭河水库管理处先后共派出管理干部、专业技术人员共60多人（次）参加区内外各种培训班的学习；对处属三个电站运行人员进行安全规程、安全制度、操作规程学习培训及现场考核4天，参加培训人员有49人，考试合格率100%；组织职工参加广西水电技术学院开展职业技能培训，36位职工参加了培训，通过考核，全部合格；组织大坝、渠道管护人员进行水文观测、白蚁防治等有关水库工程安全运行知识培训，参加培训25人次。职工的岗位技能及整体素质进一步提升。

【库面养殖监控】 2011年8月起，南宁市人民政府对大王滩水库水面进行综合整治，大王滩水库库区养殖经营户逐步迁移到凤亭河、屯六水库库区进行规模性养鸭、养鹅、旅游船只（竹排）以及投饵式网箱养鱼等导致水体污染。按照上级领导的指示，凤亭河水库管理处多次与城区政府及当地镇政府进行沟通，进行大量宣传和制止工作，对进入水库的网箱进行监控、拍照摄像，造册登记，并组织人员进行清理，收到较好成效。

【安全生产】 2011年，凤亭河水库管理处认真贯彻执行“安全第一、预防为主、综合治理”的方针，广泛深入开展“安全生产年”、“安全生产基层基础年”主题活动，抓好安全生产教育和宣传工作，狠抓安全生产工作的落实，做到安全生产思想到位，安全措施到位，责任落实到位，确保了安全生产各项目标的实现。在认真抓好水库安全管理的基础上，科学调度，协调各方，做好发供电生产的管理，减少发电溢网，圆满完成上级主管部门下达的年度生产任务。同时加强水库综合治理和职工思想教育，牢固树立安全、稳定、发展的意识，做好信访工作，解决职工切身利益和急需解决的困难，努力改善职工的生产、生活环境，保证职工工资的正常发放，确保职工队伍的稳定。

（韦秀利　黄继东）

大王滩水库

【概　况】 大王滩水库位于郁江支流八尺江中游，距广西首府南宁市区28公里，于1958年动工兴建，1960年投入运行，是一座以防洪、灌溉为主，发电、供水为辅的大

(二）型水库。水库坝首至水尾共53公里，集雨面积907.5平方公里。水库总库容6.38亿立方米，有效库容1.24亿立方米，调洪库容3.78亿立方米，死库容1.36亿立方米。正常水位104.40米，死水位100米，正常水位的水面面积达38平方公里。设计洪水为200年一遇，相应水位为109.41米，校核洪水为2000年一遇，相应水位为110.89米。大王滩水库分别于1983年、2001年分两期对水库进行除险加固，2001年经受了水库建库以来最大洪水的考验（水位为107.90米，排洪水口高近3.5米，溢洪流量1044立方米/秒）。水库设计灌溉面积18200公顷，有效灌溉面积4666.67公顷，年均提供灌溉用水5000万立方，灌溉受益范围包括南宁市邕宁区蒲庙镇、新江镇，良庆区那马镇、良庆镇、共2个城区4个乡镇，12个村公所，2.8万人口。

水库上游有屯六和凤亭河两座大型水库，水库下游防洪保护范围包括有邕宁区蒲庙镇、新江镇、良庆区那马镇、良庆镇和厂、矿、企事业单位等，并有南防铁路、南北公路和桂海高速公路经过，水库尾水流经40公里后经邕宁区蒲庙镇流入邕江。

2010年12月10日大王滩水库由自治区水利厅移交南宁市管理，由南宁市编委核定为全额拨款事业单位，核定编制84人（南编〔2010〕75号）。内设有综合科、财务科、水资源管理科、工程技术科、水库运行管理科、园林科、水政监察大队7个职能部门及广西南宁大王滩经济开发中心1个企业。2011年末，有在职干部职工123人，其中事业在职人员43人，企业在职人员80人，离退休职工100人。年内荣获多种奖项：工会女工委荣获自治区直属企事业工会女职工工作考核一等奖；处工会经审委荣获自治区直属企事业工会经审工作考核一等奖；处工会荣获自治区直属企事业工会重点工作考评二等奖；南宁市良庆区年度安全生产工作先进单位（集体）称号；南宁市青秀区人口和计划生育工作一等奖；“全国农林水利系统劳动关系和谐企业”称号；南宁市水利系统“汇禹杯”职工气排球赛获优秀组织奖。

【水利枢纽工程】 2011年，水利枢纽工程主要有：

1. 主坝：1座，均质土坝，坝顶长度670米，顶宽度8米，坝顶高程113.2米，最大坝高38.3米。

2. 副坝：10座，均质土坝，最大坝高19.3米（二副坝），副坝总长1151米。

3. 溢洪道：有开敞式宽顶堰溢洪道一座，进水口高程104.4米，过水宽度96.2米。溢洪道采用了底板钢筋和钢筋混凝土、进水口灌浆等技术。

4. 电站及输水洞：电站一座，总装机容量3600千瓦，年均发电量为1000万千瓦时，输水洞两个。

5. 库区防汛公路：一副坝主坝到十副坝为混凝土路面，长4020米，路面宽度3～8米。

【水库定位】 大王滩水库1996年被市政府列为南宁市备用水源地。2002年自治区人民政府批复的《广西水功能区划报告》将大王滩水库列为饮用水源保护区，按《地表水环境质量标准》Ⅱ类水质保护。2010年南宁市十二届人民政府第97次常务会议通过了《南宁市市区饮用水水源保护区划分方案》，将大王滩水库列为在用饮用水水源。2011年4月15日南宁市人民政府颁布《关于加强大王滩水库饮用水水源保护工作的通告》（南府字〔2011〕3号），再次明确了大王滩水库饮用水水源的定位，同时划定了饮用水源保护区。

【水库水面综合整治】 2011年，市政府投入了大量的人、财、物对大王滩水库水面进行了综合整治。4月，南宁市人民政府颁布《关于加强大王滩水库饮用水水源保护工作的通告》（南府字〔2011〕3号），同时开始对水库养鱼网箱、灯光诱捕、库叉拦网、捕鱼网袋、捕鱼网兜、库区养鸭、旅游竹排、机动船和入库排污口共9个项目进行核查登记，从9月开始组织市直有关部门和城区乡镇有关人员分步有序地开展水面项目清除整治、整顿工作。至12月底，水库水面综合整治工作清理项目完成90%以上，水库水质明显好转。

【湿地公园建设】 2011年，根据南宁市人民政府办公厅下发《南宁市2011年“绿满南宁”造林绿化工程工作方案》（南府办〔2011〕79号），启动了大王滩湿地公园一期造林绿化工程，将大王滩水库打造成湿地公园。规划湿地公园水域面积约3800公顷，陆地面积1720公顷，项目计划总投资5152万元。年内已将权属水管处的49.26公顷土地列为先实施内容，计划投资824万元（工程费），委托南宁市政府采购中心对该项目进行了公开招投标相关工作。该项目已于12月28日开标，明确了施工单位为南宁思科达园林绿化有限公司。湿地公园建设工作有序开展。

【库区用水调度】 2011年，大王滩水库管理处制定了详细的用水方案，编制了年度工农业的用水计划。年内大王滩新电站的计划用水量22743万立方米，实际发电用水量为21967万立方米，比计划少用了776万立方米；大王滩灌区提交申请的计划灌溉用水量6697万立方米，截至11月15日，水库输送实际灌溉用水量5376万立方米，比计划灌溉用水量减少了1321万立方米。

【水库防汛】 2011年1月，大王滩水库管理处与开发中心签订《2011年度大王滩水库枢纽工程日常维修养护合同》，明确水库枢纽工程养护工作职责和要求；修订完善了年度防洪抢险应急预案并召开了防汛联席工作会议；做好汛期检查和落实24小时值班制度；储备和维护好充足的防汛物资，做好通信设备检修养护工作；严格执行水文雨情观测、大坝安全监察、大坝日常巡视检查等制度，做好数据记录等。年内，还先后组织实施防汛通信塔公路建设工程、西干渠冬修工程、主坝脚维修和主坝内坡及溢洪道护坡维修等建设项目。水利工程安全运行，安全度汛。

（陈东艳　赵国理）

畜牧水产

【概　况】 2010年3月，机构改革后，良庆区水产畜牧兽医局整合到良庆区农林水利局，在农林水利局增挂牌子，而其职能不变，继续行使动物防疫检疫、技术推广、动物饲料、兽药监管、渔政管理以及动物卫生监督执法工作职责。

【动物疫病防控及监测】 2011年，良庆区实施家禽高致病性禽流感免疫926万羽，生猪口蹄免疫16.80万头，役用牛亚洲I型口蹄疫免疫4.37万头，生猪猪瘟免疫16.20万头，生猪高致病性蓝耳病免疫13.45万头，家禽鸡新城疫免疫1108万羽，家犬狂犬病免疫2.75万只。完成畜禽疫病监测任务，共采集家禽血清、肛门、口腔棉拭子各100份，猪血清150份，牛血清60份。完成奶牛结核病检测87头，布鲁氏病检测162头。对农村散养水禽25户、17个规模养猪场、34个规模养鸡户、2个养牛场进行流行病学调查，为疫病预警预报作充分准备。

【动物检疫及卫生监督执法】 2011年，良庆区实施动物产地检疫生猪9.84万头，牛0.22万头，家禽276.50万羽，种蛋28万枚。实施生猪屠宰检疫16.80万头、肉牛0.26万头，屠宰同步检疫率、检疫合格产品持证率均达100%。查处违反《中华人民共和国动物防疫法》等法律法规案件21起，涉及当事人18

人，无害化处理病害动物产品762公斤。全年对12个牲畜定点屠宰场（点）监督检查116人次。对11个不按照动物疫病强制免疫计划进行免疫接种的单位和个人给予警告，责令限期整改。对辖区21个肉类市场、14个活畜禽交易市场监督检查82个次，查验猪肉3978头份，牛羊肉435头份，白条禽0.73万羽份，零散动物产品0.87万公斤，活禽1.27万羽，查获病害禽产品197公斤、病害肉564公斤，全部进行无害化处理。

【动物食品安全及饲料兽药监管】　2011年，良庆区完成猪尿样“瘦肉精”、“莱克多巴胺”送检任务200份，在产地检疫环节自检猪尿样621份，在12个较大规模猪场检测猪尿样360份；协助南宁市动物卫生监督所对良庆区动物产品药物残留监测，共采集猪肉2份，鸡肉、鸡肝脏6份送检，检验全部合格；加强奶站和饲料管理，配合自治区、南宁市采集鲜奶样6份及18个样品、奶牛饲料样品3份、种蛋鸡饲料样品1份送区市检测三聚氰胺均为阴性。城区本级组织完成水产品药物残留例行检测10份、快速检测70份，完成生鲜奶例行检测5份、快速检测15份。组织检查兽药经营店39家，饲料及饲料添加剂生产企业17家，规模养殖场（小区）52个，共查获“三无”兽药8个品种、6个剂型，共83公斤，过期兽药48公斤，价值4.15万元。

【科技培训】　2011年，良庆区水产畜牧兽医局举办各类技术培训23期，其中动物重大疫病防控技术6期，牧渔业法律法规培训1期，水产畜禽养殖技术培训16期。累计培训2050人次，发放技术资料7.20万份，接受群众技术咨询7254人次。

【项目实施与惠农政策】　2011年，良庆区水产畜牧兽医局共落实养殖项目及各类财政补助经费346.07万元，其中中央和自治区财政基层动物防疫工作补助经费25.20万元，生猪标准化规模养殖场建设中央补助75万元，养殖业标准化基础设施建设市级财政补助75万元，村级动物防治员市财政补助8.28万元，渔船作业用油补贴66.35万元，能繁母猪补贴资金93.44万元，其他经费2.80万元。

【渔船管理】　2011年，良庆区水产畜牧兽医局协助南宁市船检站开展渔船检验合格83艘。经检验的渔船已持有《船舶检验合格证》、《船舶登记证》、《捕捞许可证》，符合渔船作业用油财政补贴条件。

（李昌笑　黄锦富）

扶贫开发

【概　况】　2011年，良庆区扶贫开发工作以科学发展观为指导，以贫困村为主战场，以完善贫困地区基础设施为突破口，全面完成了扶贫开发各项工作目标。年内，良庆区被自治区评为整村推进扶贫开发先进县（区）。

【贫困地区基础设施建设】　2011年，良庆区争取上级财政扶贫资金251万元，其中，投资210万元，修建通屯4条水泥路长6公里，通屯砂石路1条，小码头1处，桥涵1座，人饮工程项目1处。投资41万元，完成产业扶贫项目1个，扶持大塘镇横州村发展种植百香果18公顷。

【整村推进】　2011年，良庆区按照上级的要求，创新扶贫路子，全面完成第三批整村推进扶贫开发工作，帮助4个贫困村群众脱贫致富。

【贫困村实用技术培训】　2011年，良庆区举办贫困村实用技术培训班3期，培训贫困村农民180人次。通过实用技术培训，进一步提高了贫困群众的技能素质。

【社会扶贫】 2011年，良庆区定点扶贫工作稳步推进，南宁市招商促进局引导中国移动广西南宁分公司帮助大塘镇横州村建设移动通信基站1座，投入资金100多万元，解决了贫困村通信难的问题。

【扶贫龙头企业】 2011年，良庆区引导扶贫龙头企业广西万利来工贸有限公司与贫困村农户签订劳动用工、保价收购农产品协议，带动贫困农民走上致富之路。

（晏万雄）

农业机械化管理

【概　况】 2011，南宁市良庆区农业机械化管理中心（农业机械化管理局，农机安全监理站）为良庆区人民政府直属事业单位（参照公务员法管理），正科级，编制6人，在职6人。下属良庆区农机化技术推广服务站，编制4人，在职4人。辖区五镇一街道农业服务中心均内设农机水利组，共有农机管理人员15人。主要职责是负责全城区农业机械化管理，农机科教、技术推广，农机安全监理，农机产品和维修质量监督；负责农机化服务体系的建设规划和监督管理，组织、协调和指导农机化服务体系开展市场化、信息化、产业化、社会化服务。

年内，良庆区农业机械总动力248727千瓦，比上年增13.85%。各类拖拉机拥有量7320台，比上年增长19.41%，其中：大中型拖拉机232台/10801千瓦，小型多功能拖拉机1856台/32650千瓦，小型拖拉机5232台/48019千瓦；农用运输车和农用载重汽车792辆/58826千瓦；耕整机485台/3024千瓦，各种机引农具8478台（套）；水稻插秧机77台/213千瓦；联合收割机48台/1266千瓦；脱粒机械1430台/11783千瓦；抗旱机械8592台（套）/42069千瓦；农业机械原值17017.6万元，比上年增长18.06%。辖区内有农机维修网点26间，农机零配件供应网点21间，农机作业服务组织（农机合作社）6个，农机经营户9902户。年末乡村农机从业人员11259人，其中：持证拖拉机驾驶员2318人，农用运输车驾驶员1643人，农机维修人员97人，农机作业服务人员7201人。

【农机化管理】 2011年，良庆区贯彻《国务院关于促进农业机械化和农机工业又好又快发展的意见》（国发〔2010〕22号）文件精神，进一步落实促进农机化发展的各项政策措施，及时分解年度工作目标任务，强化指导工作，制定《良庆区2011年农业机械化购置补贴实施方案》，充分利用国家强农惠农政策促进农机化发展，加强信息和技术指导，动员组织农机投入春耕、夏收夏种和秋收冬种生产，全力服务城区农业生产。会同农业、工商等部门，开展农机“打假护农”工作，依法加强农机产品质量监督管理。

【农机购置补贴】 2011年，良庆区农机购置补贴列入自治区、南宁市两级政府为民办实事项目。各级农机购置补贴资金326.575万元，比上年减少23.485万元。其中中央资金308.18万元（占任务的101.04%），自治区资金14.285万元，南宁市资金0.77万元，城区配套补贴资金3.34万元。补贴群众购买机具544台套，其中：步行式水稻插秧机9台，两行半喂入水稻联合收割机10台，大型半喂入水稻联合收割机1台，全喂入水稻联合收割机3台，甘蔗割铺机5台，大中型拖拉机52台（含履带式拖拉机3台），方向盘式拖拉机56台，手拖、耕整机、微耕机、中耕培土机327台，自走式甘蔗装载机3台，农用挖掘机1台，其他机具77台。受益农户470户，拉动农民投入购机资金808.322万元。

【农机科教推广】 2011年，良庆区新引进推广久保田谷物收获机（三行）、凌锋水稻联合收割机、甘蔗剥叶机等新型农机具。在大塘镇南荣村建立了甘蔗分段式收获新技术示范点，示范面积3.34公顷；分别在那陈镇和平村、大塘镇大塘社区建立水稻生产全程机械化示范点，示范面积共13.34公顷，春夏耕季举办机械插秧、收割现场演示会3次；全年共举办农机化实用技术培训10期（含现场会），培训人员1017人次，组织拖拉机驾驶员参加驾驶技术培训265人，已考试发证239人，节本增效机械化技术（水稻化肥深施）推广应用10000公顷。

【农机安全监理】 2011年，良庆区继续深入开展“安全生产年”活动，推进“百万农民”文明交通宣传员行动和农机安全文化乡村行活动深入开展。以“平安农机”创建和“安全生产月”、“百日安全无事故”等活（行）动为载体，开展农机安全教育和治理工作；以提高“三率”为重点，开展拖拉机、联合收割机大普查及牌证管理专项整治活动。全年投入农机安全工作经费12.54万元，组织开展专项整治活动10次，配合城区有关部门开展综合执法与宣传活动3次，出动执法检查车88辆次，执法人员332人次，检查拖拉机640多台次，教育纠正违法违规行为172次，处罚14人（台次），印发宣传资料36000多份，张贴标语1500多张，张挂横额30幅，出版板报12版，发送宣传短信4500条。年内安全技术检验、检测拖拉机1255台，完成年度任务的102.9%；办理拖拉机入户注册登记279台，转入23台，转出72台；新核发拖拉机驾驶证239人，审核换证81人；年末在册拖拉机6047台，在册驾驶员2318人。辖区内没有发生农机安全生产伤亡责任事故。

【农机合作社建设】 2011年，良庆区重视农机合作社建设，新增农机合作社1个，新增社员8名，新增入社机具8台套。年末，有其祥等六个农机专业合作社在工商行政管理部门注册登记，取得《农民专业合作社法人营业执照》，共有社员37名，入社农机具44台套，资产达450多万元，年经营服务总值约达450万元。

【农机作业服务】 2011年，良庆区组织各类拖拉机投入农业生产5216台，实际下田作业拖拉机4967台，完成机械耕作面积35310公顷，其中水田机耕13414公顷，蔗地深耕深松面积5466公顷（占当年新植面积的70%以上）；完成水稻机械插秧面积1417公顷，机械收割面积8675公顷。农机作业服务总值2.0139亿元，比上年同期增7.11%。城区主要农业生产耕、种、收综合机械化水平为38.33%，其中水稻生产耕、种、收综合农机化水平为54.03%。

【农机购置补贴现场抽签活动】 2011年6月30日，良庆区农机化管理局在本局会议室举行“良庆区2011年第一批农机购置补贴现场抽签活动”。城区监察局、财政局分管领导和辖区五镇一街道农业服务中心领导、购机农户代表、供应商代表等30多人参加现场抽签活动。通过抽签，确定了第一批申请补贴购买手扶拖拉机、耕整机、大中型拖拉机、联合收割机、甘蔗提升装载机和方向盘式拖拉机等六大类机型、1100多名申请人的补贴办理顺序。

【农机普查及牌证专项整治】 2011年7～10月，良庆区农机化管理局根据自治区农机化管理局的部署要求，集中开展拖拉机联合收割机大普查及牌证管理专项整治活动，对辖区农机安全生产基本情况进行一次全面的大排查、大整治，共普查各类拖拉机7578台，各类收割机35台，拖拉机持证驾驶人2318人，通过普查，为农机安全生产的基本要素全面建立了档案。

【举办现场演示会】 2011年4月22日，南宁市良庆区2011年水稻生产机械化育插秧推进会在大塘镇写书坡举行。农机局全体干部职工、各农机大户、农机专业合作社成员及当地群众100多人参加，城区人民政府副区长李琳珊、副调研员莫月清亲临现场指导。

（黄赐平　刘锡富）

城市建设·环境保护·国土资源

CHENGSHIJIANSHE HUANJINGBAOHU GUOTUZIYUAN

城 市 建 设

【概　况】 2011年，良庆区住房和城乡建设局领导职数7人，其中局长1人，副局长6人，下辖村镇规划建设站、建筑工程质量监督站、园林管理所、房屋管理所、燃气管理站、建筑设计所、人防办等7个局属二层机构，其中设计所为自收自支单位。人员编制34 个，在编在职 34人。有技术干部30人（其中高级职称1人、中级职称17人、初级职称12人）。主要负责自治区、南宁市分配给城区的重点工程管理，为民办实事工程管理，城乡规划及建设管理、建筑工程质量监督和管理、人防工程管理、园林绿化管理、房产管理、燃气管理等工作。年内全面完成各项工作任务。

【银海大道拓宽工程】 2011年，银海大道拓宽工程为续建工程。该工程列入广西北部湾经济区重点产业园区基础设施，道路总长13.30公里，工程总投资8.40亿元，分两期共7个标段进行建设，其中一期（1至5标段），于2010年竣工。二期（6至7标段），工程正在施工中，年内累计完成投资5.47亿元。

【建设路（吉象路—五象大道）工程】 该工程是南宁市2011年重点工程，道路起于吉象路，终于五象大道，设计道路等级为城市Ⅰ级支路，概算总投资为7189.52万元，全长1714米，宽27米。已完成项目立项、方案设计、工程可行性研究报告批复、初步设计、环境保护评价报告、水土保持方案、地质灾害评估和压覆矿产情况、用地预审、施工图设计等一系列前期工作。完成了施工、监理单位招投标工作，确定了施工单位和监理单位，并组织有关单位完成图纸会审和交桩工作。

【锦绣路东段延长线工程】 2011年，该工程是为民办实事工程，道路起点接五象大道，终点至规划路，全长658.55米，宽20米，总投资为2384.66万元。已完成所有前期工作，正进行道路红线范围内征地、拆迁，同时办理施工单位、监理单位的合同签订及备案，现场报监和施工许可证申报工作等。

【金象四区道路改造工程】 2011年，该工程是为民办实事工程，占地面积11.97公顷，共有47条小区道路，总长8320米，宽度5～24米不等。主要建设内容有：道路工程、排水工程、照明工程、景观绿化工程和交通工程，总投资约为5310.12万元。第一期安排建设道路28条，总长5034.50米，已完成立项批复、地形测量、地质勘测、施工图设计、施工图会审及施工图审查备案等，并完成了项目上限控制价的编制审核工作，同时委托城区采购中心对该项目的施工及监理进行招投标工作。

【地质灾害隐患点治理工程】 2011年，经市国土局审批，确定良庆区金象三区北园路、大沙田三叠石北二里鸡头岭、五象大道北一里二巷、大塘镇那造小学、那陈镇七齐升塘坡为5个隐患治理点，总投资953万元进行治理，年内已全部治理完工，排除了安全隐患。

【农村危房改造试点工程】 2011年，良庆区农村危房改造分两批进行。第一批农村危房改造任务为251户，第二批249户，总投资1800万元，其中中央、自治区、市、城区各级财政补助共800万元，群众自筹1000万元。年内已全部竣工，并通过自治区、南宁市、城区三级危改办验收合格。

【村镇规划】 2011年，良庆区村庄规划编制工作任务共54个，已完成编制并通过南宁市规划局的评审。一是完成南宁市“十二五”小城镇发展规划项目的调查汇总并上报，项目累计25个，总投资2亿元；二是完成历史文化名镇名城相关基础资料、村镇垃圾处理设施项目等调查工作；三是完成2010年城乡风貌改造二期工程的竣工验收工作；四是举办农村危房改造抗震技术培训，受教育农民工达500人；五是办理新型墙体材料保证金核退50个项目，核退资金共9万多元。

【政府行政办公中心工程】 南宁市良庆区行政办公中心项目用地面积4公顷，总建筑面积约35000平方米，总投资额约2亿元（含土地征用费），建设内容主要包括行政办公中心、行政业务中心、会议中心、食堂、道路、停车场和景观绿化等。2011年已向自治区政府申请项目立项，确定了设计单位和初步设计方案，并已委托设计单位补充、完善三套设计方案。

【房产管理】 2011年，良庆区认真指导小区物业企业开展“创卫”、“创城”工作。指导康馨苑小区、金地金腾小区召开业主大会，并选举产生第一届业主委员会。同时及时处理阳光新城、慧谷阳光、鑫金怡园小区、新加坡城等小区业主来信、来访反映事项共13项；受理廉租住房租赁补贴申请家庭240户，复核上报市住房局185户（其中：市住房局已核准保障62户，退档11户），年审75户。

【园林管理】 2011年，良庆区完成自治区和南宁市下达“绿满南宁”种植大树任务1700株；完成银海大道绿化面积3.60公顷，种植树木1080株；新建两个小游园，面积共为1.03公顷，种植树木306株，投资192.90万元；创建军犬训练基地和南宁市英华学校两个生态园林单位；完成金象大道、德政路、建设路和锦绣路补植绿化面积3000平方米；安装绿化带护栏1510多米。

【人防管理】 2011年，良庆区向辖区内六所初级中学无偿提供广西初级中学人民防空教材2200本和人防知识宣传挂图6套，接受教育学生达2184人；向市民群众发放《居安思危、常备不懈》3000册，《居民防空防灾应急手册》500多本，《南宁市人民防空法规》宣传资料350份；依法办理易地建设许可证25宗，收取防空地下室易地建设费281325.60元；完成辖区内2处防护工程与5处非防护工程普查；顺利完成“8·30”良庆区防空警报试鸣暨人员疏散隐蔽演练任务和《国防动员潜力统计调查》的报告，完成南宁市防空警报器的安装任务。

【建筑工程质量监督和管理】 2011年，良庆区切实抓好建筑工程质量和安全生产监督管理工作。全年共出动789人次进行工程质量安全生产日常监督，查出安全隐患268处，下发整改通知书62份。全年共办理建筑工程施工许可证237宗，对282个工程竣工进行验收。

【燃气管理】 2011年，良庆区认真抓好燃气管理。年内燃气管理站组织安全用气知识宣传6次，每个月到辖区所有燃气站供应网点检查一次并填写检查记录，督促燃气供应网点对所存在的问题进行定期整改。

（韦春亮 罗达田）

市政管理

【概 况】 2011年，南宁市良庆区城市管理局（城市管理综合行政执法局）下辖城市管理综合行政执法大队、城市管理指挥中心（与前者合署办公）、环境卫生管理站和市政设施维护所，在编138人，编外聘用701人。年内，积极探索城市管理新机制，努力开创城市管理新局面，各项工作取得新进展。年内，城市管理局获“首府南宁市创建全国文明城市活动先进单位”、“首府南宁市创建国家卫生城市活动先进单位”和“良庆区2011年社会治安综合治理（平安建设）先进单位”；城管执法大队荣获“首府南宁市创建国家卫生城市先进集体”；环境卫生管理站荣获“南宁市2011年度城市生活垃圾处理费征收工作先进单位”嘉奖。

【市容管理】 2011年，良庆区城管局围绕深化拓展“城乡清洁工程”、创建“全国文明城市”和“国家卫生城市”中心主题，坚持以人为本，堵疏结合，以“无情整治，有情操作，真情帮抚”新举措，平稳、有效地推进市容秩序和环境卫生状况的改善。一是对违章现象实施全面清查、整顿，力求横向到边，纵向到底，不留死角，不讲情面。全年开展各种专项整治110多次，清理违章夜市摊点3100余个，查处占道经营摊点5000多摊，违规跨门槛经营1000多起；集中专项整治户外广告6次，拆除各类违章不符合市容标准门店招牌和户外广告牌27块，面积1300平方米；拆除各类违章或不符合市容市貌标准广告条幅950多条，移动式广告灯箱1200多个；清除非法小广告及涂写22万多条，抓获并查处张贴非法小广告人员11人；查处建筑工程车辆撒漏污染城市道路200多起，违章占道施工210处；年度执法罚没金额约50万元。二是以宣传教育为主处罚为辅，以管理劝阻为主强制执行为辅，加强巡查监管，实施定员、定责、驻场对容易发生违章现象的路段、场所加强管理，尤其对占道经营者耐心劝说、引导，切实将违章行为制止在苗头阶段。全年教育市容违章当事人6000多人次，疏导流动摊点进农贸市场或便民商业街近1000人次，上门办理建筑施工占道登记备案手续30余宗，纠正违章并免除处罚达7000多起。三是主动了解民情、听取民意，积极帮助群众解决实际困难。对于申请占道经营者，介绍其到正规集贸市场摆卖，并千方百计联系市场管理方给予妥善安排；对于占用路面堆放建筑废碴者，督促其到市行政审批中心申办建筑垃圾消纳手续，由具备资质的车辆运输到合法的建筑垃圾消纳场处置；对于申请设置户外广告牌的商家，引导其到工商等有关部门办理审批手续，以便规范、安全设置广告设施等。年内增设“创业街”一条，设铺面148间，增设“便民商业街”摊位300多个，休闲夜市摊近100处，缓解了弱势群体就业难题；解决群众来电来访求助320人次，引导群众到有关部门办理手续95件。

【建设规划监察】 2011年，良庆区根据《南宁市人民政府关于坚决制止非法占地、违法建设行为的通告》（南府字〔2005〕2号）精神，以严厉打击五象新区核心区内的违法抢建行为为重点，以“法制宣传到位、人员到位、机械设备到位、安全保卫到位、后勤保障到位”等5个到位为保障，平稳顺利推进建设规划执法工作，下发建设规划执法文书共1200多份，组织了13次较大规模的拆违行动，共拆除违法建筑214栋，拆除违法建筑面积约27.45万平方米，处理违法建设投诉案件46起。

【数字化城管】 2011年，良庆区数字化城市管理指挥中心共接案件16792件，按期处置16344件，按期处置率为97.30%，结案16658件，结案率为99.20%，评价等级A。在南宁市城市管理监督中心六城区考核评价排名前列。

【路灯建设】 2011年，良庆区市政路灯建设项目15项（共15条道路），总投资680万元。其中，建成区路灯项目10项，投资300万元，下辖5个镇路灯项目5项，投资380万元，所有项目均于年底前完成。

【市政道路维护】 2011年，良庆区市政设施维护所对管理的路幅20米以下市政道路60多处堵塞的排污管道进行疏通，共清理雨污管道1500米，更新破损雨水篦子、排污井盖240块，维修破损路面500平方米，保证了路面平整和雨污管道畅通。

【市政道路改造】 2011年，南宁市良庆区片区市政道路改造工程总投资概算约1.09亿元，截至年底，已完成投资7138万元，累计已支付4394万元，未完成的建设投资额约4000万元。第一期工程进展情况：道路排水工程已基本完工，绿化工程已完成约70%工程量，路灯照明设备安装已完成约90%，五象大道南、银海大道东片区内A小分区已全部亮灯；车载式垃圾箱和果皮箱已到货待装等。第二期工程进展情况：12月正进行照明设备采购招标工作，道路排水施工已完成500多万元工程量，其他分项目正进场施工准备。

【环境卫生管理】 2011年，良庆区以“创城”、“创卫”为契机，努力推进环境卫生管理工作。一是充实环卫队伍。城区环卫站年内计划增聘231名环卫工人，使编外职工人数达700人，至年终实际增至605人（招聘工作仍继续），已成为保障城区环境卫生和深入持久实施“城乡清洁工程”的生力军。二是完善环卫设施建设。为提高生活垃圾压缩转运能力，对现有的2座垃圾压缩转运站实施改建，列入市级为民办实事项目。其中，三叠石垃圾中转站改建投资157万元，从完成设备采购、土建设备安装，到设备调试并交付使用仅用了3个月时间；秀和垃圾中转站改建为新增项目，于12月15日完工。在片区市政道路改造工程中，先后对约100条街道补植果皮箱2000多个，增建4座移动公厕，列入市级和城区级为民办实事项目各2座，共16蹲位，其中残疾人专用4蹲位，总投资42万元，分别位于建业路、花园北路、五象岭路和银沙大道等人流较密集的路段；对各农贸市场及客运站等主要公共场所的公厕进行升级或修缮。三是推进环卫“劳动密集型”向“技术密集型”转化。为使市政道路机械化清扫率达到80%，由市政府财政出资8000万元为各城区添置道路清扫和清洗机械，其中良庆区添置17辆环卫清扫机械（8吨位洗扫车2辆，8吨位清扫车4辆，3吨位清扫车3辆，8吨位高压冲洗车4辆，3吨位护栏清洗车1辆，小型电动清扫车3辆），总价约650万元。至年底，城区环卫站已拥有各种大型环卫作业专用车辆共44辆，微型保洁车辆13辆。四是

新添的大批大型清扫机械。（城管局提供）

大型清扫车在平乐大道作业。　(城管局提供)

创新清扫保洁运作机制。积极探索环卫市场化运作机制，改进清扫保洁承包方案，采取环卫站内部清洁工“三定一包”责任制与引进社会保洁企业承包相结合，相互取长补短，从而提高环卫作业质量和环卫资金的效用。五是通过“3·19城管日”、“环卫宣传月”、“文明礼貌月”等活动，以多样形式、丰富多彩活动，向广大市民、进城务工、经商人员宣传《城乡容貌和环境卫生管理条例》、“城乡清洁工程”政策等，潜移默化提高市民环境卫生意识。

【生活垃圾处理费征收】　2011年，良庆区强化生活垃圾处理费的征收工作。城市生活垃圾处理费入库额达2597963.70元，首次突破250万元大关。良庆区环卫站获“南宁市2011年度城市生活垃圾处理费征收工作先进单位”；收费工作队获“南宁市2011年度城市生活垃圾处理费征收工作先进集体”，24名收费员获“先进个人”，是建区以来的最好成绩。

【清扫保洁面积测算】　2011年1月，良庆区由财政出资9.80万元，委托南宁市勘测院对建成区的市政道路进行测量，计算出城区环卫作业范围内路面面积为311.60万平方米，绿化带面积为30.30万平方米，环卫清扫保洁面积（即按照国家环卫劳动定额技术规范计算的清扫保洁工作量）为218.70万平方米，为环卫清扫保洁人数、机械和经费等资源配置提供了科学依据。

【“两会一节”市容保障】　2011年，良庆区为以“洁齐美畅”市容环境喜迎“两会一节”，以城管工作为重点，以“五项原则”和“十条措施”全力打造精品市容。“五项原则”即：一是突出重点，全面整治，整体提高为原则，以五象大道核心区及城区各主干道为重点，兼顾行政、商业、文化中心，大力实施环境综合整治；二是整合资源，以块为主，条块结合，齐抓共管为原则，以城管执法和环卫人员为主力军，交警、交通、市政设施维护、园林等部门密切配合，以市容秩序和环境卫生治理为主，其他方面积极跟进，形成合力，相互促进；三是坚持标准，逐项落实，务求实效为原则，以“全国文明城市”、“国际人居奖”、“国家卫生城市”的标准，以“中国绿城·南宁”为招牌缔造一流市容环境；四是专项整治与长效管理相结合的原则，使“两会一节”市容保障工作与创建“国家卫生城市”、“国家森林城市”和深化拓展“城乡清洁工程”等长期工作两不误、双促进；五是依法行政，文明执法的原则，坚持以人为本宗旨，努力推进和谐社会建设。“十条措施”即：一是早部署早实施，10月初制定了“两会一节”容环境综合整治方案，明确分工，责任到人；二是全员投入，暂停双休，全员上岗，临时外雇150名民工增援体育中心周边路段保洁，确保重点路段24小时保洁标准，并安排保安和协管员共51人增援城管执法行动，保证整治工作横向到边，纵向到底；三是40台环卫机械车辆全部上阵，加强对五象大道、平乐大道、银海大道等的清扫保洁；四是采取“打防控”手段，督促五象大道沿线建筑工地文明施工，对各主干道路口落实24小时布控，加大建筑渣土管理力度，严禁乱倒建筑垃圾和车轮带泥上路行为；五是深化户外广告整治，确保户外广告安全、美观，与街景相宜，并全面清理户外非法“小广告"，确保主要区域、景观道路无非法"小广告"；五是扩大巡查范围，延长监管时间，杜绝违章占道经营现象，并强化对临街商业网点的监管，督促落实"门前三包"责任制；六是全民参与，治理人行道车辆乱停放、行人闯红灯等行为，促进城市交通秩序管理社会化；七是严管重罚，大力打击违章建筑、构筑行为，强力打击非法占地抢建歪风；八是全面整治，不留死角，全日保洁，无缝管理，全面提升环境卫生档次；九是加强巡检、维护，确保市政设施完好和正常使用，同时加强对核心区沿线果皮箱、垃圾桶和移动公厕的监管，防范和排除爆炸、投毒等破坏行为；十是实施督查和问责制度，确保市容环境专项整治和巩固管理取得实效。

（梁昌朝　岑珊珊　颜上云）

供水供电

【南宁市大沙田供水有限公司】　2011年，南宁市大沙田供水有限公司有在册员工123人，各类专业、技术人员占员工总工数的65%。全年供水量2150万立方米，比上年增长6%，累计实现产值人民币2.17亿元，总资产达1.20亿元，实现利税1600万元。为配合市政银海大道拓宽工程全线施工，年内公司完成供水管道安装12554米，其中DN800管道安装2992米。目前DN75-800管道总长约320千米，用户总数超过31000户，用水人口达20万，水质综合合格率达99.50%，水压综合合格率达99%。

为了提高供水安全可靠性，有效缓解供水紧张局面，更好服务于良庆经济开发区的发展建设，公司计划实施南宁市大沙田供水扩建工程项目，即以大王滩为供水水源在那马镇扩建供水能力为10万立方米/日的水厂，以及计划在那马镇花柳坡建设应急水源工程项目，该两项目均已取得有关部门批复，前期工作正在紧锣密鼓中进行。

南宁市大沙田供水有限公司以发展为主线，以改革为动力，以效益为目标，以供水为主业，发展安装维修、材料销售、"沙甜泉"牌天然泉水及纯净水生产销售为一体的多元化经营，科学管理、规模经营，走供水企业改革和发展的新路子，实现公司再次发展及创业的新突破。公司多次获得南宁市先进单位、诚信私营企业、文明私营企业、消费者信得过单位等称号。

（林子坚）

【南宁供电局五象供电分局】　2011年，五象供电分局有员工116人（正式员工97人，农村电工19人）。分局下设综合办公室、生产技术与安全监察科、营销服务科、规划建设科4个职能部门和配电运行维护班、配电检修班、供电服务班、抄表班4个班组，管辖五象、大沙田、良庆3个营业厅。

供电区域　承担南宁市良庆区良庆镇、良庆经济开发区、大沙田街道办事处以及那马镇部分用户的供电任务。供电范围东以邕宁区（高速公路）为界，南至那马镇，西以水塘江为界，北以邕江、水塘江为界，供电面积约120平方公里，供电客户约4.80万户。

职责范围　负责运行维护10千伏线路35条，总长295.53千米（其中架空线路224.12千米，电缆线路71.41千米），公变289台，容量10.74万千伏安，专变485台，容量19.98万千伏安。辖区内有220千伏沙田站、220千伏良庆站（在建），110千伏玉洞站、110千伏体育站、110千伏那马站（在建）和35千伏那马站。

安全管理　分局深入推进安全生产风险管理体系建设，积极开展"争当'啄木鸟'保安全"活动，全年没有发生人身事故，没有发生一般及以上设备和电网事故，实现跨年度累计安全生产729天。

生产经营　年内，完成供电量4.91亿千瓦时；完成售电量4.72亿千瓦时，同比增长15.62%；完成主营业务收入2.96亿元，同比增长16.36%。售电比例：大工业用电44.32%，居民生活用电31.11%，非普工业用电11.78%，商业用电6.57%，非居民照明用电5.25%，农业农排用电0.96%。

电网建设　年内，分局完成10千伏配网建设16项，完成总投资2193万元，新建、改造10千伏电缆线路5.42千米，10千伏架空线路60.20千米，新增供电容量6.50万千伏安；新建、改造0.40千伏线路53.80千米，新增供电容量0.81万千伏安。

优质服务　分局把为民服务作为创先争优活动的载体，践行"万家灯火、南网情深"的核心价值观，认真开展走进农村服务"三农"、走进社区心系居民、走进学校关爱校园、走进企业惠及客户等"六走进"活动；制定科学合理的错避峰有序用电方案，组织召开"良庆区计划用电协调会"，积极应对电力供应紧张局面，力求做到保障供电，年内，分局圆满完成了广西体育中心"两会一节"特级保供电和南宁市良庆区第二届人大、政协第一次代表大会、良庆区第三届"香火龙"民俗文化旅游节等16项重要活动的保供电工作，连续两年被南宁供电局评为"两会一节"保供电突出贡献集体。

（黄　强）

【南宁良庆水利电业有限公司】　2011年，南宁良庆水利电业有限公司在册员工114人（其中正式员工84人，农电工30人）；公司设有职能部室5个，供电所3个和变电站3个；担负着南宁市良庆区的那马镇、大塘镇、南晓镇及那陈镇、钦州市钦北区大寺镇、小董镇部分用户的供电任务，供电面积1330多平方公里，受电人口约15.50万人。公司网区内地方电源装机总容量12010千瓦。运行中的35千瓦变电站2座，变电总容量11.30兆伏安；35千瓦临时变电站1座，变电总容量7.50兆伏安；在建110千瓦变电站1座，变电总容量31.50兆伏安；已建成110千瓦变电站1座，变电总容量31.50兆伏安；35千瓦线路8条共143.66公里，10千瓦线路19条共518公里；全公司配电台区740个，配变总容量78.61兆伏安。2011年，南宁良庆水利电业有限公司供电量完成6949.49万千瓦时，比上年同期减少2.51%。售电量完成5913.09万千瓦时，比上年同期减少2.51%。全年上缴增值税205.55万元。

电网建设　2011年，为确保电网的安全运行和正常的供用电秩序，南宁良庆水利电业有限公司继续强化规划的指导作用，抓好工程前期工作，进一步加快电网建设步伐，不断优化电网结构，努力提高电网的供电能力。全年主要的电网建设情况：1.110千瓦大塘变电站完成整改、调试，并以35千瓦等级投入试运行。2.完成110千瓦那马变电站建设工作。3.完成35千瓦南晓变电站建设工作，并投入运行。4.完成110千瓦大塘变电站35千瓦回配套线路建设，并投入运行。5.完成大塘至南晓35千瓦线路（大南线）建设，并投入运行。6.完成了南晓至大寺35千瓦线路（前南线）建设，并投入运行。

安全生产管理　2011年，南宁良庆水利电业有限公司始终坚持"安全第一，预防为主"的方针，贯彻各项安全生产规定，真正做到认识到位、领导到位、责任到位、措施到位、奖惩到位，逐步建立起良好的安全工作秩序和环境。全年无安全生产事故发生，实现了全年第三个百日安全无事故记录，累计安全生产843天。

（陈　伟　李际刚）

国土资源管理

【概　况】　2011年，南宁市国土资源局良庆分局，内设行政办公室、规划利用股、地籍股、地矿、地环和土地纠纷调处股、服务窗口办公室5个部门，在编人员7人；代市国土资源局管理良庆、那马、大塘、那陈、南晓5个国土资源管理所，在编人员16人；此外，南宁市国土资源监察支队下设良庆大队，在编人员13人，负责辖区土地矿产执法监察工作。

【用地增减挂钩】 2011年，良庆国土分局首次受理良庆区第一批城乡建设用地增减挂钩的特色项目。该项目确定拆旧区项目9个地块，总面积为9.66公顷，拟定建新区2个地块，总用地面积为11.70公顷。

【用地报批和审批】 2011年，良庆国土分局受理南宁市良庆区那平小学等19个新增用地项目报批业务，其中18个项目已发征地预公告和征地委托书；办结农村居民申请建房用地9宗；补办涉及2010年卫片图斑的农村建房用地手续9宗；办结上市公房补签出让工作3宗；供地业务受理10宗，其中已办结个人私宅地4宗，1宗集体三产用地。

【基本农田保护】 2011年，良庆国土分局严格遵守最严厉的耕地保护制度。在良庆镇开展永久基本农田划定试点工作；完成了良庆、那陈、南晓的基本农田保护新标志牌的建立，并聘请61名农保巡查员；顺利完成市、城区、乡镇及村委四级的耕地保护责任状签订。

【地籍登记管理】 2011年，良庆国土分局共受理日常土地登记1825宗，其中完成国有土地使用权变更登记1080宗，土地使用权抵押登记876宗，土地总登记33宗，竣工换证登记168宗，初始登记251宗，国有土地证书延期登记153宗，土地抵押注销登记63宗。

【矿产资源管理及地质灾害防治】 2011年，良庆国土分局对辖区内矿山企业认真清理整顿，先后进行动态巡查28次，出动车辆42（台次）、人员78（人次），使所有矿山企业安全生产管理工作状况良好，确保本辖区安全生产零事故发生，并顺利完成了辖区矿山年检及矿产资源补偿费征收工作。汛期间，针对本辖区内的13个地质灾害隐患点及其他危险区进行了全面排查，建立和完善地质灾害群测群防制度，重新修改和完善了地质灾害防治工作方案和应急预案，落实具体监测人员并签订地质灾害隐患点监测委托协议书。先后发放防灾避险明白卡178份，设立警示牌21块。组织地质灾害防治专家对金象三区北园路等11处较大的地质灾害隐患点进行了实地勘查，形成专家治理意见11份，并协助城区政府对其中五处较大地质灾害隐患点进行治理工程建设。还举办两期培训班，受训人员达250人；专门设计制作了地质灾害宣传板报30份，印发宣传资料850份。

【信访接待与纠纷调处】 2011年，良庆国土分局认真抓好信访接待和纠纷调处工作。年内共接待来访群众3500多人次（其中窗口2500多人次、地籍股150多人次、利用股300多人次，调处股56多人次、办公室70多人次）；答复信访件60多件；受理土地纠纷调解9起，已由分局答复和协调解决4起；另有5起由分局协助市国土局和良庆区调处办立案解决，已解决3起，尚有2起正在组织双方协调解决。

【执法监察】 2011年，良庆国土分局组织开展2010年度土地矿产卫片执法工作，顺利通过国土资源部检查验收；切实做好村民违法用地查处整改工作，共核查农村村民违法用地188个图斑、548宗：其中，一户一宅473宗，一户多宅和占用基本农田75宗；认真按照南府发〔2010〕125号文件精神，予以符合完善用地手续条件的9宗农村村民住宅用地补办了合法用地手续；组织签订临时用地协议507宗，上报要求拆除36宗，其中3个图斑16宗已完成拆除工作；具体组织开展对拆除违法占地建设后的复耕复绿工作共4处，复耕面积共6.40公顷。

【原邕宁县土地历史遗留问题处理】 2011年，良庆国土分局原邕宁县土地历史遗留问题已通过业务会审定244宗，进行公告20个批次282宗，补签出让协议121宗，调整土地使用条件（容积率）2宗。

（黎永彪　杜　决）

房屋和征地拆迁

【概　况】 2011年，南宁市良庆区房屋和征地拆迁办公室人员编制43名，在职干部职工46名，内设行政综合组、财务组、法规信访组、房拆组、征地拆迁等9个工作组。年内，全面贯彻落实“项目建设年”和全力打好“五场攻坚战”，解放思想，创新方式方法，迎难而上，全力推进项目征地拆迁工作，成绩显著。党支部被南宁市评为“2009～2010年度先进基层党组织”、1人同时被评为“南宁市2009～2010年度优秀共产党员”、“自治区优秀共产党员”称号。获“良庆区先进妇女组织”、“十一五”期间良庆区档案工作先进单位、“2010～2011年度《良庆年鉴》编纂工作先进单位”等称号。

【项目征地拆迁】 2011年，良庆区征地拆迁工作组坚守“三贴近、三加强”的原则，即在工作中始终坚持“贴近村队、贴近被拆迁户、贴近实际”；“三加强”（加强与市有关部门的沟通、加强与项目业主的协调、加强与城区各单位各部门的协同），工作人员转变工作作风、创新工作方式方法，确保征地拆迁工作顺利开展。良庆区房屋和征地拆迁办公室新接受征地委托项目51个，面积1013.67公顷，加上历年未完成征地项目有169个，征地面积2141.34公顷，房屋拆迁面积52万平方米。与南宁市签订征地责任状面积1246.53公顷，拆迁责任状面积115563平方米（国有房屋面积）。因涉及项目规划调整、项目业主补偿资金不到位无法开展征拆工作及宏观调控等因素，实际需征地面积623.26公顷。年内共完成征地签约面积409.22公顷（含临时用地19.07公顷），完成房屋拆迁签约面积523204.27平方米，完成任务100.48%。

【征地拆迁新亮点】 2011年，良庆区切实推进五象新区开发建设征地拆迁工作出现新亮点。①总部基地项目征拆工作顺利推进。项目委托征地面积230.04公顷，房屋拆迁面积126900平方米。整个项目征地拆迁进入收尾阶段。13条道路施工进展顺利，同时完成清表53.33公顷。②完成蟠龙片区拆除房屋面积约90000平方米，打通了蟠龙片区10条路（堤园路1期、2、6、10、19、28、29、48、51、69号），为该片区基础设施建设提供用地保障。③打通平乐大道与玉洞大道交汇处节点。针对交汇处余下0.33公顷土地未征问题，组织司法、法制建设、城管等部门依法采取现场取证、提存征地补偿款等系列措施，协助项目业主进行施工，阻碍近两年的节点打通了。至此，作为五象新区核心区重点道路的平乐大道和玉洞大道得以顺利贯通。④完成思贤塘房屋拆迁（堤园路南宁大桥边）面积28633.46平方米，推进堤园路、滨江公园项目建设，改善周边景观。⑤完成五象大道西延长线房屋拆迁面积32344.72平方米，按期交地施工，确保项目全线贯通并投入使用。⑥完成云桂铁路枢纽房屋拆迁签约面积约10.68万平方米，为项目建设提供用地保障。⑦自治区“三馆”征地拆迁工作顺利推进。对广西规划展示馆周边的鸡棚鸭舍依法进行保护性清理，解决展示馆涉及桥头坡与市五象森林公园的山地权属纠纷问题。同时组织项目业主、城区农林水利局等相关部门组成专门工作组，处理广西美术馆涉及施工污染赔付问题；协调项目业主和市指挥部，加快项目对已征46.67公顷用地的清表工作。⑧南宁外环高速公路项目建设顺利推进。突破完成项目涉及位于玉洞互通旁“闭姓”宗族坟墓80座和“黄姓”5户人0.93公顷土地的签约及交地；突破解决项目涉及良凤江森林公园0.33公顷土地纠纷以及那平村8队与新兰村21队0.13公顷土地纠纷问题。动员群众自行拆除铁架大棚约 20 公顷，按时为项目业主提供项目用地，确保进场施工建设。

【队伍建设】 2011 年，良庆区房屋和征地拆迁办公室加强干部职工的政治理论学习和业务学习，努力塑造高素质征地拆迁工作队伍。一是组织员工参加市职能部门举办的各种培训班，派员到先进地区（城区）学习先进征地拆迁工作经验；二是邀请市征地办等上级业务部门及有关专家现场指导和传经送宝；三是理论联系实际，在单位内部组织开展多种形式的学习活动。培养和打造了一支懂政策、熟悉业务、会做群众工作、办事能力强、敢于打硬仗的工作队伍。同时进一步强化考核督查和激励，为推进区、市重点项目和征地拆迁工作注入动力源泉。

【征地拆迁法律法规宣传】 2011 年，良庆区房屋和征地拆迁办公室加大征地拆迁法律法规宣传力度，工作组到涉及被征地拆迁村（坡），通过发放宣传资料、宣传车巡回宣传等多种形式，在涉及征地拆迁村（坡）制作永久性宣传横额，营造征地拆迁工作浓厚氛围。通过宣传，让群众了解征地拆迁补偿、回建安置、被征地拆迁农民社会养老保障等相关政策，推进征地拆迁工作扎实开展。

【矛盾纠纷解决】 2011 年，良庆区房屋和征地拆迁办公室在开展征地拆迁工作中，严格按照国家有关法律法规和政策进行，并严格遵循法定程序，坚决杜绝滥用权力、违法违规征地拆迁，努力把矛盾纠纷解决在征地拆迁实施过程。；同时，从维护广大人民群众的根本利益出发，切实帮助群众解决因征地拆迁带来的困难。年内，共受理群众来信来访案件 38 件，已协调解决 38 件，办结率 100%。

【廉政建设】 2011 年，良庆区房屋和征地拆迁办公室加强廉政建设为重点，积极组织党员干部学习中央、自治区、南宁市反腐倡廉和落实党风廉政建设的政策法规精神，深入开展党风廉政教育，大力倡导爱岗敬业的精神，努力塑造征地拆迁队伍公正严明的执法者形象，文明执法的服务者形象，廉洁高效的奉献者形象。在具体征地拆迁工作中，做好依法征拆、和谐征拆、阳光征拆。年内，没有违法乱纪行为发生。

【支部联动共建活动】 2011 年，良庆区房屋和征地拆迁办公室党支部在进一步加强党建示范点各项工作同时，积极与那马镇冲陶村党支部开展“结对共建、先锋同行”活动。支部结合开展建党 90 周年系列纪念活动，积极组织党员开展走访慰问活动。党支部组织党员多次到结对共建村那马镇冲陶村进行慰问。为村委送上 3000 元的慰问金以及一批慰问品。

（孟翠萍　曾作燕）

环境保护

【概　况】 2011 年末，良庆区环保局机关编制 4 名，在编人员 3 人，下设环境监察大队编制 5 名，实有在编人员 7 人，其中中级职称 1 人，初级职称 5 人。环保工作坚持“在发展经济中保护环境、在改善环境中促进发展”的原则，以改善环境质量为目标，以主要污染物减排为主线，严把建设项目环保审批关，实施重点污染治理工程，严厉打击环境违法行为，辖区环境质量得到明显改善。年内，获南宁市第一次全国污染源普查先进集体、良庆区安全生产先进单位、南宁市“科学·低碳”主题科普活动先进集体、南宁市 2011 年“六五”世界环境日环保宣传板报巡回展鼓励奖等称号。

【环境空气质量】 2011 年，良庆区环境空气质量均优于国家环境空气质量二级标准，主要空气污染物二氧化硫、二氧化氮、可吸入颗粒物年平均浓度分别为 0.02、0.03、0.08 毫克/立方米。与上年相比，二氧化硫下降 9.50%，二氧化氮、可吸入颗粒物分别上升 3.30%、1.30%。空气质量优良天数为 331 天（其中优 126 天，良 205 天），占全年 92.90%；出现轻微污染（空气污染指数 API 大于 100）共 26 天，所辖的良庆镇、那马镇、大塘镇、那陈镇、南晓镇远离城市，工业少，森林覆盖面大，空气质量仍然保持在较好的水平。

【水环境质量】 2011 年，良庆区境内江河水质量保持良好态势。

主要江河水质　辖区境内市控江河水监测断面有 1 个，即邕江下游水塘江断面，水功能区划定为Ⅳ类水质。年内，经南宁市环境监测站监测，邕江水塘江断面全年有 10 个月的水质达到或优于Ⅲ类水质，6 月和 11 月水质为Ⅳ类水质，全年水功能区达标率为 100%。

城市内河水质　良庆邕江支流为水塘江和八尺江，水塘江为良庆区和江南区界河，经南宁市环境监测站监测，水塘江水质监测结果满足Ⅲ类水质标准，超标污染物为总氮、氨氮、总磷、五日生化需氧量，超标主要原因为城市生活污水排放和上游农业、农村面源污染。八尺江良庆段为八尺江上游，水质与 2010 年相比没有大的变化，能够达到较好水质。大塘镇和南晓镇流向钦州的地表河沟水质主要受大塘糖厂季节性污水影响，以及该区域农业和居民影响。

主要湖泊与水库水质　辖区内主要湖泊为大王滩水库、凤亭河水库和屯六水库，均为大型水库。大王滩水库水功能区划定Ⅲ类水质，受人为影响较大，水质偏差。根据 2011 年广西水环境质量通报，大王滩水库仅有 4 个月为Ⅲ类水质，分布在 5 月、10 月、11 月，有 8 个月为Ⅳ类水质，7 月为Ⅴ类水质，全年水质达标率为 33.33%，比上年下降了 25%。影响水质的主要污染指标为总氮、总磷、五日生化需氧量。凤亭河水库、屯六水库水功能区划定Ⅲ类水质，水质优良，年内共监测 3 个月，全部达到或优于Ⅲ类水质，全年水质达标率为100%。

饮用水源水质　辖区内 3 个自来水厂分别以那马镇地下水、双鱼良水库（大王滩水库库叉）、凤亭湖水库为取水水源地。经自治区疾病预防控制中心检测，水源水总大肠菌群、毒理学指标检验结果均符合卫生部《生活饮用水卫生规范》对生活饮用水源水质的规定，无水质超标现象。

【声环境质量】 2011 年，良庆区区域环境噪声平均值保持在 55 分贝以下，噪声质量等级属于较好，声环境质量达到国家考核指标要求。

【污染物排放】 2011 年，良庆区申报登记水污染物排放企业 11 家，申报登记大气污染物排放企业 24 家，申报登记固体废弃物排放企业 0 家，申报登记建筑噪声环境污染物排放企业 0 家。城区环境保护主管部门核准颁发排污许可证 28 份，共征收排污费 7.70 万元。

废水污染物排放　年内，废水排放总量为 939.94 万吨，比上年减少 56.38%。其中：工业废水 579.94 万吨，生活污水 360 万吨，所占比重分别为 61.70%和 38.30%。废水中化学需氧量（COD）排放量 2963.44 吨，比上年减少 57.87%。其中：工业废水中排放 1175.44 吨，生活污水中排放 1788 吨。废水中氨氮排放 252.11 吨，比上年增加 7.97%。其中：工业废水中排放 25.11 吨，生活污水中排放 227 吨。生活废水尚未进入城市集中式污水处理厂，全部经水塘江直排邕江，部分小区自设有地埋式污水处理系统。

废气污染物排放　年内，工业废气排放总量为 358233 万标立方米，其中工业二氧化硫、烟（粉）尘排放量分别为 824.16 吨、512.80 吨。工业污染物中，二氧化硫、烟（粉）尘排放量主要集中在制糖、造纸行业，二氧化硫排放较上年大幅度减少，主要是由于重点工业企业的工业锅炉燃料由燃煤更换为生物质燃料。

工业固体废物排放　年内，工业固体废弃物产生量 8.68 万吨，比上年增加 2.24%；综合利用量为8.67万吨，处置量为0.01万吨，贮存量为0.04万吨，排放量为0吨，综合利用率为99.84%。城区农村基本上实行了垃圾袋装化，清运城市生活垃圾主要通过垃圾堆肥和卫生填埋进行处理。粪便全部经过三级化粪池进行处理，无害化处理率保持98%。

【污染控制与减排】 2011年，良庆区环保部门切实抓好环境污染控制和减排工作。

建设项目环境管理　年内，良庆区环保部门共审批建设项目92个，其中工业项目17个，市政和房地产项目15个，三产项目60个。全年按规定执行污染防治设施与项目主体工程同时设计、同时施工、同时投产的环保“三同时”项目85个。

节能减排　年内，继续积极推进产业结构调整，严把淘汰落后产能建设关，严控“两高一资”行业，缓解结构性污染，促进循环经济发展，推进清洁生产，引导产业结构的调整和不断优化。顺利完成南宁市下达节能减排任务，即对南宁市创先纸制品厂进行结构减排，化学需氧量减排26吨，氨氮减排1.50吨。

重点污染源监督　定期对辖区内26套锅炉除尘设施、18套水处理设施的运行情况进行现场检查，现场监察工作每月不少于1次。年内，对不正常使用设施行为共立案处罚3起，当场处罚2起。

噪声达标区创建　年内，制定了《良庆区关于在居民集中居住区建立扰民噪声污染防治长效工作机制的实施方案》，明确各有关职能部门在社会环境噪声管理方面的职责，重点整治辖区内工业企业、娱乐场所的噪声扰民现象，辖区声环境质量进一步提高。

【环保专项行动】 2011年，良庆区环保部门狠抓环保专项行动。一是开展“整治违法排污企业，保障群众健康”环保专项行动。共出动90多人次，检查企业厂矿、个体经营户30家次，发出环境违法行为改正通知书15份，立案处罚3家。二是6月至7月，开展中、高考期间专项执法检查，对辖区的建筑工地、娱乐场所进行午夜间巡查，发放环境噪声控制通告60多份，现场制止违令施工、违令经营7处。对检查发现问题的3家KTV、酒吧提出了整改要求。三是开展沿江企业、生产、利用、产生危险化学品等重点行业、企业环境风险及化学品检查，共出动执法人员605人次，检查企业66家，其中涉及重点行业企业环境风险及化学品的企业31家，责令限期整改10家。对涉及重金属污染物排放的3家企业进行全面检查，未发现有重金属污染物超标排放现象。经区环保厅固废中心、市环保局辐射科专家组成的重金属排放企业整治检查组验收合格。四是开展医药制造企业专项环境执法检查，出动检查人次14次，检查医药制造企业7家，下达整改通知2份，当场立案处罚1家。年内共出动792人次，检查企业360家次，立案处罚企业3家，结案3个，处罚金额7000元，挂牌督办项目1个，责令限期治理1家，完成整改待验收3个（危化企业）。

【核与辐射监督管理】 2011年，良庆区环保局与南宁市环保局联合开展涉源工业企业辐射安全检查。指导辖区内涉源的5家工业企业完善放射源档案材料收集、放射源日常巡查记录等工作，督促未办理辐射安全许可证的广西阳光人造板有限公司完善相关手续。督促辖区12家医院、卫生院办理三类射线装置安全许可证。未发生放射源丢失事故。

【信访与建议提案办理】 2011年，良庆区环保部门共受理人大建议、政协提案2件，全部如期办理完毕；同时受理群众转办等环境污染投诉108件次，处理108件，结案103件，现场调查处理率100%，结案率95%，所有信访件得到了妥善处理。

【污染源普查】 2011年，良庆区环保局全面开展污染源普查动态更新调查工作。本次调查经过制定污染源普查动态更新调查工作方案、培训、收集调查名录、筛选调查名录、确定调查名录、发放调查表、回收调查表、计算、录入、审核、上报调查数据包等阶段，进一步完善第一次污染源普查数据，及时新增和注销相关企业，更新确定全城区工业源 15 家，畜牧业 15 家，农业源 1 家，集中式污染治理设施 2 家，共 33 家污染源普查更新数据的审核与录入工作。

【环境宣传教育】 2011 年，良庆区采取形式多样的环境宣传教育活动，紧紧围绕节能减排为重点，积极引导公众参与。年内共组织环保宣传活动 4 次，免费发放宣传资料 3 万份，环保袋 2000 个。6 月 10 日，在大沙田车站广场开展以“共建生态文明，共享绿色未来”为主题的纪念世界环境日宣传活动，向辖区企业、社区、学校和市民免费发放宣传资料 3000 份，环保袋 300 个、宣传挂图和横额 50 套（条）。同时给辖区机关、企事业单位、学校、社区以及市直有关部门的干部职工邮寄了 2000 张环保明信片；6 月 17 日，在阳光新城一街区广场开展环境保护宣传板报巡展进社区活动；与城区教育局联合阳光新城学校开展了一次“小手拉大手”创模知识宣传活动。7 月，推荐该校参加创建自治区级“创绿”活动并获得自治区级“绿色学校”称号。南晓镇初级中学、台马小学、晓元小学 3 所学校也获得南宁市“绿色学校”称号。

【自然生态建设】 2011 年，良庆区环保局积极组织辖区各镇、街道做好创建国家级、自治区级生态村申报工作。推荐大塘镇大塘社区、南晓镇南晓社区申报自治区级生态村的创建，有力推进了城区生态村建设；为配合南宁市开展生态市建设规划的实施，6 月，启动了《良庆区乡镇集中式饮用水水源地保护区划技术报告》的编制工作。8 月，完成了该文本的编制及修改。10 月，又启动《良庆区大塘镇生态镇规划》、《良庆区那马镇生态镇规划》的编制。12 月，成功申报 2012 年全区农村环境连片整治示范区，成为全广西 18 个示范县区中唯一的城区级示范区。

（陈　海）

土地收储管理

【概　况】 2011 年，良庆区土地储备中心事业编制 7 个，在职 5 人（领导 1 人，专业技术人员 4 人），属于南宁市良庆区人民政府管理相当正科级事业单位，实行财政全额拨款。受政府委托，行使和开展以下职责业务：编制良庆区土地收购储备计划；多渠道、多途径筹措土地储备资金，管理、运作良庆区储备土地和收购储备资金；负责良庆区土地收购、储备以及收购储备土地的出让前期开发和招商引资、投入市场的前期筹备工作，配合有关部门做好土地出让（租赁）工作；开展土地收购储备综合统计，建立良庆区土地收购储备信息系统；提供建设用地的项目服务；承办城区党委、政府交办的其他工作任务。

【土地收储与开发】 2011 年，土地储备中心做好土地收储开发工作。①玉洞运输物流配送中心项目（178.06 公顷）已完成农用地转用并进行征地工作，已完成征地 132.32 公顷，一期 95.27 公顷土地已移交相关材料到市土地交易中心进行“挂牌”公开出让。②东盟家电信息研发培训基地及东盟啤酒文化街项目（40 公顷）已经取得立项、用地预审、规划用地批复及用地储备蓝线图、征地预公告及征地委托书，并列入中心城市批次上报用地指标，第一期用地 30 公顷。因项目用地范围涉及房屋拆迁面积较大，征地工作进度缓慢，年内仅完成征地 1.38 公顷。③年产 8 万立方米阻燃人造板（8.26 公顷）有 5.33 公顷已取得用地批文。8 月，广西丰林木业集团股份有限公司要求将该项目用地调整到其公司北面，城区政府作了专题请示，市政府正在研究项目用地位置调整问题。

【土地“招拍挂”】 2011年，良庆区土地储备中心委托市土地交易中心已成功出让工业项目用地7宗，面积13.41公顷，土地出让成交额为5197.91万元。分别为：良庆区年产3.20万吨中药制剂项目（2.35公顷）、钢结构生产产品项目（三期）（0.85公顷）、临床医学检验设备及器械开发制造项目（2.16公顷）、良庆区钢铁物流配送中心项目（一期）（0.89公顷）、良庆区建材综合城项目（一期）（2.64公顷）、中高密度纤维板生产线项目（1.47公顷）、良庆区年产100万立方米预拌混凝土搅拌站建设项目（3.03公顷）。

【土地收购】 2011年，良庆区全力推进广西万利来工贸有限公司等国有土地的收购工作。经报南宁市人民政府批准，同意由土地储备中心收购广西万利来工贸有限责任公司5008276宗地，重新进行挂牌出让。经城区政府批复后已移交材料到市土地交易中心开展“招拍挂”出让工作。

【融资工作】 2011年，良庆区完成融资共2.20亿元，其中向社会投资者（企业）融资2000万元，落实银行贷款2亿元。具体情况为：南宁中央直属储备糖库15万吨食糖项目融资2000万元；6月份协调农发行邕宁支行，新增新农村建设土地储备项目贷款2亿元。

【项目“清表”工作】 2011年，经报良庆区政府同意，由土地储备中心负责开展项目“清表”工作的有钢结构生产产品（三期）、液化气储配站、金象四区50142BC宗地、50142BD宗地、50142BF宗地、南宁中央直属储备糖库15万吨食糖、年产6万吨添加剂及30万吨乳猪奶粉、科学研发基地、年产150万立方米预拌混凝土搅拌站等9个项目。已完成液化气储配站项目“清表”工作，金象四区50142BC宗地、50142BD宗地、50142BF宗地的“清表”工程已签订合同并开始施工，计划在本月底前完成三宗地的“清表”工作。南宁中央直属储备糖库15万吨食糖项目“清表”工程于12月2日进场施工，12月底前完成。其余几个项目的“清表”前期工作已完成，计划次年1月实施。

【项目场地平整】 2011年，良庆区土地储备中心负责开展场地平整项目有液化气储配站、年产100万立方米预拌混凝土搅拌站、南宁中央直属储备糖库、年产3.20万吨中药制剂、钢结构三期、建材综合城、临床医学检验设备及器械开发制造、年产120万立方米预拌混凝土搅拌站等项目场地平整已开展施工。其余项目已按程序完成平整的相关前期工作，计划在下年1月分步实施。

（邓立苗）

交　　通

【概　况】　2011年，良庆区交通运输局内设办公室，下属4个事业单位：良庆区公路管理所、良庆区公路运输管理所、良庆区航务管理所、良庆区交通局养征所，干部职工55人，其中中级职称11人，初级职称11人。

良庆区交通运输系统设有城区运输交通局、大沙田道路客运服务中心、大塘客运站及五个镇交通站。全城区有道路运输企业152家（其中货运企业、物流公司77家，客运3家，维修企业72家），营运车辆15526辆，农村班线6条，客运班车123辆，从业人员26800人。良庆、那马、大塘、南晓4个镇通二级公路，那陈镇通三级公路；57个行政村均通等级公路（水泥路或沥青路）。境内水陆空交通发达，至年末，公路总里程1337.52公里，形成了四通八达的农村公路网络。主要干线公路有桂海高速公路南宁至北海段、南宁市外环高速公路、325国道南宁至北海段以及027县道等重要公路。道路运输四通八达，旅客运输与物流繁忙，与全国各地都有货物运输来往。区域水路航道主要有邕江、八尺江等河段，设有良庆码头、青龙港码头，上可达百色，下可直通珠江三角洲、港澳地区，其中境内邕江航道13公里；过境铁路主要有湘桂铁路沙井复线和南防铁路。航空交通方面，从玉洞高速公路出入口至南宁国际机场30分钟即可到达，可飞往全国各地。

【交通基础设施建设】　2011年，良庆区交通基础设施建设项目6项，总投资381.90万元。至年末，完成投资236.60万元，占61.90%。

为民办实事项目　那陈至坛留至西宁公路维修。全长13.21公里，计划投资179.60万元（其中市交通局补助80万元，城区财政99.60万元）。主要维修基层，全线挖除破碎损坏砼路面，铺设级配碎石基层、封油层。至10月底，项目完成施工图设计预算，上限价审定；12月1日完成招投标工作，12月5日施工单位进场施工，因受砍运甘蔗的影响，施工受阻，至12月30日，完成工程量19.10%，完成投资34.30万元。跨年度完成，计划次年3月完工。

交通惠民项目　①那陈那蒙至西盛公路维修。投资75万元，挖除破碎损坏砼路面并维修，中标单位于10月20日进场施工，至12月12日完工。②大塘锦亮村六旺危桥治理。该桥列入城区三级安全隐患治理之一，投资6.90万元。9月开工，10月20日完工。③县乡公路及村屯道路小修保养。总投资88.40万元，其中县乡公路良庆至那马等12条公路121.04公里小修保养，总投资58.40万元;村屯道路养护，财政投资30万元。项目于10月份组织实施，至12月10日按总投资全部完成维修任务。④村屯道路安全保护设施。投资10万元，完善南州至横斗、那陈至邕乐、那陈至那徐、那赐至濑岽等农村公路安全警示标志标牌，消除安全隐患。10月底开始实施，至12月10日全部完工。⑤学校周边道路交通设施完善工程。城区交通运输局负责实施完善城区55所中小学周边道路交通安全设施，总投资22万元，2月下旬开工，至5月15日，完成主要设置标志牌172套，减速带650平方米的安全设施。

【公路受毁】 2011年，良庆区境内大部分持降大雨、暴雨，农村道路受毁惨重，部分道路路段出现路基边坡塌方、涵洞被冲毁，造成交通中断，车辆通行困难。9月30日至10月7日，受17号台风“纳沙”及19号台风“尼格”的相继影响，至10月10日统计，造成直接经济损失111.50万元，其中明阳农场至佃缝、南晓大满至大拟、那陈镇六缝至晚马坡、凤亭河水电站至吉林公路涵洞水毁、C024三桥水毁、华群至那造、那陈至美悟等7条农村道路受损严重，存在重特大安全隐患，对当地群众交通出行、农业生产、生活造成很大影响。

【公路养护】 2011年，良庆区交通部门积极抓好农村公路养护工作。年内纳入县乡公路养护里程121.04公里，至12月，完成县道好路率65%，差路率0%；乡道养护里程104.38公里，晴雨通车率100%，特差路率控制在5%以内，均完成上级下达的路况指标任务。全年公路完好畅通。

【路政执法】 2011年，良庆区交通部门加强路政执法，维护路产路权合法权益。年内，积极开展车辆超载超限治理工作，加大对超限运输车辆的查处力度，维护公路的路产路权。全年组织上路查处超限运输车辆36次，出动执法人员189人次，检查车辆275辆次，其中查处车辆43辆次，罚没款70250元。

【道路运输行业管理】 2011年，良庆区交通部门切实抓好道路运输行业的管理。年内完成客运量99.19万人次、旅客周转量4513万人公里；完成货运1586.81万吨、货物周转量171934万吨公里，同比分别增长9%、9%、9.90%、9.90%。

规范三轮摩托车营运秩序 全面加强三轮摩托车经营整顿，严格把好营运年审关，对已达到营运期限8年的车辆，坚决清理出营运市场。至4月底，通过营运资格年审，淘汰到期车辆148辆，实有量110辆，实现淘汰率57%。

多部门联合治理“三车”非法营运 坚决贯彻市委、市政府关于整治“三车”的工作部署，成立城区“三车”、“黑车”整治工作领导小组，组织交通、公安、交警、城管、残联等部门组成联合执法队，分3个行动执法组，对“三车”、“黑车”等非法营运车辆专项整治。城区综合执法队还通过大突击、大整治的流动稽查、流动跟踪，利用晚间、早上和休息日，定期与不定期进行突击稽查，发现非法营运车一辆，坚决查扣一辆，实行严打重罚，确保专项行动的有效性。同时对无牌无证、假牌假证、报废或拼装的“三车”，发现一辆扣一辆。对调查取证核实后，坚决解体销毁。全年出动执法人员1830人次，累计查扣“三车”159辆，暂扣证件140本，批评教育1500多人次，罚没37.64万元。

道路运输业行政审批 建立和完善各项审批制度，明确岗位、职责和责任追究制度。年内完成审批事项19件，其中三类维修厂家7家，运输公司12家；运输公司（车队）新增办理营运证1032本，个体车辆办理营运证22本；完成年审营运证13467本，占86.70%。全部业务审批办理都按时办结，无审批投诉

案件，无违法乱纪现象发生。

源头管理 落实督促客运站严格执行“车进站、人归点、站管车”的规定，严禁车辆带病出站、未经检验合格出站、超载出站，严禁“三品”进站上车，还安排专人驻站日常管理，全天监控客运市场。

【那陈客运站开业】 2011年1月5日，那陈客运站的那陈至大沙田、那陈至吴圩的客运班线正式开业营运。那陈镇政府作为项目建设业主，总投资60万元，建设面积3500平方米，2008年完成“三通一平”，2009年3月开工，6月完工。两条运营班线，26辆客运车辆，日发班20个班次，日发送旅客500～1000人次。那陈镇距城区政府所在地大沙田60公里，是较边远镇之一，交通较为落后，经济建设和社会发展受到制约。那陈客运站开业和班线的开通，结束了那陈镇没有客运站的历史。

【航务管理】 2011年，辖区内主要水域有大王滩、凤亭河、屯六等大型水库；主要水运输企业有海泰公司、泽通运输服务有限责任公司；境内主要港口码头有良庆、青龙港，农村渡口主要有良庆、那陈五吞、那陈维坝、那陈双鱼良、东降码头、大王滩水库坝首、凤亭河水库坝首等渡口；拥有船舶67艘/0.20万吨，总功率930千瓦，净载货量650吨；小机艇（船）217艘。全年港口码头货物吞吐量（货运量）35.31万吨；货运周转量2476.66万吨公里，分别增长8%、9%。

【交通安全生产】 2011年，良庆区交通运输局重视交通行业安全生产管理，切实履行职责，确保运输安全。

落实企业主体责任 依法建立安全生产责任追究制度。由运管所与各运输企业签订2011年安全生产责任书，明确企业安全生产的责任和考核目标，严格安全生产问责制，并加强督查、考核和责任追究。

开展安全生产工作大检查 成立安全检查领导小组，先后组织开展元旦、春节、全国“两会”、清明节、五一节、“安全生产月”、中秋、国庆、“两会一节”等安全大检查，切实做好安全隐患排查治理工作。在节假日，落实人员值勤班和应急预案，加强对运输市场的监控。年内，派出213人次，检查运输企业（车队）216家（次）、客运站2个、维修厂家8家；港口码头2个，检查船舶96艘次。累计发现安全隐患16处，全部责令按期整改完毕。全城区无安全责任事故发生，水上交通安全事故为零。

完善学校周边道路交安设施 根据城区政府部署，组织对全城区55所学校周边道路隐患进行排查和治理。至6月23日，完成学校周边主要设置标志牌172套，减速带650平方米的安全设施，从而解决了长期以来学校周边道路“不安全”、“安全隐患大”、“道路缺少标牌标线”、“学生上下学安全得不到保障”等老大难问题，营造了学校周边良好的交通安全环境。

推进安全生产月活动 为做好全国第10个安全生产月活动，成立安全生产月活动领导小组，制定活动方案，全力开展安全宣传、安全大检查、安全隐患排查和治理工作。6月17日组织全城区交通行业安全生产月（年）活动动员大会，局属各事业单位领导及有关人员，80多家交通行业运输企业、码头、港口负责人及安全员100多人参加会议。6月15～25日，还派员参加城区安委办组织的深入各镇圩场开展交通安全知识宣传活动，发放宣传资料1万份。

公路桥梁安全隐患排查 7月26日至8月10日，开展道路交通安全隐患专项排查，重点排查农村公路桥梁、高路基、急弯陡坡、学校路口、人集车辆集中等危险路段以及经常发生交通事故的路段。排查农村道路45条365公里，农村公路桥梁55座/635延米，安全隐患15处，对排查出来的安全隐患，全部列入档案记录，预计需要投入治理

资金35万元。

安全隐患整改　①对那陈平江桥、南晓大满桥存在的安全隐患，及时设置了5T限载标志牌，并投入9万元对大满桥进行维修加固；投入7万元，完成了大塘锦亮六旺危桥和屯六道路进行了维修加固；②投资17万元，完善南州至横斗、太安至锦亮、那陈至邕乐、那陈至那徐、那赐至濑岽等农村公路安全警示标志标牌；③落实8500元资金完善了大塘至凤亭、大塘至那农等道路安全标志牌；协调良庆镇完成了良庆至新兰等道路设置减速带、安全标志；④督促各镇（街道办）完成道路隐患整改14处，桥梁1座，完成设置标志牌102块，减速带7处，护栏64米，警示桩20根。全年累计投入安保设施经费52.75万元，确保道路安全畅通。

【廉政建设】　2011年，良庆区交通运输局扎实开展党风廉政教育，在交通项目建设、交通执法、行业管理、行政审批等方面，全面加大反腐倡廉力度。6月17日，组织全体干部职工56人前往在邕宁公路局球馆举办的全区检察机关预防职务犯罪图片展览，进行了一次警示教育活动。组织全体党干部认真对照《中国共产党党员领导干部廉洁从政若干准则》分析自已是否存在违法乱纪，是否存在“吃、拿、卡、要”等行为，进行自查自纠，做到人人自查，发现问题不整改不放过，整改不深刻不放过，没有个人自查报告不放过，问题不解决不放过。同时规范道路建设工程招投标办公耗材采购、交通行政执法制度。明确规定领导干部不得干预插手工程建设，不得利用职务方便谋取私利。对没列入部门预算之内的采购，不予以采购。组织对运政、路政、航务管理以及路政执法人员的执法情况进行检查，交通处罚统一在办证大厅处理，做到查扣执法与决定处罚人员分开。年内建设项目6项，总投资381.90万元，全部实行政府采购，公开招投标；行政处罚43万多元，全部到银行缴交，罚没分离，避免“吃、拿、卡、要”的行为，做到文明执法、公正执法。

【工程建设领域专项治理】　2011年，良庆区交通运输局强化措施，扎实推进交通工程建设领域突出问题专项治理工作，排查2010年以来在建的农村公路项目，重点排查了那马至大王滩国债项目。在项目设计、立项、政府采购、招投标、监理机制、工程建设质量监督、资金管理等方面，工作环节全部符合要求和规定，无违反程序行为，项目建设无投诉、举报问题，无违法乱纪行为。

【“小金库”治理】　2011年，良庆区交通运输局及四个二层机构按照上级部署精神，组织开展“小金库”专项治理活动。经排查，局及各事业单位没有发现设立“小金库”，没有乱罚款、乱收费及乱摊派，没有资金处置出租收入，没有以劳务费等名义套取资金，没有经营收入，没有虚列资金，没有假发票等设立“小金库”现象。

【公务用车专项治理】　2011年，良庆区交通运输局根据自治区南宁市及城区的要求，开展公务用车专项治理行动。全局及下属4个事业单位公务用车18辆，全部车辆按规定和要求采购配备。经排查，没有超编、超标配备公务用车，没有违反规定换车借车、摊派款项购车、豪华装饰公务用车的情况；不存在公车入私户，公车用于婚丧喜庆、探亲访友、学习驾驶等非公务活动。

【政风行风评议】　2011年，良庆区交通运输局根据城区纠风办部署，开展交通运输行业民主评议政风行风活动。一是“请上来”，9月7日，邀请局属各单位、运输企业负责人代表、服务对象代表、人大、政协及党代表、党员职工代表等30多人召开了征求意见建议座谈会。二是“发下去”，及时将民主评议政风行风征询意见表下发给基层事业单位、运输企业、服务对象和党员群众代表，书面征集意见。三是“走出去”，在活动期间，局领导班子成员按各自分管工作和职责，分别深入各镇村、运输企业、项目建设现场以及联系扶持点那陈镇濑峷村等基层工作一线，登门走访，开展“一对一、一对二、一对多人”的办法，与当地镇干部、群众交谈，征求对交通建设的意见和建议。在那陈调研中，局领导就如何推进那蒙至西盛公路维修、为民办实事项目的那陈至西宁公路改建问题，进行了深入细致调查研究，并研究制定出了落实方案和措施。

【参与创建文明卫生城】 2011年，良庆区交通运输部门继续开展“城乡清洁工程”和创卫生城市、文明城市工作，成立整治工作小组，落实工作责任，加强督促责任区“门前三包”责任制；坚持每个周五组织到责任区大扫除，开展爱国卫生“除四害”活动，形成长效管理制度。同时，派出4名同志，1辆车，参加城区创城执法工作队。年内，共出动整治386人次，清理垃圾、废物47车，清理卫生死角176处（约400平方米），清理小广告10.52万条，纠正跨门槛经营、占道经营等违章531人次，教育群众1500人次。

【信访工作】 2011年，良庆区交通运输部门认真贯彻落实《信访条例》，树立执法为民意识，坚持以人为本，着力化解社会矛盾，解决群众反映的问题。每季度的大接访活动，由正职领导亲自接待来访者，亲自解答反映问题，能现场解决的当场给予解决；不能当场解决的，作好解释，记下当事人姓名、电话，事后指定人员答复。全年共受理区长、市长电话及人民网网友留言等反映问题13件，主要集中在道路建设、公交线路、农村客运等方面，局领导都亲自过问，带队深入调查研究，认真答复和办理。

【办理代表建议和政协委员提案】 2011年，良庆区交通运输部门共收到人大代表建议、党代表建议和政协委员提案26件，（其中人大代表建议16件，政协提案5件，党代表建议5件）。同时，还受城区政府委托，办理市人大十二届九次会议43号、53号议案，市政协十二届九次会议6、9、097号提案的办理。至10月30日，26件人大代表建议、党代表建议和政协委员提案中，办理A类7件，B类12件，C类7件，全部按时办理和答复，承办率100%。

良庆区2011年交通运输主要指标

指标名称	单位	数量
公路管养里程	公里	1337.52
营运载货汽车	辆	15526.00
营运载客汽车	辆	122.00
民用运输船	载货吨	10752.00
公路货运量	万吨	1586.81
公路客运量	万人次	99.19
水路货运量	万吨	
水路客运量	万人次	

（黄德军）

【各项奖励】 2011年，良庆区交通运输局精神文明建设取得新成效。分别获良庆区2010年度社会治安综合治理（平安良庆）、安全生产先进单位，南宁市交通运输系统先进单位；良庆区公路管理所被评为“南宁市交通运输系统2010年度先进集体”；11人次分别评为南宁市交通运输系统、良庆区安全生产及政务工作等行业先进个人。

通　　信

【中国移动广西公司南区分公司】 2011年，

中国移动广西公司南区分公司管辖江南、良庆两大片区，下辖综合部、市场部、政企部3个职能部门以及14个移动服务厅。在岗职工216人，平均年龄25岁左右。公司始终致力于企业的“内强素质，外树形象”，在经营业绩、团队管理、企业文化建设、社会公益活动方面均取得了较好成绩，保持着良好的发展势头，荣获“广西壮族自治区南宁市文明单位”；南宁市公司创新先进单位二等奖；其下辖的银田服务厅、香格里拉服务厅荣获区级青年文明号建设标杆单位；江南服务厅荣获市级青年文明号建设标杆单位。

品牌经营　2011年，南区分公司拥有全球通、动感地带、神州行三大品牌外，还提供3G品牌业务。除了提供优质的基础话音业务外，还根据客户需求，提供彩信、彩铃、随E行、飞信、139邮箱、手机证券、GPRS手机上网等大众业务；为集团客户量身定制的企信通、农信通、校园通、甜蜜通、车务通、位讯通等集团信息化业务。同时开展3G全业务经营，推出TD国内自主研发业务，提供随e行G3上网本、G3手机、TD无线座机、视频会议、多媒体彩铃、手机视频等G3业务。

网络建设　2011年，中国移动承担起建设并自主运营3G网络TD-SCDMA的重任。南区分公司响应政府“创建无线城市”的号召，推进TD网络建设，加强网络质量与维护，重点发展、完善江南、良庆两大片区区域内的3G网络连续覆盖工作。并不断优化网络质量，在市区人员密集的商业区及住宅区、高速公路、重点旅游景点等地均实现了无缝覆盖，同时加大了农村的网络建设，以优质的网络覆盖全力促进社会主义新农村建设。

企业文化　2011年，南区分公司以“正德厚生、臻于至善”为企业的核心价值观，以科学发展观为指导，将中国移动企业文化核心内涵与自身发展实际情况相结合，提出“客户为根，服务为本，员工为纲”工作理念，全面推进打造“务实、激情、创新、和谐、高效”的卓越团队，践行了中国移动优秀的企业文化理念，以完善的规章制度为基础，坚持以人为本，关爱员工，减轻员工压力，树立了“责任、卓越”的企业形象。

人力资源　2011年，南区分公司进一步加强服务质量、员工综合素质以及人力资源的能力提升，增强企业的核心竞争力。各部门每月坚持开展学习培训，运用学习培训和考试的方式，并结合监督机制的落实，促进员工的自我提升。实行绩效考核优化、岗位竞聘、岗位交流学习、合理优化人力资源配置，采取优胜劣汰机制，坚持人才唯贤、德才兼备、择优录取的原则，达到人才作用发挥的最大化，为公司的持续发展提供人才保证。

服务营销网络　2011年，是中国移动全业务转型的关键一年，南区分公司始终围绕“领先、创新、价值”的战略思想，注重服务厅精细化管理、规范服务、市场开拓、班组后台文化等全面建设工作，营造服务厅竞争、协作、积极向上的团队氛围，开展了服务厅效能提升项目，全面提升自营服务厅效能、人员素质及公司整体服务质量，将服务厅打造成为高效能的市场前沿阵地。与此同时还加强社会渠道管理，加大对农村社会渠道的建设，不断完善社会服务营销网络，形成了自营服务厅为主，社会代办及村代点为辅相结合的方便、快捷的服务营销网络，极大地提高了服务质量。

卓越团队建设　南区分公司以“五象登峰”班组建设为抓手，创建“自信、乐观、向上、和谐、高效”的卓越团队，以点带面，全力促进“五象登峰”卓越班组建设及基础工作的开展。通过五象登峰班组建设方案的实施，在经营业绩、团队管理、企业文化建设方面均获得了优秀的成绩，多个基层班组分别荣获市、区及集团级荣誉，员工积极性得到显著提高，班组综合素质得到极大提升，班组凝聚力明显增强。

（中国移动广西公司南区分公司）

信息化管理

【概　况】　2011年，良庆区经济贸易和信息化局继续加强信息化基础设施建设，推动信息技术应用，抓好政府电子政务网络维护管理，做好城区政务信息网站的维护和更新工作。

【基础设施建设】　2011年，良庆区经信局配合城区图书馆，在国家统一配送共享工程设备的基础上，向城区财政争取配套资金5.72万元，完成城区图书馆的南宁市文化信息资源共享县（区）工程建设。城区图书馆的文化信息资源共享项目向读者开放，实现了共享文化信息资源以及节约财政开支；投资4万元，完成城区食堂扩建、29间办公室、2间会议室网络布线等工程；政府投入56万元进行城区机要视频会议室建设；投入100万元完成法院综合楼智能化系统优化工程；同时配合完成广西区政务外网建设。

【政务信息网站建设】　2011年，良庆区经信局继续完善信息编辑和发布制度，提高良庆区政务信息网站信息稿件质量，丰富良庆区政务信息网站各栏目信息。年内，完成信息更新10558条（其中，反映城区政治、经济和社会各方面动态信息3738条，其他信息6820条），超额完成南宁市下达的2400条的更新任务。网上互动栏目《区长信箱》共接收和办理信件335件，办结率100%。

【“专网”业务指导】　2011年，良庆区经信局继续做好“专网”的业务指导工作。在业务上加强指导大沙田街道各社区政务信息平台及各镇新农合经办点网络、人口与计划生育网络、政务服务中心网络和数字化城管系统二级指挥中心网络的维护工作，确保这四个网络的安全稳定运行。

（经信局）

财政·税务

CAIZHENG SHUIWU

财　政

【概　况】　2011年，南宁市良庆区财政局设置：行政办公室、预算、事财、综合、农财、经建、法制7个股室。下辖国库集中支付中心、财政稽查队、农业综合开发办公室和良庆、那马、大塘、南晓、那陈镇等财政所。全系统在职人员共有59人，其中：行政编制人员12人，事业编制人员47人，拥有大专以上学历54人，占职工总数的91.50%，其中硕士1人，研究生3人，本科22人。具有中级技术职称7人，初级职称16人。局机关有中共党员25人，占机关职工总数的64%。

年内，组织财政收入7.17亿元，完成市下达任务6.89亿元的104.07%，同比增收1.79亿元，增长33.21%，高于全市财政收入增长率20.82%的12.39个百分点，财政收入增幅为全市六县六城区第二位。其中：上划中央收入2.57亿元，同比增长31.45%；上划自治区收入1.30亿元，同比增长56.91%；上划南宁市收入1.50亿元，同比增长54.70%；城区地方财政收入1.80亿元，同比增长10.46%。经常性收入2.07亿元，同比增长25.52%。年内一般预算支出7.10亿元，体制上解支出1199万元，专项上解支出552万元。本年度预算滚存结余-2.4亿元。需要说明的是：由于城区教育系统、非参公单位奖励性工资、聘用人员工资等刚性支出没有上级补助资金，在城区财政收入总量不大的情况下，造成预算滚存结余数赤字较大。

【组织财政收入】　2011年，良庆区财政局加强与国、地税部门联系和协调，加强重点税源征管，切实强化关联企业税收征管措施，做好重点企业、工程项目税源管理评估，加大稽查力度，确保税收及时征缴入库。进一步完善非税收入征缴制度，制定完善财政收入责任制，完善财税联席会议制度，建立信息共享机制，促进财政收入的稳步增长。

【支持经济发展】　2011年，良庆区投入中央预算内投资和中央扩大内需项目建设资金839万元，主要用于道路交通、社区卫生服务、农村饮水安全工程等13个项目建设，促进地方经济发展；加大招商引资力度，扶持广西北部湾国际港务集团有限公司和广西城投浩晨贸易有限公司落户良庆，当年创税940万元；整合财政资金，支持重点项目建设，推进征地拆迁工作，加快五象新区开发建设步伐，全年安排项目工作经费、项目前期费4153万元，拨付征地拆迁补偿资金13.63亿元；支持农业和农村经济发展。及时足额拨付各项涉农补贴资金4686万元；争取市级补助资金400万元，用于实施那马镇共和村土地治理项目；争取上级补助资金110万元，扶持广西百大丝绸集团有限公司等7家企业实施农业产业化经营项目；投入支农重点项目建设1589万元，其中用于新农村建设项目288万元、水利基础设施建设589万元、扶贫项目341万元、水库移民设施建设206万元；投资379.65万元完成农村公益事业“一事一议”财政奖补项目40个，完成上级下达计划投资的100%。

【优化财政支出结构】 2011年，良庆区按照构建公共财政的要求，多渠道筹措、整合和调度资金，进一步调整优化支出结构，加大民生领域投入，重点支出得到保障和加强。

教育支出　年内安排教育支出1.93亿元，比上年增加4861万元，增长33%，其中：本级支出1.54亿元，同比增长25.75%，高于当年城区经常性收入增长25.52%的0.23个百分点。其中：落实农村义务教育经费投入保障机制，拨付农村义务教育阶段中小学公用经费补助金共2184万元，受益学生31922名，拨付农村义务教育阶段家庭经济困难寄宿生生活费补助金583万元，受益学生6015人；增加教育基础设施投入，安排1800万元用于四十六中教学楼建设等16个校安工程项目;安排913万元用于解决良庆区1023名符合条件的原被清退代课人员社会基本养老保险费补缴问题；安排432万元完成教育特殊债务和其他农村公益性债务的化解清偿工作。

“三农”支出　年内财政投入农林水事务支出6293万元，比上年增长28%，其中：本级支出3545万元，同比增长25.62%，高于当年城区经常性收入增长25.52%的0.10个百分点。

科技支出　年内安排科技支出790万元，比上年增长38%，其中：本级支出784万元，同比增长39.20%，高于当年城区经常性收入增长25.52%的13.68个百分点。主要用于科学技术应用研究与开发项目，分别投入工业类项目13项213万元、农业类项目7项48万元、社会发展类项目22项391万元。

社保支出　年内安排社会保障和再就业支出7537万元，比上年增长17%。其中：发放城乡低保资金548万元，受益人数75812人次；安排进城务工人员培训经费142万元，受益人员1132人；落实贫困救助医疗政策，安排城乡医疗救助资金204万元，受益人员561人；安排农村五保户和临时救济补助金223万元，受益人数10485人次；安排1579万元用于发放城乡居民社会养老金，受益人数约10000人；安排各项自然灾害救灾物资补助金79万元，解决6000多受灾群众的灾期衣食问题；安排五保村建设和维修资金98万元，逐步改善五保户生活环境；安排坡洋社区日间照料中心建设资金60万元。

医疗卫生支出　年内安排医疗卫生支出1.06亿元，增长107%。重点支持城镇职工基本医疗保险、新型农村合作医疗、公共卫生服务体系建设，推进基本公共卫生服务均等化，落实地方财政配套资金。其中：投入2422万元，推进医药卫生体制改革，建立基本药物制度；安排2800万元用于筹建良庆区人民医院的建设。

支持社会重点事业发展　年内安排城区级14项为民办实事项目408万元；加大创建“全国卫生城市”经费投入，安排1241万元用于市政环卫设施购置、农贸市场改造和市容市貌整治等；安排550万元，为城区组队参加南宁市第八届运动会和举办“良庆区香火龙民俗文化旅游节”、“2011年南宁国际民歌节”良庆歌台及各项群众文化体育活动提供保障；加大社会治安综合治理投入力度，安排公共安全支出4514万元，其中：投入前进、银沙两个警务工作站建设经费138万元，投入466万元用于城区维稳安保工作以及打击传销活动，加强出租屋和流动人口的管理工作。

【城建投入】 2011年良庆区财政局安排建设资金1.50亿元，用于开发区道路工程、市政片区改造等工程项目；安排资金863万元，确保城乡风貌改造二期工程项目的顺利实施。

【财政改革】 2011年，良庆区财政局深化财政改革。执行“两上两下”的部门预算编制程序，增强预算公开性、透明度和监督力，打造“阳光财政”；完善财政国库管理制度改革，加快资金审核、拨付，确保单位用款。全年通过国库集中支付系统支付各类资金6.56亿元，比上年增长10%；推行公务卡改革，在上年对5个预算单位实行公务卡改革试点工作的基础上，新增15个预算单位实行公务卡改革，扩大改革覆盖面；实行非税收入收缴分离制度，取消执收单位的收入过渡账户，统一使用专用收据，以“金财工程”信息系统为依托，通过财政部门、执收单位和代理银行间实行信息联网管理。年底，纳入城区执收单位的有农林水等12个部门，涉及非税收入560万元；推进基层医疗卫生机构改革，对基层卫生院实行收支两条线管理模式；推进村财镇管改革工作，对城区18个村民委员会实行镇财政所代理村级财务会计业务工作。

【财政监督】 2011年，良庆区财政局加强财政监督。规范财政资金管理，完善财政专户资金管理办法，对全城区财政专户开展清理整顿工作，共撤并财政专户26个；开展财政专项资金和会计信息质量检查工作，加强财政财务管理，对各镇年内和历年农资综合补贴资金发放情况进行检查，对城区新农合和各镇卫生院管理体制、运行机制、政策落实、医疗服务等方面开展检查；对全城区行政事业单位开展“小金库”专项治理复查工作，复查面达100%，对32个单位进行重点督导检查，对存在设立“小金库”等问题的单位进行了处理；加强国有企业财务监督管理，对城区10个国有企业及利用国有资产投资项目的企业开展财务收支情况专项审计；开展公务用车问题专项治理工作；加强政府采购监督管理，扩大政府采购范围和规模，全年共完成政府采购申报1016宗次，资金9514万元，实际完成政府采购金额8859万元，节约资金655万元，节约率6.88%。

【政务信息两公开】 2011年，良庆区财政局加强政务公开和政府政务信息公开工作，成立工作领导小组，完善和建立健全工作制度，政府信息及时录入更新。年内在良庆区政务信息网及本单位网页上已完成信息更新125条（其中，反映工作动态信息105条，其他信息20条），通过其他渠道（南宁市财政局网等）公开信息75条。

【财政信息宣传】 2011年，良庆区财政局加强财政信息宣传工作，印发《关于做好2011年财政信息报送工作的通知》，把任务分解到股室及二层机构，将完成任务情况与绩效考核挂钩，调动干部职工编写报送信息的积极性。年内共有28条信息被《良庆信息》采用，完成任务的140%.有88条信息被城区政务信息网采用，完成任务的220%.有36条信息被南宁市财政局网采用，完成任务的150%。

（雷挥宁）

国家税务

【概　况】 2011年，南宁市良庆区国家税务局属全职能正科级单位，负责辖区内国家税收的征收、管理和检查工作，下设办公室、监察室、人事教育股、政策法规股、征收管理股、纳税服务股、税源管理一、二、三股等7股2室。管辖各类纳税户4164户，其中：增值税一般纳税人626户，小规模纳税人864户，个体户2261户，在职干部职工55人，拥有大专以上学历占100%，其中：本科学历以上40人，占总人数72.73%；中共党员34人，占在职干部职工人数的61.82%。年内获南宁市“税收创新三等奖”。

【组织税收】 2011年，良庆区国税局坚持“依法征税，应收尽收，坚决不收过头税，坚决防止和制止越权减免税”的组织收入原则，加强组织收入工作领导，挖掘税收潜力；强化税收分析。共组织城区政府统计口径各项税收收入2.83亿元，同比增加7492.93万元，增长35.93%，完成城区政府税收收入任务2.65亿元的106.96%。共组织市国税局统计口径各项税收收入30347万元，同比增加1.43亿元，增长88.87%，完成市国税局税收目标任务2.59亿元的117.08%。

【税收征管】 2011年，良庆区国税局切实加强税收征管的基础工作，认真落实好户籍管理、申报管理、发票管理等工作。①加强税收户籍管理。年内共办理税务登记948户，办理变更登记534户次、停业登记52户次、注销登记306户次；利用政府和协税护税单位的力量，与地税部门联合定期开展户籍管理巡查和抽查，加强注销登记和非正常户的管理，及时清理漏征漏管、假注销、假停业和非正常户。②加强申报管理。年内，良庆区国税局合计受理纳税申报5188户次，认证增值税专用发票11875份，认证准确率、报税率和存根联采集准确率均达到100%，准期申报率为99.68%，高出“两基”建设考核指标，逾期申报处罚率、逾期申报责令限改率、非正常户解除处罚率、当期税款入库率、滞纳金加收率、税种登记率等全部完成100%，连续6年实现新增欠税为零的目标。③加强发票管理。贯彻落实新发票管理办法，开展网络发票管理系统推行工作，扩大网络发票的使用范围，加强新版普通发票换版工作，普通发票换版率为99.44%，高于市国税局的计划指标，发票换版进度位于各县区前列；全年合计核查发票用户476户，补缴税款94.86万元；发售增值税专用发票82271份、普通发票445973份（本），售错票事故零发生。④规范税收执法，强化纳税评估。加强对个体工商户日常征管工作的监督检查，重点对辖区的祥荣市场、银沙市场、阳光新城、南城百货商场以及五象大道等市场和路段的个体纳税户进行清查，年内共查出无证户126户；结合征管工作实际，开展行业评估、重点税源评估，全年评估税款入库338.50万元，滞纳金入库0.33万元，核增增值税销项税126万元，调减亏损额523万元。⑤强化企业所得税管理。对企业所得税实行分类管理，将管辖企业分成重点税源企业、房地产企业、享受减免税企业、连续3年以上亏损企业、账册不健全企业、建安运输行业等6类，强化日常管理；按期完成2010年度企业所得税汇算清缴工作，企业所得税年度纳税申报率达到100%，入库率达到100%。共组织企业所得税税收入库1.42亿元，同比增加1.20亿元，增长553.01%。⑥推进税收专业化管理。根据辖区税源管理情况，确定中成医药制造、氧化锑加工行业为专业化管理项目，对专业化管理的企业进行数据采集、整理、分析汇总等工作，提高税负率，有效防止漏征漏管现象。年内组织医药制造行业税收收入1359.24万元，同比增加487.61万元，增长55.94%；氧化锑行业增值税入库1409万元，比上年同期的871万元增收538万元，同比增长61.77%。

【纳税服务】 2011年，良庆区国税局强化服务意识，努力提高纳税服务水平。①全面推行“大一窗”式的办税服务模式，各类窗口统一整合为办理综合涉税事项的服务平台，提高服务效率；②推行办税服务厅考评排队叫号系统，使纳税服务更加有序进行，通过现场对纳税服务的考评，促进办事效率的提高；③运用信息化技术，积极推广各种类型电子申报、网上认证等工作，加快办税服务厅外网网速，提高纳税人网上申报质量；④推行“免填单”服务，减轻纳税人的办税负担，提高服务效率；⑤办税服务厅标准化建设通过自治区国税局评审组验收，同时纳税服务工作通过南宁市“创城达标”检查组验收；⑥认真落实国家税收优惠政策，促进地方经济的发展。年内共计减免各项税款3543万元，其中免征增值税1873万元、减免企业所得税857.98万元、进出口企业免、抵、退税812.26万元。

【文明创建】 2011年，良庆区国税局加强精神文明建设工作。①组织干部职工积极参加社会公益活动。一是参加由良庆区文明委、共青团良庆区委举行的“学雷锋、比贡献、促和谐”志愿服务月活动。二是参加南宁市委、市政府开展的“兴水利、大种树、强基础、优生态、惠民生、促发展”主题活动。三是参加义务植树活动。四是开展“能帮就帮、慈善一日捐”等爱心活动，共筹款3220元。五是开展“能帮就帮、热血国税”无偿献血活动。②组织开展职工文体活动。一是组织干部职工参加市国税系统第八套广播体操比赛。二是积极参加全市国税系统庆祝中国共产党建党90周年歌咏、书法、摄影比赛，其中1幅书法作品、3幅摄影作品获得优秀奖。三是积极参加良庆区总工会庆“五一”气排球比赛。四是每周组织干部职工开展气排球赛、羽毛球赛、象棋赛等活动，提高职工身体素质，增进友谊，陶冶情操，增强全局的凝聚力。

【队伍建设】 2011年，良庆区国税局抓好干部队伍建设。①开展党组织活动。一是大力支持社会主义新农村建设工作，深入上林县木山乡那良村开展“先锋同行、爱心接力”帮扶活动，协调解决那良村2.80公里道路水泥硬化工程项目，给当地小学赠送1套乒乓球桌，2套办公桌椅，1台计算机。二是组织全体党员干部到平果县三层岗“邓小平足迹之旅”开展红色体验活动，追寻革命先烈足迹，重温党的伟大历史。②抓好教育培训工作。积极组织干部职工206人次，参加“重点税源管理”、“纳税服务”、“税收调查”、“企业所得税知识”、“计算机信息安全管理及应用知识”以及“廉政建设”、“团队建设”、“公文办理”、“信访工作”等税收业务培训班，不断提高干部综合素质。

【政务服务】 2011年，良庆区国税局切实做好政务服务各项工作。①结合实际，深入开展“三增强”主题实践活动，狠抓工作作风转变，充分发挥办公室职能作用，使办公室工作保障更加有力，服务大局绩效更加显著。活动中组织参加“我与办公室同发展”征文及南宁市国税系统公文知识竞赛活动，荣获公文知识竞赛二等奖，18支参赛队中获得团体总分第四名。②深化“两基建设”，按时按质完成“金税三期工程”网络升级、计算机设备的更新换代，确保各项税收工作持续、顺利开展。同时加强档案管理，完成各类档案整理归档2173卷，通过了良庆区档案局测评验收，被评定为自治区县直机关二级档案室，实现上等级目标。③根据自治区、南宁市国税局的要求，把基建工作列入重点工作来抓，落实人员办理新办公楼开工建设前的相关手续。年内已完成了建筑设计、《用地规划证》变更工作和建筑方案设计审核；完成了《土地使用证》变更手续、新办公楼地质勘察、开工建设前水电安装开支预算和报建手续。

【税收宣传】 2011年，良庆区国税局加强税务宣传工作。一是围绕税收宣传月主题，采取多种方式，组织开展一系列税收宣传活动。与地税部门联合在大沙田客运站中心广场开展税收宣传月活动启动仪式；二是在城区范围主要街道口、各大商场、广场悬挂税收宣传横额8条，宣传标语56幅，营造税收宣传月活动氛围；三是组织税收宣传小分队深入商场、沿街店铺、农贸市场、公交车站、出租车停靠点向广大市民发放1500份税收宣传资料；四是组织辖区136户企业财务人员参加税收政策辅导培训班，学习新税收政策及所得税汇算清缴的知识，向纳税人发放“税务人员廉政问卷调查”；五是深入开展“走访纳税人”、“送税法上门”活动，组织税源管理部门深入15户企业，宣传国家税收政策，同时收集、听取纳税人的意见和建议；六是充分利用税企QQ群交流平台，开通纳税人专用电子邮箱，实现在线联系、在线咨询解答，发布税收预警提醒，告知风险，避免发生偷税行为。

【信息宣传】 2011年，良庆区国税局做好税务信息宣传工作。制定税务信息宣传工作实施方案，把任务层层分解落实到各部门，并将信息宣传工作任务同绩效考核挂钩，充分调动干部职工写稿投稿积极性。年内全面超额完成各级税务信息宣传投稿、采稿任务。全年合计上报信息92篇，完成市国税局下达任务80篇的115%，被各新闻单位采稿67篇，超额完成信息宣传采稿任务。

【廉政建设】 2011年，良庆区国税局加强党风廉政建设。①完善监督机制。成立廉政工作领导小组，明确职责，形成层层签订责任状，层层抓落实，各负其责的党风廉政建设工作格局。严格执行反腐倡廉的检查制度，开展民主评议、纳税人评议，促进廉洁从政，完善特邀监察员机制。②创新制约机制，构建防范格局。一是抓好权力运行前的防范预警工作，突出一个“防”字。二是积极推进廉政谈话制度，对新任各部门正副职领导进行廉政谈话；三是积极开展民主评议政风行风活动。聘请5人为良庆区国税局政风行风监督员和积极开展“领导接待日”、“政风行风建设征求意见日”活动，成立政风行风明察暗访工作小组，开展明察暗访活动，及时整改工作中存在的问题。四是抓好权力运行中的内部监控，与良庆区检察院联合开展预防职务犯罪工作，深入调查税款核定、财务管理和预防职务犯罪工作中存在的薄弱环节，定期召开税检联席会议，不断完善各项制度，从思想源头上增强国税干部预防职务犯罪意识，充分发挥监察室职能作用，加强对个体“双定”户核定程序的有效监督。五是加强对重点环节执法行为的监督把权力比较集中的执法权进行权力分解，重在强化过程控制，防止权力的滥用和执法随意性；六是积极组织党员干部参观预防职务犯罪展览和反腐倡廉书画摄影作品展，以案说法，强化税务人员廉洁从税教育，规范国税人员的行政行为，降低税务职务犯罪风险，从源头上构筑预防职务犯罪的思想防线。③深入学习宣传《中国共产党党员领导干部廉洁从政若干准则》等国家税务总局3个配套文件精神，设立廉政教育室，确保干部队伍勤政廉政。

（卢定安）

地方税务

【概　况】 2011年，南宁市良庆区地方税务局在职在编干部职工42人，副股以上领导干部22人，占52.38%；中共党员33人，占78.57%；研究生1人、大学本科33人、大专7人、中专1人；大专以上学历40人，占干部职工95.24%。辖区地方税纳税7265户，其中企业2380户（包括重点企业71户，一般企业2309户），个体户2601户，其他2284户。年内获2010～2011年南宁市地税系统档案管理先进单位、良庆区档案管理工作先进单位、南宁市地税局第五届职工运动会体育道德风尚先进集体奖、南宁市地税系统“和谐地税在我心中”演讲比赛三等奖、南宁市地税系统纪念建党90周年“永远跟党走”红诗红歌大赛唱红歌类三等奖、南宁市地税局绩效考评三等奖。6人获中共南宁市地方税务局机关委员会“2011年度优秀共产党员”称号。

2011年7月1日，良庆区国税局组织干部职工参加广西反腐倡廉建设成果展活动　（卢定安　摄）

【组织收入】 2011年，良庆区地税局集中力量向管理要收入，向重点企业税源要收入，向重点项目工程要收入，实现税收收入持续攀升。按自治区地税局考核收入口径统计：组织地方各税收入4.23亿元，完成自治区地税局下达年度任务3.97亿元的106.55%，比上年同期增收1.10亿元，增长35.14%。收入总量和增量均实现历史性突破。按市政府考核收入口径统计：组织地方各税收入4.22亿元，完成市局下达年度任务4.15亿元的101.87%，比上年同期增收1.11亿元，增长35.69%。组织收入创历史新高。按城区政府考核收入口径统计：组织地方各税收入3.10亿元，完成城区下达年度任务3.01亿元的102.99%，比上年同期增收9508万元，增长44.26%。税收收入历史性突破4亿元大关。

【重点税源监控管理】 2011年，良庆区地税局加强重点税源监控管理。一是将过去多部门管理统一整合到重点税源分局管理，将重点工程项目资料实行集中录入，按属地管理实行征收管理，同时经过政府部门牵头，整合社会资源，形成部门协作、信息共享、综合协税护税管理模式。年内建筑业营业税收入1.41亿元，同比增收6604万元，增长87.60%，突破亿元大关，再创历史新高。二是强化重点税源大户管理。71户年纳税额达30万元以上重点税源纳税户收入达8511万元，同比增收2165万元，增长34.12%，占同期收入20.13%。

【耕地占用税管理】 2011年，良庆区耕地占用税成良庆区地税局税收收入的最大项目。为完成税收任务，领导亲自深入城区拆迁部门，了解征地项目情况，协调解决征税问题，并及时催缴入库，使该项税收收入保持稳定增长态势。年内，良庆区地税局组织耕地占用税收入4920万元。

【所得税管理】 2011年，良庆区地税局所得税管理形成规范化。一是明确职责，将目标任务列入个人年度考核。市局下达年所得12万元以上个人所得税自行申报任务151人。到3月底，申报人数171人，提前超额完成市局下达任务的113.25%。个税申报年所得总额4748.69万元，应纳税所得额3945.69万元，应纳税额777.13万元，如数缴纳。二是规范审核，实行专人负责。企业所得税入库1943万元，与去年同期增收697万元，增长55.94%。企业所得税保持较快增长态势，主要是工业企业经济出现好转，企业产品销售顺畅，企业利润增加。如缴纳企业所得税前10名的纳税单位中有5家工业企业纳税达1141万元，占同期企业所得税入库数的58.72%。其次是加强2010年度企业所得税汇算清缴工作，落实新企业所得税的政策，严把数据质量关，堵塞税收日常征管漏洞。企业所得税汇算入库1059万元，同比增收831万元。

【网络发票推广】 2011年，良庆区地税局领用网络发票251户，已上网开具网络发票238户，超额完成市局下达90户推广网络发票任务。具体措施：一是实行部门领导问责制。从11月中旬起，选取211户领票较多用户作为推广目标，并将网络发票上线任务分配落实，在每周一例会上通报网络发票推广进展情况，及时了解和督查网络发票上线工作。对督查中发现问题随时调整工作措施，问责于部门领导，再部署落实。二是加大培训力度。在局内部对税收管理人员进行上线操作培训，对拟推广用户进行集中培训，并采取"培训—领票—开票"一条龙服务方式，组织用票户现场参加培训后马上领购网络发票，手把手辅导用票户在自助开票端现场开出发票。三是实行跟踪回访制度，解决实际操作问题。及时了解用票户在使用过程中遇到的问题，实行定期回访制度，逐一加以解决。

【税收优惠政策】 2011年，良庆区地税局采取措施，落实住房限购政策。自2月15日住房限购政策出台后，采取增设服务窗口及人员、提醒服务、延时服务方式，满足纳税人办税需求。同时认真落实西部大开发、高新技术企业、北部湾经济区等税收优惠政策35户，减免税款 1432.34 万元；受理二手房交易 731 宗，减免税款 1221 万元。

【基础数据采集】 2011 年，良庆区地税局抓好基础数据采集，完善征管基础工作。一是完善基础数据采集，做好数据资料的分析和预测。本局多次召开专门会议，制定详细纠错方案，开展纳税基础数据自查自纠整改工作，数据质量明显提高。二是加强个体户双定管理，对辖区的个体户进行调查、测算、核实，及时调整定额并录入系统及张榜公告。年内，良庆区地税局个体户有 2601 户，其中达起征点 992 户，不达起征点 1609 户，月核定税款 10.80 万元。

【综合治税】 2011 年，良庆区地税局贯彻“政府领导、税务主管、部门配合、司法保障、社会参与、信息化支撑”的社会综合治税方针，建立房屋出租税收代征工作部门协作联运机制。①组织保障。成立流动人口及出租屋服务管理小组，工作落实到人。与城区政府签订了 2011 年流动人口及出租屋服务管理工作目标责任书，派专员参加流动人口及出租屋服务管理各项专题会议。先后组织召开两次清理整顿出租屋规范流动人口服务管理专项整治活动暨业务培训会议。委托流动人口及出租屋管理办公室代征出租屋税收，并培训好相关领用票证人员。②广泛宣传。会同流动人口及出租屋管理办公室做好流动人口及出租屋管理综税宣传活动，加强流动人口及出租屋的法制宣传教育。③开展清理整顿专项行动。根据城区政府的部署，与人口流动办、街道办、居委会、公安、工商等部门联动，开展大规模清理整顿出租屋规范流动人口服务管理专项统一行动，并对钉子户进行清理，规范流动人口及出租屋服务管理，有效促进社会稳定和综合治理人口问题，增加税收收入。年内，出租屋税收入库达 600 万元，比上年增收 150 万元，增长 33.33%。

【税收宣传】 2011 年，良庆区地税局做好第 20 个全国税收宣传月活动和开展对提高营业税起征点及新修订个人所得税法宣传工作。一是启动第 20 个税收宣传月活动。4 月在大沙田客运中心举行启动仪式，并发放宣传资料 1500 多份。二是以《特别文摘》杂志为宣传载体，在 2011 年第 4 期《特别文摘》杂志的封面、封底以图文并茂形式介绍新版发票知识，并将 1000 册《特别文摘》免费送到辖区 853 户领购发票用户、城区政府机关事业单位手中。同时借助良庆区财政局举办基本建设项目财务会计业务知识培训班，对 110 名财务人员进行了新版发票知识培训。三是开展税收宣传“三进”（即税收宣传进社区、企业、进项目）活动。4 月 29 日，到前进社区开展了房屋出租和房屋转让等税收宣传进社区活动。5 月，对 117 多户企业财务人员集中进行网上开具缴款凭证纳税人推广培训。远程申报 463 户，增加 220 户。到南宁物流中心，为项目纳税人答疑解惑。四是开展提高营业税起征点及新修订个人所得税法的宣传。7 月 1 日起个体工商户（个人）营业税起征点调整正式实施。经过摸底和核定调整，有纯管户 284 户纳税人未达到营业税起征点，月减征税款 18.40 万元；9 月 1 日起，修改后的《中华人民共和国个人所得税法》正式实施。又深入到重点工程项目和重点单位及企业、学校、街道，开展宣传。通过短信服务平台、电子邮箱、QQ 邮箱将新修订的《中华人民共和国个人所得税法》新扣缴软件升级补丁发送到企业中，还将南宁市地方税务局印制《新修订个人所得税法宣传材料》180 多份发放到企业，并配合做好收入分析预测工作。同时组成宣传分队，深入到南宁市四十四中学、大沙田街道办事处的前进、银沙等 5 个社区共发放 1250 多份宣传材料，并对社区在代征房屋出租个税进行了辅导。此外，利用办税服务厅电子显示屏混动宣传，在服务咨询台放置宣传材料，并做好个人所得税申报期限延长的实施工作。还借助良庆区“香火龙”民俗文化旅游节开展个人所得税宣传，发放宣传资料 500 份。

【基层建设】 2011年，良庆区地税局高度重视基层建设工作。重点抓好办公小区、生活小区环境卫生及安全环节，着手解决小区环境美化和安全设施建设。投入30万元完成小区围墙加固、地面硬化、化粪池排污及办公大楼线路改造维修、职工食堂和职工住宅楼天面维修等建设，消除了安全隐患，改善了基层办公、生活环境。

【党风廉政建设】 2011年，良庆区地税局加强党风廉政建设工作。一是开展节前警示教育。1月，组织党员到市党性党风党纪教育基地（南宁市党校）开展节前警示教育。二是贯彻落实区、市地税局工作会议暨党风廉政建设工作会议精神。3月初，采取集中学习市委书记和市长对全市地税工作分别作的重要批示。3月中旬，召开年度税收工作暨党风廉政建设工作会议，局领导与分管领导签订税收工作及党风廉政建设工作责任状，分管领导与各分局、股室签订税收工作及党风廉政建设工作责任状。三是统筹兼顾，力促税收收入与廉政建设齐头并进。6月，组织干部职工40多人到城区检察院观看《全区检察机关预防职务犯罪展览》，以活生生的事例开展廉政教育。四是开展纪念建党90周年活动。组织党员收看党成立90周年电视讲话，组队参加市地税局“永远跟党走”纪念建党90周年红诗红歌大赛，以一曲“万里长城永不倒”获大赛三等奖；举办全体干部职工党性、党纪理论学习班，围绕党员思想道德修养、理论知识更新，工作方式创新等理论知识进行培训；组织全体党员干部到百色爱国教育基地参观“百色起义”足迹，以提高党员干部的思想觉悟。五是以开展“税映党旗红”促进机关改进作风为主线，实践创先争优主题活动。8月，组织党员到广西老年公寓重阳城，与部分老党员进行座谈，给每个老党员送上一枚鲜红的党旗徽章留作纪念，使他们感受到来自党组织温暖。六是开展民主评议政风行风工作座谈会。召开全体干部职工民主评议政风行风工作动员大会，同时召开特邀监察员和政风行风员座谈会，广泛征求社会各界的意见，并走访企业征求民主行风政风意见。

【机构改革】 2011年，良庆区地税局根据上级统一部署，积极推进机构改革。一是成立机构改革领导小组，拟定工作方案，把机构改革工作和组织税收收入工作放在首位来抓，推动各项工作再上新台阶。9月，组织全体干部职工召开机构改革动员暨工作布置大会。二是配合市局召开副科级领导职位竞争上岗动员大会、演讲大会、民主考核大会。年底，圆满完成机构改革工作。

【综合治理】 2011年，良庆区地税局开展固定资产的盘点工作。经过盘点，拥有九大类固定资产共计634件，固定资产管理运转良好。根据上级的部署，针对本单位财务管理现状，5月初，开展“小金库”专项治理，采取全面复查、重点抽查、治理整改落实和建立治理长效机制措施：一是加强财务管理、完善监督制度；二是加强预算的科学合理性，增强预算的透明度；三是加强单位的资产管理；四是加强单位银行账户的管理；五是强化会计监督、杜绝会计假账。同时规范公务员补贴津贴发放和清退工作。严防群众性突发事件发生，做到管理有制度，预防有方案，落实有措施，检查有专人负责，年内没有出现群体事件和没有出现被偷、被盗、被抢等事件。

【档案管理】 2011年，良庆区地税局整理各门类档案693盒2813卷（件），分别录入GD2000档案系统软件，实现了信息化系统软件。全年来自地税、国税、公检法、律师事务所、纳税人等共29人次利用档案123册，为编撰《良庆年鉴》提供税收工作资料。同时抓好兼职档案岗位知识教育培训。6月，组织8名兼职档案员参加南宁市档案局举办档案业务知识学习讲座，提高档案整理水平。档案管理工作连续2年评为南宁市地税系统档案管理先进单位。档案规范管理迈上了新台阶。获“良庆区档案管理工作先进单位”称号。 （黄芝华）

工行邕宁支行

【概　况】2011年，邕宁支行有职工111人，支行办公地点设在邕宁区蒲津路130号，内设机构4个部门，营业网点7个。网点分布于南宁市的邕宁区、良庆区、青秀区等三城区。年末实现风险拨备后账面利润6878万元，比去年增加829万元，增长13.70%，各项存款余额达19.66亿元，比2010年增加3.43亿元，增长21%；各项贷款余额为23.17亿元，比年初增长2.17亿元，增长10.30%。年内经营绩效考评等级列广西分行营业部第八名；荣获中国工商银行总行授予第七届“中国工商银行精神文明建设工作先进单位”；工商银行广西区分行授予“首届广西区分行文明单位”、“个人金融业务五新营销优胜支行”、“个人金融业务1235工程竞赛活动突出贡献奖”、“电子银行业务优秀组织奖”、“内控管理先进支行”等荣誉称号；工商银行广西区分行营业部授予“存款业务先进集体”、“企业文化建设先进单位”、“储蓄存款任务完成奖”、“储蓄存款增量突出贡献奖”、“对公存款任务完成奖”、“中间业务先进集体”、“合格职工之家”、“先进集体”等称号。

【规范管理】在良庆区有个人贷款中心1个（设在良庆支行网点内）和营业网点4个：一是南宁市良庆支行，地址在金沙大道432号滨江丽景花园；二是南宁市大沙田支行，地址在金沙大道15号；三是南宁市玉洞支行，地址在银海大道819号（英华学校旁）;四是南宁市保税区支行，地址在银海大道1219号。有职工46人（含个人贷款中心工作人员）。为加强业务营销和内控管理工作，支行把内设机构的个人贷款中心实行单列管理。年内，4个营业网点的存款余额为8.39亿元，比上年增长2.42亿元，增长40.53%；各项贷款余

2011年5月23日举办业务培训

额为6.27亿元，比上年增长2.43亿元，增长60.28%，贷款增幅超过存款增幅约20%，大力支持了良庆区的经济发展，主要支持保税物流园、中闽中凯2个钢材市场、中小企业贸易融资以及居民的自建房和综合贷款等。为加强良庆区和保税物流的金融服务，争取中国工商银行总行（北京）的支持，在良庆区的保税物流区内新增设1个新营业网点——中国工商银行股份有限公司南宁市保税区支行，并于2011年8月29日挂牌开业。

（黄启悦）

农行邕宁支行驻良庆区网点

【概　况】 2011年，良庆区辖内农行有大沙田支行、沿海支行、大塘支行、新兴分理处、良庆分理处5个营业网点，员工46人。年末，良庆区辖内农行各项存款余额为20.36亿元，各项贷款余额为5.90亿元。良庆分理处荣获全国农总行储蓄存款先进单位。新兴分理处荣获市级农行“十佳服务团队”称号。新兴分理处主任杨雪梅、良庆分理处主任胡英良分别被评为区级农行“双十佳营销能手”。新兴分理处施红梅被评为市级农行“十佳服务之星”

【抓好存款】 年内，良庆辖区内农行在对公存款方面充分发挥点多面广和快捷结算的优势，加强对辖区企事业单位服务，大力拓展系统性、集团性客户资金以及财政性资金；实施立体营销，抓好信贷客户资金、新签约项目资本金、在建项目建设资金、征拆补偿资金和中小企业回笼资金；发挥“三级”联动机制，运用公积金联名卡、推进业务合作等方式，抢占“三金”等资金的市场份额。储蓄存款方面重点把好“三大源头”，（即薪酬奖金类资金源头、建设项目类资金源头、农副产品交易资金源头）。同时加强对贵宾客户维护力度，提升贵宾客户存款贡献度，大力推广“安心得利”、“本利丰”、“双利丰”系列理财产品，提高资金回存率。各项存款迅速增长，全年增量达6.46亿元。

【信贷工作】 年内，继续加大对重点客户、重点项目的信贷支持，投放资金重点支持涉农业产业化龙头企业发展；大力支持木材加工、造纸、制糖、饲料加工等工业生产流动资金需要；择优扶持上规模、有效益、信誉好的私营企业做强做大；同时加大对个人住房和消费贷款支持力度。全年累计投放贷款6亿元。

【提供服务】 年内完成良庆分理处标准化装修；完成大沙田、沿海两处离行式ATM选址和装修工作；切实加强对业务分流，加快客户分层服务，为客户提供差异化服务，以满足不同层级客户对金融业务的需求；利用本行的网络优势相继在一些中小企业、商家、个体户等安装POS机进行贷款结算，避免客户收取现金的麻烦；大力推广电子银行服务，新发展电子银行客户5.50万户，使客户足不出户即能办理资金结算等业务。

【内控建设】 年内，深入开展“基础管理提升年”活动，进一步完善内部控制，强化合规建设，防控和化解各类风险，内控管理水平得到进一步提升。同时积极开展“三化三铁”建设和“学制度、履职责、做标兵”活动，加强党风廉政建设，切实抓好维稳工作，全年无经济、刑事案件和重大责任事故发生，实现安全运营。

（蒋必毅）

建行大沙田支行

【概　况】 南宁市建行大沙田支行位于南宁市良庆区五象大道9号，是中国建设银行股份有限公司广西区分行营业部下属机构。在大沙田辖区范围设1个营业网点，有员工12人，全部大专以上学历。年内，立足网点柜台，依托自助设备，积极引导分流客户，提升网点服务。主要经营领域包括公司银行业务、个人银行业务和资金业务多种产品服务（基建贷款、住房按揭贷款和银行卡业务等）。主要办理的业务是做好代发工资单位服务和公积金联名卡发卡，加大电子银行和自助渠道的营销，方便各单位和个人办理银行业务。年末，支行人民币存款余额 3.16 亿元。

【客户服务】 大沙田支行继续加大个人金额产品宣传营销力度，实行个人产品员工营销“买单制”，并定期统计产品营销量，通报业绩，每月评比先进。在内部实行岗位定期轮岗制，优化劳动组合，为员工职业生涯提供发展平台。并不断完善网点建设，完善服务功能，努力创造良好营业环境。主要服务设施在原有 2 台自动存取款机、1 台自动取款机、2 台自动终端机和网上银行及手机银行终端机各 1 台的基础上，一是更换一台自动存取款一体机；二是增加一台网上银行自助终端设备，客户可在网点通过网上银行渠道办理业务；三是加强网点大堂经理引导和分流业务服务，每天实行大堂经理和个人业务顾问双人在岗值班制度，让客户享受到更为便捷的金融服务。在抓好业务发展的同时，抓好内部管理和风险防范等工作。坚持从严治行、合规经营、稳健发展的原则。加强员工职业道德和案件防范风险教育，加强内部稽核检查和岗位监督，严格按章办事和按操作流程办理业务，确保客户存贷业务安全。

（建行大沙田支行）

邕宁区农村信用合作联社良庆区辖信用社

【概　况】 南宁市邕宁区农村信用合作联社前身是“邕宁县农村信用合作社联合社”，2007 年 3 月经中国银行业监督管理委员会广西监管局批准改制为“南宁市邕宁区农村信用合作联社”，业务管辖范围为原邕宁县 21 个乡镇及大沙田、沿海经济走廊和仙葫等三个经济开发区。邕宁联社驻良庆区辖共有大沙田信用社、玉洞分社、金象分社、商贸城外分社、良庆信用社、那马信用社、大塘信用社、那陈信用社、南晓信用社、雅王分社等 10 个营业网点，截至 2011 年，邕宁联社驻良庆区辖信用社共有员工 100 人，各项存款余额 20.12 亿元，保持辖区同业第一位，占邕宁联社各项存款余额 50.75 亿元的 39.65%，各项贷款余额 15.30 亿元，稳居辖区同业第一位，占邕宁联社各项贷款余额 43.51 亿元的 35.16%。

【基础建设】 邕宁联社驻良庆区辖信用社业务范围：存款、贷款、网上银行、电话银行、短信通、代收代付业务、代理保险、现金结算、转账结算、通存通兑、电子汇兑、桂盛卡（银联卡）、同城票据交换等业务。支农贷款项目主要有：种植、养殖、农副产品加工、农业运输、建房、个人消费贷款、购买农业生产资料所需资金贷款等项目。邕宁联社驻良庆区辖信用社已在城区和各乡镇布设自助设备 25 台，其中：11 台自动取款机（ATM）、4 台存取一体机（CRS）、10 台自助终端机（BSM）；布设大量自助设备，极大的方便群众办理存取款、转账、查询等业务，为南宁市创建全国文明卫生城市发挥了重要窗口作用。

【内部建设】 良庆区辖各信用社实现了在 2011 年分别被邕宁联社授予“特级信用社”、大沙田信用社被评为“2011 年邕宁联社先进单位”、良庆信用社被良庆区党委政府评为“2011 年度良庆区文明单位”、商贸城分社被广西银行业协会授予“2011 年度广西银行业文明规范服务百佳示范单位”。良庆区辖各信用社将以科学发展观统揽全局，依托科技平台，逐步实现业务处理的电子化、经营决策的信息化、内部管理的科学化、监督手段的科技化、服务手段的自助化、结算渠道的多样化，成为拥有综合竞争优势的现代金融行

商贸城分社荣获“2011 年度广西银行业文明规范服务百佳示范单位”

业。同时，坚持服务“三农”、服务区域经济、服务中小微型企业的市场定位，坚持以提高效益为中心，不断增强市场意识和客户意识，把农村信用社这个土生土长的“草根银行”，办成资本充足、内控严密、运营安全、服务优质、效益良好、创新能力和竞争力强的“地方阳光银行”，为良庆区经济社会协调发展做出新的更大的贡献。

（班克荣　黄　盛）

广西北部湾银行良庆支行

【概　况】2011 年，广西北部湾银行南宁市良庆支行位于南宁市良庆区德政路 51～6 号，是广西北部湾银行南宁市江南支行下辖二级机构。支行有员工 11 人。年内，各项业务得到快速发展，存款余额比 2010 年增长 1.10 亿元。

【金融服务】　在资产业务方面，把良庆经济开发区、五象新区作为营销服务的重点区域，重点支持政府各部门的业务开展，特别在五象新区的征地拆迁工作中，支行与良庆区征地拆迁办以及各村委会通力合作，为村民办理小额农户贷款业务，帮助部分村民解决资金需求。在负债业务方面，立足于存款，通过银行卡、电子银行、理财产品以及各项代理业务为辅，加强网点服务功能建设，拉动存款的有效增长。在中间业务方面，做强做优北部湾借记卡的业务，整合网点结构，增加自助设备等，多渠道为客户创造良好的用卡环境，提升北部湾借记卡的市场份额和使用率。支行还开展了个人微贷业务、企业个人网上银行结算、第三方存管等业务。同时，还开展了办理代发工资、代交学费、代缴税款、代收南宁市交警罚没款等代理业务。

（梁翠结）

中国平保广西分公司良庆营销部

【概　况】中国平安财产保险股份有限公司广西分公司南宁市良庆营销部位于南宁市良庆区大沙田德政路 55 号三鸿大夏 5 楼，现有在编员工 8 人。2008 年 2 月成立，在当地各级领导部门的帮扶下，借助平安良好的品牌，优秀的企业管理平台，先进的企业文化理念，业务得以飞速发展，2009 年业务收入 1087 万元，2010 年保费收入为 2500 万元，2011 年保费收入为 3300 万元。

【保险业务】　现阶段开发的业务有：企业财产保险、家庭财产保险、机动车辆保险、货物运输保险、各种责任险、信用保险、建工险、短期人身意外险（包括出国人员保险）及短期健康保险等。为满足当地人民的需要，产品不断升级换代，现阶段为私家车推出电话投保业务等优惠方案，针对企业客户正逐步推出银行、信托、证券、养老险等综合金融服务。

（良庆营销部编写组）

宏观经济管理

【概　况】　2011年，良庆区发展和改革局是政府宏观调控、经济管理的综合职能部门。行政编制8人（含良庆区物价局、粮食局），年末实有8人，其中局长1人，副局长3人（2名副局长分别兼任物价局、粮食局局长）。下属物价检查所行政编制2人。年内良庆区医疗改革办公室作为发改局一个内设机构，从编委办和卫生局各抽调1名工作人员从事医改工作。

【规划编制】　2011年，良庆区发展和改革局完成了良庆区“十二五”规划纲要编制工作并通过良庆政务信息网发改局网页和全区政府系统信息共享平台公布。

【项目储备】　2011年，良庆区发展和改革局收集整理当年固定资产投资支撑项目259个，总投资1776.72亿元，年内计划投资142.40亿元。年底，会同各相关部门，在已建立的项目储备库的基础上，储备、谋划2012年要实施的重点项目，收集整理固定资产投资支撑项目379个，总投资1443亿元，计划投资258亿元。

【目标计划】　2011年，良庆区发展和改革局在城区范围内选择社会影响重大、涉及面广、推进难度大的项目作为年度良庆区100个重点建设项目及55个重点前期工作项目。并制定“项目建设年”活动工作方案和《南宁市良庆区2011年项目前期经费计划》，报城区政府下文实施。

【项目审批】　2011年，良庆区发展和改革局办理立项审批项目126个，总投资135.55亿元；备案项目63个，总投资136.34亿元；上报项目26个，总投资118.93亿元，其中：良庆区行政办公中心项目，由发展和改革局组织相关材料，以良庆区政府名义报南宁市人民政府，由市政府报自治区人民政府。自治区人民政府于12月15日同意建设良庆区行政办公中心，自治区发改委于12月31日行文批复市发改委同意建设该项目，建设规模：用地4公顷，建设面积23304平方米，项目计划总投资7019.36万元。

【资金筹措】　2011年，良庆区发展和改革局为推进项目建设，派出工作人员多次到项目现场调研，筛选项目，指导城区相关部门编报项目，争取筹措项目资金。年内获得中央预算内资金3282.40万元，自治区补助266.71万元。

【项目跟踪管理】　2011年，良庆区发展和改革局与各有关部门到项目点检查，跟踪工程施工进度和质量，协调解决项目实施中遇到的困难和问题，促进项目顺利实施。年内牵头组织召开推进南宁市100个重点建设项目、100个重点前期工作项目、中直区直重点建设项目和自治区层面重大项目协调会6次，协调解决项目建设中遇到的重点、难点问题，统筹推进城区范围内重点项目建设。制定项目督查工作方案，成立本局项目督查组，对重大项目和中央投资项目进行跟踪督查，促成中央直属糖库和玉洞交通物流中心两个自治区层面重大项目于12月28日开工建设。

【经济运行分析】 2011年，良庆区发展和改革局注重对全城区经济运行特别是固定资产投资运行情况的分析监测工作，同时加强与统计部门的联系和沟通，对重点、难点问题提出建议及应对措施，年内共报送监测分析报告12篇，为领导科学决策提供参考依据。

【固定资产投资】 2011年，南宁市下达给良庆区全社会固定资产投资任务125.49亿元，实际累计完成投资127.12亿元，同比增长41.10%，完成南宁市下达任务101.30%。

【节能减排】 2011年，良庆区发展和改革局作为节能减排工作的牵头单位继续做好年度节能减排工作计划和指标任务的下达，协调、督促相关部门和企业开展节能减排工作。年内通过了南宁市“十一五”节能减排检查验收。

【医卫体制改革】 2011年，良庆区医疗改革办公室积极参与研究制定《良庆区医药卫生体制五项重点改革2011年度主要工作实施方案》、《良庆区公共卫生与基层医疗卫生事业单位绩效工资实施办法（暂行）》及基层医疗卫生机构绩效考核办法、乡镇卫生院院长及其工作人员绩效考核办法等一系列文件。协调城区财政、卫生、人社等部门，围绕自治区、南宁市医改工作部署，合力抓好医改各项工作，医改成效逐步显现。

【统筹城乡改革】 2011年，良庆区制定《南宁市良庆区统筹城乡改革工作机构设置方案》、《南宁市良庆区统筹城乡改革工作方案》、《良庆区统筹城乡综合改革试点实施方案》及那马镇、大塘镇两个试点镇的实施方案等一系列文件。成立以城区四家班子主要领导为组长的统筹城乡改革工作领导小组。领导小组下设办公室，办公室主任由良庆区发展和改革局局长兼任，从各有关部门抽调4名干部作为专职工作人员。①营造统筹城乡发展工作氛围。编辑制作五套宣传板报，印制以统筹城乡发展、解决“三农”问题、公共服务均等化为主题的宣传资料2500份，到那马、大塘等两个试点镇进行宣传，为推进试点镇统筹城乡规划建设打下群众基础。②探索统筹城乡改革工作方式、方法。一是提出借鉴农村“一事一议”制度的民主决策模式，有效化解试验区统筹城乡改革工作实施方面产生的矛盾纠纷；二是引进广西金娃娃珍稀动物繁育有限公司投资2.27亿元的生态智能化繁育、科研基地项目落户统筹城乡改革工作试点镇之一的那马镇，将高端特种养殖产业逐步向农村推广，带动农村经济的发展，实现农民增收的目标；三是到试点镇进行调研，完成了城区统筹城乡改革工作基础调查的数据收集及录入，并上报南宁市统筹办备案，为推进良庆区统筹城乡改革工作打下基础。

（雷翠琼）

工商行政管理

【概　况】 南宁市工商行政管理局良庆分局于2011年8月3日更名为南宁市良庆区工商行政管理局，正科级单位，全职能部门，主要负责本辖区内市场的监管、登记注册和行政执法等工作。局机关从原三个股改为两室、四股、一中心、一大队，即：办公室、监察室、法规与行政执法督察股、消费者权益保护与食品流通监督管理股、市场与合同规范管理股、

企业与个体私营经济监督管理股、12315消费者申诉举报中心和经济检查大队。下辖良庆工商行政管理所、大沙田工商行政管理所、玉洞工商行政管理所和大塘工商行政管理所（主要管辖大塘镇、那陈镇）及南晓工商行政管理所5个工商所，监管辖区农贸市场共20个。定编55人，在职干部51人（其中：研究生4人，大学本科学历22人，大专学历21人，中专学历1人，高中学历3人）。年内，先后有5个单位被南宁市工商行政管理局评为“先进单位”和“先进集体”；32人次被自治区、南宁市工商局和良庆区党委、政府评为先进工作者和先进个人。

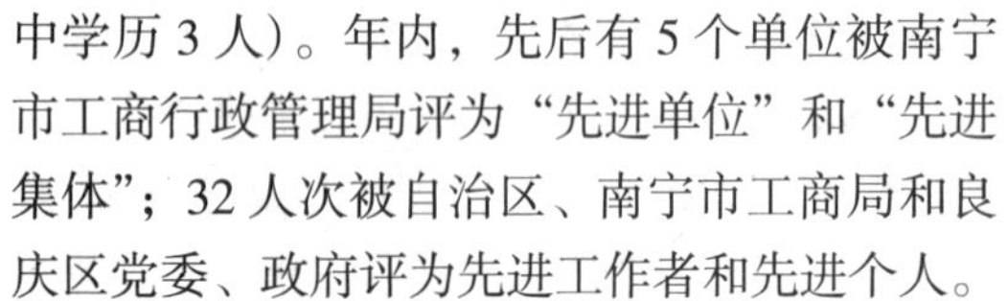

【非公有制经济发展】　2011年，良庆区新发展企业576家，从业人员4337人，注册资金1.06亿元。截止12月31日，良庆区企业总数2047家，注册资金5.53亿元，从业人员11521人。企业主要从事农、林、牧、渔、交通运输、互联网信息服务、房地产开发、造纸、印刷、销售、服务、制药、广告批发零售、餐饮、服务、文化体育等行业。个体工商户注册登记总数10678户。一大批非公有制经济的快速发展，为城区经济又快又好发展注入了推进剂。

【业务培训】　2011年，良庆区工商局严格按照“干什么学什么、缺什么补什么”的原则，采取送到市局培训和本局培训相结合，开展文秘、财务、纪检监察、登记、执法办案、《行政强制法》、《行政处罚法》、《行政复议法》、《行政许可法》等业务全员大培训。组织各种业务培训28期（次），培训人员394人（次）。通过强化开展业务培训，不断提高了广大干部队伍的整体素质。

【食品监管】　2011年，良庆区工商局以“民生问题无小事，群众利益大于天”为天职，把开展流通环节食品安全作为“民心工程”来抓。严格按照全国严厉打击食品非法添加和滥用食品添加剂专项电视电话会议要求，严把食品生产、流通、消费关口。做到强化日常监管，常抓不懈，横抓到边，纵抓到底，不留死角，千方百计确保食品的安全，杜绝问题食品流入市场。对重点食品、重点区域、重点场所和食品市场进行专项整治，突击对市场消费量大、消费者申诉举报多以及群众日常生活必需的食品，有针对性地集中开展专项整治执法检查。特别是对粮食制品、肉制品、食用油、豆制品、酒类、饮料、速冻食品、地沟油、儿童食品、瘦肉精、私宰肉、注水肉、奶制品等品种，尤其是散装、裸体食品及城乡结合部农村批发市场、集贸市场、商场、超市、商店“三无产品”和过期、变质、有害食品等进行强化监管，防止不合格食品进入市场危害群众。年内，共开展食品流通环节专项整治23次；出动执法人员1847人（次）；车辆311台（次）；检查经营户3102户（次）；开展快速检测样品306组；与食品经营户和企业签订《食品经营者自律制度》1893份；端掉地下食品加工窝点1个；查处食品类案件4件；查扣棒棒冰“喜羊羊”、“摇滚棒”、“彬利”产品104箱，共计3.60万支以及一批生产原料；没收假冒“百榄泉洁露桶装水”166桶，空桶205只；没收私宰肉207斤，罚款600元。

【市场秩序维护】 2011年，良庆区工商局积极做好市场秩序的维护工作。3月11日，日本发生9级地震，受核泄漏事件的影响。在群众中传言食用盐可以预防核辐射，部分经营户见利忘义，囤积居奇、哄抬盐价。良庆辖区出现部分群众抢购食盐风波，整个城区5个镇和大沙田、玉洞等地出现了食用盐价格攀升和脱销的现象。局领导带领机关干部及工商所干部深入到大沙田、玉洞、良庆、大塘镇做好群众的思想工作。并加强对食盐经营户的宣传教育，敦促其守法经营，不准散布恐慌言论，不准扰乱正常市场秩序，积极引导消费者不听信谣言，不盲目抢购食盐，消除恐慌，科学、合理的对待食盐抢购现象并采取领导和干部包乡镇，包市场、抓整治，对辖区内所有食盐批发部和零售点进行逐家逐户进行拉网式检查。对哄抬物价、囤积居奇、欺行霸市、散布虚假信息误导消费者、超范围经营、无照经营、乱摆乱卖等扰乱市场经济秩序行为坚决进行查处。出动执法人员142人（次），车辆36台（次），检查经营户2180户；对38户高价出售食用盐的经营户责令其按照食用盐价格退还给消费者本人。与此同时，为抑制猪肉市场价格上涨过快的势头，稳定物价总水平，维护市场秩序，根据自治区人民政府办公厅《关于印发确保全区价格水平预期调控目标工作方案的通知》（桂政发〔2011〕135号）和南宁市委、市政府下发《南宁市定点销售猪肉工作实施方案》要求，从8月24日开始至12月30日会同城区物价、商务等部门对城区定点销售猪肉的祥荣市场和大沙田良庆店加强日常监管。截至12月31日，协助各职能部门在这两个定点屠宰供应销售生猪11140头，猪肉为83.55万公斤，补贴费为334.20万元。

【阳光办案】 2011年，良庆区工商局严格按照《南宁市工商行政管理局执法办案工作规范》的要求，开展"依法行政"、"阳光案"、"品牌案"和"和谐案"活动。探索推行说理式处罚文书和坚持查处与引导并重，惩罚和教育相结合，严格规范行政处罚程序、处罚自由裁量权，依法查处各种违法案件，杜绝了以往办案人员重实体、轻程序和处罚畸轻畸重的现象。办理各类经济违法案件147件（其中：一般程序案件123件、简易案件24件），采取行政强制7起（均为扣留措施），案值为168万元，罚没款入库27.61万元。

【打击非法传销】 2011年，良庆区工商局围绕"整广场，抓头目，端窝点，缴禁书，毁黑网络，斩资金链，清出租屋、治理传销集团网"等八项重点工作，开展打击传销规范直销工作。采取非常措施和手段积极开展日常打击、"百日联合执法"和"2011风暴行动"专项行动相结合，建立健全"打、防、控、管"长效机制，形成"源头预防、打防结合，齐抓共管、常抓不懈"的工作局面，彻底铲除传销滋生土壤和"毒瘤"，切实做到"露头就打，高压严打"。重点整治传销易发地、多发地区，以大沙田和玉洞片区为重点区域，重点打击以"拉人头"、"纯资本运作"、"政府融资"、"高科技"、"连锁经营"、"电子商务"、"股权、基金投资"、"网络营销"、"特许经营"、"北部湾建设"、"职业介绍"、"招聘兼职"、介绍工作等为幌子诱骗少数群众和学生等违法犯罪活动行为。采取主动出击和积极配合综治办联合执法相结合，先后开展了一系列的打击传销活动。全局共出动执法人员663人次，出动执法车辆292台（次），清查传销场所142处，共查处端掉传销窝点35个，教育、劝返涉嫌传销人员242人。受理传销投诉和举报42件，处理42件。接受来人来电咨询83人次，印发宣传资料3万份。组织召开物业服务公司防控传销会议6次，进小区开展打击传销现场宣传活动20次，开展视频宣传活动10次，开展大型打击传销宣传进万家活动1次。查获收缴各种传销《宏观经济的资本运作》、《中国资本、连锁论坛》等2300本（册）。查获传销案件10件，罚款入库为1.28万元。创建无传销社区30个。

【网吧整治】 2011年，良庆区工商局把查处取缔黑网吧作为关心爱护广大青少年健康成长创造良好社会环境来抓。坚持属地管理的原则，强化对黑网吧的监管，做到发现一起，取缔一起，决不手软。年内先后组织开展查处取缔黑网吧专项整治行动15次，出动执法人员134人（次），车辆36台（次）。检查网吧53家，查处取缔黑网吧2家，没收电脑21台，查处无照经营6户，罚款入库4500元。

【12315行政执法平台】 2011年，良庆区工商局充分利用12315“一会两站”城乡覆盖面和“流动维权·强化监管服务岗（车）”平台，每天派出“流动维权·强化监管服务岗（车）”到指定的街道、广场、商场、社区、车站等开展流动维权服务，面对面受理群众的申诉（投诉）和举报工作。做到“有诉必接，及时调解，快速处理，及时反馈”，积极为广大消费者提供便捷、优质、高效的服务，以最快的速度解决各种消费纠纷，维护消费者合法权益。年内共受理消费者申诉4件，举报59件，市长《网上信访呈批单》20件，区长公开电话受理办公室反馈单10件，督办函5件，办结率和反馈率达100%，为消费者挽回直接经济损失达4.20万元。并做到了件件抓落实，事事有回音，快速处理，及时反馈，群众满意率达100%。

【整治违法广告】 2011年，良庆区工商局重点对情节严重、影响恶劣、群众反映强烈的医疗、药品、保健食品广告，涉性、低俗不良违法广告，以及扰乱公共秩序、影响社会稳定的严重虚假违法广告进行专项整治。全年共发出《责令改正通知书》7份，清理“广告乱贴”和违法广告381张。

【打击商标侵权】 2011年，良庆区工商分局以“商标兴农、商标富农”为主线，把规范商标专用权的管理作为发展经济，服务企业，服务地方经济建设，提升企业知名度来抓。加大对商标工作的监管力度，采取打防结合、市场巡查与企业联手打假相结合的方法，重点对与人民群众生活密切相关的药品、食品、化妆品、农资等商品商标为监管重点，对商场（店）、超市、专卖（营）店、批发市场等区域的商标侵权假冒行为进行重点查处，对情节严重、性质恶劣、社会反响强烈的商标侵权假冒案件，追根溯源，一查到底。查处违法商标案件1起，罚没款入库5000元。

【净化校园周边环境】 2011年度，良庆区工商分局对辖区内中小学校园及幼儿园周边有证网吧和黑网吧、无证无照经营行为、商店（超市、小卖店、食杂店、小食店）、学校食堂、书摊、报亭、音像销售点等进行专项整治。主要整治在中小学校周围200米和600米以内是否有开办网吧和设立彩票投注站点、设立电子游艺室、歌舞厅等经营场所，查处学校内及周边商店的粮油及米面制品、奶制品、豆制品、熟肉制品、饮用水、饮料、儿童食品、生鲜食品、即食食品、裸装食品等品种是否证照齐全，有无销售“三无”产品及过期变质及其他不合格食品，是否有掺杂使假、以次充好、以不合格食品冒充合格食品以及销售无QS标志食品的违法行为，消除学校和幼儿园周边不稳定因素和安全隐患。全年共组织对学校和幼儿园周边网吧进行检查20次，出动执法人员267人次，车辆82台（次）；检查商店1626户，下发责令整改通知书18份；查处无照经营案件11件，罚款入库2.06万元。

【“扫黄打非”专项行动】 2011年，良庆区工商局积极参与良庆区“扫黄打非”专项行动。坚持“预防为主，综合治理”的方针，以大沙田和城乡结合部为重点，清市场、端窝点、追源头、断渠道、办大案，坚决遏制各种违法活动。年内参与良庆区“扫黄打非”和社会治安综合治理行动26次，出动执法人员512人，车辆120台（次），清理出租屋318

间，清查流动人口402人；检查娱乐场所、旅馆业151家；检查涉黄美容、发廊83家，取缔无照经营和证照不齐及超范围经营发廊按摩房8家，下达《责令整改通知书》20份；对56户非法安装使用接收电视设施进行强制拆除和没收；向文化、消防等部门通报卡拉OK娱乐场所无证照20家；督促变更手续和证照到期7家；检查各类出版物经营户和流动摊点683户，查缴非法出版物2803本（其中收缴传销书籍2300多本）；查扣非法音像制品和六合彩资料一批。

【"红盾护农"专项整治】 2011年，良庆区工商局把服务"三农"作为"民心工程"来抓，积极开展红盾"护农保春耕"、"护农护夏种"和"护农保秋种"农资打假专项行动。以整治种子、农药、肥料、饲料、农机市场为重点，严厉打击假冒伪劣农资产品、无证照经营、超范围经营、销售过期、失效、变质农资产品等违法经营行为。严格执行国家规定的各种审定、产品登记和批文制度，凡未经审定、登记、批准使用的农资产品一律不准在市场上销售，不得进入农业生产领域。对农资生产企业和农资销售点进行定期或不定期的检查和抽查，建立和完善"两账两票一卡"制度、流通领域农资商品质量监测公告管理制度、种子留样备查公告管理制度、农资经营户绿黑名单公示制度、农资经营户诚信责任制度。并督促农资生产企业和经营户做好台账，建立"两账两票一书一卡"制度，防止假冒、伪、劣农资产品流入市场。年内，先后6次对辖区内经营种子、化肥、农药各销售点进行专项执法大检查，出动执法人员225人次，车辆76台（次），检查各类涉农经营户268户（次）；没收侵犯注册商标专用权的"喜丰"牌钙镁磷肥7吨；查获农资案件1起，罚没款入库5000元。

【安全生产整治】 2011年，良庆区工商局坚持"谁分管、谁负责，谁审批、谁负责，谁签字、谁负责，谁发照、谁负责，谁监管、谁负责"的要求，严格执行安全生产"一岗双责"负责制。重点抓好经营建设、非煤矿山、危险化学品、食品市场、煤气店、烟花爆竹摊点、易燃、易爆品和剧毒物品、加油站、民用爆炸物品高危行业和校园、幼儿园周边、娱乐场所、饭店、商场、洗浴中心、网吧、饮食店、美容美发 、"五小行业"等重点行业和领域进行定期或不定期的检查，严防火灾和爆炸等恶性事故发生。年内，共组织对安全生产进行整治行动21次，出动执法人员2164人次，车辆136台（次），检查企业130家（次），检查市场、超市安全隐患和商品安全21次，加油站28个（次），燃气店141家（次），烟花爆竹285个摊点（次）；检查产品质量和食品安全经营户3618户（次），取缔无证（照）经营摊点12个，责令整改29户（家），立案7起，罚款入库为12050元；查扣柴油1800升，没收"玉威"牌P.C32.5复合硅酸盐水泥8.80吨；向消防部门通报存在消防安全隐患娱乐场所20处。

【服务创新】 2011年，良庆区工商局在年检工作中创新服务方式，实施年检服务窗口前移，优化审批环节，改进审批机制，完善审批程序，主动指导项目责任单位和项目业主完善审批材料，做到能当场办的立即办，不能立即办结的要当场告知和承诺办结时间，并在承诺时间期限内争取用最短时限办结。在推行往年上门年检的基础上，把预约服务和实地验照服务有机相结合，积极为企业和个体工商户年检提供各种便利。2010年度，个体工商户应参加年检数9931户，实验数8755户，注销185户，年检率90%。2011年，良庆辖区实有个体工商户注册登记数10678户，从业人员20101人，注册资金2.72亿元。企业应参加年检数1440家，已参加年检1267家，注销33家，年检率90.28%。年内，良庆辖区内资企业年检全面推行网上年检服务，网上年检率100%。辖区内实有登记在册的各类企业2047家，从业人员11521人，注册资金5.53亿元。

新发展个体工商户1166户，从业人员2814人，注册资金4638万元，比上年增长28.73%。新发展企业576家，从业人员为4337人，注册资金1.06亿元，比上年增长93.20%。

【参与创建国家卫生城市活动】 良庆区工商局积极配合城区政府开展农贸市场、“五小”行业、清理违章夜市、乱搭乱盖建筑物、工地乱象、乱摆乱卖、占道经营、跨门槛经营、规范便民街、车辆乱停乱放等专项整治活动。严格按照《国家卫生城市标准》和《首府南宁迎接国家卫生城市检查细则标准》要求，驻场监管、抓整治、查无照、抓整改、规范市场秩序。实行领导分片包干，定人、定岗、定位、定任务，包单位、包市场、包区域，一个店铺一个店铺，一个市场一个市场进行反复检查、整治、验收，巩固创卫成果。抽调12名干部和4辆车辆长期配合城区开展创卫工作，出动执法人员1046人次，车辆301台（次），清理纠正小街、小巷乱摆乱卖和占道经营摊点313个（次），清理跨门槛经营403户（次）；清理各种违法广告381张（处）；清理卫生死角21处；纠正市场内车辆乱停乱放357台（次）；查处无照和超范围经营户73户，责令停业活动59户，罚没款入库1.37万元。

【助残公益活动】 2011年，良庆区工商局把“爱心永恒”八桂系列助残公益捐款活动作为助残公益事业和困难党员活动来抓，动员广大党员干部发扬“能帮就帮、敢做善成”的南宁精神，积极为残疾公益事业和困难党员捐款献爱心。年内，全局党员干部共向“爱心永恒”助残公益事业和困难党员等捐款1087元，为南宁市“五大行动”公益活动和困难党员献上一份爱心。

【微型企业发展】 2011年，良庆区工商局接受南宁市微型办下达发展微型企业210户任务。成立发展微型企业工作领导小组，把微型企业发展工作纳入年度绩效考核内容，与评先挂钩。将发展任务指标细化到每个工商所，分配到每一个人。还要求办证大厅和各工商所办证窗口积极为微型企业提供便捷、高效的服务。同时，开辟“绿色通道”，做到“四优先”（即：优先提供咨询服务、优先核名、优先受理、优先登记），实行提前介入，专人负责，跟踪服务。采取主动上门指导、一次性告知、一条龙服务，帮助微型企业办理登记。实行当天受理、当天审批、当天打照、当天发证，不得贻误。各工商所开展减免帮扶活动。对属于个人独资企业形式的微型企业，免收工商登记、变更登记和年检费。对属于合伙企业、有限责任公司形式的企业，按现行收费标准20%的额度收取工商、变更登记和年检费，免费为微型企业提供《食品进货台账记录本》等台账记录范本。全年共完成发展微型企业265户，实现了良庆区内微型企业从无到有，从少到多跨越式发展，超额完成南宁市微型办下达任务的126.20%。

（李培苑）

统　计

【概　况】 2011年，良庆区统计局行政人员编制4名，在职人员4人，其中正副局长各1名。下属事业单位社会经济调查队参照公务员管理，人员编制10名，在职人员10人；下属事业单位普查中心人员编制6人，在职3人；组建良庆区第六次全国人口普查办公室向社会招聘人员3名。统计局主要设有办公室、统计专业、统计执法等职能部门。统计专业分核算、综合、农业、规模以上工业、规模以下工业、能源、劳动工资、服务业、城镇住户调查、农村住户调查、批发零售与住宿餐饮业、固定资产投资、房地产业、建筑业、基本单位调查统计、劳动力调查、科技调查统计、文化及相关产业等18个专业。年内获2009～2010年度南宁市统计工作先进单位（集体）；南宁市第六次人口普查数据处理优秀奖；良庆区2010～2011年度《良庆年鉴》编纂工作先进单位。

【城镇居民消费】 2011年，良庆区城镇居民人均可支配收入17267元，比上年增加1684元，同比增长10.81%；居民人均消费性支出9953元，增长12.59%，其中城镇居民人均食品类支出为5175元，同比增长16.57%；人均家庭设备用品及服务支出507元，同比下降2.98%；教育文化娱乐服务人均支出853元，同比下降2.89%；医疗保健支出242元，同比增长5.44%。全城区在岗职工年人均工资29775元，同比增长5.89%。城乡居民住房条件有所改善，城镇居民人均住房建筑面积66.84平方米；家庭耐用消费品拥有量继续增加，年末每百户城镇居民家庭拥有彩色电视机129台，电冰箱106台，家用电脑93台，移动电话240部，家用汽车9辆，摩托车52辆，照相机60部，消毒柜95台。

【年报和定期统计】 2011年，良庆区统计局以提高统计数据质量为中心，采取有力措施加强统计工作，准确、及时地完成了上年年报和2011年度各种定期报表工作任务。一是明确各专业人员工作目标责任；二是落实统计工作规范化管理办法，严把数据资料质量关；三是加强与相关部门和上级统计部门的沟通、衔接，掌握第一手资料，确保统计调查数据有理有据；四是进一步完善主要统计数据质量评估机制，确保各项经济指标符合时序进度，客观反映本城区经济运行情况。

【统计调查】 2011年，良庆区统计局切实抓好统计调查。一是继续完善城镇住户抽样调查工作。抽取80户城镇居民样本户进行调查，组织他们进行月度收支日记账。二是继续完善农民人均纯收入抽样调查工作网点建设。按照自治区和南宁市统计局的要求，全城区5个镇共抽取样本网点190户，作为农民人均纯收入调查户，并指导调查户进行日记账登记，以推算城区农民人均现金收入；与此同时，顺利完成100个样本户的轮换工作。三是继续开展规模以下工业、限额以下商业、服务业的抽样调查。抽取规模以下工业企业136家、个体户137户；限额以下商业企业13家、个体户28户；服务业企业51家、个体户135户进行抽样调查，以推算城区规模以下工业、限额以下商业、服务业的主要经营情况指标。四是开展农副产品价格调查工作。在那陈、大塘、南晓等3个镇，每镇每月4次，每次抽6个摊位进行农副产品价格调查，以推算城区农产品价格变动情况。五是开展城市月度劳动力调查工作。每月完成40户（家庭户、集体户）的劳动力调查，以掌握劳动力及结构变动情况。六是每季度完成对那马镇、大塘镇、良庆镇等单位主要畜禽规模养殖户18户的日常跟踪监测调查工作，并及时向上报送市调查队统计调查资料。全年一次性调查对各镇、街道办主要畜禽规模养殖户623户，资料上报市统计局。

【“三上”企业网上直报试点和评估】 2011年，良庆区统计局根据国家和自治区企业一套表工作推进要求，从2011年度年报工作开始，在全国范围内对所有“三上”企业（包括规模以上工业企业、限额以上批发零售住宿餐饮企业、资质以内的建筑业企业）和房地产开发经营企业统计试行一套表制度。按照南宁市统计局的部署，于8月8～15日开展“三上”企业网上直报试点。试点前期，认真做好企业一套表上报的准备工作，对辖区内符合条件的企业统计人员进行了网报培训。试行期间，工作人员加班加点，及时反馈企业出现的问题，在短短5天内圆满完成了试点工作。通过试点，总结了一些网上直报的经验教训，并对试点过程中出现的问题提出了相应的建议上报上级部门，为年度年报工作打下坚实基础。

【统计服务】 2011年，良庆区统计局组织开展专题分析研究，为领导决策和有关部门制定措施提供重要参考。编发统计分析、经济运行情况汇报和调研报告等材料23篇。并参与城区政府组织的项目建设情况、中小企业生产经营状况等多项专题调研活动，以及城区政府对城区级机关部门工作绩效考核、镇、开发区（街道办）经济考核等考核工作。按照各个层面对统计信息的要求，继续做好良庆区统计年鉴、良庆区统计动态月报、统计分析专辑、2010年良庆区国民经济和社会发展统计公报、统计信息的编发工作，不断创新完善，提高质量。

【统计基础建设】 2011年，良庆区统计局大力推进镇统计网站建设。全城区镇级已全部搭建好统计信息化基础平台。为了让社会各界及时、方便地了解城区的经济动态信息，利用统计局信息网站作为宣传阵地，充分调动干部职工的积极性，人人参与，编写统计分析、信息，在统计信息网站内发表。

【信息化工程建设】 2011年，良庆区统计局把统计信息网站作为与外界沟通的平台，充分利用统计局域网优势，加强与各地市、县区的信息沟通，及时了解掌握兄弟县（区）经济发展状况以及本城区经济在全市经济总量中所占比重、份额、优势和不足等，使县域经济纵向比较、横向比较更加明显；同时，网站维护实行专人负责，对网站的内容进行及时更新、提高和完善，力求做到网站界面优美、功能齐全、使用方便、信息快捷，得到了社会各界的好评。

【统计执法】 2011年，良庆区统计局强化统计执法，规范统计执法行为。进一步完善统计违法违规行为惩处制度，加大查处统计违纪案件力度。检查监督各单位、本局各专业统计数据的来源依据，数据的真实程度验算，对迟报、瞒报、虚报单位立案查处。全面组织开展城区统计质量的自查自纠发动宣传，重点对30家企事业单位进行统计质量核查，立案查处5个统计违法行为单位。

【党风廉政与队伍建设】 2011年，良庆区统计局加强党风廉政建设。认真贯彻落实关于党风廉政建设一系列文件精神，通过学习教育，切实增强干部职工特别是领导干部党风廉政建设的意识和责任。继续加强统计业务建设和人才培养，制定、实施系统培训培养计划，针对不同层次的干部和工作要求，加强对业务、政务、事务等各个方面的培训。开展“求实、创新、奉献”的统计精神提炼活动，增强争先创优意识，使每位统计人员的统计业务知识每年都有新进步。

【完成各项中心工作】 2011年，良庆区统计局抓好责任路段清洁工程的长效管理，继续坚持监控百灵路片责任路段整洁工作。积极参加计划生育工作，按照城区要求抽调人员参与计生突击活动。

（统计局编写组）

物　价

【概　况】 2011年，南宁市良庆区物价局在城区发展和改革局挂牌，是城区政府主管物价工作的职能部门。在职5人，其中物价局3人，物价检查所2人。

【价格管理】 2011年，良庆区物价局按照价格管理权限对辖区内行政事业性《收费许可证》核（换）发；2～4月开展教育和卫生收费执行情况检查，规范了相关收费行为；3月中旬，快速平息了食盐涨价事件；8～12月完成了辖区内限价粮油、猪肉、蔬菜供应点的价格监测和管理工作。

【收费管理】 2011年，良庆区物价局组织开展价格收费热点问题的监督检查。一是检查学校收费政策落实情况。3月、9月，联合城区教育局、监察局、财政局、审计局等单位，深入辖区中小学校27所，开展教育收费专项检查，重点检查学前教育收费、教辅书购买、学生饭堂收支结算公示执行情况以及代收费多退少补结算情况，各学校能严格执行国家教育收费政策，除一所学校由于教育局没有及时通知，违反自治区物价局桂价费〔2011〕98号文件的相关规定，未降低标准而多收取教育费4200元外，未发现其他乱收费行为。对此，已责令该校将多收价款全部退还给学生。二是加强三车停放保管服务和客运站收费的检查和整治。深入"三车"保管点、公路客运站检查收费及票价执行情况，凡检查发现标价不够规范的，检查人员当场要求改正。检查中，未发现"三车"保管点乱收费行为，公路票价执行较好。

【价格监督】 2011年，良庆区物价局加强价格监督工作。一是对南宁市人民政府投放限价限量销售猪肉、平价粮油、限价蔬菜供应的农贸市场进行巡查。从8月25日起，实行每天上午、下午，联合市物价局深入大沙田祥荣集贸市场开展市场巡查，检查猪肉、粮油供应点明码标价及销售价格执行情况，共出动300多人次，检查发现有个别肉商有提价苗头，及时批评、教育，保证限价政策落到实处。从12月19日起，在大沙田祥荣市场设立蔬菜限价销售点，共出动100多人次，严格按照市物价局每3天一次调整菜价的工作要求，及时更换和张贴当日菜价，并通过农林水利局协调蔬菜供应基地，保证货源，足量供应。二是有效平息食盐涨价事件。3月17日上午，因日本福岛核电站发生泄露，个别人造谣，引发城区大沙田社区范围内食盐断销。不法分子趁机贩运食盐，提价销售。发现这一情况后，当即向市局汇报，并组织检查工作组深入大沙田大街小巷进行检查，发现在街头巷尾三个高价销售食盐摊点，共处理小包食盐近1000包，当场责令商贩按国家规定价格销售给市民。同时，联合城区经信局到辖区内各大商场、农贸市场张贴公告100份，告知市民食盐断销是造谣，请市民不要抢购；并敦促各大超市积极组织货源保证供应，有效地平息食盐涨价事件。

【受理价格举报】 2011年，良庆区物价局受理价格举报、咨询件15件，立案调查处理14件，共为缴费者追回经济损失7230元，结案率100%。

（胡　轩）

审　　计

【概　况】 2011年，良庆区审计局行政编制5个，在职6人（局长1人、副局长1人、副主任科员2人、科员2人），下属事业单位良庆区公共投资审计中心。编制5个，在职2人，全部是相关专业本科以上文化，其中具有中级职称5人。审计业务工作依据《中华人民共和国审计法》对城区的本级预算执行、行政事业单位、固定资产投资、国有企业等进行审计监督，维护国家财政经济秩序，保障城区经济健康发展；同时依据有关法规开展领导任期经济责任审计。年内，良庆区审计局坚持"依法审计、服务大局、围绕中心、突出重点、求真务实"的工作思路，完成年度计划审计项目8项、临时交办审计项目2项，审计查出违规金额66.19万元，管理不规范金额8212.14万元，对存在问题提出23条审计建议；政府投资项目预（结）算审核85项，送审造价7197万元，核减工程款795万元。

【财政财务收支审计】 2011年，良庆区审计局根据《中华人民共和国审计法》及其实施条例的规定，①对城区文化新闻出版体育局2010年度预算执行及其他财政收支情况审计；②对城区2010年度本级预算执行情况及其他财政收支情况进行审计。重点对良庆区财政局管理的预算资金及预算外资金进行了审计。审计共查出管理不规范资金7370万元，通过对预算执行情况的分析和评价，提出相应的对策，进一步促进和完善本级预算管理。

【经济责任审计】 2011 年，良庆区审计局根据城区组织部的委托，组织审计人员对城区那陈镇原镇长罗达田同志 2006 年 8 月至 2009 年 5 月任期经济责任审计；对城区教育局局长彭华福同志 2008 年 1 月至 2011 年 3 月任期经济责任审计；对城区城市管理局原局长 2009 年 5 月至 2011 年 5 月任期经济责任审计；查出违规金额 43.73 万元，管理不规范金额 88.58 万元，应调账 52.18 万元，应归还原渠道 3.90 万元，通过审计规范了被审计单位的财务收支行为，客观评价了被审计人的经济责任，同时为组织人事部门任用干部提供了参考。

【专项资金审计】 2011 年，良庆区审计局根据年度工作安排，开展了以下专项资金审计：①对城区 2008 年至2010 年小街小巷道路改造工程情况审计；②对城区 2010 年至 2011 年 6 月末中小学校舍安全工程情况进行审计调查；③对城区 2009 年 5 月至 2011 年 3 月水库移民后期扶持资金情况进行了审计。查处违规金额 22.46 万元，管理不规范金额 753.56 万元，通过审计确保了专项资金的及时拨付、专款专用。

【固定资产投资审计】 2011 年，良庆区审计局完成政府投资建设项目（预）结算审核主要工程有 85 项。工程送审造价 7197 万元，核减工程造价金额 795 万元，为城区投资建设节约财政支出；此外，还组织审计人员对参与城区工程预结算的工程造价中介公司进行预结算成果审核。

【上级临时交办审计】 2011 年，良庆区审计局积极完成上级临时交办的审计项目。①地方性政府债务审计。抽调两名业务骨干，配合南宁市审计局对良庆区地方性债务进行专项审计，经审计，良庆区地方性政府债务金额 1.18 亿元；②公益性债务清理专项审计。根据城区领导批示，对城区财政局提请审计的公益性乡村债务进行审核，符合化解条件的公益性乡村债务项目 38 个，债务实际余额 334.88 万元，其中本金 229.42 万元，利息 105.46 万元，不符合化解条件的项目 9 个，债务金额 71.42 万元。

【其他审计监督】 2011 年，良庆区审计局参与的其他审计监督主要工作有：①与城区物价局、财政局组成物价年审办，对辖区范围内行政事业单位行政事业性收费进行年审；②参与城区纪检监察部门组织的专项资金使用情况专项检查和“小金库”清理工作；③参与监督城区政府采购中心的各项政府采购项目工作；④参与政府投资建设工程项目竣工验收；⑤参与城区基础教育经费保障及使用管理专项检查；⑥参与教育局组织的春、秋季教育收费检查。

（刘新建）

社会生活

SHEHUISHENGHUO

人口和计划生育

【概　况】 2011 年，良庆区总人口 294303 人，其中：流动人口 61629 人，农业人口 233456 人，占人口比重 79.33%；非农业人口 60847 人，占人口比重 20.60%；已婚育龄妇女 57820 人。年内人口出生 4144 人，死亡人数 679 人，死亡率 2.22‰；人口自然增长率 11.30‰。

南宁市良庆区人口和计划生育局（含计生服务站）干部职工 26 人，其中行政编制 5 名，实有行政人员 8 人，其中局长 1 人，书记 1 人，副局长 3 人，副主任科员 1 人，科员 2 人。下属事业机构——计划生育技术服务站核定编制 16 个，实有 15 人，借调及聘用 2 人。其中站长 1 人，医务人员 6 人（主治医师 2 人，医师 2 人，医士 1 人，主管护师 1 人），其他专业技术人员 2 人，后勤 5 人，信息化管理 2 人；计划生育协会编制 2 个，实有 1 人。5 个镇 1 个街道计生事业编制 68 个，实在编 64 人，实在岗人员 92 人，临时聘用 7 人，借调（“村官”及其他事业单位人员）21 人，其中医学技术人员 12 人（初级职称执业助理医师 4 人，执业医师 1 人，执业护士 1 人）。村、社区计生专干 176 人。设有大塘中心一类计生服务所，良庆、南晓中心二类计生服务所和那马、那陈镇、大沙田街道普通一类计生服务所。年内全面完成自治区、南宁市人口与计划生育各项指标任务，通过目标管理责任年度考核，荣获 2011 年南宁市人口计生目标管理（党政线、计生线）进步单位奖、南宁市人口计生信息工作先进单位、南宁市人口计生委发表文章（音像）展示板评比三等奖；获 2011 年度良庆区社会治安综合治理（平安建设）先进单位。

【人口控制】 2011 年，良庆区出生率控制指标在 13.58‰以内，实际出生人口 4144 人，符合政策生育率 89.58%，高于责任指标 3.58 个百分点，比上年提高 1.22 个百分点；政策外多孩率 2.75%，低于责任指标 0.75 个百分点，比上年下降 1.01 个百分点；农村人口当年长效避孕率 83.32%，高于责任指标 3.32 个百分点。出生人口和主要工作指标统计合格率达 98.65%，高于责任指标 3.65 个百分点。出生人口性别比 118.6，低于责任指标 0.40 个点，比上年下降 2.40 个点。累计《独生子女父母光荣证》领证率 11.50%，独生子保健费兑现率 100%。全年群众主动领取计划生育证件 3308 本，其中《服务手册》2115 本，《二孩生育证》901 本，申领《独生子女父母光荣证》292 本。

【性别比综合治理】 2011 年，良庆区人口计生、卫生、公安、工商、监察、药监局等部门联合开展打击“两非”活动3次，配合市打击“两非”小组开展活动2次。共检查私人诊所27家、药店8家。查处超范围执业的私人诊所9家，对2家涉嫌开展计划生育手术的诊所进行立案处理，扣押计划生育手术器械2包、B超机1台、人流药物108片。同时向各医疗机构、个体诊所、药店进行宣传教育并发放《关于禁止非医学需要的胎儿性别鉴定和选择性别的人工终止妊娠的规定》等宣传资料1500份。9月份召开了整治“两非”工作动员大会，与辖区147个医疗机构、个体诊所药店和B超医生签订《打击两非综合治理出生人口性比工作责任状》，并对相关单位负责人和从业人员进行培训。开展出生实名登记工作，召开了2次由人口计生局、卫生局、公安局、各镇卫生院、计生所领导参加的出生实名登记工作协调会，做到各司其职、信息共享。

【计生经费投入】 2011年，良庆区投入计生事业费1246万元，人均投入42.38元。其中人口计生局和镇、街道日常管理和服务经费890.29万元，计划生育家庭奖励45万元，独生子女保健费16.46万元，为农村实行计划生育的独生子女和双女结扎户缴纳新农合医疗统筹金8.25万元，计划生育免费基本技术服务33万元。计划生育信息网络建设经费108万元，宣传教育经费36万元，兑现人口计生目标奖和层级动态管理考核奖励109万元。

【计生工作会议】 2011年，城区召开良庆区党委会、政府常务会8次，分别审议解决了为城区计生服务站配备专职保安、良庆镇增聘15名计生专干、兑现公共卫生（计生）事业单位绩效工资等问题，审议出台了《关于表彰良庆区2010年度人口和计划生育工作先进帮扶单位、工作标兵和先进个人的决定》、《良庆区2011年人口和计划生育工作目标管理责任状》、《关于印发良庆区村（社区）计生专干管理办法的通知》、《关于修订〈良庆区村（社区）人口和计划生育工作绩效考核办法〉的通知》等文件。召开人口计生工作专题会3次，专题研究解决计生工作存在的困难和问题。3月31日，召开全城区2010年度人口和计划生育工作会议，通报2010年人口计生工作目标管理责任制执行情况，会上各镇、街道党政主要领导分别与城区党委、政府签订2011年人口计生工作目标管理责任状。

【为民办实事】 2011年，良庆区启动免费孕前优生健康检查工作，全年免费实施优生检查1099对。对2005年以来筛查出的130对“地贫”高危孕妇进行跟踪、宣传、指导其孕育，对区间怀孕20名高危孕妇，指导组织她们进行了产前诊断，确保重型地贫儿的零出生。

【计生服务站、所、室建设】 2011年，良庆区投入50万元抓好城区计生服务站附属工作建设，新建镇级计生服务所全部投入使用，并进一步完善环境建设，增加设备的配备。抓好自治区级为民办实事项目，完成16个村级计生服务室和新文化书屋的建设。

【计生队伍建设】 2011年，良庆区加强计生队伍建设，在今年的换届中，城区人口计生局局长被市委提拔为副处级领导干部，2名镇分管计生工作的副镇长分别被提拔为街道办事处主任和镇长。人口计生局增配一名正科级专职党支部书记。在10月份结束的村级“两委”换届选举中，有30名德才兼备，热心人口计生工作的优秀村计生专干被党员群众选任为村党支部支书1人，副书记4人，村委会副主任24人。多渠道培训教育干部，城区、镇两级共举办了33期业务培训学习班，并组织基层计生干部到其他县（区）学习先进工作经验。继续安排一名技术人员到市级医院进修学习和参加各种专业技能培训班，计生干部队伍素质得到进一步提高。

【计生宣传】 2011年，良庆区人口计生局坚持把宣传教育纳入城区重大活动和各种文化宣传活动中。3月至5月，分别在良庆镇、大塘镇、那马镇、大沙田客运车站开展4场以“婚育新风、关爱女孩、诚信计生”为主题的计生文艺宣传活动；在市级以上新闻媒体发表计生工作信息155篇（次），其中国家级网站18篇，区级新闻单位44篇，市级新闻单位用稿93篇，人口计生专栏7篇。还编印了《良庆计生简报》10期；在重大节假日开展以政策咨询、有奖问答、免费发放避孕药具等为内容的宣传一条街活动26次，展出展板35块；投入经费6.50万元，征订计生报刊833份；投入15万元，更新了城区3块大型计生公益广告宣传板和96块村级人口计生宣传牌的内容，在每个村坡刷新一批宣传标语，实现了城区有大型、镇有中型、村有小型计生公益宣传牌，坡组有计生标语；帮助计划生育家庭创业，共举办24个创业就业培训班，有计划生育家庭344人参加，其中独生子女户36人，诚信计生家庭210多人，帮助指导计生家庭就业981人。年中，召开“良庆区人口文化知识进校园”推进会，在全城区7所初中、高中学校开展人口文化知识进校园活动，开展国策知识教育36课次；投入5万元，在7所中学分别设置国策宣传栏，编印了2万册人口国策进校园知识读本，发放到中学生手中。同时在大沙田培育建立了2个0～3岁早期教育试点单位。

【诚信计生】 2011年，良庆区连续召开两次诚信计生推进会，在6个镇（街道）全部推行诚信计生，并再次组织人员巡回各镇、街道开展全面的动员和培训。下半年，组织开展为期40天的集中推进诚信计生宣传服务活动月，集中力量在诚信计生的每个村（居），开展一场诚信计生学习、宣传、培训、签订承诺书及免费康检活动。年内全城区有72个行政村（居），已开展诚信计生村（居）52个，开展率达72.22%。

【计生村民自治】 2011年，良庆区72个村委（社区）全部开展村民自治工作，开展村民自治率达100%。在52个村开展诚信计生 工作，推行诚信承诺管理，进一步提升村民自治水平。

【创建“两无一提高”】 2011年，良庆区创建计划生育“两无一提高”达标（即镇、街道无政策外多孩出生，村、社区无政策外出生，符合政策生育率提高）的村（社区）的有12个，其中那陈镇（3个）：华群村、那徐村、濑崇村；大塘镇（2个）：乔板村、南州村；南晓镇（1个）：陵桂村；大沙田街道（6个）：金象社区、银沙社区、前进社区、玉龙社区、坡洋社区、五象社区。

【计生奖励扶助】 2011年，良庆区继续推进计划生育利益导向机制，引导群众自觉落实计划生育政策。年内审批确定符合农村计划生育家庭奖励扶助162人，南宁市（含自治区）奖励扶助84人，共发放奖励扶助金7.66万元。对17名参加高、中考的农村独生子女进行了加10分照顾。为651户农村独生子女和二女结扎户家庭小孩购买爱心保险，受益群众1889人。各项奖扶金兑现率100%。

【征收社会抚养费】 2011年，良庆区区间截至9月30日，违法生育应立案432件，已全部立案，共征收社会抚养费1206.33万元。

【计生技术和药具服务】 2011年，良庆区完成“四种手术”4542例，为每名术后对象送去30～100元不等的随访礼品；开展孕情跟踪工作，孕情跟踪率达90%；继续免费康检工作，积极联合各卫生院、南国妇科医院、武警广西总队医院、邕宁区中医院开展“生殖健康”检查活动，共为35033名育龄妇女进行免费康检；做好药具的管理和服务，在辖区安装免费药具自取箱136个，村（居）覆盖率达100%，投放自取箱避孕套16.80万只，进一步拓宽药具发放渠道，方便群众。在创建自治区级计划生育技术优质服务中，大塘镇、那马镇计生服务所取得计划生育机构执业资格证。

【计生协会】 2011年，良庆区加强计生协会基层组织建设，扎扎实实开展“生育关怀行动”活动，努力满足人民群众在计划生育、生殖健康、优生优育等日益增长的需求。开展村民自治活动和开展创先创优的村（居）委会69个，基本符合计划生育协会合格村标准的有12个，具体为那陈镇赖岽村、华群村、那徐村，大塘镇那造村、桥板村，南晓镇凌桂村，大沙田玉龙社区、坡洋社区、五象社区、前进社区、银沙社区、金象社区。达到计划生育协会先进村评比标准的有大沙田玉龙社区、坡洋社区、五象社区、前进社区、大塘乔板村委5个；转化后进村居协会13个。创办计划生育协会综合示范点9个，获自治区示范村（居）有大塘镇乔板村、大沙田街道的银沙社区、银海社区。全年城区开展计生协会活动13次，其中较大的集中服务活动6次。年内为651农村独生子女户购买“爱心保险”，投入资金19530元，受益1889人。

【目标责任考核】 2011年，良庆区坚持推行年度综合评估和季度考核相结合的目标责任考核机制，城区党委、政府与6个镇（办）和21个责任部门签订计生目标责任状。3月29日，对季度考核办法进行修改，印发了《良庆区人口和计划生育工作季度考核暂行办法》（良办发〔2011〕20号）。其中2011年区间第一季度，根据考核评估结果分别奖励：大沙田街道4500元，良庆镇3500元，那马镇2500元，大塘镇600元，那陈镇3200元，南晓镇900元；2011年区间第二季度，根据考核评估结果分别奖励：大沙田街道3.20万元，良庆镇4200元，那马镇1100元，大塘镇2800元，那陈镇1.52万元；2011年区间第三季度，根据考核评估结果分别奖励：大沙田街道3万元，那陈镇3万元，良庆镇1万元，南晓镇1万元；那马镇、大塘镇不奖不罚；2011年区间第四季度，根据考核评估结果分别奖励：大沙田街道3万元，那陈镇3万元，南晓镇3万元，良庆镇1万元；那马镇、大塘镇不奖不罚。本年度党政线、计生线目标考核结果为：那陈镇、大沙田街道获2011年度计生目标管理考核评估先进单位奖；良庆镇、南晓镇获进步单位奖；那马镇、大塘镇获达标奖；部门线目标考核结果为：城区党委办、政府办、纪委（监察局）、组织部、宣传部、政法委、民政局、农机局、人口计生局、卫生局、财政局、住建局、教育局、人民法院、良庆公安分局15个单位获先进单位奖。城区交通局、城管局、人社局、文体局、农林水林局、良庆工商分局6个单位获进步单位奖。

【流动人口计生管理与服务】 2011年，良庆区加强流动人口计生管理与服务，为流动人口落实节育措施2313人；建立了较完善的城区、镇、村三级就业服务网络，全年共指导帮助763名流动人口实现了就业；免费为流动人口办理《流动人口婚育证明》20821本，查验证10566人次，为流动已婚育龄妇女免费孕检、康检13265人次。开展“送福送温暖”活动，对111户个困难流动人口计生家庭进行了慰问。8月份，在大沙田客运站举办“最优质的服务、群众最满意”为主旨的“大拇指”启动仪式服务活动，市人口计生委曾生副主任、城区政府区长黄奕信等领导出席了启动仪式并发表讲话。城区成立了由一名副区长任指挥长的“大拇指”服务活动指挥部，组建了6支“大拇指”志愿者服务队，招募“大拇指”服务志愿者250人，在城区有对外服务项目的窗口单位开辟17个“大拇指”服务岗，在城区和镇、街道、社区计生部门挂牌成立流动人口“大拇指”志愿服务站。为流动人口提供“七个一”优质服务。通过“百万农民就业培训”活动，为1162名流入和流出人员开展了职业技能培训和就业引导性培训。组织288对城市新婚夫妇参加南宁市的优生优育培训。举办流动育龄

到大沙田街道开展优育检测

群众女性健康知识讲座4期。开展农民工劳动维权宣传活动27场次，发放《民工维权手册》9050册。认真落实进城农民工子女接受义务教育的有关政策规定，共帮助756名外来流动人口子女解决入学、减免学杂费及借读费5.60万元。

【计生维稳】 2011年，良庆区为做好社会治安综合治理工作，定期对计生工作不稳定因素进行排查分析，坚持执行“零”报告制度，由计生信访办，落实专人负责计生信访工作。年内，城区人口和计划生育部门受理群众来电、来信来访17件，其中来信14件，占信访总量的82%；网上来访2件，占信访量的12%；电话访1件，占信访量的6%。群众信访主要是举报类，受理举报类信访11件，求解决信访1件，咨询类5件，各类案件均得到了答复和解决，及时办结了17件。年内没有因计生工作引起的恶性案件，群体性案件、无群众性非正常上访。

（罗启俊）

流动人口管理

【概　况】 2011年，良庆区流动人口管理领导小组办公室（出租屋管理办公室）有8个编制，主任1人，副主任1人，工作人员6人；本科3人，大专4人，中专1人;中共党员7人。年内获南宁市流动人口及出租屋服务管理工作目标责任制一等奖。

【流动人口管理】 2011年，良庆区流动人口办坚持服务和管理并重，加强组织协调，扎实推进流动人口及出租屋服务管理各项工作，取得了良好成效。1～12月，新登记在册流动人口65000人（已全部录入流动人口及出租屋管理系统）；新登记在册出租屋2.11万间（已全部录入流动人口及出租屋管理系统）；完成出租屋税收624万元。

【领导重视】 2011年，良庆区高度重视对流动人口及出租屋管理工作。真正把这项工作作为事关社会稳定和城市管理的大事来抓。一是城区成立由党委、政府分管领导挂帅，公安、人口计生、教育、工商、流动人口办等20多个职能部门主要领导为成员的流动人口管理领导小组，为流动人口及出租屋服务管理提供强有力的组织保障。二是完善相关的法律法规和政策措施以及相关部门的职责，制定出台了《2011年良庆区流动人口和出租屋服务管理工作要点》、《2011年流动人口及出租屋服务管理宣传年活动方案》、《良庆区创新流动人口服务管理体制推进流动人口基本公共服务均等化试点工作方案》等规范性文件，使管理部门及执法工作者对出租屋及租住人员的管理有章可循，有法可依。三是组建职责明确、管理规范的基层组织机构，在街道办设立有流动人口及出租屋服务管理中心，以派出所管辖地为基础，建立流动人口及出租屋服务管理站，在社区以社区警务室为依托，设立社区工作站，社区警务室和社区流动人口工作站实现合署办公，建立了规范的流动人口和出租屋管理机构，做到资源共享。

【创新管理】 2011年，良庆区创新管理流动人口和出租屋措施。一是城区党委、政府针对几年来大沙田辖区流动人口及出租屋底数不清、情况不明，且无法征收出租屋税费的情况，制定相关方案，进一步明确管理工作职责和任务，整合力量共同开展流动人口及出租屋服务管理。二是完善大沙田街道各社区流动人口及出租屋服务管理站，以社区警务室为依托，社区警员与社区流动人口协管员实现合署办公，共同开展流动人口、出租屋的信息采集和出租屋税收的正常业务。三是在管理方式上，实现了计算机网络化管理，运用流动人口及出租屋信息管理软件系统，实现从城区、街道中心、社区站联网，提高了工作效率，达到信息资源共享的目的。对人员管理采用责任和利益捆绑，实行逐级量化考核制度，对考核达标的给予奖励，不达标的实行一票否决，调动了管理员的工作积极性，增强工作责任感。四是在出租屋管理模式上，逐步推行“旅业式、物业式、单位自管式、散居包片式”四种很有成效的管理模式。这些管理方式较好地破解了出租屋管理的难题，为有效控制非法传销活动奠定基础。

【队伍建设】 2011年，良庆区切实建立一支训练有素的管理队伍。逐渐配足配强流动人口和出租屋管理员，在大沙田街道办服务管理中心配有事业编制专职人员8人，在社区工作站共配备了77名流动人口及出租屋协管员，协管员的工资待遇按照社区工作者的待遇执行。此外，还整合力量，建立以公安为主体的“三员合一”（警员、出租屋管理员、治安队员）的专业队伍在各社区开展流动人口及出租屋管理的相关工作。同时加强业务培训，不断提高各级流动人口管理工作人员和协管员队伍的综合素质。

【出租税收征管】 2011年，良庆区出租屋管理办公室积极开展社会综合治税工作，成立良庆区综合治税工作领导小组，建立联络员的各项制度。积极协调地税部门做好代征出租屋税收的各项工作，在代征出租屋税方面，加强对流动人口和出租房屋管理员的培训。由地税部门就个人出租房屋工作涉及的税收业务、工作流程及票证使用方面等问题对代征员进行系统讲解，并严格对代征人员的行为要求，使其行为举止符合征收规范。同时紧紧把握出租房屋税收工作的规律，牢牢抓住工作重心和问题关键，积极采取措施，不断完善代征出租房屋税收工作。在大沙田街道办二楼办证大厅对各社区工作站的工作情况进行公示，每日更新流动人口采集及代征出租屋税收的进度，使各社区站每日工作有着你争我赶的好势头，取得了明显的效果，年内共代征出租屋税费624万元。

【打击传销】 2011年，良庆区加强打击传销力度，有效遏制传销活动。

部门齐抓共管 城区流动人口管理领导小组充分发挥组织、协调、指导、监督作用，尤其是城区党委常委、政法委书记多次亲自参与、全程指挥、现场指导流动人口清查整顿专项行动。年内，共组织工商、公安、流动人口办、街道办等1000多人次对城区7000多栋出租屋进行了清查登记，基本掌握了出租屋的流动人口状况，为打击传销提供了动态信息。

传销人员信息掌控 由城区综治办牵头，组织公安、工商、流动办、街道办等职能部门各派5名业务骨干到中心实行联合办公。依托房屋租赁这个载体将“管人”与“管房”结合起来，实现出租屋及外来人口的信息化管理。在联合办公中做到信息共享、互通情况，为城区打击传销行动提供信息100多条，对100多处涉嫌为传销人员提供讲课窝点，500套出租给传销人员居住的出租屋进行突击检查，共抓获传销人员650人。建立健全排查制度，注重进行“三个排查”，即加强对出租屋的排查，摸清出租情况；加强日常巡查，摸清传销人员聚会据点；建立联查机制，摸清外来人员底

数。对辖区传销集中地段的 7 个社区，100 多个居民区，5 万多间出租屋进行清理登记，做到清楚谁出租、谁承租、谁入住，有登记、有备案；建立健全出租屋主和流动人口登记管理备案制度，杜绝传销人员入住。在传销窝点较多地段，安排巡查人员开展拉网式排查，做到露头就打。同时，落实了对入住宾馆的流动人口管理登记，做到实名登记，实数登记，形成抓流动人口与打击传销工作相结合的日常管理制度，随时掌握城区流动人口中的传销人员有关信息。

加大对传销人员居住出租屋清查力度　年内开展流动人口及出租屋专项清查行动 12 次，出动 650 人次，清查出租屋 3000 多间，协助破获刑事案件 20 起、治安案件 150 起、抓获出租屋涉嫌传销人员 200 多名。

出租屋和出租屋主管理　重点建立健全出租屋管理机制。出租房屋必须先到所在社区、派出所办理登记、房屋租赁等手续，符合手续发放房屋租赁证明门牌，方可出租。重点抓好对出租屋主的管理处罚，如违反规定出租给传销人员的，出租屋主是公职人员，实行“停职、停工、停薪”处罚并限期整改；出租屋主是一般居民，违反规定出租给传销人员的，实行“停水、断电、重罚”处置。通过城区公职人员申报、房管部门资料调查、小区物业登记、社区逐户走访等方式，全面掌握辖区出租屋现状，有效压缩传销活动空间。对不主动登记，将房屋出租给传销人员从事传销违法犯罪活动的屋主依法查处，实行“停水、断电、重罚”等处置。

“无传销小区”的创建活动　在金沙碧园、鑫金怡园开展“无传销小区”创建活动。建立长效机制“五个一”，即在小区派发“一张联系卡”、建立“一个信息台”、发放“一封公开信”、签订“一份责任书”、构建“一个监管网”。年内实现了无发生传销行为防控率、查处率 100%的目标，给辖区各小区居民一个无传销的和谐生活环境。

（谭庆贵　胡玉强）

民　　族

【概　况】　2011 年，据全国第六次人口普查，良庆区人口为 34.48 万（含外来常住人口），居住有壮、汉、瑶、苗、侗等 18 个民族，其中，汉族 96806 人，占 28.08%；壮族 243036 人，占 70.49%；其他少数民族 4926 人，占 1.43%。民族事务局是良庆区人民政府主管民族事务的工作部门；良庆区少数民族语言文字工作局与城区民族事务局合署办公。行政编制 2 名，领导职数 2 名。年内良庆区民族事务局被评为 2009～2010 年度广西民委系统先进集体、获南宁市 2011 年度民族团结宣传月活动先进集体三等奖。滕寿宜同志被评为广西民委系统“五五”民族法制宣传教育先进个人。

【“民族之家”、“少数民族流动人员服务站”示范点】　2011 年，良庆区民族事务局继续向上级申请少数民族发展资金，加强对大沙田街道银海社区和银沙社区的“民族之家”和“少数民族流动人员服务站”建设。特别是银海社区充分利用社区“民族之家”、“少数民族流动人员服务站”为平台，大力开展民族团结进步创建活动，以点带面，开创了良庆区民族团结进步创建活动新局面。得到由自治区党委、政府督查室、自治区党委宣传部、组织部、统战部和自治区民委等部门组成的督查组到银海社区进行督查和调研时给予充分肯定；并引来了国家民委文宣司、市外宣办、市民委组织的“民族团结南宁行”多家媒体新闻采访团专题采访；同时也是全区城市民族工作会议代表考察点，得到了自治区民委主任卢献匾“涓涓细水暖人心”的评价。银海社区先后接待了北京西城区牛街街道、湖北省武汉市、黄冈市、江西省、贵州省民委、呼和浩特市民委、广西各市民委等外地民族工作者来访。还牵头协同大沙田街道、银海社区制作银海社区民族工作三创新（即创新教育模式，营造“民族之家”团结氛围；创新管理模式，当好“民族之家”家长；创新服务模式，送去“民族之家”温暖）专题宣传片《亲如一家人》得到上级领导的肯定的。

【为少数民族办实事】 2011年，良庆区民族事务局积极向上级民委申报为少数民族群众办实事项目共12个。获批的项目有：国家级少数民族发展资金1个：良庆区那陈镇坛留村坛留坡道路硬化工程17万元；自治区级少数民族发展资金项目1个：良庆区那陈镇邕乐村那蕾坡人饮工程8万元；南宁市少数民族发展资金项目9个：良庆区那马镇那僚村委至大花坡道路10万元（其中县区财政配套1万元）、良庆区那马镇子伟村第七生产队道路10万元（其中县区财政配套1万元）、良庆镇新村村花民坡新三8队11万元（其中县区财政配套1万元）、南宁市四十四中少数民族体育训练基地建设项目5万元、南宁市大联小学“民族团结宣传进校园”示范点建设项目5万元、那陈镇坛留小学“民族风情进学校”项目建设8万元、良庆区民族关系监测评价处置机制、银海社区、银沙社区创建民族和谐团结示范点建设各1万元。

【落实民品企业优惠政策】 2011年，良庆区民族事务局积极帮助民品民贸企业做好享受国家优惠政策的有关工作。据统计，年内广西千珍制药有限公司、广西万寿堂药业有限公司、广西南宁德致药业有限公司等3家民品企业三季度获得国家优惠贷款利率补贴209万元，比上年同期增加40万元。

【民族关系状况监测】 2011年，根据南宁市民委《关于民族关系监测评价处置机制工作队伍建设有关事宜的通知》（南族通〔2011〕25号）精神，重新对信息员、协调员队伍进行了调查确定，完善有关档案资料，确定良庆区民族关系监测评价处置机制信息员13名、民族关系协调员6名。平时定期和不定期召开座谈会或恳谈会或走访或电话、发短信等形式，征求信息员、协调员对城区是否存在民族矛盾、民族问题以及对民族工作的意见建议等，对他们进行业务培训，提高他们工作水平，使他们能为民族团结事业发挥应有作用，成为党和政府做好民族工作的得力助手。

【民族政策宣传】 2011年，良庆区民族事务局积极开展民族政策宣传工作。年内，利用多种形式广泛宣传党和国家的民族政策，累计出版板报20多版（次），制作横幅、标语约30多条。积极推进“民族团结宣传进校园”，通过学校广泛宣传党和国家的民族政策、民族知识；开展民族团结宣传月活动，制定宣传月活动方案，以城区党办、政府办名义下文到各镇、街道办、机关各部委办局，要求各单位，结合当地实际，利用多种形式广泛开展民族团结宣传月活动；还联合社区在10月举办南宁市良庆区2011年民族团结宣传社区行暨“百佳华”歌咏大赛，通过民族知识有奖问答，吸引了2000多当地居民群众踊跃参加，现场共发放民族知识资料500多份。

【扶持特困少数民族优秀学生】 2011年，良庆区认真做好特困少数民族优秀学生专项补助工作。4名特困少数民族优秀学生名单经严格审核和上报，已经获得批准，并将每人1000元特困少数民族优秀学生专项补助资金送到他们手上，送去党和国家对少数民族学生的关怀和温暖。

【公民民族成分变更】 2011年，良庆区民族局办理21人民族成分变更初审报批业务，做到文明、礼貌、及时，无群众投诉事件。

（滕寿宜）

宗教事务

【概　况】 2011年，良庆区信教群众72人，其中那陈镇六眼村24人，南晓镇48人。良庆区宗教事务局认真贯彻落实党的宗教政策和国家有关宗教法律法规，依法加强对宗教事务的管理，引导宗教与社会主义社会相适应，维护社会稳定。

【法律法规学习】 2011年，良庆区宗教事务局通过开展形式多样的学习宣传法律法规。以会带训，组织50多名宗教干部及宗教场所负责人认真学习十七大和十七届六中全会精神，学习《宗教事务条例》和有关法规性文件。利用板报宣传和图片宣传宣传方式，宣传相关法律法规。将普法工作与深化《宗教事务条例》的学习宣传相结合。实行宗教场所负责人季谈会制度。坚持每季度与宗教、民间信仰活动场所负责人开展座谈讨论，组织学习最新宗教有关政策和文件精神，要求宗教各场所在落实党的宗教政策的同时，不断建立健全各项规章制度，加强管理，引导教职人员积极探索宗教与社会主义建设相适应的新途径。

【宗教事务管理】 2011年，良庆区宗教事务局重点对那陈镇六眼基督教聚会点、那马镇竹泉岛“宝林寺”非法活动点等加强检查管理工作，强化宗教团体自身建设，完善各项规章制度，指导其建立宗教工作基础数据档案，推动宗教场所规范化管理，按照“保护合法，制止非法，抵制渗透，打击罪犯”的工作要求，依法保护正常宗教活动和宗教界的合法权益；不定期对全城区宗教活动场所进行全面的安全检查。同时，注意分析观察宗教动态，确保宗教界稳定。

【强化调研】 2011年，良庆区宗教事务局按照市宗教局的要求，在全城区范围内开展基督教私设聚会点和藏传佛教情况调研活动。制定调研工作方案，成立领导机构，加强与公安、民族、镇（街道办）、村委（社区）等部门的密切配合，深入到良庆、那马、那陈、大塘、南晓五个镇及良庆经济开发区、大沙田街道办事处进行调查研究。

【健全工作机制】 2011年，良庆区宗教事务局坚持执行《场所走访制度》、《场所负责人季谈制度》，实时了解和掌握宗教活动场所和信众的动态，及时化解各种矛盾与问题；同时进一步完善了城区、镇（街道办、开发区）、村（社区）三级宗教工作网络制度，各镇及开发区、街道办均成立了宗教工作领导小组，明确党（工）委书记为第一责任人，各村（居）委会明确支部书记为第一责任人，村（居）委会主任具体抓，村民组长为信息员的管理网络，努力形成各方关心、支持、参与、配合的工作局面。

【依法制止和取缔非法聚会点】 2011年，良庆区宗教事务局制止和取缔非法聚会点3起。5月25日晚，在充分调查的基础上，与良庆公安分局国保大队、巡警大队、玉洞派出所、大沙田街道办、社区居委会等，成功取缔了有35人参加的在大沙田光明路一私宅里举行的一非法宗教聚会点。下半年，及时制止了在坡洋社区和大沙田阳光新城的两起非法聚会活动，消除了社会不稳定因素。

（黄锦结）

人力资源和社会保障

【概　况】 2011年，良庆区人力资源和社会保障局局机关行政编制6名，有公务员6人。下属劳动保障监察大队、劳动保障管理中心两个参照公务员管理事业单位，编制16名，现有工作人员15人。人力资源和社会保障坚持以“民生为本、人才优先”为工作主线，以就业和社会保障为重点，深入推进人事制度改革，加强人才队伍建设，努力构建城区和谐劳动关系，统筹做好各项人力资源和社会保障工作。荣获自治区“三支一扶”先进单位奖；南宁市人社系统本年度工作成效奖、工作思路创新奖、优秀课件奖；城区本年度计生工作先进奖、安全生产目标管理优秀单位称号。

【年度考核】 2011年，良庆区人社局完成上年度全城区机关事业单位一般工作人员3294人年度考核材料审核备案。城区机关事业单位在编在职一般工作人员（不含副科级以上干部）共3294人，参加考核3288人，不参加考核6人。考核评为优秀等次424人，称职（合格）等次2813人，只写评语不评等次4人，见习期未定等次47人。

【事业单位岗位设置】 2011年，良庆区人社局按照自治区、南宁市统一部署，与城区财政、卫生等相关部门密切协调，强力推进，完成城区医改年度工作任务。一是实行科学设岗和竞聘上岗机制。指导5个镇卫生院进行科学设岗、全员竞岗，并签订聘用合同240人。6月份，下达岗位认定通知书，完成基层卫生院岗位设置管理工作。二是建立绩效考评新机制。10月份由城区人社局牵头，联合财政、卫生等部门按照自治区要求，修订了城区“两卫”绩效工资实施办法和制订绩效工资考评办法，上报政府批准后实施。实施办法主要明确新的绩效工资按60%基础性和40%奖励性标准以及人员工资托低线问题，从11月起执行新的绩效工资实施标准。

【参公事业单位管理】 2011年，良庆区人社局完成第五批参照公务员管理考试材料的申报工作。按照区、市公务员局相关文件要求，组织开展第五批参公单位人员材料的审核上报工作。共完成6个整建制参公单位29人和历年参公单位中暂不考试68名人员参公考试材料的申报工作，获得自治区参公考试批复83人。

【人才引进和人才培训】 2011年，良庆区人社局完成城区机关公务员考试录用工作，严格按程序公开考录6名公务员（参照管理人员）充实到公务员队伍。完成事业单位公开考试招聘工作，确定公开招考聘用工作人员58人，组织考核聘用34人。年内公开招募6名大学毕业生到基层服务。同时认真做好年内服务期满6名毕业生的推荐就业工作，确保100%实现就业。局连续两年荣获自治区“三支一扶”先进单位，毕业生岑笑、黄燕荣获自治区“三支一扶”先进个人。城区63个机关（参照公务员管理事业）单位共681名公务员网上在线培训。参加在线学习681人，680人参加考试，679人考试合格，通过率99%。

【干部职工工资福利】 2011年，良庆区人社局一是完成良庆区本年度机关事业单位人事工资统计报表上报工作。二是完成城区机关及参公单位晋升档次审批1120人。三是完成事业单位本年度晋升薪级工资审批3146人。四是完成本年度机关事业单位1748人的年终奖金审核审批工作，奖金合计207.60万元。五是审批机关事业单位工作人员退休及发证56人。六是做好计生优惠政策的落实，为城区机关事业单位14名办理退休的人员落实退休费优惠政策，为35名落实计划生育的机关事业单位女职工办理生育费用报销。七是审批机关事业单位女职工生育费补助35人，金额14.70万元。八是审批机关事业单位专业技术职务及工人技术等级聘任及与工资挂钩341人次。九是核定义务教育奖励性绩效工资1737人，累计1856万元。十是做好公共卫生和基层医疗卫生系统实施绩效工资各项工作。完成“两卫”2009年10月至2011年7月已发放津补贴的清理工作，严格按照上级规定发放津补贴。根据城区绩效工资实施办法要求完成“两卫”绩效工资的审批兑现工作。享受人员315人，月增资38.70万元，人均1230元。

【机关事业单位医疗保险】 2011年，良庆区人社局为城区机关事业单位357人次审批医疗补助44.70万元。审批机关事业单位工作人员及退休人员37人死亡抚恤金、丧葬费13.10万元；遗属困难补助47人，月补助金额2万元。

【职称管理】 2011年，良庆区人社局办理专业技术人员首次任职定职58人，办理2010年度职称评审发证51人。根据自治区有关职称年审信息化注册验证的要求，完成了注册信息的录入验证工作。

【就业和再就业】 2011年，良庆区城镇新增就业5067人，完成全年任务4505人的112.48%，其中：下岗失业人员再就业175人，完成全年任务的112.48%；就业困难对象再就业46人，完成全年任务的115%；城镇登记失业率3.07%。

【农村劳动力培训和转移】 2011年，良庆区人社局共举办职业技能培训班38期。组织农村劳动力转移就业技能培训1405人，完成全年任务1400人的100.36%；创业培训172人，完成全年任务150人的113.33%。农村劳动力转移就业新增3480人，完成全年任务3120人的111.54%。

【落实再就业优惠政策】 2011年，良庆区人社局对符合灵活性就业的103名大龄就业困难人员给予社保补贴。发放各类就业和再就业补贴1225496.60元，其中公益性岗位人员53人，补贴961130.60元（岗位补贴665851.60元，养老保险194741.40元，失业保险17921.70元，医疗保险77883.40元，工伤保险4732.50元），灵活性就业社保补贴55人，补贴264366元（其中：养老保险158078.70元，医疗保险106287.30元）。

【创建国家级创业型城市】 2011年，良庆区人社局多举措开展创业帮扶，以创业带动就业。一是举办创业培训。打造“商会（协会）+项目+培训”的创业培训模式，以各镇成立商会为契机，举办商会会员“改善你的企业”（IYB）培训，助推会员二次创业。二是建立创业项目库，收集215个以种养业和服务员为主的创业项目，举办创业项目推介会。三是深化创业指导服务。组织商会会员与创业示范街业主“一对一”结对帮扶，加强创业指导和落实创业扶持政策，培训创业典型。四是与城区妇联联合开展妇女创业帮扶活动，为25名妇女创业落实3万～5万元不等的创业扶持小额贷款。年内，开展充分就业示范社区的创建活动，将玉龙社区和前进社区列为创建充分就业示范社区，以典型带动其他社区的创建工作，切实为各类求职群体提供周到的就业服务。6月，城区7个创业典型通过南宁市的认定和通报表彰。

【被征地农民就业和社会保障】 2011年3月，良庆区人社局在那平村举行首批被征地农民养老保险金领取资格证发放仪式，为19名已达退休年龄的被征地农民发放了养老保险金领取资格证。同时加强政策宣传力度，组织那平村13队和良庆社区思贤塘共205人参保缴费，被征地农民养老保险参保面进一步扩大。

【城镇居民基本医疗保险】 2011年，良庆区完成城镇居民医疗保险参保人数27408人，占年度任务2.60万人的105.40%。参保对象实现街道和乡镇（社区），公办、民办中小学校全覆盖。

【城乡居民社会养老保险】 2011年7月，良庆区列入国家第三批城乡居民养老保险试点地区。城区常住人口24万人，应参保对象8万多人，其中按政策符合领取城乡养老金待遇的60周岁以上城乡居民2.20万人，16～59岁应参保缴费对象6万多。10月28日在大沙田客运站广场举行隆重的养老金待遇发放仪式，对首批225人，发放养老金7.20万元，全年领取待遇21181人，累计发放养老金943.29万元。通过组织宣传发动，截至12月31日，城区参保人数为53814人，参保缴费人数3.36万人，参保缴费率64%，其中60周岁以上登记参保人数为21181人，参保登记率100%，收缴保费937.69万元。

【劳动保障体系建设】 2011年，良庆区人社局依托“12333”就业呼叫系统，完善就业岗位储备库，对大龄就业困难人员实行一对一帮扶，实现城镇零就业家庭动态清零。建立城区、镇（街道）、村（社区）三级就业服务网络，完善镇级人力资源市场，加强公共就业信息化建设，开展失业动态监测和市场供求信息发布工作。进一步加强村级劳动保障工作站建设，62个村（社区）劳动保障工作站实现“机构、人员、场地、经费、制度、工作”六到位。

【劳动保障监察】 2011年，良庆区人社局审查用人单位共496家，已审查合格274家。督促235家企业签订劳动合同17754人，占年任务17747人的100.04%；督促个体户签订劳动合同900人，占年任务891人的101%。查处劳动保障监察案件33起，办结33起，结案率100%，依法为劳动者追回工资、押金、经济补偿金等165.71万元，涉及劳动者211人。协调处理农民工群体性事件14起，涉及农民工336人，追回农民工工资和经济补偿金141.02万元。通过开展劳动监察“两网化”管理，做好信息采集工作。全年完成用人单位信息采集2896多户，其中，私营企业302户，个体2527户，民办非企业67户，涉及劳动者15220多人。

【军转干部、随军家属接收安置】 2011年，良庆区人社局完成市下达的军转安置指标，全年共接收营以下军转干部5名，同时积极做好随军家属的安置。并做好自主择业军转干部的日常管理服务工作，按规定发放独生子女费。

（邓　戈）

安全监督管理

【概　况】 2011年，良庆区安全生产监督管理局（良庆区安全生产委员会办公室）行政编制6人，实有8人，全部持有安全生产监察员证和行政执法证书。其中大学本科学历5人，大专2人，高中1人。年内域区共发生各类事故40起，死亡30人，受伤11人，直接经济损失644629元。与上年同期相比，事故起数、死亡人数、直接经济损失分别上升2.56%、11.11%、23.47%，受伤人数下降8.33%。其中：道路交通事故26起，死亡26人；火灾事故11起，死亡1人；工矿事故2起，死亡2人；铁路路外事故1起，死亡1人；农机、水上交通等行业事故0起，辖区内无较大事故发生。

【贯彻重要文件】 2011年，良庆区政府于3月25日和7月18日，分别召开贯彻落实《国务院关于进一步加强企业安全生产工作的通知》（国发〔2010〕23号）、《广西壮族自治区人民政府关于进一步加强企业安全生产工作的实施意见》（桂政发〔2011〕12号）动员会和良庆区开展“安全生产基层基础年”继续深化“安全生产年”活动动员会。会上，区长黄奕信亲自作动员部署，并结合本辖区实际，制定印发了《良庆区开展“安全生产基层基础年”继续深化“安全生产年”活动实施方案》（良政办〔2011〕75号）和《良庆区贯彻落实〈广西壮族自治区人民政府关于进一步加强企业安全生产工作的实施意见〉重点工作分工方案》（良政办〔2011〕18号），财政拨出经费1万元，印刷国发〔2010〕23号文和桂政发〔2011〕12号文1万册分发到辖区各企业。同时召开各级各部门专题汇报会2次，城区安委会组织督促检查1次；各级财政和各企业加大安全生产投入，基层安全机构配置进一步完善，7个镇（开发区、街道）全部实行委托执法，21名分管领导和安全员均取得行政执法资格证。通过扎实开展“安全生产基层基础年”活动，进一步深化安全生产“三项行动”和“三项建设”。

【组织领导】 2011年，良庆区党委、政府高度重视安全生产工作，成立由行政主要领导任主任，副职领导任副主任，各部门主要领导为成员的各级安全生产领导机构。3月28日，城区政府召开安全生产专题会议，对2009年以来的安全生产工作进行回顾和总结，分析存在问题的原因，找出工作对策和措施。3月31日，又召开良庆区安全生产工作会议，城区党委书记李斌出席会议并作了《健全机制，加强监管，落实责任，努力开创安全生产工作良好局面》的讲话，区长黄奕信对年度安全生产进行全面部署，会议明确了2011年安全生产工作的指导思想、工作目标和工作任务。城区4次季度防范重特大安全事故会议均由城区政府主要领导主持召开。区长黄奕信定期或不定期主持召开安全生产专题会议和单独听取安监部门工作汇报达7次，支持和督促政府副职领导履行分管行业安全生产职责，召开政府常务会议审定良庆区“十二五”安全生产规划，亲自带队深入企业检查或现场解决安全生产问题9次，切实解决工作经费、隐患整治、防汛、应急救援、基础设施等安全生产经费501.50万元，比上年度增加27.79%，确保安全生产工作顺利开展。

【安全生产目标管理】 2011年，良庆区政府与7个镇（开发区、街道办事处）、26个部门签订了年度安全生产目标管理责任书，下达了安全生产工作目标管理控制指标，签状率100%。各镇（开发区、街道办事处）与辖区290家企业，管辖的站、所、村（居）签订了年度安全生产目标责任书，签状率100%。1月中旬，城区政府组成3个安全生产目标管理年度考核组对签状单位进行考核，及时表彰2010年度安全生产目标管理先进单位（个人）。

【安委办协调工作】 2011年，良庆区安监局充分发挥城区安委办的协调作用。一是主动服务。安委办及时总结和收集各时段安全生产工作信息，为城区党委、政府对安全生产决策当好参谋，制定各重要节假日和重要庆典的安全生产大检查工作方案，共拟定各类有关安全生产工作文件39份，并协调组织开展检查。二是主动协调。协调交警、交通、农机、江南公路局等部门对南北二级公路（325国道）进行隐患整治，扭转了道路交通运输安全被动局面；协调公安、安监、消防、工商等部门打击取缔非法生产经营点12处；协调住建、国土等部门解决地质灾害隐患整治6处。三是主动监督。组织安全生产大检查的督查4次，跟踪督促重大安全隐患整改进度32次，定期或不定期对各行业开展安全生产工作督查，及时通报督查情况7次，确保全城区各项安全生产工作的落实。

【健全安监体系】 2011年，良庆区构建了安全生产“三级”监管和责任网络。城区安监局编制到位8人（定编6人），到位率133.33%，持执法证人员100%；镇（街道、开发区）设置安全机构，设置率100%，配专（兼）职安全员2名，到位率100%；5个镇管辖的58个村（社区）各配备1名安全员，配备率100%，安全生产知识培训率100%。其中大沙田街道办事处管辖的7个社区各配备专职安全员2名、兼职2名至3名，管辖的3个村各配备1名安全员，配备率100%，安全生产知识培训率100%。

【重点行业（领域）专项整治】 2011年，良庆区以治理隐患、解决突出问题为着力点，制定道路交通、矿山、危化品、烟花爆竹、消防、建筑施工、水上交通、农机等8个重点行业和领域的安全专项整治工作方案，明确各专项整治牵头单位和配合部门，专项整治工作取得成效。道路交通事故得到有效遏制；辖区10家矿山企业有4家达到标准化建设条件，完成年度达标任务；烟花爆竹批发企业已达到二级安全标准化要求，达标率100%；4家危险化学品生产企业达到三级标准建设要求，达标率100%；有效遏制因非法建设而导致事故发生，保障自治区、南宁市五象新区重点项目的顺利进行；“清剿火患”专项行动有效地扭转了消防安全工作被动局面。

【安全生产宣传】 2011年，良庆区加强安全生产宣传教育工作。一是开展以“安全责任，重在落实”为主题安全生产月宣传活动。6月10日，在大沙田客运中心广场举行第十个“安全生产月”启动仪式暨集中咨询日活动。6月15日至22日，组织相关部门到各镇开展安全生产宣传咨询日暨道路交通综合整治活动，开展安全生产板报巡回展示。举办辖区企业负责人、安全管理人员安全培训班5期，参加学习565人。二是深入推进安全生产、消防“五进”活动。举办安全知识培训、设置宣传栏、现场咨询等形式，增强社区居民的自我安全生产意识、常识，重点加强农村务工暂住人员用电、用气、作业等安全宣传和培训，据统计，交通、住建、人社、消防等部门共培训相关人员781人。

【企业安全生产主体责任】 2011年，良庆区认真落实企业安全生产主体责任制。辖区290家企业都健全安全生产规章制度，建立隐患排查整治管理制度；依法设置安全生产管理机构，设置率达100%，安全管理人员配备率达100%；企业负责人、分管领导和安全管理人员培训率均达100%；已落实提取安全费用并建立安全费用专户企业14家，占应提取安全费用企业总数100%；已交纳安全生产风险抵押金的高危行业企业14家，占应交纳风险抵押金企业总数的100 %；已制定应急预案的企业61家，评审率和备案率均达100%。高危行业企业建立应急救援组织14家，建立率达100%。

【安全生产大检查】 2011年，良庆区各级各部门和各企业开展安全生产大检查累计1692次，出动4976人次，出动车辆956台次，检查企业290家、运输企业（车队）45家、客运站2个、码头2个、水库2个；排查出各类事故隐患521处，已整改517处，整改率99.23%；作出现场检查文书235份，限期整改通知书227份。交警查处各类交通违法行为8246起，扣留机动车辆1138辆次。

【重大隐患整治】 2011年，良庆区加大重点隐患整治力度，列入三级重点督促整改隐患45处，其中：县（区）级21处，乡镇（街道办事处）级19处，村（社区）级5处，已完成整改44处，其中：县（区）级20处，乡镇（街道办事处）级19处，村（社区）级5处，完成整改率97.78%。

【安全生产联合执法机制】 2011年，良庆区制定《良庆区打击安全生产非法违法行为工作方案》、《良庆区打击安全生产非法违法行为联合执法工作制度》，城区安委会组织安全生产行政执法19次，联合执法8次，关闭无证无照非法生产经营点68处，其中：非煤矿山1处，烟花爆竹36处，危险化学品4处，其他非法生产经营点27处。

【建立重大危险源监管和应急救援体系】 2011年，良庆区制定重大危险源监管和应急救援制度。聘请广西大学安全生产技术中心制定和完善安全生产事故应急救援专项预案9个，健全城区安全生产应急救援体系。辖区登记在册的危险源使用单位1家，经辨识定为重大危险源1处，已落实分级监控措施和制定应急预案。12月21日，在良庆初级中学举办处置突发火灾事故应急救援演练，内容包括：事故应急反应、部门联动和配合、人员组织分工、现场施救和临时处理等，城区政府领导，安监、交通、交警、公安、消防、教育、卫生等部门及良庆初级中学师生共500多人参加演练，各镇（开发区、街道办）各部门各学校领导及安全员共100多人观摩演练。通过应急演练进一步提高应对各类突发事故的应急能力。

（陆春华）

民 政

【概 况】 2011年，南宁市良庆区民政局内设救灾救济股、社会福利和社会事务股、地名管理与行政区划股、基层政权与社区建设股、优抚安置股以及民间组织管理办公室、老龄工作委员会办公室和拥军优属拥政爱民工作领导小组办公室、局机关办公室等股室，下辖南宁市良庆区城乡居民最低生活保障管理办公室和南宁市良庆区社会福利院。全系统在职17人，其中：行政编制7人，事业编制10人（低保办5人，福利院5人）。本科学历6人，大专学历10人，中专学历1人，中共党员12人。年内，荣获全区社会组织“四服务四促进”主题实践活动先进党组织、南宁市民政工作目标管理三等奖。

【救灾救济】 2011年，良庆区先后受到严寒低温、洪涝、旱灾等自然灾害的影响，农作物失收，房屋倒塌11户。年内安排春荒救灾资金17.60万元，购买救济口粮8万斤，救助春荒困难群众4200人；安排冬令口粮救济资金44万元，购买发放救济口粮20万斤；安排冬令衣物救济资金87.57万元，购买棉被1000床；棉衣2176件；棉鞋1524双；卫生衣1762套；单衣408套；蚊帐473顶；保暖毛毯1000床。因灾倒塌重建2户，其余9户根据要求次年4月完成重建任务。

【救灾物资储备】 2011年，良庆区认真做好救灾物资储备工作，除原有储备320顶帐篷、雨衣100件、水鞋100双、手电筒100支、毛巾被201床之外，继续补充采购帐篷12顶、秋衣300件、蚊帐300顶、棉被300套、水鞋300双、电筒300支、雨衣300件、毛巾被300床等备用救灾物资。

【城市居民最低生活保障】 2011年，良庆区调整城区城市居民最低生活保障标准。4月1日起，居民最低生活保障标准每人由173元提高到180元，是南宁市人民政府为民办实事之一。年内良庆区城市低保发放3853户次、9176人次、211.88万元，人均补差标准达240元/月。

【农村居民最低生活保障】 2011年，良庆区调整农村居民最低生活保障标准。从4月1日起，最低生活保障标准由每人58元提高到65元，是南宁市人民政府为民办实事之一。年内良庆区农村低保发放29820户次、66636人次、526.70万元，人均补差标准达81元/月。

【五保村建设】 2011年，良庆区继续抓好五保村建设。新建大沙田街道那平五保新村和大塘镇锦亮、那造五保新村等3个五保新村，是南宁市人民政府为民办实事项目。每个五保村建筑面积220平方米，砖混结构，总投资35万元/个，其中：市民政局下拨专项经费15万/个，本级财政配套资金20万/个。该项目于7月12日完成招投标工作，7月25日动工建设，12月15日全部竣工。

【社区日间照料中心建设】 2011年，良庆区积极完成市政府委托为民办实事的建设项目。即新建大沙田街道前进社区日间照料中心，建筑面积330平方米，框架结构三层，建设资金549884.55元；同时新建大沙田街道坡洋社区日间照料中心，这是南宁市政府和城区政府为民办实事项目，建筑面积424平方米，框架结构三层，建设资金539666.88元。

【社区办公楼建设】 2011年，良庆区承担南宁市人民政府委托为民办实事的项目。新建大沙田街道玉泉社区居委会办公楼和扩建大沙田街道金象社区办公楼。其中：玉泉社区居委会办公楼项目建筑面积330平方米，框架结构三层，建设资金约145万元；金象社区办公楼扩建面积为 200 平方米，建设资金 30 万元。

【乡镇干部周转房建设项目】 2011 年，良庆区完成南宁市人民政府委托为民办实事的项目。即新建那马镇干部周转房，位于原那马镇政府旧办公楼范围之内，设计总建筑面积为 800 平方米，六层 12 套砖混结构，每套建筑面积为 60 平方米，建设资金 105 万元。

【村委办公楼维修项目】 2011 年，良庆区认真抓紧维修那陈镇西宁村、西盛村、七齐村和那马镇坛良村、莲山村等 5 个村委会办公楼，这是城区人民政府为民办实事项目。项目工程包括天面防水维修，内、外墙翻新和门窗更换翻新等，总投资 50 万元。由项目所在地的镇人民政府具体负责实施，于当年 10 月 15 日进场施工，11 月 25 日竣工。

【城乡风貌改造】 2011 年，良庆区实施自治区级民政建设项目——良庆镇敬老院和良庆镇坛泽村、新村五保村等 3 个城乡风貌改造（三期）工程项目，项目总投资 20 万元。其中：良庆镇敬老院投资 10 万元；良庆镇坛泽村、新村五保村各投资 5 万元，该工程 10 月底竣工。

【城乡医疗救助】 2011 年，良庆区重视城乡医疗救助工作，对低保户、困难户申请医疗救助报告，经审核符合条件的则给予适当救助。年内城市医疗救助 127 人次，发放救助金 27.70 万元；农村医疗救助 7322 人（含新农合 6888 人），发放救助金 171.26 万元（含新农合 20.66 万元）。

【五保供养】 2011 年，良庆区共有农村五保对象 952 户 1130 人，其中集中供养 274 人，分散供养 856 人。集中供养按每人 300 元/月，农村分散供养户按每人 150 元/月标准发放供养费，全年累计发放五保供养费 163.64 万元。全城区共有 5 个乡镇敬老院，30 个五保村，设计床位有 210 个，入住五保户 204 人，入住率达 93%。

【村（社区）“两委”换届】 2011 年，是良庆区第六届村委会和第四届社区居委会的“两委”换届选举。城区下辖 5 个镇、1 个街道，共有 72 个村（社区）（含新成立的 3 个城市社区）进行换届选举工作。至 9 月 30 日，“两委”换届选举工作全部完成。其中：①村“两委”换届 57 个，新当选“两委”成员 488 人［村党（总）支部成员 302 人，村委会成员 285 人］，年龄状况：30 岁以下 27 人，占 5.53%；30 岁至 34 岁 45 人，占 9.22%；35 岁至 40 岁 68 人，占 13.93%；41 岁至 45 岁 59 人，占 12.09%；46 岁至 50 岁 136 人，占 27.88%；51 岁以上 153 人，占 31.35%；平均年龄 45.20 岁，比上一届下降 0.20 岁。学历状况：初中以下 166 人，占 34.02%；高中、职高或中专 285 人，占 58.40%；大专以上 37 人，占 7.58%。高中以上文化程度比上一届提高 19.33%。妇女 99 人，占 20.29%，比上一届提高 4.44%；少数民族 480 人，占 98.36%。经商办企业的能人和种养专业户 260 人，占 53.28%，比上一届提高 20.02%。“两委”成员交叉任职 99 人，占 20.29%；实行支书、主任“一肩挑”16 人，占 28.07%；“两委”定工干部 245 人，占 50.20%；“两委”半定工干部 67 人，占 13.73%。②社区“两委”换届 15 个，新当选“两委”成员 135 人［社区党（总）支部成员 83 人，社区居委会成员 74 人］，年龄状况：30 岁以下 19 人，占 14.07%；30 岁至 34 岁 22 人，占 16.30%；35 岁至 40 岁 29 人，占 21.48%；41 岁至 45 岁 17 人，占 12.59%；46 岁至 50 岁 22 人，占 16.30%；51 岁以上 26 人，占 19.26%；平均年龄 41.01 岁，比上一届下降 2.69 岁。学历状况：初中以下 17 人，占 12.59%；高中、职高或中专 56 人，占 41.48%；大专以上 62 人，占 45.93%。高中以上文化程度比上一届提高 5.34%。妇女 64 人，占 47.41%，比上一届提高 15.01%；少数民族 103 人，占 76.30%。“两委”成员交叉任职 22 人，占 16.30%；实行支书、主任“一肩挑”1 人，占 6.67%。

【增设社区居委会】 2011 年 9 月 1 日，良庆区政府批准将大沙田街道 7 个社区居委会进行整合，将大沙田街道原来的银海、金象、五象 3 个社区进行拆分，并增设为志远、阳光、玉泉 3 个社区，使大沙田街道所辖的社区居委会由原来的 7 个增加到 10 个，使社区设置分布趋向合理。

【优抚工作】 2011 年，良庆区共有各类优抚对象 1327 人，其中义务兵 147 人，革命伤残军人 38 人，在乡老复员军人 97 人，带病回乡退伍军人 6 人，革命烈士遗属 11 人，病故军人家属 2 人，已核定参战退役人员 236 人，参战民兵 790 人。全年累计发放各类优抚经费 250.74 万元。同时为 17 名一至六级残疾军人办理城镇职工医疗保险，为 386 名优抚对象办理农村医疗及职工医疗保险，为 145 名义务兵发放义务兵优待金 61.01 万元。

【退伍军人安置】 2011 年，良庆区认真做好退伍军人的安置工作。年内共接收退伍军人和转业士官 45 人。其中应安置工作的城镇退伍义务兵 18 人，自谋职业一次性补偿安置 18 人，支付补偿安置金和待业金 58.67 万元，安置率达 100%。

【双拥工作】 2011 年，良庆区广泛开展拥军优属活动，在春节、“八一”期间，城区四大班子领导及有关部门，大力开展走访慰问活动，对城区重点优抚对象、贫困户进行了节日慰问，据统计，为辖区驻军部队送去慰问金 20 多万元。军地共建活动得到加强。广西预备役师、武警一支队等共派出官兵 200 人次参加全民义务植树 200 余棵、参加城乡清洁工程清理垃圾 10 余吨、参加冬修水利，疏通水渠 200 余米。

【老龄工作】 2011 年，良庆区为老年人办理《高龄老人优待证》1830 本，为 440 名 90 岁以上老年人发放“寿星津贴”26 万多元。在春节期间，由城区对面上孤寡老人 1163 人下拨慰问金（含慰问品）195000 元，委托各镇、村组织慰问。开展走访慰问特困老人活动，上门慰问辖区 13 位百岁老人、17 位特困老人、发放慰问金 6000 元。在重阳节期间，城区老年文艺队参加全市老龄汇演并取得金奖。

【行政区划与地名管理】 2011 年，良庆区民政局开展平安边界创建活动，发放宣传资料 500 多份；完成良庆区与邕宁区等县（区）的行政区域界线勘界（插花地）工作和承办城区党委、政府交给调整大沙田街道行政区划的各项材料上报工作。落实“两图一责”的界线界桩管理，完成良庆区与青秀区、邕宁区等县（区）的“行政区域界线及界桩管理示意图”、“行政区域界线界桩管护责任人网络图”和“界桩管护员责任书”工作；完成《广西地名词典》（良庆篇）的编撰上报自治区民政厅。

【民间组织管理】 2011 年，良庆区在册社会组织 70 个，其中：民办非企业单位 59 个，社会团体 11 个，新成立登记民办非企业单位 3 个；积极做好年检工作，依法对城区在册社会组织 70 个进行了年检。

【殡葬管理】 2011 年，良庆区加强殡葬管理工作。清明节，在辖区内加强安全检查，确保清明期间群众文明祭祀和财产安全。积极开展殡葬改革宣传月活动，共出版墙报 3 期，拉横幅 12 条，发放殡葬小册子 5000 多份。

【婚姻登记】 2011 年，良庆区民政局共办理登记 3256 对，其中结婚登记 2914 对，离婚登记 342 对。在结婚登记中，登记结婚人数 5828 人，其年龄分布为：20～24 岁 1848 人，25～29 岁 2455 人，30～34 岁 928 人，35～39 岁 365 人，40 岁以上 232 人。

【收养登记】 2011年，良庆区共办理内地收养登记14件。在被收养人中，社会福利机构抚养的弃婴0人，社会弃婴14人，其中女性12人，男性2人。

【救助管理】 2011年，良庆区依法开展救助管理，完成救助管理任务。重点做好重要节日和重大活动期间的救助管理工作。年内共救助13人次，其中：劝返人员10人次，送市救助站流浪人员2名，送市福利医院流浪精神病人1名。

【福利彩票发行】 2011年，良庆区建立中心站1个，销售网点13个，彩票任务是刮刮乐660万元。1～12月完成彩票销售610万元，完成92.42%。

【慈善捐助】 2011年，良庆区在首届“南宁慈善日”开展“能帮就帮·慈善一日捐”活动中，总计接收捐款22.8万元。同时开展“慈善助学”活动，南晓镇南焕坡29号李达雁、良庆镇绿晓村绿福坡奚万祥等12位学生分别获得南宁市慈善总会2500～3000元的一次性入学资助；那马镇一致村蕾雷桑坡凌杰飞、大塘镇团垌村团垌坡梁苗等6位学生每人获得郎酒集团“慈善助学”一次性入学资助4000元。开展“2011年贫困家庭重大疾病患者救助”活动，大沙田街道那平村龚瑞选、南晓镇团城村农鸾材、那马镇坛良村黄玲等13位重大疾病患者获得南宁市慈善总会发给的每人5000元的治疗资助。

（李邕生　黄汉洲）

水库移民管理

【概　况】 2011年，良庆区有农村移民9216户34395人，主要分布在那陈、大塘、那马和南晓4镇30个行政村179个村民小组。其中：那陈20587人、大塘7780人、那马4285人、南晓1743人。良庆区水库移民工作管理局（简称良庆区水库移民局）于2009年5月成立，机构规格为正科级，为良庆区人民政府直属事业单位（参照公务员管理）。在编人员5人，实有5人。主要负责良庆区辖区范围内大王滩水库和凤亭河水库的移民后期扶持、生产生活设施建设、移民培训增收等工作；履行水库移民安置工作的管理、协调、监督、指导职能。

【为民办实事项目】 2011年，良庆区水库移民局承担自治区、南宁市为民办实事水库移民项目14项，总投资共566万元，其中：村屯道路7项，移民新村新建1项、续建6项，各项目均提前竣工，受益群众5820人。

【项目规划】 2011年，良庆区移民局进移民村、入移民户，与各镇政府和农业服务中心紧密配合，开展项目前期规划工作，共设计村屯道路、移民新村、续建移民新村、打造新村建设、移民增收项目、人饮等55个项目，计划总投资3894.25万元，受益群众34395人。

【政策扶持】 2011年，良庆区移民局后期扶持补助资金每人每年标准为600元，共发放扶持资金2005.32万元；帮助就读普通高中的移民子女办理申请免学费共计255人。

【水库移民培训】 2011年，良庆区移民局组织61名库区移民村干部、移民党员和移民中心户，赴桂林市恭城县黄竹岗水库移民培训基地，参加自治区水库移民第八十期培训班学习，通过培训帮助库区移民自强自力，脱贫致富。

【水库移民信访】 2011年，良庆区移民局共答复处理来信2件，接待来访0件，全城区181个移民村坡100%实现了“两无村”（无水库移民上访、无水库移民集体突发性事件），库区和谐稳定。

【制定水库移民“十二五”规划】 2011年，良庆区移民局根据《国务院关于完善大中型水库移民后期扶持政策的意见》（国发〔2006〕17号）、《财政部关于印发〈大中型水库移民后期扶持基金征收使用暂行管理办法〉的通知》（财综〔2006〕29号）等文件精神，科学规划良庆区水库移民“十二五”规划。规划期限为2011～2015年，以后每5年编制一次；规划目标是:近期主要解决水库移民生产生活实事的问题，到2015年，基本解决水库移民的安置区基础设施薄弱的突出问题，贫困移民户的住房条件有较大改善，基本解决移民饮水安全问题，基本实现村村通公路，村民委员会到村民小组间通村屯道路，逐步完善移民建立的小学、卫生室、综合文化室、广播电视等公共设施。

（何占沛　周继彪）

良庆区规划资金投入年度计划情况

年　份	扶持资金（万元）		
	总　额	资金直接发放	项目扶持
2011	2005.32	2005.32	566
2012	2005.32	2005.32	—
2013	2005.32	2005.32	—
2014	2005.32	2005.32	—
2015	2005.32	2005.32	—
合　计	10026.60	10026.60	—

那马镇莲山村大王滩水库安置点移民新村

广西备灾中心

【概　况】 广西壮族自治区备灾中心（简称“广西备灾中心”或“自治区备灾中心”）2000年正式挂牌成立，隶属自治区民政厅，编制15人。为了完善自治区经常性社会捐助管理体制和运营机制，2002年4月，自治区民政厅下文成立广西壮族自治区社会捐助接收工作站，在备灾中心增挂牌子。2003年6月，根据西南四省区灾害应急救助需要，民政部、财政部联合下文成立民政部救灾物资南宁储备库，也设在备灾中心。因此，广西备灾中心在管理上是一套人员、三块牌子，内设办公室、救灾物资储备管理科、社会捐助管理科、减灾基地管理科、年内又增设消防安全保卫科共5个科室。

广西备灾中心位于南宁市良庆区银海大道579号，占地17316平方米，现有仓储及办公建筑面积8500平方米，其中储备仓库一栋2200平方米，办公综合楼一栋6300平方米。根据自治区民政厅的授权，中心主要职责是：承担中央级一定的救灾物资储备任务和自治区本级的救灾物资采购、加工、储备、发放、运输等日常管理；负责国内外救灾捐赠款物的接收和储备管理；协助政府和民政部门开展救灾工作，参与灾民紧急转移安置，协助检查、监督自治区本级救灾物资的使用；指导地市县救灾物资和社会捐赠物资的接收、储备、发放及救灾储备管理人员的培训；开展国内、国际间救灾储备的经验交流与合作；承担自治区民政厅交办的其他工作。

【救灾物资储备和发放】 2011年，广西备灾中心共接收中央级12平方米救灾帐篷2000顶、棉被1万床、棉大衣1万件，累计向区内外33个省、市、县共63批次调运救灾帐篷17730顶，衣物62265件。成为国家应对中南、西南地区重大自然灾害救助工作的中坚力量。期间，云南、广西、广东、海南等省份先后出现了特大洪涝灾害、泥石流地质灾害和强台风灾害等，中心先后调运中央级12平方米救灾帐篷1.20万顶（其中贵州5000顶、云南5000顶、广西2000顶）、棉大衣4万件（其中四川3.30万件、广西7000件），同时向云南调运彩条布1380捆，向广西调运折叠床1500张。

【社会捐助接收】 2011年，广西备灾中心配合自治区领导接收中央部委、兄弟省区市、中央企业捐款3次，共接收区内外社会各界捐赠衣物、棉被、床垫、枕套、鞋子等物资56911件，爱心捐款549856.90元，衣物55823件，其他各项物资1088件，累计清洗、消毒捐赠衣物40069件。先后给河池、百色等市13个重灾县发送救灾捐赠物资，及时有效地缓解了灾区大批群众饮水难、生活难的问题。各项捐款均在自治区政府领导下，由自治区民政厅根据各地受灾情况会商财政厅划拨给灾区。

（杨泽军）

科　　技

【概　况】　2011年，南宁市良庆区科学技术局下辖科技情报所、高新技术开发研究所2个事业单位，在职9人，具有中级以上职称人员4人。科技工作围绕城区经济建设和社会发展的总体目标，实施科教兴区战略和可持续发展战略，加快科技进步和成果转化步伐，发挥科技引领和支撑作用。组织实施科技项目57项（其中区市项目14项，城区级项目43项）。争取到上级科技项目经费340万元。安排实施城区本级科技计划项目43项，安排到位科技经费718万元，占全年城区财政支出的1%。城区通过了2009～2010年度全国科技进步考核，并再次获全国科技进步先进县（市）。科技局获“2009～2011年度南宁市科学技术普及工作先进集体”，市科技宣传与信息工作先进集体三等奖。城区两项成果分别获得本年度南宁市科技进步二等奖和三等奖。3人被评为“2011年全国县（市）科技进步考核先进个人”。

【“十二五”科技发展规划评审】　2011年3月9日，良庆区政府组织召开征求意见专家评审会，邀请有关专家对《良庆区“十二五”科技发展规划》（以下简称《规划》）进行评审。城区各有关部门领导参加会议。通过认真审核后，评审组一致通过；11月11日，城区政府常务会对《规划》进行了审定，原则同意《良庆区“十二五”科技发展规划》，并呈城区党委常委审定后印发实施。

【项目申报立项】　2011年，良庆区认真抓好科学研究与技术开发计划、创新规划项目的落实，从各单位申报项目中遴选有特色优势前景好的项目安排立项。年内共组织辖区12个企业事业单位申报自治区和市级项目22项。获得自治区立项1项，南宁市立项13项，其中，工业项目10项，农业项目3项，社会发展类项目1项，获得科技经费340万元。有3个课题列入南宁市年度重大科技专项，良庆区列入南宁市知识产权强县试点示范县（区），南晓镇团东村、那马镇共和村分别被区科技厅、南宁市科技局列为南宁市新农村建设科技示范试点村。同时城区本级安排科技计划项目29项，其中工业项目7项，农业项目5项，社会发展项目17项，安排到位科技经费767万元，占全年城区财政支出的1.07%。

【企业科技创新】　2011年，良庆区积极开展企业技术创新工作。建立工程技术研究中心6家（其中自治区级3家，市级3家），企业技术中心6家，信息化示范企业4家。实施企业知识产权战略，城区列入南宁市知识产权强县试点示范县（区），培育知识产权工作试点企业8家（其中自治区级2家，城区级6家）。广西万寿堂药业有限公司获广西第二批创新型试点企业，企业发明专利申请获得受理1项，发明专利授权1项；企业具有知识产权的发明专利。伊血安颗粒高技术产业化项目，获国家、自治区发改委立项，获国家专项补助资金300万元，自治区配套125万元。建成伊血安颗粒、山绿茶降压胶囊、复肝宁胶囊等产品产业化生产线。全年完成区、市级跨年度管理项目结题8项，其中鉴定项目3项，验收项目6项；完成本级跨年度项目结题15项，其中鉴定项目1项（配套市项目），验收项目14项；开展本年度项目阶段测产或验收5项。

【农业科技创新】 2011年，良庆区抓好农业科技创新工作。重点扶持无公害蔬菜、禽畜水产、荔枝、黑皮冬瓜等生产基地建设，引进推广新产品新技术7个。争取并建立了区市新农村建设科技示范村2个（南晓镇团东村、那马镇共和村分别被区、市列为新农村建设科技示范村）。城区列为“十二五”期间南宁市农业产业科技示范县（区）。

【科技成果转化】 2011年，良庆区注重科技成果转化工作。获得南宁市科技成果2项，分别是南宁市泽威尔饲料有限责任公司承担实施的“复合有机铁的制备及其饲喂妊娠母猪和泌乳母猪替代仔猪肌注铁的安全性研究”和良庆区科学技术情报研究所承担实施的“良庆区团东村黑皮冬瓜新品种新技术示范推广”，这两项成果分别获得本年度南宁市科技进步二等奖和三等奖。获授权发明专利4项，累计发明14件。

【知识产权工作】 2011年，良庆区重视知识产权工作。城区作为列入南宁市知识产权试点县区，举办“庆祝4·26世界知识产权日11周年暨知识产权宣传服务良庆区广场日活动”，悬挂横幅4条，展出展板20块，参加群众600多人；同时组织辖区6家知识产权工作试点单位和城区级知识产权工作试点企业参加市科技局和市知识产权局组织的“专利业务知识培训班”和培训会，培育发展了广西方略药业有限公司、广西盛誉糖机制造有限责任公司、广西丰林木业集团股份有限公司、广西昌弘制药有限公司、南宁格地汽车零部件有限公司、南宁市泽威尔饲料有限责任公司等一批知识产权试点企业。知识产权工作取得新成效。全年申请专利38项，年增长量26.70%，发明专利申请量为11件，实用新型与外观设计专利申请27件，其中专利授权16件。

【科普宣传与科技培训】 2011年，良庆区加强科普宣传和科技培训工作。年内投入科普经费30万元，用于开展科学普及和科技培训活动。组织开展以“科技支撑发展，创新引领未来”为主题的科技、卫生、文化“三下乡”活动，组织科技人员通过科普进广场、科普进社区、科普进学校、科普进农村、科普进机关、科普进企业、科技下乡、科技讲座和科技培训等形式，以先进实用技术、科学管理知识为重点，面向广大农村科普和科技培训活动。先后组织科技下乡6次，参与活动群众3000多人次，赠送科技种养书籍1000多册，发放农业实用技术资料3600多份。举办技术培训班、实地现场培训及农家课堂15期，培训农民群众1000多人次。接受科技咨询1200多人次。科技局获南宁市科技普及先进集体；班永飞荣获南宁市科技普及先进个人和“十月科普大行动”先进个人。

（陈世强　黄瑞闲）

教　　育

【概　况】 2011年，南宁市良庆区教育局在编行政人员7人，领导职数4人，主任科员2

人，科员1人。内设党政办公室、基建股、教育股、安稳股和现代教育技术中心。两个二层机构：教研室在编人员18人，学生资助管理办公室在编人员3人。下辖17所公办学校，其中完全中学2所，初级中学5所，中心学校5所，城区政府所在地小学5所，社会力量办学校14所。在校中小学生总数44951人，其中小学生32125人（含民办），初中学生11754人（含民办），高中生1072人。中小学教职工总数2329人（公办1848人，民办481人），其中小学教职工1309人，中学教职工1020人；专任教师总数2009人，其中，小学专任教师1160人，初中专任教师781人，高中专任教师68人。幼儿园69所，在园儿童14829人，其中大班（学前班）人数7908人。年内良庆区教育局获“自治区创建义务教育学校常规管理先进（县）区”荣誉称号、“南宁市2010～2011年度先进单位”、“南宁市安全生产目标管理考核先进单位”、“南宁市教育系统宣传工作先进集体”、“2006～2010年南宁市实施妇女儿童发展规划先进集体”、“2011年良庆区人口和计划生育工作先进奖”、“社会治安综合治理（平安建设）先进单位”、“2006～2010年良庆区普法教育依法治理先进单位”、“2011年良庆区思想政治工作先进集体”、“良庆区绿城党旗红党建信息平台良庆区子网站信息采用第一名”以及“获南宁市教育系统绩效考评一等奖”。

【学前三年行动计划】 2011年，良庆区教育局落实学前三年行动计划。完成了南晓镇公办中心幼儿园建设；开办了良庆镇、南晓镇和大塘镇3所公办镇中心幼儿园；在那马镇连山小学等全城区20所小学附设公办村级幼儿园；重阳城幼儿园被评为南宁市示范幼儿园。

【义务教育】 2011年，良庆区经多方举措落实市政府下达给城区九年义务教育目标。年内初三年级在校生3736人，九年义务教育巩固率达117%。

【学校基础设施建设】 2011年，良庆区切实抓好学校基础设施建设。一是五象新区教育大项目建设。五象新区筹备建设的教育大项目有新建、扩建、迁建共10个项目。经各方努力，南宁市五象小学已于年内秋季学期建好并正式启用，至年底，这10个项目累计完成投资1.87亿元，其中2011年度完成投资1.64亿元。二是抓好校安工程。年内，中央、自治区、市下达城区中小学校舍安全工程建设项目共21个，建筑面积24950平方米，投资3255万元，校安全部工程项目正在建设当中。三是加快教师周转房建设。年内，由城区投入资金374.40万元，已完成南宁市44中、市46中共72套的周转房建设。

【学生资助】 2011年，良庆区把学生资助工作作为为民办实事的重要任务来抓。有春季学期资助家庭经济困难学生、库区移民子女免学费、国家高中助学金、大学新生短期生活费等4个学生资助项目，资助学生699名，占应完成任务350名的200%。资助总金额为362390元。

【务工子女就学】 2011年，良庆区做好进城务工人员随迁子女接受义务教育工作。各中小学校按照《南宁市人民政府办公厅关于进一步做好进城务工人员随迁子女接受义务教育工作的通知》规定的进城务工人员随迁子女的准入条件、申请接收程序、享受待遇等政策，切实解决好进城务工农民工随迁子女接受义务教育问题，确保进城务工人员随迁子女接受义务教育与居住地常住户口学生享受到同等待遇，依法保证进城务工人员随迁子女接受义务教育的权利。秋季学期全城区共接收安排进城务工人员随迁子女接受义务教育15465人，其中小学12883人，初中2582人（公办小学接收2743人，公办初中接收219人）。小学免收杂费548600元，初中免收杂费65700元。

【教师业务培训】 2011年，良庆区教育部门加强教师业务培训工作。组织160多名小学语文、数学骨干教师参加了广西第四届“名师大课堂暨校本教研”活动；组织各校分管教学的副校长、教导主任、数学骨干教师30多人前往桂林参加广西第二届小学数学教学的观摩活动;组织200多名语文、数学骨干教师参加广西教研部组织的课堂教学观摩活动；组织180多名语文、数学、英语骨干教师参加广西教育研究中心举办的“绿城之秋”教学观摩活动；组织40多名中学语文教师参加2011年广西中学语文优质课展评暨中学语文有效教学专题研讨会及中学语文全国名师课堂教学观摩活动。组织玉洞小学、良庆镇中心学校、南晓镇中心学校、那陈镇那蒙小学、大塘镇那团小学等五所“南宁市义务教育质量提升师培项目”实验学校的校长、教导主任、英语及数学学科的实验教师参加南宁市教育局举办的实验项目专题培训活动。组织各高中校长参加自治区教育厅举办的高中新课程改革通识培训。还选送250名骨干教师参加初、高中“国培计划”短期集中培训及远程培训班学习，选送4名中学英语教师到北京外国语大学参加“全封闭口语培训”。

良庆区老师们在拒绝邪教横幅上签字

【教学质量提升】 2011年，良庆区认真采取有效措施，提高了初中毕业生升学率。一是做好中等职业学校送生工作。年内为中等职业学校送生1544人，完成率是1380人任务的111.88%。二是建立促进义务教育学生就读高中阶段学校制度。年内有初中毕业生3556人，升入高中阶段学校就读3039人，初中毕业生升学率为85.46%。同时中考也取得较好成绩。2011年中考成绩分A以上人数118人，其中总分全A+等级1人，单科成绩A+等级17人，是建区以来首次突破百人大关。被示范高中录取331人。

【常规管理】 2011年，良庆区教育部门认真抓好常规管理，德智体全面发展取得显著成效。罗礼成等10人获得南宁市先进教师，梁秋萍获得南宁市我最喜爱的老师，黄增贤和方肖莲获八桂乡村优秀教师，莫莎莎获第八届南宁市十大杰出青年，梁丽颖获南宁市五一巾帼标兵。同时通过一系列的“洒扫应对”主题教育活动，学生的整体素质也有了明显的提高。有2182名学生被评为南宁市三好学生，优秀学生干部119名，优秀班集体62个，特长生15名，三好学生标兵、学雷锋标兵各3名。阳光新城学校林鑫同学获“南宁市十大阳光女孩”称号。在南宁市第四届中小学生少数民族体育运动会上，共获三金一银三铜，团体总分第一名；参加南宁市第十三届中小学生艺术节比赛，共获得一金、两银、两铜的好成绩。

（梁丽颖　彭华福）

学　　校

【南宁市第四十四中学】 南宁市第四十四中学坐落于南宁市良庆区风景优美的五象岭森林公园旁，拥有怡人的环境，先进的设施，雄厚的师资，规范的管理，优良的校风，严谨的学风，过硬的教学质量。学校占地3.87公顷，现有现代化教学楼1栋，学生公寓楼2栋，在建公寓楼2栋，新落成学生食堂1栋，篮球场6个，排球场3个，乒乓球桌12张，民族体育训练基地一个，体育、健身器材和设施完备，物理、化学实验室、微机室、多媒体教室等设备齐全。2011年，高、初中共有34个教学班，在校学生1768人。在职教职工123人，其中专任教师112人，高级教师41人，中学一级教师42人；研究生学历2人，大学本科学历92人。有中共正式党员62人，其中退休党员20人，在职党员42人。年内罗嘉丽在中考取得总分全A+的优异成绩，学校被良庆区授予毕业班管理突出贡献以及“平安校园”称号。

品德教育　学校始终坚持“面向全体学生，优化教育过程，培养素质特长，促进全面发展”的教育原则，把“学最好的别人，做最好的自己”作为学生的德育培养目标，逐步形成了以榜样教育为特色的校园文化。每周评出校园文明之星、文明宿舍，为优秀班级颁发流动红旗。

教学改革　2011年秋季学期，学校高举教改大旗，提出了“合作激扬生命，师生走向成功”的课改理念，在七年级成功推行了合作课堂的教学模式。通过小组有效合作学习的开展，学生成了学习的主体，成了课堂的主人；彼此之间加强了合作互助，促进了教学相长；学生的个性得到了张扬，课堂成了他们快乐学习的舞台。

队伍建设　学校始终坚持加强教师队伍建设，搭建教师专业成长平台，倡导教学与研究结合，促进教师专业素质提升。2011年度组织教师参加各级优秀论文评比活动，其中12人获全国一等奖，12人获全国二等奖，1人获全国三等奖，7人获广西一等奖，5人获广西二等奖，9人获广西三等奖。

（唐　诗　刘开程）

【南宁市第四十六中学】　南宁市第四十六中学位于大塘镇大塘街，占地面积5.14公顷，分东、西两个校区，各功能室及教学设备齐全。2011年，有高、初中教学班41个，在校学生2468人，教职工155人，其中，高级职称教师5人，中级职称教师77人，全校有中共正式党员79人。年内获得“良庆区初中毕业班工作评估一等奖”、“‘五五’普法先进单位”、“平安学校”、“十佳先锋团组织”、“先进党支部”；“南宁市学校预防艾滋病知识竞赛优秀组织奖”、“‘洒扫应对’主题教育示范学校”；“广西壮族自治区义务教育常规管理先进学校”等称号。

德育工作　学校坚持“环境先行，德育到位；教学为主，科研引领；全面育人，突出特长”的办学理念，把“教育学生、服务社会”作为工作的出发点和归宿点，追求“人人发展，人人成才”的育人境界，秉承“追逐梦想，超越自我”的校训，形成了“文明、务实、创新、争先”的校风、“敬业、协作、严谨、爱生”的教风和“尊师、守纪、勤奋、好学”的学风。组织学生学习和落实《中学生守则》和《中学生日常行为规范》。每周举行升国旗仪式，进行爱国主义和集体主义教育。在公共场所张贴格言警句，开展“学雷锋”活动月，召开学

南宁市第四十四中学教学楼

生家长大会、学生座谈会，出版禁毒知识墙报，举办《远离毒品，珍惜生命》、《艾滋病防范知识》报告会，开展“洒扫应对”主题教育活动并取得优秀成绩，邀请城区机关工委到校开展教育活动。加强班级管理工作，每半个月召开一次班主任培训会议，年内组织全体班主任外出学习一次；实行每周班风评比制度，广泛开展评优、学优活动，树先进，立榜样。

校园管理　年内校园管理有了新气象。中央资助80万元，自治区资助160万元，新建2091.50平方米的新教学楼并已使用。新建的教师周转房年内已经交付入住，开始建设一栋学生宿舍楼。建设营造了多元化的文化氛围，精心建立了文化长廊、宣传板报共363平方米。班级文化、宿舍风采等宣传教育阵地，配用名人、名言、名画影响师生的心灵，规范用字，以全新的面貌，极好的育人环境，使校园文化氛围浓郁，教育功能发挥较好，形成了教学区、运动区、宿舍区几大块，初显环境优雅、校舍配置合理的状态。

教学管理　学校严格执行课程计划和课程标准，开齐课程、开足课时。统一测试次数，调控作业量，不随意参加非教育行政部门下达的比赛任务，不让学生增加额外负担。严格执行《广西壮族自治区义务教育学校常规管理规定》的标准，抓好备课、上课、学生的辅导、作业与测试等环节。每周星期五下午第七节由各教研组组长对教师进行教育环节工作检查，每个月由教务处抽查一次，每学期的期中、期末将检查结果张榜公布。在中考中，该校有9位同学被自治区重点高中录取，有56位同学被示范性高中录取。

教研活动　学校选派教师代表去北京、湖南长沙等培训学习；派九年级各科任课教师前往南宁十四中听课交流，老师们受益匪浅。通过培训学习互相取长补短，促进了教育教学的提高。组织教师参加自治区、南宁市优秀论文评比活动。各教研组开展优质课评比，优秀教案评比，学科竞赛，学科板报出版活动。深入开展课改活动，初步学习蒙山课改经验。

工会建设　加强学校财物管理的监督，办校务公开专栏，出版公开专栏6版。召开教代会4次，发动教职工参与学校管理，为学校的发展出谋划策。组织教师参加提高学历等各种培训活动。关心教职工的身心健康，开展多种形式的文体活动，丰富教职工的文化生活。做好困难教职工的帮扶工作，开展慰问困难教职工活动。

共青团工作　开展“推优育苗”工作（培养高中优秀共青团员作为发展党员的对象），落实“三到位”（思想认识、领导、措施三到位），强化“四同步”（团任务、党团教育、党团活动、党团制度建设四同步），抓“五环节”（选苗、育苗、推优、培优、送接苗5个环节）的推优工作制度，培养高中学生入党积极分子2名，入党积极分子苗子13名。组织团员上团课6次，召开团干会议10次，发展新团员225名，荣获良庆区十佳先锋团组织称号。

（班克春　黄乘浪）

大联小学教学楼　（谭　毅　摄）

【南宁市英华学校】 创办于1994年5月，为一所民办学校，是自治区示范性普通高中、示范性特色学校。2011年校园占地8.67公顷。学校实行全寄宿制教育，设小学部、初中部、高中部。年内，在校生1908人，教学班50个，教职工256人。学校坚持“让每位英华学子成人、成才、成功”教育理念，加强“责任与荣誉”校园文化建设，继续提高教育教学质量，不断提升育人水平。

领导关怀 5月4日，南宁市教育局局长施日全、基教科科长林文辉莅临考察指导。5月5日上午，全国人大常委会副委员长、中国民进中央主席严隽琪在全国政协委员、民进广西区委员会主任陈自力、自治区教育厅副厅长白志繁、市人大常委会主任谢寿堂、市教育局局长施日全等陪同下到学校进行实地考察调研。5月22日上午，民盟中央副主席、全国人大常委会委员李重庵一行8人在民盟广西区委主委刘慕仁、副主委黄海光、秘书长何勇等陪同下，走访英华学校。9月9日下午，在第二十七个教师节来临之际，南宁市政协主席岑可成在市政协秘书长储朝晖、副秘书长潘永钟、市教育局副局长杨捷等陪同下来到英华园进行教师节慰问。10月13日上午，南宁市政协委员、良庆区政协副主席谢桂荃一行11人莅临参观考察。11月2日上午，良庆区教育局局长彭华福莅临考察指导。

献爱心活动 学校继续为家庭困难的优秀学子减免学杂费近200万元。在民盟南宁市委会组织的“农村教育烛光行动”中，继续与邕宁那楼中学结对支教，派优秀教师到那楼中学上示范课，进行师资培训。

科研课题 进行的市级课题《开展课外阅读，提高语文综合素养》年内结题。教师撰写论文76篇。

教师培训 加强教师培训工作。骨干教师外出参加培训学习179人次，其中自治区级74人次，市级培训105人次。3月～6月，由英国FE SESSEX教育集团派出的Paul Eustice，Christina Wilks，Peter Colebourn三位教师分别对该校英语教师进行了英语师资培训。

中、高考成绩 2011年英华学校有初中毕业生140名，参加中考取得总分A+等级1人，总分A等级3人，总分B+等级20人，单科成绩A+等级11人，单科成绩A的41人，单科成绩B+的97人。参加高考，大学上线率97%，其中一、二、三本上线率40%。

对外交流 10月，英华学校接待英国教育联盟代表Sarah女士来访，并就学生对外交流合作事宜进展情况进行跟踪。

荣誉奖项 英华学校在庆祝中国共产党成立90周年南宁市教育系统“童心向党·在党旗下成长”合唱比赛中，师生合唱团取得预赛金奖、决赛银奖的佳绩。在《南宁日报》开展的“2011南宁市教育品牌风云榜”评比活动中，被评为“南宁市民满意的民办学校”。学校网站获“电信杯”南宁市优秀教育网站评比二等奖。在全区社会组织“四服务四促进”主题实践活动中，党支部被评为“先进党组织”，贤永佳同志被评为“优秀共产党员”，奚其锋同志被评为“优秀党务工作者”。教师获市级以上奖励71人次，学生获市级以上奖励130人次。李聪董事长获“风雨同舟 励志奉献”多党合作工作突出贡献奖，被评为中国民主同盟“先进个人”；杨彩瑛老师被评为南宁市“我最喜爱的老师”。五（1）班、初二（2）班被评为南宁市优秀班集体，高三（5）班被评为南宁市、自治区优秀班集体；黄杏妃同学被评为自治区“三好学生”，陈韵冰等91名同学获得南宁市“三好学生”称号，赖湘灵等12名同学获得南宁市“优秀学生干部”称号，周资颖同学获南宁市“顶呱呱特长生”称号。

（南宁市英华学校）

党 校

【概 况】 2011年，中共南宁市良庆区委党校编制9人，实有人员7人，其中副校长1人，副主任科员2人，科员3人，办事员1

人。党校紧紧围绕城区党委、政府中心工作，深化教育教学和管理体制改革，拓宽工作思路，合理设置主体班次，创新培训方式，丰富教学内容，切实提高培训质量，加大对全城区党员教育和干部培训力度，充分发挥了党校干部培训、党员教育的主渠道和主阵地作用。

【学员培训】 2011年，良庆区委党校按照区委干部新知识教育培训规划的要求，明确培训目标、培训班次、培训内容、培训对象，拓宽培训渠道，创新培训方式，全年共举办各种培训班20余期，培训各类学员总计2500人次。区委党校与区委组织部在清华大学联合举办公共管理研修班1期，培训领导干部50人；举办良庆区新任村（社区）“两委”干部培训班1期，邀请自治区、南宁市专家学者及南宁市组织、民政系统领导进行专题授课，新一届村（社区）“两委”干部共400人进行全封闭集中学习培训；举办“领头雁”学习班和“双带”能人培训班精品班2期，组织村（社区）支书、主任和农村致富能手、双带能人100人，到重庆、成都等地进行课堂讲授、情景模拟、研讨交流和实地观摩教学。举办科级领导培训班1期，邀请清华大学、浙江大学的知名教授及区内知名学者，给城区450名科级领导干部授课。举办村（社区）“两委”干部新农村建设培训班1期，培训学员65人。协同城区有关部门开展培训，提高有关人员理论水平和业务技能。联合城区计生局、卫生局等单位开展学习胡锦涛总书记“4·26”重要讲话精神、艾滋病防治知识等培训，培训人数共计380余人。通过培训，提高城区各级干部的政治、业务素质和实践能力，开阔了视野，更新了知识信息，切实提高了新形势下推进各项工作的能力和水平，更好适应新时期发展，推进良庆区跨越发展的需要。

【理论宣讲】 2011年，良庆区委党校采取“流动授课”形式，送教到基层，用朴实通俗的语言，扎实宣讲党的理论、富民政策，特别是城区党委、政府的重大决策部署，当好决策的宣传员、解释员，让基层党员群众对党的方针政策入脑入心，提高了基层党员群众贯彻执行党的政策、党委政府决策部署的自觉性。年内，区委党校组织宣讲团深入五镇及开发区、街道办举办七场城区二次党代会精神宣讲报告会，辅导镇、村干部及企事业单位负责人共370人次。

【结对共建】 2011年，良庆区委党校与那马镇那僚村开展“结对共建，先锋同行”活动，组织开展了“六个一”活动，即召开了一次座谈会、开展一次党组织共建主题活动、开展一次村情调研活动、为那僚村党员上了一堂主题为“加强党性修养 永葆党的先进性”党课、联系一名优秀党员乡土人才（黄杰邦）、为村党组织建设提了一条建议（如何加强村党组织建设宣传问题）。“七一”前夕，党支部委员到那僚村那僚坡慰问困难老党员2名，并送上慰问品和慰问金。

【电教宣传】 2011年，良庆区委党校认真抓好电教宣传工作。配合区委组织部，制作完成反映城区优秀共产党员李鸿威在拆迁工作中的先进事迹为题材的电教片《拆迁组长——李鸿威》；协助城区林改办制作反映城区集体林权制度改革内容的专题片《林改——富民兴林》。

（陆建德）

文化新闻出版体育

【概　况】 2011年，南宁市良庆区文化新闻出版体育局为主管文化、新闻出版、体育、广播电视、旅游工作的城区人民政府工作部门。年末，在职32人（其中行政机关6人，事业编制10人，参公编制16人）。下属事业单位有文化馆、图书馆、文化市场综合执法大队（参公单位）。城区拥有市三级图书馆1个，辖区内5个镇文广站均建有综合文化楼，其中有4个镇配有灯光篮球场。年内，主要获得的奖项有：《舞动的香火龙》获南宁市乡村社区和谐文艺大展演一等奖、组织奖、优秀创作奖、优秀辅导奖；《说唱脸谱》获南宁市乡村社区和谐文艺大展演三等奖；《龙腾虎跃》获南宁市乡村社区和谐文艺大展演三等奖。

【群众文化】 2011年，良庆区文体局共组织开展了25场群众文化活动。主要有：庆祝元旦文艺演出活动、“送戏下乡”文艺演出、良庆区庆祝中国共产党成立90周年合唱比赛、良庆区第二届乡村社区和谐文艺展演、良庆区第三届“香火龙”民俗文化旅游节开幕式及文艺展演和南宁民歌节良庆歌台等。组织实施“文化惠民工程”，年内共扶持7个社区（村屯）文艺队，分别是：良庆镇缸瓦村业余艺术队、南晓镇派桑粤剧团、那陈社区业余文艺队、大塘镇那派采茶队、那马镇共和村青年剧团、那马镇那僚村那务坡采茶团、那马春光粤剧团，受扶持的文艺队均能在新农村建设中，在各种传统节日和配合政府的中心工作中，开展丰富多彩的群众性文艺演出活动，全年完成演出210场，为促进乡村社区文化建设的发展起到很好的带头作用。

【非物质文化遗产普查和保护】 2011年，良庆区文体局继续加大对非物质文化遗产的保护和传承工作，做好民间传承人的申报工作，年内，城区民间艺人罗新有获得自治区级香火龙舞“传承人”称号。为加大对博物馆的宣传力度，良庆区文体局还组织举办了“5·18”国际博物馆日宣传活动。

【农村文体基础设施建设】 2011年，良庆区文体局加大农村文体基础设施建设的投入。年内共投资60多万元建成大塘镇大塘社区和南晓镇新民村古沙坡2个村级公共服务中心，完成大塘镇大塘社区和南晓镇新民村古沙坡2个农家书屋建设和3条户外健身路径。

【图书馆】 2011年，良庆区注重图书馆的管理和使用工作。全年共接待读者38490人次。目前，良庆区图书馆内阅册数62207册，持证读者646人。同时，图书馆积极开展各项读者活动，主要有：迎“五一”暨免费开放游艺活动，庆“六一”游艺活动，在该馆举办“读书沙龙”，推介热点书籍、播放热门影片，举办读书知识问答等活动。年内，投入中央财政下拨专项补助资金共50万元对良庆区图书馆进行维修改造和设备购置。改造完成的图书馆已对读者免费开放。

【扫黄打非和文化市场管理】 2011年，为保证良庆区文化市场健康有序发展，良庆区文化综合执法大队共组织文化市场专项整治行动12次，其中：打击传销专项行动5次，扫黄打非专项行动3次，校园周边环境专项整治行动3次，社会文化环境专项整治行动2次，教辅材料专项检查1次，非法安装和使用卫星电视接收设施专项整治行动3次，打击互联网及手机传播淫秽不良信息专项行动1次。检查音像店、书报刊、网吧、电子游戏（游艺）、歌舞厅（KTV）等经营场所400家（次），取缔地摊游商37个，处理群众投诉27起，办结率100%。对文化经营场所检查覆盖率达到100%。查获非法音像制品2700多盘（件），收缴非法出版物1800多册。

【体　育】

群众体育活动 2011年，良庆区开展群众性体育活动35项（次）。主要有：良庆区干部职工迎春拔河比赛、各镇“元旦、春节期间系列体育活动”等群众喜闻乐见的体育活动，比赛220场（次），观众达14万人次，投入资金108万元。

参加区、市体育活动 组织参加国家级、自治区级和市级比赛共获奖牌52枚，其中获国家级比赛银牌3枚、自治区级金牌26枚、市级金牌4枚。参加南宁市举办的2011年冬泳活动、南宁市柔力球团体操赛、南宁市中

小学少数民族体育运动会等活动，获得较好的成绩。在努力提高良庆区竞技运动水平的同时，向区市运动队输送优秀运动员5人。

良庆区文化综合执法大队开展整治非法安装卫星电视接收设施专项行动

【广播电影电视】 2011年，良庆区文体局加强广播电视设施的管理工作，打击擅自安装卫星接收设施的违法行为。上半年，良庆区文化市场综合执法队开展了整治非法安装卫星电视接收设施专项行动，重点对大沙田片区的宾馆、饭店、居民区等非法安装卫星电视接收设施的行为进行整治，收缴了一批非法安装的“小锅盖”，有力净化了良庆区文化市场环境。与此同时全年共完成农村公益电影放映任务703场。

【旅　游】 2011年，良庆区开展旅游文化建设，推进旅游业的开展。

旅游开发 年内，对城区6个镇、街道的旅游资源保护情况进行了全面的调查，形成了《南宁市良庆区旅游资源保持基本状况及保护开发建议》。切实推进良庆区蚂蚁庄园、良庆区竹泉岛山庄自治区农业旅游示范点、星级农家乐的创建评定工作。通过评定，良庆区蚂蚁庄园被确认为第二批广西工农业旅游示范点；良庆区竹泉岛山庄评定为广西星级农家乐。

旅游管理 “五一”、“十一”等节假日期间，协同城区交通、安监等部门先后5次到大王滩水库、那马镇竹泉岛风景区开展联合执法行动，加强管理。此外还配合农林水利部门水上竹排的整治，对游船业主进行教育120人次，对游客教育460人次。通过强化宣传教育，加强检查管理，使业主和游客的安全意识有了很大的提高，并做到有序接待，安全旅游。年内，大王滩水库等景区没有发生旅游安全事故。

旅游培训 为提高良庆区“农家乐”旅游经营者素质，做大做强城区“农家乐”旅游品牌，10月，在那马镇竹泉岛旅游景区举办“农家乐”旅游经营者培训班，来自良庆区各镇及各景点的69名“农家乐”旅游经营者参加了培训。

旅游宣传 年内，参加中国桂林国际旅游交易会、中国西安国内旅游交易会和南宁旅游“大篷车”进广东旅游文化宣传活动。充分挖掘资源优势、着重打造“一节一陶”文化旅游品牌，举办第三届良庆区“香火龙”民俗文化

南宁市旅游局局长黄永久（前）到良庆镇蚂蚁庄园调研

旅游节期间，搭建旅游产品宣传一条街，以“展示山水人文景观，促进宜居良庆建设”为主题，组织那马镇政府等单位和企业参展，共制作旅游宣传展馆7个，发放宣传小册8000多册。组织参加2011“南宁礼物”时尚设计大赛，取得了优异成绩，选送的由南晓古榕山庄红陶艺术工作者陈群玲创作的“鼓乐绿城，礼满天下”茶罐、树叶茶壶等两件作品荣获大赛银奖。

旅游消费　年内，良庆旅游消费喜人，大王滩风景区、竹泉岛旅游区、蚂蚁山庄等景区景点人气较旺，据统计，良庆区各景区景点接待总人数18.20万次，同期比增长138%，旅游收入1020万元，同期比增长185.50%。良庆区旅游总消费6200多万元。

（刘革成　李文达）

群众文艺活动一览

时　间	地　点	主　题	主办单位
12月29日	大沙田客运站	庆祝2011年元旦文艺演出	良庆区文体局
1月31日	城区礼堂	春节团拜会	良庆区委、良庆区人民政府
1月29日	大沙田南城百货	义务为群众写春联	良庆区文体局
2月17日	大沙田客运站	庆祝元宵文艺演出	良庆区文体局
5月4日	政府礼堂	庆祝“五四”国际青年节 良庆区第三届青年歌手比赛	良庆区团委、良庆区文体局
5月13日～20日	大沙田客运站	“农民工艺术节”文艺演出	良庆区文体局
6月11日	大沙田客运站	“文化遗产日”宣传	良庆区文体局
6月15日	政府礼堂	庆祝中国共产党成立90周年合唱比赛	良庆区委、良庆区人民政府
5～8月	各镇	第二届乡村社区和谐文艺大展演初赛	良庆区委宣传部
5月31日	城区礼堂	庆祝“六一”儿童节文艺演出	妇联、教育局、文体局
10月12日	阳光新城壹街区	良庆区第二届乡村社区和谐文艺大展演复赛	良庆区委宣传部
9月29日	大沙田客运站	第三届“香火龙”民俗文化旅游节	良庆区委、良庆区人民政府
10月22日	阳光新城壹街区	2011南宁国际民歌艺术节良庆歌台文艺演出	良庆区委、良庆区人民政府

档　　案

【概　况】　良庆区档案局（馆）于2005年3月成立，是良庆区党委（参照公务员法管理）直属正科级事业单位，同时行使行政职能和事业职能，主管本行政区域内的档案工作，主要负责本城区档案法律法规和档案工作的宣传、行政监督、业务指导；对城区各有关单位档案人员进行档案业务培训；接收、征集、征购本城区各有关单位、团体、个人对党和国家有保存利用价值的各门类档案；对馆藏档案进行整理、编目、注录、保护、抢救、编研；按规定向社会各界提供档案利用服务；完成城区党委、政府交办的各项工作。局（馆）实行一个机构，两个牌子，一套人马，合署办公。2011年，人员编制4人，实有人员5人，其中局

（馆）长1人，副局（馆）长1人，主任科员、副主任科员、科员各1人；本科学历4人，大专学历1人，档案系列中级职称2人，初级职称1人。档案局（馆）有一间100平方米的档案主库房和一间20平方米的存放会计档案、资料的档案库房，一间36平方米的办公室（含业务用房）。年内良庆区档案局（馆）认真做好各项工作，开创档案工作新局面，荣获南宁市目标管理三等奖。

【档案宣传教育】 2011年，良庆区档案局积极抓好档案宣传工作。通过报纸、杂志、网络等新闻媒体，大力宣传档案工作的经验做法，进一步扩大影响，努力营造良好社会氛围。全年共发放《中华人民共和国档案法》等法律法规宣传资料6000多份，制作档案宣传板报1期；报送档案工作信息被各种媒体采用23篇，其中，中国档案信息网3篇，《广西档案》3篇，南宁市《档案工作简报》2篇，良庆信息5篇，城区政府信息网10篇。完成征订2012年度档案报刊、杂志工作任务，其中《中国档案报》10份、《中国档案》杂志5份；同时积极开展专兼职档案员的档案业务培训活动，全年共举办档案业务培训班8期，260多人次接受了培训。

【档案行政监督】 2011年，良庆区档案局（馆）通过行政执法检查，加强档案行政监督力度。向城区有关单位印发了关于做好2010年度档案材料收集、整理、移交工作的通知等文件，将年度档案工作任务分解到各相关单位，做到明确工作任务、明确工作要求、明确责任单位、明确完成时间；7月11日召开年度工作总结暨表彰会议，总结“十一五”全城区档案事业发展情况，部署本年度全城区档案工作任务，表彰了“十一五”期间档案工作21个先进单位和41名先进个人；开展档案安全和行政监督执法检查活动，印发了2011年度档案行政执法检查实施方案、检查验收的通知、年度档案工作绩效考评评分细则等文件，开展两次档案安全和行政监督执法检查活动，共督促检查72个单位，做好本年度城区档案工作绩效考评工作。

【机关档案】 2011年，良庆区档案局认真抓好机关档案工作。按照《广西壮族自治区机关档案工作检查管理办法》，开展机关、团体、企事业单位档案工作年度检查。完成督促、指导59个城区直机关单位，5个镇、1个街道办、1个开发区按时按质完成2010年度各门类档案的整理归档工作，并通过年检，合格率100%，优秀率达30%。

【村级、社区建档】 2011年，良庆区档案局切实抓好村级、社区建档工作。一是完成了指导67个村（社区）档案年度收集、整理归档工作，年检合格率达100%，优秀等级率达95%以上；二是加强村（社区）档案装具、用具的配置，投入1.50万元购买30组档案柜配备30个村（社区）；三是进一步规范行政村的档案管理，全面推行“村档镇管”的档案管理模式，各镇所辖行政村的档案全部集中到所在镇的综合档案室统一保管、利用；四是及时为城区村（社区）“两委”换届中新任村级（社区）干部建个档，巩固和完善了村级（社区）干部建档成果。

【民生档案】 2011年，良庆区档案局认真抓好民生档案工作。一是婚姻档案和收养档案。指导城区民政局完成整理并向档案馆移交2010年度婚姻档案3213件，其中结婚登记2831件、补办结婚登记142件、离婚登记236件、补办离婚登记4件；完成2008年至2011年（婴儿）收养档案41卷。二是征地拆迁档案。指导城区拆迁办做好征地拆迁档案的收集和整理归档工作，确保这些民生档案资源依法归档、规范管理和有效利用。三是家庭建档案。在大沙田街道办开展社区家庭建档工作，完成了社区10户家庭建立家庭档案的指导任务。

【集体林权改革档案】 2011年，良庆区档案局积极开展集体林权制度改革建档工作。局主要领导和业务骨干全程跟踪指导林改档案业务培训、档案整理工作，特别指派业务骨干全程直接参与城区林改档案的整理，使城区林改工作通过主体验收，确保林权档案的完整、准确、安全。

【农村新型组织建档】 2011年，良庆区档案局重视抓好农村新型组织的建档工作。年内对那马镇昌盛无公害蔬菜经济协会新型社会组织进行指导，开创了城区在农村各种新型社会组织和新领域建档的先例，使档案工作能够更好地为农民群众服务，为新农村建设服务。

【档案室定升级】 2011年，良庆区档案局按照上级要求做好档案室定级升级工作。完成了指导良庆经济开发区、南晓镇政府、国税良庆分局开展档案室定升级活动，其中南晓镇综合档案室晋升自治区县直机关一级档案室；良庆经济开发区、国税良庆分局综合档案室被评定为自治区县直二级档案室。

【档案收集进馆】 2011年，良庆区档案局认真抓好档案收集进馆工作。从2005年3月建区后，由城区直属机关、企事业等各单位形成并移交进馆的各门类档案、资料。已完成城区民政局婚姻档案71盒3209件的接收工作；完成了城区直属单位文书档案699盒22529件的接收工作，截止12月底，馆藏档案有69个全宗，以案卷为保管单位1118卷，其中基建档案10卷，会计档案1067卷，收养档案41卷；以件为保管单位109846件，其中，婚姻档案15804件，相片档案218张，档案长度127.40米。实物92件，资料806册。同时开展档案资料采集、征集散存在社会上与本地区有关的珍贵档案资料进馆，并主动参与城区重大活动、重要事件档案资料的直接采集和收集工作。一是接收城区党委宣传部、组织部远程办等单位移交的城区重大活动电子照片3000多张；二是派员到五象新区拍摄城区重大工程及地形地貌图片2000多张，保存历史珍贵画面；三是收集、整理反映良庆区历史真实面貌以及有关政策、法规的图书资料共500册，历年良庆区年鉴、统计年鉴、良庆区招商画册、那陈人物志等，使馆藏数量不断增加。

【档案馆设装具】 2011年，良庆区档案局加强档案馆设装具的添置，确保进馆档案的储藏和安全。年内购置了一台吸湿机和一台吸尘器，铁皮档案柜10组，1000G大容量移动硬盘2个，刻录机1台，增加了一间办公室，解决了档案馆库房与办公室连接的问题，初步缓解了档案数据贮存和馆房容量满足不了进馆档案数量的压力。档案馆现有铁皮档案柜66组、空调3台、电脑4台、打印机2台，复印机1台、碎纸机1台、温湿度自动记录仪1台、吸湿机1台、吸尘器1台、记录机1台、保密柜1组等。使档案保管条件得到进一步改善。

【信息化建设】 2011年，良庆区档案局扎实推进以馆藏档案为基础的信息化建设。继续加强和完善馆藏档案案卷级目录、文件级目录数据库建设，拓展档案馆服务功能。全年共完成档案数据馆文件级档案条目录入25738条，馆藏档案案卷级目录数据1077条，文件级数据110964条。同时加强南宁档案信息网良庆区档案局（馆）子网站建设，及时更新网站各栏目内容，及时上传本城区档案工作信息动态86条；继续认真做好政府信息公开查阅场所建设，按规定接收政府信息公开责任单位报送的信息，并实现为社会公众获取政府信息提供便利。

【档案编研】 2011年，良庆区档案局积极做好档案的编研工作。完成了编辑2种档案编研资料任务。

【档案开放和提供利用】 2011年，良庆区档案局认真抓好档案的开放和利用工作。年内开放758件（文件级条目）档案；全年共为社会各界人士提供利用档案538人次、661件次，复印档案2174页，出具婚姻状况档案证明73份。

【档案馆规划建设】 2011年，良庆区档案局继续抓好综合档案馆建设规划工作。已完成项目选址、立项及单体方案设计等前期工作，力争在“十二五”期间良庆区新的综合档案馆早日建成使用。

（郑登清　玉贵宽）

史　志

【概　况】 2011年，中共南宁市良庆区委党史研究室和南宁市良庆区人民政府地方志编纂办公室为一个机构、两块牌子（简称“良庆区史志办”），是中共良庆区委和良庆区人民政府史志工作部门。人员编制5个，实有人员4人。年内，良庆区史志办开展各项业务工作，努力完成各项工作任务。

【《良庆年鉴》(2010)出版发行】 2011年1月，《良庆年鉴》（2010）出版发行。全书共24篇，109个分目，960个条目，61万字。彩页86幅

【编纂《良庆年鉴(2011)》】 2011年，良庆区史志办编纂《良庆年鉴（2011)》。3月29日，召开《良庆年鉴（2011)》编纂工作会议，会议总结2010年年鉴编纂工作，部署2011年的工作任务。根据会议部署，从2011年3月下旬开始，组织人员着手编写《良庆年鉴（2011年)》，12月完成编纂工作并送广西人民出版社出版。

【编修《邕宁县志(1991～2005)》】 2011年，良庆区史志办继续参与编修《邕宁县志》（第二本），对书稿内容进一步补充修改。

【编纂《良庆区大事记(2010)》】 2011年，良庆区史志办收集、整理《良庆区大事记（2010年)》。经多方面收集材料并认真整理、编写，上半年，《良庆区大事记（2010年)》资料稿编纂完成。共133个条目，25000字。

【上报城区革命遗迹遗址材料】 2011年，按照上级业务部门要求，继续补充完善城区革命遗迹遗址材料，并报南宁市党史研究室。

【向上级部门提供资料】 2011年，根据上级部门的要求和城区党委、政府的工作布置，《广西年鉴》(2011)、《南宁年鉴》(2011)、《南宁市大事记》(2010)和《广西北部湾志》等有关良庆区的材料撰写和报送工作由城区党史研究室(区志办)负责。经过工作人员的努力，9月，《广西年鉴》(2011)、《南宁年鉴》(2011)、《南宁市大事记(2010年)》完成良庆区材料的收集、整理和上报工作。10月，完成《广西北部湾志》良庆区材料的编写和报送工作。

【业务培训】 2011年，良庆区史志部门加强业务培训。3月29日，受城区政府委托，举办2011年全城区年鉴编纂业务培训班，各单位、各部门的年鉴材料编写人员100多人参加培训。派员参加上级部门举办的业务培训班，年内共派出8人次参加全国和自治区、南宁市党史研究室、地方志办公室举办的史志业务培训班，累计培训时间20天。

【完成城区中心工作】 2011年，派出人员参加镇村换届选举工作，顺利完成那陈镇文林村班子的换届选举工作；按照城区党委和直属机关工委的部署，开展支部党建和结对共建工作；参加创城活动，保持责任区街道整洁。

【荣誉奖项】 2011年12月9日，在自治区地方志编纂委员组织开展第七次广西地方志优秀成果评奖中，《良庆年鉴》2010卷荣获“佳作奖”。

（周明慧　潘艳明）

医疗卫生

【概　况】　2011年，良庆区辖区内有卫生机构237家。其中：市级以上医疗卫生机构5家（南宁市第二人民医院大沙田分院、南宁市江南片妇幼保健院大沙田分院、崇左市复退军人医院、广西水电医院、广西女子劳教所医院），民营医院5家（南宁市那马精神病医院、南宁市玉洞医院、南宁市博大医院、南宁市岗贤医院、南宁市大沙田中心医院），镇卫生院5家，社区卫生服务中心1家，社区卫生服务站4家，门诊部3家，个体诊所96家、村卫生所（含分所）119家。城区属卫生机构223家。床位总数859张（其中市级以上医院675张，卫生院184张），平均每千人口医院和卫生院有床位3.58张。卫生技术人员1145人。执业（助理）医师469人，注册护士406人，其他卫生技术人员270人。平均每千人口有卫生技术人员4.77人，执业（助理）医师1.95人。城区属卫生技术人员549人（含个体诊所及村卫生所）。其中：执业（助理）医师257人，注册护士171人，其他卫生技术人员131人，注册乡村医生131人，村保健员25人，良庆区农村每千人口拥有卫生人员2.65人。

年内，良庆区卫生部门把保障群众生命安全和增进人民健康作为卫生工作的出发点和落脚点，坚持以科学发展观为指导，抓住深化医药卫生体制改革的重大机遇，以“人人享有基本医疗卫生服务”为目标，以解决群众“看病难、看病贵”为己任，重点加强农村卫生和公共卫生工作，发展社区卫生服务，实施为民办实事卫生项目，加强医疗服务行为监管，做好重大节庆活动公共卫生保障，及时妥善应对突发公共卫生事件，各项卫生工作都取得新进展，为良庆区的经济社会发展提供医疗卫生保障。城区卫生局获“2011年度南宁市良庆区数字城管案件处置优秀奖”、“首府南宁创建国家卫生城市先进单位”、“良庆区安全生产目标管理优秀单位”、“良庆区普法教育依法治理先进单位”；卫生监督所、爱卫办获“首府南宁创建国家卫生城市先进集体”。个人获各类称号有:2人获“南宁市卫生监督先进个人”；2人获“南宁市先进生产（工作）者”；2人获“南宁市良庆区先进生产（工作）者”、1人获“南宁市良庆区社会治安综合治理（平安建设）先进个人”。

【医药卫生体制改革】　2011年，良庆区制定出台《良庆区医药卫生体制五项重点改革实施

2011年良庆区各镇新农合筹资工作完成情况

单　位	农业总人口数（人）	农业总户数（户）	任务数（人）	参加城镇医保农村户籍学生人数（人）	参合人数（人）	筹集资金（元）	参合率（%）	名次
良庆镇	39741	11295	35767	600	38793	1163790	99.11	1
那马镇	26632	6278	23969	800	25227	756810	97.66	2
大沙田街道办	19324	1688	17392	584	17947	538410	95.77	3
那陈镇	34207	8619	30787	1000	31320	939600	94.32	4
大塘镇	44923	12746	40431	1400	40457	1213710	92.96	5
南晓镇	42348	11866	38114	1200	38171	1145130	92.77	6
合　计	207175	52492	186460	5584	191915	5757450	95.20	

方案》、《良庆区公共卫生与基层医疗卫生事业单位绩效工资实施办法（暂行）》、《南宁市良庆区清理化解基层医疗卫生机构债务实施方案》等一系列配套文件。多次召开城区医改领导小组工作会议和医改专题会议，研究医改重点难点问题，城区卫生局积极参与研究制定医改方案，督导检查，深入调研，出台医改配套文件。各基层医疗卫生机构认真贯彻医改工作部署，落实医改任务。

新型农村合作医疗　年内，城区参合农民 19.19 万人，参合率 95.20%。全年新农合补偿 4.78 万人次，享受新农合医疗基金补助 3032.63 万元，受益率 24.89%，新合基金使用率 68.70%。个人筹资水平从 2009 年的每人每年 20 元提高到每人每年 30 元，各级财政补助从 2009 年的每人每年 80 元提高到每人每年 170 元。参合农民的实际住院报销比例从 2009 年的 50%上升到目前的 60%。最高支付限额 8 万元，达到全国农民人均纯收入的 6 倍以上；5 个镇卫生院均开展门诊统筹工作及提高儿童白血病、先天性心脏病保障试点工作，筛查出“两病”儿童 13 人，介绍 4 名“两病”儿童到定点医院住院治疗。完成新农合信息化系统的安装、调配、录入、联网试运行等工作。

实施国家基本药物制度　在 1 个城市社区卫生服务中心、1 个社区卫生服务站和 5 个镇卫生院共 7 个基层医疗卫生机构实施基本药物零差率销售改革试点工作。7 个基层医疗卫生机构全部配备使用基本药物 407 种，其中国家基本药物 307 种，自治区增补品种 100 种。基本药物全部通过自治区基本药物集中采购平台集中采购，由南宁国药控股公司统一配送，并且全部纳入基本医疗保险药品报销目录。基层医疗卫生机构基本药物零差率销售后价格平均下降 15%左右，门诊次均费用及住院日均费用下降，门诊人次上升。

镇卫生院综合改革　一是完成 5 个镇卫生院和大沙田开发区社区卫生服务中心人员编制核定和岗位设置工作，共核定人员编制 255 名（其中大沙田开发区社区卫生服务中心 12 名，5 个镇卫生院 243 名）。设置各类岗位 279 个，其中专业技术岗位 254 个，管理岗位 2 个，工勤岗位 24 个。5 月份组织 5 个镇卫生院在编人员和取得竞聘资格的原编外在岗人员开展竞聘上岗，并及时与成功竞聘上岗的 247 名工作人员签订聘用合同，对聘用人员实行合同管理。取得竞聘资格的原编外 83 名卫生技术人员纳入岗位管理和全员聘用范围，与 164 名原在编人员一起实行合同管理、同岗同酬。完成 5 个镇卫生院的竞聘上岗、合同管理等重点工作均由人社局下达《广西壮族自治区事业单位首次岗位设置管理情况认定通知书》。与南宁市第二人民医院承办的大沙田街道社区卫生服务中心签订合同书，采取与举办单位签订合同的方式对社区卫生服务机构进行管理。二是建立了以服务数量、质量、效果和居民满意度为核心的综合量化考核激励机制。对卫生院实行每半年一次绩效考核，卫生院对其内部医务人员实行每月一次绩效考核，政府财政经费补助与卫生院绩效考核挂钩、卫生院绩效考核与医务人员工资挂钩。三是完善分配激励机制，全面落实绩效工资制。完成城区疾控中心与 5 个镇卫生院绩效工资改革。制定财政托低线水平为 30001 元/人·年，将绩效工资分为基础性和奖励性两部分，基础性部分占 60%，奖励性部分占 40%。依据工作数量、付出劳动、责任轻重、工作难度、承担风险等方面确定绩效工资分配比例，适当拉开绩效工资档次，充分调动医务人员积极性。年内下拨医改专项补助资金 1178.65 万元。其中：基本公共卫生服务经费 719.75 万元、基本工资补助 341.30 万元、基本药物零差率销售补助 117.60 万元。基本公共卫生服务业经费补助标准达户籍人口人均 25 元。

城乡基层医疗卫生服务体系　年内，开工建设 57 个村卫生室和南晓镇、那陈镇 2 个卫生院职工周转房项目；开展良庆区人民医院、良庆区卫生监督所及玉龙社区卫生服务中心三个项目前期准备工作。57个村卫生室项目已全部完工，2个职工周转房项目完成基础建设。完成了4名全科医生转岗培训工作，为那陈镇卫生院招收定向免费医学生1名；完成基层卫生技术人员妇产科知识、基本公共卫生和基本药物培训项目工作任务，共培训乡村医生235人次，镇卫生院专业技术人员382人次，社区卫生服务机构人员385人次。公开招聘4名卫生专业技术人才到城区疾病预防控制中心和新农合管理中心工作，农村基层公共卫生服务能力明显增强。

公共卫生服务　年内，有9类基本公共卫生服务和三大项重大公共卫生服务向城乡居民免费提供。城乡居民健康档案规范化建档13.38万份，建档率75.50%；6313名儿童接种乙肝疫苗；8898名老年人得到免费健康检查；3901名高血压和1302名糖尿病人得到规范化管理，规范化管理率达到60%和99%；开展精神病人随访119人次。婚前医学检查率由上年的42.70%上升到96.46%，农村孕产妇住院分娩率达到99.90%，4840名农村生育妇女免费补服叶酸，为新婚夫妇、孕妇及阳性孕妇丈夫进行地中海贫血基因筛查7000多人，筛查阳性率20.88%。

基层中医药壮瑶医药服务　年内，共完成大塘镇、那马镇2个卫生院和大沙田开发区社区卫生服务中心中医科规范化建设，完成15个村卫生室和4个城市社区卫生服务站中医壮瑶医适宜技术推广服务包配备工作。

【社区卫生服务】　2011年，良庆区继续强化对社区卫生服务的监督管理和检查督导，促进社区卫生服务机构能力建设，服务水平得到进一步提高。5家城市社区卫生服务机构（大沙田开发区社区卫生服务中心、银海社区卫生服务站、坡洋社区卫生服务站、五象社区卫生服务站、玉龙社区卫生服务站）主要为城市居民提供公共卫生服务和基本医疗服务，工作运转正常。

良庆区2011年社区卫生服务机构服务情况（一）

城市社区卫生服务机构数	专业技术人员数	服务覆盖人口	建立健康档案	卫生防病			健康教育				
				健康体检人次	免疫规划实种人次	法定传染病报告例数	举办健教讲座次数	举办健教讲座参加人次	宣传栏出版期数	发放健教处方数	印刷宣传资料数
5	92	15769	41013	5619	108825	943	114	11321	157	62319	110619

良庆区2011年社区卫生服务机构服务情况（二）

慢病管理		妇幼保健		重性精神疾病管理		康复管理			65岁以上老年保健管理人数
高血压规范管理数	糖尿病规范管理数	产后访视人数	孕产妇系统管理人数	管理人数	规范管理人数	康复总人数	肢体功能康复人次数	其他	
738	243	3163	3099	19	15	2375	1525	1437	3015

【疾病预防控制】 2011年，良庆区疾病预防控制工作从强基础、抓队伍、建网络入手，推动全城区公共卫生服务体系建设，公共卫生服务能力进一步提升。在处理各类突发事件、传染病疫情中，采取措施果断准确、及时，效果良好。

传染病管理 年内，全城区传染病共报告法定传染病16种4283例，死亡7例，年报告发病率、死亡率和病死率分别为1242.29/10万、2.03/10万、0.16%。与上年同期相比传染病报告发病率下降3.46%，死亡率和病死率分别下降18.97%和16.08%。其中，无甲类传染病报告，乙类传染病报告10种1283例，死亡7例，年报告发病率、死亡率和病死率与上年同期相比分别为+32.67%、-5.61%、+5.95%。全年报告突发公共卫生事件3起（分别为那马镇中心小学风疹暴发疫情、那马镇中学风疹暴发疫情及南宁市明日之星幼儿园暴发疫情），比上年（4起）下降33.33%，无死亡病例报告，无重大公共卫生事件发生。另外散发疫情11起（手足口病5起、风疹4起、流行性腮腺炎2起）。对突发公共卫生事件和散发疫情现场调查处理率100%，原因查明率100%。

免疫规划 做好《疫苗流通和预防接种管理条例》宣传，加强基础免疫和强化免疫，继续实施扩大国家免疫规划，加强监测力度，维持无脊髓灰质炎状态，加速消除麻疹进程，推广儿童预防接种信息化建设，进一步规范流动儿童管理。全城区开展糖丸疫苗强化免疫，共完成44865剂次糖丸强化免疫接种，服苗率98.27%，超过自治区、南宁市接种率95%的目标。新生入学入托预防接种证查验工作逐步完善，开展查验接种证的小学、托幼机构共201所，查验儿童16382人，查验率为100%，补种率为99.30%。全城区儿童卡介苗、脊髓灰质炎疫苗、百白破疫苗、麻疹疫苗、乙肝疫苗、乙脑疫苗和流脑疫苗全程接种率分别为99.57%、99.80 %、99.77%、99.71%、99.91%、98.40 %和99.69%，乙肝疫苗首针接种合格率99.26%，有效控制可免性传染病的发生和流行；无麻疹病例发生。对15岁以下儿童开展乙肝疫苗补种5198人。

艾滋病防治 2011年是自治区艾滋病防治攻坚工程实施第二年，良庆区认真贯彻落实《艾滋病防治条例》，多种形式组织开展艾滋病防控活动。举办副科级以上干部、医务人员、三级妇女干部、社区居委会干部、社区居民等艾滋病防治知识专题讲座25场，培训1700多人；对城区各级各类医疗卫生机构医务人员进行预防艾滋病职业暴露、疫情分析、主动检测等培训2501人次；对辖区内旅馆业和公共娱乐服务场所经营者和管理人员培训340人；城区所有中学的健康教育老师都参加了南宁市教育局举办的预防艾滋病师资培训，初中学生预防艾滋病基本知识知晓率达到95%以上；全城区共设置80多个安全套免费发放点，销售点50多个，免费自取箱135个，90%以上的宾馆、旅店等公共场所放置免费或出售安全套，发放安全套51000只，举办预防艾滋病推广使用安全套文艺演出3场次，制作性病、艾滋病预防专题板报12版；开展防治艾滋病知识宣传教育活动发放各种宣传资料8万多份，张贴宣传画1.50万多张，悬挂宣传标语45条，接受群众咨询4500余人次；聘请邕宁区电影公司到城区62个行政村（社区）开展防艾知识宣传下农村的公益电影巡回放映活动，播放62场次，覆盖所有行政村，13000多人观看了科普片；拨出专款印制了4种防治艾滋病宣传手册共13.70万份，全城区7.40万户居民实现“户户有防艾宣传手册”，扩大了宣传面。同时，重点关注高危人群艾滋病预防。在100多间娱乐服务场所进行干预活动，累计服务暗娼2591人次，发放安全套2万余只，发放宣传资料6652份。积极完成当年新报告艾滋病病毒感染者和病人的流调工作，新发艾滋病病毒感染者和病人79例，已流调77例，流调率97.50%。并开展随访干预工作，电话随访141人。在普通人群中开展扩大艾滋病检测覆盖面工作，年内，艾滋病检测筛查21067人次，占城区人口9.08%。报告艾滋病发病数30例，比上年的24例增多6例，死亡5例。报告艾滋病感染者40例，在南宁市12个县（区）顺位排第五位。

风疹疫情防控　2011年3月，城区风疹病例剧烈增多，在那马镇有中、小学两家学校出现疫情暴发，辖区内其他学校也相继有散发性病例出现。启动了风疹防控应急预案，成立了防控领导小组、流调组、消杀技术指导组、疫情报告组和后勤保障组，通过采取隔离治疗患病学生、有针对性的消毒、风疹疫苗应急接种等综合措施，有效地控制了疫情的蔓延。

肠道传染病防控　年内，加强霍乱、出血性大肠杆菌、手足口病等肠道传染病的防控工作。明确分管领导，制定应急预案，积极开展宣教、培训，做好应急物资准备等工作。把水电医院和市二医院大沙田分院定为手足口病哨点监测医院，安排专职人员每日监测手足口病疫情动态，重点监测手足口病重症病例，对有聚集性病例倾向的单位及时到现场进行防控工作指导，把疫情的暴发流行消灭在萌芽状态。全年共完成个案调查和样品送检60份。

肺结核病防治　继续实施全球肺结核控制策略。年内，发现登记结核病人246例，新发现涂阳病人82例，纳入项目给予免费治疗54例。传染性肺结核病人督导治疗率100%，新涂阳病人治愈率85%（达到国家85%目标要求）。详见下表：

良庆区2011年结核病控制项目任务指标完成情况

乡镇名称	为民办实事项目任务			结核病控制项目新发涂阳病人发现人数		
	任务数	累计完成数	完成任务数（%）	任务数	累计完成数	完成任务数（%）
良庆镇	17	13	76.47	19	11	57.89
那马镇	8	5	62.50	9	5	55.56
那陈镇	8	12	150.00	9	15	166.67
大塘镇	11	10	90.91	12	5	41.67
南晓镇	10	8	80.00	11	9	81.82
大沙田街道		8			27	
小　计	54	56	103.70	60	72	120.00

狂犬病防治　做好狂犬病疫情的监测和上报工作，抓好医务人员狂犬病防治知识培训，开展狂犬病防治知识宣传，提高群众的自我防护意识。年内良庆区无狂犬病例报告。

【妇幼保健】 2011年，良庆区继续依托南宁市江南片妇幼保健院的技术力量，抓好“一法两纲”和“降消”项目的实施，加大农村孕产妇住院分娩的救助力度，切实降低孕产妇死亡率和消除新生儿破伤风。年内，住院分娩率99.89%，高危住院分娩率100%。孕产妇系统保健管理率91.63%。孕产妇死亡1例，为不可避免死亡，死亡率为21.14/10万。五岁以下儿童死亡人数30人，死亡率8.52‰，婴儿死亡人数18人，死亡率5.11‰，无新生儿破伤风病例。

贫困高危孕产妇救助　继续落实南宁市为民办实事项目——贫困高危孕产妇救助工程，进一步完善孕产期跟踪和高危孕产妇分级管理，高危孕产妇住院分娩率达到100%。年内，共有3名贫困危重孕产妇获得南宁市和城区政府的贫困免费救治，城区财政共支出配套救治金额16616元。

实施“降消”项目 继续实施广西母婴安全工程行动计划和“降消”项目（即国家实施的降低孕产妇死亡和消除新生儿破伤风项目），共有2156名住院分娩产妇得到“降消”项目补助，完成任务数的102.18%，补助金额88.52万元。

预防艾滋病母婴传播 继续实施预防艾滋病母婴传播项目。通过开展孕妇学校、“世界艾滋病日”等开展健康教育宣传，对孕产妇开展“预防艾滋病母婴传播知识”的宣传和咨询6440人次，孕产妇知晓率85%以上；开展预防艾滋病母婴传播HIV自愿检测，免费进行HIV初筛检测6337人，检测率99.80%，共发现有初筛阳性者3例。

免费意愿婚检 城区配套落实免费婚前医学检查经费9.19万元。婚检人数达5151人，婚检率96.46%。为新婚夫妇、孕妇及阳性孕妇丈夫进行地中海贫血基因筛查7652人，筛查阳性率18.13%，阳性1388人，双阳性158对，产前诊断71人，确诊1人。

【卫生监督执法】 2011年，良庆区继续推进卫生监督体系建设，履行卫生监管职责，扎实开展职业病、公共场所、消毒产品、医疗机构监管等各项卫生监督工作。

公共场所卫生监督 全年对536家公共场所（住宿业272家、美容美发234家、歌舞厅、车站等30家）实施日常巡回监督，监督率100%，住宿业和美容美发业量化分级管理分别为98.62%和96.77%。

医疗服务监管 按照《医疗机构管理条例》、《乡村医生管理条例》、《城市社区卫生服务机构管理办法（试行）》、《处方管理办法》和《抗菌药物临床应用指导原则》等法律、法规、规章要求，进一步加强对医疗机构的监管力度，完善各项规章制度，健全医疗机构监管体系，规范医疗服务行为，强化临床合理用药管理，严厉打击非法行医行为。年内共受理承办医疗机构2家，申请变更执业地点1家，申请延续办证18家，检查医疗机构176家次，取缔4家“黑诊所”，吊销《医疗机构许可证》1家，警告并责令整改3家，处罚金1000元。处理医疗纠纷案3件，查处医疗投诉1件，已结案4件。参与打击“两非”行动3次，对涉嫌“两非”行为的4家医疗机构进行警告或责令改正，立案查处1家非法进行计划生育手术的诊所，给予3500元罚款和吊销《医疗机构执业许可证》的处罚。同时，全面排查医疗机构安全生产基础设施、技术装备、作业环境、防控手段等方面存在的安全隐患。继续加强医疗行风建设和治理医药购销领域商业贿赂工作为主要内容的政治学习和业务学习，行风建设和医德教育课12天（次），参加学习和接受教育2367人次。开展医疗护理技术操作集中培训2次，护理技术操作竞赛1次，参加培训1436人次。开展“三好一满意”活动，推进创建“平安医院”工作，医疗服务质量和管理水平不断改善。

学校卫生监督 加强对学校的食源性疾病、学生常见病、各类传染性疾病的预防监督管理，加强对学校饮用水的监督管理，指导学校做好饮用水的卫生工作。全年共检查和指导128家次学校和幼儿园，有效预防群体性食物中毒事件的发生。年内校园无食物中毒等事件发生。

职业卫生及放射卫生监督 年内，对18家存在职业危害的企业进行监督检查，监督覆盖率100%，职工在岗体检132人，已经建档536人，建档率91.20%。对7家使用放射源的医疗机构进行监督检查，医疗机构8名工作人员均持证上岗，上岗持证率100%，防护用品均落实到位。

生活饮用水卫生监督 年内，对5个镇61个农村集中式水源监测点进行抽样检查，共采水样66份，合格14份，合格率21.21%。对存在问题的水源监测点及时整改，确保生活饮用水的安全卫生，预防介水传染病的发生。

卫生许可 全年受理医疗机构、公共场所许可申请344份，发放公共场所卫生许可证327张，换发医疗机构执业许可证17件。举办从业人员卫生知识培训班 48 期，培训从业人员 2156 人，发放从业人员上岗卡 2156 张，调离“五病”人员 4 名。

【爱国卫生运动】 2011 年，良庆区继续深入开展群众性爱国卫生运动，以参与首府南宁创建国家卫生城市为契机，开展第二十二个全国爱国卫生月活动，结合预防手足口病等夏季传染病、迎“两会一节”等机会开展全市性爱国卫生运动，城区机关领导干部 1700 多人次、各界群众近 10 万多人次参加了活动。

参与创建国家卫生城市活动 积极协调城区各有关部门加大创卫工作力度，采取多种有效措施，使市民的创卫知识和卫生健康知识知晓率明显提高，市容环境卫生不断优化，农贸市场环境进一步改观，“五小”行业，特别是小饮食店卫生脏乱现象得到明显遏制，病媒生物防制工作取得新进展，各项指标均达到国家卫生城市标准。在创建过程中，协调全城区各有关部门共同印发宣传资料 16 种、20 万余份，为群众提供咨询 5500 余人次，累计出动执法人员 10 多万人次，出动执法车辆 4 万多台次，共清理流动摊点 3 万余处，查处车辆乱停放 4500 多起，清理卫生死角近 6000 多处，清运垃圾 4500 多吨，清理非法小广告 4.50 万余处，查处工地乱象 260 多起，查处无证或证照不全的“五小行业”店铺近 700 多家次。

除“四害”工作 广泛推广应用新型病媒防制设施，实施全城区周末大扫除和每季度的除“四害”统一行动周活动，邀请专业公司对公共场所进行灭“四害”作业。共投入专项经费 22 万元，投放药物毒谷 3890 公斤，奋斗钠 1 万多包，磷化铝 600 多瓶，粘鼠板 200 多块，敌敌畏 180 瓶，大功达 50 多瓶，杀特宁 500 多包，“四害”密度得到有效控制并明显降低。

烟草控制工作 履行世界卫生组织《烟草控制框架公约》，城区范围内公共场所无烟草广告，机关单位和窗口单位等公共场所办公室设立了禁止吸烟标志；在卫生系统开展戒烟活动，在辖区卫生部门进行吸烟人数登记备案，开展吸烟行为干预，降低吸烟率；积极开展创建无烟单位、无烟医院、无烟家庭等活动，成立城区医疗卫生机构控烟领导小组，制定控烟制度，并举办医疗机构人员控烟培训班 1 期。

卫生健康教育 城区健康教育机构制作手足口病防控、免疫规划、控烟宣传、结核病宣传日、麻疹防治、艾滋病防治、健康生活素养等宣传板报 10 期，悬挂宣传横额 10 幅；开展手足口病防治、结核病防治及碘缺乏病防治宣传日、免疫规划宣传日、世界无烟日、艾滋病日宣传咨询活动合计 12 次，共发放宣传资料约 4 万份，接受群众咨询 3000 人次；组织辖区相关人员开展业务知识培训及健康讲座 10 期，共培训 1700 多人次，发放、回收试卷 2000 多份，问卷知晓率 95%，完成对辖区各医疗机构健康教育工作督导 3 次。

【食品安全综合协调】 2011 年，良庆区继续履行食品安全综合协调职能，重点组织城区食品安全委员会各成员单位开展食品安全整顿工作，开展打击违法添加非食用物质和滥用食品添加剂专项行动。对国庆、中秋等节日以及中国—东盟博览会等重大活动期间的食品安全工作进行督查，通过“3·15”和食品安全法宣传周等活动，广泛宣传《中华人民共和国食品安全法》等相关法律法规知识。全城区编印培训宣传小册子 170 多本，印制散发食品安全宣传材料 2200 多份；出动执法人员 80 多人次，出动车辆 20 台次，检查食品生产、经营、消费单位 220 多家次，查处违法违规行为 4 起，有效净化了食品市场。

【初级卫生保健】 2011 年，良庆区以“人人享有基本卫生服务”为目标，按照初保指标应加具体指标内容，组织抓好农村初级保健工作，年内开展了 4 次检查，各项指标均达到目标要求。

（班　锋　闭孙合　陆勇华）

良 庆 镇

【概　况】　2011年，良庆镇辖社区1个，行政村6个，自然坡49个，村民小组264个，年末总人口4.54万，其中农业人口41285人，非农业人口4200人；地域面积87.10平方公里，耕地1793公顷，其中水田702公顷，畲地1091公顷；山塘水库52公顷，林地492公顷，森林覆盖率为5.10%。先后获得了“南宁市住房保障工作先进集体”、“良庆区安全生产工作先进单位”、“良庆区社会治安综合治理（平安建设）先进单位”、“良庆区征地拆迁工作先进单位”等称号。

【经济发展】　2011年，良庆镇地区生产总值5.16亿元，增长23%。财政收入6856万元，增长25%。全社会固定资产投资10.09亿元，增长137%。规模以上工业生产总值5.51亿元，增长21%。社会消费品零售总额1.86亿元，增长18%。实际到位内资2000万元，城镇居民人均可支配收入17267元，增长10.80%。农民人均纯收入6427元，增长20%。

农　业　总产值3.62亿元，比上年增长5.50%；粮食种植面积2645公顷，总产量1.34万吨；蔬菜种植面积3343公顷，总产量8.42万吨；水果种植面积388公顷，总产量6305吨。年末生猪存栏2.51万头，出栏3.34万头；牛存栏0.41万头，出栏0.10万头；家禽存栏47.80万羽，出栏156.33万羽，肉产品总产量5300吨。水产品放养面积52公顷，水产品总产量1010吨。兑现种粮补贴290.80万元，农业救灾补贴59978元。

工　业　完成工业总产值7.37亿元，同比增长45%，实际利用内外资2000万元；有工业企业9家，其中规模以上企业2家，职工1287人。华劲集团南宁纸业分公司造纸总产量5.75万吨，产值达3.44亿元。广西南宁万利来食品有限公司各类罐头食品总产量达1.40万吨，产值达1亿。横县海泰航运公司良庆码头完成龙门吊机安装及集装箱装卸作业区建设，实现总产值1400万元。引进了多家物流公司驻码头联合开招国内集装箱水运业务。

【社会事业】　2011年，良庆镇各项社会事业全面发展。

科　技　开展科技培训、科技下乡和科技普及工作，组织举办农业技术培训8期，发放宣传资料8300份。引进和推广农业优质品种7个，建设农业生产示范基地4个。

教　育　全镇公办中学2所，中心学校1所，完小6所，教学点3个，幼儿园10所，其中公办1所。在校初中生2911人，入学率

100%；小学生4937人，入学率100%。做好广西“义务教育学校常规管理达标评估”迎检工作。

卫　生　卫生院1所、村级卫生室7个，公共基层医疗卫生事业单位实行科学岗位设置和竞聘上岗机制，落实绩效工资制度。筹措14万元建设了良庆社区卫生室，投入6万元维修了新兰、新村、坛泽、新团、渌绕村卫生室。新型农村合作医疗筹集标准每人每年从120元增至200元，农民参合率达到99.11%。完成城镇居民医疗保险参保人数336人，参保率达112%。

文化体育　举办文艺晚会和各类文艺演出16场，电影下乡22场（次），开展上街文化宣传活动14次（场），组织球类运动比赛39场。在新兰村成立农民工书屋，赠送书籍500册（本）。在坛泽村、新兰村、新村村投资6万元成立 “新家庭文化屋”。投资12万元新建和修复篮球场5个，进一步满足了广大人民群众精神文化和参与体育事业的需求。

民　政　享受城乡低保人数210人，发放低保金57.50万元，发放口粮1300公斤，实现应保尽保；城乡医疗救助118人，发放金额32.80万元。发放“两参”（自卫还击参战民兵和参战退役人员）人员生活补助28.60万元；完成农村五保户、特困户危房改造7户；开展扶残、助残活动，残疾人的合法权益得到保障；发放五保、特困户救灾物资：棉被150床，棉衣300件，卫生衣240件，蚊帐110顶；发放军属优待金7.50万元。

【精神文明建设】　2011年，良庆镇深入开展精神文明建设创建活动，以创建文明镇、文明村、文明行业、文明单位为载体，进行思想政治教育。开展创建国家卫生城市活动，进一步加强社会公德、职业道德、家庭美德教育，积极开展渎职教育活动，引导人民群众学习文化，崇尚科学，破除迷信，移风易俗，倡导文明健康的生活方式，弘扬社会主义新风尚。

【社会治安综合治理】　2011年，良庆镇接待群众来信来访368人次，排查调处各类矛盾纠纷案件87起。开展服务五象新区项目建设的“五象行动”、“灭鼠行动”等一系列治安综合整治工作，依法严厉打击各类违法犯罪活动，刑事、治安案件明显下降，社会治安形势总体平稳。全镇刑释帮教回归人员26人中，回归帮教率达100%，安置率达100%。年内开展普法宣传活动8次，接受宣传教育人数3860人；学校开展以预防青少年犯罪为主题的法制宣讲课3次，受教育人数3050余人次；全年共立刑事案件780起，破案20起；立治安案件310起，破案50起；重点开展安全生产示范乡镇的建设活动，投资3万元在各道路重点路段增设减速带等安全设施，共筹资1.50万元购置安全工作设备和开展规范化建设。开展安全生产培训，培训人员180人，开展全镇性安全大检查6次，发现并消除安全隐患27处，完成三级重大安全隐患整改2次，全年无重特大安全事故发生。

【人口与计划生育】　2011年，良庆镇人口出生743人，其中计划内出生598人，符合政策生育率80.48%，同比提高3.34%；二孩计划生育率66.20%，同比提高4.79%。出生统计合格率97.21%，同比提高1.41%。农村地区当年长效避孕率85.50%，高于考核指标（80%）5.50%。征收社会抚养费506万元，占任务202.40%。当年区间领取独生子女证25户，当年独生子女保健费兑现率100%。符合计划生育政策奖励条件3户。落实2011年自治区、南宁市为民办实事项目：一是免费孕前优生健康检查共完成120对，免费为4对地贫夫妇做产前诊断；二是人口计生“幸福家园”村（居）级综合服务平台建设项目3个（分别是坛泽村、新村村、新兰村），3个村均已按要求落实“新家庭文化书屋”和村级计生服务室设备。

【为民办实事】 2011 年，良庆镇城镇新增就业人数 510 人，城镇下岗失业人员再就业 25 人，城镇登记失业率控制在 3.10%以内。农村劳动力转移就业新增人数 452 人。处理解决了劳动纠纷 6 件，举办职业技能培训 5 期，培训 200 人。完成新兰、新村、坛泽村人口和计划生育“幸福家园”村级综合服务平台建设。投入 30 万元建设坛泽村五保村项目。建设农村沼气池 56 座。完成廉租住房申报审核 40 户。投入 18.74 万元完成 7 户农村危房改造。孕前优育检查 210 对。投资 21 万完成小街小巷硬化面积 1100 平方米。投入 66 万完成了圩镇交通主要通道沥青路面硬化（一期）工程和照明亮化工程。投资 122.90 万元完成农村公益事业“一事一议”财政奖补项目 13 个。为 80 名白内障患者提供免费手术治疗。

2011 良庆镇国民经济主要指标

项　目	单　位	实　绩	比上年增长（%）
地区生产总值	万元	51630	23
人均地区生产总值	万元	1.14	21
第一产业	万元	—	—
第二产业	万元	—	—
第三产业	万元	—	—
规模以上工业总值	万元	—	—
农林牧渔业总产值	万元	36190	5.50
粮食总产值	万元	3451	28.70
全社会固定资产投资	万元	100871	137
实际利用外资	万元		—
社会消费品零售总额	万元	18632	18
一般预算财政收入	万元	—	—
地方财政财政支出	万元	—	—
城镇居民人居可支配收入	元	17267	10.80
农民人均纯收入	元	6427	20

2011 年良庆镇各村（社区）情况

行政村	面积（平方公里）	自然屯（个）	年末人口（人）	耕地面积（公顷）	农林牧渔总产值（万元）	粮食产量（万吨）	农民人均纯收入（元）
良庆社区	10	4	9785	165	—	0.15	—
那黄村	10.30	7	5515	142	—	0.13	—
新村村	14.10	12	7563	336	—	0.20	—
坛泽村	13.10	11	5956	301	—	0.21	—
渌绕村	13.40	4	5449	244	—	0.21	—
新团村	13	7	5616	295	—	0.20	—
新兰村	13.20	4	5601	310	—	0.23	—
合　计	87.10	49	45485	1793	36190	1.34	6427

那　马　镇

【概　况】　2011 年，那马镇辖 1 个社区，7 个行政村，68 个自然坡，211 个村民小组，现有人口 26660 人，其中农业人口 25275 人。那马镇位于南宁市南面，处于良庆区中部，距南宁市中心 20 公里。城镇建设规模 1.60 平方公里，城镇非农业人口 1385 人。全镇土地面积 168 平方公里，其中林地面积 7166.67 公顷，森林覆盖率 40.61%。有耕地面积 2313.60 公顷，其中水田面积 1573.33 公顷。年内荣获“南宁市第六次人口普查先进集体”、“‘绿城红歌献给党’良庆区红歌大赛一等奖”、“2011 年度安全生产目标管理优秀单位”、“2011 年南宁市良庆区人口和计划生育工作达标奖”、“南宁市先进妇女组织”、2011 年良庆区村（社区）“两委”换届选举工作先进集体等奖项和荣誉称号。

【经济发展】　2011 年，那马镇财政总收入完成 1623 万元，增长 32%；全社会固定资产投资完成 1.48 亿元，增长 113.87%；社会消费品零售总额完成 1.89 亿元，增长 18%；农林牧渔业总产值完成 3.86 亿元，增长 16.75%；农民人均纯收入 6205 元，增长 15.50%。

农　业　农业总产值 3.80 亿元，粮食种植面积 2906.67 公顷，增长 6.31%；蔬菜种植面积 2733.33 公顷，总产量 5.69 万吨，增长 10.21%。水果种植面积 2866.67 公顷，总产 9982 吨，甘蔗种植 133333 公顷，产量 91422 吨。

畜牧水产　肉牛出栏 1400 头，增长 4.20%；肉猪出栏 2.92 万头，增长 5.10%；家禽出栏 132.30 万羽，增长 5.04%；肉类总产量 4498.50 吨，增长 5%。引导扶持农民转变养殖结构，发展见效快、效益好的养殖项目，养蛇、龟、鳖等特种养殖正逐渐兴起。

林　业　做好集体林权制度改革工作，顺利通过自治区林改检查组验收，全镇外业勘界完成 6706.67 公顷，发证面积 6066.67 公顷。实施“绿满八桂”工程，完成南北二级公路 2 公里通道绿化项目。

工　业　工业主要有百大丝绸厂和广西水产研究所中试基地水产养殖饲料厂。规模以上工业总产值 4670 万元，比上年增长 105.56%。

【社会事业】　2011 年，那马镇各项社会事业全面发展。

卫　生　扎实推进新农合工作，全镇新农

合农民参合率96.50%，缴费75.68万元，发放医疗补助369.85万元。投入55万元，新建了那马社区、子伟村、冲陶村、莲山村卫生室；投入近7万元，对共和村、那僚村卫生室重新维修。

新农保　实施新型农村社会养老保险，16～59岁参保4320人，参保率62%，60岁以上老人免费参保2534人，参保率96%，共发放新农保补助120.62万元。

民　政　全镇发放城镇居民低保金30.64万元、农村低保金112.30万元。农村五保供养政策落实到位，为敬老院和五保新村的五保老人发放低保金16.56万元；为分散供养五保老人发放生活救助金22.14万元。救助灾民做到及时保障，全年共发放救灾救济口粮2.80万斤。抓好白内障光明工程，完成免费白内障手术复明23人。

科技教育　组织实施罗非鱼越冬养殖、旱鸭养殖等科技项目，大力把科技成果转化于实践。全力推进素质教育发展，学校资源配置得到进一步优化，教师队伍素质得到全面提高。坚持教育优先发展战略，“两基”工作得到不断巩固提高，控流保学力度得到进一步加强，那马镇小学在校生辍学率为零，初中在校生辍学率控制在2%以下。

文化体育　建成共和、莲山、那僚等农家书屋3个；有序开展经常性群众文化活动，参加文化活动人数达到1万人次以上；鼓励和支持以那马歌舞团为代表的各种民间文艺团体到城区及各村坡开展文艺演出；春节期间举行篮球、象棋等比赛活动，其中篮球赛吸引了21支球队参加，活动人员及观众达1.50万人次，丰富了那马镇群众文体生活。

城乡清洁工程　健全了卫生值日制度、卫生包干责任制度、门前环境“三包”制度、镇清洁办和清洁公司联合治理等长效管理机制，街区保洁、街道市场管理等得到有效巩固和提升。投入3万多元增加垃圾运输、专用人力车3辆、果皮箱10个。共集中开展城乡清洁活动13次，清运垃圾近22吨，“脏、乱、差”现象得到有效治理。

民主法制建设　办理人大代表建议、意见15件，认真办理群众来信23件，接待来访410人次，办理回复率达100%。坚持政务公开、村务公开制度，共更换更新政务公开栏12期，村委公开栏52期，做到政务、村务透明化、具体化。抓好“六五”普法工作，为广大干部、职工订阅了普法书刊。

【精神文明建设】　2011年，那马镇贯彻《公民道德建设实施纲要》，加强以“社会公德、职业道德、家庭美德”为主要内容的思想道德教育，大力倡导文明新风尚。扎实推进文明村坡、文明社区、文明行业、文明单位创建活动，创建文明村坡1个、文明单位1个。积极参加城区组织的庆祝建党90周年系列活动，在“绿城红歌献给党”良庆区红歌大赛中荣获一等奖。那马龙狮队、女子健身操队、那马社区、共和村粤剧团、那齐和那务采茶团在农村和社区街道经常开展义演活动。

【社会治安综合治理】　2011年，那马镇全面推进治安防控体系建设，开展严打整治专项行动，治安案件发案率同比下降30%，群众对社会治安的满意度进一步提升。加强综治信访维稳中心建设，整合综治、司法等各相关职能部门力量，有效化解一批人民内部矛盾。调解民间纠纷84件，调解成功率95%，调处“三大纠纷”案12起，结案9起。

【安全生产】　2011年，那马镇始终坚持“安全第一，预防为主”的方针，全面落实安全生产责任制；认真做好“安全月”宣传活动，深入开展交通安全、易燃易爆物品安全、危险化学品安全、学校及学校周边环境安全、水上交通及风景区游乐设施安全等专项整治活动；加强森林防火工作，强化野外用火管理；加强安全生产执法检查，2011年共对企业、学校、交通等开展安全生产执法大检查24次。全镇没有发生各类重特大安全事故。

【人口与计划生育】 2011年，那马镇推行诚信计生工作，完善基层群众自治工作机制。从村委选拔年轻的计生专干到镇计生所跟班学习，提高业务知识。深入开展“婚育新风进万家”等系列服务活动，提高村民的计划生育意识。完成“四术”371例；当年长效避孕率81.97%；征收社会抚养费79.65万元，独生子女保健费及计生奖扶政策兑现率达100%，顺利通过南宁市年度区间考核验收。

【农业综合开发】 2011年，那马镇继续落实农业综合开发项目，投入450万元在共和村那计坡实施40多公顷土地综合治理二期工程，投入200多万元在共和村、那僚村建设66.67公顷的菜篮子工程；申报莲山村新兴坡200公顷土地治理工程作为2012年的农业综合开发项目，扩大无公害蔬菜基地的辐射作用，形成农业种植规模化，经营集约化。支农惠农政策全面落实，涉农补贴支出总计522.06万元。

【为民办实事】 2011年，那马镇认真落实为民办实事项目。一是人饮工程建设。投入50多万元，完成冲陶村巴强坡、那僚村那僚坡和子伟村那齐坡人饮工程，惠及1400人口。二是村委办公楼建设。投入19万元，对莲山和坛良村村委办公楼进行维修。三是危房改造工程。投入136万元，完成85户危房改造。四是城镇公共设施建设。投入1.50万元，在街上设立了镇政务宣传电子屏；投入40多万元，在镇圩街道上新建42盏路灯，完成路灯亮化改造工程，方便群众出行。

【项目建设】 2011年，那马镇完成3个项目建设。超大客运站项目余下的0.47公顷土地征用工作已经进入安置公告的法定程序；铁路项目梁场续租土地已经完成；良庆水利电业公司110千伏变电站开工建设，投资1800万元的电力调度中心举行开工奠基典礼；干部周转房建设工程项目已经开工建设，预计2012年4月底可以完成主体工程；西部燃气站用地问题已经解决，正在积极推进。

【一事一议】 2011年，那马镇总投入70万元，完成那僚村大花坡1～3队和4～6队、冲陶村、一致村那劳坡等4个“一事一议”道路硬化项目；投入13万元，新建那僚村那务坡舞台。

【党建工作】 2011年，那马镇以换届年为契机，加强基层组织建设和干部队伍建设。顺利地完成了镇和村（社区）“两委”换届选举工作。镇三家班子成员13人，仅有1名人大副主席为连任岗位，其余均实现轮岗、交叉任职，实现了年轻化标准，平均年龄为37岁。在村（社区）“两委”换届中，提拔年轻村干到支书、主任岗位3人，新选拔年轻村干18人。同时，镇党委创新实行村干到镇事业单位跟班学习制度，从村（社区）“两委”抽调4名年轻干部到镇计生所跟班。加强了基层组织建设，为进一步把全镇农事工作重心逐步下移到村办理奠定了基础。莲山村和那僚村列为党建示范村建设。

【统筹城乡发展】 2011年，那马镇紧紧抓住那马镇作为自治区及南宁市统筹城乡发展试点

城区党委书记李斌等领导到那马镇考察城乡建设情况

镇的历史机遇，积极主动对接上级规划、国土等部门，做好那马镇土地利用总体规划、那马镇控制性详细规划、那马镇8个村（社区）的规划编制工作，争取各项小城镇综合改革配套政策尽快落实。共和村作为那马镇统筹城乡发展建设试点，正在探索企业带动型的发展模式，并开展土地、规划等方面的前期工作。街道路灯亮化、农村人饮工程、道路及文化活动场所等基础设施在不断改善，统筹城乡发展逐步进入真正的工作日程。

2011年全镇国民经济主要指标

项　目	单　位	实　绩	比上年增长(%)
地区生产总值	万元	30121	8
人均地区生产总值	万元	1.10	2
第一产业	万元	20365	2
第二产业	万元	4319	18
第三产业	万元	511	20
农林牧渔业总产值	万元	38572	16.75
粮食总产值	万元	2201	2
全社会固定资产投资	万元	14761	113.87
实际利用外资	万元	3000	持平
社会消费品零售总额	万元	18878	18
一般预算外财政收入	万元	235	3.07
乡镇地方财政支出	万元	8244296	-4.69
农民人均纯收入	元	6205	15.50

2011年那马镇各村（社区）情况

行政村	行政村面积(平方公里)	自然屯(个)	年末人口(人)	耕地面积(公顷)	农林牧渔业总产值(万元)	粮食产量(吨)	农民年人均纯收入(元)
合　计	168	68	26660	2313.60	38572	12560	6205
那马社区		9	6430	300		2535	
共和村		7	3201	343		1298	
那僚村		14	3687	424		2624	
子伟村		9	3072	334		1645	
冲陶村		7	2445	212		1254	
坛良村		4	2538	209		1145	
莲山村		11	3103	200		1029	
一致村		7	2034	238		1027	

大 塘 镇

【概 况】 大塘镇位于南宁市良庆区南部，地处南北钦防沿海经济区的中心地带，距南宁市45公里，距钦州市50公里，距防城港市110公里，距北海市110公里。地理位置优越，交通便捷，是大西南出海通道的必经之地，邕钦公路、南北二级公路、南北高速公路、南防铁路、南钦高铁穿境而过，境内设有那铺火车站，并配有大型物资储运场。土地总面积498平方公里，是南宁市良庆区面积最大的镇。镇党委下辖3个党总支部，36个党支部，党员745名，其中农村党支部26个，农村党员632名；镇政府辖1个社区，13个行政村，111个自然坡，409个村民小组，总人口4.80万。耕地面积12333.33公顷，其中水田面积4166.67公顷，甘蔗面积7466.67公顷。林木面积15333.33公顷，林木覆盖率达35%。

年内荣获：“2011年南宁市十佳乡镇”、“第七届市容“南珠杯”竞赛优秀奖”、“2010年度南宁市科学发展进步乡镇”、“南宁市集体林权制度主体改革工作先进集体”、“南宁市第六次全国人口普查先进集体”、“2010年度社会治安综合治理（平安建设）先进镇”、“2010年度良庆区征兵工作先进单位”、“2010年南宁市良庆区先进妇女组织”等56项奖项。

【经济发展】 2011年，大塘镇地区生产总值完成7.10亿元，增长14.20%；财政总收入完成3356万元，增长43.66%；全部工业总产值完成5.76亿元，增长29.98%；全社会固定资产投资额完成3.34亿元，增长43.61%；社会消费品零售总额完成2.13亿元，增长17.50%；农民人均纯收入6725元，增长17%。各项社会经济协调发展。

确定以发展特色、生态农业为方向，按照“稳粮、重蔗、兴鸭、壮猪肉”的发展思路，大力调整农业产业结构。2011年全镇粮食总产3.25万吨，甘蔗产量50万吨，肉鸭出栏456万羽，“大塘鸭”享誉区内外，全镇已建有那农养猪基地、那逻猪场、马华斌猪场、永和猪场四个大型养猪场，年出栏生猪1.70万头。工业经济迅猛发展，现有广西冠桂糖业有限公司大塘糖厂、航宁钢铁厂等10多家企业，2011年规模以上工业产值达5.15亿元。基础设施建设得到长足发展，供水、供电、通信、农贸市场、超市、道路、绿化等基础设施日趋完善，现镇上有日供3000立方米自来水厂一个，11万伏变电站一个，移动、联通网络覆盖全镇，有三星级农贸市场一个，超市两个，所有行政村及90%的自然坡通水泥路。

农 业 粮食种植面积6186.67公顷，粮食总产3.25万吨；全年共补贴大中型拖拉机14台，联合收割机11台，小方拖17台，步行式拖插秧机3台，手扶拖拉机113台，深耕犁7套，旋耕机8台，甘蔗割铺机3台，甘蔗割装载机1台，中耕培土机4台；建立了4个超级稻示范片，示范面积66.67公顷，实施万亩粮食高产创建示范及高产高糖甘蔗示范等项目；突出抓好春种西瓜，发展蔬菜秋冬种，建立了写书坡20公顷、团副坡6.67公顷、那徐坡5.33公顷、垌圩坡3.33公顷的秋冬种示范片，全年秋冬种植面积达1333.33公顷，提高农民收入；积极引进优质农产品，实施“桂引薯”12号（甘薯）引进栽培示范、澳洲坚果示范种植等项目；深入推进集体林权制度改革，完成速丰桉等造林面积300公顷；大力扶持重点养殖业产业项目发展，抓好春秋季重大动物疫病防控，有力地促进了大塘镇畜牧业发展。全年农林牧渔也总产值6.82亿元，增长6.50%。

工 业 实施中小企业成长工程，加大对全镇中小企业的扶持力度，确保中小企业生产经营正常，产品产量、销量都在稳步上升，增强发展后劲。全年全镇规模以上工业总产值完成4.99亿元，增长26.55%。

第三产业 继续实施“家电下乡”活动，落实政策补贴，不断刺激和扩大消费，社会消费品零售总额完成2.13亿元，增长17.50%。同时，着力推动金融、保险、信息、中介、社区服务等新兴服务业发展。

【社会事业】 2011年。大塘镇坚持以构建社会主义和谐社会为目标，统筹协调促发展，社会各项事业齐头并进。

教　育　继续实施“两免一补”政策，为全镇义务教育均衡发展提供了可靠保障。落实好提高九年义务教育巩固率工作，扎实开展家访活动，对农村留守儿童进行多元化教育和帮助。全镇有中学1所，完善小学12所，教学点15个，现有义教阶段在校学生5727名，小学学生辍学率控制在1%以内。

文　体　大力发展文体事业。在重大节庆日期间，共组织策划体育比赛172场次，参赛人员5730多人，举办和接纳各类外来文艺演出活动78场次、累计观众人数达8.20万人次。特别是在6月份组织镇干部职工参加建党90周年“绿城红歌献给党”合唱比赛，组织镇优秀文艺队参加城区“2011年乡村社区和谐文艺大展演”复赛，均取得了优异的成绩，得到了上级领导的肯定。举办“嘹啰山歌会”，歌会聚集了周边邻镇各地歌手300多人，传承和保护了大塘镇非物质民间文化艺术。加强管理，净化大塘镇文化市场，先后开展了文化市场联合检查13次，共查处流动摊点盗版书刊、黄色淫秽光碟56张，保障了大塘镇文化市场的健康繁荣。

医　疗　新型农村合作医疗进一步规范和完善，全镇新农合参合率达到91%。为生活困难的城乡肺结核患者免费治疗、开展新婚夫妇意愿免费进行婚前医学检查项目、加强艾滋病防治、在全镇范围开展九大类基本公共卫生服务等6个项目。

社会保障　年内完成城镇新增就业人数330人，农村劳动力转移就业新增770人，农村劳动力职业技能培训316人，下岗失业人员再就业10人，城镇登记失业率控制在3.65%以内；城镇居民医疗保险参保人数353人（不含学校），企业退休人员生存认证达680人；全面启动城乡居民社会养老保险工作，全年全镇城乡居民社会养老保险参保率达60%，60岁老人养老金发放率100%。

民　政　扎实推进为民办实事项目。完善城乡低保管理运行机制，提高基层低保工作质量和服务水平，切实做到动态管理下“应保尽保、分类施保”。累计发放城乡低保金11.50万元，为243户农村五保户发放供养金36.45万元，保障了弱势群众的基本生活。不断完善城乡医疗救助制度，及时安排春荒受灾群众的生产生活，全年安排救灾资金11.70万元，购买救济口粮4.60万斤，救助春荒困难群众2370人。全面落实各项优抚安置政策，广泛开展拥军优属活动，军政军民“同呼吸、共命运、心连心”的大好局面进一步巩固和发展。

城　建　以创建“全国卫生城市”为契机，以整治农贸市场、私人建筑工地、夜市摊点、交通秩序为重点，不断加大镇区环境整治力度。结合“南珠杯”进行综合整治等工程，加大对市政设施的管理维护力度，全年总共投入资金18.86万元，完成对镇区主要地段进行杂草清理、水沟清淤、岔路垃圾和建筑垃圾清理、路灯维修、路口排水、公厕改建等工作。

【精神文明和民主法制建设】 2011年，大塘镇以建设社会主义核心价值体系为根本，扎实推进“公民道德建设实践”活动，不断加强未成年人思想道德建设，大力弘扬“能帮就帮”的南宁精神，深入开展“和谐建设在基层”活动，扎实开展群众性文明乡镇创建活动，文明单位、文明社区、文明村坡、文明行业、文明示范窗口等文明创建活动得到有效开展，全镇的文明程度和居民的文明素质得到了普遍提高。积极推进民主法制建设。深入开展依法行政和普法教育，基层民主法制建设不断加强。全面推行政务公开、村务公开、服务承诺、过错追究、首问负责和限时办结制度；建立了科学、合理的绩效考评机制，使民主法制建设进一步推进。

【人口与计划生育】 2011年，大塘镇村（居）委已开展诚信计生10个。参加签订诚信计生的育龄妇女1613人，占任务85%。成立诚信计生小组369组。并超额完成上级下达任务。一年来全镇人口出生总数为562人，其中一孩351人，二孩196人，多孩15人，符合政策生育率为86.27%，二孩计划生育率94.84%，多孩率为2.10%，出生报出率100%；已进行孕情跟踪的有412人，孕情报出率为74.53%；完成“四术”667例，其中放环完成525例，结扎完成40例，人流完成37例，引产完成36例，区间长效避孕率达85%以上;全镇全年共完成社会抚养费征收90多万元。

【社会治安综合治理】 2011年，大塘镇推进“平安大塘”建设。坚持动态排查、信息预警，2011年大塘镇共搜集倾向性、苗头性的涉稳信息15条，均已及时消除和化解。坚持“五个一”和“五包”责任制，调处化解了一批矛盾纠纷。全年共接待村干部及群众来信来访1100多人次，纠纷排查12次、调处各类疑难复杂案件32起（“三大纠纷”25起，铁路征地2起，民间纠纷5起），均得到调结，一般的民间纠纷调解成功率达100%，一年来，没有因纠纷调处不当引发群体性上访、治安案件、刑事案件和自杀性案件。严格落实工作制度，加大对“重点人、重点事、重点物”动态排查掌握，实现了节假日、重大节庆等敏感时段“大事不出、中事不出、小事少出”的工作目标。加大校园及周边治安环境整治力度、及时打击严重刑事犯罪，查处违法行为，起到了震慑犯罪、教育群众的社会效果。全年，公安机关共立刑事案件138起，破获15起，其中破获命案一起，破案率12%；受理治安案件165起，查处165起，结案22起；抓获各类犯罪嫌疑人73人，其中刑拘11人，逮捕9人，治安处罚7人，教育释放10人；查获网上在逃人员5人，查获吸毒人员5人，行政处理2人；查获涉嫌被盗汽车1辆，为群众挽回损失3万多元；打击犯罪团伙1个，摧毁赌博窝点2个。公众安全感和满意度进一步得到提升。同时，加强稳定企业安全生产形势。深化安全生产责任体系建设，强化安全监督管理，加强安全生产宣传教育，对重点行业、重点领域、重点区域安全进行了大检查和专项整治，及时处理了各类安全隐患，杜绝了重特大安全事故发生。

【为民办实事项目】 2011年，大塘镇为民办实事项目进展顺利。城乡风貌改造工程完成改造任务220户，完成任务100%；修建那造坡、那造新村、那造安老坡，横州培茶坡，大塘社区朝阳坡，南荣村团福坡等村屯道路共8条；完成百乐村上蕾坡、那梨村那梨坡、那梨村那兰坡、那农村公安坡、太安蓬莱坡人饮工程建设；农村沼气池建设项目任务80户，完成率100%；大塘社区那了坡公共服务中心设施项目，已全部建成；完成危房改造任务91户；完成4间村级卫生室建设和6间村级卫生室修缮任务；民政五保村建设、城乡居民社会养老保险、镇区绿化工程等其他项目也已全部完成。全镇新农合参合率达到91%；为100对新婚夫妇进行计划生育孕前优生健康检查；残联白内障复明工程完成45例；助困扶残“阳光家园”项目完成13户。

大塘镇那团新村一角　　（张丽燕　摄）

那 陈 镇

【概　况】　2011年，那陈镇辖居民社区1个，行政村15个，自然坡104个，村民小组264个。中共党组织31个，其中党委1个、总支部2个，党支部28个，党员704名。总人口34588人。总面积297.30平方公里，耕地面积7638公顷，其中水田面积2398公顷，旱地面积5240公顷，水域及其他3213公顷，林地面积11322公顷，森林覆盖率为38.10%。荣获2011年度良庆区社会治安综合治理（平安建设）先进镇一等奖；良庆区2011年度安全生产工作先进单位；2011年度良庆区人口与计划生育工作“先进单位”；邕乐村那蕾坡获市级“文明村镇”，邕乐村龙结坡获城区级“文明村”，那陈派出所获城区级“文明单位”。

【经济发展】　2011年，那陈镇地区生产总值完成3.33亿元，同比增长11%；调整后财政总收入1853万元，同比增长23.55%；全社会固定资产投资1.01亿元，同比增长18.18%；社会消费品零售总额1.40亿元，同比增长18.14%；农林牧渔业总产值4.20亿元，同比增长21%；农民人均纯收入6420元，同比增长12.44%。

工　业　工业企业2家。工业总产值7000万元，其中规模以上工业总产值6000万元，同比增长23%。

农　业　完善建设4个示范片。每个片面积13.34公顷，一是西宁下敏红龙果示范片；二是邕乐那乐香蕉示范片；三是和平那眼甘蔗高产高糖示范片；四是和平思卢超级稻示范片，四个科技示范项目共73.34公顷，形成了良好的社会效应。全镇实现农业总产值4.20亿元，粮食种植面积3050公顷，总产量1.43万吨，增长18%；甘蔗种植面积6800公顷，总产量45万吨；蔬菜种植面积865.70公顷，总产量2万吨，增长0.50%；水果种植面积1781公顷，总产量1.09万吨；年末生猪存栏5302头，出栏12960多头，家禽存栏600万羽，牛存栏5815头，其中役用5815头。肉产品产量3400吨，渔业放养水面积440公顷，水产品产量3800吨。

林　业　林改工作全面启动。全镇16个村（社区），林地面积11322公顷，涉及287个村民小组31400人。完成勘界面积12400公顷。完成任务数103%。

【社会事业】　2011年，那陈镇社会事业全面发展。

科　技　开展超级稻田间管理技术培训、示范片建设和农作物套种技术推广，建设优质稻、甘蔗、西瓜、火龙果、芒果等一批示范基地，其中西宁村火龙果、那徐香芒、和平村的西瓜成为全镇推进农业产业化的亮点。火龙果基地种植规模200公顷。组织农技员和种养带头人外出参观考察，培养农产品销售经纪人队伍;举办各类职业技术培训6期1200多人次;举办4场农村劳动力转移就业招聘会，新增城镇就业100人，城镇登记失业率控制在4%以内；新增农村劳动就业转移580人，培训705人，完成城区下达任务。

教　育　全镇公办中学1所、中心学校1所、完小11所；教学点7个，在校初中生654人，小学生2134人，教职工193人。九年义务教育普及率达到100%，聋、哑、智障儿童入学率达80%。学校基础设施不断完善，镇中心学校通过自治区创建义务教育常规管理达标学校评估，语文教研组获得南宁市优秀教研组称号，教育教学质量稳步提升。投入30多万元建设镇中心学校校园文化，投入180万元建成那陈中学学生宿舍楼，硬件设施不断改善。

卫　生　镇内有卫生院1个，卫生技术人员35人。16个行政村共设有15个卫生室，村医17人，保健员19人，年内免费接种疫苗2350人次;法定传染病发病率控制在指标范围内。加大卫生宣传力度，针对慢性患者、孕妇、医护人员等人群，开办26次健康讲座（培训），受益人数1.50万人次。儿童卡介苗、糖丸、百白破接种、麻疹接种、乙肝防治等工作均全面达标。加强艾滋病宣传，做到村（社区）全覆盖。全年无重大传染病疫情流行、暴发，无可免性疾病病例发生，未发生公共卫生事件。同时，加强防疫、医疗卫生监督，开展防疫防治工作，全镇无重大传染疫情发生。农村合作医疗保险达31180人，参合率达94.70%，为参合群众报销金额332.77万元，基金使用率达90%。

民　政　全镇发放救灾粮3.80万斤，救灾物资一批。为城乡享受低保办理救济503多户。发放低保金100300元，其中城镇居民低保28户，低保金455元；为五保、低保、困难户办理医疗救助54多户，涉及资金5.30万元。因灾重建住房、改造维修危房12间，组织10名患者免费实施白内障术。召开军烈属迎春座谈会，发放慰问品90份，慰问金10.44万元。农村特困户和贫困残疾人口危房改造14个，办理廉租房3户。年初确定的民办实事项目：新建3个公共服务中心、农村人饮工程、道路交通设施、卫生院干部交流周转房等前期准备工作全面完成。分别投资380万元维修社区至西宁通村公路，45万元修建坛留村那盆桥。

【精神文明建设】　2011年，那陈镇开展创建全国文明城市各项活动。以实践为契机，参与学习科学发展观，16个村及镇直各单位共31个党（总）支部，704名党员深入学习实践科学发展观活动；深入开展“城乡清洁工程”，继续聘请专职环卫工人6名，实行8小时保洁制度。进一步完善街道绿化美化，新种和补种1000多棵树；在春节、“五一”、“七一”、“十一”节假日开展篮球、气排球、游艺等文体活动。同时抓好南宁市文明村坡、城区文明村和文明单位的申报工作，完成了7个村坡的篮球场建设，建成了花园式的镇中心文化广场，并配置5万元的健身器材一套，为广大居民提供了一个集学习、娱乐、休闲、活动为一体的综合性场所。全镇有自治区级文明村坡1个，城区级文明单位（村）3个，文化阵地12个，农村文艺队5个100余人。“五报两刊”年度完成征订任务。

【社会治安综合治理】　2011年，那陈镇开展“平安镇”创建活动。积极开展“六五”普法教育，开展“禁毒”、“严打”、打击“六合彩”等专项活动，年内在进宏市场进行大接访7次，印发“三大纠纷”及有关法制宣传资料5000份，为学生上法制课2次，参加2500人次。建立治安巡逻队、综治信息和人民调解队伍，做好土地、山林、水利纠纷和民事纠纷等的大排查、大调处，排查调处各种矛盾纠纷376件，调解成功359件，成功率95%。做好重大节假日及敏感期安全防范工作，制定应急预案、“两会一节”期间的社会平安稳定。深入开展安全生产百日督查专项行动，对农机、学校、交通、企业、商铺、建筑食品等重点行业、重点领域、重点区域进行安全大检查和专项整治。实施了双鱼良大桥重大交通安全隐患专项整治，完成了那西线道路交通、那陈街过街公路两项三级重大事故隐患整治。全镇安全生产状况总体稳定好转。

【人口与计划生育】　2011年，那陈镇第六次人口普查登记工作任务如期完成，户籍总人口34588人，总户数10297户。人口自然增长率控制在10‰以内；符合政策生育率89.40%；二孩生育率82.92%；施行计划生育节育手术427例，完成总任务的117%。当年长效避孕率84.38%；生育孕情报出率76.73%，高于考核指标6.73个百分点；独生子女保健金兑现率100%；出生统计合格率95.80%。完成65对农村地贫筛查工作，享受奖励扶助政策累计达475人。人口和计划生育工作继续位居城区前列。做好产后、术后、用药后的回访工作，关心妇女健康，独生子女保健金兑现率100%；出生统计合格率100%。其中那徐村被推荐为南宁市“诚信计生”试点村评为自治合格村，那陈社区、那徐村被评定为自治区、南宁市“两无一提高”先进村。那蒙村、文林村被评定为自治区、南宁市“两无一提高”先进村。

【特色农产品】

芒　果　那陈芒果有鸡蛋形，圆形、肾形、心形；果熟后皮色有浅绿色、黄色、深红色；果肉为黄色，含膳食纤维。味道酸甜不一，有香气，汁多核小，富含维生素A和维生素C，有解渴利尿、抗菌效益、防癌抗癌、祛痰止咳、降低胆固醇等功效，被誉为“热带水果之王”。2011年，那陈芒果品种有台农、803、红芒、金蕙、紫花，主要分布在那徐村和邕乐村，主要销往广东、湖南等地。

火龙果　又名青龙果、红龙果。其含一般植物少有的植物性白蛋白、花青素以及丰富的维生素和水溶性膳纤维。具有预防便秘、促进眼睛保健、增加骨质密度、帮助细胞膜形成、预防贫血和抗神经炎、口角炎、降低胆固醇、皮肤美白防黑斑的功效外，还具有解除重金属中毒、抗自由基、防老年病变、瘦身、防大肠癌等功效。2011年，那陈火龙果的种植面积600公顷，产量10000吨以上。主要分布在西宁和文林村，产品销往南宁及周边地区。

南　晓　镇

【概　况】　2011年，南晓镇辖社区1个，村13个，自然坡110个，村民小组404个，总人口4.40万；土地总面积294平方公里，耕地面积3872.33公顷，其中水田面积2693.73公顷，旱地面积1192公顷，山塘水库面积112.20公顷，林地面积10130公顷，森林覆盖率为48.30%以上。镇党政机构设置5个综合性办公室：党政办公室、社会事务办公室、经济发展办公室（挂“安全生产管理办公室”牌子）、人口和计划生育工作办公室、社会治安综合治理办公室。年内获“南宁市乡镇（街道）工会规范化建设达标单位”、“2010年度社会治安综合治理（平安建设）先进镇三等奖”、“2010年度铁路护路联防工作先进单位”、“2010年度社会治安综合治理（平安建设）先进单位”、“南宁市良庆区2008～2010年度先进基层党组织”、“南宁市良庆区庆祝中国共产党成立90周年合唱比赛三等奖”、“‘十一五’期间南宁市良庆区档案工作先进单位”、“2010年度良庆区征兵工作先进单位”、“2011年度良庆区民兵军事训练综合考核一等奖”等奖项。

【经济发展】　2011年，南晓镇生产总值4.47亿元，同比增长17%；财政收入完成747万元，完成年度计划的112.50%，同比增长33.87%；全社会固定资产投资完成1.92亿元，完成年度计划的106.80%，同比增长56.01%；社会消费品零售总额完成1.86亿元，完成年度计划的100.80%，同比增长17.99%；规模以上工业总产值完成6521万元，完成年度计划的108.70%，同比增长26.47%；农林牧渔业总产值完成5.89亿元，完成年度计划的100.40%，同比增长0.71%；农民人均纯收入6444元，同比增长12.98%。

农　业　粮食种植面积5906.67公顷，总产量达2.83万吨，其中水稻种植面积为5000公顷，超级稻种植面积达1466.67公顷，水稻总产量2.64万吨；水果种植面积3066.67公顷，产量0.87万吨；甘蔗种植面积2133.40公顷，预计产量10.50万吨以上;蔬菜种植面积1533.34公顷，其中黑皮冬瓜453.33公顷，产量达4.20万吨；西瓜种植面积373.33公顷，产量0.98万吨。

林　业　新种经济林304公顷，迹地人工更新造林333.34公顷，幼龄育林抚育433.34公顷，超额完成全年造林任务。种植1000棵大规格树和1000株小规格树，成活率达80%以上。在“百万农户种千万棵树活动”中树种2.50万株。配合城区林业部门完成了林业二类调查，各类林地面积达21333.34公顷，森林覆盖率达50%以上。开展预防松材线虫病宣传和春秋季普查工作，向上级林业部门报告高度危害性有害生物按树姬小蜂危害情况。

畜牧水产　全年出栏肉猪20765头，比上年增长3.60%；家禽出栏675.40万羽，比上年增长2.10%；畜牧肉类总产量10884.80吨，比上年增长6%。水产品总产量798吨，比上年增长4.60%，全镇水产养殖面积172.20公顷，比上年增加1.20公顷，其中名特优品种养殖2.40公顷，比上年增加0.20公顷。

【社会事业】　2011年，南晓镇各项社会事业全面发展。

科　技　建立蔬菜生产示范片20公顷；淮山示范片10公顷；超级稻示范片13.34公顷。发布病虫害预测预报5期，生产指导意见4次，组织举办各项农业技术培训班38期，其中现场示范培训5期，室内培训33期，印发相关技术资料12000多份，培训农民4000多人次。推广高产优质品种的种植技术，有荔枝品种改良示范点、桂中治旱黑皮冬瓜示范点、甘蔗“双高”示范点等，并以点带面，正确引导群众采用新品种新技术，带动群众不断发展，调整农业产业结构。

教　育　全镇公办中学1所，中心小学1所，完小13所。年内，全面推进素质教育，巩固和扩大“两基”及义务教育学校常规管理工作成果，义务教育入学率100%、巩固率100%，“普九”工作顺利通过国家验收合格，“两基”工作不断得到巩固提高，进一步优化了学校资源配置，教师队伍素质得到全面提高。继续做好“两免一补”有关工作，公示了95名贫困生，建立“两免一补”贫困生数据库，确保政策落实到位。认真落实《良庆区学前教育三年行动计划》，争取到市为民办实事项目——建设一所公办中心幼儿园，选定原南晓中学校址为中心幼儿园园址。

文化体育　为民办实事项目——新民村古沙坡村级文化活动中心顺利完工，并通过验收；不断加强民族文化遗产的挖掘、收集、保护工作，市级文物保护单位平朗村的孔总桥、晓元村的雷股故居及大陵村的钟氏古宅极大丰富了南晓镇的文化底蕴；不断丰富人民群众文化生活，共举办镇级、村级篮球比赛63场次、气排球比赛35场次、乒乓球比赛59场次，拔河20场次，游园活动3场，组队参加城区举办的“绿城红歌献给党”合唱比赛活动和第二届“乡村社区和谐文艺大展演”比赛活动均获得优秀奖。

医疗卫生　镇内有1个中心卫生院，36个村卫生室。镇卫生院年内门诊接待37113人次，住院849人，住院病床使用率为78.70%，处方、病历书写规范率达95%；成立医疗服务队，入村到户为65岁以上老人进行健康体检；规范居民健康档案，现已建立健康档案18321份，建档率达42.30%；全年制作医疗宣传板报20期，发放各类传染病防治知识宣传资料1500多份。筹集新农合资金114.30万元，参与率达90%以上，切实解决人民群众“看病难”问题。落实“一池三改”建设任务到户，完成了80座沼气池建设，基本完成了7个村卫生室新建和5个村卫生室维修工作。

民　政　完善五保供养、社会救助、双拥优抚等民政救助体系，全镇625户1490人纳入农村低保，落实参战退役军人和参战自卫还击民兵优抚政策，发放优抚金11.30万元、救济粮4.50万公斤，全年无“两参”人员因生活救助问题而集体上访。每月为265户特困户发放最低生活保障金额共计101210元，为26户城镇低保户发低保金额4483元；为5户镇医疗救助对象争取城镇医疗救助金18500元；为56名村民争取农村医疗救助金136405元。

劳动和社会保障　实际完成城镇新增就业110人，完成率110%；实际完成农村劳动力转移就业新增550人，完成率100%；解决下岗失业人员再就业11人，完成率110%，城镇登记失业率3.65%，完成任务90%；就业困难对象再就业5人，完成任务125%。收缴新农保基金189万元，15000人参与，参保率达69%，60周岁以上人员养老金发放率达100%，切实解决人民群众“养老难”问题。

基础设施建设　投入水利建设资金近10万元，维修渡槽1座，清淤修复灌溉支渠4.60公里，改善恢复灌溉面积153.34公顷；投入抗旱补助资金7万元，带动抗旱抢插保苗面积333.34公顷；投入农村道路建设资金31.50万元，硬化农村水泥路1.80公里。

【精神文明建设】　2011年，南晓镇以现代远程教育系统为依托，开展文化下乡活动，发放宣传册5000余份，组织村民观看优秀电教片30余场；组织镇级、村级篮球比赛、游园活动等群众文化活动181余场；举办南晓街“二月初二”庙会，表演极具本地特色的非物质文化遗产民俗舞蹈《斑鸠舞》，丰富农民的精神文化生活。继续加大力度普查本辖区内的民族文化遗产，认真做好民族文化遗产的挖掘、收集、保护工作。深入开展文明村、文明单位创建活动，镇农业服务中心被评为城区级文明单位，南晓社区茂钦坡被评为城区级文明村。

【非物质文化遗产】　2011年，南晓镇继续挖掘、收集、整理非物质文化遗产。

南晓街“春社日”　南晓街建始于清嘉庆年（1806）年间。2006年，南晓街筹委会一致决定，每三年的二月初二为南晓街街庆日暨春社日，每年一活动，三年一大庆。每到农历二月初二春社日，由村里的统一安排召集相关人员按照传统的习惯聘请当地的道公、师公数人（亦有些地方同时邀请僧道同行），备上三生祭拜，有祭拜土地、盲道扫荡、引龙振村、过关楼、佩带平安符习俗，有些村坡或圩场还举办一些传统文化体育娱乐活动，如篮球赛、歌舞晚会、地方采茶戏、山歌对唱、八音齐奏、舞龙舞狮、上刀山、过火炼等。到时家家户户大宴宾朋，多则有三五十桌者，少则三五桌，真是车水马龙，游人如织，热闹非凡。

南晓“香火球”　班姓太公生有二子，其妻病故后班太公另娶，晚年得一子，视为明珠，两长兄因而妒忌，常恶语相向，并百般刁难。某日，村中来一老者，因饥寒交迫，走不多远就支持不住晕倒在地上。太公晚子见之，逐背回家中，细心照顾。老者觉得此子善良孝顺，言谈中知其家境遭遇，相别时告之：“我原为堪师，在村外有一好风水地，名为‘宝鸭戏水’。住之可兴家，你不妨迁去另立新家。”后太公去世。三兄弟极难相处，小弟逐与母亲分得三斗粗粮迁至堪师指点之地，建茅屋而居，新垦两三分田地，艰难度日。新种稻田收成极差，母亲心灰意冷，想投河自尽，忽发现河中漂来一竹壳皮，上有三块铜钱，三支鸡羽毛和三支香，母亲福至心灵，以为神助，得三元（天神、地神、水神）的惠泽，逐生生念，捞之回家，与儿子用三支香点燃叩谢神恩，用三块铜钱购些谷种育秧，用三支鸡羽毛插在竹壳皮上挂在田中，以驱禽兽。果然发现禾苗长势良好，之后儿子成家，子孙甚多，人丁旺盛，安居乐业。后班姓人家逐渐相传用铜钱插上鸡羽毛、香火拜祭土地庙。因抛耍时极感好玩，初为两人对拍，后为双打，再为多人拍打，并以铜钱为意，相传至今。

“香火球”最初盛于元宵庙会、灯会，是人民群众消灾、避邪、祈福、纳吉的一项体育竞技活动。流传在南晓、钦州邻近村坡一带。

钟氏古宅　钟氏古宅，建于清代（1894年），位于南宁市良庆区南晓镇陵桂村大陵坡。坐西南朝东北，三进两天井，占地面积350平方米，建筑面积约200平方米。青砖青瓦清水墙，抬梁式硬山顶砖木结构。雀替、封檐板、抬梁、隔扇和门窗等木构件的雕花图案细致精美，天井地面青砖基本保持原样，二进、三进间西北面设月亮门。该宅为南晓镇唯一现存较完整的古建筑。

雷殷故居　雷殷故居位于南宁市良庆区南晓镇晓元村达庄坡32号。建筑坐西北朝东南，依坡而建。四进三天井，面阔三开间，占地面积约565平方米。第一、二、三进均为硬山顶砖瓦结构建筑，第一进为两层建筑，进与进之间有台阶、天井相连。第四进为砖泥结构。

雷殷（1886.04～1972.11），字渭南，南晓镇晓元村达庄坡人。清光绪三十二年（1906年）毕业于南宁府中学堂，1907年由黄兴介绍加入同盟会，宣统元年（1909年）后就读于省立桂林政法专门学校。

辛亥革命之初，雷殷因参与讨袁而被下密令逮捕，他遂避难日本，就读于东京政法大学。毕业后回上海，继续参与讨袁活动。

民国六年（1917年），他任广东军署总参议，民国九年（1920年）调任桂林道尹。民国十一年（1922年）赴北平，出席国会，被选为宪法起草委员，后因民国大学校长江天铎之请，任该校教务长，后任校长。民国十七年（1933年），任哈尔滨政法大学校长。“九一八”事变后，雷殷离职回广西任广西民政厅长。他效法周礼之职官管子连乡轨里，王荆公之保甲等制度，开展全省户口调查，组建区乡村甲，使广西成为全国治理地方成效最为卓著省份。

蒋介石巡视广西时，雷为蒋所赏识，被调赴重庆中央训练团，委任为内政部常务次长兼中训团教育组长，宣讲推行广西县政体制。从此，雷殷创办之保甲制风行全国。

1949年，中国大陆解放，雷殷随国民党去台湾。雷殷平生著有《太平天国与辛亥革命》、《民主政治之回顾与前瞻》、《国父组党著述与革命成功之因果》等书。

1972年11月于台湾病故，享年86岁。

【社会治安综合治理】 2011年，南晓镇以社会平安稳定为目标，健全完善矛盾纠纷调解和安全生产工作责任机制。查处治安案件80起，其中已结案12起；受理调处矛盾纠纷313起，调处率100%、调结率96.80%。全镇辖区内政治稳定，社会治安良好，人民群众安全感不断增强，为经济建设提供了有力保障。

【安全生产】 2011年，南晓镇利用南晓街、雅王街、台马街日积极开展道路交通、消防安全检查及宣传活动，发放宣传资料7000多份，张贴标语450条，悬挂宣传横额195条。举办安全咨询宣传活动，展示安全图片40余张次，努力营造“关爱生命，关注安全”的浓厚氛围。加强对居民楼房、学校、卫生院、网吧、饭店等人员密集场所的消防安全大检查。在对各企业、学校、建筑场所、非煤矿山、加油站等单位的安全生产检查中共排查出存在安全隐患65处。其中包括道路安全隐患28处、危险化学品隐患2处、烟花爆竹隐患2处，当场消除隐患33处。村屯道路共排查出道路隐患28处。各项安全隐患整改都在规定时间内完成，安全隐患整改率达到100%。加大对危险路段检查力度，联合交警、交通、农机部门查扣摩托车8辆，处罚超载三轮摩托车15辆，查处农用自推车人货混装车辆6辆，现场教育群众97人，发放宣传资料200多份。全镇无重大安全生产事故发生（死亡人数为0，控制指标4人），社会大局平稳安定。

【人口与计划生育】 2011年，南晓镇新出生人口437人，比上年同期减少31人，其中一

2010年11月30日，在南晓街开展科普宣传活动

孩计生率86.79%，二孩计生率72.44%，政策外多孩率4.01%。人口出生政策符合率86.96%。出生人口中男性243人，女性194人，性别比为125:100，出生性别比失衡。全年女性初婚342人，晚婚275人，早婚3人，早婚现象比去年减少。独生子女领证率显著提高，随着人口与计生基础知识教育全面深入开展，新型婚育观念逐步被群众接受，南晓镇领取独生子女父母光荣证的人逐年增加，全镇至2011年止累计领独生子女父母光荣证182本，领证率45.89%，上升了2.99个百分点。已婚育龄妇女7756人，农村人口生育长效避孕率为82.94%。全区间年共完成“四术”615例，完成城区任务516例的120%，做到“四术”无拖欠，均100%回访。6个村（社区）开展诚信计生工作，组成诚信小组286个，1001户参加，群众参与率85.85%。

【林权改革】 2011年，南晓镇继续推进集体林权制度改革工作，实行领导、工作队包村，明确工作职责，严格按照林改工作要求实施整改，集中全镇力量完善林权登记申报材料，突击完成林改档案材料的收集、装订。经调整，南晓镇的林改任务14733.33公顷，到10月底，集体林地确权发证15866.67公顷，完成任务的107.70%，确权发证各项指标通过了自治区验收检查组的检查验收。

【危房改造及廉租住房】 2011年，南晓镇坚持“最危险优先、最贫困优先、最积极优先”原则，确定了170户的危房改造对象，其中五保户14户、低保户36户、贫困户120户（残疾户10户），年内全部竣工。城市低收入人群的廉租住房保障新增初审37户、年审32户；经济适用房申购完成初审并报送8户、查档28户。

【招商引资】 2011年，南晓镇按照“主攻一产打基础，推动三产上规模，鼓励创业促带动”招商思路，全面推进招商引资工作。基本落户企业有：总投资1000万元的南晓镇塑料制品厂，现已建成主体厂房；预计投入500万元的屯六水库漂流项目，正在做项目的可行性研究报告；预计投入300万的南晓客运站项目，已开始前期征地工作；龙象谷项目前期工作小组已进驻，整体规划将于2012年3月完成。

【城乡清洁工程】 2011年，南晓镇安排200人次在南晓街开展了3次联合整治行动，清理乱摆摊点16处、跨门槛经营34起，纠正车辆违章停放57起，清理违章小广告135处，查处工地乱象7起。城镇“脏、乱、差”现象得到有效治理。

【民主法制建设】 2011年，南晓镇开展城区、镇两级人大换届选举，于6月28日顺利选举产生新一届城区人大代表29名、镇人大代表65名。7月19日至20日，召开南晓镇第二届人民代表大会第一次会议，选举产生了镇人大、政府共6名新的领导班子成员。办理人大代表提出的议案、建议10件，接待办理群众来信来访6件，办结率100%，满意率100%。抓好“六五”普法工作，为广大干部、职工订阅普法书刊。支持工会、共青团、妇联等开展工作，全面完成民兵整组、民兵训练和征兵工作，选送优秀青年入伍13人。

【镇、村（社区）两级换届】 2011年，南晓镇领导班子和村（社区）“两委”换届。

镇党委换届 5月25日，中共南宁市良庆区南晓镇第二次代表大会召开，参加会议党代表103名，列席人员8名。选举产生中共南晓镇第二届党委委员10名，中共南晓镇第二届纪律检查委员会委员5名，选举出席良庆区第二次党代会的代表17名。

村（社区）“两委”换届 全镇14个村（社区）顺利完成第六届村“两委”换届选举，选举产生村“两委”成员122名，其中，妇女干部担任支部书记2人，担任副支书2人。村

"两委"班子成员中，致富带头人 20 人，外出务工返乡人员 27 人，一批带头致富能力强、群众威信高度的农村能人进入了村"两委"班子。

村（社区）群团组织换届　村（社区）妇女组织选出优秀妇女人才 35 名，其中社区妇联主席 1 人、副主席 1 人、委员 3 人，村妇代会主任 13 人、副主任 17 人。实现了 100%的村（社区）"两委"班子中至少有妇女干部 1 名以上目标。截至 9 月 28 日，村（社区）选举产生团支部委员 42 人。其中团支部书记 14 人。团支部委员中男委员 40 人，女委员 2 人，平均年龄 24 岁。团支部书记平均年龄为 27 岁，大专以上学历 1 人，党员 4 人，其中有 2 人为村党总支委员。

2011 年南晓镇国民经济主要指标

项　目	单位	实　绩	比上年增长(%)
地区生产总值	万元	44705	17
人均地区生产总值	万元	—	—
第一产业	万元	—	—
第二产业	万元	—	—
第三产业	万元	—	—
规模以上工业总值	万元	6521	26.47
农林牧渔业总产值	万元	58925	0.71
粮食总产值	万元	—	—
全社会固定资产投资	万元	19224	56.01
实际利用外资	万美元	—	—
社会消费品零售总额	万元	18605	17.99
一般预算财政收入	万元	129	-29.12
地方财政财政支出	万元	—	—
城镇居民人均可支配收入	元	—	—
农民年人均纯收入	元	6444	12.98

2011 年南晓镇各村（社区）情况

行政村	行政村面积（平方公里）	自然屯（个）	年末人口（人）	耕地面积（公顷）	农林牧渔业总产值（万元）	粮食产量（吨）	农民年人均收入（元）
南晓社区	25.40	10	5758	323.13			
晓元村	39.14	13	4483	396.33			
陵桂村	15.61	4	2680	275.13			
台马村	12.61	10	2977	174.73			
派双村	13.04	3	8001	132.40			
同里村	10.09	5	2541	174.73			
大满村	17.30	7	2739	228.93			
平朗村	20.20	6	3013	259.47			
团东村	13.28	5	1987	202.67			
雅王村	12.70	9	3441	289.47			
那敏村	17.43	7	3581	219.8			
福里村	21.34	8	3030	309.73			
新民村	22.13	9	2229	275.33			
团城村	52.57	14	4172	624.20			
合　计	292.84	110	44431	3886.05	58925	28300	6444

（姚宣伊）

大沙田街道

【概　况】　2011年，大沙田街道辖社区10个，村委会3个，辖区面积约63平方公里。年末总人口数约23万，其中，常住人口约6万(其中户籍人口44836人)，流动人口约16万。街道办事处行政编制12名，事业编制30人，下设党政办公室、经济贸易办公室、市政管理办公室、社会治安综合治理办公室、计划生育办公室等5个内设机构和计划生育服务所、劳动保障所、农业服务中心、流动人口管理办公室、建设和经济贸易站等5个二层机构。年内获"2011年度南宁市良庆区思想政治工作先进单位"、"良庆区2011年度安全生产工作先进单位"、"2011年度南宁市良庆区党政信息工作先进单位三等奖"等称号和奖项。

【经济发展】　2011年，大沙田街道全社会固定资产投资额完成4.70亿元，同比增长4.46%；社会消费品零售总额完成7.54亿元，增长17.46%；农林牧渔总值2320万元，增长6%；财政收入完成1.03亿元，同比增长35.10%；实际到位内资4000万元，完成率100%；规模以下工业总产值12.65亿元，同比增长71.80%。

农林牧渔业　总产值3802万元。农作物播种总面积1635公顷。

农业科技培训　组织畜牧养殖、水稻育秧、农村党员等培训班8期，培训人数673人次，发放资料810份。

农机管理　开展农机普查，涉及村屯17个，普查结果：总动力4227千瓦，拖拉机保有量203台，收割机2台，耕整机12台，动力脱粒机84台。

水利普查　举办水利普查培训6期，培训186人，发放宣传资料380份，出动车辆95次，填写普查表89份，清查表110份，台帐115份。

林　业　全年完成荒山造林面积46.67公顷，义务植树4万株。

畜牧水产　年末耕牛存栏869头，耕牛的W病免疫1732头次，免疫密度为100%，发证率100%；生猪存栏9129头，猪瘟、猪W病全年的免疫数均为1.90万头次，免疫密度100%，发证率100%，上标率100%。年末家禽存栏8.40万羽，禽流感免疫8.40万羽，免疫密度100%；犬类存栏853只，免疫853只，免疫密度100%。

家电下乡　普通家电补贴资金826933.32元；汽车、摩托车类下乡补贴271台，补贴资金163416.80元。

【基层党组织建设】　2011年，大沙田街道加强基层组织建设。一是推进"三有一化"建设，增强基层党建活力。7月至9月，完成了辖区10个社区、3个村"两委"（换届）选举工作，共选举产生村（社区）"两委"成员120人。争取上级建设资金，投入近100万元完成坡洋、五象、前进、银沙社区一站式办证服务大厅建设。此外，建成了街道政务服务中心并投入使用，实现各服务职能部门的行政服务全部集中到政务中心工作，街道服务群众功能进一步加强。二是做好发展党员工作。新发展党员25名，预备期满且合格予以转正党员36名，培养入党积极分子47名。三是推进"党组织建设年"活动，推进机关与基层一体发展。广西广播电影电视局与金象社区党支部结对共建，实现资源优化配置、促进共同发展。四是推进基层组织建设。召开庆祝中国共产党成立90周年暨2010年度街道辖区先进集体、先进个人表彰大会。开展庆祝中国共产党成立90周年等各种纪念活动，进行爱国主义教育。五是开展"党员献爱心暖民心"扶贫帮困活动。开展七一慰问活动，慰问党员11名；党员干部积极参与"党内互助金"活动，捐爱心款2310元。

【精神文明建设】　2010年，大沙田街道大力开展精神文明创建工作。一是深入开展创先争优活动。二是开展公民道德建设实践活动，以开展“讲文明、树新风、促和谐”活动为载体，加强社会主义荣辱观教育，加强社会公德、职业道德、家庭美德、个人品德建设，引导人们自觉履行法定义务、社会责任、家庭责任。三是加强和改进未成年人思想道德建设，在中小学生中开展了“珍惜生命、远离毒品”、普法知识等专项教育活动，加大对文化市场和文化环境的整治力度，加强校园周边治安环境治理，清除一切影响未成年人健康成长的不良文化因素。四是组织参加上级部门举办的各类文体活动。10月上旬，街道组织编排了《千手观音》舞蹈节目参加良庆区第二届乡村和谐文艺大展演，并获得了优秀奖。五是以“倡导诵读经典 弘扬中华文化 争做文明市民”为主题，在中小学生中广泛开展中华经典诵读活动。六是通过开展各种健康、有益、积极向上的群众性文体活动凝聚民心。以“我们的节日”为主题，在春节、国庆、中秋等节日在物业住宅小区、社区辖区开展以群众自编自导自演节目为主的文艺活动，以及群众喜闻乐见的文体、游园活动、书画展览等。全年共组织干部职工开展新春游园活动1次，在各社区（村）开展文体活动比赛10场次，各社区共举办各类节日文艺活动15场次。

【人口与计划生育】 2011年区间，大沙田街道人口出生1686人，属计划内出生1609人，计划生育率95.43%，统计合格率为98.81%。完成四种手术1722例，占城区下达给大沙田街道办任务1606例的107.22%。征收社会抚养费232.96万元。应落实长效避孕节育措施171人，已落实长效避孕节育措施120例，区间落实长效避孕率70.18%，比城区下达考核指标70例高0.18个百分点。街道所辖7个社区全面推行诚信计生，成立诚信计生小组604个，参加诚信计生小组2137人，占应签约育龄妇女2510人的85.14%；参加诚信计生妇女已落实长效避孕措施1923人，长效避孕率达89.99%。在街道辖区范围内广泛开展创建“街道无政策外多孩出生，村和社区无政策外生育，提高计划生育率”（即“两无一提高”）活动。经南宁市、城区考核验收，共有金象、银沙、前进、五象、玉龙、坡洋社区等6个社区达到创建标准。

【社会服务】 2011年，大沙田街道辖区城镇低保64户145人，累计发放低保金20.03万元；农村低保救济81户204人，累计发放低保金10.22万元。28人次享受医疗救助，共发放医疗救助金16.69万元，有效缓解了城乡贫困人口“因病致贫、因病返贫”的现象。发放春荒救济粮食共计6000斤，发放救济衣物350件套；对70户五保户实施了定期救济，共发放救济金12.35万元。认真落实优待抚恤政策，共发放补助金12.35万元。为816名60岁以上老人审核办理老年优待证，并为辖区23名90岁以上老人办理“寿星津贴”，发放津贴1.04万元；为14位白内障患者办理免费手术，使他们尽早重见光明。

【安全生产】 2011年，大沙田街道安全生产工作坚持“安全第一、预防为主、综合治理”的方针，强化措施，狠抓落实，坚持做到防患于未然。年内共召开安全生产会议20次，专题工作会议10次，认真分析街道安全生产形势，针对薄弱环节，提出切实可行的对策，深入贯彻、部署、落实“深化安全生产年”各项工作。与辖区规模口以下企事业单位、物业小区以及重点消防个体经营户签订安全生产责任状1135家，签订率100%。“安全生产月”活动期间，共发放宣传材料2500份，悬挂宣传画30张和宣传横幅28条，张贴标语30张，营造浓厚的安全生产氛围。配合“利剑三号”和“清剿火患”战役等工作及各重大节庆日，开展了5次安全生产大检查和10次专项执法检查活动，查出安全隐患62处，并已全部整改，整改率100%。完成荣光北路至五象大道坡长路陡极易造成车辆失控等四处三级隐患整改；成功处置北园路地质灾害隐患点滑坡险情，及时疏散居民群众并进行安置，有效确保了当地居民群众的生命财产安全。年内没有发生重特大安全生产事故。

【社会治安综合治理】 2011年，大沙田街道全年共排查调处各类矛盾纠纷248起，调处248起，调处率为100%，调处成功240件，调处成功率96%。帮助协调解决信访问题12件。组织各社区工作人员积极配合开展各项治安整治工作，积极排查涉黄、涉赌、涉毒及违规网吧等，全年共排查非法传销窝点464户、“黄、赌、毒”窝点460户、违规经营网吧5家。深入开展涉铁矛盾纠纷排查、清除隐患，散发宣传材料600份，张贴宣传画11张，发放宣传本册300份，开展铁路安全教育培训2次，培训专职铁路护路队员15人，专职干部15人，在学校开展教育活动2次。制作禁毒宣传板报5栏，悬挂宣传横幅31条，张贴禁毒宣传图片100余幅，派发宣传资料2000余份，解答咨询120人次，直接受教育群众达6000人次。加强打击非法传销力度，共出动宣传车辆30次，分发宣传资料3000余份，悬挂宣传横幅30条，固定标语牌4块。开展无邪教宣传活动，印发资料和挂图100份，走访居民500多人次；在农村深入开展反邪教警示教育工作，通过张贴宣传画，设立流动宣传站，书写宣传标语幅等形式，强化宣传邪教的表现，教育群众要“崇尚科学，关爱家庭，珍惜生命，反对邪教”；发放《农村反邪教警示教育宣传提纲》100本；组织对曾参加过邪教活动的个别人员进行一对一的监控和教育。年内无重特大刑事案件发生。

【征地拆迁】 2011年，大沙田街道承担13个项目的征地拆迁任务，涉及辖区2个社区、3个村共38个村民小组，征地面积169.17公顷，拆迁面积78456.31平方米。全年完成征地面积55.15公顷，拆迁面积149982.39平方米，完成拆迁面积占总任务数的102.14%。五象大道西延长线房屋拆迁工作，街道与城区征地拆迁办、五象动迁公司、城管执法大队、回建办、财政、公安、消防、工商、卫生、防疫、住建等部门一道同心同德、群策群力，47户房屋共计3.20万平方米房拆任务和24家铺面，仅仅27天时间就完成签约工作。

【文明城市创建】 2011年，大沙田街道结合创建文明城市工作目标，加大卫生整治工作。加强对辖区主要街道、广场、农贸市场周边的整治工作，对摊点乱摆、广告乱贴、车辆乱停、垃圾乱扔、工地乱象现象进行综合整治。共组织街道、社区全体人员对各市场周边环境及辖区街道进行33次统一整治：出动人员15800多人次，车辆970台次，清理卫生死角3650处，清扫生活垃圾100多吨，清理非法小广告6880处，规范车辆乱停乱放行为7520起；投放除“四害”药物1000多公斤，消杀药水900公斤。坚持每周五下午开展卫生大扫除制度。

【为民办实事项目】 2011年，大沙田街道积极推进为民办实事项目工程。完成了前进社区办公楼（日间照料中心）、坡洋社区办公楼（日间照料中心）2个为民办实事项目的工程建设。

2011年12月31日，南宁市市长周红波（左四）到志远社区祥荣市场检查节日物资供应情况。

2011年大沙田街道各社区（村）情况

社区（村）	面积（平方公里）	村自然坡（个）	年末人口（人）	村耕地面积（公顷）	粮食产量（吨）	农民年人均收入（元）
前进社区	1.47		37563			
银海社区	0.95		22200			
银沙社区	1.53		29834			
金象社区	1.53		19042			
五象社区	0.90		15489			
玉龙社区	1.68		13000			
坡洋社区	1.78		6108			
志远社区	0.70		18880			
阳光社区	1.62		17673			
玉泉社区	1		10500			
玉洞村	8	6	5300	80	120	5000
平乐村	32	6	8100	146.67	880	4800
那平村	10	7	3860	146.67	500	3800

劳动模范

2010~2011 年度南宁市劳动模范

宁　富　广西华劲集团南宁纸业分公司
覃龙森　广西丰林木业集团南宁厂
慕丽群　广西万寿堂药业有限公司
梁大鹏　南宁市良庆区那陈镇邕乐村美悟坡

南宁市先进名录

2010~2011 年度南宁市先进单位、先进集体、先进工作者

先进单位（3 个）

南宁市良庆区教育局
南宁市良庆区大沙田街道办事处
南宁市良庆区纪委监察局

先进集体（8 个）

南宁市良庆区大塘镇南荣村
广西万寿堂药业有限公司技术开发中心
南宁市良庆区环境卫生管理站车队
南宁市良庆区那陈镇计划生育服务所
广西丰林木业集团股份有限公司制纤车间
南宁市良庆区大沙田街道金象社区居委会综治工作站
南宁市阳光新城学校语文教研组
南宁市良庆区农业服务中心

先进工作者（1 人）

黄英武　南宁市良庆区大塘镇司法所

良庆区先进名录

2010~2011 年度良庆区先进单位、先进集体、先进工作者

先进单位（21 个）

良庆区良庆镇人民政府
良庆区大塘镇人民政府
良庆区那陈镇人民政府
良庆区大沙田街道办事处
广西良庆经济开发区管理委员会
中共南宁市良庆区委组织部
中共南宁市良庆区直属机关工委
良庆区纪委（监察局）
良庆区教育局
良庆区财政局
良庆区人力资源和社会保障局

良庆区城市管理局
良庆区国家税务局
良庆区地方税务局
良庆区人民政府调解处理山林土地水利纠纷办公室
良庆区房屋和征地拆迁办公室
南宁市第四十六中学
南宁市阳光新城学校
南宁通威饲料有限公司
广西丰林木业集团有限公司南宁厂
南宁市阳光人造板有限公司

先进集体（48个）

良庆区社会治安综合治理委员会办公室
良庆区人民法院执行工作局
良庆区人民检察院反贪污贿赂局
良庆区教育局教育股
良庆区园林管理所
良庆区环境卫生管理站
良庆区公路管理所
良庆区农业服务中心
良庆区疾病预防控制中心
良庆区卫生监督所
良庆区良庆镇计划生育服务所
良庆区良庆镇农业服务中心
良庆区良庆镇劳动保障事务所
良庆区良庆镇新兰村民委员会
良庆区良庆镇良庆社区居民委员会
良庆区那马镇党政办公室
良庆区那马镇共和村民委员会
良庆区那马镇林业站
良庆区那马镇那僚村民委员会
良庆区大塘镇农业服务中心
良庆区大塘镇劳动保障事务所
良庆区大塘镇乔板村民委员会
良庆区那陈镇计划生育服务所
良庆区那陈镇农业服务中心
良庆区那陈镇财政所
良庆区那陈镇和平村民委员会
良庆区那陈镇维坝村民委员会
良庆区南晓镇南晓社区那兰坡
良庆区南晓镇团东村民委员会
广西良庆经济开发区管理委员会招商局
广西良庆经济开发区管理委员会经济发展局
良庆区大沙田街道办事处人口和计划生育办公室
良庆区大沙田街道办事处党政办公室
良庆区大沙田街道银海社区居民委员会
良庆区大沙田街道金象社区居民委员会
南宁市公安局良庆分局禁毒大队
良庆区工商行政管理局大沙田工商行政管理所
南宁市国土资源局良庆分局
南宁市规划管理局良庆分局
南宁市供电局五象分局
南宁市良庆区南州林场安祥分场
南宁市阳光新城学校语文教研组
良庆区大塘镇中心学校信息技术处
良庆区良庆初级中学政治教研组
广西万寿堂药业有限公司技术开发中心
广西丰林木业集团有限股份公司制纤车间
广西石埠乳业有限责任公司发动力车间
南宁正大畜牧有限公司产部生产车间

先进工作者（230名）

宁　富　黄武清　陆盛燕　梁英姿　梁振米
黎　双　黄宝都　韦忠威　黄家宽　黄　瑛
梁青艳　黄陈明　周克初　梁万欢　黄富典
何洁文　黄锡广　雷翠琼　覃　常　粟英伟
梁　勇　农杰邦　梁静华　廖鸣凤　韦起威
何　锋　张美英　陆春华　梁　架　黄　艺
黄迎献　蒙月婵　廖海涛　玉庆华　周富威
朱勇跟　张爱群　廖志宇　潘广筹　何晓新
潘恩德　覃献民　莫联宗　黎兆印　梁宏升
李云雷　梁臣忠　王大利　黄贤刚　黄民友
徐志凤　李良敏　陈泽廷　孙均才　黄英武
杨景珍　黎兆仁　陈大赛　梁裕建　潘代松
滕金如　李　琳　廖成栋　滕德康　农全爽
陈玉靓　覃月春　滕永浩　杨仁慧　周秀叶
农武民　方向明　黄雪彪　顾　荣　黎绍昭
黄英仁　梁大鹏　黎国团　张　冰　刘开程

林凤昌　陆奕新　梁卡升　黄仙迹　朱　军
玉荣艳　吴贤林　梁文胜　周爵高　马超良
黄海英　黄　刚　吴东雄　刘君庆　班鼎创
郑天威　梁尚坚　黄雪芳　刘建华　李创宏
马继稳　苏朝盛　郑天鸿　苏庆珍　韦冰凤
黄家领　李国主　陈学兆　农德民　黄　伟
黄永松　李荣弼　陈同享　李　飞　黄榜万
覃小宁　刘　珍　陈学洲　郭伟涛　黄　娟
韦丽清　张业安　楼家森　胡玉强　韦利国
张忠信　潘云飞　邹　博　覃牧光　黄海宁
梁祖光　郑　军　万怡鸿　韦思阳　黄堂生
蒋铁滔　玉茂轩　罗　诚　覃龙森　刘燕云
慕丽群　黄秀芬　陶超权　李　东　黄正华
黎永彪　高尚利　陈团德　朱李可　郑学军
李　强　莫运凤　罗　兴　潘仕意　唐家凯
黄柏林　陈丽琼　农基业　朱　典　黄晓立
黎　玲　申春华　苏　文　陆勇华　徐铭娟
郭正芳　张祖韬　凌洪习　蓝新荣　黎守联
黄佐谦　谭耀辉　韦　平　彭华福　周燕云
徐　燕　陆洁红　梁　鸿　黄丽英　谢克福
农　琪　王汝金　周瑞丽　乐情温　岑珊珊
邓菊莲　杨英况　覃华波　黄元省　陈可芬
潘艳明　向金宝　韦文荣　曾愈祥　朱剑军
黄日瑞　毛　鑫　梁星桃　卢云婷　郑　中
黄艳威　李杏玲　宋　懿　江汉武　黄子罡
黄继级　滕春园　蒋宝宁　王海燕　杨金华
冯广军　黄舟宁　张文生　梁尚快　孙福南
孟翠萍　刘香茜　农宝章　陆兆平　姚　毅
梁绪昌　陈应进　刘清炜　雷　娟　赵红梅
刘文忠　谭　毅　邓　智　李清宁　谢志军

中高级职称专业人员

2011年良庆区教育系统中高级职称名单

中学高级教师（4人）

良庆镇初级中学：韦美娟
那陈初级中学：范家逸　李明祥
南宁市第四十六中学：黄少明

小学中级教师（1人）

那陈镇中心学校：吴　冰

小学高级教师（46人）

南宁市大联小学：梁振姬
南宁市玉洞小学：赵卫山
那马镇中心学校：周连金
大塘镇中心学校：陆爱民　李振民　农甘洁　黎乃甘　庞惠律　黄燕玲　张超任　黄丽群　李永猛　奚雪连　粟庆娇
良庆镇中心学校：周　成　玉加旺　周菊凤　奚发达　农大成　滕燕玲　黄寿杰　周接爱　李　英　黄还广　陈春带　滕少娟
那陈镇中心学校：杜　桂　林月香　李志立　班志娟　周丽仪　黄文登　周丽红　杨美新　黄玉媚　雷家榜　黄明珠
南晓镇中心学校：韦丽华　李盛眉　黄有余　李文列　赖志钦　李荣初　雷信泽　张小梅
南宁市大沙田小学:甘子运

中学一级教师（23人）

那陈初级中学：雷沛知　吴光杰　凌肖明　玉卫秀
南宁市第四十六中学：梁倍志　李玉玲　黎明姬
南晓初级中学：滕少英　农香兰　李　光
良庆镇初级中学：李嘉才　奚秀玉　杨景珍　磨长福　龚瑞朴
良庆初级中学：孙如桉　韦文激
南宁市第四十四中学：陈芳芳　周　君
那马初级中学：黄晓梅　闭兆聪　黄少华　谢秋菊

百岁老人

2011年良庆区百岁老人情况

姓名	性别	民族	出生年月	地 址	备注
奚姓妹	女	壮	1906.04.17	良庆镇那黄村滕屋坡	
梁秀机	女	壮	1907.09.21	大唐镇那农村南来坡	
李安仕	女	壮	1909.0612	良庆镇那陈镇邕乐村美梧坡	
黄文辉	女	壮	1909.01.06	良庆镇新团村新团庄坡	
陆美莲	女	壮	1909.12.02	良庆镇那陈镇六眼村徊徘坡25号	
曾秀林	女	壮	1910.06.09	大塘镇那梨村那兰2队	
林来光	男	壮	1910.07.05	那陈镇华群村华群坡171-2号	
梁金华	女	壮	1910.07.29	那马镇一致村宁村坡	
梁遂兰	女	壮	1910.04.08	良庆区那陈镇那蒙	
乐文荣	女	壮	1911.02.15	大沙田街道办	
李桂香	女	壮	1911.04.16	南晓镇平朗村古桃坡	
苏彩珠	女	壮	1911.11.11	那马镇坛僚坡	

南宁市良庆区党务公开工作实施方案

良发〔2011〕5号

为全面贯彻落实中央《关于党的基层组织实行党务公开工作的意见》（中办发〔2010〕29号），认真实践“三个代表”重要思想，全面落实科学发展观，进一步推进党内民主，加强党内监督，密切党群关系，增强党组织的凝聚力和战斗力，保障党员的民主权利，结合良庆区实际，制定如下实施方案。

一、指导思想

以邓小平理论、“三个代表”重要思想为指导，深入贯彻落实科学发展观，坚持党要管党、从严治党的方针，规范党组织工作运行机制，积极探索基层党务公开的有效途径，增强党务工作的透明度，扩大党员群众对党组织工作的知情权、参与权、监督权，促进基层组织工作制度化、规范化、民主化，为促进又好又快，率先发展提供坚强的组织保障。

二、工作原则

（一）依章依规、科学规范。科学规范党务公开的内容、形式和程序，依据党的方针、政策和国家法律法规实施公开。按党纪党规和国家法律法规规定保密的，不得公开；按规定已经脱密可以公开的内容，应予以公开。

（二）求真务实、注重实效。坚持实事求是，全面、客观、真实、具体地实施党务公开。公开内容要具体，突出党内外反映的热点难点问题。要及时公开，讲求实效，防止形式主义。

（三）结合实际、积极稳妥。党务公开要规范操作、有序推进、积极主动，要与本单位实际情况、与党员群众的要求相结合，同时要与政务公开、村务公开、居务公开、厂务公开等相结合。注意处理好党务公开与保守党内秘密的关系。

（四）分类指导、整体推进。注意把握不同类型基层党组织的特点，确定不同的公开内容和形式，有针对性地开展工作指导，加强统筹协调，搞好相互借鉴，推动党务公开整体水平提升。

三、工作目标

通过实施党务公开，达到党内政策、法规、制度进一步落实；党内民主决策、民主管理、民主监督的氛围进一步强化；领导干部廉洁从政意识、执行党纪政纪的自觉性进一步提升；广大干部群众的民主监督意识进一步提高；党组织的凝聚力、战斗力、执政能力进一步增强。

四、公开的主要内容

各镇、开发区、街道、城区机关各部门党委（党工委、党组、党支部、党总支）在实行党务公开过程中，都要按照依法公开、真实可信的要求，对党员群众关心的党内热点问题、容易出现以权谋私、滋生腐败、引发不公现象的事项，只要不涉及党内秘密，都应当公开。

（一）基层党组织执行党的路线、方针、政策、上级组织和本组织的决议情况。本地本单位经济建设、政治建设、文化建设、社会建设以及生态文明建设重要问题的决策及执行情况；任期工作目标、阶段性工作部署及落实等情况。

（二）党的思想建设情况。党组织政治理论学习和思想政治工作计划及落实情况；党员干部教育培训计划及落实情况；党组织生活会召开情况及问题整改落实情况。

（三）党的组织建设情况。党组织设置情况和党员基本情况；党组织领导班子成员个人基本情况、职责分工和联系方式；干部选拔任用情况；领导班子年度考核情况；党员干部年度考核奖惩和党内各类先进评选表彰情况；组织建设主要活动安排及开展情况；党员发展、教育、管理情况；党组织选举和党代表推选情况；党费收缴、管理、使用情况；党内激励关怀帮扶机制及实施情况等。

（四）党的制度建设情况。基层党组织议事规则；党内民主决策、民主选举、民主管理和民主监督的相关规定；农村推行“四议两公开”工作法，发展完善党领导的村级民主自治机制情况；党内制度规定的各项办事程序和工作要求；落实党建工作责任制和健全让党员受教育、永葆先进性长效机制情况；重要制度的改革和完善情况等。

（五）党的作风建设情况。党组织和党员联系、服务群众情况；涉及群众利益的重要事项及落实情况；为民办实事的项目及进展情况等；解决群众反映强烈的突出问题情况；党组织领导班子成员党性分析情况。

（六）党风廉政建设情况。党组织领导班子和班子成员落实党风廉政建设责任制情况；领导干部执行廉洁自律规定情况；领导干部经济责任审计情况；党员干部违法违纪案件查处结果通报等。

（七）行政许可类情况。涉及管理和服务对象的所有规范性文件，行政许可和非行政许可审批事项设置依据、条件、数量、程序、办结时限、收费依据和标准，以及申请行政许可需要提交的全部材料目录及办理情况、投诉电话；行政事业性收费的项目、依据、标准。便民服务类公开内容：办事指南、服务流程、服务范围、投诉电话。执法类公开内容：执法依据、执法内容、执法程序、处理结果、救济渠道或投诉方式。

（八）其他事项。中央和上级党组织要求公开的其他事项；各镇、开发区、街道、城区机关各部门根据实际情况和党员群众认为有必要公开的、不涉及党内秘密的党内其他事项。

五、公开的形式、程序和时限

（一）公开形式。党务公开应与政务、厂务、村务公开有机结合。

1.党内公开形式：

(1) 召开党员会、情况通报会、阶段工作会、民主生活会等。

(2) 党内文件、通报、简报。

2.党外公开形式：

(1) 设置党务公开栏、广播电视、报刊、局域网、互联网站、电子信箱等形式进行公开。各党委（党工委、党组、党支部、党总支）均应根据本地本单位实际情况，明确公开形式。

(2) 设置党务公开监督栏，办理事项的负责人、承办人姓名、照片及监督投诉电话上墙公示。

(3) 开通咨询和监督电话。

（二）公开范围和程序。凡需公开的重大事项，由党务公开领导小组办公室就党务公开的内容、范围、形式、时间等报党务公开领导小组审定，由党务公开领导小组办公室组织实施；对于党内重大决策和涉及党员重大问题等党内事务，采取仅限于党内公开或先党内、后党外的顺序进行公开。

（三）公开的时限。党务公开的时限要与公开的内容相适应，按照尽量早公开、公开时间尽量长的要求，规范公开的时限。

1.固定公开：主要指政策措施、文件规定、审批事项、工作程序以及办事机构等具有稳定性的内容，在党委（党工委、党组、党支部、党总支）活动栏中公开。有修订、调整的，应当及时更新。

2.定期公开：主要指在一定时期内相对稳定的常规性工作。要根据实际情况确定更新的周期。一般为每半年更换一次，每季度微调一次。

3.逐段公开：主要指动态性、阶段性工作。如为民办实事项目、重要工作进展落实情况等，应根据进展情况逐段公开。跨年度的工作除阶段公开外，还应当在年末进行总结性公开。

4.即时公开：主要指临时性、应急性工作，如干部考察预告、任前公示等内容，应当设置一定的机动板块，根据情况及时进行公开。

六、实施步骤

党务公开工作从2011年1月开始，具体分五个阶段进行。

（一）调查研究阶段（2011年1月至2月）。城区党委办、城区纪委、城区党委组织部、城区党委宣传部、城区直属机关党工委等部门深入调研，协商研究制定实施方案。

（二）宣传发动阶段（2011年3月至4月）。在深入调研的基础上，各镇、开发区、街道、城区机关各部门召开本单位党务公开工作动员会，统一思想，明确任务，结合各镇、开发区、街道、城区机关各部门实际，研究制定党务公开工作方案，编制党务公开工作目录，安排部署党务公开工作。

（三）组织实施阶段（2011年5月至9月）。各镇、开发区、街道、城区机关各部门认真制定和完善党务公开各项制度，确定公开内容、公开形式、公开要求等，并配置党务公开栏等设施。城区党务公开工作领导小组办公室加强对各镇、开发区、街道、城区机关各部门的指导检查，及时发现和解决工作中存在的困难和问题。

（四）规范完善阶段（2011年9月至10月）。各镇、开发区、街道、城区机关各部门对照实施方案，进行自查自纠，查漏补缺，完善制度，落实责任，规范运作，巩固提高。

（五）总结提高阶段（2011年10月至11月）。各镇、开发区、街道、城区机关各部门对党务公开工作认真总结，形成书面材料报城区党务公开工作领导小组办公室，办公室将组织检查验收。要将党务公开工作纳入各级党组织的日常工作，建立党务公开长效机制。

七、工作要求

1.精心组织，广泛动员。要加强领导，精心组织，明确责任，各镇、开发区、街道、城区机关各部门党委（党工委、党组、党支部、党总支）书记为第一责任人，确保党务公开工作顺利进行。各镇、开发区、街道、城区机关各部门要充分认识开展党务公开工作的重要性和必要性，进一步统一思想，提高认识，增强自觉性和责任感，为党务公开工作奠定思想基础。

2. 强化宣传，营造氛围。《良庆信息》、良庆区政务网等媒体要开辟党务公开专栏，广泛宣传党务公开工作的意义和作用，及时报道党务公开工作进展情况，强化党内民主决策、民主管理、民主监督的氛围。

3.强化监督，务求实效。建立完善党务公开制度，对所有公开内容都要进行事前审查和事后监督，准确把握党务公开的重点、内容和时间，自觉接受群众监督。开通党务公开监督电话，建立监督电话查办制度，设立投诉窗口和党务监督信箱。

4.明确责任，严格考核。城区党委将把党务公开工作纳入各镇、开发区、街道、城区机关各部门党风廉政建设责任制和目标管理责任制进行考核，列入年度绩效考评。各镇、开发区、街道、城区机关各部门也要按照谁主管、谁负责的原则，将党务公开工作落实到人，具体到事，纳入本单位对干部的考核内容中。要建立党务公开投诉处理制度，对拒不推行党务公开制度或在党务公开活动中应付了事、弄虚作假、侵犯群众利益行为，严肃查处，追究党纪政纪责任。

5.实行意见收集处理反馈制度。对党员、群众围绕党务公开内容提出的意见和建议派人搜集整理，认真研究处理，并将处理意见反馈给建议人。

6.各镇、开发区、街道、城区机关各部门根据本实施方案结合本单位的具体工作，细化、量化党务公开内容，并制订具体实施办法。各镇、开发区、街道、城区机关各部门党务公开工作实施办法于2011年2月20日前报城区党务公开工作领导小组办公室。

八、组织领导

实行"城区党委统一领导，城区纪委牵头，城区党委办、组织部、宣传部、统战部、政法委、直属机关党工委等有关部门通力协作，群团组织积极参与，各基层党组织认真开展，纪委监督检查"的领导体制和工作机制。

1.成立城区党务公开工作领导小组，由城区党委书记任组长，城区党委副书记任常务副组长，常务副区长、纪委书记、宣传部部长、党委办主任、政法委书记、组织部部长、统战部部长和直属机关党工委书记任副组长和机关部门负责人为成员，领导小组下设工作办公室。办公室成员从有关单位抽调人员组成，具体负责并指导全城区的党务公开工作。

2.各镇、开发区、街道、城区机关各部门党委（党工委、党组、党支部、党总支）要把开展党务公开工作作为党建工作的一件大事，列入重要工作日程，切实加强领导。要成立以党委（党工委、党组、党支部、党总支）书记任组长的党务公开工作领导小组及办公室，把党务公开工作落到实处。

中共南宁市良庆区委关于印发《2011年良庆区乡镇领导班子换届选举工作实施方案》的通知

良发〔2011〕8号

各镇党委，城区机关各有关部门：

现将《2011年良庆区乡镇领导班子换届选举工作实施方案》印发给你们，请结合实际情况，认真贯彻执行。

2011年良庆区乡镇领导班子换届选举工作实施方案

2011年，良庆区乡镇领导班子任期届满。根据党章、宪法、《中华人民共和国地方各级人民代表大会和地方各级人民政府组织法》规定，按照《中共南宁市委关于做好2011年县（区）、乡镇领导班子和村（社区）"两委"换届工作的通知》（南发〔2011〕3号）要求，我城区乡镇党委换届集中安排在5月完成，乡镇人大、政府换届按照人大常委会的有关规定进行。为切实做好我城区2011年乡镇领导班子换届选举工作，制定如下实施方案：

一、指导思想

以邓小平理论和"三个代表"重要思想为指导，深入贯彻落实科学发展观，全面贯彻落实党的十七大和十七届三中、四中、五中全会精神，遵循党章、宪法和地方组织法等有关法律法规规定，以加强党的执政能力建设和先进性建设为主线，坚持党管干部原则和干部队伍"四化"方针，坚持德才兼备、以德为先用人标准，发扬民主、推进改革、严肃纪律，大力选拔政治上靠得住、工作上有本事、作风上过得硬、人民群众信得过的优秀干部，努力把乡镇领导班子建设成为坚定贯彻党的理论和路线方针政策，善于领导科学发展，求真务实、开拓进取、勤政廉政、团结协调、朝气蓬勃、奋发有为的领导集体，为实现"十二五"规划，建设五象新区和富裕文明和谐新良庆的宏伟目标提供坚强的组织保证。

二、主要任务

乡镇党员代表大会的主要任务是：听取和审议上一届党的委员会和纪律检查委员会的工作报告，选举产生新一届党的委员会和纪律检查委员会，选举出席城区党代表大会的代表，以及其他事项。

乡镇人民代表大会的主要任务是：听取和审议上一届人大、政府的工作报告，选举产生新一届人大、政府领导班子，以及其他事项。

三、明确要求，落实政策

此次换届工作要认真贯彻落实桂发〔2010〕35号、组厅字〔2011〕1号、桂组通字〔2011〕5号、南发〔2011〕3号、南组通〔2011〕30号文件精神，进一步推进干部人事制度改革，积极探索建立和完善乡镇领导体制和工作机制，使我城区乡镇领导班子的领导水平和执政能力有一个新的提高。

（一）领导班子配备原则

(1) 坚持正确的用人导向。把干部的德放在首要位置，注重选拔政治坚定、原则性强、清正廉洁、道德高尚、情趣健康的干部；坚持服务科学发展的理念，注重选拔自觉贯彻落实科学发展观，坚持又好又快发展、改革创新、锐意进取、工作实绩突出的干部，坚持敬业守责、敢做善成、力行“六戒”的干部；坚持重视基层导向，注重选拔在条件艰苦、工作困难的地方努力工作，求真务实、埋头苦干、默默奉献、不事张扬、注重打基础的干部，注意选拔实际工作经验丰富、能够应对突发事件、善于解决复杂矛盾的干部，让能干事者有机会、干成事者有舞台，不让综合素质高的人吃亏，不让干实事的人吃亏，不让老实人吃亏，不让投机钻营者得利，使选拔出来的干部组织放心、群众满意、干部服气，进一步形成注重品行、科学发展、崇尚实干、重视基层、鼓励创新、群众公认的用人导向。

(2) 重点选好配强党政主要领导干部。乡镇党政正职，必须政治上强、具有领导科学发展能力、能够驾驭全局、关心群众疾苦、善于抓班子带队伍、民主作风好、清正廉洁。按中央组织部《印发<关于加强乡镇党委书记队伍建设的意见>的通知》（中组发〔2010〕19号）要求，着力选优配强乡镇党委书记。乡镇党委书记人选，一般应具有乡镇、街道工作经历，优先从具有乡镇、街道领导岗位任职经历的人员中选拔。乡镇党委书记、人大主席、镇长一般应任满一届。

（二）领导班子职数要求

乡镇领导班子职数，依据《自治区党委组织部关于做好2011年乡镇领导班子换届选举工作的通知》（桂组通字〔2011〕5号）规定设置。乡镇党委委员9名；设书记1名，副书记2名，其中1名由乡镇长兼任，1名由乡镇人大主席兼任。乡镇人大设主席1名（由党委副书记兼任），可配专职副主席1名。乡镇政府设正副职4名（乡镇长兼任党委副书记）。在法律、法规规定的范围内，乡镇领导班子可实行兼职和交叉任职。坚持精简高效的原则，巩固完善上次换届以来领导班子配备改革成果，乡镇领导班子设置应不超过上届职数限额。

设纪律检查委员会的乡镇，纪委委员5名，其中设书记1名。

上级下派的挂职领导干部参加代表大会选举，但不占领导职数。

（三）领导班子年龄要求

统筹把握领导班子中不同年龄层次干部配备比例，注意发挥各年龄段干部的作用，形成老中青梯次配备。乡镇领导班子年龄结构，应在全城区范围内形成合理比例，班子成员以35岁至50岁的干部为主体，适当保留一部分富有经验、工作得力的50岁以上的干部，党政班子一般配备2名35岁以下的优秀年轻干部。全城区乡镇配备30岁左右的党政正职应占一定数量。新提名人选原则上应当能够干满一届。

（四）领导班子结构要求

改善领导班子知识、专业和工作经历结构。党委班子既要注意配备熟悉党务、意识形态、纪检和政法等工作的干部，也要充实熟悉经济、社会管理和群众工作的干部。政府班子要重点配备熟悉农业、科技、工业、经济管理、城镇建设、法律等方面工作的干部。

担任党政正职的，必须具有大专以上学历，具有大学本科以上学历的应达总数的80%以上。党政班子成员中，大专以上学历的要占90%以上。

坚持标准，大胆选拔那些忠诚党的事业、经过基层一线实践锻炼和考验、德才兼备的优秀年轻干部，及时选拔那些经过基层锻炼的优秀选调生。

注重配备少数民族干部、妇女干部和党外干部，注意选拔那些自觉维护民族团结的优秀少数民族干部；党政领导班子中要配备1名以上的妇女干部，重视选拔优秀女干部担任乡镇党政正职；有条件的乡镇政府领导班子要尽量配备党外干部。

（五）领导干部交流要求

根据领导班子建设需要和有关规定，切实搞好干部交流工作。重点是主要领导干部、有培养前途的优秀年轻干部以及因工作需要交流的干部。在同一职位任职满10年的，必须交流。在同一职位任职5年以上的，要有计划地进行交流。交流干部原则上能干满一届，一般要提前到位，以利于换届选举。保持领导班子的相对稳定，注意保持本地干部与交流干部的适当比例。近两年从优秀村党组织书记公开选拔到乡镇领导班子任职的原则上本次换届不交流。

（六）进一步推进干部人事制度改革

坚持民主、公开、竞争、择优方针，以换届为契机，进一步推进干部人事制度改革，努力提高选人用人公信度。规范换届人选提名办法。坚持对新一届领导班子成员人选进行全额定向推荐提名，对现任领导班子成员进行民主测评、民主评议，对新提名人选进行差额考察。合理确定参加民主推荐、民主测评、民主评议人员的范围，科学分析和运用推荐测评结果，综合考虑岗位需求和干部近年考核评价情况、工作实绩、发展潜力等因素，既要尊重民意，又要防止简单以票取人。现任班子成员在全额定向推荐中推荐票未过半数，或在民主测评中不称职票超过三分之一，经组织考察不宜继续担任原职务的，不再提名。对拟新提拔人选原则上按空缺职位1:2的比例进行差额推荐和差额考察，空缺职位较多的，可按照多于空缺职位3～5名的比例确定差额考察人选。改进干部考察工作。认真落实促进科学发展的干部考核评价机制“一个意见、三个办法”要求，完善考核评价办法，从政治品质和道德品行等方面完善干部德的评价标准，从履行岗位职责、完成急难险重任务、关键时刻表现、对待个人名利等方面考察干部的德。把换届考察与经常性考察相结合，综合运用平时考核、年度考核以及审计、统计及部门（行业）专项考核结果，全面准确地评价干部。坚持定性考核与定量考核相结合，改进和完善实绩分析、民意调查等办法，完善考察预告、考察对象公示等制度。考察要征求纪委、检察院、审计、计划生育、综治维稳等部门的意见，了解和实地查看抓基层党建工作的情况。

四、严格程序，组织实施

选举乡镇党代表、人大代表和领导班子，是乡镇领导班子换届工作的重要内容，直接关系到换届选举工作的成败。

（一）党员代表大会代表的选举

1.代表名额及构成

乡镇党员代表大会代表名额，以60名代表为基数，按照现有的党员数量，每20名党员增加一个代表名额，最多不超过150名。

代表名额的分配，根据所辖党组织的数量、党员人数和代表具有广泛性的原则确定，但不宜简单地按党员人数分配，党委、纪委负责人和有关领导机关的主要党员负责人因工作需要，可以作为党委提名的代表候选人分配到有关选举单位选举。

代表构成的指导性比例为：各级领导干部（包括村、社区干部）不高于70%；生产一线的工人、农民和其他劳动者（包括先进模范人物）代表不低于30%。妇女、少数民族党员代表不少于当地妇女、少数民族党员所占党员总数的比例。基层一线代表比例要在上一次党员代表大会的基础上适当提高。要注重推荐工人、农民和专业技术人员中的先进人物。除工作需要外，乡镇党代表与乡镇人大代表一般不交叉。

具体名额及分配，由召集代表大会的乡镇党委按照有利于充分发扬党内民主，有利于讨论决定问题和代表具有广泛性的原则拟定，报城区党委批准。

2.代表条件

代表必须是具有选举权的正式党员，并且是共产党员中的优秀分子。必须具有坚定的共产主义理想信念，努力学习马列主义、毛泽东思想、邓小平理论和“三个代表”重要思想，自觉学习实践科学发展观，在思想上、政治上、行动上与党中央保持一致；坚决贯彻执行党的基本路线和各项方针政策，带头创先争优，敬业守责，敢做善成，在工作中做出突出成绩；坚持党性原则，严守党的纪律，顾全大局；公道正派，清正廉洁，道德品质好，密切联系群众，在群众中有较高威信；熟悉农村基层情况，有较强的议事能力和联系党员群众能力，能如实反映党员群众的意见和要求，正确行使党员的民主权利。

3.代表产生程序

乡镇党员代表大会代表要严格按《中国共产党基层组织选举工作暂行条例》规定的程序选举产生。提倡采用“两推一选”的办法推选产生代表。

（1）选举单位按照乡镇党委分配的代表名额和比例要求，通过组织党员推荐和群众推荐相结合的方式，酝酿提出代表候选人推荐名单。选举单位一般是按照乡镇党委隶属的下一级基层党组织划分的。规模比较大、数量比较多的流动党员党支部也要按组织隶属关系划分为代表选举单位。

（2）选举单位党组织根据多数党员和群众的意见，从推荐名单中，按照多于代表人数30%的差额比例，并与乡镇党委沟通，提出代表候选人初步人选。

（3）选举单位在广泛征求党内外群众意见的基础上，对代表候选人初步人选进行考察，填报代表候选人初步人选登记表。

（4）选举单位召开党委（总支部、支部）全体会议，按照多于代表名额20%的差额比例，确定代表候选人预备人选，报乡镇党委审批。

（5）代表候选人预备人选经乡镇党委原则同意后，由选举单位召开党员大会或党员代表会议，根据多数党员意见，从候选人预备人选中按照多于应选人数20%的比例酝酿确定正式候选人，然后采取差额选举办法，用无记名投票方式，选举产生代表。代表选举的差额比例，不低于上次党员代表大会比例，且不得低于20%。代表选出后要报乡镇党委审批，并在一定范围公示。

（6）乡镇党委要成立代表资格审查小组，负责对代表的产生程序和资格进行审查。代表的产生不符合规定程序的，应责成原选举单位重新进行选举；代表不具备资格的，应责成原选举单位撤换。代表资格审查小组应向党员代表大会预备会议报告审查情况。经审查通过后的代表，获得正式资格。推荐和考察代表候选人，要充分听取党员群众、基层党组织和纪检等有关部门的意见。

4.选举出席城区党代会代表

为节约成本，提高效率，各地要把选举出席县（区）党代会代表作为这次乡镇党员代表大会的一个重要议程，按照城区党委关于做好城区党代表推选工作的有关要求，认真选好出席城区党代会的代表。

（二）新一届党委委员、纪委委员的选举

新一届党委委员、纪委委员的提名、产生程序是：召开党的委员会全体会议，讨论确定下届党委委员、纪委委员名额、构成原则、候选人条件及酝酿提名办法；组织所属党组织和党员充分酝酿推荐，上下协商，根据多数党组织和党员的意见提出候选人初步人选；党的委员会对初步人选进行考察；召开党的委员会全体会议，根据考察结果，按照多于应选名额20%的比例确定候选人预备人选，报城区党委审批；党的委员会向党员代表大会主席团介绍候选人预备人选酝酿产生情况，大会主席团进行审议后，提请各代表团（组）讨论酝酿，根据多数选举人的意见确定候选人，由大会进行选举，党委委员候选人的差额比例不低于20%；可采取候选人数多于应选人数20%的差额选举的办法，直接进行正式选举，也可采用先差额预选，然后进行等额正式选举的办法；书记、副书记在委员会第一次全体会议上采取无记名投票的方式等额选举产生。

选举时，除书记、副书记候选人外，党委领导班子成员候选人按姓氏笔画排序。改进候选人提名方式，乡镇党委领导班子成员可采取党员和群众公开推荐与党组织推荐相结合的办法提名候选人。改进候选人介绍方式，充实介绍内容，采取适当方式组织候选人与选举人见面，并通过书面述职、回答提问等方式，增进选举人对候选人的了解。提倡乡镇不通过预选，一次选举产生党委委员。

乡镇党委召开党员代表大会进行换届选举和各党委所属支部（总支）召开党员大会选举党代表，有选举权的到会人数必须超过应到会人数的五分之四，会议有效。

各乡镇要以换届为契机，按照《中国共产党全国代表大会和地方各级代表大会代表任期制暂行条例》的有关要求，落实好党代会代表任期制，结合实际开展党代会常任制工作。

（三）人民代表大会代表和人大、政府领导班子的选举

乡镇人民代表大会的代表，由选民直接选举产生。乡镇人民代表大会代表名额的确定、代表候选人的提名以及代表的选举，乡镇人大、政府领导班子的产生，按照《中华人民共和国全国人民代表大会和地方各级人民代表大会选举法》、《中华人民共和国地方各级人民代表大会和地方各级人民政府组织法》和市人大常委会的有关规定进行。

五、乡镇领导班子换届的方法步骤

（一）动员部署阶段

主要任务是城区、各乡镇党委对换届工作进行专题研究部署，制定乡镇换届工作具体实施方案，明确换届工作时间安排，层层召开换届工作动员会，成立换届工作机构，培训换届工作骨干，学习中央、自治区党委、市委政策文件精神，教育和引导党员干部统一思想、提高认识，明确有关规定、要求和做法，积极参与换届选举有关活动，正确行使民主权利。

（二）组织考察阶段

制定考察方案，抽调专人组成乡镇领导班子换届工作考察组，严格按照换届政策和《党政领导干部选拔任用工作条例》的规定，认真落实促进科学发展的干部考核评价机制“一个意见、三个办法”的要求，全面、客观、公正地考察干部。

（三）确定人选阶段

根据考察结果，按照自治区党委、市委对乡镇领导班子结构要求，城区党委考察组提出干部调整意见，经城区党委组织部研究讨论后，提交城区党委常委会议研究讨论，进行组织调整，讨论研究通过后，将乡镇领导班子换届人事安排方案报市委组织部审批。乡镇党政领导班子正职人选，要经过城区党委常委会或全委会票决；由城区党委常委会票决的，之前要征求城区党委委员的意见。

（四）选举代表阶段

乡镇领导班子调整配备到位后，按照上级确定的党代表、人大代表名额、结构比例，依照《中国共产党基层组织选举工作暂行条例》和有关法律规定，按程序选举产生党代表、人大代表。

（五）会议筹备阶段

各乡镇做好党员代表大会报告及有关文件的起草工作。做好党员代表大会召开前的各项会务准备工作。党员代表大会召开前，要征求同级本届代表和同级下一届代表对党委、纪委工作报告的意见。党员代表大会召开期间，要组织代表认真审议党委、纪委工作报告，改进

审议方式，让代表充分讨论、发表意见。

（六）召开代表大会阶段

乡镇提前两个月向城区党委上报关于召开党员代表大会的请示，提前一个月形成召开人民代表大会的请示报城区人大常委会，经城区党委和城区人大常委会同意后，由相关部门和单位抽调人员成立工作指导组，对乡镇召开代表大会工作进行指导监督，乡镇按要求和规定的程序组织召开代表大会进行选举。

（七）情况报告阶段

乡镇党员代表大会和人民代表大会结束后，应及时按照要求将选举结果分别报城区党委、城区人大常委会备案或审批，并依法履行相关任职手续。

六、工作要求

⑴ 高度重视，加强领导。这次换届工作时间紧、任务重、要求高，各级党委及其组织部门要高度重视，要站在讲政治、讲大局的高度，把这项工作摆上重要议事日程，统筹考虑，尽早谋划，精心组织，周密部署，明确责任，抓好落实，确保换届选举工作不出任何差错。城区成立乡镇党委换届工作领导小组，城区党委书记是乡镇党委换届工作的第一责任人；城区党委组织部成立换届工作协调办公室和乡镇换届工作指导组；各乡镇要及时成立换届工作领导小组。城区、各乡镇按照有关规定，落实乡镇领导班子换届选举工作经费。

⑵ 制定工作方案，组织开好大会。各乡镇应认真制定本乡镇换届工作实施方案，并于换届之前的两个月报城区党委审批。要认真做好代表的选举工作，起草一个好的工作报告，制定出一个好的选举办法。

⑶ 加强宣传引导，营造良好氛围。要积极开展各种形式的宣传教育，通过报纸、广播、电视、网络等媒体，大力宣传本乡镇经济社会发展和党的建设所取得的成就，宣传在创先争优活动中涌现出来的先进基层党组织和优秀共产党员典型，引导广大党员和干部群众立足本职创先进，履职尽责争优秀，使广大党员和干部群众了解乡镇换届选举工作的重要意义和有关法律法规，并积极参与到换届工作中来。

⑷ 做好思想政治工作，推动实现和谐换届。领导班子换届涉及干部的进退留转，各级党委一定要做好深入细致的思想政治工作。党委的主要领导、分管领导和组织部门的领导要找干部谈心交心，教育干部正确对待名誉、权力、地位和个人得失，自觉服从组织安排；对换届中调整下来的干部和选举中落选的干部，党委主要领导要亲自谈话。要重视退下来的同志的安排，帮助他们解决实际问题，注意发挥好他们的作用。

⑸ 严格程序，依法办事。换届中的各项工作、各个环节都要严格依照法律规定的程序和要求进行。要坚持走群众路线，扩大考察的范围，听取群众的呼声。要坚持民主集中制，正确处理好民主与集中的关系，把党组织的意图同广大党员群众的意愿和谐统一起来。注意发挥大会党组织和人大代表中中共党员的作用，教育党员代表增强政治责任感和大局意识，正确行使民主权利，履行好自己的职责。

⑹ 严肃换届纪律，匡正换届风气。要教育和引导广大党员干部特别是领导干部严格遵守换届工作纪律，坚决抵制不正之风。严明组织工作纪律，不允许在换届选举中搞任何非组织活动，严格禁止拉票贿选。对在换届选举中出现的违法乱纪行为，不管涉及什么人，都要严肃查处。要加强全程监督，对换届风气进行民主测评。要把加强党的领导与依法办事统一起来，着力营造风清气正的换届环境。乡镇领导班子换届选举结束后，城区党委组织部将重点围绕发扬民主、推进改革、严肃纪律以及换届风气、选人公信度等方面，在党代会代表和群众代表范围内，对各乡镇的领导班子换届工作进行满意度测评，并按照要求报市委组织部。

⑺ 正确处理换届与当前工作的关系。各级党委要统筹兼顾，合理安排，把换届工作同

当前工作有机结合起来，在精心组织换届工作的同时，统筹考虑推进重点工作，坚持做到思想不散、秩序不乱、工作不断，以当前工作的有效落实来促进换届的顺利进行，以换届的圆满成功推动当前工作的健康发展，确保换届选举和重点工作两不误、两促进。

附件：

1.乡镇党委换届工作流程图

2.乡镇党员代表大会代表推选工作流程图

3.乡镇党委领导班子推选产生工作流程图

4.乡镇党员代表大会会议组织工作流程图

5.良庆区乡镇党代会代表名额指导数

图1　乡镇党委换届工作流程图

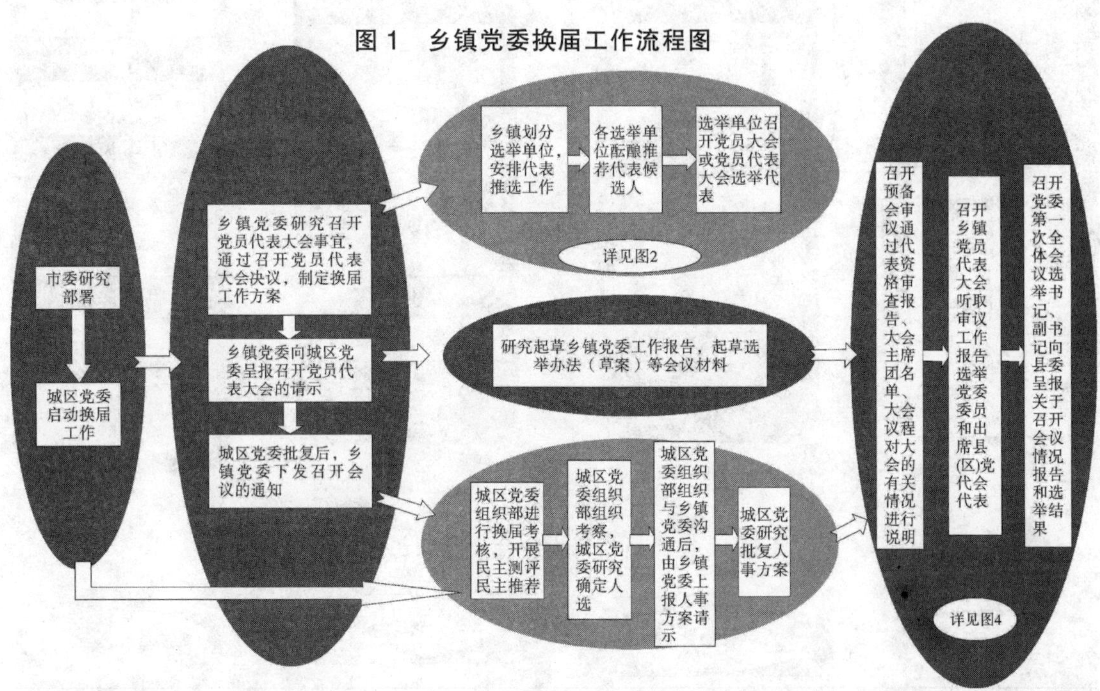

图2　乡镇党员代表大会代表推选工作流程图

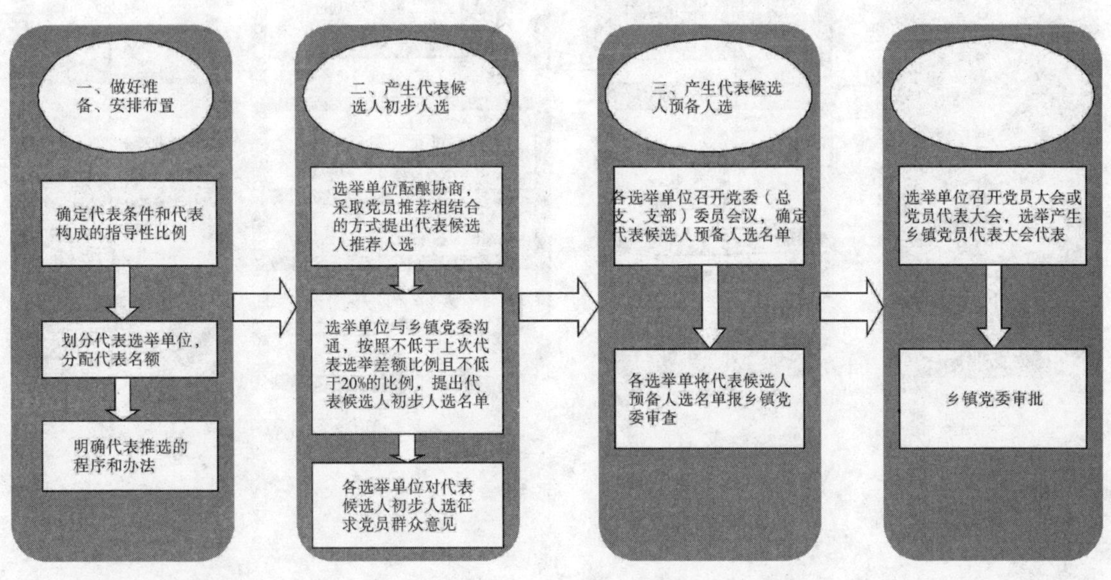

图3 乡镇党委领导班子推选产生工作流程图

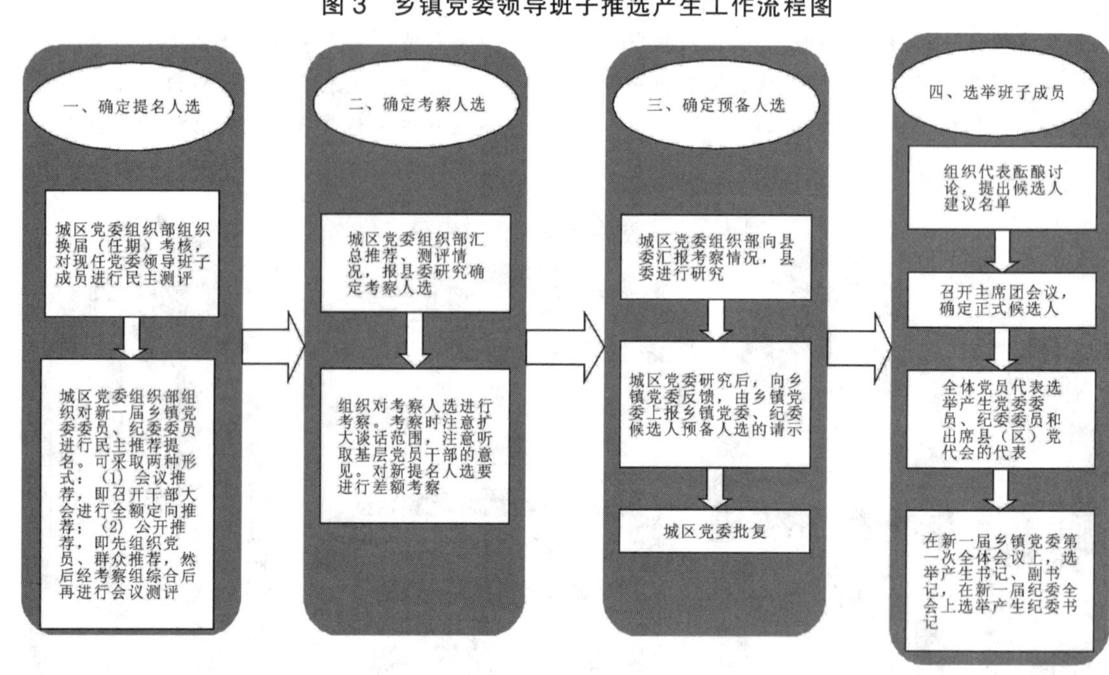

图4 乡镇党员代表大会会议组织工作流程图

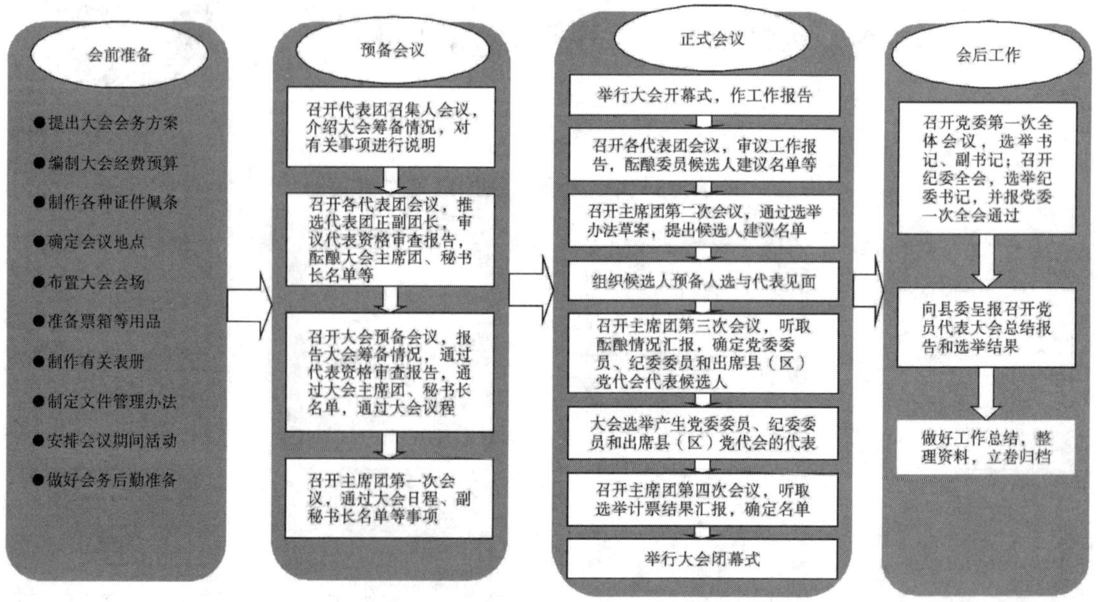

良庆区乡镇党代会代表名额指导数

单位 项目	党员数	代表名额	身份构成比例				民族、妇女构成比例	
			各级领导干部			工人、农民、其他		
			合计	乡镇单位	村级		少数民族	妇女
总计	3316	467	325	98	227	142	441	81
良庆镇	501	85	59	18	41	26	82	17
那马镇	503	85	59	18	41	26	67	13
大塘镇	749	98	68	20	48	30	96	17
南晓镇	859	103	72	22	50	31	102	18
那陈镇	704	96	67	20	47	29	94	16

中共南宁市良庆区委　南宁市良庆区人民政府关于开展征地拆迁安置大会战、项目建设大会战、产业园区建设大会战的决定

良发〔2011〕15号

为深入开展“项目建设年”、“发展环境建设年”主题活动，继续打好五场攻坚战，强势推进各项重点工作，确保圆满完成全年目标任务，经城区党委、政府研究，决定开展征地拆迁安置、项目建设、产业园区建设“三大会战”，现作出如下决定：

一、开展“三大会战”的重要意义

城区党委、政府做出开展征地拆迁安置、项目建设、产业园区建设“三大会战”的重要部署，对于着力实施“八大工程”，保持和扩大我城区经济社会又好又快发展良好势头，具有十分重要的意义。

开展征地拆迁安置、项目建设、产业园区建设“三大会战”，是良庆区保持和扩大经济发展良好势头的迫切需要。开展“三大会战”，就是要围绕保持经济平稳较快发展这一首要任务，更加重视征地拆迁安置，更加重视项目建设，更加重视产业园区建设，全力促进五象新区建设、社会固定资产投资、工业发展等重大领域实现新的突破，保持和扩大经济社会发展良好势头。

开展征地拆迁安置、项目建设、产业园区建设“三大会战”，是良庆区着力实施“八大工程”的重要载体。开展“三大会战”，把征地拆迁安置作为实施“八大工程”重要节点来突破，把加快项目建设作为实施“八大工程”重要任务来看待，把产业园区发展作为实施“八大工程”重要平台来推进，扎实推动各项具体工作的落实，促进经济社会又好又快发展。

开展征地拆迁安置、项目建设、产业园区建设“三大会战”，是良庆区抓住发展重点、破解发展难题的重要保证。开展“三大会战”，就是要从解决当前制约良庆区经济发展最突出的问题入手，集中精力、凝聚力量，掀起五象新区建设、项目推进、开发区发展壮大新高潮，形成发展建设新亮点，实现重点领域新突破。

开展征地拆迁安置、项目建设、产业园区建设“三大会战”意义重大，任务艰巨。全城区各级各部门各单位要增强使命感、责任感和紧迫感，切实把思想统一到城区党委、政府的决策部署上来，全面掀起大开发、大建设、大发展的高潮，确保完成全年经济社会发展目标任务。

二、开展“三大会战”的指导思想和目标任务

（一）指导思想

坚持以科学发展观为指导，全面贯彻落实中央、自治区经济工作会议精神和市委十一届十二次、十四次全会以及城区第一次党代会第六次年会精神，深入开展“项目建设年”、“发展环境建设年”主题活动，继续打好五场攻坚战，集中时间、精力开展征地拆迁安置、项目建设、产业园区建设“三大会战”，确保圆满完成全年目标任务。

（二）开展征地拆迁安置大会战的主要任务

1.创新征拆工作机制。征地拆迁工作组按“六包”要求（包宣传发动、包征地拆迁、包调处处遗、包落实产业用地、包工作经费、包稳定）落实好工作。各镇、开发区、街道合力奋战，加强协调，搞好配合，及时解决征地拆迁中的各种问题。

2.保障重点项目用地。努力完成路网、重大公益项目、总部基地项目、房地产及回建安置项目等五象新区项目建设五大重点的征地任务，确保项目顺利推进。注重研究解决征地拆迁工作中的节点、难点问题，主动与被征地群众进行协商，做到依法征地、阳光拆迁、和谐安置、廉洁工作。力争全年完成征地面积1246.53公顷，房屋拆迁面积52万平方米。

3.加大农民回建安置工作力度。强力推进农民回建房3号、4号、6号回建安置点建设，继续加快回建安置项目前期工作，力争年底前再动工建设3～5个回建点。

4.认真做好群众的思想工作。充分发挥各种宣传优势和作用，耐心细致地做好宣传教育、政策解释、释疑解惑工作，赢得征地拆迁工作的主动权。

（三）开展项目建设大会战的主要任务

1.加大项目推进力度。强化领导联系项目责任制，完善项目建设协调机制。大力推进重大项目建设，全力抓好中直、区、市层面统筹推进项目和五场攻坚战项目以及城区工业技改、房地产等重大项目建设，确保全年完成全社会固定资产投资125.49亿元。

2.着力破解项目建设资金、土地等瓶颈制约。加大项目建设资金筹措力度，加强政银企合作，充分利用投融资平台，拓展融资渠道。抓好项目建设供地工作，加强用地储备，盘活存量土地，提高项目用地效率。加大项目招商引资力度，做好重大招商项目的洽谈、跟踪、服务工作。

3.强化项目前期及储备工作。围绕五象新区建设、统筹城乡一体化发展、城镇化建设等重点，加快做好项目规划、建议、评估等前期工作。加强投资项目储备工作，充实完善重点项目库，做到重点项目建设一批，申报一批、论证一批、储备一批。

（四）开展产业园区建设大会战的主要任务

1.创新管理体制和运行机制。继续贯彻落实加快开发区发展系列政策，鼓励开发区解放思想，锐意进取，改革创新，着眼于建立新机制、搭建新平台、集聚新产业、创造新活力。

2.加大园区用地储备。继续加强工业用地收储力度，清理盘活大沙田、玉洞片区土地，对闲置超过规定年限的，依法收回土地使用权。全年储备工业用地80公顷。

3.加快园区基础设施建设。积极推进开发区银海大道西南片区、太安龙象工业集中区的开发建设，完善园区路、水、电等基础设施，拓展产业发展空间。全年实现基础设施投资8亿元。

4.优化产业布局。推进园区工业项目建设，积极扶持园区主导产业，培育龙头企业和骨干企业，争取年内培育2家新的亿元企业，培育3家以上新的规模口企业。全年实现工业投资额15亿元，工业园区全部工业总产值135亿元。

5.大力建设工业标准厂房。鼓励建设使用多层标准厂房，轻工类企业厂房原则上不少于三层，重工类企业厂房原则上不少于二层。全年建设标准厂房面积2万平方米。

三、开展“三大会战”的工作要求

（一）提高认识，狠抓落实。各级各部门各单位要从落实科学发展观、促进良庆区经济又好又快发展的高度，进一步提高对开展征地拆迁安置、项目建设、产业园区建设“三大会战”的重要性和必要性的认识，周密组织，精心安排，采取有效措施，确保“三大会战”工作落到实处。

（二）加强领导，精心组织。成立城区开展征地拆迁安置、项目建设、产业园区建设“三大会战”指挥部和工作机构，加强对活动的领导、协调、服务、检查和督促，及时协调解决开展活动过程中出现的问题。各级各部门各单位要根据全城区的工作部署，对每项工作落实具体责任人，明确工作要求和时间进度。

（三）团结协作，转变作风。各级各部门各单位在实际工作中要注意协调配合，相互支持，上下同心，形成合力，确保各项工作措施落到实处。要切实改进工作作风，主动深入基层调研，摸清情况，解决问题，狠抓落实，务求实效。

（四）强化督导，务求实效。大会战期间，城区党委、政府将定期召开汇报会，听取工作汇报。加大跟踪督查力度，强化问责机制，建立重点工作定期通报制度，对各项工作的进展情况进行定期通报，激励先进，鞭策落后。

（五）加强宣传，营造氛围。要充分发挥舆论宣传的作用，采取多种形式大张旗鼓地宣传开展征地拆迁安置、项目建设、产业园区建设“三大会战”进展情况，在全城区形成抢抓机遇加快发展的共识和强大合力。

中共南宁市良庆区委　南宁市良庆区人民政府关于南宁市良庆区深化乡镇机构改革的实施意见

良发〔2011〕19号

根据《中共广西壮族自治区委员会 广西壮族自治区人民政府关于深化乡镇机构改革的意见》（桂发〔2011〕3号）和《中共南宁市委 南宁市人民政府关于南宁市实施深化乡镇机构改革的意见》（南发〔2011〕21号）精神，为做好我城区深化乡镇机构改革实施工作，确保改革任务圆满完成，结合城区实际，制定以下实施意见。

一、指导思想和基本原则

（一）指导思想

高举中国特色社会主义伟大旗帜，以邓小平理论和“三个代表”重要思想为指导，深入贯彻落实科学发展观，坚持以人为本、执政为民，以转变政府职能为核心，理顺职责和条块关系，创新体制机制，优化机构和岗位设置，严格控制人员编制，推动乡镇行政管理与基层群众自治有效衔接和良性互动，建立精干高效的乡镇行政管理体制和运行机制，建设服务型政府，巩固农村税费改革成果，减轻农民负担，促进农民增收，实现全城区城乡经济社会统筹协调发展。

（二）基本原则

1.坚持加强和改善党对农村工作的领导，加强基层政权建设，巩固党在农村的执政基础。

2.坚持分类指导，因地制宜，根据区域特点和经济社会发展实际，合理确定乡镇机构设置和职能配置的重点。

3.坚持权责一致，理顺条块关系和城区与乡镇之间关系，合理划分职责权限，赋予乡镇履行职能必要的事权和财权。

4.坚持精简统一效能和积极稳妥，确保机构编制只减不增和社会稳定。

二、改革的主要任务

（一）把握重点，着力推进乡镇政府职能转变

围绕贯彻落实好党和国家在农村的各项方针政策和法律法规，做好农业、农村、农民工作。现阶段乡镇政府重点履行好以下四个方面的基本职能。

1.促进经济发展、增加农民收入。把经济工作的着力点放在营造环境、信息引导、技术服务、典型示范和落实强农惠农措施上来，积极探索繁荣农村经济的有效形式。大力推动产业结构调整，加快发展方式转变，促进现代农业发展。

2.强化公共服务、着力改善民生。创新工作机制，通过“一站式”服务、办事代理制、农事村办等形式，改进服务方式，提高行政效能，方便群众办事，实现政府职能由管理型向服务型转变。大力发展农村社会事业，加快新型农村公共服务体系建设，着力解决群众生产生活中的突出问题。加强城乡规划建设，改善农村基础设施和公共服务设施建设，改善农村生产生活条件和人居环境。

3.加强社会管理、维护农村稳定。推进依法行政，严格依法履行职责，健全党和政府主导的维护农民权益机制，促进农村社会公平正义，保障农民合法权益。抓好人口与计划生育工作，加强安全生产和公共安全管理，强化农村社会治安综合治理，健全农村利益协调和矛盾纠纷调处机制，综合发挥人民调解、行政调解和司法调解的作用，及时排查化解社会矛盾，妥善处理突发性、群体性事件，确保社会稳定。

4.推进基层民主、促进农村和谐。加强党的农村基层组织和党员干部队伍建设，提高执政能力和服务水平。建立并完善各项管理制度，建立健全科学的绩效评价标准和考核体系。发展基层民主，建立民主决策、科学决策的程序和机制。依法指导村民自治，引导农民有序参与村坡事务管理，推进村务公开，推动农村社区建设，促进社会组织健康发展，增强社会自治功能，实现乡村多元治理。

（二）理顺权责关系，增强乡镇履行职责能力

按照建立权责一致和运转协调的城乡管理新体制，规范城区政府与乡镇政府的职责权限。凡法律、法规和政策规定由城区政府工作部门承担的职责，城区政府工作部门必须认真履行，不得转嫁到乡镇政府承担。城区政府工作部门需要乡镇配合工作的，要提供必要的财力保障，并赋予相应的办事权限。上级机关派驻或设在乡镇的机构，以上级机关管理为主，同时接受乡镇党委、政府的统一协调、指导和监督，考核实行条块结合、以乡镇为主，主要负责人的任免须事先征求乡镇党委的意见，党群工作实行属地管理。乡镇管理的事业机构，以乡镇管理为主，上级机关履行业务指导、工作监督和协助考核职责。乡镇事业站所等事业单位的管理体制按自治区的有关规定执行。

要推进公共财政体系建设，加大财政支持力度，切实保障乡镇工作经费，改善办公条件，增强乡镇全面履行职责的能力。进一步清理对乡镇党政领导的“一票否决”事项，凡不属中央和自治区党委、自治区人民政府规定的“一票否决”事项，要一律取消；继续清理各种评比达标表彰活动，对确需保留的评比达标表彰项目要进行规范，不得随意增加检查评比的内容和限制条件。对乡镇的考核由城区党委、政府统一组织，不属于乡镇职能的事项或不由乡镇承担的责任，不得列入考核范围。

上级机关派驻或设在乡镇的机构和乡镇管理的机构，要建立健全工作机制、用人机制、考核机制、激励机制；城区、乡镇机关和乡镇事业机构及各类社会组织要增强政治意识、大局意识、责任意识、服务意识，努力构建相互沟通、相互支持、共同合作、齐抓共管的协调机制。

（三）优化职责配置，合理设置乡镇党政机构

各镇党政机构统一设置为5个综合性办公室：党政办公室、社会事务办公室、经济发展

办公室（挂“安全生产管理办公室”牌子）、人口和计划生育工作办公室、社会治安综合治理办公室。其主要职责分别为：

1.党政办公室主要职责：承担上呈下达、综合协调、党的建设、纪检监察、组织人事、理论宣传、精神文明建设、统一战线、机构编制、机要保密、绩效考评、依法行政、应急管理、文秘档案、来信来访、政务服务和后勤服务等工作。承办党委、政府交办的其他事项。

2.社会事务办公室主要职责：承担民政、科技、教育、卫生、文化、体育、广播影视、民族宗教、就业和社会保障、食品安全及库区移民等社会管理工作。承办党委、政府交办的其他事项。

3.经济发展办公室（安全生产管理办公室）主要职责：承担农业、林业、水利、扶贫、财政、统计、交通、发展计划、经贸、工业、规划建设、环境保护和安全生产等工作；负责农村土地承包管理、农民负担监督管理、农村集体资产财务管理。承办党委、政府交办的其他事项。

4.人口和计划生育工作办公室（与“人口和计划生育服务所”合署办公）主要职责：宣传贯彻落实党和国家有关人口和计划生育的方针、政策和法律法规；拟定并组织实施人口和计划生育工作目标任务；指导、督促人口和计划生育服务所业务工作；负责组织辖区依法开展计划生育行政执法工作；依法开展人口统计信息管理监测、分析、反馈、上报等工作；负责人口计生方面的群众来信、来访及申诉案件的处理工作。承办党委、政府交办的其他事项。

5.社会治安综合治理办公室主要职责：承担法制宣传、纠纷调解、社会稳定、平安创建及社会治安综合治理等工作。承办党委、政府交办的其他事项。

乡镇人民代表大会主席、副主席按有关规定配备。

乡镇纪委、人民武装部、工会、共青团、妇联等组织机构按有关法律、章程和规定设置。

人民法庭、公安派出所、司法所、地方税务所、工商行政管理所、国土资源管理所等按有关法律、法规和规定明确为上级机关派驻或设在乡镇的机构。

（四）分类推进乡镇事业单位改革，合理设置乡镇事业机构

1.机构设置。

乡镇设立为社会提供公益服务或为乡镇政府行使职责提供支持保障的事业机构7个：

保留农业服务中心、规划建设管理站、人口和计划生育服务所、财政所、林业站；

在农业服务中心加挂水利站牌子；

劳动保障事务所更名为社会保障服务中心；

文化广播电视站更名为文化体育和广播影视站。

上述事业单位均实行财政全额拨款的经费管理形式，其中农业服务中心（水利站）、社会保障服务中心、文化体育和广播影视站、规划建设管理站、人口和计划生育服务所、林业站以及因地制宜设置的事业机构由乡镇管理；财政所实行上级业务部门管理为主和乡镇协助管理的双重管理体制。

乡镇水产畜牧兽医站仍维持上级业务部门管理为主和乡镇协助管理的双重管理体制不变，不计入乡镇事业机构个数。

农村经营管理系统不再列入基层农业技术推广体系。

2.业务范围。

（1）农业服务中心（水利站）主要业务范围：开展种植业服务、农作物技术推广、病虫害预报及防治，指导农村产业调整；负责农机新机具、新技术的试验以及技术推广、咨询、指导和培训；负责农村土地流转服务工作，强化农业综合服务功能；配合上级业务部门开展辖区内水利工程的建设和维护工作；负责水利资源的保护、开发和合理使用；实施防汛抗旱、自然灾害的抢险减灾处理工作。

（2）社会保障服务中心主要业务范围：负

责为实施新型农村养老保险、城镇居民医疗保险、社会救助、抗灾救灾、劳动力技能培训与转移就业等农村社会保障工作提供相关服务。

(3) 文化体育和广播影视站主要业务范围：负责组织群众文化体育活动、繁荣群众文化体育事业、搞好文化交流和作品选送及民间文化遗产收集整理与保护；配合做好辖区内文化体育广播影视设施的建设、维护和管理工作；协助做好辖区文化市场管理工作。

(4) 规划建设管理站主要业务范围：负责村镇规划建设的管理工作；负责辖区内村容村貌、环境卫生管理和“城乡清洁”工程等工作；负责村镇基础设施及公共设施的规划、建设管理工作。

(5) 人口和计划生育服务所（与“人口和计划生育办公室”合署办公）主要业务范围：负责开展人口与计划生育基础知识教育，开展环情、孕情监测，节育技术服务及随访工作；负责避孕药具的管理、发放工作；负责村委（社区）计生专干的业务培训，开展生殖健康和优生优育等咨询服务；负责技术服务信息收集、监测、统计、分析和反馈的具体工作。

(6) 财政所主要业务范围：编制乡镇年度财政预算，监督乡镇各行政事业单位预算执行情况，编制乡镇财政决算；组织、协调乡镇政府调控收入及其管理；负责各项涉农惠农补贴资金等国家专项资金的管理及核兑；负责乡镇国有资产管理；监管乡镇各单位的财务；负责乡镇财政周转金清收及各种政策性债务清理工作；负责农村公益事业建设一事一议财政奖补项目资金管理、财务代理工作；具体负责农村集体资产的财务管理；承办乡镇党委、政府和上级财政部门交办的其他事项。

(7) 林业站主要业务范围：负责辖区内公益林、珍贵动植物等森林资源的保护；负责组织完成植树造林任务；负责林业科学技术推广与相关试验示范；审核申报农村集体和个人的年度林木采伐指标；开展林业技术培训、技术咨询和技术服务；负责落实涉及林业的国家支农惠农政策；负责做好森林防火工作。

（五）加强政务服务机制建设，积极探索适应农村经济社会发展的服务方式

1.加强政务服务平台建设。

乡镇要整合行政机构、事业单位的政务公开和公共服务资源，按照“有健全的服务网络、有必备的办公设施、有明确的服务内容、有稳定的服务队伍、有严格的绩效考核体系和城区、乡（镇）、村三级联动政务处理信息化”的要求，建立面向群众的政务服务中心，实行集中办公、统一办理的“一站式”服务。乡镇政府要对目前承担的行政事项和服务内容进行全面系统的梳理，优化和再造工作流程，减少办事环节，推行政务公开，落实首问负责制、限时办结制、责任追究制等制度。

2.探索“农事村办”的有效形式。

按照“农事村办”的要求，在保留乡镇行政和事业机构名称的同时，探索对相关职责和人员进行整合，按“一办三中心”（即党政综合办公室和农事村办服务中心、产业发展指导中心、综治信访维稳中心）的模式和工作机制进行运作，人员由乡镇统一调配使用。即原管理体制暂时维持不变，创新“一办三中心”工作机制直接面对群众，方便群众办事，提高服务质量。

3.积极创新公共服务和农村公益服务的实现形式。

城区农业（水产畜牧）、卫生等部门要积极面向乡镇延伸服务，探索建立健全乡镇或区域性农业技术推广、动植物疫病防控、农产品质量监管等公共服务机构。鼓励发展多元化的农村社会化服务组织和农民专业合作社，扶持社会力量兴办为农服务的公益性机构和经济实体。探索通过项目招标、签订合同、政府采购、社会招聘等方式向社会购买服务的机制，将财政投入逐步从“养人”为主向“养事”为主转变。

（六）严格控制人员编制和领导职数

1.人员编制。

根据自治区和南宁市核定本城区的乡镇行政编制总量为165名，乡镇机构改革同层级调整增加那马镇行政编制3名，调减那陈镇行政

编制1名、南晓镇行政编制1名，调整后，良庆镇33名、那马镇32名、大塘镇34名、那陈镇33名、南晓镇33名。乡镇机关后勤编制总量为14名，其中良庆镇3名、那马镇2名、大塘镇3名、那陈镇3名、南晓镇3名（详见附表三）。

乡镇全额事业编制总量为197名，其中：良庆镇39名、那马镇38名、大塘镇43名、那陈镇40名、南晓镇37名（详见附表四）。改革后各乡镇人员编制不得突破原核定的乡镇机关行政和事业编制总量。根据各乡镇综合性办公室及事业单位承担的工作职责，优化岗位设置，确保核定的人员编制能够适应事业单位开展正常工作需要。事业单位业务技术人员结构比例不得低于80%，在此前提下，同时保证配置的各类专业技术人员（如水利、农业、人口和计划生育、林业、规划建设等）要保持合理的结构比例。对有关机构及职责进行调整的，其在编人员要予以妥善安排。

2.领导职数。

严格按规定限额核定领导职数。根据《自治区党委组织部关于做好2011年乡镇领导班子换届选举工作的通知》（桂组通字〔2011〕5号）精神，合理设置乡镇领导班子职数，严格按规定核定领导职数配备干部，适当扩大乡镇党政领导班子成员交叉任职。结合城区实际，镇党委设委员9名，其中书记1名，副书记2名（其中1名由镇长兼任，1名由人大主席兼任），纪委书记与党委交叉任职；镇人大设主席1名、专职副主席1名；镇人民政府设镇长1名、副镇长3名（其中2名与党委交叉任职）。

乡镇行政综合性办事机构和乡镇管理事业单位领导职数一般按1名配备，工作任务重的可根据编制数多少核定。编制3名以下（含3名）设1名领导职数，编制4~7名设2名领导职数，编制8名以上（含8名）设3名领导职数。

在乡镇机关和事业单位全面实行机构编制实名制管理，并向社会公开，接受群众监督，清理清退非在编人员，坚决杜绝吃“空饷”现象。建立乡镇主要领导机构编制工作离任检查制度，严肃查处擅自设立机构、增加编制、违规使用编制等违反机构编制纪律的行为。

三、改革的方法及步骤

按照全市乡镇机构改革的总体部署和要求，本次乡镇机构改革工作要求2011年9月底结束，分四个阶段进行。

（一）全面准备阶段（6月至8月中旬）

各镇对机构改革工作进行专题研究部署，明确改革工作时间安排，建立机构改革工作机构，党政“一把手”要负总责、亲自抓，要建立相应的责任制，层层抓落实。城区启动乡镇机构改革工作后，各乡镇要安排部署乡镇机构改革，传达有关改革文件，做好宣传教育和思想发动工作，提高乡镇干部对机构改革重要性的认识。

（二）方案制定及报审阶段（8月中旬至9月初）

各镇要紧密结合实际，在深入调研的基础上，根据城区机构改革实施意见确定的原则，制定乡镇机构改革实施方案。经城区编办审核后，报城区党委、政府批准实施，同时报市委、市政府备案。

（三）组织实施阶段（9月初至9月中旬）

乡镇机构改革实施方案经审批印发后，各镇要从实际出发，因地制宜，正确处理好改革、发展、稳定之间的关系。研究制定符合经济发展要求和乡镇行政管理实际的工作规则，建章立制，规范工作程序，协调内部工作关系，进一步提高工作效率，推行并落实政务公开，接受社会监督。确保新设立的综合性行政机构及事业单位职能运转，落实专人负责更名的事业单位及时实施法人登记。抓好人员分流安置工作，通过组织考核或竞争上岗科学设岗定员，对超编人员要根据有关规定给予安置，确保改革的顺利进行。

（四）总结验收阶段（9月中下旬）

改革实施工作完成后，城区组织验收小组对机构改革实施情况进行检查验收，并对整个机构改革工作进行总结，向城区党委、政府报告。

四、严格改革纪律，杜绝部门干预

要正确处理好改革发展稳定的关系，切实加强思想政治工作，严明组织纪律，对改革中出现的违纪违规问题，要及时采取措施，认真纠正和严肃处理。要切实做到思想不散、秩序不乱，国有资产不流失，改革稳步推进，工作正常运转，确保农村社会稳定。城区各部门要支持深化乡镇机构改革工作，深入开展调查研究，加强协调配合，指导解决改革工作中的难点问题，不得以下发文件、召开会议、资金支持、项目审批、评比达标、绩效考核等方式干预乡镇机构设置和人员编制配备。城区编办要加强指导和监督检查，做好具体工作。

五、加强组织领导，确保完成改革任务

各镇党委、政府要充分认识新形势下深化乡镇机构改革、加强基层政权建设的重要性、紧迫性、艰巨性和长期性，坚持正确的改革方向，加强领导和协调，统筹规划部署，精心组织实施。主要领导要亲自抓、负总责，相关部门要切实履行职责，组织部门要统筹指导乡镇机构改革工作；机构编制部门负责做好乡镇机构改革实施意见；人社部门负责指导乡镇机构改革人员定岗定员工作；财政部门负责确保乡镇机构改革经费，落实各项财经纪律，杜绝突击花钱、私分财物等问题的发生；纪检监察部门负责机构改革期间各项纪律规定的监督检查工作；城区政府政务服务中心负责指导乡镇政务服务中心的组建工作；档案管理部门负责档案移交和管理的指导工作。各镇要认真总结上一轮乡镇机构改革的经验，结合实际，抓住突出矛盾和主要问题，找准突破口，把握切入点，力争在深化乡镇机构改革提出新思路，推出新举措，取得新突破。

附表：

1.良庆区乡镇机关机构设置情况

2.良庆区乡镇事业机构设置情况

3.良庆区乡镇机关编制和领导职数核定情况

4.良庆区乡镇事业编制和领导职数核定情况

附表 1　良庆区乡镇机关机构设置情况

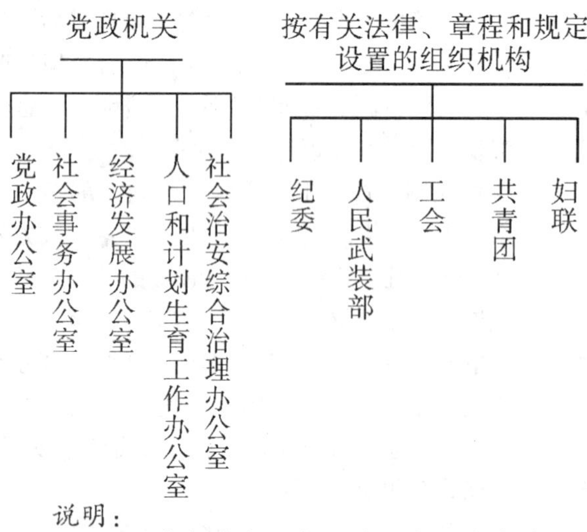

说明：

1. 经济发展办公室加挂“安全生产管理办公室”牌子；

2. 人口和计划生育工作办公室与人口和计划生育服务所合署办公。

附表 2　良庆区乡镇事业机构设置情况

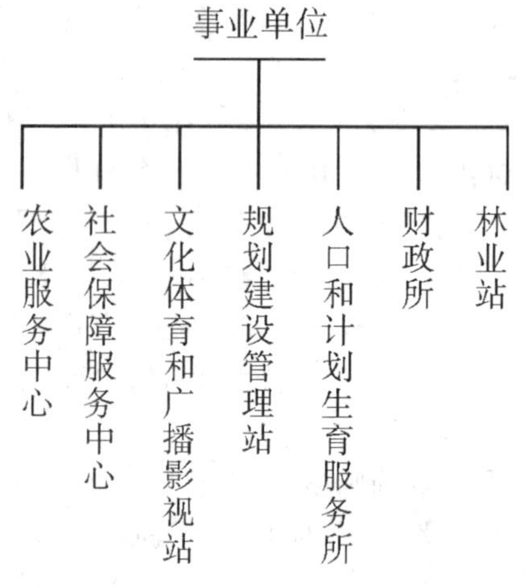

说明：

1.人口和计划生育服务所与人口和计划生育工作办公室合署办公；

2.农业服务中心挂水利站牌子；

3.水产畜牧兽医站不计入乡镇事业机构个数。

附表 3　良庆区乡镇机关编制和领导职数核定情况

序号	单位名称	核定编制数			乡镇行政机关领导职数	乡镇内设机构编制数及领导职数											
		小计	行政	后勤		小计		党政办公室		社会事务办公室		经济发展办公室		人口和计划生育工作办公室		社会治安综合治理办公室	
						编制	职数	编制	职数	编制	职数	编制	职数	编制	职数	编制	职数
	合计	179	165	14	55	90	45	20	10	22	10	20	10	10	5	18	10
1	良庆镇机关	36	33	3	11	18	9	4	2	4	2	4	2	2	1	4	2
2	那马镇机关	34	32	2	11	17	9	4	2	4	2	4	2	2	1	3	2
3	大塘镇机关	37	34	3	11	19	9	4	2	5	2	4	2	2	1	4	2
4	那陈镇机关	36	33	3	11	18	9	4	2	5	2	4	2	2	1	3	2
5	南晓镇机关	36	33	3	11	18	9	4	2	4	2	4	2	2	1	4	2

附表4　良庆区乡镇机关编制和领导职数核定情况

序号		核定编制数	核定领导职数		
			小计	正职	副职
	合计	197	70	35	35
一	良庆镇(小计)	39	14	7	7
1	良庆镇农业服务中心(良庆镇水利站)	14	4	1	3
2	良庆镇社会保障服务中心	2	1	1	0
3	良庆镇文化体育和广播影视站	2	1	1	0
4	良庆镇规划建设管理站	2	1	1	0
5	良庆镇人口和计划生育服务所	12	4	1	3
6	良庆镇财政所	5	2	1	1
7	良庆镇林业站	2	1	1	0
二	那马镇(小计)	38	14	7	7
1	那马镇农业服务中心(那马镇水利站)	12	4	1	3
2	那马镇社会保障服务中心	2	1	1	0
3	那马镇文化体育和广播影视站	2	1	1	0
4	那马镇规划建设管理站	3	1	1	0
5	那马镇人口和计划生育服务所	12	4	1	3
6	那马镇财政所	5	2	1	1
7	那马镇林业站	2	1	1	0
三	那陈镇(小计)	40	14	7	7
1	那陈镇农业中心(那陈镇水利站)	14	4	1	3
2	那陈镇社会保障服务中心	2	1	1	0
3	那陈镇文化体育和广播影视站	2	1	1	0
4	那陈镇规划建设管理站	2	1	1	0
5	那陈镇人口和计划生育服务所	12	4	1	3
6	那陈镇财政所	5	2	1	1
7	那陈镇林业站	3	1	1	0
四	大塘镇(小计)	43	14	7	7
1	大塘镇农业服务中心(大塘镇水利站)	15	4	1	3
2	大塘镇社会保障服务中心	2	1	1	0
3	大塘镇文化体育和广播影视站	2	1	1	0
4	大塘镇规划建设管理站	3	1	1	0
5	大塘镇人口和计划生育服务所	12	4	1	3
6	大塘镇财政所	6	2	1	1
7	大塘镇林业站	3	1	1	0
五	南晓镇(小计)	37	14	7	7
1	南晓镇农业服务中心(南晓镇水利站)	11	4	1	3
2	南晓镇社会保障服务中心	2	1	1	0
3	南晓镇文化体育和广播影视站	2	1	1	0
4	南晓镇规划建设管理站	2	1	1	0
5	南晓镇人口和计划生育服务所	12	4	1	3
6	南晓镇财政所	5	2	1	1
7	南晓镇林业站	3	1	1	0

中共南宁市良庆区委　南宁市良庆区人民政府关于举全城区之力推动五象新区开发建设掀起新高潮加快城区发展的决定

良发〔2011〕23号

为全面贯彻落实自治区党委、自治区人民政府关于全力推进五象新区开发建设的战略部署，以及市委、市政府《关于掀起五象新区开发建设新高潮的决定》，形成推动五象新区开发建设掀起新高潮的强大合力，加快构建富裕文明和谐宜居的现代化新良庆，现作出如下决定：

一、充分认识推动五象新区开发建设掀起新高潮的重大意义

五象新区是广西北部湾经济区的重要组成部分，是首府建设区域性国际城市和广西“首善之区”的重大依托，也是良庆区实现应势而谋、顺势而为、借势发展的主要支撑。近期，自治区党委、政府和市委、市政府决定加快五象新区开发建设，部署了优先发展的七大板块，标志着以良庆区范围为主的五象新区开发建设迎来了全面提速的新阶段，这对于良庆区加快城镇化进程，完善城市功能，增强城市实力，统筹城乡发展，持续改善民生，促进全城区经济、政治、文化、社会、生态等各项事业全面进步，加快实施城区第二次党代会确定的各项举措，加快建设富裕文明和谐宜居的现代化新城区，具有十分重要的意义。

（一）推动五象新区开发建设掀起新高潮，是实施城区第二次党代会战略部署的需要。城区第二次党代会围绕建设“富裕文明和谐宜居的现代化新城区”这一目标，明确提出了要全面实施城镇化建设、现代产业培育、统筹城乡示范等“八大工程”，以及着力推进五象新区建设、大沙田建成区改造、良庆经济开发区二次创业等七项重点任务。并把推进五象新区建设放在七项重点任务之首，作为全城区未来五年发展的最重要的支撑。推动五象新区开发建设掀起新高潮，就是要以更大的力度，来强化这种支撑，扎实推进城区第二次党代会作出的战略部署。

（二）推动五象新区开发建设掀起新高潮，是城区加快调整经济结构，转变发展方式的需要。五象新区按照“文化立城、文化建城、文化兴城”的定位，重点推进文化体育产业和服务产业作为新区支柱产业来培育，把广西文化产业城、广西体育产业城以及总部基地、台湾健康产业城、龙象谷等重大项目，这些项目分布在良庆区，大都是新兴项目和朝阳产业，项目特色明显、发展空间巨大、可持续性较强，有利于提升良庆区第三产业发展整体水平，优化城区产业结构，从根本上带动城区产业结构升级，促进经济发展方式转变，使以良庆区为主的五象新区真正成为区、市“科学发展及加快转变发展方式的先行先试区”，也有助于我们在更高的水平实施“良庆文化营造工程”和“现代产业培育工程”。

（三）推动五象新区开发建设掀起新高潮，是城区完善重大基础设施和公共服务设施的需要。按照规划，五象新区将加速推进一大批重大交通及基础设施建设，包括推进五象新区堤园路、五象大道景观工程、平乐大道、玉洞大道（二期）等“三纵三横”主干道路网建设，推进蟠龙片区、总部基地、中国—东盟国际物流基地等片区路网建设，推进五象大桥、青山大桥、英华大桥、良庆大桥、青坪大桥等跨江大桥项目建设，推进五象新区公共交通规划建设和连接北钦防三市及周边其他地区的城际路网建设，推进新区与机场、火车东站、东环高速等重大交通节点，推进七大板块项目涉及的水、电、气、通信等配套基础设施建设和环保基础设施建设，还将推进五象新区各中小学项目建设、南宁博物馆、南宁市中心图书馆、南宁市青少年活动中心等一批教育、医疗、文化、体育、购物等公共服务设施建设。同时，配套建设给排水、排污、供电、通信、燃气等设施建设，这些设施的建成将直接完善我城区基础设施及服务功能配套，加快拉开城市框架，迅速提升城镇承载能力和综合竞争力，辐射带动我们实施“城镇化建设工程”。

（四）推动五象新区开发建设掀起新高潮，是统筹推进城乡发展的需要。五象新区加快开发建设，不仅促进了新片区的快速发展，也有助于大沙田片区、玉洞片区等旧城区按照新区的标准进行规划和提升改造，使新旧城区在规划、建设、管理上保持一致，功能上协调互补。同时，五象新区的加快开发，还能够迅速增强中心城市辐射带动作用，并在基础设施和公共服务设施建设等方面向农村延伸，良庆镇迅速融入五象新区核心区，而随着占地100平方公里的龙象谷项目的开发建设，那马镇、大塘镇、那陈镇、南晓镇和南州林场，位于其辐射范围，发展速度将进一步加快，整个城区所有镇村都与五象新区开发建设密切相关，这些都有利于实现城乡规划、建设、管理，以及教育、文化、医疗、就业、社会保障等公共服务一体化，有助于我们开展好统筹城乡改革试点工作，实施好“统筹城乡示范工程”。

（五）推动五象新区开发建设掀起新高潮，是加强社会管理创新的需要。五象新区的规划、建设和管理都将按照一流的标准进行。社会治安综合治理将逐步加强，复合警务改革将继续深化，群众的安全感和满意度将越来越高；流动人口的服务管理将进一步强化，社区作用将充分发挥，安定有序的社会秩序将得到巩固和加强；城市新区环境管理将进一步加强，硬件设施和人员配备上都将提升到新的水平。

（六）推动五象新区开发建设掀起新高潮，是更好地服务民生的需要。根据规划，五象新区的建设效果必须体现“现代、生态、便利、特色”的特点，成为“国内一流、世界先进、独具特色的现代化新城”，按照这一要求，自治区党委、政府和市委、市政府将在新区建设标杆性大项目的同时，科学布局，配套完善学校、医院、银行、商场、宾馆、酒店、书店、运动场、公园等等，这将极大地提高城市的品质，树立城市的品牌。同时，带动和推进关系民生的医疗、教育、文化、养老、居住等事业的全面发展，覆盖全城区，惠及城乡居民，有利于助推我们实现“宜居、宜业、宜商、宜游”现代化新城的目标，使全城区老百姓享受发展成果。

当前，五象新区开发建设逐渐加速，机遇难得，稍纵即逝。全城区各级各部门各单位必须深化认识，统一思想，抢抓机遇，乘势而上，以奋发有为的精神、攻坚克难的毅力、扎实有力的举措，把五象新区开发建设作为我城区的“一号工程”、首要任务，举全城区之力，迅速推动五象新区开发建设掀起新高潮。

二、总体要求

（一）总体思路

以邓小平理论和“三个代表”重要思想为指导，以科学发展为主题，以加快转变经济发展方式为主线，以建设富裕文明和谐宜居的现代化新城区为目标，全面落实自治区党委、政府和市委、市政府关于加快五象新区开发建设决策部署，坚持充分依托、主动融入、全力服务、积极参与五象新区开发建设，全面深入实施城区第二次党代会提出的城镇化建设、现代产业培育、统筹城乡示范、社会管理创新、民生改善、良庆文化营造、发展环境优化、党组织建设创优等“八大工程”，以及着力推进五象新区建设、大沙田建成区改造、良庆经济开发区二次创业、统筹城乡发展试点、五象—银海商区打造、南宁凤亭国际生态文化旅游城开发和中国—东盟国际物流基地建设等“七项重点任务”，促进城区经济、政治、文化、社会、生态和党的建设等各项事业协调发展，努力推动五象新区开发建设和城区自身发展实现双胜利。

（二）基本原则

——坚持解放思想、更新观念。坚持“以空间换时间、以资源换产业、以存量换增量”，做到“不求所有，但求所在”。破除狭隘的思想观念，从全局高度审视五象新区开发建设，审视良庆区自身发展，切实以“主人翁”的姿态，积极服务参与五象新区开发建设，把依托融入新区开发建设，作为良庆区实现赶超进位、跨越发展的最大支撑来打造。

——坚持统筹协调、全面推进。推进五象新区开发建设，是城区第二次党代会作出的全盘工作部署的重要组成部分。要把推动五象新区开发建设掀起新高潮与城区的整体工作结合起来，既要把支持五象新区开发建设，作为加快城区自身发展的重大机遇和有力抓手，又要把城区自身发展作为推动五象新区开发建设的重要保障，做到推动五象新区开发和城区自身发展统筹兼顾、互促共进。

——坚持借力蓄势、融合发展。要通过大力支持五象新区开发建设掀起新高潮，推动新区七大板块和其他一批重大项目尽快启动建设、竣工投产，推动城区框架迅速拉开，综合承载能力逐步增强，基础设施较快完善，重大产业效益加快显现，成为城区又好又快发展的重要推动力，为把良庆区打造成首府经济增长新一极打下坚实基础。要紧密结合区、市重大项目，尤其是七大板块项目布局，配套做好相关的产业对接、项目对接、基础设施和公共服务设施对接，按照一流标准，使新旧城区协调发展，推动以良庆区为主体的五象新区成为南宁乃至广西科学发展的先行先试区。

（三）目标要求

要在城区第二次党代会提出的目标任务基础上，充分抓住五象新区开发建设带来的城市基础设施建设、项目及产业布局倾斜等方面的重大支撑因素，确保在全面完成第二次党代会目标任务的基础上，在与五象新区开发建设密切相关的城镇化建设、产业结构优化、统筹城乡发展、社会管理创新、民生改善等方面取得更大的成绩。

——城镇化建设更好更快。抓住五象新区开发建设加速推进的机遇，全面提升中心城区基础设施水平、产业发展水平和城市吸聚力，提升中心城区和各镇的人气，形成“中心城区—中心镇——般镇”协调快速发展的城镇化新格局，使良庆区的城镇化速度和质量位居全市前列。

——产业结构更优。借助五象新区开发建设带来的一大批区、市重大项目，特别是七大重点板块带来的文化、体育、健康、休闲旅游等新兴产业，加快新旧城区产业对接，推动城区经济结构优化调整，加快形成新兴产业快速发展，传统优势产业不断壮大，产业体系逐步完善，可持续性更强的现代产业体系。

——统筹城乡发展领先。抓住五象新区开发建设带来的大规模农村城镇化和农民市民化进程，加快推进农村向城镇过渡、农民向市民过渡、农业向工业和三产服务业过渡；同时发挥作为区、市统筹城乡发展改革试点的机遇，利用龙象谷等大项目带来的机遇，加快推进社会主义新农村建设，加快推进农村道路、农田水利、人饮工程、危旧房改造，以及农村教育、医疗、文化、体育等基础设施和公共服务设施建设，积极探索出一套有良庆特色的统筹城乡发展新做法、新经验，为全市开展统筹城乡发展工作积累经验，争做首府统筹城乡发展的排头兵。

——社会管理创新一流。抓住五象新区“一流的管理”标准要求，进一步加强和创新社会管理，探索与五象新区开发建设相适应、有良庆自身特色的社会管理模式，为五象新区开发建设和良庆区经济社会发展营造优良的社会环境，使良庆区成为群众满意度最高、发展环境最好的县区之一。

——改善民生步伐加快。抓住五象新区开发建设加速推进的机遇，增强城区综合经济实力和城市综合承载能力，提升城市品位和现代化水平，改善群众生活环境。完善医院、教育、文化、体育等公共基础设施和邮政、金融、购物等公共服务设施，不断提高就业、医疗、养老等社会保障水平，提高群众生活质量，使群众更充分地享受五象新区开发建设带来的成果。

三、全力推进五象新区开发建设掀起新高潮，推动城区跨越发展

（一）充分依托五象新区开发建设

1.做好城区规划完善工作。依托五象新区（城市）总体规划、土地利用总体规划、控制性详细规划的新变动，及时对接，做好与新区规划相互衔接的旧城改造规划，做好与城市功能相互衔接的镇村建设规划，做好与城市总体规划、分区规划或控制性详细规划相互衔接的工程项目的修建性详细规划，形成与新区功能定位相适应的城乡高水平规划体系。

2.抓好产业布局对接调整。依托五象新区开发加速推进带来的一大批重大产业项目建设，特别是总部基地、文化产业城、体育产业城、台湾健康产业城、龙象谷项目等七大板块包含的重点产业项目的陆续建成投产，以及依托五象新区开发建设加速推进带来的一大批道路、桥梁、水电、通信等基础设施完善，和教育、医疗、文化、体育、购物等公共服务设施完善，抓好产业的对接，突出抓好我城区文化、教育、体育、卫生、服务等产业的布局，完善我城区学校、医院、邮政、银行、商贸购物、酒店住宿、污水垃圾处理、排水、园林绿化等的基础和服务功能的配套完善；突出抓好全城区工业产业的布局调整，加快太安龙象工业集中区、银海大道西片区、那马工业区建设，优化广西良庆经济开发区产业结构，补充完善产业链。

3.抓好城乡统筹发展。进一步完善城区统筹城乡改革工作方案、统筹城乡综合改革试点实施方案，及那马镇、大唐镇两个试点镇的实施方案，在完成各镇总体规划编制的基础上，尽快完成村屯规划编制尤其是重点村屯的规划编制；依托五象新区一批重大项目的建设，特别是龙象谷等大项目的规划建设，加快五镇通村通屯道路、农村人饮、农田水利等基础设施和农村中小学校、医院、文体活动场所等公共服务设施建设；加快推进扶贫开发和困难群众危房改造，巩固林权制度主体改革成果，按照区、市统一部署，扎实开展好林权制度各项配套改革；突出解决好与群众利益特别是与农民生计密切相关的教育、医疗、养老三项工作，扎实做好新农合、城乡居民养老保险试点工作，贯彻落实好九年免费义务教育，优化城乡教育资源布局，切实解决群众上学难、看病难、养老难等重点问题，促进城乡基础设施建设、公共服务和社会管理一体化。

（二）主动融入、积极参与五象新区开发建设

按照把五象新区开发建设的新目标、新任务、新措施和良庆区第二次党代会提出的自身发展目标、任务、举措结合起来，做到工作目标、工作步骤、工作重心“三个一致”。把五象新区七大重点板块，与城区“八大工程”和“七项重点任务”结合起来，统筹考虑，把七大板块的实施，作为推动城区发展的重大战略支撑，带动城区各项事业又好又快发展。

1.推动调结构、促转变，提升城区经济实力。抓住五象新区加快开发带来的机遇，特别是七大板块中的文化产业城、体育产业城、台湾健康产业城等一些新兴产业带来的机遇，借机储备并发展一批文化、体育、健康、休闲娱乐等方面的优势产业项目，推动传统优势产业优化升级，完善城区产业结构，推动经济发展方式转变，增强经济发展的可持续性。全力支持以七大板块为代表的一大批中央、区、市重大产业项目在五象新区尽快建成投产，为城区经济发展带来强劲动力。

2.加快推进城镇化步伐，提升城市建设管理水平。一是加快推进城区范围内的五象新区重大基础设施建设，包括五象新区堤园路、五象大道景观工程、平乐大道、玉洞大道（二期）等主干道路网建设，蟠龙片区、总部基地、中国—东盟国际物流基地等片区路网建设，五象大桥、青山大桥等跨江大桥项目建设，五象新区公共交通规划建设，连接北钦防三市及周边其他地区的城际路网建设，新区与机场、火车东站、东环高速等重大交通节点建设，七大板块项目涉及的水、电、气、通信等配套基础设施建设和环保基

础设施建设，五象新区各中小学项目建设，南宁博物馆、南宁市青少年活动中心等一批教育、医疗、文化、体育、购物等公共服务设施建设。二是加大建成区改造力度。以一流的标准加强旧城区与新城区的规划、建设对接，重点加强对大沙田片区和玉洞片区的道路、水电、通信等基础设施改造，大力提升五象大道、银海大道、玉洞大道、金象大道等城市主干道和重点街区的立面景观美化亮化档次，配套做好教育、医疗、金融、邮政、购物以及垃圾中转站、公厕、农贸市场等公共服务设施建设，提高建成区综合承载能力和城市品位，加快改善建成区脏、乱、差的面貌。三是加强城镇规划建设。围绕构建“中心城区—中心镇—一般镇”的发展格局，推动良庆镇积极融入五象新区，重点发展那马镇、大塘镇两个中心镇，同时大力支持那陈镇、南晓镇加快发展，形成更加合理的城镇化体系。四是提高城市管理水平。坚持建设和管理并重，深入开展“城乡清洁工程”，以整治农贸市场、私人建筑工地、泥头车、夜市摊点为重点，持续开展环境卫生专项整治活动。加强城管和环卫队伍建设，加大资金投入，逐步更新完善各种环卫设施，不断提高新旧城区的保洁能力，营造洁、齐、美的环境。继续加大对市政设施的管理维护力度，重点解决好辖区内道路、路灯照明特别是路幅 20 米以下的道路和小街小巷的改造工作，使城区环境面貌发生根本改观，城市形象不断提升。

3.推动对外交流合作，提升招商引资水平。以良庆区为主的五象新区是首府打造区域性国际城市的重要载体，也是连接广西北部湾经济区城市群的重要纽带，是多区域合作的重要平台，要借助这一独特优势，特别是总部基地建设的机遇，加快吸引一大批世界 500 强、国内 500 强和国内行业 500 强入驻。服务好台湾健康产业城项目，推动桂台经贸合作向纵深发展，加强与港澳台地区和其他国家及地区的合作与交流，使包括良庆区在内的五象新区成为首府乃至广西开展对外交流与合作的重要窗口和纽带。充分利用位于五象新区主战场的区位优势，加快推进广西良庆经济开发区和太安龙象工业集中区的规划建设，加强产业布局规划调整，按照五象新区的功能定位，重点引进一批科技含量高、污染少、可持续性强、效益好的大企业、大项目。

4.强化文化引领，提升第三产业发展水平。五象新区开发建设的方向是“文化引领”，把文化产业作为一个特色、一个支撑来打造，特别是重点布局了广西文化产业城、广西体育产业城，以及南宁博物馆、南宁市中心图书馆等项目，将为良庆区以文化产业为代表的第三产业发展提供强大的动力。要以此为平台和机遇，着力培育一批文化体育、休闲购物、餐饮娱乐、观光旅游等优势产业和项目发展，推动第三产业持续繁荣。围绕把五象—银海商区打造成为五象新区的商业引擎和南宁市最重要的商圈之一，加快引进一批档次高、品牌响、影响大的现代服务业项目。以服务南宁保税物流中心建设运营为主线，加快打造区域性商贸物流基地，推动商贸业快速发展。

5.加强和创新社会管理，提升社会管理科学化水平。抓住五象新区“一流的管理”标准要求，进一步加强和创新社会管理，积极探索有效的社会管理方法机制，形成有效的社会管理模式；加强社会治安综合治理，深化警务制度改革，进一步强化警力配置，大力整治群众反映强烈的“两抢一盗”、“黄赌毒”、“传销”等违法犯罪活动，大幅提高公众的安全感和满意度；强化对五象新区建设项目的服务保障力度，营造良好的施工环境，确保重大项目建设顺利实施；加强矛盾纠纷调处，建立快速有效的矛盾纠纷调处化解机制和矛盾纠纷调解队伍；加强流动人口服务管理，建立有效的服务管理机制，逐步形成与五象新区大规模开发建设相适应的良好的社会环境。

6.加强社会建设，提升民生保障水平。要在城区第二次党代会提出的社会建设目标任务的基础上，重点结合五象新区开发建设，加快推进城乡道路、桥梁等重大基础设施和教育、医疗、文化、体育等公共服务设施建设速度，着力推进良庆区政务服务中心、人武部、公安分局、人民法院、人民检察院和人民医院等服务五象新区开发建设的一批公共服务设施项目和产业项目尽快建成投入使用或投产，增强城市服务功能，提升城市综合承载能力，为城乡居民提供更多的发展机会，让广大群众收入有增加、生活更便利，共享五象新区开发建设带来的成果。

（三）全力服务五象新区开发建设

利用主战场、主阵地和桥头堡优势，发挥生力军作用，主动担当，突出重点，围绕五象新区开发建设七大板块以及区、市其他项目建设，做好事关全局的基础性工作。一是做好征地拆迁安置。完善征地拆迁体制机制，为新区项目建设提供充分的用地保障；切实解决好、维护好被征地拆迁农民的合法权益，做好回建安置各项工作，为征地拆迁打下较好的群众基础。二是营造良好的新区开发建设秩序。以服务保障征地拆迁及项目建设为中心，重点加强对征地拆迁相关矛盾纠纷的排查化解，查处非法阻挠施工的行为，加强五象新区范围内施工车辆和交通秩序的整治。三是加强新区市容市貌管理。加大人力、财力、物力投入，加强城市设施维护力度和城市环卫队伍建设，营造洁、齐、美的五象新区市容市貌。

四、强化保障措施

（一）加强领导、完善机构，为加快五象新区开发建设和城区发展提供坚强的组织保障

要参照自治区和南宁市的做法，尽快调整充实良庆区五象新区开发领导小组及相关职能机构，领导小组由城区党委、政府主要领导亲自担任组长，其他四家班子领导全员参与。

职能机构参照市级架构进行设置，并配备专职人员，做到“五到位”即：领导到位、人员到位、职责到位、工作到位、措施到位，集中精力抓好五象新区开发建设各项工作任务。同时，全城区各级各部门各单位，要按照原有职能分工，继续做好各项常规工作，确保服务五象新区开发建设和推动城区各项工作“两不误、双促进”。

（二）抓住关键、强化征拆，为加快五象新区开发建设和城区发展提供充足的用地保障

牢牢抓住征地拆迁这个关键问题，从全城区范围抽调精干力量，组成若干征地拆迁工作“突击队”，针对目前征地拆迁工作中存在的突出问题，逐一进行梳理，对每个征地拆迁项目和任务，都安排专人负责推进，进村入坡，现场工作，直到问题解决、任务完成。建立完善征地拆迁组织机制、激励竞争机制、考核评价机制，使想干事的有机会、能干事的有舞台、干成事的有前途、干不好的让位置，充分调动广大党员干部积极性。坚持“文明征地，和谐拆迁”和“以人为本”的理念，重点推动解决好被征地农民回建安置、三产用地落实，支持推动征地拆迁周转房建设，解决被征拆农民的后顾之忧，以实际行动取信于民，打造诚信政府，争取群众对征地拆迁工作的理解与支持。

（三）落实责任、加强协调，为加快五象新区开发建设和城区发展提供有效的机制保障

要把五象新区开发建设相关工作，特别是征地拆迁和重大项目推进工作，分解到每一个单位、落实到每一个人，形成层层有任务，人人有目标，协力推项目的工作推进机制。要制定详细的工作实施方案和考核标准，明确每个单位和每个人的目标任务、工作责任、完成质量和完成时限，确保工作有人做、推得动。继续加强和完善“三贴近、三加强”征地拆迁工作方法，在工作中，贴近村队、贴近被拆户、贴近实际，加强与市有关部门的沟通、加强与项目业主的协调、加强与城区各单位各部门的协同工作。针对征地拆迁涉及社会维稳、矛盾调处压力大的实际情况，建立健全征地拆迁工作协调机制，简化协调程序，提高议事决策效率。

（四）解放思想、转变作风，为加快五象新区开发建设和城区发展提供有力的作风保障

坚持“以空间换时间、以资源换产业、以存量换增量”，以及“不求所有，但求所在”的理

念，只要是有利于加快推动五象新区开发建设和良庆区跨越发展的，法律法规没有明确禁止的事情都可以先行先试，探索新路子，积累新经验，寻求新突破。继续巩固深化整治“五风”、增强“五力”活动成果，强化工作责任和执行力。全体干部尤其是领导干部，在工作中，要身先士卒，靠前指挥，用身影带动工作。继续实施首问负责制、限时办结制和行政过错责任追究制等三项制度，切实提高机关行政效能，提升全城区干部群众干事创业的责任感，以良好的精神风貌和作风保证各项事业扎实推进。

（五）注重一线、锻造队伍，为加快五象新区开发建设和城区发展提供充分的人力资源保障

服务五象新区开发建设，使命光荣，任务艰巨。要以非常的措施、非常的力度来保证各项工作顺利推进，把大批干部放到基层，放到征地拆迁和项目建设一线，做到：领导在一线指挥，措施在一线落实，问题在一线解决，保障在一线提供，督查在一线开展，干部在一线培养。用服务五象新区开发建设的实践历练干部，用征地拆迁的实绩检验干部，用实际工作统一党员干部思想，凝聚党员干部的力量，形成推动五象新区开发建设、促进城区又好又快发展的强大合力。

（六）加强宣传、积极引导，为加快五象新区开发建设和城区发展提供有利的氛围保障

坚持围绕城区自身发展营造氛围，加大宣传力度，广泛运用报刊、广播、电视、互联网等多种媒介，宣传五象新区开发建设带来的新机遇、新形势、新任务，宣传五象新区开发全面提速对良庆区发展的重大意义，宣传五象新区开发建设的步骤、举措和各阶段建设目标。通过宣传，加强与群众的沟通，获得群众对征地拆迁及重大项目建设的理解、配合与支持，动员全城区各级各界人士，积极投身到五象新区开发建设的伟大实践，以实际行动合力推进五象新区开发建设和良庆区现代化新城区建设。

南宁市良庆区人民政府关于印发良庆区贯彻落实国家、自治区和南宁市中长期教育改革和发展规划纲要（2010～2020年）实施方案的通知

良政发〔2011〕21号

各镇人民政府，城区政府各有关部门，良庆经济开发区管委会，大沙田街道办事处，城区级各双管单位，城区直属各事业单位：

现将《良庆区贯彻落实国家、自治区和南宁市中长期教育改革和发展规划纲要（2010～2020年）实施方案》印发给你们，请结合实际，认真组织实施。

良庆区贯彻落实国家、自治区和南宁市中长期教育改革和发展规划纲要（2010～2020年）实施方案

为贯彻落实《国家中长期教育改革和发展规划纲要（2010～2020年）》、《广西壮族自治区中长期教育改革和发展规划纲要（2010～2020年）》和《南宁市贯彻国家、自治区中长期教育改革和发展规划纲要（2010～2020年）实施方案》，动员全城区上下进一步把教育摆在优先发展的战略地位，推动我城区教育事业科学发展，为南宁加快建设区域性国际城市和广西“首善之区”、在全区率先实现全面建设小康社会目标提供有力的人才保证和人力资源支撑，现结合我城区实际，制定本实施方案。

一、加快良庆区教育改革发展的总体要求

（一）重要意义

教育是民族振兴的基石，教育事业在全面建设小康社会中具有基础性、先导性、全局性的战略地位。“十一五”以来，良庆区教育蓬勃发展，“两基”工作水平进一步提高，基础教育课程改革稳步推进，教师队伍素质全面提

升，城区教育事业呈现出持续、快速、健康发展的良好局面。同时必须清醒地认识到，我城区教育发展还面临着城乡、区域教育发展不够平衡，教育资源不能满足广大群众的教育需求，教育服务地方经济建设能力不够强等问题。当前，随着《国家中长期教育改革和发展规划纲要（2010～2020 年）》和《广西中长期教育改革和发展规划纲要（2010～2020 年）》的颁布实施，良庆区教育事业迎来了良好的机遇。我们必须坚持把教育摆在优先发展的战略位置，树立优先发展教育的思想，全力实施科教兴区战略，坚持育人为本，以改革创新为动力，以促进公平为重点，以提高质量为核心，全面实施素质教育，推动各级各类教育在新的历史起点上快速协调持续发展。

（二）指导思想

以邓小平理论和“三个代表”重要思想为指导，深入贯彻落实科学发展观，全面贯彻党的教育方针，坚持教育为社会主义现代化建设服务，为人民服务，坚持优先发展教育，努力促进教育公平，全面提高教育质量，办好人民满意的教育，努力把良庆区建设成为人力资源强区。

（三）发展目标

1.总体目标：构建开放的、各级各类教育结构合理、充满活力的现代终身教育体系，形成以政府办学为主体，公办学校和民办学校共同发展的多元办学格局，实现城乡教育协调发展、均衡发展。巩固提高“普九”成果，普及学前教育和高中阶段教育。进一步提高教育对良庆区科技进步、经济增长的贡献率，全面完成《南宁市贯彻国家、自治区中长期教育改革和发展规划纲要（2010～2020 年）实施方案》提出的各项发展指标，努力实现教育现代化。

2.各级各类教育发展的主要指标

项目		2009 年	2012 年	2015 年	2020 年
学前教育	学龄人口预测数（万人）	0.80	1.20	1.70	3.10
	幼儿在园人数（万人）	1	1.60	2.00	3.50
	学前三年毛入园率（%）	75	78	80	85
	学前一年毛入园率（%）	90	93	95	98
九年义务教育	学龄人口预测数（万人）	2.70	3.90	5.60	10.40
	在校生（万人）	4	4.20	5.80	10.60
	巩固率（%）	90	94	96	98

（四）主要任务

——提高普及程度。到 2020 年，学前三年教育毛入学率达 85%以上，义务教育巩固率达 98%以上，新增劳动力平均受教育年限达 14.50 年以上，公民受教育程度和人口素质显著提高。

——促进教育公平。我们的核心理念是“办好每一所学校，教好每一个学生，不断满足人民群众接受优质教育的需求”，要公平配置公共教育资源，促进各级各类教育更加公平，办出人民满意的教育；遵循学生身心发展规律，着力促进学生全面发展，为学生提供适合的教育。以促进公平为基本教育政策，实现义务教育阶段城乡、校际办学条件和教育质量基本均衡。完善教育资助体系和残疾儿童随班就读体系，不让一个学生因家庭经济困难而失学，形成惠及全民的公平教育。

——建立现代学校制度。加快建立以完善学校法人制度为基础，以现代教育观念为指导，学校依法办学、自主管理、民主监督、社会参与的现代学校制度。加强教育科研和教学研究，提高教师队伍整体素质，扩大优质教育资源总量，满足人民群众接受高素质教育的需求。

——实施素质教育。以全面实施素质教育为战略主题，坚持以人为本、德育为先、能力为重，全面实施素质教育，努力提高各级各类教育的质量，建设更多更好的优质教育，让良庆的孩子与全国孩子共同成长进步。

——管理体制与机制更具活力。公办教育和民办教育共同发展的格局基本形成。财政投入为主、多渠道筹措教育经费的公共教育投入机制更趋完善，扩大教育资源总量，形成规范有序、共同推动教育事业科学发展的生动局面。加快推进现代学校制度建设，探索“教育集团”管理的管理机制。

——教师队伍专业发展水平进一步提升。形成以校本研修为主体的全员培训体系和动态灵活的教师选拔培养和竞争激励机制，全面完成“骨干教师培养计划”和“名师成长计划”，健全城镇教师支教、定期交流支教制度，促进优质教师资源均衡配置。培养一批具有现代教育意识和国际视野的教育家型校长。

——构建终身教育体系。以衔接沟通为目标，发展和规范教育培训服务，统筹扩大继续教育和社区教育资源，优化教育布局结构，大力发展现代远程教育，形成学历教育和非学历教育协调发展、职业教育和普通教育相互沟通、职前教育和职后教育有效衔接的终身教育体系。

——教育国际交流和合作增强。构建全方位、多层次、宽领域的教育对外开放格局，发挥教育在推动良庆区服务首府建设“区域性国际城市和广西‘首善之区’”进程中的作用。

二、深化教育体制改革，实现教育发展新突破

（一）改革教育管理体制，转变政府教育管理职能

1.切实履行统筹规划、政策引导、监督管理和提供公共教育服务的职责，建立健全公共教育服务体系，逐步实现基本公共教育服务均等化，维护教育公平和教育秩序。规范学校办学行为，促进管办评分离，形成政事分开、权责明确、统筹协调、规范有序的教育管理体制。

2.以转变政府职能和简政放权为重点，综合应用立法、拨款、规划、信息服务、政策指导和必要的行政措施，规范政府和教育行政部门对学校的管理，减少不必要的行政干预。进一步完善普通中小学校长负责制，确保学校在人事、财务等方面行使自主办学的权利，建立起依法办学、自主管理、民主监督、社会参与的现代学校制度。

3.提高政府决策的科学性和管理的有效性。规范决策程序，实行重大教育政策出台前听证制度，充分听取群众意见。成立教育咨询委员会，为教育改革和发展提供咨询论证，提高教育决策的科学性。

4.加强教育督导检查。完善镇、街道主要领导教育工作问责机制，建立科学有效的教育质量评估体系，形成密度适当、减少干扰、客观公正、激励促进的教育评价制度。积极发挥专业评估、社区参与等多方面力量在教育公共治理中的合力作用。

（二）改革教育投入体制，确保教育经费稳定来源

1.优先保障对教育的经费投入。全城区教育经费投入不低于自治区和南宁市的规定要求。政府年初预算和预算执行中的超收收入分配要体现法定增长要求，确保财政教育拨款增长明显高于财政经常性收入增长、生均教育费用逐步增长、教师工资和学生人均公用经费逐步增长，确保我城区财政教育支出占一般预算支出的比例高于南宁市核定的比例。切实做好农村义务教育经费保障机制改革工作和免除城市义务教育阶段学生学杂费工作，建立健全非义务教育阶段教育经费投入机制。

2.强化教育税费征收管理。按规定比例足额征收教育费附加和地方教育附加费。教育税费征收实行专户管理，全部用于发展教育事业。建立城区教育、财政、税务等部门联席会议制度，定期向同级人民代表大会报告两费征收和使用情况。

3.完善财政、税收、金融和土地等优惠政策，建立教育投融资平台。制定符合国家法律规定的本地税收优惠政策和财政激励政策，引导社会资金以多种方式进入教育领域。鼓励兴办教育投资实体，吸引金融机构和社会资金多元投入，形成教育投资滚动发展的运行机制。

4.根据国家办学条件基本标准和教育教学基本需要，制定并逐步提高各级各类学生人均经费基本标准和学生人均财政拨款基本标准，保障学校办学经费的稳定来源和增长，将义务教育全面纳入财政保障范围，建立完善城乡义务教育经费保障机制，实行城乡统一的义务教育学校预算内生均公用经费基本拨款标准，逐步实现义务教育服务均等化。学前教育实行政府投入、社会举办者投入、家庭合理负担的投入机制。依法对承担义务教育的民办学校给予财政补助。民办学校享受西部地区国家相关信贷优惠政策。设立专项财政资金，奖励和表彰有突出贡献的民办教育集体和个人。民办教育可以依法设立基金会，接受公民、法人或其他组织的捐赠。

5.健全学生资助政策体系，完善助学贷款机制。在用足用好中央和上级财政资助资金的基础上，设立本级财政资助资金，资助家庭困难的学生。将学前教育纳入学生资助政策体系，实现学生资助政策从学前教育到高等教育的全覆盖。全面实行生源地信用助学贷款，做好宣传发动和贷后管理工作。明确学生资助机构的公共管理职能，完善学生资助机构内部管理机制。建立政府学生资助工作绩效考核制度，将其纳入党政领导干部考核指标体系。

6.加强经费管理，建立科学化、精细化的教育经费管理机制。加强教育经费管理工作，加强学校财务会计制度建设，完善教育经费监管机构职能，加强对教育经费的审计监管，确保教育经费使用安全，防范学校财务风险。建立经费使用绩效评价制度，加强重大项目使用考评。加强学校国有资产管理，建立健全学校国有资产配置、使用、处置管理制度，防止国有资产流失，提高使用效益。建立完善教育经费基础信息库，提高教育经费管理信息化水平。完善学校收费管理办法，规范学校收费行为和收费资金的使用。坚持勤俭办学，严禁铺张浪费，建设节约型学校。

（三）建设现代学校制度，增强学校办学活力

1.继续完善中小学校长负责制，进一步扩大学校办学自主权。完善中小学校长任职条件和任职办法。

2.以完善中小学学校管理制度为重点，强化依法治校，规范学校办学行为。学校依法制定办学章程，制订发展规划和管理制度，形成组织机构和职能部门健全、分工合理、职责明晰的管理体制。完善中小学目标管理办法，建立与绩效工资相配套的评价机制，以能力和业绩考核为导向，稳步推进绩效工资改革，建立科学合理的岗位责任体系。

3.继续完善教代会制度，实行民主管理。学校要认真地执行校务公开的有关规定，落实教代会制度。教代会接受学校党组织的领导，支持校长依法行使职权，对学校工作实行民主监督。

4.以社会参与为突破口，扩大开放办学，促进学校与社会和谐共建。探索建立学校管理董事会，成立社区家长委员会，积极引导社区和专业人士参与学校管理和监督，充分发挥社区在学校民主管理中的作用，争取社会各界支持发展教育事业。

（四）深化办学体制改革，大力扶持民办教育

1.大力扶持民办教育。制定和完善促进民办教育发展优惠政策，重点扶持民办学前教育和高中阶段教育。鼓励企事业单位、社会团体、其他社会组织及公民个人利用合法经费依法独资、合资办学。

2.加强对民办教育机构的管理。严格执行民办学校准入制度，规范民办学校办学行为。制定民办学校办学水平评估体系，把民办教育事业发展、民办学校教育质量、民办教育经费投入与筹措、民办学校教师待遇等列入教育督

导内容，依法加强对民办学校办学行为的监督检查，以评促改、以评促教。加强民办教育协会和中介组织建设，推动民办学校行业自律。创新民办学校管理机制和育人模式，办好一批高水平的民办学校。

3.建立和完善民办教育发展的保障体系。建立民办学校教师社会保障体系，民办学校教师参加职称评审、评先评优与公办学校教师享受同等待遇。设立政府、社会和学校各方共同参与的民办教育发展专项资金，加大对非营利性民办教育机构的奖励资助力度。逐步形成民办学校危机预警与干预机制。

（五）改革考试评价制度，全面推进素质教育

1.建立科学、多样的教育质量评价体系。制定《南宁市良庆区义务教育教学质量监测评价方案》，对不同层次的学校进行教学质量监测评价；建立以职业道德、职业能力和学生就业率水平为核心的职业教育质量评价体系。开展由政府、学校、家长及社会各方面参与的教育质量评价活动。

2.探索对教师、学生进行发展性评价。以新课程评价为导向，研究制定具有科学性、实效性的教师评价方案，探索建立促进学生全面发展的评价方式，对学生进行综合素质评价。改革考试内容和方法，以利于学生在考试中展示特长和才华。

3.深化考试招生制度改革。坚持义务教育阶段免试就近入学，完善初中学业水平考试和综合素质评价制度，探索初中学校优秀毕业生推荐升入示范性普通高中的入学方法。

4.加强招生考试信息公开和社会监督。完善考试招生信息发布制度，加强政府和社会监督。公开招生章程和政策、招生程序和结果，公开自主招生、推荐优秀生的办法、程序和结果。强化考试安全责任，加强诚信制度建设，坚决防范和严肃查处考试招生舞弊行为。

三、实施七大工程，努力实现教育现代化

（一）实施学前教育推进工程

按照“政府主导、因地制宜、科学规范、普及发展”的原则，积极发展学前教育，改善各级各类幼儿园办园条件，进一步提高学前三年幼儿入园（班）率，逐步形成政府主导、办园形式多样、结构布局合理、管理体制完善的学前教育体系，逐步缓解“入园难”问题。

1.推进幼儿园布局规划与建设，实现城乡学前教育服务网络覆盖。强化政府职责，把发展学前教育作为发展教育、改善民生的重要任务，纳入经济社会发展规划和公共服务体系建设。制定《南宁市良庆区幼儿园布局调整规划方案（2010～2020年）》，制定并落实居民小区配套幼儿园规划、建设、使用和管理政策，做到配套幼儿园和其他建筑设施同步设计、同步建造、同步验收、同步交付使用。重点发展农村学前教育，将农村学前教育纳入新农村建设规划，根据辖区内人口和适龄幼儿的情况以及镇、村布局的情况，规划好辖区内幼儿园建设的所数和布点，确定好长远和近期的建设计划。以政府投入为主，新建一批公办幼儿园，充分合理利用中小学布局调整富余的校舍和教师举办农村幼儿园（班）；加强镇中心幼儿园建设，每个镇至少建设一所镇公办中心幼儿园，在村建设镇中心幼儿园的教育点。鼓励村集体和公民个人举办幼儿园。

2.建立政府主导、社会参与、公办民办并举的办园体制。出台学前教育有关政策，大力发展公办幼儿园，支持街道、农村集体和有条件的行政事业单位、企业办幼儿园。鼓励社会力量办园，引导和支持民办幼儿园提供面向大众、收费较低的普惠性服务。促进公办、民办学前教育协调发展。结合义务教育学校布局调整规划，按照要求开展农村学前教育发展机制改革试点工作，不断总结试点经验。

3.加大政府投入力度，确保学前教育健康发展。将学前教育经费列入城区政府财政预算，新增教育经费向学前教育倾斜。财政性学前教育经费在同级财政性教育经费中要占合理比例，未来三年要有明显提高。根据实际研究制定公办幼儿园生均经费标准和生均财政拨款标准。制定优惠政策，鼓励社会力量办园和捐

资助园。家庭合理分担学前教育成本。建立学前教育资助制度，对家庭困难儿童、孤儿和残疾儿童接受普惠性学前教育给予资助，发展残疾儿童学前康复教育。设立学前教育专项经费，主要用于农村幼儿园建设补助、幼儿园教师培训和等级创建奖励。

4.加强幼师队伍建设，提升幼儿教师素质。严格按照标准配齐公办幼儿园教职工。健全幼儿教师资格准入制度，严把入口关。依法落实幼儿教师地位和待遇，切实维护幼儿教师权益，完善落实幼儿园教职工工资保障办法、专业技术职称（职务）评聘机制、社会保障政策和师资培训体系。吸引更多具备条件的毕业生充实到农村学前教师队伍。鼓励非幼教专业优秀大学毕业生通过考试取得相应的教师资格，充实到幼儿教师队伍。

5.规范学前教育管理，提高学前教育质量。建立以城区为主的学前教育管理体制，逐步完善城区、镇、村三级学前教育管理网络。严格执行幼儿园准入制度，明确各种类型幼儿园的办园标准，分类管理、分类指导，实行动态监管。完善和落实幼儿园年检制度，分类治理、妥善解决无证办园问题，未取得办园许可证和未办理登记注册手续，任何单位和个人不得举办幼儿园。加强幼儿园安全监管，相关部门按职能分工，建立健全安全管理和安全责任制度，整合社会资源，形成全覆盖的幼儿园安全防护体系。制定合理的公办幼儿园收费标准，加强民办幼儿园收费管理。落实学前教育督导制度。建立科学的幼儿园保教质量评估监管体系，健全学前教育教研指导网络，遵循幼儿身心发展规律，坚持以游戏为基本活动，保教结合、寓教于乐，防止和纠正幼儿园教育“小学化”倾向。重视0至3岁婴幼儿早期教育。

（二）实施义务教育巩固提高和均衡发展工程

义务教育是面向所有适龄儿童的基本教育公共服务。要坚持公平优质的价值取向，努力办好每一所学校，提高办学水平和教育质量，使每一个学生得到全面、充分的发展。

1.实施义务教育学校标准化建设，缩小城乡和区域学校之间办学条件的差距。制定中小学标准化建设规划，有计划有步骤地组织实施。合理调整义务教育学校布局，按照“小学就近入学、初中相对集中”和“先建、后撤（并）”的原则，将义务教育学校标准化建设纳入新农村以及城乡一体化建设规划同步建设。加快农村学校和城镇薄弱学校硬件建设，加大“校安工程”实施力度，健全中小学校舍维修改造长效机制，全面改善薄弱学校办学条件。按照《南宁市良庆区中小学校布局调整规划与实施方案（2010～2020年）》和《南宁市中小学幼儿园用地保护条例》的要求做好城市中小学校规划和建设工作。

2.深化义务教育课程改革，提高教育教学效率。改革考试评价制度和学校考核办法，严格执行国家课程计划和课时标准，严格控制作业量和考试次数，确实减轻学生课业负担。严禁学校利用寒暑假、节（假）日和课余时间组织学生集体补课或变相补课。制定义务教育学校教育质量评估标准，加强对学校管理和办学水平的督导评估，促进学校教育教学质量水平的提高。

3.关爱困难群体，保障儿童少年平等接受义务教育的权利。坚持以输入地政府管理为主、以全日制公办中小学为主，确保进城务工人员随迁子女平等接受义务教育。关爱农村留守儿童少年，做好留守儿童教育和管理。实施家庭经济困难学生资助计划，逐步提高农村义务教育学校家庭经济困难寄宿生的生活补助标准，改善义务教育学生营养状况，提高农村学生体质水平。加快自治区示范性特殊教育学校建设步伐，不断提高残疾儿童少年接受义务教育普及程度。

4.加强义务教育学校常规管理，严格规范办学行为。贯彻落实《全国未成年人思想道德建设工作测评体系》文件精神。认真执行中小学学生学籍管理规定，义务教育阶段学校招生不得进行任何形式的考试，不得将各种等级考试和竞赛成绩作为入学的依据，学校要均衡编班，严禁编重点班、快慢班和尖子班。抓好校园文化建设，维护校园良好秩序。

（三）实施中小学教师专业发展工程

树立“教育大计，教师为本”的理念，以推进教师专业发展为主线，以农村教师和骨干教师培养培训为重点，进一步加强师德师风建设，优化教师队伍结构，提高教师专业素养，努力造就一支师德高尚、业务精湛、结构合理、充满活力的高素质专业化中小学教师队伍。

1.加强师德师风建设。根据《广西中小学教师师德考核标准及办法》，将师德表现作为教师考核、聘任（聘用）和评价的首要内容。继续开展教育系统师德教育月活动，加强教师职业理想和职业道德教育。继续参加“南宁市优秀教师”、“南宁市优秀教育工作者”、“南宁市我最喜爱的老师”等评选活动。

2.优化教师队伍结构。完善中小学教师资格认定和定期注册制度，提高教师准入“门槛”。健全中小学教师选聘、调动、培养机制，吸引更多社会优秀人才长期从教、终身从教、到农村从教。加强与高等院校合作，共建基础教育教学实践基地。加强教师管理，完善教师退出机制。

3.提高教师专业素养。以农村教师和骨干教师培训为重点，对教师实行每五年一周期的全员培训。加大学前教师培训力度，注重班主任、民办学校教师的培训。制定和完善多渠道筹措教师培训经费的办法，农村学校年度公用经费预算总额5%用于教师培训。完善教师继续教育管理措施和学分登记制度，确保全体在职教师完成规定继续教育学分任务。依托各级各类教师培训基地，实施良庆区名师培训工程和农村中小学教师培训工程。设立特级教师工作室，充分发挥其示范引领作用，促进教师队伍均衡发展。整合教师培训资源，发挥现代教育技术作用，推进区域性教师教育网络联盟计划。落实校本培训，充分发挥骨干教师的“传、帮、带”作用。加强管理队伍建设，扎实开展中小学校长及后备干部培训工作。

4.培养教育教学名师。构建中小学教师成长平台，培养一批在全市、全区乃至在全国有一定影响的教育家和教学名师，对长期在农村任教的教师在名师培养方面实施政策倾斜。实施名师培养计划，建设好教育人才小高地和特级教师工作室，充分发挥优秀教师的引领示范作用。

5.建设教师培训基地。结合实际，在有效整合现有培训资源的基础上，成立城区教师培训中心，在教育主管部门的领导下统筹协调城区教师培养培训工作。

（四）实施教育信息化建设工程

把教育信息化纳入城市信息化发展整体战略，建设覆盖城乡学校的教育信息化体系，促进教育内容、教学手段和方法现代化。打造一支掌握现代教育技术应用的教师队伍，配备满足需求的基础设备，构建资源建设体系，建立健全信息化建设的管理机制，为实现教育现代化奠定坚实的基础。

1.完善教育信息化基础建设。建设高质量的网络环境，配置满足信息化教学的基础设备。至2020年教育城域网建设要覆盖全城区中小学。城市、乡镇中小学的所有教学班全部配齐“班班通”设备，村完小50%的教学班配齐“班班通”设备。全城区中小学计算机配备按人机比例高中达到6:1，初中达到8:1，小学达到12:1，每12个班配备一个电子阅览室和一个信息技术实训室。学校基本网络设备及其他信息化教育教学设备满足常规教学及管理的要求。实验教学逐步走向数字化，建设网上虚拟实验室，中、小学理科实验都能在网上仿真进行。

2.构建网络教育资源建设体系。加强城区电教机构建设，充实各级各类学校的电教人员，提高学校电教人员的技术素质和综合技能。加强城区、学校资源建设管理，城区、学校建有适合本地资源建设的网络平台，形成多层次的教育资源整合与共享。建设内容涵盖中小学所有学科、教师在职进修、教育教学管理、数字图书、教育科研和教育装备管理的形式多样的公用教育信息资源库。

3.提高教师运用现代教育技术的能力。按照规定落实“全国中小学教师教育技术能力建设计划”，从2011年起，用8年时间，开展50岁以下在职教师教育技术能力培训，使90%教师取得“全国中小学教师教育技术水平考试合格证书”，其中70%以上的教师达到《中小学教师教育技术能力标准（试行）》的中级水平，50%教师达到高级水平。从2015年起，实施“全国中小学教师教育技术水平考试证书”认证工作。

4.推进信息技术与学科教学的整合。信息化教学覆盖所有学段和所有学科，课堂教学覆盖率小学不低于90%、中学不低于80%。全城区乡镇以上中小学校全部配备计算机教室，按规定开设信息技术课，所有中学配备相应的信息技术课程实训室，为学生提供探究学习的环境，培养学生的创新精神和能力。继续推进“绿色网络活动室”建设工作，实现学校的计算机教室向学生全面开放，满足学生上网要求。

5.实现教育教学管理和科研信息化。建立完善的满足各种学习形式要求的教育教学管理平台，为信息化教育教学和建设学习型社会提供便利和服务，实现网上教学质量监控和管理。建立教育公共服务和管理平台，为师生、管理部门和社会提供文献资料服务、科研服务和教学资源服务，为业务管理和教育行政管理提供服务。完善城区教育行政部门和学校的电子办公与信息交换系统。完成教育科研视频系统建设，实现教育科学研究、教师在职培训、常规教学研究等信息化。完善公共政务信息服务平台，提供面向教育系统和社会公众的网上电子办公服务，实现教育政务信息化。

（五）实施五象新区学校建设工程

加快五象新区学校建设步伐，切实解决新区住户适龄儿童少年就近接受义务教育薄弱等问题。

1.落实南宁市城市发展中学校建设的相关法规。落实新建住宅小区配套学校建设法规。住宅小区达到配建学校要求的须根据项目的建设规模配建相应规模的学校，住宅小区配建学校须与住宅建设同步规划设计，同步配套建设，同步交付政府管理使用。修编《南宁市良庆区中小学校布局调整规划与实施方案》（2010～2020年）。加快促进中小学校合理布局，使学校的布局与城市发展相适应，与经济和社会发展相适应。

2.在城市发展中优先建设中小学校。根据修编《南宁市良庆区中小学校布局调整规划与实施方案》（2010年～2020年），改变学校建设经费单一投入渠道，通过国有土地使用权出让收入等多渠道拓宽学校建设经费，确保《南宁市良庆区中小学校布局调整规划与实施方案》（2010年～2020年）由政府投资建设的学校能按规划如期建成投入使用。

（1）近期（2010～2012年）。

根据建设需要，五象新区内中小学校近期迁建7所。

（2）中期（2013～2015年）。

“十二五”期间，五象新区共新建学校18所，规划占地面积526720平方米，班级规模490个，学生规模22512人（不含职业学校），其中小学11所，占地面积274050平方米，学生规模15660人；中学5所，占地面积131200平方米，学生规模6600人；职业学校1所，占地面积100050平方米；特殊学校1所，占地面积21420平方米，班级规模10个，学生规模252人。

（3）远期（2016～2020年）。

2016～2020年，五象新区共新建学校21所，规划占地面积563700平方米，计划投资9.31亿元，班级规模636个，学生规模29760人。其中小学13所，占地面积321300平方米，计划投资5.71亿元，学生规模18360人；中学8所，占地面积242400平方米，计划投资3.60亿元，学生规模11400人。

（六）实施中小学生校外教育活动工程

立足于我城区学校实际情况，充分发挥我

城区人才资源优势，利用首府社会资源丰富和基础设施完备等特点，营造与首府社会发展相称的素质教育环境。

1.加强中小学生校外教育活动，加强对学生开展国防教育、安全教育、生命教育、法制教育、劳动技术教育、环境保护教育，组织学生开展社会实践活动。

2.新建南宁市良庆区青少年活动中心，同时利用南宁市青少年活动中心、南宁市中小学校外教育活动中心、广西妇女儿童活动中心、广西群众艺术馆、南宁市群众艺术馆等场所，整合校外教育资源，建立以城区政府所在地为中心、辐射乡村的校外教育网络，为中小学生提供丰富的优质的教育学习与实践平台。

3.打造良庆区校内外教育课程和活动整合的特色品牌。整合城区附近的广西民族博物馆、南宁市图书馆、青秀山公园、良凤江国家森林公园、邕宁区贝丘遗址等资源，开设地方文化课程，帮助学生了解科学知识、历史知识、民俗文化知识，以邓颖超纪念馆、韦拔群纪念馆、昆仑关抗日战争遗址，人民公园烈士纪念碑、古炮台为爱国主义教育基地，丰富中小学生爱国主义教育内涵。

4.规范开展中小学生艺术展演活动。每年开展校园文化艺术“五个一”（一歌、一舞、一书、一画、一种乐器），每年举办一届中小学生艺术节，一台精品节目文艺晚会，一届教育系统师生艺术作品展，出版一册艺术作品集，探索良庆区中小学生艺术团活动机制，作为校外教育活动品牌，促进校园文化建设和艺术活动的蓬勃发展。

5.大力开展“阳光体育运动”，组织学生参加体育活动，开展体育运动比赛，实施《国家学生体质健康标准》，不断提高学生身体健康水平。

（七）实施教育国际交流合作工程

初步构建全方位、多层次、宽领域的教育对外开放格局，发挥教育在推动良庆区服务首府建设“区域性国际城市和广西‘首善之区’”进程中的作用。

四、强化保障措施，促进教育事业改革和发展

（一）加强党委、政府对教育工作的领导

坚持党对教育事业的领导，落实教育优先发展科学发展战略，健全保障教育优先发展的领导体制和决策机制。进一步转变政府职能，强化公共服务和社会管理，把教育改革和发展纳入国民经济和社会发展的总体规划中，重点保障，优先发展。及时研究教育改革发展稳定重大问题和群众关心的热点难点问题，提高教育决策科学水平。建立党委、政府每年听取教育工作汇报制度。建立城区党政领导班子成员和城区各单位定点联系学校制度。把教育改革与发展纳入政绩考核范围，作为干部任用的重要依据。调动全社会力量共同支持教育事业，着力维护学校安全稳定。加强学校、家庭、社会和司法联动保护，推动学校与相关部门和社区的合作，建设平安校园，为青少年身心健康创造良好环境。

（二）全面推进依法行政，依法治校

加快我城区教育法制建设进程，推动教育法律法规保障体系建设。配合国家教育立法进度，根据教育改革和发展实际，制定与国家教育法律法规相配套的比较完善的教育制度体系，使教育工作的各个方面都有法可依、有章可循。加大行政执法力度，规范教育行政执法行为，建立专门的教育行政执法队伍，定期开展专项执法检查，及时查处各类教育违法违规行为，依法维护学校、教师、学生的权益。学校要建立符合法律规定的学校章程和依法决策、民主参与、自我管理、自主办学的现代学校制度，推行校务公开，依法履行教育教学和管理职责。依法开展普法教育，推进依法治校示范学校建设。

（三）完善督导制度和监督问责机制

进一步健全教育督导制度，完善教育督导工作机制。加强教育督导与教育决策、教育执行之间统筹协调，强化对政府落实教育法律法规和政策情况的督导评估，建立和完善对义务教育学校、幼儿园的督导评估制度，完善学校综合督导评估监督体系和基础教育质量监控体系。推进素质教育督导，积极开展基础教育相关领域的专项督导检查。加强教育督导机构建设，探索建立相对独立的教育督导机构，独立行使督导职能。完善教育监管、问责和评价机制。逐步建立督学责任区制度，强化经常性、过程性督导检查。建立督导评估结果公告制度、限期整改制度和依据督导结果进行奖惩制度，强化社会监督。

（四）加强和改进教育系统党的建设

坚持改革创新，全面推进思想建设、组织建设、作风建设和反腐倡廉建设，着力提高教育系统党的建设科学化水平。健全各中小学校党组织建设，完善基层党建工作机制。充分发挥党组织在中小学校工作中的政治核心作用。加强民办学校党建工作机制。加强学校领导班子和领导干部队伍建设，不断提高学校管理水平。加强教育系统党风廉政建设和行风建设，建立健全体现教育系统特点的惩治和预防腐败体系。加强学校规范收费的指导和管理，规范教育收费行为。扎实开展民主评议政风行风活动，积极推进校务公开，提高民主管理水平。

南宁市良庆区人民政府关于印发良庆区全面推进依法行政建设法治政府五年规划（2011～2015年）的通知

良政发〔2011〕28号

各镇人民政府，城区政府各部门，良庆经济开发区管委会，大沙田街道办事处，城区级各双管单位，城区直属各事业单位：

现将《良庆区全面推进依法行政建设法治政府五年规划（2011～2015年）》印发给你们，请认真贯彻落实。

良庆区全面推进依法行政建设法治政府五年规划（2011～2015年）

一、指导思想

以科学发展观为指导，坚持党的领导，坚持执政为民，全面贯彻落实依法治国基本方略和《全面推进依法行政实施纲要》（国发〔2004〕10号，以下简称《纲要》）、《国务院关于加强市县政府依法行政的决定》（国发〔2008〕17号，以下简称《决定》）、《国务院关于加强法治政府建设的意见》（国发〔2010〕33号，以下简称《意见》）、《南宁市全面推进依法行政建设法治政府五年规划（2011～2015年）》（南府发〔2011〕24号）精神，全面推进依法行政，着力构建法治政府，忠实履行宪法和法律赋予的职责，保护公民、法人和其他组织的合法权益，严格依法管理经济、文化事业和社会事务，促进社会主义物质文明、政治文明和精神文明协调发展，为城区经济社会发展和构建和谐社会创造良好的法治环境。

二、工作目标和总体要求

（一）工作目标：5年内基本实现国务院《纲要》提出的法治政府建设目标，使我城区依法行政工作达到合法行政、合理行政、程序正当、高效便民、权责统一的要求。

（二）总体要求：以建设法治政府为奋斗目标，以事关依法行政全局的体制机制创新为突破口，以增强领导干部依法行政的意识和能力、提高制度建设质量、规范行政权力运行、保证法律法规严格执行为着力点，全面推进依法行政，不断提高政府公信力和执行力，为保障经济又好又快发展和社会和谐稳定发挥更大的作用。

三、主要任务

（一）加快政府职能转变和管理方式创新，推进行政职权和服务法治化

1.依法规范城区行政机关的职能和权限。充分发挥城区政府在社会管理、经济发展、公共服务、带动农村经济社会发展等方面的职能作用。加快推进政企分开、政资分开、政事分开、政府与市场中介组织分开。规范政府投资行为，政府投资逐步从竞争领域中退出，准许更多的中介机构参与评价评估事务。清理和规范议事协调机构，确需设立的，要严格按规定

程序审批。（城区编办牵头，政府各部门各司其职）

2.完善依法行政的财政保障机制。建立政府债务管理体系，完善预算管理体制。进一步清理和规范行政事业性收费等政府非税收入。完善和规范行政机关工作人员工资和津贴补贴制度。行政机关不得设立任何形式的“小金库”。严格执行“收支两条线”制度，行政事业性收费和罚没收入必须全部上缴财政，严禁以各种形式返还。（城区财政局牵头，政府各部门各司其职）

3.健全社会保障机制。完善养老、医疗、失业、工伤、生育等各类保险制度，稳步提高社会保险待遇水平，建立健全统筹城乡的广覆盖、保基本、多层次、可持续的社会保障体系，逐步实现人人享有社会保险。完善城乡居民最低生活保障制度，落实农村五保供养政策。加强孤儿保障工作，积极发展社会福利和慈善事业。完善救灾物资储备体系，推进残疾人康复服务体系建设。加快医疗卫生事业改革发展，加快建设覆盖城乡的公共卫生服务体系、医疗服务和保障体系。积极扩大就业，建设充分就业城区。（城区人社局、卫生局、民政局牵头，政府各部门各司其职）

4.建立健全突发事件应急体系建设。进一步完善应急组织体系，健全自然灾害、事故灾难、公共卫生事件类和社会安全事件类等重大事件的预警和应急处置机制，建立突发事件事后调查评估及恢复重建工作体系，建立科技支撑体系，完善应急救援队伍体系，完善突发事件应急业务培训、宣传及演练长效机制，推进基层应急管理规范化建设，切实提高政府的应急能力，保障人民群众的人身和财产安全。（城区应急办牵头，政府各部门各司其职）

5.全面推进政务公开。加大主动公开力度，重点推进财政预算、公共资源配置、重大建设项目批准和实施、社会公益事业建设等领域的政府信息公开，政府收支纳入预算管理，公共支出、基本建设支出、行政经费支出的预算和执行情况以及政府性基金收支预算和地方国有资本经营预算等情况做到公开透明。全面推进办事公开，在面向社会服务的政府部门全面推进办事公开制度，规范和监督公共企事业单位的办事公开工作。扩大政府网上办公范围，推进互联网信息服务平台和便民服务网络平台建设，逐步推进政府信息资源共享。完善政府新闻发布与舆论危机处理的工作机制，确保紧急情况下政府信息的准确发布和对舆论的正确引导。健全政府信息公开的监督和保障机制，定期对政府信息公开工作进行评议考核。（城区政府办、城乡数字办、财政局、宣传部牵头，政府各部门各司其职）

6.创新行政管理方式。深化行政审批制度改革，进一步清理行政许可、非行政许可审批事项。加强城区、政务服务中心建设，加快完善“一站式”服务，进一步理顺部门协调服务工作机制，推进形成审批信息共享共认机制。健全办事制度和程序，提高办事效率，建立符合公共服务型政府要求的绩效评估体系。强化行政审批电子监察，对各部门行政审批事项实现电子监控，开展绩效评价，定期予以通报。（城区政府办、编办、监察局、法制办牵头，政府各部门各司其职）

7.推进现代社会信用体系建设。推进诚信政府建设，加强政府自身建设，恪守信赖保护原则，不断提升政府公信力。在行政审批、行政合同、政府采购等社会管理和公共服务的重点环节，推广使用信用产品和服务。建立健全政府信用社会评价机制，鼓励社会公众参与政府信用评价工作。完善企业和个人信用征信体系，基本实现全城区信用信息资源共享。加快信用保障体系建设，大力培育和扶持信用中介机构，发展信用服务市场。着力推进信用文化建设，健全守信受益和失信惩戒机制。（城区政府办牵头，政府各部门各司其职）

（二）坚持科学民主决策，推进行政决策法治化

1.规范行政决策程序。推进政府部门重大行政决策事项目录公布工作。完善并实施重大行政决策听取意见制度，作出重大行政决策前

应当广泛听取、充分吸收各方意见，意见采纳情况及其理由应当以适当形式反馈或公布。完善并实施重大行政决策听证制度，规范听证程序，扩大听证范围，听证参加人应当具有广泛代表性，听证意见应当作为决策的重要参考。完善并实施重大行政决策合法性审查制度，重大行政决策事项草案应当在政府常务会议或者部门领导班子集体会议前交由法制机构进行合法性审查，未经合法性审查或者审查不合法的，不能提交会议讨论、作出决策。完善并实施重大行政决策集体决定制度，重大行政决策应当经政府常务会议或者部门领导班子会议集体讨论决定，法制机构负责人应当列席会议。（城区法制办、政府办牵头，政府各部门各司其职）

2.完善行政决策风险评估机制。建立完善部门论证、专家咨询、公众参与、专业机构测评相结合的风险评估工作机制，综合研判、确定风险等级并制定相应的化解处置预案。把风险评估结果作为决策的重要依据。（城区法制办、政府办牵头，政府各部门各司其职）

3.加强重大行政决策跟踪反馈和责任追究。完善并推行重大行政决策跟踪反馈和评估制度，在重大决策执行过程中，决策机关应当跟踪决策的实施情况，了解利益相关方和社会公众对决策实施的意见和建议，全面评估决策执行效果，并根据评估结果决定是否对决策予以调整或者停止执行。完善并推行重大行政决策责任追究制度，对违反决策规定、出现重大决策失误、造成重大损失的，要按照谁决策、谁负责的原则严格追究责任。（城区法制办、政府办、监察局牵头，政府各部门各司其职）

（三）加强规范性文件监管

1.健全规范性文件制定程序。城区、各镇人民政府、开发区管委会和街道办事处以及城区政府各职能部门应当严格按照法定权限和程序制定规范性文件。完善并落实制定规范性文件听取意见制度，在制定对公民、法人或者其他组织的权利义务产生直接影响的规范性文件时，应当公开征求意见，由法制机构进行合法性审查，并经政府常务会议或者部门领导班子会议集体讨论决定。规范性文件要向社会公布，重点加强政府部门的规范性文件公布工作，未经公布的规范性文件不得作为行政管理的依据。加强规范性文件的管理，城区、各镇人民政府、开发区管委会和街道办事处及其职能部门的规范性文件，应当逐步实行统一登记、统一编号、统一发布。探索建立规范性文件有效期制度。（城区法制办、政府办牵头，政府各部门各司其职）

2.完善制度监管机制。加强对政府规范性文件的清理，政府规范性文件一般每隔2年清理一次，清理结果应当向社会公布。根据清理结果及时修改或者废止政府规范性文件。进一步理顺规范性文件报送备案的工作机制，提高规范性文件备案的及时性，城区、各镇人民政府、开发区管委会和街道办事处以及城区政府各职能部门应当在规范性文件公布之日起15日内报送备案。提高规范性文件的备案审查水平，重点加强对违法增加公民、法人和其他组织义务或者影响其合法权益，搞地方或行业保护等内容的规范性文件的备案审查工作，对违法的规范性文件，要及时报请有权机关依法予以撤销并向社会公布。建立并实施规范性文件备案登记、公布、情况通报和监督检查制度，备案监督机构要定期向社会公布通过备案审查的规范性文件目录。加强备案工作信息化建设，探索建立网上备案的方法和程序。完善规范性文件查询系统，方便群众查询。建立对公民、法人和其他组织对政府规范性文件提出异议的处理机制，确保抽象行政行为的合法有效。（城区法制办、政府办牵头，政府各部门各司其职）

（四）严格规范公正文明执法，推进行政管理法治化

1.完善行政执法体制和机制。梳理行政执法主体和依据，合理界定执法权限，明确执法责任并向社会公布。建立行政执法职权动态调整机制，及时做好行政执法事项的调整和管理工作。加强行政执法信息化建设，推进执法流

程网络化管理，提高执法效率和规范化水平。城区政府建立相关机制，促进行政执法机关信息交流和资源共享。建立健全行政执法争议协调机制，及时协调解决所属行政执法机关之间在执法中产生的矛盾和争议。完善行政执法经费由财政保障的机制，切实解决执法经费与罚没收入挂钩的问题。（城区法制办、编办、财政局牵头，政府各有关部门各司其职）

2.规范行政执法行为。加强行政执法程序制度建设，各行政执法机关应当细化执法流程，明确执法环节和步骤。建立行政裁量基准制度，各行政执法机关应当对有裁量幅度的行政处罚、行政许可条款进行细化量化，并将规范标准予以公布执行。健全行政执法调查规则，规范取证活动。坚持人性化执法、文明执法，平等对待行政相对人，同样情形同样处理；处理违法行为的手段和措施适当适度，避免或者减少侵害行政相对人的合法权益；不得粗暴对待行政相对人，不得侵害其人格尊严，保障其程序性权利。各行政执法机关应当完善行政执法监督检查记录制度，开展行政执法监督检查工作。（城区法制办牵头，政府各部门各司其职）

3.加强行政执法队伍建设。城区政府建立科学有效的行政执法队伍培训体系，加大对行政执法队伍的培训力度，对全城区行政执法人员的培训覆盖率达100%，全面提升执法队伍的整体水平。严格执法人员持证上岗和资格管理制度，行政执法人员须通过统一的培训和考试取得行政执法证件后方能从事行政执法工作，严格禁止无行政执法资格的人员履行行政执法职责。城区和镇人民政府、开发区管委会以及街道办事处应当公开行政执法人员信息，自觉接受社会对行政执法活动的监督。（城区法制办牵头，政府各部门各司其职）

4.加强行政执法监督。政府和政府部门法制机构应当加强行政执法监督，对社会反映突出的重点行政执法领域、行政执法行为进行专项监督检查。各行政执法机关建立并实施行政执法案卷管理制度，城区政府建立并实施行政执法案卷评查规则，每年组织1次以上行政执法案卷评查，促进行政执法规范化。完善重大具体行政行为的备案审查机制，重大具体行政行为应当备案审查。建立和完善行政处罚、行政许可统计分析制度。探索建立特邀行政执法监督员队伍，加大对行政执法行为的社会监督。开展行政执法满意度测评，听取社会公众对行政执法活动的意见和建议。加强行政执法的评议考核，各行政执法机关每年开展1次评议活动，评议结果作为行政执法人员奖励惩处、晋职晋级的重要依据。严格落实行政执法责任制。（城区法制办牵头，政府各部门各司其职）

（五）依法化解社会矛盾，推进行政救济法治化

1.健全社会矛盾纠纷调解机制。建立由城区政府负总责、政府法制机构牵头、各职能部门为主体的行政调解工作体制。完善行政调解制度，科学界定调解范围，规范调解程序。认真实施人民调解法，积极指导、支持和保障居民委员会、村民委员会等基层组织开展人民调解工作。推动建立行政调解与人民调解、司法调解相衔接的大调解联动机制，实现各类调解主体的有效互动，形成调解工作合力。（城区法制办、司法局、政府办、农林水利局、民政局、良庆国土分局牵头，政府各部门各司其职）

2.健全信访工作机制。畅通信访渠道，认真受理信访事项，规范办理程序，加大督查力度，落实信访责任，切实解决公民、法人或者其他组织通过来访、书信、电话等方式反映的问题，提出的建议、意见或者投诉请求。依法开展信访复查复核工作，切实保障人民群众的合法权益。依法分流信访问题，完善信访与诉讼、复议、仲裁、行政执法监督相配合的工作机制，积极引导信访当事人通过法律途径解决矛盾和纠纷。（城区信访局牵头，政府各部门各司其职）

3.加强行政复议工作。畅通行政复议渠道，方便当事人提出申请。加强对行政复议受理活动的监督，坚决纠正无正当理由不受理复

议申请的行为。健全行政复议程序和工作制度，重点完善行政复议不予受理报备制度、重大行政复议案件报告和分析制度、行政复议和行政应诉统计分析制度、行政复议典型案例汇编指导制度、行政复议通报制度。推进城区人民政府行政复议庭建设，探索建立行政复议委员会议决机制，创新行政复议工作新机制。改进行政复议案件审理方式，综合运用书面审查、实地调查、听证、和解、调解等手段办案，大力推进行政复议案件调解、和解结案，及时依法公正作出行政复议决定。行政机关不得拖延履行或者拒不执行行政复议决定，对拒不履行或者无正当理由拖延履行复议决定的，依法严肃追究有关人员的责任。加强行政复议机构和队伍建设，城区政府、部门应当健全行政复议机构，充实行政复议人员，确保行政复议案件依法由 2 名以上行政复议人员办理。建立健全适应行政复议工作特点的激励机制和经费装备保障机制，提供行政复议工作必需的场所、器材等物质条件，将行政复议经费纳入财政预算。（城区法制办、财政局牵头，政府各部门各司其职）

4.做好行政应诉工作。城区和镇人民政府、开发区管委会、街道办事处以及政府各有关部门要完善行政应诉制度，积极配合人民法院的行政审判活动，支持人民法院依法独立行使审判权。对人民法院受理的行政案件，行政机关应当积极出庭应诉，按规定向人民法院提交作出具体行政行为的依据、证据和其他相关材料。探索推进行政机关负责人出庭应诉工作。尊重并自觉履行人民法院的生效判决、裁定，认真对待人民法院的司法建议。（城区法制办牵头，政府各部门各司其职）

5.完善并严格执行行政赔偿和补偿制度。逐步建立行政赔偿程序中的听证、协商、和解制度，行政机关及其工作人员违法行使职权，侵犯行政相对人合法权益并造成损害的，应当严格按照《中华人民共和国国家赔偿法》的规定予以行政赔偿，行政赔偿费用列入部门预算。建立健全行政补偿制度，明确行政补偿的范围、标准、对象和程序。重点规范土地征收、房屋征收、撤回或者变更行政许可决定、行政执法被确认违法等方面的补偿事项，保障行政相对人依法获得赔偿和补偿。（城区财政局、法制办牵头，政府各部门各司其职）

6.增强社会自治功能。推进基层民主法治建设，建立健全行政管理与基层自治有效衔接的良性互动机制，开展政府职能部门工作进社区的准入机制调研，全面正确实施村民委员会组织法和城区居民委员会组织法，扩大基层群众自治范围，落实基层政府、街道办事处和农村自治组织在基层民主法治建设中的责任，强化社会管理和公共服务职能。充分发挥社会组织的作用，加强对社会组织的培育、规范和管理，研究扶持社会组织发展的政策措施。（城区民政局、发改局牵头，政府各部门各司其职）

（六）完善监督制约机制，推进行政监督法治化

1.自觉接受人大法律监督和政协民主监督。城区、各镇人民政府、开发区管委会和街道办事处以及城区政府各职能部门要自觉接受人大及其常委会的法律监督、政协的民主监督。对事关改革发展稳定大局、人民群众切身利益和社会普遍关心的热点问题，城区、各镇人民政府、开发区管委会和街道办事处应当及时主动向同级人大常委会专题报告。推进人大代表列席政府常务会议工作。配合人大对政府工作进行调研、视察和执法检查，认真听取人大代表的意见和建议。积极支持和配合人大做好对政府及其部门的工作评议和述职评议工作。积极支持政协参政议政，自觉接受政协的民主监督，定期听取政协对政府工作的意见和建议。及时、认真办理好人大代表建议、议案和政协委员提案。（城区政府办牵头，政府各部门各司其职）

2.强化专门监督。保障和支持审计、监察等部门依法独立行使监督权。加强本级预算和其他财政收支、政府投资建设项目、国有企业的审计监督；加强社会保障基金、住房公积金、扶贫救灾资金等公共资金的专项审计，确

保资金规范、高效、安全、廉洁使用。进一步落实领导干部任期经济责任审计制度。加强执法监察、廉正监察和行政效能监察工作，加大对国家投资建设的工程项目招投标、国有土地使用权出让、产权交易、政府采购以及其他关系公共利益事项的专项监察力度。加强政务公开和纠风工作的组织协调、检查指导，积极推进行政问责和政府绩效管理监察，严肃追究违法违纪人员的责任，促进行政机关廉政勤政建设。监察、审计部门要与纪检、检察机关密切配合，及时通报情况，形成监督合力。各级行政机关要认真履行监督决定，切实维护监督、决定的权威性、严肃性。（城区监察局、审计局、财政局牵头，政府各部门各司其职）

3.高度重视社会监督。研究建立对新闻媒体反映问题进行调查、核实并依法及时作出处理的工作机制，对人民群众和新闻媒体反映的问题认真调查核实，依法依规作出处理。对社会影响较大的问题，及时将处理结果向社会公布。对打击和报复检举、曝光违法或者不当行政行为的单位和个人的，依法追究有关人员的责任。（城区监察局、信访局、宣传部牵头，政府各部门各司其职）

（七）提高依法行政能力，推进政府自身建设法治化

1.建立行政机关工作人员法律知识培训长效机制。城区政府要建立并实施常务会议学法制度、领导干部法制讲座制度。城区政府每年至少举办 2 期领导干部依法行政专题研讨班。公务员培训机构举办的行政机关公务员培训班，应当把依法行政知识纳入教育内容。政府各部门要建立本行政机关工作人员、行政执法人员的法律知识培训制度，制定年度学习培训计划并组织实施，把培训情况、学习成绩作为考核内容和任职晋升依据。（城区司法局、城区法制办、城区人社局、城区政府办牵头，政府各部门各司其职）

2.推行依法行政情况考察和法律知识测试制度。探索建立领导干部任职前依法行政情况考察和法律知识测试制度，对拟任镇政府及城区政府部门领导职务的干部，任职前要考察其掌握相关法律知识和依法行政情况，考察和测试结果作为任职的依据。根据市相关行政主管部门的要求，加大公务员录用考试中法律知识的测查力度，增加法律知识在考试科目中的比重；对从事行政执法、政府法制等工作的公务员，要组织专门的法律知识测试。（城区人社局、法制办牵头，政府各部门各司其职）

3.加强法制机构和队伍建设。城区和镇人民政府、开发区管委会、街道办事处以及政府各部门应当充分发挥法制机构在推进依法行政、建设法治政府方面的组织协调和督促指导作用。进一步加强法制机构建设，健全政府法制机构和部门法制机构，严格按核定编制配齐配强法制工作人员，配备必要的办公设备，使机构的规格、人员编制、人员配备、办公条件与工作任务相适应。要注重提拔和使用依法行政意识强，善于用法律手段解决问题、推动发展的优秀干部，把政治思想高、法律素养好、工作能力强的法制干部充实到行政机关领导岗位。应当通过挂职锻炼、跟班学习、参加培训等多种方式，加大对法制干部的培养、教育和交流。法制机构及其工作人员要提高新形势下做好法制工作的能力和水平，努力当好政府或者部门领导在依法行政方面的参谋、助手和顾问。（城区人社局、编办、法制办、财政局牵头，政府各部门各司其职）

4.坚持法制宣传教育制度。采取多种形式，加强普法和法制宣传教育，增强全社会尊重法律、遵守法律、维护法律权威的观念和意识，积极引导公民、法人和其他组织依法维护自身权益，逐步形成与建设法治政府相适应的法制文化和尊重法律、遵守法律的社会氛围，真正做到有法可依、有法必依、执法必严、违法必究。（城区司法局牵头，政府各部门各司其职）

四、保障措施

（一）强化行政首长作为推进依法行政第

一责任人的责任

各级政府及政府部门要把推进依法行政、建设法治政府摆在更加突出的位置，行政首长要对本地区、本部门的依法行政负总责，将依法行政任务与改革发展稳定任务一起部署、一起落实、一起考核。城区人民政府常务会议每年至少听取2次以上依法行政工作汇报；城区和镇人民政府每年至少召开1次全城区（镇）依法行政工作会议、1次依法行政工作领导小组会议；政府各部门每年至少召开1次依法行政工作会议，行政首长听取依法行政工作汇报，及时解决本地区、本部门依法行政工作存在的突出问题。落实依法行政年度报告制度，城区和各镇人民政府每年要向同级党委、人大常委会和上一级人民政府报告推进依法行政情况；政府部门每年要向本级人民政府和上一级人民政府有关部门报告推进依法行政情况。（城区法制办牵头，政府各部门各司其职）

（二）加强统筹推进依法行政工作的力度

各镇人民政府要及时制定依法行政第二个五年规划；城区和各镇人民政府、开发区管委会、街道办事处以及政府各部门每年要制定年度依法行政工作要点。探索开展依法行政示范点工作，大力培育依法行政先进典型，使推进依法行政工作达到以点带面的效果。加强对依法行政的舆论宣传，城区和镇人民政府、开发区管委会、街道办事处以及政府各部门应当通过新闻媒体和网络等平台及时报道依法行政的重要进展和重大成果。（城区法制办牵头，政府各部门各司其职）

（三）加强对推进依法行政工作的督促指导

加强对依法行政工作的检查指导，城区推进依法行政工作领导小组每年通过实地调研、实地检查、召开座谈会等方式，检查指导镇人民政府、开发区管委会、街道办事处以及政府部门推进依法行政工作情况，为各地区、各部门交流推进依法行政工作情况提供平台。改进依法行政考核工作，城区和镇人民政府、开发区管委会、街道办事处每年应当开展依法行政年度考核，科学设定考核指标并纳入城区级和镇级年度绩效考评指标体系，考核结果应当作为对领导班子和领导干部综合考核评价的重要内容。城区人民政府每年要依据考核情况以城区人民政府名义表彰依法行政先进镇、开发区、街道办、先进部门和先进个人，对成绩突出的镇、部门和个人按照有关规定给予表彰奖励；对考核不合格的，要予以通报，责令限期整改；对违法行政问题突出、群众反映强烈的地区和部门，要依法追究有关领导责任。（城区法制办、监察局、绩效办、财政局牵头，政府各部门各司其职）

（四）加强依法行政的经费保障

城区和镇人民政府、开发区管委会、街道办事处以及政府各部门要将推进依法行政工作的组织、调研、宣传、检查、奖励等专项经费列入财政预算，保证推进依法行政工作的顺利开展。（城区财政局、法制办牵头，政府各部门各司其职）

（五）有计划、分步骤实施

本规划分为三个阶段实施：2011年至2013年为全面实施阶段，各级各部门按照规划和年度计划实施；2014年为验收阶段，逐级检查验收；2015年为深化提高阶段和总验收阶段，巩固依法行政工作成果，法治政府建设取得明显成效。（城区法制办牵头，政府各部门各司其职）

南宁市良庆区人民政府关于印发南宁市良庆区城乡居民社会养老保险试行办法的通知

良政发〔2011〕31号

各镇人民政府，城区政府各部门，良庆经济开发区管委会，大沙田街道办事处，城区级各双管单位，城区直属各事业单位：

经政府常务会议研究同意，现将《南宁市良庆区城乡居民社会养老保险试行办法》印发给你们，请结合实际，认真组织实施。

南宁市良庆区城乡居民社会养老保险试行办法

第一章　总则

第一条　为进一步加快建立和完善我城区城乡居民的社会保障体系，统筹城乡社会发展，保障城乡居民的老有所养问题，根据《国务院关于开展新型农村社会养老保险试点的指导意见》（国发〔2009〕32号）、《国务院关于开展城镇居民社会养老保险试点的指导意见》（国发〔2011〕18号）、《广西壮族自治区人民政府办公厅转发自治区人力资源和社会保障厅财政厅关于广西壮族自治区新型农村社会养老保险试点的指导意见》（桂政办发〔2010〕3号）、《广西壮族自治区城镇居民社会养老保险试点实施办法》（桂政办发〔2011〕175号）精神，结合本城区实际，制定本试行办法。

第二条　本办法所称城乡居民社会养老保险，是指新型农村社会养老保险（以下简称"新农保"）和城镇居民社会养老保险（以下简称"城镇居民养老保险"）。

第三条　城乡居民社会养老保险坚持"保基本、广覆盖、有弹性、可持续"的基本原则，实行社会统筹与个人账户相结合，采取个人缴费、集体补助、政府补贴相结合的筹资方式及基础养老金与个人账户养老金相结合的养老待遇支付办法。

第四条　城乡居民社会养老保险工作由城区政府统一领导，城区人力资源和社会保障部门主管。镇人民政府和街道办事处负责组织实施本辖区内城乡居民社会养老保险工作。组织、宣传、编办、公安、发展改革、农业、人口计生、财政、民政、国土资源、统计、残联等部门按职能做好相关工作。

城区城乡居民社会养老保险经办机构具体负责城乡居民社会养老保险业务经办工作，各镇（街道）劳动保障事务所和村级（社区）劳动保障工作站负责城乡居民社会养老保险相关业务工作。

第二章　参保范围和对象

第五条　具有良庆区农村户籍，年满16周岁（不含在校学生，下同）的，未参加城镇职工基本养老保险的农村居民，可以在户籍地自愿参加新农保。

具有良庆区户籍，年满16周岁（不含在校学生）的，不符合城镇职工基本养老保险参保条件的城镇非从业居民，可以在户籍地自愿参加城镇居民养老保险。

第三章　养老保险费缴纳

第六条　参加城乡居民社会养老保险的居民应当按规定缴纳养老保险费。缴费标准目前设为每年100元、200元、300元、400元、500元、600元、700元、800元、900元、1000元十个档次，参保人自主选择档次缴费，多缴多得。

国家依据农村、城镇居民人均纯收入增长等情况调整缴费档次时，由城区人民政府对缴费标准作相关调整。

第七条　有条件的村集体应当对参保人缴费给予补助，补助标准由村民委员会召开村民会议民主确定。鼓励其他经济组织、社会组织、个人为参保人缴费提供资助。

第八条　政府对参保人缴费给予补贴。参加城乡居民养老保险的城乡居民缴费补贴标准为：选择最低缴费档次缴费的，缴费补贴标准为每人每年30元；选择200元、300元、400元、500元、600元、700元、800元、900元、1000元缴费档次缴费的，每提高一个缴费档次再增加缴费补贴5元。

第九条　城乡重度残疾人等缴费困难群体选择最低缴费档次缴费的，除享受政府缴费补贴30元外，政府还为其代缴部分或全部养老保险费，具体代缴标准为：城乡重度残疾人、农村五保供养对象、城镇"三无"（无生活来源、无劳动能力、无法定赡养、抚养、扶养义务人或者其法定赡养、抚养、扶养义务人无赡养、抚养、扶养能力）人员选择最低缴费档次缴费的，政府予以全额代缴100

元；城乡低保对象选择最低缴费档次缴费的，政府每年代其缴纳养老保险费50元。上述缴费困难群体选择最低缴费档次（不含最低档次）以上缴费的，政府不再为其代缴养老保险费。

第十条　政府的缴费补贴资金由自治区、市、城区三级财政按6:2:2的比例承担（新农保增设的600元～1000元五个缴费档次的增加缴费补贴资金除外，由城区财政承担）；重度残疾人、农村五保供养对象和低保对象，由地方政府代缴的部分或全部最低缴费档次的养老保险费，由自治区、市、城区三级财政按7:1:2的比例承担。

缴费补贴标准随自治区人民政府适时调整的标准随之调整。

第四章　个人账户管理

第十一条　城乡居民社会养老保险经办机构为每个参保人建立终身记录的养老保险个人账户。个人账户资金包括：

（一）个人缴纳的养老保险费；

（二）村集体及其他经济组织、社会组织、个人等对参保人缴费提供资助的资金；

（三）政府对参保人缴费的补贴资金；

（四）个人账户资金运营或存款利息收入。

第十二条　个人账户实行完全积累，实账管理。个人账户储存额目前每年参考中国人民银行公布的金融机构人民币一年期存款利率计息。

第五章　养老保险待遇

第十三条　年满60周岁、未享受职工基本养老保险待遇以及国家规定的其他养老待遇的参保人，可按月领取养老金。

第十四条　城乡居民社会养老保险月养老金由基础养老金和个人账户养老金构成，支付终身。计发标准如下：

（一）基础养老金

1、基础养老金标准为每人每月80元，其中：国家财政支付55元，城区财政支付25元。

2、缴费年限超过15年的，每超过一年提高月基础养老金1元，所需资金由城区财政支付。

（二）个人账户养老金

个人账户养老金的月计发标准为参保人个人账户累计储存额除以139。个人账户养老金从参保人的个人账户中支付，参保人的个人账户支付完后由城区政府继续发放个人账户养老金，所需资金列入城区财政预算。

第十五条　本办法实施时，已年满60周岁、未享受职工基本养老保险待遇以及国家规定的其他养老待遇的城乡居民，参保时不用缴费，可以按月领取基础养老金，但农村户籍老年人在本村范围内符合参加新农保条件的子女应当参保缴费；距领取年龄不足15年的，应按年缴费，也允许补缴（补缴年度政府按本办法第八条规定给予缴费补贴），累计缴费不超过15年；距领取年龄超过15年的，应按年缴费，累计缴费不少于15年。

第十六条　参保人员死亡的，除政府补贴部分外，其个人账户累计储存额一次性支付给其法定继承人或指定受益人。政府补贴余额用于继续支付其他参保人员的养老金。

第十七条　国家和自治区人民政府根据经济发展和物价变动等情况，调整城乡居民社会养老保险的基础养老金标准时，城区人民政府也适时作出相应的调整。

第六章　养老保险关系转移

第十八条　参保人在广西壮族自治区行政区域范围内因户籍地发生变动，申请转移城乡居民社会养老保险关系的，按以下方法办理：

（一）参保人在良庆区流动，其养老保险关系、个人账户档案予以转移，个人账户资金不转移。

（二）参保人跨良庆区流动，可将其养老保险关系、个人账户档案、个人账户资金一次性转入新参保地，按新参保地有关规定参保缴费，享受相应养老保险待遇。转入地未建立新型农村社会养老保险制度的，其养老保险关系、个人账户档案、个人账户资金暂存于原参保地，待条件具备时转移。

第十九条　参保人跨广西壮族自治区行政区域流动的，按国家有关规定执行。

第七章　相关制度的衔接

第二十条　本办法实施后，原按《县级农村社会养老保险实施办法（试行）》规定参加了农村社会养老保险（以下简称“老农保”）并符合城乡居民社会养老保险参保条件的人员，按以下方法办理：

（一）未满60周岁且没有领取养老金的参保人，应按本办法规定的缴费标准继续缴费，其老农保个人账户资金并入城乡居民社会养老保险个人账户，待符合规定条件时享受相应待遇。

（二）年满60周岁且已领取老农保养老金的参保人，从本办法实施时起，可直接享受城乡居民社会养老保险基础养老金。

第二十一条　城乡居民社会养老保险与城镇职工基本养老保险制度及被征地农民社会保障、水库移民后期扶持政策、农村计划生育奖励扶持政策、农村五保供养、社会优抚、农村最低生活保障制度等政策制度的衔接，按国家和自治区有关规定执行。

第八章　基金管理和监督

第二十二条　城乡居民社会养老保险基金暂实行城区级统筹，今后随经济社会发展和城乡居民社会养老保险制度实施情况，按国家和自治区的规定提高统筹层次。

第二十三条　城乡居民社会养老保险基金纳入城区社会保障基金财政专户，实行收支两条线管理，单独记账、核算，专款专用，并按有关规定实现保值增值。城区财政部门设立“城乡居民社会养老保险财政专户”，城区城乡居民社会养老保险经办机构在银行开设“城乡居民社会养老保险基金收入户”和“城乡居民社会养老保险基金支出户”。

第二十四条　城区城乡居民社会养老保险经办机构应建立健全城乡居民社会养老保险基金的财务、会计、统计和内部稽核制度。城区人力资源和社会保障部门要会同城区财政部门编制基金年度收支预算，报城区政府批准后执行，并将年度决算报表报上一级业务主管部门审核。

城区城乡居民社会养老保险经办机构将当月征缴的养老保险费及时上缴城区财政部门设立的“城乡居民社会养老保险财政专户”，城区财政部门根据城乡居民社会养老保险基金预算计划，及时将资金划拨到“城乡居民社会养老保险基金支出户”，并保证支出户留存2个月的支付周转金，确保养老金按时足额发放。

第二十五条　城乡居民社会养老保险基金应根据国家规定用于认购国家债券或银行定期存款，所得收益计入城乡居民社会养老保险基金。任何单位和个人不得擅自改变基金性质和用途。

第二十六条　城乡居民社会养老保险经办机构的人员经费和工作经费纳入财政预算。城区财政部门会同城区人力资源和社会保障部门根据城乡居民社会养老保险经办机构的实际需要，合理核定和安排经费预算。人员经费和工作经费不得在城乡居民社会养老保险基金中列支。

第二十七条　城乡居民社会养老保险待遇实行社会化发放。城乡居民社会养老保险经办机构应建立健全领取养老保险待遇资格审核制度。

第二十八条　严格基金管理和经办规程，严肃处理违反规定挪用、挤占城乡居民社会养老保险基金行为，对相关人员依法追究责任；严惩虚报、冒领养老保险基金行为，依法追回虚报、冒领的养老保险基金，情节严重的，依法追究刑事责任。

第九章　经办管理与服务

第二十九条　加强各级城乡居民社会养老保险经办机构建设，镇（街道）劳动保障事务所配备城乡居民社会养老保险专职经办人员，村（社区）劳动保障工作站配备业务协办员。

第三十条　城区城乡居民社会养老保险经办机

构负责城乡居民社会养老保险参保人员资格审核，基金征缴，个人账户建立与管理，待遇核定与发放，关系转移与接续，基金管理、档案及统计管理，受理咨询、查询和举报等工作，并对镇（街道）劳动保障事务所的业务工作进行指导。

镇（街道）劳动保障事务所负责城乡居民社会养老保险参保登记、缴费申报、待遇领取及关系转移资格等进行申报受理和初审，录入有关信息，并负责受理咨询、查询和举报、政策宣传、情况公示等工作。

村（社区）协办员具体负责城乡居民社会养老保险参保人参保资格、参保缴费档次、待遇领取、关系转移接续等业务环节所需材料的收集与上报，负责向参保人员发放有关资料，提醒参保人员按时缴费，通知参保人员办理待遇领取手续，并协助做好政策宣传与解释、待遇领取资格认证、摸底调查、农村居民基本信息采集、情况公示等工作。

第三十一条　按照自治区统一要求建立城乡居民社会养老保险信息管理系统。将参保人员的参保登记、缴费申报、业务核算、待遇支付、账户查询等管理服务项目全部纳入信息系统管理，实现业务流程和经办服务的规范化，为参保人员提供方便、快捷的服务。建立城乡居民社会养老保险公示和查询制度，大力推行社会保障卡，方便参保人持卡缴费、领取待遇和查询本人参保信息。

第十章　附则

第三十二条　居民参加城乡居民社会养老保险的出生年月以本人身份证为准。

第三十三条　本办法自 2011 年 7 月 1 日起施行。

第三十四条　本办法具体应用问题由城区人力资源和社会保障局、城区财政局共同负责解释。

第三十五条　本办法实施后，国家、自治区、南宁市有新规定的，从其规定。

南宁市良庆区人民政府关于印发南宁市良庆区人民政府重大决策专家咨询论证评估制度的通知

良政发〔2011〕38 号

各镇人民政府，良庆经济开发区，大沙田街道办事处，城区政府各部门，城区级各双管单位，城区直属各事业单位：

现将《南宁市良庆区人民政府重大决策专家咨询论证评估制度》印发给你们，请结合实际，认真组织实施。

南宁市良庆区人民政府重大决策专家咨询论证评估制度

第一条　为提高重大决策事项的质量，规范重大决策程序，建立科学论证决策体系，促进城区决策的科学化、民主化和制度化，根据《国务院关于加强良庆区县政府依法行政的决定》和《良庆区人民政府行政决策程序暂行办法》，结合本城区实际，制定本制度。

第二条　城区人民政府重大决策事项的专家咨询论证评估活动，适用本制度。法律、法规和规章另有规定的，依照其规定。

第三条　本制度所称重大决策事项包括：

（一）制定涉及群众利益或者对社会公共利益有重大影响的规范性文件。

（二）政府工作报告。

（三）贯彻落实党中央、国务院、上级行政机关、本级党委重要指示、决定的实施意见和措施。

（四）需要报告国务院、上级行政机关、本级党委或者本级人大及其常委会审议的重大决定事项。

（五）制定经济社会发展的重大战略、中长期规划、年度计划。

（六）年度财政收支预算方案、重大财政

资金安排。

（七）决定政府重大投资项目和国有资产处置的重大事项。

（八）制定城乡规划、土地利用规划、自然资源开发利用规划、生态环境保护规划的专项规划。

（九）产业政策、区域布局的制定和调整。

（十）突发事件应急预案、重大突发事件应急处置措施的采取。

（十一）土地管理、交通管理、劳动就业、社会保障、科技教育、文化卫生等方面的重大措施。

（十二）其他涉及基础性、战略性、全局性的重大决策事项。

第四条　重大决策事项，在提交城区人民政府全体会议或城区人民政府常务会议决策前，由良庆区人民政府指定、委托或按照上级的要求和政府有关部门的申请，先交由专家进行咨询论证。

第五条　设立良庆区重大决策咨询论证专家委员会（以下简称良庆区专家咨询委员会）。良庆区专家咨询委员会是良庆区人民政府设立的由各方面专家组成的为政府决策服务的非常设决策咨询论证机构。良庆区专家咨询委员会主任由良庆区人民政府分管副区长担任；副主任由良庆区人民政府办公室主任、良庆区人民政府法制办公室主任担任。设立良庆区专家咨询委员会联络处，联络处设在良庆区人民政府法制办公室，具体负责良庆区专家咨询委员会开展咨询论证的组织与联络等日常工作。

第六条　良庆区专家咨询委员会的主要任务是：根据良庆区人民政府决策的需要，组织咨询专家围绕重大决策事项开展研究，提出科学的咨询论证意见，供良庆区人民政府决策参考。

第七条　咨询论证的内容：

（一）重大决策的可行性研究；

（二）重大决策的合法性研究；

（三）重大决策的经济社会效益研究；

（四）重大决策的执行条件研究；

（五）重大决策对环境保护、生产安全等方面的影响研究；

（六）其他必要的相关因素研究。

第八条　咨询论证的程序：

（一）良庆区专家咨询委员会组织相应的专家对咨询论证事项进行咨询论证，并根据咨询论证事项的性质和特点确定论证的程序和时间；

（二）咨询论证工作由良庆区专家咨询委员会主任或委托副主任主持，良庆区专家咨询委员会联络处负责会议记录和材料收集、整理工作；

（三）专家咨询论证意见，由良庆区专家咨询委员会提交良庆区人民政府作为决策参考；

（四）良庆区人民政府决策吸纳专家咨询论证意见情况，由良庆区专家咨询委员会联络处向相关专家反馈。

第九条　咨询论证的方式：

（一）聘任专家论证方式。就是根据指定或委托组织聘任的专家进行咨询论证活动；

（二）临聘专家论证方式。就是对一些特殊决策事项或专业性较强的重大决策事项，良庆区专家咨询委员会可以决定邀请咨询专家库以外的专家参加咨询论证。

（三）公开招标论证方式。就是根据需要，对特别重大的决策事项，面向国内外专家或中介咨询机构公开招标征集咨询论证意见或建议。

第十条　重大决策专家咨询论证所需经费由良庆区专家咨询委员会联络处提出，良庆区财政予以保障。

第十一条　本制度所称咨询专家，是指经良庆区人民政府聘请的参与重大决策事项咨询论证工作，并提出咨询论证意见的专家。

第十二条　良庆区人民政府建立咨询专家库，实行动态管理。咨询专家库由良庆区人民政府法制办公室负责建立和联系。按照不同的专业分类，专家库可分若干咨询小组。

第十三条　咨询专家应当具备下列条件：

（一）学术造诣高，在相关专业领域具有相当的影响力和知名度；

（二）具有较丰富的实践经验，熟悉有关法律、法规、技术规范和标准；

（三）热心咨询论证事业，责任心强，在时间和精力上能够保证参加委托的咨询论证工作；

（四）具有较高的社会公信力，公正诚信，敢于直言不讳提出咨询论证意见。

第十四条　咨询专家面向社会公开征集，采取个人申请和单位推荐两种方式。属单位推荐的，应事先征得被推荐人的同意。

第十五条　咨询专家实行聘任制，由专门小组从自荐和推荐人中筛选并提出建议名单，报良庆区人民政府研究确定，聘期3年，由良庆区人民政府颁发聘书。聘期结束后，由良庆区人民政府根据需要决定续聘或解聘。

第十六条　咨询专家应独立自主开展咨询论证工作，良庆区人民政府及其相关部门应为专家咨询论证提供必要的条件和保障。

第十七条　咨询专家应履行下列义务：

（一）遵守咨询论证工作章程；

（二）以实事求是和认真负责的态度履行职责，客观、公正、科学地进行咨询论证；

（三）严格遵守保密纪律，不得泄露咨询论证的内容、过程和结果等情况，不得丢失、外传参与的重大决策事项资料；

（四）接受良庆区专家咨询委员会的监督和管理。

第十八条　咨询专家有下列情形之一的，由良庆区专家咨询委员会报请良庆区人民政府同意后解除聘任：

（一）不能客观公正履行职责的；

（二）无正当理由，不接受咨询论证工作任务，影响论证工作进行的；

（三）经考核不能胜任咨询论证工作的；

（四）因客观原因不能继续从事咨询论证工作的；

（五）本人提出申请要求解除聘任的。

第十九条　建立咨询论证后评价制度。良庆区专家咨询委员会对每一位咨询专家建立咨询论证工作档案和信用评价记录，记载专家咨询论证意见的可靠程度和决策实施效果，并进行定期考核。

第二十条　建立咨询论证奖励制度。对有重大贡献、带来较大经济社会效益的决策咨询成果予以奖励。对考核结果优秀的咨询专家，由良庆区人民政府授予“优秀咨询专家”称号。

第二十一条　建立咨询论证问责制度。对良庆区人民政府确定需要进行专家咨询论证的重大决策事项，必须组织专家咨询论证。对需要进行专家咨询论证的重大决策事项，未组织专家咨询论证，或对专家咨询论证意见不予吸纳的，必须说明原因并得到批准，否则，由此造成的工作失误和损失要追究行政决策者的相应责任。

第二十二条　本制度自公布之日起施行。

南宁市良庆区人民政府关于印发南宁市良庆区人民政府重大决策听证制度的通知

良政发〔2011〕39号

各镇人民政府，良庆经济开发区，大沙田街道办事处，城区政府各部门，城区级各双管单位，城区直属各事业单位：

现将《南宁市良庆区人民政府重大决策听证制度》印发给你们，请结合实际，认真组织实施。

南宁市良庆区人民政府重大决策听证制度

第一条　为规范城区政府重大行政决策行为，建立健全公众参与，专家论证和政府决定相结合的决策机制，提高政府决策的科学化、民主化水平，切实维护社会公共利益，根据

《国务院关于加强市县政府依法行政的决定》（国发〔2008〕17号）和《广西壮族自治区行政机关重大决策程序暂行规定》的有关规定，结合本城区实际，制定本制度。

第二条　本城区各单位在作出重大决策、决定及涉及群众切身利益的重大问题前，可以通过举行听证会的形式，听取社会各界意见，但涉及国家秘密、商业秘密或个人隐私的除外。

第三条　听证由各单位政务公开领导小组决定，相关业务科室负责组织实施，并报城区政务公开领导小组办公室备案。

第四条　听证参加人包括听证主持人、记录人、听证陈述人、旁听人和翻译人。听证主持人、记录人、翻译人由各单位政务公开工作分管领导同志指定。听证陈述人、旁听人根据本制度第六条的规定确定。听证陈述人可以在听证会上进行发言。经听证主持人同意，旁听人也可以发言。

第五条　举行听证，应当提前将听证事项主要内容、听证时间及地点、听证陈述人与旁听人的条件以及申请方式及途径等向社会公告。公告期不得少于十五日。

第六条　申请参加听证的，应当在公告期内，将姓名、工作单位、联系方式及听证参加人申请类别等向公告单位申请登记。听证陈述人登记人数不超过十五人的，可以全部参加听证；超过十五人的，由各单位通过公开、公平、公正的方式确定参加听证陈述人，但人数不得少于十五人，并将结果告知申请人。旁听人登记人数不超过五十人的，可以全部参加听证；超过五十人的，由各单位通过公开、公平、公正的方式确定，但人数不得少于五十人，并将结果告知申请人。

第七条　听证应当按照下列程序进行：

（一）听证主持人宣布听证事由和听证纪律；

（二）听证陈述人依法陈述；

（三）经听证主持人同意，有关旁听人员发言；

（四）听证主持人宣布听证结束。

第八条　听证应当制作笔录。听证笔录应当载明下列事项：

（一）事由；

（二）听证参加人的姓名、工作单位等；

（三）举行听证的时间、地点和方式；

（四）听证陈述人、有关旁听人的发言内容；

（五）其他需要载明的事项。

第九条　各单位根据听证笔录，充分采纳合理建议后，作出决定。

第十条　本制度自印发之日起施行。

中共南宁市良庆区委
良发〔2011〕

1号　关于制定国民经济和社会发展第十二个五年规划的建议

2号　关于表彰良庆区2010年度社会治安综合治理工作（平安建设）先进单位（集体）和先进个人的决定

3号　关于表彰良庆区2010年度良庆区政法系统先进集体和先进个人的决定

4号　关于印发《良庆区2011年和2012年〈良庆年鉴〉编纂方案》的通知

5号　关于印发《南宁市良庆区党务公开工作实施方案》的通知

6号　关于表彰良庆区先进妇女组织、优秀妇联干部、妇女工作最佳支持者、“岗位建功”先进工作者、“岗位建功”标兵的决定

7号　关于表彰良庆区2010年底人口和计划生育先进帮扶单位，工作标兵和先进个人的决定

8号　关于印发《2011年良庆区乡镇领导班子换届选举工作实施方案》的通知

9号　中共南宁市良庆区委常委会2011年工作要点

10号　关于2011年理论学习的通知

11号　中国共产党成立90周年纪念活动的通知

12号　区委批转南宁市良庆区人大常委会党组《关于做好2011年我城区、镇两级人民代表大会换届选举工作的意见》的通知

13号　区委 政府关于印发《良庆区参与首府南宁2011年创建全国文明城市实施方案》的通知

14号　关于表彰南宁市良庆区2010年度社会主义新农村建设指导员工作先进工作组、优秀指导员、先进后盾单位的决定

15号　关于开展征地拆迁安置大会战、项目建设大会战、产业园区建设大会战的决定

16号　关于表彰良庆区先进基层党组织、优秀共产党员、优秀党务工作者和优秀社区党组织的决定

17号　关于批转《政协南宁市良庆区第三届委员会换届工作实施方案》的通知

18号　关于表彰2011年良庆区优秀教师和优秀教育工作者的通报

19号　关于南宁市良庆区深化乡镇机构改革的实施意见

20号　关于开展良庆区“坚持制度，提高质量，强化素质，增进团结，提高班子整体合力”专题学习的通知

21号　关于印发《南宁市良庆区2011年度绩效考评实施方案》的通知

22号　关于学习贯彻自治区第十次党代会精神的通知

23号　关于举全城区之力推动五象新区开发建设掀起新高潮加快城区发展的决定

中共南宁市良庆区委员会
良委会〔2011〕

1号　关于韦粤桂同志任职的通知

2号　关于韦粤桂等同志任免职的通知

3号　关于苏其森等同志任免职的通知

4号　关于郑登清等同志任免职的通知

5号　关于刘开程等同志任免职的通知

6号　关于提名韦高等同志任免职的通知

7号　关于成立南宁市良庆区2010年年度考核委员会的通知

8号　关于调整良庆区机构编制委员会成员的通知

9号　关于潘文虹同志任免职的通知

10号　关于提名赵元松免职的通知

11号　关于区委书记、副书记、常委工作分工调整通知

12号　转发中共南宁市委关于李斌等同志任免职的通知

13号　转发中共南宁市委关于黄奕信等同志任职的通知

14号　关于黄奕信等同志任免职的通知

15号　关于提名黄奕信等同志任免职的通知

16号　关于提名黄奕信等同志任免职的通知

17号　关于提名奚美玲等同志任职的通知

18号　关于调整南宁市良庆区机构编制委员会成员的通知

19号　关于区委书记、副书记、常委工作分工调整的通知

20号　关于成立《文化良庆》编纂委员会的通知

21号　关于提名钱冰同志挂任职的通知

22号　关于成立南宁市良庆区农业和农村工作领导小组的通知

23号　关于同意召开中国共产党南宁市良庆区良庆镇第二次代表大会的批复

24号　关于同意召开中国共产党南宁市良庆区那马镇第二次代表大会的批复

25号　关于同意召开中国共产党南宁市良庆区大塘镇第二次代表大会的批复

26号　关于同意召开中国共产党南宁市良庆区那陈镇第二次代表大会的批复

27号　关于同意召开中国共产党南宁市良庆区南晓镇第二次代表大会的批复

28号　转发中共南宁市委关于阮冠三等同志任免职的通知

29号　关于提名梁翠宣等同志任免职的通知

30号　关于提名谷明佳等同志任免职的通知

31号　关于提名刘长南等同志任免职的通知

32号　关于郑中等同志任免职的通知

33号　关于谭耀辉等同志任免职的通知

34号　关于提名黄文声等同志任免职的通知

35号　关于提名黄舟宁等同志任免职的通知

36号　关于区委书记、副书记常委工作分工调整的通知

37号　关于梁翠宣等同志任免职的通知

38号　关于陈学艺等同志任免职的通知

39号　关于提名黄锡荣同志免职的通知

40号　关于提名王乐靖等同志任免职的通知

41号　关于提名吴尚之等同志任职的通知

42号　关于提名龚沃升同志任职的通知

43号　关于提名王剑珊同志任职的通知

44号　关于提名黄锡之同志免职的通知

45号　关于提名陆增锦同志免职的通知

46号　关于提名潘凤谦等同志任免职的通知

47号　关于成立良庆区2011年换届选举工作领导小组的通知

48号　关于陈晓红等同志任免职的通知

49号　关于中国共产党南宁市良庆区良庆镇第二届委员会和第二届纪律检查委员会组成人员候选人预备人选的批复

50号　关于中国共产党南宁市良庆区那马镇第二届委员会和第二届纪律检查委员会组成人员候选人预备人选的批复

51号　关于中国共产党南宁市良庆区大塘镇第二届委员会和第二届纪律检查委员会组成人员候选人预备人选的批复

52号　关于中国共产党南宁市良庆区那陈镇第二届委员会和第二届纪律检查委员会组成人员候选人预备人选的批复

53号　关于中国共产党南宁市良庆区南晓镇第二届委员会和第二届纪律检查委员会组成人员候选人预备人选的批复

54号　关于南宁市良庆区良庆镇出席中国共产党南宁市良庆区第二次代表大会代表候选人预备人选的批复

55号　关于南宁市良庆区那马镇出席中国共产党南宁市良庆区第二次代表大会代表候选人预备人选的批复

56号　关于南宁市良庆区大塘镇出席中国共产党南宁市良庆区第二次代表大会代表候选人预备人选的批复

57号　关于南宁市良庆区那陈镇出席中国共产党南宁市良庆区第二次代表大会代表候选人预备人选的批复

58号　关于南宁市良庆区南晓镇出席中国共产党南宁市良庆区第二次代表大会代表候选人预备人选的批复

59号　关于韦永海等同志任职的通知

60号　关于黄汉州等同志任免职的通知

61号　关于奚美玲等同志任免职的通知

62号　关于李振权等同志任免职的通知

63号　关于曾愈祥等同志任免职的通知

64号　关于付中平等同志任免职的通知

65号　关于黄庆田等同志任免职的通知

66号　关于成立南宁市良庆区村（社区）党组织委员会和村（届）居委会换届选举工作指导委员会的通知

67号　关于中共南宁市良庆区良庆镇第二次代表大会和中共南宁市良庆区良庆镇第二届委员会、第二届纪律检查委员会第一次全体会议选举结果的批复

68号　关于中共南宁市良庆区那马镇第二次代表大会和中共南宁市良庆区那马镇第二届委员会、第二届纪律检查委员会第一次全体会议选举结果的批复

69号　关于中共南宁市良庆区大塘镇第二次代表大会和中共南宁市良庆区大塘镇第二届委员会、第二届纪律检查委员会第一次全体会议选举结果的批复

70号　关于中共南宁市良庆区那陈镇第二次代表大会和中共南宁市良庆区那陈镇第二届委员会、第二届纪律检查委员会第一次全体会议选举结果的批复

71号　关于中共南宁市良庆区南晓镇第二次代表大会和中共南宁市良庆区南晓镇第二届委员会、第二届纪律检查委员会第一次全体会议选举结果的批复

72号　关于同意韦培重等15名同志为南宁市良庆区良庆镇出席中国共产党南宁市良庆区第二次代表大会代表的批复

73号　关于同意马永成等15名同志为南宁市良庆区那马镇出席中国共产党南宁市良庆区第二次代表大会代表的批复

74号　关于同意王剑珊等16名同志为南宁市良庆区大塘镇出席中国共产党南宁市良庆区第二次代表大会代表的批复

75号　关于同意韦佩烈等15名同志为南宁市良庆区那陈镇出席中国共产党南宁市良庆区第二次代表大会代表的批复

76号　关于同意刘秉周等17名同志为南宁市良庆区南晓镇出席中国共产党南宁市良庆区第二次代表大会代表的批复

77号　关于中共南宁市良庆区良庆镇委员会部分委员工作分工的批复

78号　关于中共南宁市良庆区那马镇委员会部分委员工作分工的批复

79号　关于中共南宁市良庆区大塘镇委

员会部分委员工作分工的批复

80号　关于中共南宁市良庆区那陈镇委员会部分委员工作分工的批复

81号　关于中共南宁市良庆区南晓镇委员会部分委员工作分工的批复

82号　关于中国共产党南宁市良庆区第二次代表大会代表选举工作的通知

83号　关于曾愈祥同志任免职的通知

84号　关于同意召开中国共产党南宁市良庆区农林水利局第一次党员大会的批复

85号　关于同意召开中国共产党南宁市良庆区教育局第二次党员大会的批复

86号　关于同意召开中国共产党南宁市公安局良庆分局第二次党员大会的批复

87号　关于转发中共南宁市委关于提名黄俊双同志挂职的通知

88号　关于提名黄俊双等同志任职的通知

89号　关于南宁市良庆区妇女联合会第一届执行委员会第七次全体会议选举结果的批复

90号　关于李福磊等同志任免职的通知

91号　关于提名梁小玲等同志任免职的通知

92号　关于提名马讯等同志任免职的通知

93号　关于提名潘冬梅等同志任免职的通知

94号　关于提名黎霞同志任职的通知

95号　关于谢志军等同志任免职的通知

96号　关于推荐李斌等11名同志为中共南宁市良庆区第二次大会代表候选人预备人选的通知

97号　关于推荐郑国健等5名同志为中共南宁市良庆区第二次大会代表候选人预备人选的通知

98号　关于推荐任宁生等5名同志为中共南宁市良庆区第二次大会代表候选人预备人选的通知

99号　关于推荐刘长南等5名同志为中共南宁市良庆区第二次大会代表候选人预备人选的通知

100号　关于推荐赵永坤等3名同志为中共南宁市良庆区第二次大会代表候选人预备人选的通知

101号　关于推荐黄均梅等3名同志为中共南宁市良庆区第二次大会代表候选人预备人选的通知

102号　关于南宁市良庆区直属机关出席中国共产党南宁市良庆第二次大会代表候选人预备人选的批复

103号　关于南宁市良庆区教育局出席中国共产党南宁市良庆第二次大会代表候选人预备人选的批复

104号　关于中国共产党南宁市公安局良庆分局第二届委员会和第二届纪律检查委员会组成人员候选预备人选的批复

105号　关于中国共产党南宁市农林水利局第二届委员会和第二届纪律检查委员会组成人员候选预备人选的批复

106号　关于中国共产党广西良庆经济开发区第二届委员会和第二届纪律检查委员会组成人员候选预备人选的批复

107号　关于中国共产党南宁市良庆大沙田街道第二届委员会和第二届纪律检查委员会组成人员候选预备人选的批复

108号　关于中国共产党南宁市良庆教育局出席第二届委员会和第二届纪律检查委员会组成人员候选预备人选的批复

109号　关于南宁市公安局良庆分局出席中共南宁市良庆区第二次代表大会代表候选人预备人选批复

110号　关于南宁市良庆区南州林场中共南宁市良庆区第二次代表大会代表候选人预备人选批复

111号　关于南宁市良庆区农林水利局中共南宁市良庆区第二次代表大会代表候选人预备人选批复

112号　关于阮冠三等同志任免职的通知

113号　关于提名李珊珊同志免职的通知

114号　关于提名李善曼等同志免职的通知

115号　关于调整充实南宁市良庆区2010年年度考核委员会的通知

116号　关于周毅同志任职的通知

117号　关于成立良庆区2011年党委换届选举工作办公室的通知

118号　关于胡玉强同志任职的通知

119号　关于提名杨飞等同志任职的通知

120号　关于同意王同成等60名同志为南宁市良庆区直属机关出席中国共产党南宁市良庆区第二次代表大会的批复

121号　关于同意王顺福等23名同志为南宁市良庆区教育局出席中国共产党南宁市良庆区第二次代表大会的批复

122号　关于同意卢少勇等6名同志为南宁市良庆区农林水利局出席中国共产党南宁市良庆区第二次代表大会的批复

123号　关于同意方金秀等3名同志为南宁市良庆区南州林场出席中国共产党南宁市良庆区第二次代表大会的批复

124号　关于同意王鲁民等6名同志为南宁市公安局良庆分局出席中国共产党南宁市良庆区第二次代表大会的批复

125号　关于同意马家训等15名同志为南宁市良庆区经济开发区出席中国共产党南宁市良庆区第二次代表大会的批复

126号　关于同意玉茂轩等18名同志为南宁市良庆区大沙田街道出席中国共产党南宁市良庆区第二次代表大会的批复

127号　关于中共南宁市良庆区教育局第二次代表大会和中共南宁市良庆区教育局第二届委员会第一次全体会议选举结果的批复

128号　关于中共南宁市良庆区农林水利局第一次党员大会和中共南宁市良庆区农林水利局第一届委员会第一次全体会议选举结果的批复

129号　关于中共南宁市公安局良庆分局第二次党员大会和中共南宁市公安局良庆分局第二届委员会第二届纪律检查委员会第一次全体会议选举结果的批复

130号　关于成立南宁市良庆区政务公开政府信息公开工作领导小组的通知

131号　关于南宁市良庆区良庆镇第二届人大、政府领导班子成员候选人的批复

132号　关于南宁市良庆区那马镇第二届人大、政府领导班子成员候选人的批复

133号　关于南宁市良庆区大塘镇第二届人大、政府领导班子成员候选人的批复

134号　关于南宁市良庆区那陈镇第二届人大，政府领导班子成员候选人的批复

135号　关于南宁市良庆区南晓镇第二届人大、政府领导班子成员候选人的批复

136号　关于中共南宁市良庆区农林水利局委员会部分委员工作分工的批复

137号　关于中共南宁市良庆区教育局委员会部分委员工作分工的批复

138号　关于中共南宁市良庆区公安局良庆分局委员会部分委员工作分工的批复

139号　关于谢欢等同志任免职的通知

140号　关于提名岑茜等同志任免职的通知

141号　关于调整南宁市良庆区村（社区）党组织委员会和村（居）民委员会换届选举工作指导委员会的通知

142号　关于成立中国共产党南宁市良庆区第二届人民代表大会第一次会议临时委员会的通知

143号　关于成立中国共产党政协南宁良庆区第二届委员会第一次会议临时委员会的通知

144号　关于许莹等同志任免职的通知

145号　关于提名罗欣等同志任免职的通知

146号　关于南宁市良庆区工商业联合会第一届执行委员会第七次（扩大）会议选举结果的批复

147号　关于提名南宁市良庆区人大、政府、法院、检察院换届候选人的通知

148号　关于提名南宁市良庆区政协换届候选人的通知

149号　关于调整南宁市良庆区绩效考评

领导小组的通知

150号　关于城区党委书记、副书记、常委工作分工调整的通知

151号　关于提名黄文声等同志任职的通知

152号　关于提名黄舟宁等同志任职的通知

153号　关于提名刘文忠同志任职的通知

154号　关于调整充实南宁市良庆区机构编制委员会成员的通知

155号　关于调整充实南宁市良庆区关心下一代工作委员会成员的通知

156号　关于调整区委党的建设工作领导小组成员通知

157号　关于调整良庆区“党组织建设年”活动领导小组成员的通知

158号　区委转发中共南宁市委鉴于卢武德、任宁生同志任职的通知

159号　关于李品大等同志任职的通知

160号　关于提名覃书泉等同志任免职的通知

161号　关于提名林尧均同志任职的通知

162号　关于调整南宁市良庆区精神文明建设委员会成员的通知

163号　关于调整充实南宁市良庆区委维护稳定工作领导小组成员的通知

164号　关于调整南宁市良庆区社会治安综合治理委员会成员的通知

165号　关于调整充实南宁市良庆区委维护稳定工作领导小组成员的通知

166号　关于调整良庆区人口与计划生育工作领导小组成员的通知

167号　关于调整城区党委反腐败协调领导小组的通知

168号　关于调整良庆区双拥工作领导小组成员的通知

169号　关于黄耀川等同志任免职的通知

170号　关于提名农振湘等同志任免职的通知

171号　关于提名胡轩等同志任免职的通知

172号　关于提名刘晓芳同志免职的通知

173号　关于提名周卿等同志任免职的通知

174号　关于提名江新贵同志任职的通知

175号　关于孟翠萍同志任职的通知

176号　关于刘文忠等同志任职的通知

177号　关于调整良庆区思想政治工作领导小组成员的通知

178号　关于黄忠等同志任免职的通知

179号　关于提名黄忠等同志任免职的通知

181号　关于同意成立中国共产党南宁市良庆区卫生局委员会的批复

182号　关于李峥嵘同志任职的通知

183号　关于提名黄俊双等同志挂任职的通知

184号　关于提名李辉同志任职的通知

185号　关于成立南宁市良庆区分类推进事业单位改革工作领导小组的通知

186号　关于调整南宁市良庆区委保密委员会成员的通知

中共南宁市良庆区委办公室
良办发〔2011〕

2号　关于做好2011年春节期间有关工作的通知

3号　关于印发《良庆区参与首府南宁创建国家卫生城市国家技术评估检查（明查）迎检工作方案》的通知

4号　关于表彰良庆区2010年征地拆迁工作先进单位、先进集体、标兵和先进个人的通报

5号　关于做好加强防范和应对冰冻灾害天气准备工作的紧急通知

10号　关于成立南宁市良庆区矫正工作领导小组的通知

11号　关于转发《自治区党委办公厅、自治区人民政府办公厅转发自治区党委组织部、自治区民政厅〈关于做好2011年全区村“两委”换届选举工作的实施意见〉的通知》的通知

12号　关于开展“兴水利、大种树、优

生态、强基础、惠民生、促发展”主题活动的通知

13号　关于印发《良庆区2011年开展“公开大接访”活动实施方案》的通知

14号　关于转发《南宁市艾滋病防治攻坚工程目标管理责任制考核评估办法》的通知

15号　关于印发《全国“两会”期间良庆区党政领导接待群众来访活动实施方案》的通知

16号　关于印发《良庆区2011年500名工作队员深入农村开展兴农富民春季大行动实施方案》的通知

17号　关于做好2011年全城区社会主义新农村建设指导员选派工作的通知

18号　关于良庆区2010年人口计生工作目标管理责任制、层级动态管理和2010年第四季度人口和计生指标考核村（社区）季度绩效考核情况通报

19号　关于修订《良庆区村（社区）人口和计划生育工作实行绩效考核办法》的通知

20号　关于修订《良庆区人口和计划生育工作季度考核暂行办法》的通知

21号　关于印发《关于在良庆区集中开展形势政策宣传教育工作方案》的通知

22号　关于转发《良庆区维护稳定工作领导小组关于开展重大事项社会稳定风险评估实施办法》的通知

23号　关于成立良庆区行政中心建设工作领导小组的通知

24号　关于印发良庆区2010年度土地卫片违法图斑用地查处整改工作责任表的通知

25号　关于成立良庆区实施“绿满南宁”造林绿化工程领导小组的通知

26号　关于印发《良庆区开展民族团结进步创建活动工作方案》的通知

27号　中共南宁市良庆区委办公室转发中共南宁市委办公厅《关于认真贯彻落实车荣福同志重要批示精神进一步加强我市信息工作的通知》的通知

28号　关于印发《南宁市良庆区2011年建设项目计划》的通知

29号　关于印发《南宁市良庆区2011年项目前期经费计划安排方案》的通知

30号　关于调整南宁市良庆区五象新区开发建设指挥部内设工作机构及职责的通知

31号　关于印发《良庆区2011年党政信息工作要点》的通知

32号　关于印发《良庆区开展整治“五风”增强“五力”活动工作方案》的通知

33号　关于印发《良庆区村（社区）计生专干管理办法》的通知

34号　关于调整良庆区清理违法占地、违法建设领导小组成员的通知

35号　关于成立良庆区2011年换届选举工作领导小组办公室的通知

36号　关于选派换届选举工作指导员开展换届指导工作的通知

37号　关于良庆区人口和计划生育局派驻良庆区政务服务中心办事窗口两起办结超时事件的情况通报

38号　关于印发《良庆区2011年环境保护目标责任书责任分解实施方案》的通知

39号　关于转发《南宁市良庆区人民检察院关于加强与镇（村屯）街道社区联系的工作意见》的通知

40号　关于转发《南宁市良庆区人匀于充分发挥检察职能力良庆经济开发区发展服务的工作意见》的通知

41号　关于印发2011年南宁市良庆区招商引资目标任务的通知

42号　关于进一步加强考勤管理严肃工作纪律的通知

43号　关于印发《南宁市良庆区开展整治“五风”增强“五力”活动及2011年绩效考评工作督查方案》的通知

44号　关于成立良庆区公务用车问题专项治理工作领导小组的通知

45号　关于印发《南宁市良庆区突发事件新闻报道指导意见（试行）》的通知（秘密）

46号　关于印发《南宁市良庆区2011年

产业园区建设攻坚战实施方案》

47号　关于印发《南宁市良庆区2011打造“中国水城”攻坚战实施方案》的通知

48号　关于印发《南宁市良庆区2011年深入开展“项目建设年”活动实施方案》的通知

49号　关于印发《良庆区2011年深入开展“发展环境建设年”活动实施方案》的通知

50号　关于印发《南宁市良庆区2011年五象新区开发攻坚战实施方案》

51号　关于印发《南宁市良庆区2011年交通基础设施完善攻坚战实施方案》的通知

52号　关于印发《良庆区2011年工业经济振兴攻坚战实施方案》的通知

53号　关于印发《良庆区党政机关公务用车问题专项治理工作实施方案》的通知

54号　关于印发《南宁市良庆区2011年科技进步考核工作实施方案》的通知

55号　关于印发《南宁市良庆区2011年征地拆迁安置大会战实施方案》的通知

56号　关于印发《南宁市良庆区2011年项目建设大会战活动实施方案》的通知

57号　关于印发《南宁市良庆区2011年产业园区建设大会战实施方案》的通知

58号　关于调整充实良庆区征地拆迁工作人员的通知

59号　关于落实《中共南宁市良庆区委常委会2011年工作要点》确定工作任务的通知

60号　关于转发《中共南宁市委办公厅南宁市人民政府办公厅转发〈市委宣传部、市直机关工委、市民政局、南宁警备区政治部、市慈善总会2011年“南宁慈善日”开展“能帮就帮·慈善一日捐”活动实施方案〉的通知》的通知

61号　关于印发《良庆区2011年度公共机构节能工作要点》的通知

62号　关于印发《南宁市良庆区创新流动人口服务管理体制推进流动人口计划生育基本公共服务均等化试点工作实施方案》的通知

63号　关于进一步规范公文处理若干问题的通知

64号　关于表彰会2010年度良庆区绩效考评优秀单位和个人的通知

65号　关于良庆区2011年区间第一季度人口和计划生育工作季度考核指标完成情况的通报

66号　关于进一步加强新闻宣传和信息报送工作的通知

67号　关于印发《2011年城区党委政府领导汛期值班安排表》的通知

68号　关于调整良庆区农村危房改造工作领导小组的通知

69号　关于表彰“十一五”期间良庆区档案工作先进单位和先进个人的通报

70号　关于转发《良庆区村（社区）妇女换届选举工作实施意见》的通知

71号　关于印发《2011年良庆区“企业服务月”活动方案》的通知

72号　关于认真学习贯彻胡锦涛总书记在庆祝中国共产党成立90周年大会上的重要讲话精神的通知

73号　关于印发《良庆区开展领导干部谈心谈话活动的实施方案》的通知

74号　关于印发《南宁市良庆区2011年集中整治“三车”非法营运行动实施方案》的通知

75号　关于印发《良庆区统筹城乡改革工作机构设置方案》的通知

76号　关于认真学习宣传贯彻城区第二次党代会精神的通知

77号　关于印发《2011年良庆区重点矛盾纠纷领导包案责任分工》的通知

78号　关于良庆区2011年区间第三季度人口和计划生育工作指标和2011年上半年层级动态管理考核情况的通报

79号　关于调整良庆区“小金库”专项治理工作领导小组的通知

80号　关于转发《中共南宁市委办公厅南宁市人民政府办公厅关于印发〈2011年南宁市科学发展十佳乡镇评比较表彰工作方案〉

的通知》的通知

81号　关于印发《良庆区参与首府南宁迎接全国文明城市复评工作方案》的通知

82号　关于转发良庆区党委组织部　良庆区民政局《关于做好2011年良庆区村“两委”换届选举工作的实施意见》和《关于做好2011年良庆区社区“两委”换届选举工作的实施意见》的通知

83号　关于成立良庆区文化市场管理工作领导小组的通知

84号　关于印发《良庆区开展2011年村（社区）团组织集中统一换届选举工作指导意见》的通知

85号　关于印发《南宁市良庆区2011年防空警报试鸣人员疏散演练活动实施方案》的通知

86号　关于印发《良庆区进一步提升公众安全感和满意度工作实施方案》的通知

87号　关于转发城区党委组织部、城区民政局《关于下发2011年良庆区村（社区）“两委”定工干部（工作者）职数设置方案的通知》的通知

88号　关于印发《南宁市良庆区社区矫正工作实施方案》的通知

89号　关于调整充实南宁市良庆区五象新区开发建设指挥部办公室工作机构及成员的通知

90号　关于印发《良庆区镇（街道）党（工）委书记党建工作专项述职实施方案（试行）》的通知

91号　关于印发《良庆区开展“项目建设百日攻坚战”活动实施方案》的通知

92号　关于印发《南宁市良庆区服务2011年“两会一节”经贸活动工作方案》的通知

93号　关于印发《2011年南宁市良庆区跨县（区）土地、山林权属纠纷大调处活动实施方案》的通知

94号　关于调整南宁市良庆区2011年五象新区开发攻坚战组织机构成员的通知

95号　关于调整良庆区创先争优活动领导小组成员的通知

96号　关于成立良庆区“结对共建、先锋同行”活动领导小组的通知

98号　关于调整良庆区行政中心建设领导小组的通知

99号　关于印发《2011年良庆区打击传销工作方案》的通知

100号　关于印发《良庆区开展城乡居民社会养老保险试点工作实施方案》的通知

101号　关于印发《良庆区2011年城区、镇两级共青团组织换届工作实施方案》的通知

102号　关于印发《南宁市良庆区良庆镇机构改革实施方案》的通知

103号　关于印发《南宁市良庆区那马镇机构改革实施方案》的通知

104号　关于印发《南宁市良庆区大塘镇机构改革实施方案》的通知

105号　关于印发《南宁市良庆区那陈镇机构改革实施方案》的通知

106号　关于印发《南宁市良庆区南晓镇机构改革实施方案》的通知

107号　关于调整南宁市良庆区治理工程建设领域突出问题工作领导小组成员的通知

108号　关于印发《南宁市良庆区党政信息工作规定》的通知

109号　关于印发《2011年南宁市良庆区投资推荐会工作方案》的通知

110号　关于印发《2011年南宁国际民歌艺术节良庆歌台广场文化活动方案》的通知

111号　关于转发《良庆区委维护稳定工作领导小组关于2011年“两会一节”维护社会稳定工作方案》的通知

112号　关于印发《良庆区2011年民族团结宣传月活动实施方案》的通知

113号　关于印发《南宁市良庆区服务2011年“两会一节”工作方案的通知》

114号　关于印发《南宁市良庆区2011年度公共机构节能工作绩效考评办法》的通知

115号　关于加强机关作风建设明查暗访

情况的通报

116号　关于调整充实良庆区处理信访突出问题联席会议成员单位的通知

117号　关于转发《良庆区妇联关于2011年城区、镇（街道）妇女组织选举工作的实施方案》

118号　关于印发《2011年10月～2012年12月良庆区党政领导干部“信访接待日”实施方案》的通知

119号　南宁市良庆区开展2011年度绩效考评工作大督查活动方案

120号　关于调整南宁市良庆区流动人口管理领导小组成员的通知

121号　关于做好自治区第十次党代会期间城区维护社会稳定工作的通知

122号　关于2011年服务“两会一节”工作动员大会、2011年第三季度维稳形势研判会考勤情况的通报

123号　关于印发《良庆区开展财政专项补贴类资金风险防范情况调研工作方案》的通知

124号　关于印发《开展评选良庆区2011年服务“两会一节”先进单位、先进集体、先进工作组和先进个人的活动方案》的通知

125号　关于学习贯彻市领导在南宁市掀起五象新区开发建设新高潮动员大会上的讲话精神的通知

126号　关于印发《良庆区开展“立足新起点、抢抓新机遇、开创新局面”主题实践活动实施方案》的通知

127号　关于调整充实南宁市良庆区刑事解教工作领导小组成员的通知

128号　关于调整充实南宁市良庆区社区矫正工作领导小组成员的通知

129号　关于征集2012年为民办实事项目建设的建设

130号　关于认真做好2012年度重点党报党刊发行工作的通知

131号　关于印发《良庆区推动五象新区开发建设掀起新高潮的督查工作实施方案》的通知

132号　印发《关于在重点涉传小区开展打击传销轮值普法宣传活动的方案》的通知

133号　关于印发《良庆区2011/2012年榨季维护蔗区生产秩序实施方案》的通知

134号　关于做好2011年我城区党委领导班子民主生活会征求意见建议工作的通知

135号　关于印发《南宁市良庆区处级领导干部和城区直属及双管单位联系村（社区）工作制度》的通知

136号　关于成立南宁市良庆区加快转变经济发展方式监督检查工作领导小组的通知

137号　关于印发《南宁市良庆区总工会换届选举工作实施方案》的通知

138号　关于印发《南宁市良庆区市容环境专项整治工作方案》的通知

139号　关于印发《南宁市良庆区艾滋病防治攻坚工程目标管理责任制考核评估办法》的通知

140号　关于开展首府南宁创建国家卫生城市先进单位（集体）、先进个人评选工作的通知

141号　关于印发《南宁市良庆区人民检察院关于服务五象新区开发建设的工作意见》的通知

142号　南宁市良庆区有关部门贯彻落实党史工作任务分工方案》的通知（秘密）

143号　关于印发《南宁市良庆区开展事业单位清理规范工作方案》的通知

144号　关于做好2012年元旦、春节有关工作的通知

南宁市良庆区人民政府
良政发〔2011〕

1号　关于印发南宁市良庆区处理玉洞商贸城农民宅基地历史遗留问题工作方案的通知

2号　关于表彰良庆区2010年度安全生产工作先进单位、先进集体和先进个人的通报

3号　关于调整政府领导工作分工的通知

4号 关于下达2011年良庆区组织财政收入任务的通知

5号 关于印发南宁市良庆区2011年防洪预案的通知

6号 关于调整政府领导工作分工的通知

7号 关于调整良庆区防洪抗旱指挥部领导成员的通知

8号 关于表彰良庆区义务教育学校常规管理示范学校、先进单位和先进个人的决定

9号 转发南宁市人民政府关于废止部分规范性文件的通知

10号 关于调整部分政府领导工作分工的通知

11号 关于印发南宁市良庆区艾滋病防治攻坚工程实施方案（2010～2014年）的通知

12号 关于印发南宁市良庆区2011年新型农村合作医疗基金补偿技术方案（修订）的通知

13号 关于印发南宁市良庆区特邀监察员管理办法（试行）的通知

14号 转发广西壮族自治区人民政府关于进一步加强食品安全工作的意见的通知

15号 关于印发良庆区自然灾害救助应急预案的通知

16号 关于调整政府领导工作分工的通知

17号 关于印发良庆区“十二五”期间进一步提高义务教育巩固率工作方案的通知

18号 关于印发南宁市良庆区义务教育阶段学校教职工绩效工资考核分配实施方案（试行）的通知

19号 关于调整南宁市良庆区人民政府突发公共事件应急管理委员会成员的通知

20号 关于成立良庆区退役士兵安置工作领导小组的通知

21号 关于印发良庆区贯彻落实国家、自治区和南宁市中长期教育改革和发展规划纲要（2010～2020年）实施方案的通知

22号 转发良庆区人民检察院《检察建议书》的通知

23号 印发良庆区深化消防安全“五大”活动开展“清剿火患”战役工作方案的通知

24号 关于成立良庆区2011年度征兵工作领导小组的通知

25号 关于设立南宁市良庆区食品安全委员会的通知

26号 关于调整政府领导工作分工的通知

27号 关于印发良庆区政府信息公开相关配套规章制度的通知

28号 关于印发良庆区全面推进依法行政建设法治政府五年规划（2011～2015年）的通知

29号 关于印发良庆区教育事业“十二五”发展规划的通知

30号 关于印发良庆区2011～2012年度冬春水利建设实施方案的通知

31号 关于印发南宁市良庆区城乡居民社会养老保险试行办法的通知

32号 关于推进良庆区被征地农民培训就业工程的意见

33号 关于公布良庆区行政审批项目目录的通知

34号 关于印发良庆区政府信息采集形成和发布管理办法的通知

35号 关于印发南宁市良庆区水域滩涂养殖规划的通知

36号 关于聘请特邀监察员的通知

37号 （已撤消）

38号 关于印发南宁市良庆区人民政府重大决策专家咨询论证评估制度的通知

39号 关于印发南宁市良庆区人民政府重大决策听证制度的通知

南宁市良庆区人民政府办公室
良政办〔2011〕

1号 关于开展2011年春节安全生产大检查的通知

2号　关于印发良庆区2011年春节烟花爆竹经营管理工作方案的通知

3号　关于印发良庆区开展城市交通拥堵综合治理行动实施方案的通知

4号　关于成立良庆区科技计划项目立项评审组的通知

5号　关于印发《2011年良庆区统筹城乡就业“春风行动”活动方案》的通知

6号　关于印发《南宁市第四十六中学与大塘镇中心学校布局调整实施方案》的通知

7号　关于开展预防煤气中毒事故安全检查工作的通知

8号　关于对良庆区2011年为民办实事项目进行立项督查的通知

9号　关于成立良庆区乡镇财政所标准化建设领导小组的通知

10号　关于印发良庆区土地卫片执法检查大会战工作实施方案的通知

11号　关于做好当前春耕生产工作的通知

12号　关于印发良庆区成品油价格和费税改革人员安置工作方案的通知

13号　关于印发良庆区2011年质量兴区工作目标计划的通知

14号　关于良庆区2010年度安全生产目标管理考核情况的通报

15号　关于印发良庆区第一次全国水利普查工作方案的通知

16号　关于成立原开发区四公司及广西庆海建设发展有限公司清产核资工作领导小组的通知

17号　关于印发良庆区医药卫生体制五项重点改革2011年度主要工作实施方案的通知

18号　关于成立良庆区深化医药卫生体制改革工作领导小组的通知

19号　关于成立良庆区医疗卫生建设项目筹建工作领导小组的通知

20号　关于印发南宁市良庆区2011年村级公共服务中心建设工作实施方案的通知

21号　关于印发良庆区2010年土地卫片违法图斑用地查处整改工作实施方案的通知

22号　关于印发良庆区2011年“五一”劳动节前安全生产大检查工作方案的通知

23号　关于印发良庆区创建全国白内障无障碍县（区）活动实施方案的通知

24号　关于对良庆区2011年三级隐患重点督促整改对象进行整改的通知

25号　关于成立良庆区土地收储项目土地清表及土方工程采购工作领导小组的通知

26号　关于成立良庆区2011年安全生产月活动方案的通知

27号　关于印发良庆区2011年实施“绿满南宁”造林绿化工程工作方案的通知

28号　关于印发良庆区三大纠纷调处工作实施方案的通知

29号　关于印发良庆区2011年经济发展主要目标责任分解表的通知

30号　关于印发良庆区开展严厉打击非法违法生产经营建设行为专项行动方案的通知

31号　关于印发南宁市良庆区人民政办公室主要职责和人员编制规定的通知

32号　关于印发中共南宁市良庆区委、南宁市良庆区人民政府信访局主要职责和人员编制规定的通知

33号　关于印发南宁市良庆区发展和改革局主要职责和人员编制规定的通知

34号　关于印发南宁市良庆区经济贸易和信息化局主要职责和人员编制规定的通知

35号　关于印发南宁市良庆区教育局主要职责和人员编制规定的通知

36号　关于印发南宁市良庆区科学技术局主要职责和人员编制规定的通知

37号　关于印发南宁市良庆区民政局主要职责和人员编制规定的通知

38号　关于印发南宁市良庆区司法局主要职责和人员编制规定的通知

39号　关于印发南宁市良庆区财政局主

要职责和人员编制规定的通知

40号　关于印发南宁市良庆区人力资源和社会保障局主要职责和人员编制规定的通知

41号　关于印发南宁市良庆区住房和城乡建设局主要职责和人员编制规定的通知

42号　关于印发南宁市良庆区城市管理局主要职责和人员编制规定的通知

43号　关于印发南宁市良庆区交通运输局主要职责和人员编制规定的通知

44号　关于印发南宁市良庆区民族事务局主要职责和人员编制规定的通知

45号　关于印发南宁市良庆区农林水利局主要职责和人员编制规定的通知

46号　关于印发南宁市良庆区安全生产监督管理局主要职责和人员编制规定的通知

47号　关于印发南宁市良庆区文化新闻出版体育局主要职责和人员编制规定的通知

48号　关于印发南宁市良庆区文化新闻出版体育局主要职责和人员编制规定的通知

49号　关于印发南宁市良庆区人口和计划生育局主要职责和人员编制规定的通知

50号　关于印发南宁市良庆区审计局主要职责和人员编制规定的通知

51号　关于印发南宁市良庆区环境保护局主要职责和人员编制规定的通知

52号　关于印发南宁市良庆区统计局主要职责和人员编制规定的通知

53号　关于印发南宁市良庆区法制办公室主要职责和人员编制规定的通知

54号　关于印发2011年良庆区公共机构节能宣传周活动方案的通知

55号　关于印发良庆区加强政务公开政府信息公开工作实施方案的通知

56号　关于印发良庆区2010年度土地矿产卫片执法检查工作实施方案的通知

57号　关于印发良庆区政务信息网站管理暂行办法的通知

58号　关于印发2011年良庆区助困扶贫“阳光家园”计划项目实施方案的通知

59号　南宁市良庆区2011年普惠性公办幼儿园建设实施方案

60号　关于印发良庆区2011年度农村沼气池建设实施方案的通知

61号　关于做好2011年依法行政工作的通知

62号　关于印发南宁市良庆区开展整治违法排污企业保障群众健康环保专项行动实施方案

63号　关于印发南宁市良庆区承担实施2011年为民办实事艾滋病防治攻坚工程工作实施方案的通知

65号　关于开展良庆区2011年村镇规划集中行动规划编制工作的实施方案

65号　关于印发2011年良庆区农村危房改造工程试点实施方案的通知

66号　关于印发2011年“绿满南宁”良庆区种植大树工程实施方案的通知

67号　关于成立农村当前教育推进工程建设规划工作领导小组的通知

68号　关于印发南宁市良庆区安全生产“十二五”规划的通知

69号　关于抓好2011年晚稻生产的措施意见

70号　关于调整良庆区深化医药卫生体制改革工作领导小组的通知

71号　关于成立编制边远艰苦地区农村学校教师周转宿舍建设规划工作领导小组的通知

72号　关于成立南宁地区混凝土资产清算小组的通知

73号　关于印发《2011年良庆区保障性安居工程建设实施方案》的通知

74号　关于印发2011年良庆区为民办实事项目解决农村人口饮水安全工程实施方案的通知

75号　关于印发良庆区开展“安全生产基层基础年”继续深化“安全生产年”活动实施方案的通知

76 号　关于调整办公室班子成员工作分工的通知

77 号　关于印发良庆区承担 2011 年南宁市为民办实事卫生健康惠民工程项目实施方案的通知

78 号　关于印发《南宁市良庆区征地拆迁法制宣传方案》的通知

79 号　关于调整良庆区农民工工作联席会议成员的通知

80 号　关于印发大沙田交通服务中心机关问题调查工作方案的通知

81 号　关于调整良庆区农村综合改革工作领导小组成员的通知

82 号　关于印发良庆区基层应急管理规范化建设工作实施方案

83 号　转发南宁市一至六级残疾军人医疗保障暂行办法的通知

84 号　关于调整良庆区处理玉洞商贸城农民宅基地历史遗留问题工作领导小组成员的通知

85 号　关于印发良庆区招商引资项目大兑现走访工作方案的通知

86 号　关于调查良庆区处理金象四区历史遗留问题指挥部成员的通知

87 号　南宁市良庆区 2011 年筹措资金对存在安全隐患的中小学校舍安全加固改造、重建或避险迁移工作实施方案

88 号　关于建立良庆区提高义务教育巩固率督查和问责制度的通知

89 号　关于规范办文办事办会程序的通知

90 号　关于成立良庆区供销合作社农村现代流通服务网络项目建设一次性规划工作领导小组的通知

91 号　关于组织开展自治区级生态村创建的通知

92 号　关于印发良庆区 2011 年新农村示范村建设实施方案的通知

93 号　关于贯彻落实广西壮族自治区人民政府关于进一步加强当前安全生产工作的决定的通知

94 号　关于印发良庆区开展水上交通安全生产大检查工作方案的通知

95 号　关于成立大王滩水面综合整治工作良庆区领导小组的通知

96 号　良庆区招商引资项目入区审批暨项目协调推进工作

97 号　关于调整良庆区公共机构节能工作领导小组成员的通知

98 号　关于开展良庆区 2011 年城市无车日活动的通知

99 号　关于印发南宁市良庆区 2011 年新型农村合作医疗门诊统筹实施方案（修订）的通知

100 号　关于印发 2011 年良庆区服务“两会一节”安全生产工作方案的通知

101 号　关于印发良庆区配合南宁市综合整治大王滩水库水面工作方案的通知

102 号　关于印发良庆区配合南宁市综合整治大王滩水库水面工作应急预案的通知

103 号　关于印发南宁市良庆区集体林权制度配套改革实施方案的通知

104 号　关于印发良庆区 2011 年水库移民新村建设工程实施方案的通知

105 号　转发市食品安全委员会办公室关于全市严厉打击“地沟油”违法犯罪专项工作实施方案的通知

106 号　关于印发良庆区肉品质量安全专项整治工作方案的通知

107 号　关于调整城区纠正行业不正之风领导小组成员的通知

108 号　关于成立复查良庆镇新村新一十五坡第 13、14、15 生产队与伏那坡第 1、2、3、4、5、6、7 生产队土地权属纠纷案件工作组的通知

109 号　关于印发良庆区进一步开展食品安全整治行动工作方案的通知

110 号　关于印发良庆区清理查处违法违

规用地专项行动实施方案的通知

111号 关于印发良庆区2011年城乡建设用地增减挂钩项目实施方案的通知

112号 关于调整良庆区全民科学素质工作领导小组成员的通知

113号 关于成立良庆区劝导流失学生返校就读工作领导小组和工作小组的通知

114号 关于印发良庆区发展社区教育促进学习型城市建设实施方案的通知

115号 关于印发良庆区2011年全民终身学习活动日工作方案的通知

116号 关于对南宁市良庆区玉龙六里32号"8·7"高处坠物事故结案的通知

117号 关于调整良庆区全面推进依法行政工作领导小组成员的通知

118号 关于印发良庆区2011年第二批农村危房改造工程试点实施方案的通知

119号 关于印发《2011年良庆区村镇建筑工匠培训实施方案》的通知

120号 关于成立良庆区古树名木复查和补充调查工作领导小组的通知

121号 转发自治区林业厅财政厅关于进一步完善加快林下经济发展优惠政策若干意见的通知

122号 转发南宁市人民政府办公室公厅关于公布2012～2013年南宁市政府集中采购目录及限额标准的通知

123号 关于对南宁市良庆区大沙田那平村平乐大道"8·21"高处坠物事故结案的通知

124号 关于印发《良庆区邕昌果场处遗工作方案》的通知

125号 关于对良庆区10万元至50万元（含50万元）政府投资工程项目实行政府采购定点管理的通知

126号 关于印发良庆区大力发展微型企业工作方案的通知

127号 关于印发良庆区家电以旧换新推广工作方案的通知

128号 转发自治区人民政府办公室公厅关于推进农村食品安全监管体系建设的若干意见的通知

129号 关于成立良庆区农村环境连片综合整治工作领导小组的通知

130号 关于印发2011年良庆区防震减灾工作实施方案的通知

131号 关于组织申报2012年度农村环境连片整治示范资金及项目的通知

132号 关于印发南宁市良庆区人民政府常务会议学法规定的通知

133号 关于印发良庆区公共卫生与基层医疗卫生事业单位绩效工资实施办法（暂行）的通知

134号 关于印发良庆区联防联控扬尘污染工作方案的通知

135号 关于成立良庆区无障碍设施建设工作领导小组的通知

136号 关于确定良庆区治安保卫重点单位的通知

137号 关于开展2011年度良庆区安全生产目标管理考核工作的通知

138号 关于开展良庆区防震减灾工作检查的通知

139号 关于加快推进城区本级收储土地项目征地拆迁开发建设工作的专项方案的通知

140号 关于印发良庆区实施被征地农民培训就业工程工作方案的通知

141号 关于成立原大王滩乡政府职工住宅楼处置工作领导小组的通知

142号 转发南宁市"菜篮子"产业发展十二五规划的通知

143号 关于印发《2011年良庆区统筹城乡综合改革试点实施方案》的通知

144号 转发南宁市食品安全委员会办公室和食品安全委员会成员单位职责的通知

145号 关于印发良庆区艾滋病防治攻坚工程十大专项工程实施方案的通知

146号 关于印发良庆区妥善解决原民办教师代课人员参加养老保险有关问题工作方案

的通知

147 号　关于成立南宁市良庆区道路交通事故社会救助基金领导小组的通知

148 号　关于印发良庆区 2012 年度新型农村合作医疗筹资工作实施方案的通知

149 号　关于印发 2011 年良庆区开展农民工工资支付情况专项检查工作实施方案的通知

150 号　关于调整良庆区防治艾滋病工作委员会成员的通知

151 号　关于印发良庆区会计集中核算转轨工作实施方案的通知

152 号　关于印发良庆区 2011 年城乡建设用地增减挂钩项目实施方案的通知

153 号　关于成立良庆区永久基本农田划定工作领导小组的通知

154 号　关于印发良庆区艾滋病病毒感染者及病人管理工作实施方案的通知

155 号　关于印发良庆区企业国有资产监督管理暂行办法的通知

156 号　关于印发良庆区 2012 年春节烟花爆竹经营管理工作方案的通知

157 号　关于印发南宁市良庆区清理化解基层医疗卫生机构债务实施方案的通知

158 号　关于印发南宁市良庆区科学研究与技术开发计划项目管理办法的通知

159 号　关于印发良庆区 2012 年清理整顿卷烟市场专项行动方案的通知

160 号　关于印发良庆区打击蔗区非法地磅工作方案的通知

161 号　关于成立被征地农民培训就业工程工作领导小组的通知

162 号　关于开展良庆区 2012 年春节安全生产大检查和督查工作的通知

163 号　关于印发良庆区进一步完善查处取缔无证无照经营行为工作机制实施方案的通知

164 号　关于印发良庆区查处取缔无证无照经营行为相关工作制度的通知

165 号　关于印发 2012 年良庆区科技活动周期间组织开展群众性科普活动方案的通知

（阮大增　吴助雄　刘　迪　李一梦）

人口情况

指标名称	计量单位	2011 年	2010 年	比上年增长±%
总户数	户	78562	76012	3.35
总人口	人	245471	240181	2.21
其中：农业人口	人	207536	33006	0.17
非农业人口	人	37935	20715	14.93
总人口中：男性	人	131987	129757	2.18
女性	人	113484	110424	2.23
年平均人口	人	242826	236052	2.87
当年出生人数	人	3757	6203	-39.43
出生率	‰	15.47	26.28	-10.81

土地情况

指标名称	计量单位	2011 年	2010 年	比上年增长±%
土地面积	平方公里	1379	1379	0
人口密度	人/平方公里	178	171	4.09
耕地面积	公顷	17000	16595	0.024

地区生产总值

指标名称	计量单位	2011 年	2010 年	比上年增长±%
地区生产总值(当年价)	万元	957466	713859	17.00
第一产业	万元	167619	142120	3.30
第二产业	万元	563196	39669	19.43
工业	万元	439089	293285	22.60
第三产业	万元	226652	175070	22.49

农业情况

指标名称	计量单位	2011年	2010年	比上年增长±%
农林牧渔业总产值(现价)	万元	269735	227914	3.71
农业	万元	160814	136045	3.15
林业	万元	16077	13486	8.55
牧业	万元	80372	68075	3.47
渔业	万元	10095	8161	7.06
服务业	万元	2377	2148	3.49
农林牧渔业总产值构成	%			
农业	%	59.62	59.69	0.07
林业	%	5.96	5.92	0.04
牧业	%	29.80	29.87	-0.07
渔业	%	3.74	3.58	0.16
服务业	%	0.88	0.94	0.06
粮食总产量	吨	95064	96205	1.29
油料产量	吨	5281	4655	13.45
甘蔗产量	吨	1061098	1054198	0.65
蔬菜产量	吨	245522	235466	4.27
肉类产量	吨	34862	34146	2.10
水产品产量	吨	9907	9281	6.47
禽蛋产量	吨	826	832	-0.72
水果产量	吨	59984	53589	11.93
农民人均纯收入	元	6434	5529	15.21

规模以上工业企业主要经济指标

指标名称	计量单位	2011年	2010年	比上年增长±%
企业单位数	个	60	80	-25.00
#亏损企业	个	7	10	-30.00
工业总产值(现价)	万元	1407631	1014476	38.75
工业增加值(现价)	万元	401617	259992	13.70
主营业收入(产品销售收入)	万元	910215	808124	12.63
实现利税总额	万元	169861	123110	37.97
#利润总额	万元	156738	107778	45.43
亏损企业亏损额	万元	659	1099	-40.04
年末资产总计	万元	1273879	994973	28.03
从业人员年平均人数	人	20000	12750	56.86

全社会固定资产投资

指标名称	计量单位	2010 年	2010 年	比上年增长±%
全社会固定资产投资额	万元	1271235	915950	38.79
#城镇固定资产投资额	万元	1231633	848435	45.17
房屋销售面积	万平方米	54.67	18.82	190.49
商品房销售额	万元	286626	83569	151.37
施工项目个数	个	378	240	57.50
本年全投项目个数	个	288	165	74.55
全社会固定资产投资按经济类类型分				
国有经济	万元	548676	624906	-12.20
集体经济	万元	5939	1244	377.41
私营经济	万元	326960	134437	143.21
其他经济	万元	389660	155363	150.81

商业、外资

指标名称	计量单位	2011 年	2010 年	比上年增长±%
批零贸易业商品销售总额	万元	928586	389029	138.69
社会消费品零售总额	万元	193188	163695	18.02
批发业	万元	46650	35246	32.36
零售业	万元	125798	114184	10.17
住宿和餐饮	万元	20740	14265	45.39
实际到位内资	万元	338088	274740	23.06
实际利用外资	万美元	3107	2553	21.70

财政、金融

指标名称	计量单位	2011 年	2010 年	比上年增长±%
财政总收入	万元	71664	53799	33.21
#地方财政收入	万元	17994	16290	10.46
一般预算支出	万元	71076	57293	24.06

劳动工资

指标名称	计量单位	2011 年	2010 年	比上年增长±%
年末在岗职工人数	人	17452	16823	3.74
国有单位	人	6547	5651	15.86
城镇集体单位	人	777	1117	-30.44
其他经济类型单位	人	10128	10055	0.73
在岗职工平均工资总额	万元	54369	46211	17.65
国有单位	万元	25680	23866	7.60
城镇集体单位	万元	1765	2242	-21.26
其他经济类型单位	万元	26924	20104	33.93
在岗职工平均工资	元/人	31597	28488	10.91
国有单位	元/人	40043	42701	-6.22
集体单位	元/人	22717	19820	14.62
其他经济类型单位	元/人	26879	21160	27.03

教育科研卫生

指标名称	计量单位	2011 年	2010 年	比上年增长±%
在校学生数	人	44951	43554	3.21
普通中学在校学生数	人	12826	11915	7.65
小学在校学生数	人	32125	31639	1.54
幼儿在校学生数	人	14829	11578	28.08
卫生机构数	个	281	238	18.07
卫生机构床位数	张	859	696	23.42
#医院床位数	张	859	696	23.42
卫生技术人员数	人	1145	1128	1.51
#执业医师(助理医师)	人	384	377	1.86

注:以上数据按统计年报数。

(何翠娟)

说　明

一、本索引采用主题分析索引方法。按汉语拼音字母（同音字按声调）升序排列。类目、分目作索引款目用黑体字排印，其余均用宋体字排印。表格、图片在其款目后分别注明“表”、“图”。

二、索引款目后的阿拉伯数字和拉丁字母（a、b）分别表示内容所在的页码和栏别（即版面的左、右栏）。

三、索引空两字位起排的款目为上一主题的“附见”。同一主题的“参见”只标页码。为便于读者检索，内容有交叉的款目，在本索引中重复出现。

四、“重要文件辑录”、“文件目录”、“统计资料”、“图片专辑”等栏目不作索引。阿拉伯数字开头的款目排在索引的末尾。

A

D

F

G

H

J

K

L

M

N

P

Q

R

S

T

W

X

Y